国家税收法律研究前沿问题

国家税收法律研究基地成果和中国税务师行业发展报告

北京市哲学社会科学国家税收法律研究基地 编著

首都经济贸易大学出版社
Capital University of Economics and Business Press
·北京·

图书在版编目(CIP)数据

国家税收法律研究前沿问题：国家税收法律研究基地成果和中国税务师行业发展报告 / 北京市哲学社会科学国家税收法律研究基地编著. -- 北京：首都经济贸易大学出版社，2023.8

ISBN 978-7-5638-3470-9

Ⅰ.①国… Ⅱ.①北… Ⅲ.①税法—研究报告—中国 Ⅳ.①D922.220.4

中国版本图书馆 CIP 数据核字（2022）第 245095 号

国家税收法律研究前沿问题
——国家税收法律研究基地成果和中国税务师行业发展报告
GUOJIA SHUISHOU FALÜ YANJIU QIANYAN WENTI
——GUOJIA SHUISHOU FALÜ YANJIU JIDI CHENGGUO HE ZHONGGUO SHUIWUSHI HANGYE FAZHAN BAOGAO

北京市哲学社会科学国家税收法律研究基地　编　著

责任编辑	王　猛
封面设计	风得信・阿东 FondesyDesign
出版发行	首都经济贸易大学出版社
地　　址	北京市朝阳区红庙（邮编 100026）
电　　话	(010)65976483　65065761　65071505(传真)
网　　址	http://www.sjmcb.com
E - mail	publish@cueb.edu.cn
经　　销	全国新华书店
照　　排	北京砚祥志远激光照排技术有限公司
印　　刷	北京建宏印刷有限公司
成品尺寸	170 毫米×240 毫米　1/16
字　　数	593 千字
印　　张	30.25
版　　次	2023 年 8 月第 1 版　2023 年 8 月第 1 次印刷
书　　号	ISBN 978-7-5638-3470-9
定　　价	92.00 元

图书印装若有质量问题，本社负责调换
版权所有　侵权必究

目　　录

第一部分　税收立法与税收政策

我国当前税收立法工作的若干建议 …………………………………… 郝如玉 / 3

北京市"两区"建设的财税政策研究 …………………………………… 郝如玉 / 6

海南自贸港销售税与关境税的制度衔接问题研究 …………………… 曹静韬 / 15

横琴粤澳深度合作区流转税政策研究 ………………………………… 曹静韬 / 20

中国注册税务师行业立法问题研究 …………………………… 阮家福　王　玉 / 27

中国减税目标实现方式研究 …………………………………… 阮家福　钟　雯 / 33

新时代税收职能定位研究 …………………………………… 阮家福　管锶锶 / 41

关于税务师行业立法事宜的探讨 ……………………………… 王欢欢　路克珠 / 47

税务师行业立法研究 ……………………………………………………… 王拴拴 / 54

涉税服务行业立法研究 ………………………………………… 王拴拴　张　慧 / 61

促进自贸区飞机租赁业发展的税收制度研究 ………………………… 刘　荣 / 68

完善无住所纳税人个人所得税制度的若干思考 ……………………… 刘　荣 / 76

顺应经济波动优化企业税负的政策建议 ………… 薛　钢　姚　迪　蔡颜西 / 82

数字经济对地区税收收入的影响：理论机制与实证检验
…………………………………………… 李永海　王怡婷　周之浩 / 91

1

土地增值税涉税风险分析报告
——基于海口市的调研结果……………………………… 马 慧 贾绍华 / 108

"双循环"新发展格局战略背景下
消费税的功能定位及改革路径研究………………………… 李为人 张 越 / 127

关于"社会化用工服务平台结算业务"
相关涉税问题的研究………………………… 张春平 蒋正奇 郭 辰 / 139

统一混合销售与兼营的探讨………………… 张春平 彭禧璠 蔡金洪 / 152

地区间税负差异及影响因素研究
——基于省级面板数据的固定效应模型……………………… 项炀骁 / 163

先秦财税思想及经济学启示………………………………………… 李 卉 / 174

财政转移支付对义务教育公共服务均等化的影响研究……… 张宇晨 / 179

第二部分 税收治理、税收征管与涉税服务

数字经济与税收治理……………………………………… 李万甫 刘同州 / 209

高净值人群个人所得税征管问题研究…………… 丁 芸 李泽鹏 马 睿 / 235

柔性税收征管现状和提升路径探究……………… 王竞达 刘祎男 马里斌 / 249

数字经济背景下涉税服务的高质量发展研究……………… 姚林香 杨 蕾 / 266

数字经济背景下涉税服务行业的税收合规服务
——以网络直播为例……………………………… 薛 钢 吴 璟 常康江 / 274

数字经济下我国税务师行业发展研究……………………… 阮家福 李 勇 / 282

涉税专业服务组织在优化税收营商环境中的作用探析
……………………………… 原如斌 刘 峰 刘 轶 周娴丽 / 288

我国税务师行业地区发展差异及影响因素研究……………… 李永海　蔡　璇／300

税务师行业高质量发展路径研究……………………………… 李　新　仲子怡／310

数字经济背景下税务师行业高质量发展的途径探究
　　………………………………………………………… 张　慧　呼延世荻／317

新时代纳税服务的优化研究…………………………………………… 韩王凯／323

关于加强海口市房屋租赁税收征管的分析报告……………… 任　钰　贾宜正／332

参与税收共治，助力税务师行业高质量发展 ………………………… 高子晴／347

新时期税务师行业发展探讨…………………………………………… 杨凯昱／353

数字经济背景下我国税务师行业面临的挑战与对策探讨
　　……………………………………………………………………… 马　睿／360

反避税背景下"走出去"企业税收筹划研究 ………………… 阮家福　杨　蔚／365

A 化工并购 B 工程所得税筹划分析 ………………………… 李　新　吴椰奇／373

第三部分　2021年税务师行业发展报告

税务师行业发展概览……………………………………………………………… 385

部分国家税务师发展情况及经验借鉴…………………………………………… 401

国内税务师行业现状分析………………………………………………………… 417

提高税务师行业水平和素质……………………………………………………… 442

新发展格局下税务师行业的新机遇、新挑战、新要求………………………… 455

新时代推动税务师行业高质量发展的措施……………………………………… 466

第一部分

税收立法与税收政策

我国当前税收立法工作的若干建议

郝如玉[①]

近年来,我国落实税收法定原则的步伐不断加快,环境保护税、车辆购置税、耕地占用税等许多税种都从条例上升为法律。但是,在我国现行的税收法律体系中,仍有一些关键性、支柱性的税种未上升为法律,税收征管法的修订也一直未能完成。这也成为我国当前财税立法工作的重点内容。

针对财税立法工作中的重点和难点,我们开展了深入的调研,完成了多份调研报告。以下为我们调研报告的主要内容。

一、关于增值税立法

增值税是我国的第一大税种,税收收入最多,且其税负容易转嫁,因此直接影响着企业和居民的税负。可以说,增值税在我国税制体系中发挥着支柱性作用。从这个角度看,只有将增值税从条例、规定上升为法律,才是真正落实税收法定原则。正因如此,增值税多次被全国人大列入立法工作计划。

增值税立法工作之所以一直未能完成,是因为这一税种的立法面临着一些难点问题。①增值税是我国利用税收调节经济发展的主要工具,需要一定的灵活性。特别是近几年,我国不断降低增值税的税率,疫情期间又调高增值税的起征点,以减轻企业税负、激发经济活力。如果将其上升为法律,根据立法法的规定,税率的调整就需要经全国人大审议通过,这会降低增值税税制的灵活性,难以适应经济形势的快速变化。②在现行增值税制度中,仍存在诸多需进一步完善和改革的地方。对于部分增值税制度如何改革和完善,目前各界仍未达成一致,还存在较大争议(例如留抵税额的处理、部分数字经济行业的增值税政策等)。在这些争议尚未解决、改革尚未完成、增值税制度仍不够完善的情况下,将其上升为法律,可能会导致后续的改革难以进行。③目前增值税的征管成本和纳税成本都比较高,税务总局的相关投入和纳税人投入的时间、精力、物质成本都较高,增值税征管制度的完善

[①] 郝如玉,第十一、十二届全国人大常委、财经委副主任,中央统战部党外知识分子建言献策财金组组长,北京市哲学社会科学国家税收法律研究基地首席专家,首都经济贸易大学教授、博导。

仍未到位,要想将其上升为法律,需要与税收征管法的修订进行较好衔接。

综上,增值税立法面临的主要难点在于,增值税税制要素和征管制度的改革仍在进行,其现行制度仍不够完善,因此,其本质上属于"先改革"还是"先立法"的决策问题。

事实上,税收的"立法"与"改革"并不矛盾。根据税制改革和税收立法的一般规律,所有税收制度都应该随着经济社会形势的发展而不断完善和改革,增值税也是如此。从各国经验来看,在立法之后,税收制度改革也是不会停止的,只要经济社会在发生变化,税收制度就应不断适应这些变化而进行相应的调整和改革。这与增值税的立法工作并不存在"天然"的矛盾,因为立法之后,增值税的制度仍可以进行改革。在我国现行立法法的框架下,只要在"法律"中授权国务院制定细则,仍可以保证税收制度的灵活性,而不影响其立法进程。

二、关于消费税立法

消费税是我国税收收入的重要来源,将其从条例上升为法律,对于落实税收法定原则具有重要意义。由于消费税只对少数特殊消费品(例如烟、酒、高档小汽车等)征收,对经济发展和居民生活的影响范围较小,而且征税的目的更加明确,也更容易为社会所接受,因此消费税改革和立法的阻力均较小。

目前,我国消费税立法面临的难题仍然是改革与立法的协调问题。2019年10月9日,国务院关于印发《实施更大规模减税降费后调整中央与地方收入划分改革推进方案》的通知(国发〔2019〕21号)提出:后移消费税征收环节并稳步下划地方。这意味着,我国现行的消费税制度将对部分应税消费品从生产环节征收后移到零售环节(最终消费环节)征收,并将其划归地方政府收入(现行财政体制下,消费税收入全部为中央收入)。这主要是为了解决"营改增"后地方财力窘迫问题而实施的改革措施。但是,目前消费税的这一改革尚未完成,因此影响到这一税种立法的进程。

消费税立法的这一难点本质上仍是"先改革"还是"先立法"的决策问题。其不仅影响消费税的收入,而且会对我国中央与地方之间、各地方政府之间税收利益的划分和国家的分税制财政体制带来影响,这一改革对于我国分税制财政体制的完善来说,更为重要。在相关改革尚未完成的背景下,将消费税从条例上升为法律,可能会影响这一税种改革的进程。

但是,总体而言,消费税的立法仍具有较强的可行性。一方面,相比之下,消费税对经济社会影响范围有限(因为征收范围有限),且具有明确的矫正消费行为(例如限制烟酒消费行为等)的特点,因此更容易为社会所接受。另一方面,消费税征税环节后移的改革,对财政体制的影响深远,需要一个较长的探索和实践过程,并不是一次性完成的。只要在"法律"中给予国务院充分的授权,这一改革进程并不会受到太大影响。

三、关于关税立法

关税是我国税收收入的重要来源,将其从条例上升为法律,对于落实税收法定原则具有重要意义。目前,关税的税目采用列举法,涵盖的税目非常多,而且,为了应对国际经济政治形势的瞬息万变,同时适应国际规则(例如 RCEP 协定),其中部分税目的税率变化比较频繁。如果将关税上升为法律,税率的频繁调整有可能受到立法法的影响,出现较大的时滞,影响政策效果。

但总体而言,通过在"法律"中设置"国际规则例外条款"和较为宽松的授权规定,上述问题可以得到解决。

四、关于税收征管法修订

作为税收法律体系中唯一的程序法,税收征管法的修订对征纳双方来说,都具有十分重要的意义。特别是,现行税收征管法是在 2001 年修订的。在过去的 20 多年中,我国的经济社会形势和税收征管状况发生了巨大的变化,现行法律早已不适应经济社会发展,亟待改革。对税收征管法进行修订,不仅是税务系统的迫切需求,也是社会各界的共同要求。正因如此,税收征管法多次列入全国人大的立法计划中,也曾多次由相关部门提请全国人大常委会进行审议。但是,税收征管法的修订迄今仍未完成。其主要原因是,对于其中的部分关键性内容,社会各界、各部门间仍存在较大争议。

从目前各部门、各界对税收征管法的观点来看,经过过去十几年税收征管法修订的意见磨合,其中的大部分争议已经在很大程度上达成一致,对于税收征管法修订的关键内容,"最大公约数"初步形成。这意味着,税收征管法修订的条件已经基本具备。由于税收征管法修订的意义重大,应将其列入税收立法的优先议程。

北京市"两区"建设的财税政策研究

郝如玉[①]

一、研究背景

经党中央、国务院批准,北京市于2020年全面启动国家服务业扩大开放综合示范区和中国(北京)自由贸易试验区建设(以下简称"两区"建设)。"两区"建设是北京市探索构建新发展格局有效路径、建设特色与活力兼备的现代化经济体系的重要抓手。在"两区"建设中,财政税收政策发挥着重要的作用:其不仅是实现贸易和投资自由便利的必要保障,而且是北京市汇聚高科技人才和先进技术等高级生产要素,推动北京市科技创新、服务业开放和数字经济快速发展的关键抓手。

在北京市"两区"建设中,财税政策作用的发挥主要通过对"人"和"科技创新"这两类关键要素的激励作用而实现。具体而言,通过对高科技人才、特殊类型人才实施减税政策,汇聚各方英才,发挥其对经济的引领作用;通过对科技创新实施税收优惠政策,激励各类经济主体投身科学技术和管理领域的创新活动。对此,北京市相关部门已经就"两区"建设的财税政策开展了深入的研究,并形成了较为成熟的成果和建议。但是,结合北京市在"人"和"科技创新"这两类关键要素上的现实需求,并比较国内其他地区"两区"建设的相关政策,我们认为北京市"两区"建设的财税政策仍需进一步完善。

为此,北京市哲学社会科学国家税收法律研究基地(首都经济贸易大学)在首席专家郝如玉教授的主导下,成立了专门的研究课题组,并组织了三次专题研讨会,邀请北京市人大预算监督研究中心负责人、北京市财政局等相关部门领导以及首都经济贸易大学等高校和研究机构专家,围绕北京市"两区"建设"需要哪些政策""哪些政策可以实现""这些政策有什么影响"等关键问题,进行了深入的研究和探讨。在充分研讨的基础上,课题组又开展了深入的调查研究,并对各类政策方案进行了认真梳理。最终,课题组形成了4类共10项税收与财政政

[①] 郝如玉,第十一、十二届全国人大常委、财经委副主任,中央统战部党外知识分子建言献策财金组组长,北京市哲学社会科学国家税收法律研究基地首席专家,首都经济贸易大学教授、博导。

策建议。

这些建议的形成,坚持了"有利"和"可行"两个原则,因而具有较强的可操作性。"有利"是指这些建议可以对北京市在"人"和"科技创新"这两类关键要素上形成较强的激励作用;"可行"是指在现有的税收立法体制和财政体制下,经过一定努力,这些建议的实现具有较大的可能性。

二、激励"人"的财税政策:个税补贴与投资优惠

"人"是经济发展和科技创新的最关键要素。在北京市"两区"建设中,"人"的要素主要包括两类:一是高科技人才,他们是实现科技创新、推动北京市经济社会发展的最强大动力;二是投资人,这些人可以将"两区"建设所需要的资金、项目、人才和企业带到北京。因此,对"人"发挥激励作用的财税政策应主要集中到这两类人身上。其中,最主要的就是相关的个人所得税优惠政策和财政补贴政策。

(一)将个人所得税补贴政策适用范围表述为"境外高端人才和紧缺人才"

在北京市"两区"建设的财税政策中,"对境外高端人才个人所得税实际税负超过15%的部分给予补贴"是一项重要的内容。但总体而言,这项政策适用的范围非常小,只有极少数人能够享受补贴。这是因为,在我国现行的税收体制下,考虑到税制的公平性(对所有纳税人一视同仁)与效率性(税收征管效率),北京市在国家统一立法的税收政策或相应的财政补贴政策方面,不太可能有大的突破。但是,在政策细节上,参照粤港澳大湾区的个人所得税补贴政策,北京市将个人所得税补贴政策适用范围表述为"境外高端人才和紧缺人才"。这主要是考虑到,北京市"两区"建设急需的紧缺人才不一定符合"高端人才"的标准。这一表述的改变使北京市在制定适用个人所得税补贴政策的标准时,可以拥有更大的空间。

为此,北京市在制定适用该政策的人才标准时,除明确"境外高端人才"的条件外,还需要根据北京市"两区"建设的现实需求,制定明确的"境外紧缺人才"标准——这些人才不一定符合"境外高端人才"条件,但却是北京市所急需的人才,对"两区"建设有着重要作用。

同时,因为个人所得税补贴政策的适用范围主要是境外人才,北京市在制定适用该政策的人才标准时,最好再规定这一政策只适用于外籍人员中的"中国税收居民",即在中国有住所,或者在一个纳税年度内在中国境内停留满183天的个人。这是因为,按照国际税收协定的抵免条款,如果在我国享受个人所得税补贴的境外

人员不是我国的税收居民,其在中国获得补贴的那部分个人所得税(即超过15%的那部分税收优惠)很有可能不被其居住国认可,因而仍需在其居住国补税。[①] 这一规定本质上也是吸引并留住外籍高端人才和紧缺人才的一种方法。

(二)适当拓展个人取得投资收益、股权转让收益的个人所得税优惠政策适用范围

除高科技人才等紧缺人才外,能够为北京市带来重大新项目、重大新投资的投资人也是北京市"两区"建设的重要力量。而对投资人来说,其在获取相关收益时的税收政策,成为影响其赴京投资的主要因素。因此,为鼓励投资人来北京开展符合北京市"两区"建设要求的新项目、新投资,可以实施一定的税收优惠政策。在目前北京市"两区"建设财税政策构想中,已经有了对于公司型创业投资企业股权转让的企业所得税优惠;在我国个人所得税法中,对于上述收益,也有差异化税率、递延纳税等优惠政策。但总体而言,这些优惠政策仍不够完善,很难对投资人形成明显的吸引力。北京市可以根据现有的政策框架,在一定范围内有所突破。

一是对于投资人取得的股息、分红,将差异化个人所得税政策的适用范围适当扩大至符合北京市"两区"建设要求的关键领域或高科技行业的企业投资人。在我国税制体系中,投资人取得的股息、分红的个人所得税与公司的企业所得税形成了经济性重复征税,而且在现实中,个人所得税的实际税负甚至高于企业所得税的实际税负。为解决这一问题,国家出台了差异化个人所得税政策,减轻了重复征税程度。但是这一政策目前只适用于上市公司和新三板企业。为此,北京市可以考虑将这一政策的适用范围扩大至符合北京市"两区"建设要求的关键领域或高科技行业的企业投资人。

二是完善股权转让个人所得税优惠政策。目前,对于公司型创业投资企业的股权转让,北京市已经出台了相应的税收优惠政策。但是,总体而言,这一政策适用的范围非常小。从北京市"两区"建设来看,这一优惠政策应更关注北京市"两区"建设的"行业"需求(即关注北京市"两区"建设需要的关键领域或高科技行业),相应放松其对公司类型的要求(我国个人所得税对不同类型企业、特别是合伙制企业的股权转让规定仍未完全理顺)。这既是推动北京市"两区"建设的要求,也是理顺我国不同类型企业股权转让个人所得税制度的现实需求。

需要说明的是,上述优惠政策适用范围的扩大应仅限于北京市"两区"建设的关键领域和核心产业,范围应尽可能小,适用条件应尽量严格,以实现"有利""可行"的目标。

---

① 例如,我国在对境外个人所得税抵免的文件(财政部、国家税务总局公告2020年第3号)中就明确规定,境外所得税纳税人从境外征税主体得到实际返还或补偿的境外所得税税款,不可以抵免。

三、激励科技创新的财税政策：加计扣除和技术转让优惠

推动"科技创新"是北京市"两区"建设的核心内容，也是国家层面的重要发展战略。为此，在我国现行的税制体系中，已经建立了一套涵盖科学技术研发、应用到成果转化的"全链条"税收优惠政策制度。同时，基于"两区"建设的特殊需求，北京市也制定了针对公司型创投企业、技术转让的所得税优惠政策。这些政策将为北京市"两区"建设发挥重要作用。

但是，也应该看到，作为全国数字经济发展最为迅猛的地区，北京市在数字经济发展领域还存在着更为强烈的税收优惠政策需求。无论是数字产业的发展还是产业数字化进程，北京市都走在了全国前列，数字经济已成为北京市实现科技创新的重要领域，也是"两区"建设的主要内容。但在我国现有的科技创新税收优惠政策体系中，仍有部分政策对数字经济的发展并不"友好"，从而未能充分发挥税收的激励作用。这主要体现在：部分优惠政策未能根据数字经济的快速发展及其对企业研发活动、服务业态等带来的影响而与时俱进，因而稍显滞后。为此，北京市应根据"两区"建设的需求，完善现有的税收优惠政策，建立"数字经济友好型"财税制度体系。

（一）将企业所得税加计扣除政策适用范围扩大到特定行业的数字经济研发投入

我国现行的企业所得税研发费加计扣除政策将批发和零售业、租赁和商务服务业等行业排除在适用范围之外，这在政策设计之初具有一定的合理性。但是，随着数字经济的快速发展，批发和零售业越来越脱离于传统的实体机构而更加依赖于现代信息和通信技术，租赁和商务服务业在发展中也越来越多地呈现出新的、更加依赖于现代信息技术的业态（例如数据服务、智能生活等）。同时，对于北京市来说，由于其作为消费集中地、数字经济发展的技术高地，批发和零售业、租赁和商务服务业成为其经济增长的重要动力。就北京市而言，这些行业的数字经济技术研发投入也越来越多，逐渐成为影响其利润率的重要因素。因此，在北京市"两区"建设中，应完善现行的企业所得税研发费加计扣除政策，将更多行业的数字经济研发费用纳入这一优惠政策适用范围。具体可首先考虑以下几项措施：

一是将网络平台研发投入较多且网络交易规模较大的批发和零售企业纳入其中，允许其网络平台等产业数字化研发费用享受加计扣除政策，同时为其设置严格的适用条件，将优惠政策适用范围限制在那些前景广阔、技术含量高、交易规模大、研发投入多的大型企业。

二是将技术含量高、研发投入多、经营规模大的部分机械设备经营租赁服务（例如以数字经济为基础的计算机及通信设备租赁服务等）企业和部分商务服务（例如互联网广告服务、安全系统监控等安保服务）企业的数字经济研发费投入纳入研发费加计扣除的范围，同时为其设置较为严格的适用条件。

随着信息与通信技术的快速发展以及数字商贸、数字社会、数字金融等应用场景的逐渐增多，会有更多的行业的数字经济研发费用快速增长，也会有更多的数字服务需要技术研发作为支撑。因此，该项加计扣除政策应随着北京市数字经济的发展逐渐完善。这既是北京市"两区"建设的需求，也是国家推动数字经济发展战略目标实现的需求，因而也是完善国家科技创新税收优惠政策的现实需求。

（二）将技术转让的所得税优惠政策适用范围延伸到信息技术服务等数字经济发展的关键环节

根据"两区"建设的需求，北京市在现有的技术转让企业所得税优惠政策基础上，将技术转让所得的免税范围提到了每年2000万元。这一举措无疑可以成为促进技术创新的重要动力。根据现行规定，上述技术转让的范围，不仅包括各类技术，而且包括在技术转让合同中约定的与该技术转让相关的技术服务。但是，随着数字经济的快速发展，一些新的技术服务形态逐步涌现。这些技术服务往往基于顾客需求、根据顾客自身数据而"定制"，其技术含量非常高，但却并不以技术转让合同为依托，而是由供需双方直接签订服务合同，因此不能享受技术转让的所得税优惠政策。例如，信息系统集成服务、信息处理服务等信息技术服务就是典型的基于客户需求的、技术要求非常高的新型服务业态。企业提供这些服务往往是以特定客户自身的运营数据为基础进行技术处理和技术提升，其本质上属于为特定顾客"量身定做"的服务且往往签订技术服务合同，因而无法享受技术转让优惠政策。可以预见，随着数字经济的快速发展及其在经济社会发展中的地位越来越高，将会出现越来越多的以信息与通信技术为基础的技术服务形态，对一些传统的技术服务的技术要求也会日益提升。北京市作为我国数字经济发展的前沿阵地，在"两区"建设中，可以考虑将技术转让的所得税优惠政策适用范围适当延伸到那些技术含量高、难以以技术转让合同为依托的技术服务领域。

为此，北京市需要对各类技术服务的规模、运营模式、纳税情况进行梳理，筛选出那些对北京市数字经济发展有着重要作用、技术含量高却无法享受优惠政策的服务领域或业态，将其逐步纳入技术转让所得税优惠政策的适用范围。在政策实施初期，优惠政策延伸的范围应尽量小一些，条件设置得高一些。随着数字经济的发展，这一政策延伸的范围还可以进行调整。

四、解决企业现实问题的税收政策：增值税和房产税优惠

在北京市"两区"建设过程中，除了推出激励"人"和"科技创新"的财税政策外，还应关注其中关键领域的企业所面临的现实问题。例如，由于无法享受增值税即征即退的优惠政策，北京的许多软件设计企业不得不面临较高的税负；因为北京房价的居高不下，许多在北京新设立的高新技术企业的办公、实验、生产场所（商用住房）承担了较高的房产税。这些现实问题往往是企业更为关注的，其中相当一部分税收政策也是国家层面当前正在着力研究解决的重要问题。

随着经济社会环境的不断发展变化，我国的税收政策也一直在不断完善、不断优化。特别是在新时代背景下，部分旨在推动科技进步和经济发展的税收优惠政策逐渐显现出与当前经济社会发展不相适应的地方，未能充分发挥其应有的作用，因而亟须进一步完善和优化。对于其中的多项政策，国家相关部门已经开始研究优化方案。基于此，北京市可以尝试从"两区"建设关键领域的企业面临的现实问题出发，借助国家税收优惠政策改革的契机，争取先行一步开始部分政策的改革试点。

（一）完善软件行业增值税政策，明确即征即退政策适用的"软件产品"范围

我国从1999年开始对软件产品实行增值税即征即退政策。当时的文件（财税字〔1999〕273号）规定，享受该政策的"软件产品是指记载有计算机程序及其有关文档的存储介质（包括软盘、硬盘、光盘等）"，即只有以实体产品（存储介质）为依托的软件产品才可以享受这一政策。2011年，国家对这一政策进行了完善：根据财税〔2011〕100号文件的规定，一般纳税人销售其自行开发生产的软件产品，对其增值税实际税负超过3%的部分实行即征即退政策，同时废止了财税字〔1999〕273号文件。对于软件行业来说，这一政策无疑是推动其发展的重要手段。但是，财税〔2011〕100号文件只规定了适用该政策的软件产品"是指信息处理程序及相关文档和数据"，并未对是否需要以实体产品（存储介质）为依托做出明确规定，而在实务中，很多企业仍然按照原有规定纳税，很多不以实体产品（存储介质）为依托的软件产品无法享受即征即退政策，因而承担了较多的税负。

作为我国数字经济发展的排头兵，北京市软件行业发展迅猛。另外，随着数字技术和互联网技术的不断进步，越来越多的软件产品不再依托于软盘、硬盘、光盘等存储介质，这就使得越来越多的软件产品无法适用即征即退政策，不得不承担较高税收负担。由于软件行业发展在北京市"两区"建设中有着重要地位，而且国家现行即征即退政策的规定不够明确、亟待完善，因此，北京市应明确增值税即征即

退政策适用的"软件产品"范围,将不以实体产品(存储介质)为依托的软件产品涵盖进优惠政策的适用范围。

进一步地,由于2016年全面"营改增"的实施,软件行业的一些关键的增值税政策也亟须明确和优化。一方面,增值税即征即退政策的法律依据至今依然是2011年的文件,"营改增"后并未进行更新和完善。另一方面,对于软件行业提供的不同产品或服务,"营改增"规定了不同的税目(如表1所示)。这就出现了两个问题:一是即征即退政策适用的"软件产品"与"营改增"的"软件产品"范围并不完全相同,容易引起争议;二是"营改增"规定"软件开发服务"属于软件服务不属于"技术开发",因而不能享受增值税免税政策,这就导致了软件行业增值税负担偏重。从上述角度看,软件行业的增值税政策亟待梳理和完善。北京市可以借此契机,争取将"软件开发服务"纳入免税的"技术开发"范围。

表1 软件行业增值税规定

经营行为	增值税税目	适用税率
销售自行开发生产的软件产品	销售货物	13%
受托为特定对象开发的软件	所有权在委托方,为销售软件服务;所有权在受托方,为销售货物	所有权在委托方,6%;所有权在受托方,13%
转让登记注册软件的所有权或者著作权	转让无形资产	经省级科技主管部门进行认定的,可以免税;否则6%

(二)针对部分关键领域企业,实施房产税适度减免政策

北京市"两区"建设中,除主要税种的负担外,一些关键领域的企业,特别是高新技术企业往往还面临着部分小税种税负过高的问题。其中,最为典型的是房产税。按照我国现行的房产税规定,企业自用的房产,需要以房产原值一次减除10%~30%后的余值为计税依据,按照1.2%的税率计算每年应缴纳的房产税。北京市目前规定的房产原值扣除比例为30%。尽管如此,对于一些高新技术企业和新进入北京市的企业来说,这一税种仍然是其沉重的税收负担:首先,北京市商用住房的价格一直很高,导致其房屋原值较高,房产税负担也很重,这显然不利于企业进入北京市开展投资经营活动;其次,近十余年中新设立、新进入北京市的高新技术企业比较多,而且大多需要包括办公、实验、生产等场所在内的经营用房,对房产的需求也更大,因此其经营用房的总量、原值都很高;最后,房产税不是一次性缴纳,而是每年都要缴纳,这一负担年年累积下来,对企业是一种沉重的负担。正因如此,房产税已经成为影响北京市营商环境的重要因素。

基于此,北京市在"两区"建设过程中,可以通过适当减免房产税的措施,增强城市竞争力和吸引力。但是,对这一税种的减免需要考虑以下问题:一是选择适宜的减免或补贴方式。既可以通过修订《北京市房产税实施细则》对关键领域的部分企业直接实施减免税,也可以采用财政返还或补贴的方式减轻企业房产税负担。二是减免应严格限制在北京市"两区"建设的关键领域和核心产业范围内。三是减免政策应充分考虑北京市财政的承受能力。总体而言,由于房产税属于地方税,地方政府可以作为的空间更大,房产税的减免措施相对更易于实施。

五、打造有吸引力的公共服务体系:民生服务与政策宣传

通过调研,我们发现,对于各类高端人才来说,优质的公共服务比有限的税收优惠政策更具吸引力。在现行的税收立法体制下,北京市在税收政策方面可以作为的空间有限。对税收优惠政策进行部分细节上的修改,对"人"的要素的激励作用非常小,难以形成明显优势。相比较之下,北京在教育、住房、医疗等民生服务领域的优势,对"人"的激励作用更加显著。因此,在"两区"建设中,北京市应更加注重发挥首都公共服务优势,打造更具吸引力的公共服务体系,形成营商环境良好的形象和声誉。

(一)适当降低部分民生服务"门槛",发挥首都公共服务优势

作为首都,北京市在教育、住房、医疗等民生服务领域一直具有明显的"天然"优势。但是,北京市优质的公共服务也有着较高的"门槛":作为高端科技人才或关键领域的投资人,其从外地来到北京,由于户籍等原因却难以享受到首都的多项基本公共服务(例如孩子入学、购房资格等),更难以享受到首都优质、高端的公共资源(例如孩子重点中学就学、患者三甲医院就医等)。对于这些人员,适当降低民生服务特别是优质公共资源的"门槛",比税收优惠措施的吸引力更大。基于此,北京市可以根据"两区"建设需求,对部分紧缺的高端人才和特殊人才,在教育、医疗、住房等民生服务领域,给予更加优厚的待遇。但是,实施这一措施需要注意三点:一是民生服务优待的范围要尽可能小,只适用于"两区"建设急需的高端紧缺人才,以免对社会公平带来损害;二是给予民生服务优待的方式要"因地制宜",既可以通过相对公平合理的公开方式(例如积分制),也可以采取"一事一议"的方式;三是给予优待的民生服务的类型、适用范围等关键内容,应根据情况变化随时调整,也可以对其适用期限进行一定限制。

(二)通过政府购买服务,加大优惠政策宣传力度

我们在调研中发现,一些关键的财税政策之所以未能发挥其应有作用的一个重要原因是:许多符合优惠条件的企业根本不知道某个具体的税收优惠政策和财

政补贴政策,或者不知道如何具体操作,因而未能享受到这些优惠政策。基于此,在北京市"两区"建设中,应加大财税政策的宣传力度,使符合优惠条件的企业"应享尽享",真正发挥优惠政策的作用。为此,可以通过政府购买社会服务的方式,利用行业协会、会计师事务所等社会力量,向社会广泛宣传,同时有针对性地为企业提供专业指导。

海南自贸港销售税与关境税的制度衔接问题研究

曹静韬[1]

根据《中华人民共和国海南自由贸易港法》(以下简称"自贸港法"),海南自贸港将重构岛内销售税制度,将增值税、消费税、车辆购置税、城市维护建设税及教育费附加等税费合并为在货物和服务零售环节征收的销售税。这一改革是海南建设高水平自贸港的重要一环,也是提升海南自贸港税制优势的重要举措。但是,由于货物进出境环节也涉及销售税的征、免、退问题,因此,通过科学、顺畅的制度安排,将关境税与岛内销售税制度有效衔接起来,便成为海南自贸港封关运作的一个重要前提。

一、海南自贸港关境税与销售税衔接要解决的主要问题

根据自贸港法,海南自贸港的销售税不仅将整合多个税种,而且将征税环节改为只在零售环节征收,在进口、生产、批发等环节不再征收销售税。根据海南自贸港"一线放开、二线管住"的建设原则,岛内销售税与关境税的衔接必须解决以下两个问题:一是境外货物在进出海南自贸港环节的销售税制度设计及征管安排;二是境内其他地区的货物在进出海南自贸港环节的销售税制度设计及征管安排(如图 1 所示)。

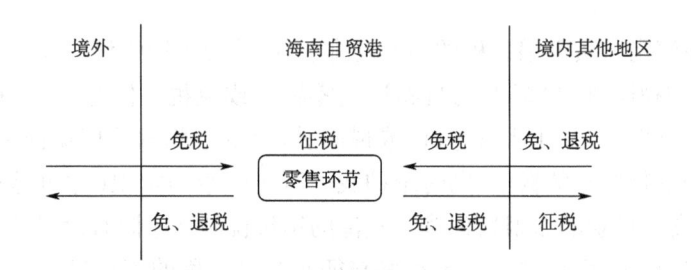

图 1 海南自贸港销售税与关境税衔接示意图

---

[1] 曹静韬,北京市哲学社会科学国家税收法律研究基地主任,首都经济贸易大学教授、博导。

按照国际通行的消费地征税原则,在出口环节,出口国免征销售税(或适用零税率)并退还在境内已经承担或缴纳的销售税;在进口环节,由进口国征收销售税。根据这一原则,在海南自贸港的"一线",货物从境外进入岛内,不仅关税要适用"零税率",而且要免征销售税;在货物离开海南自贸港到境外的环节,则需退还已在岛内缴纳或承担的销售税。而在海南自贸港的"二线",货物从国内其他地区进入海南自贸港,输出地视同出口对增值税和消费税实施免、退税政策,海南自贸港作为输入地视同进口免征销售税;货物从海南自贸港进入国内其他地区,海南自贸港视同出口实施销售税的免、退税政策,输入地则视同进口征收增值税和消费税。

从自贸港法的安排可以看出,海南自贸港的出入境销售税制度基本上遵循了上述原则。但是,要使这一安排落到实处,还需要对海南自贸港进出境环节销售税的制度安排和征收管理进行精心的设计,以真正在海南自贸港实现贸易的自由化便利化。

二、海南自贸港入境销售税与岛内销售税的衔接

根据自贸港法,在全岛封关运作、简并税制以后,对从境外进入海南自由贸易港的货物,除进口征税商品目录中的货物外,免征进口关税;对从国内其他地区进入海南自贸港的货物,同样免征关税。同时,按照消费地征税原则,无论是从境外进口的货物,还是从国内其他地区视同进口的货物,在入境环节,海南自贸港都应同时免征销售税。这是自贸港实现贸易自由化便利化的必要条件。事实上,自贸港法对简并税制、重构销售税并明确规定在零售环节征收销售税的安排,已经在客观上把入境环节的销售税排除在征税范围之外。

为做好入境环节和岛内零售环节销售税的衔接应做好以下几方面的准备工作。

首先,在海南自贸港销售税的制度安排上,明确规定销售税只在岛内零售环节征收,进口(或视同进口)环节的货物适用零税率或免税。但是,由于在全岛封关运作、简并税制以后,并非所有进口(或视同进口)的货物都适用免征关税的政策,因此,为保证货物贸易的畅通、同时维护我国既定政策的实现(这也是自贸港法设置进口征税商品目录的原因),海南自贸港的销售税制度应同时设置征收进口货物销售税的商品目录,而且这一目录最好与征收进口关税的商品目录大体一致。这样一来,不仅彻底消除了进口征税商品目录外的货物进口通关的税制障碍,而且使之与海南自贸港在零售环节征收销售税的制度安排有效衔接起来:无论是进口的货物,还是岛内生产的货物,都统一在零售环节征收销售税,既不存在重复征税问题,又降低了税收征纳成本,提高了进出口贸易的便利程度。对于在进口征税商品

目录中的商品而言,其零售环节是否应再征收销售税,则需视国家和海南自贸港建设的各项政策目标需求而定。

其次,在货物进口(或视同进口)和零售环节的销售税征收管理上,实行"双主体"的模式:对于征税商品目录内的进口货物,其进口环节的销售税仍由海关征收;对征税商品目录之外的进口货物,其销售税由税务部门在零售环节征收,但是在进口环节,海关部门仍应承担货物进口信息的传递等职责,为税务机关在零售环节征收销售税做好配合。这样一来,既有助于征税商品目录内的进口货物销售税的征管,更有利于海关对征税商品目录外的进口货物在进口通关环节实施自主报关、自助通关、不见面审批、自动审放等更加便利的服务,提高海关监管服务的效能,又可以为税务机关在零售环节征收销售税打下良好基础。显然,在这样的征收模式下,海关和税务机关的职能和工作重点都会发生巨大的变化,如何提供更优质、高效的通关服务和纳税服务将成为其未来最主要的任务。

再次,做好内地税制与海南自贸港销售税的衔接,对从境内其他地区进入海南自贸港的货物,由货物输出地实施增值税的免、退税政策。这既符合消费地征税原则,与海南自贸港进出口销售税制度实现了顺畅、有效的衔接,又是推动国内其他地区货物进入海南自贸港、促进海南自贸港与国内大市场紧密联系的关键举措。可以说,这一措施是发挥海南自贸港开放、创新"桥头堡"作用的基石。

最后,对于个人和企业进口(或视同进口)物品在岛内使用的行邮税,应并入海南自贸港的销售税,仍由海关在进口环节代征。由于行邮税是对进口物品在境内使用行为的征税,其本质上也是对货物零售环节的征税,因此,将其并入海南自贸港的销售税的做法,既合理又有必要。但是,我国现行的行邮税既包括进口环节的关税,也包括进口环节的增值税和消费税,因此,在全岛封关运作、简并税制以后,进口物品的行邮税税率应与岛内零售同类物品的税率保持一致。在行邮税的征收管理上,由于税源的分散性、多渠道等特点,出于税源管理的需要,由海关代征行邮税也是十分必要的。

此外,对于岛内企业和个人从境外或国内其他地区购买服务的行为,应在海南自贸港销售税中明确界定征税范围和免税规定,对于企业进口(或视同进口)的、用于生产过程的研发、技术、审计等服务,应排除在征税范围之外,对于个人网络会员、网站影视播放等最终消费性质的服务,应纳入征税范围。虽然服务的进口不涉及海关通关问题,但对其征收销售税有可能与货物离境的退税产生联系。

三、海南自贸港出境销售税与岛内销售税的衔接

根据消费地征税原则和自贸港法,货物和服务从海南自贸港出境,无论是将货

物和服务出口到境外,还是销售到国内其他地区(视同出口),都应采取免征销售税的政策。同时,对于已经缴纳或承担了岛内销售税的出口货物和服务来说,在出境环节还要退还其已经缴纳或承担的销售税税负,实现完全退税。这是自贸港税收制度的特点和优势之一:境外或其他地区的企业只要在海南自贸港投资设立"一头在外"的企业,就可以不用承担任何销售税负担——因为在海南自贸港,大部分进口货物都免征销售税,大部分在岛内购进且用于生产的货物和服务也因为不处于零售环节而不在销售税征税范围内。

根据承担销售税的情况不同,出境货物和服务可区分为"只免不退"和"既免又退"两种方式。一方面,对于未承担任何岛内销售税的出境货物和服务,实行"只免不退"政策。对于拥有出口资格的生产型企业来说,未承担销售税税负意味着其购进或进口原材料、服务均未缴纳销售税,且其生产的成品、半成品也未缴纳销售税,因此,其出口货物只享受免税政策,不必退税。对于外贸型企业和服务型企业来说,同样如此。另一方面,对于承担了海南自贸港销售税的出境货物,实行"既免又退"政策。出口货物承担岛内销售税包括多种情形:对于进口征税商品目录中的进口原材料缴纳的销售税,可凭海关报关单退还进口环节的销售税;对于从境外或境内其他地区购进的服务或从岛内购进的原材料、产成品或半成品已经缴纳的销售税,可凭税务机关的完税凭证退还已纳销售税。之所以列举上述情形,是因为海南自贸港销售税的重构面临着一个重大难题:如何确定据以征税的零售环节?这一难题使得销售税面临着较大的"误伤"生产环节的可能性。对于在进口、生产、批发等环节已经承担销售税的出口货物和服务,不仅应免征出口环节的销售税,而且应退还其已经承担的岛内销售税,才能实现完全退税。

对于从海南自贸港进入境内其他地区的货物和服务来说,还需要做好海南自贸港销售税与内地税制的衔接。对海南自贸港来说,出境货物和服务需要实现完全退税,而对于货物和服务的输入地来说,则需要由其海关征收进口环节的关税、增值税和消费税(适用于货物;自贸港法和其他法律法规规定的免税货物除外),或者由其税务机关征收增值税(适用于服务)。这既是消费地征税原则的体现,也是避免海南自贸港与国内其他地区经济联系过程中税收流失的重要措施。

需要说明的是,根据自贸港法,并不是所有出境的货物都免征关税。对于部分征收出口关税的货物,其出口环节既不免征销售税,也不退还已经承担的岛内销售税。其出口环节的关税和销售税均可由海南自贸港海关负责征收。而货物和服务的离境退税工作则应由税务机关主导实施。

此外,对于境外和境内其他地区的企业和个人的行李物品和邮快件物品离开海南自贸港时,不适用销售税的退税政策。但是,对于境内其他地区的个人的行李物品和邮快件物品离港进入内地时的行邮税,考虑到税源的分散性、渠道的多样性特别是征管的便利性，应由海南的属地海关完成其征税工作，行邮物品在履行纳税义务后再进入内地。海关开展出港物品监管，对于搭乘前往内地的航班、轮船的旅客行李物品以及寄递前往内地的邮快件物品，执行出港申报和查验，在自用合理数量内，对旅客和邮快件寄件人征税。对于目前实施的离岛免税制度，因大多数进口消费品实行零关税，在自贸港封关运作后应予以废止，改为对"二线"行邮物品适度放宽监管限制和免税额。

横琴粤澳深度合作区流转税政策研究

曹静韬[①]

为全面贯彻落实习近平总书记关于粤澳合作开发横琴的重要指示精神,丰富"一国两制"实践的重大部署,中共中央、国务院印发了《横琴粤澳深度合作区建设总体方案》(以下简称"总体方案")。根据总体方案,横琴粤澳深度合作区(以下简称"横琴深合区")建设的目标主要是便利澳门居民生活、促进澳门经济适度多元发展、构建与澳门一体化开放体系,以支持澳门更好融入国家发展大局。为了实现上述目标,总体方案要求横琴深合区率先在改革开放重要领域和关键环节大胆创新,推进规则衔接、机制对接。其中最重要的一环就是税收制度的衔接。总体方案对横琴深合区的所得税政策做出了安排,但未对其流转税政策进行明确。从目前澳门居民生活、经济发展的现实需求出发,我们认为,横琴深合区应该实施流转税免税政策——特别是增值税和消费税的免税政策。这既是澳门居民生活、经济发展的必然要求,也是内地和澳门实现规则衔接的重要内容。

一、免征流转税是实现总体方案各项目标的必需政策

为了推动澳门长期繁荣稳定和融入国家发展大局,总体方案将横琴深合区定位于服务澳门、实现与澳门一体化发展,并将横琴深合区建设的具体目标概括为便利澳门居民生活、促进澳门经济适度多元化和构建与澳门一体化开放体系三个方面。从澳门当前发展的状况以及流转税的特点来看,横琴深合区建设要真正实现这三个方面的目标,就要求在横琴深合区实行流转税免税政策。

(一)流转税免税政策是便利澳门居民生活目标实现的必要前提

为了解决澳门居民生活面临的现实问题,总体方案将"营造趋同澳门的宜居宜业生活环境"作为横琴深合区建设的首要目标。一直以来,澳门由于地少人多,居民在住房、交通、环境等方面都面临着发展空间受限、生活条件窘迫的困境。为解决这一问题,这一届澳门特区政府将解决居民住房问题作为重中之重。在中央的精心部署和大力支持下,横琴深合区的建设为澳门特区政府解决居民住房问题提

[①] 曹静韬,北京市哲学社会科学国家税收法律研究基地主任,首都经济贸易大学财税学院教授、博导。

供了一个新的机遇。目前,澳门特区政府已经开始着手在横琴深合区投资建设经济适用房,预期可以解决20万到30万澳门居民的住房困难问题。这无疑是推动便利澳门居民生活目标实现的最重要举措。

但是,这一举措能否实现既定目标,还面临着一个非常重要的问题:流转税税负问题。根据澳门特区政府的调查,对于是否愿意在横琴深合区居住,澳门居民普遍存在着"横琴深合区征收流转税、导致物价较高"的担忧。如果因为担心物价高、生活成本高而使得大部分澳门居民不愿意搬到横琴深合区居住,不仅澳门特区政府在横琴深合区建设经济适用房的投资会白白浪费,总体方案的建设目标更是难以实现。

澳门居民的这一担忧不无道理,因为增值税、消费税等流转税的税负最终均由消费者承担。换句话说,流转税负担的高低,影响着物价水平的高低。而在澳门的税制中,一直没有征收流转税,因此,其最终消费的商品和生活服务的价格一直都很低。但是,横琴深合区一直适用我国内地的税制,不仅征收增值税,而且征收消费税,这些税负随着生产、批发、零售等环节最终转嫁给消费者,导致物价水平相应比较高。

因此,要真正使横琴深合区成为吸引澳门居民的宜居生活地点,一个不可或缺的前提就是在横琴深合区实施流转税免税政策。这既是澳门特区政府斥巨资在横琴深合区建设经济适用房以真正解决澳门居民住房困难的基础,更是中央建设横琴深合区以真正实现便利澳门居民生活目标的必要之举。

(二)流转税免税政策是澳门经济多元化目标实现的关键支撑

为解决澳门经济发展中面临的现实问题,推动澳门经济的可持续发展,总体方案将"大力发展促进澳门经济适度多元的新产业"作为建设横琴深合区的另一项重要目标。澳门是一个外向型的微小经济体,博彩业一业独大,且内部经济运行能力有限。但是,自新冠疫情暴发以来,来澳旅客人数大幅减少:2019年,澳门入境旅客人数为3 940万人次,2020年下降85%;2021年比2019年下降80.4%。受此影响,澳门经济连续大幅滑坡:2019年GDP为4 455亿澳门元,2020年下跌54.1%;2021年比2019年下跌46.2%。经济发展的滑坡导致了澳门失业率上升:失业率从2019年的1.7%,上升到2020年的2.5%,2021年升至2.9%,2022年近期的失业率更达到3.5%,本地居民的失业率为4.5%,对社会民生影响十分重大。

正因如此,在着力解决澳门居民生活问题的同时,总体方案也将横琴深合区建设的目标瞄准了澳门经济的可持续发展问题。为解决澳门产业结构单一、抵御风险不足的问题,总体方案提出了促进澳门经济适度多元的战略部署,并结合澳门经济的特点,将科技研发和高端制造产业、中医药等澳门品牌工业、文旅会展商贸产业、现代金融产业等新产业作为横琴深合区建设的主导产业,期望以其推动澳门经济发展,增强澳门抵御经济风险的能力。

为实现这一目标,总体方案安排了一系列政策措施,税收政策也是其中的重要内容。但是,总体方案只规定了横琴深合区的企业所得税和个人所得税优惠政策,却没有明确其流转税免税或优惠政策。由于科技研发、高端制造、文旅会展、现代金融等产业的流转税税负往往很难转嫁给最终消费者,其最终可能会由企业来负担,成为企业的经营成本。这意味着,横琴深合区的这些产业仍将面临较重的流转税负担。而作为横琴深合区发展的重中之重,这些在合作区内投资设立的新产业往往更需要得到税收政策的支持,从长远来看,要使横琴深合区成为推动澳门经济适度多元化、实现澳门经济可持续发展的重要动力和源泉,实施流转税免税政策不仅是其前提和基础,更是其不可或缺的重要政策支撑。

(三)流转税免税政策是建设一体化开放体系的重要内容

澳门经济一直是开放型经济,在投资、消费等方面对中国内地和境外有着较强的依赖性。而总体方案正是根据澳门发展的这一特点,将横琴深合区与澳门一体化开放体系的建立作为一项重要目标。为此,总体方案对进出横琴深合区的货物设置了"一线放开、二线管住"的关税政策。根据这一政策,对从澳门进出横琴深合区的货物,除不予免(保)税货物清单之外的货物外,均实施免征关税政策。这对于横琴深合区与澳门税收政策的融合、一体化开放体系的建立具有非常重要的意义。

但是,由于横琴深合区仍然征收流转税,因此,对于从澳门进入横琴深合区的货物、境外经澳门进入横琴深合区的大部分货物,在进口环节虽然免征关税,但仍需要征收增值税和消费税。从这个角度来看,增值税和消费税成了澳门货物进入横琴深合区、境外货物经澳门进入横琴深合区的第二道"门槛"(关税为第一道"门槛")。这显然不利于货物在横琴深合区、澳门和境外之间的自由流动,成为实现横琴深合区与澳门一体化开放体系建设的重要障碍。同时,这也意味着横琴深合区和澳门在税收政策上没有实现有效的衔接和真正的融合。

因此,在横琴深合区实行流转税免税政策是建设与澳门一体化开放体系的重要内容,也是促进横琴深合区和澳门规则衔接、制度对接的关键环节。只有实行流转税免税政策、使横琴深合区和澳门的流转税政策保持一致,才能真正建立起一体化的开放体系。从这个角度来看,在横琴深合区实行流转税免税政策势在必行。

二、免征流转税是"一线放开、二线管住"下两地税制衔接的必然选择

为了保障横琴深合区各项建设目标的实现,总体方案要求横琴深合区率先在

改革开放重要领域和关键环节大胆创新,推进规则衔接、机制对接,以打造具有中国特色、彰显"两制"优势的区域开发示范。其中,税收政策的衔接是横琴深合区和澳门规则衔接的重要内容。为此,总体方案根据国际税收规则和横琴深合区及澳门的实际情况,明确了企业所得税和个人所得税的优惠政策,迈出了两地所得税规则衔接的第一步。但是,对于两地流转税规则的衔接,总体方案没有做出安排。要实现横琴深合区和澳门的流转税规则衔接,需要将国际税收规则、建设横琴深合区的特点以及"一线放开、二线管住"的战略安排结合起来:在三者有效结合下,两地税制的衔接与融合,应朝着澳门流转税制度的方向倾斜,实施免征流转税政策——这是横琴深合区与澳门流转税制度衔接的必然选择。

(一)"一线放开"下内地增值税的特点要求横琴深合区免征流转税

根据世界贸易组织(WTO)确定的消费地征税规则,在国际贸易中,一般由进口国在货物进口环节征收增值税、消费税等流转税,出口国则需要对出口货物实施流转税的退税政策。我国内地、澳门的流转税制设计同样遵循了这一规则:对进口货物征收流转税,对出口货物退还流转税。根据这一规则,一方面,当澳门的货物或境外货物通过澳门进入横琴深合区时,需要征收增值税和消费税,这无疑加重了进口货物的税收负担。另一方面,也是更为重要的,当横琴深合区的货物出口到澳门或者境外时,需要退还出口货物已经承担的增值税和消费税。但是,由于横琴深合区与内地的增值税制度一样——存在多档税率,而且购进原材料的税率往往会高于销售货物的税率——因此经常会出现超额退税的情形。这不仅不会为横琴深合区带来任何税收收入,反而会因额外退税导致财政负担增加。而且,由于出口的不同货物规定了不同的退税率,这也会增加退税的行政成本。即便如此,也不一定能实现完全的出口退税。这使得横琴深合区出口货物在国际市场上的竞争力大打折扣。

显然,横琴深合区征收流转税,既不能实现两地流转税的衔接(因为澳门不征收流转税),也不能使"一线"完全放开、形成一体化的开放体系,而且不利于提升横琴深合区与澳门的国际吸引力和竞争力。在这种情况下,在横琴深合区实行流转税免税政策就成为实现总体方案建设目标的必然选择。

(二)"二线管住"下服务澳门的特征要求横琴深合区免征流转税

根据总体方案对横琴深合区"二线管住"的安排,从内地进入横琴深合区的货物,视同出口免征关税,同时退还出口货物已经承担的增值税和消费税。显然,这与WTO确定的国际税收规则是一致的。在此基础上,考虑到横琴深合区"服务澳门"的特征以及主要依赖内地支持的特点,免征流转税依然是横琴深合区的必然选择。

一方面,从横琴深合区与澳门税收制度的融合方向来看,由于总体方案强调了横琴深合区的"服务澳门"特征,因此,两地税制的融合也应遵循这一要求,采取有利于服务澳门的方式。从两地的流转税政策来看,澳门一直不征收流转税,而横琴深合区却征收流转税。在"二线管住"背景下,内地货物进入横琴深合区需要缴纳流转税,而内地货物进入澳门则不需要缴纳流转税。这显然很难发挥横琴深合区"服务澳门"的作用。而从这一特征出发,两地流转税制度的融合应更侧重于使之向着澳门税制的方向趋同,实施不征收流转税的政策。

另一方面,从横琴深合区建设的主要支撑来看,要解决澳门经济发展、居民生活等面临的当务之急,内地将是其最强大、最重要的支持来源。而根据总体方案"二线管住"的安排,内地货物进入横琴深合区,仍需要缴纳增值税和消费税。这些税收最终将转化为企业的成本或消费者的负担,这不仅不利于横琴深合区吸引内地的资金、人才等生产要素发展新产业、实现产业适度多元化,而且也不利于降低物价、形成对澳门居民的强大吸引力。因此,从"二线管住"角度考虑横琴深合区与澳门流转税制度的衔接,实施流转税免税政策是最为有利的选择。

三、实施流转税免税政策具有明显的可行性

从实施来看,在横琴深合区实行流转税免税政策具有明显的可行性:其对财政的影响非常小,对经济、社会的积极影响却非常大,因而具有明显的经济性;其与关境税的衔接非常简单,且管理十分便利,具有很强的可操作性。

(一)流转税免税政策具有非常强的经济性

如前所述,在横琴深合区实施流转税免税政策对于其各项目标的实现来说,具有十分重要的意义。此外,这一政策对于提升澳门发展的信心、提高澳门特区政府和人民对国家的凝聚力、提升其国际竞争力都有着积极的影响。不仅如此,在横琴深合区实施流转税免税政策对财政的影响也非常小。从近几年横琴深合区的财政收入结构来看,免征流转税对其财政的影响并不大,完全可以支持其财政的正常运行。而且,进一步而言,随着免征流转税政策效果的逐渐显现,横琴深合区的经济发展、消费水平都会逐渐提高,这反过来会壮大税源,提高税收收入。从这个角度来看,免征流转税政策的利远大于弊,具有非常强的有效性。

而从总体方案"推动合作区深度对接澳门公共服务和社会保障体系""支持澳门更好融入国家发展大局"等要求来看,在横琴深合区实施流转税免税政策,也是推进两地企业税负公平、居民生活成本趋同因而推动两地经济、社会不断融合的重要举措。从这个意义上说,免征流转税政策既是横琴深合区在税收制度上的开拓创新,也是实现总体方案根本目标的强大动力。

（二）流转税免税政策与关境税的衔接非常简单

在横琴深合区实施流转税免税政策，在政策设计上较为简单：既可以对所有货物和服务免税，也可以与关税的免税范围一致，采取负面清单的做法，对负面清单之外的货物和服务免税。这两种方法的政策设计都十分简单。同时，根据总体方案"一线放开、二线管住"的具体安排，在与关境税的衔接上，免征流转税的政策设计也比较简单：

在澳门货物进入横琴深合区的"一线"进口环节，在免征关税的同时，也免征增值税和消费税（负面清单内的货物除外）；在横琴深合区货物进入澳门的"一线"出口环节，由于深合区内免征流转税，因此也无须退税。

在内地货物进入横琴深合区的"二线"，视同货物进口，深合区免征进口环节的增值税和消费税，由内地出口方所在地实施出口货物增值税和消费税的退税；在横琴深合区货物进入内地的"二线"，视同货物出口，由于深合区内免征流转税，因此无须退税，但是在进口方所在地，需要按照内地税法要求，征收进口环节的关税、增值税和消费税。

对于进出口各类服务的流转税处理，参照进出口货物的规定处理，进口环节免征流转税，出口环节也不退还流转税。

（三）流转税免税政策的管理非常便利

由于免征流转税政策及其与关境税的衔接较为简单，因此，其征收和管理也非常便利。具体可以分为如下几种情形：

对于在横琴深合区内销售的货物或服务，如果免征流转税的政策适用于所有货物和服务，则税务机关只需做好纳税人的登记、管理和服务即可。如果免税政策并未涵盖所有货物和服务，税务机关还需要承担应征流转税货物或服务的征管工作。无论哪种情况，税务机关的管理程序都会大大简化，工作量和征收成本也都会明显降低。

对横琴深合区货物进出境外的情形，对负面清单内的进口货物，由海关在征收进口关税时一并征收增值税；对负面清单外的进口货物及出口货物，海关做好监督、管理和服务工作即可。

对内地货物进入横琴深合区的情形，海关做好关税的征收、管理和服务工作即可，无须征收增值税和消费税。但是，出口方所在地需做好增值税和消费税的出口退税工作。对横琴深合区货物进入内地的情形，横琴深合区无须退税，但进口方所在地海关需要征收进口关税、增值税和消费税（总体方案规定的免税货物除外），并做好监督、管理和服务工作。

综上可以看出，在横琴深合区免征流转税在管理程序上非常便利，行政成本也较低。这反过来会推动横琴深合区税务和海关等部门将工作重点逐渐转移到服务上来,这对于横琴深合区管理效率的提升也大有裨益。

我们认为,横琴深合区的建设是澳门、横琴双赢的大好事,既为澳门打开了改善生活环境、多业发展的空间,也为横琴的繁荣发展提供了机遇。而免征流转税是关键,是澳门健康可持续发展的保证。基于此,我们建议横琴深合区实行免征流转税的政策。

中国注册税务师行业立法问题研究

阮家福　王　玉[①]

我国的注册税务师是一个快速发展的行业,它经历了曲折的发展历程,已经成为国家税收事业不可或缺的社会型管理力量。2014年国务院取消了注册税务师的职业资格许可,将注册税务师由职业准入类调整为职业资格许可,由于没有明确的法律法规去规范税务师行业,税务师行业的业务变得不明确,而注册税务师行业的涉税服务、涉税鉴证两大服务,特别是涉税鉴证服务专业性强、涉及国家的重大利益,是有很高的门槛的。但是在注册税务师行业中鱼龙混杂,会计师事务所可以做,律师事务所也可以做,甚至规模很小的代账公司也接受此类业务,造成纳税人在纳税过程中出现很多问题。这严重影响了注册税务师行业的发展。因此,注册税务师行业急需国家立法来规范行业健康发展。

一、中国注册税务师行业发展现状

据相关统计,截至2020年,我国有320多万人次报考了注册税务师,并有21万人成功取得注册税务师资格。税务师事务所的数量从2011年的4 667家发展到2020年的6 100家,10年间增加了将近1 500家事务所,2022年我国中税协认定的AAAAA级税务师事务所已经达到38家、AAAA级税务师事务所也超过36家,这都体现出我国税务师行业发展表现出很大的潜力。虽然发展势头很猛,行业规模不断扩大,但是仍处于发展初期,由于没有明确的行业立法,市场处于无序竞争状态,仍面临着许多制约行业整体发展的问题。

二、中国注册税务师行业法律法规存在的问题

(一)法律体系不规范

目前我国有关注册税务师行业的法律规范是以部门规章的形式出台的,法律级别太低,权威性不够,严重影响其执行的效力。现阶段,规范注册税务师行业的

[①] 阮家福,湖北经济学院教授。王玉,湖北经济学院硕士研究生。

法律法规主要包括:明确税务代理人法律地位的《税收征收管理法》第八十九条"纳税人、扣缴义务人可以委托税务代理人代为办理涉税事宜";《注册税务师管理暂行办法》对注册税务师行业重大基本问题作出的规定;明确注册税务师、税务师事务所资格认定、业务范围、权利义务等内容的规章制度;以及规范和指导注册税务师开展业务的几项执业准则。所以,税务师行业的法律依据层级最高的是《税收征收管理法》第八十九条,这远远达不到规范一个行业的目的。

(二)行业法律地位不明确

由于很多税务师事务所是从当地的税务稽查局分离而来的,很多原税务局的干部或其他工作人员都在税务所任职,这就导致部分税务局指定税务代理、不依法履行征税职责。税务师事务所应当帮助纳税人合理避税,同时要维护国家的利益。但现实中大多数税务师事务所接受委托是为了帮助纳税人少交税、不交税,造成国家税收流失。这些不规范的问题对注册税务师行业发展的危害无疑是重大的,而根源就是税务师行业的法律地位不够明确。

(三)行业立法滞后

注册税务师行业所匹配的法律法规层级较低,目前的法规体系主要以"暂行条例""试行办法"等规范性文件为主,例如现行的规范性文件《注册税务师执业资格考试实施办法》《注册税务师资格制度暂行规定》《注册税务师管理暂行办法》,这些层级本身就不高,而且有的过于笼统、不好操作,显然不适应行业的快速发展。注册税务师在立法方面的约束力及违规的惩罚力度远不及注册会计师和律师行业,并且国务院又取消了注册税务师的资格许可,降低了社会公众对注册税务师职业资格的认可度。由于缺乏行业的明确立法,注册税务师行业与注册会计师和律师行业相竞争受到限制。

三、加快中国注册税务师行业立法的必要性

(一)纳税人需要注册税务师的专业服务

税务师行业与注册会计师以及律师行业明显不同,由于国家税收政策是紧跟经济发展动态调整而变化的,普通纳税人对于晦涩难懂、变化频繁的税收政策是很难理解到位的,仅仅依靠会计师事务所和律师事务所提供的涉税服务是不够的。他们的主业并不是提供涉税服务,所以未必能够紧跟时势去研究税收政策的变化。此外,由于注册税务师行业的无序竞争,许多机构为了拿到业务恶性压价,使得纳税人缺乏选择涉税服务机构的经验。

目前我国的税务师事务所仅有6 000多家,而我国的民营企业数量有4 400多万户,可见市场的需求是非常大的,纳税人的需求日益增长。面对经济的快速发

展,现在很多企业需要的不仅仅是税务代理服务,而是多元化的涉税鉴证业务,企业需要在他们所处的具体行业少踩政策的红线和底线,规避涉税风险。这种在依法合规的前提下进行的纳税安排与筹划,是纳税人最急需的。

(二)注册税务师行业立法符合建设法治中国的要求

纳税是公民的义务,而公民要做到全面准确理解以及及时正确履行纳税义务是很难的,作为企业和公民的纳税人需要专业人员的帮助。党的十八届三中全会提出了我国全面深化改革的目标,即推进国家治理体系和治理能力的现代化。而财政在深化改革过程中处于重要地位。企业和公民的纳税义务需要专业人员的保障,这也是注册税务师的重要使命。在注册税务师职业资格考试中,有会计知识和相关法律的考试,因而既懂会计又懂法律的复合税务代理人才是国家治理现代化急需的。

纵观世界各国对税务代理的界定,他们的存在都是以保障纳税人纳税、实现国家税收为使命。注册税务师要按照法律和职业规范,做到公正独立地谋求税法义务的合理实现。所以,注册税务师在推进国家法制建设进程中具有重要的作用,注册税务师的职业准入也应当设置相应的门槛。对于这样一个特殊的技能,国家更应当加快行业立法,坚持开放式税务代理。另外,注册税务师是税法领域的高级专家,对注册税务师资格考试也应当有更高的要求和规定。

(三)注册税务师行业的特殊性要求加快立法

实现税收管理的现代化,不仅需要专业的涉税服务团队,还迫切需要行业立法保障。随着近年来税收收入不断增长,税收流失现象也日趋严重。例如,薇娅被爆出偷税漏税并处罚款13亿元。从更多的企业不合理避税现象来看,我国的税收监管依然存在很大的缺口,迫切需要高质量的涉税专业服务。高质量高水平的涉税专业服务不仅可以帮助税务机关提高监管效率,降低税务机关的征税成本,还能够提高纳税人的纳税意识,降低纳税人的涉税风险。

注册税务师业务包含鉴证业务和非鉴证业务,其中鉴证业务具有行业的特殊性。一般服务行业的业绩是与服务质量挂钩的,服务质量越好,往往客户也更多。而鉴证业务解决的是税务机关和纳税人两方的关系,不仅代表纳税人的利益,还涉及国家的利益。注册税务师定位于为税收征管秩序服务,是律师和会计师都不具备的。另外,注册税务师与注册会计师知识侧重点大不相同,注册会计师六门科目中只有一门与税法相关,而注册税务师中税法知识占比达到了60%,并且相关税法考察更为细致。所以,注册税务师更具专业性和可信度。而且注册会计师的职业目标是给投资者提供更有可信度的财务报表以及为企业决策提供有用的信息,对于税法上的审查没有更加细致的检查要求。而注册税务师的职业目标是检查税务处理是否合法合规,对税法审查一定是面面俱到的。正是因为注册税务师行业的特殊性,更应当有明确且独立的法律地位。

(四)数字经济的发展需要加快注册税务师行业的立法

随着数字经济的不断发展,纳税人对服务便捷性要求强烈,需要加快立法引领税务师等涉税专业服务改革。在数字经济背景下,有很多新型的商业模式出现,使得交易方式更加灵活。出口贸易占我国经济比重较大,跨境电商是出口业务的主要载体,涉及税收管辖、利润归属问题,导致税收遵从度也极大降低,这也是税收的一大漏洞。因此,亟须专业机构为这些企业提供专业的辅导,避免因后续税务检查而增加涉税风险。数字经济将打破税务层级制管理,提高纳税人对涉税专业机构的服务的期望值,因此,涉税专业服务立法需要与时俱进,作出适应性变革,以立法引领涉税专业服务改革进程。

四、完善中国注册税务师行业法律体系

(一)提升法律层级

作为社会涉税服务机构和监督体系中的重要组成部分,注册税务师行业还没有明确的立法规范,税务师行业发展至今仍缺乏法律的保障和依据。我国关于注册税务师行业最高层级的立法就是部门规章,例如《注册税务师资格暂行规定》《注册税务师资格考试办法》,行业权威性不高,大众对于此行业的认可度低,制约了注册税务师行业的发展。因此,应当参照《中华人民共和国注册会计师法》和《中华人民共和国律师法》,制订中华人民共和国注册税务师法。

另外,建立法律依据也可以参考国外的立法。日本是最先实行注册税务师制度的国家,在1951年就颁布了《税理士法》,从法律上正式确立了"税理士"制度。而后韩国也受日本的影响,在1961年出台了《税务士法》,同样以明确的法律形式来规范该行业。日韩等国家的相关法律,顺应国家的管理体制,把政府管理与行业自律的双重管理落到了实处。

(二)明确法律地位,提升税务师事务所的准入门槛

注册税务师行业是社会中介机构,应当保持应有的独立性。虽然税务师事务所的设立需要经过税务机关的批准,但不应当受到税务机关的相关利益影响。独立性是注册税务师职业道德的核心原则。而我国的注册税务师行业受历史背景以及管理体制不完善等因素的影响,注册税务师职业的独立性相对来说较弱,并不能做到真正的独立。我国应结合税务代理实际发展情况,尽快制定注册税务师法,明确注册税务师的法律地位,规范行业发展。

同时,税务机关应当严格审核税务师事务所的相关资质,保证满足注册税务师人数以及执业能力的要求,同时明确和规范市场准入。对于未经税务机关批准的

事务所、财务咨询公司不按规定的标准收费,扰乱市场秩序,胡乱承接涉税专业服务,尤其是涉税鉴证业务,要予以的严厉惩处。

(三)明确税务师行业的监管与惩戒力度

有些国家是由税务部门来监管税务服务行业的,例如,在日本有专门的部门负责税理士行业的监管,美国也有相应的部门负责对涉税服务违规的调查与处理。我国也应当通过立法来明确税务师行业的监管和治理渠道。同时,参考日本、美国的做法及我国注册会计师的相关条例设置关于税务师违法违规业务的惩戒条例。

(四)建立公务员回避制度

目前我国很多税务师事务所的执业人员是税务局离职或退休人员,个别国家公务员可能会钻空子利用职权为自己谋取私利。所以,应当建立公务员回避制度来限制其在税务师事务所的任职。日本对税务代理人员的规定是离职后一年内不得执行在其任职时处理的税理士业务。美国也有相应的公务员回避制度:州政府官员、雇员任职时处理的州政府相关的涉税业务,或者取得了相关的信息的,不得从事税务代理业务。我国税务师行业起步较晚,与国外的发展相比不是很成熟,最早一批税务代理人员就是税务机关的干部。虽然1999年国家行政体制改革,对税务代理行业进行了整顿,但是目前税务师事务所与当地的税务机关依然存在着千丝万缕的联系。因此,建立公务员的回避制度迫在眉睫。在具体实施过程中,要对担任税务代理的注册税务师进行背景调查,包含之前的任职单位、任职年限及处理过的案件等。

(五)重点关注区块链和数字技术对注册税务师行业立法的影响

随着信息化快速发展,很多地方税务机关已经将涉税信息的软件开发和应用嵌入税务征管中。利用区块链、大数据的相关技术不仅能够提升纳税信息的透明度,还能提升征税的工作绩效。相应地,涉税服务机构也应当利用大数据、区块链技术来提升业务能力,以便 客户及时处理涉税事项,进而提升工作效率。因此,将数字信息化的技术纳入注册税务师行业的立法中也符合时代发展的需求,这不仅有利于注册税务师行业,对纳税人以及税务机关来说也更加便利。

参考文献

[1]卫雪鸥.我国注册税务师行业法规体系建设问题研究[D].北京:首都经济贸易大学,2014.

[2]蔡昌,李长君.推进税务师行业立法 开创税收治理新局面[J].注册税务师,2021(1):30-34.

[3]佟钧.推进税务师立法进程 促进行业高质量发展:访全国政协委员、中国

注册税务师协会副会长、四川省新的社会阶层人士联谊会会长、尤尼泰税务师事务所有限公司总裁蓝逢辉[J]. 注册税务师,2022(4):5-9.

[4]钟瑞轩. 注册税务师立法迫在眉睫[J]. 注册税务师,2014(9):8-12.

[5]张松,刘晓辉. 税务师行业立法研究[J]. 注册税务师,2016(3):62-64.

[6]苏强. 中、日、韩等国注册税务师制度分析与比较[J]. 税务研究,2005(11):74-76.

中国减税目标实现方式研究

阮家福　钟　雯[①]

一、研究背景及意义

2008年爆发的全球性的金融危机,使世界各国的经济发展都受到了巨大的影响。我国自然也不例外,各种经济指标都出现了下降的情况,同时也暴露了之前靠投资、消费和出口"三驾马车"拉动经济增长的弊端。为此,我国政府首先是启动了四万亿投资计划,以此来拉动内需,紧接着开始了一系列的税收改革,出台了许多减税降费的政策。这些政策不仅帮助了我国企业应对金融危机,对我国经济的稳定、健康及可持续发展也具有巨大的作用。资料显示,这些政策在2009年大概降低税负5 000亿元。2010年以后,尽管我国基本已经从金融危机中走出来,但经济发展速度还是明显低于金融危机之前。因此,2010年的《政府工作报告》中提出,要进一步实施减税政策,坚持"简税制、宽税基、低税率、严征管"的基本原则。2011年,中央经济工作会议正式提出要实施结构性减税政策,希望以此来调整中国的经济结构。从2014年开始,为了振兴经济,我国出台了一系列积极的财税政策。习近平总书记首次提出了供给侧结构性改革,我国的经济发展也由此进入了新的阶段。2015年和2016年,我国继续实施积极的财税政策,实行普遍性降税和结构性减税。2017年李克强总理在人大会议上提出,政府当年将继续减少3 500亿元规模的企业负担,一定要让市场有切身的感受,使得"减税降费"再次成为人们热议的话题。2018年减税降费的规模约为1.3万亿元,超额完成任务,减税降费的政策十分有效。

在进行宏观调控时,最有效的手段莫过于减税降费,而在供给侧结构性改革的背景下,该手段也越来越频繁地被使用。目前,在经济出现下行压力、中美出现贸易摩擦的背景下,减税降费有利于激发市场活力、优化资源配置、完善税制结构,同时对稳增长、保就业、调结构均能发挥积极作用。

[①] 阮家福,湖北经济学院教授。钟雯,湖北经济学院硕士研究生。

二、文献综述

(一)减税概念的界定

关于减税概念的界定,安体富教授认为,中国的减税属于结构性减税,也就是说减税和增税是同时进行的。2008年的中央经济会议第一次提出要实行结构性减税,这个新提出的概念还没有明确的定义,学术界的专家们也对此有各自不同的理解和看法。金融危机爆发之后,全球经济都面临巨大的挑战,同时也存在新的机遇,为了更好地度过这次危机,我国的减税政策更多地将重点放在了如何通过结构性减税来优化税制结构上,并期望以此来促进我国经济的发展。廖强和李大明(2004)分析研究了1998年扩大内需的政策,认为结构性减税是调整结构、有增有减的税收政策,只要方向不错、力度适中,就可以实现经济增长、财政增收和税制完善的良性互动。

(二)减税的目的

对于减税和经济增长之间的关系,凯恩斯学派在很久之前就对此进行了研究,并得出结论,减税和经济增长呈现负相关,提高税收会减缓经济增长,而减少税收可以加速经济增长。所以,国家可以通过税收政策的调整来对社会经济进行宏观调控。供给学派也同意凯恩斯主义的理论观点,认同通过减税来促进经济增长,因为他们发现较高的边际税率会降低经济的增长速度,经济增长和边际税率的增长呈现反方向变化。以Chamley为代表的新古典学派认为,取消对企业所得征收税款,可以使经济达到最大的增长率。为了促进中小企业的发展,西米恩(2009)对政府提出了许多建议,希望政府可以出台仅为中小企业制定的税收优惠政策,加大减税力度和对中小企业的扶持力度,并且努力为中小企业创造一个良好的社会环境,使之能够更好地发展和成长。邱峰(2012)认为,在财政总收入急速增长的有利条件下,应该不断地扩大结构性减税的范围,并且适当提高减税的力度,结合其他的扶持措施,帮助中小企业走出困境。中国社科院高培勇认为,结构性减税的主要内容还是减税,而"减税"和"结构性"这一全新的组合里还包含有更多的经济意义。高培勇还表示,结构性减税的主要目的应该是拉动企业投资和居民消费,扩大社会的消费需求。

(三)减税的实现方式

我国的"营改增"政策主要因为是普遍减税,所以能够在很短的时间里被广泛接受并全国推行,该政策主要是以促进服务业转型升级为突破口而展开的。丁金环(2010)研究了2008年金融危机以后的减税政策,提出增值税的减税政策同时减轻了百姓和企业的负担,并且从宏观和微观两个方面研究了该政策产生的影响。

魏升民、向景(2017)表示,我国小微企业承担的税费均很重,想要减轻它们的税负必须从我国目前的经济形式和增值税税制这两方面入手。于树一、严坤(2018)表示,在减税降费政策不断推进的情况下,其减税效果呈现出了递减的态势,加之国际减税浪潮的盛行,认为减税政策的力度还不够,需要不断扩大政策的力度和范围。但在现实中很难在降低宏观税负上采取什么措施,可以考虑将宏观税负分解开来,分别从市场主体各个方面的负担来采取相应的减税降费措施。

三、减税目标实现方式的理论基础

(一)供给学派理论

供给学派,又叫供应学派,该学派认为"供给创造需求"。这个理论的主要观点是劳动力和资本等生产要素的供给有效性在很大程度上影响着一个国家的国内生产总值(GDP),其中对于企业和个人来说,其目的是通过提供生产要素以及从事相关生产经营活动来得到相关报酬。该理论认为,应充分调动自由市场的自主功能,自动调节生产要素的供给;而政府税收应该只是作为一种刺激供应、生产与收入的工具。拉弗曲线是美国供给学派经济学家拉弗提出的,是供给学派用来说明政府税收收入和税率之间关系的重要工具。供给学派通过该曲线清晰而明了地分析了二者之间的关系,并提出经济发展受到税收政策影响的思想。拉弗曲线的横轴代表政府制定的税率,纵轴代表政府税收总收入,由图1可以看出:当税率=0时,税收收入总额是0;当税率=100%时,税收收入总额也为0。税收收入只在一定限度内,随着税率的提高而增长,超过这个限度后,税率的增长不仅不会带来税收收入的增加,甚至会导致税收收入的减少,打击市场主体的积极性,得不偿失。而图1中的A点就是分界点,A点之前税收随税率的增加而增加,A点之后税收随税率的增加而减少。所以,供给学派的观点是不断地提高税率不一定就能获得最高的税收。

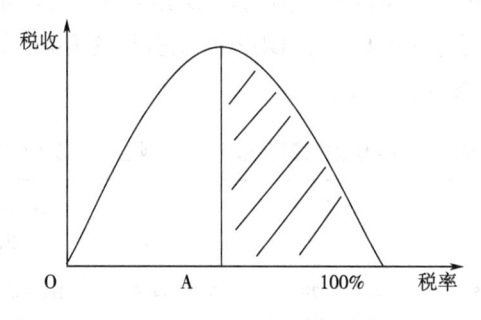

图1 拉弗曲线

(二)凯恩斯理论

凯恩斯主义,又称凯恩斯主义经济学,主张政府通过增加需求的方式来促使经济增长,希望政府选择扩张性的财政政策来解决市场中存在的需求不足的问题,而税收政策又是财政政策中的重要手段之一。凯恩斯主义认为,政府不能对市场完全不加干预,不能放任市场自由发展,还是要加强政府对市场的干预。凯恩斯主义认为,在资本主义的市场经济体制下,收入的不平等会使得需求和供给的平衡遭到破坏,使总供给和总需求无法达到充分的平衡,从而导致人们无法充分就业。资本主义自身是存在缺陷的,不能通过自我调节来改善这种经济结构失衡的情况,所以十分需要政府对此进行干涉和平衡。凯恩斯理论突破了传统经济思想中的桎梏,认识到了政府干预市场对经济发展的重要作用,也正是因为这个原因才让凯恩斯主义在经济危机中也能茁壮成长。凯恩斯提出的扩张性财政政策理论认可减税降费对发展经济和促进就业的作用,认为政府可以通过减税来增加个人和企业的可支配收入,从而降低他们的负担,达到扩大市场需求的目的。

四、减税现状

2008年金融危机以来,我国一直着力于减税降费,接连发布了一系列政策和相关条例,对税种及税制结构等进行了调整。宏观上看,财政收入逐年上升,从2008年的61 330.35亿元增长到2018年的183 359.84亿元,其增幅将近2倍。税收收入也从2008年的54 223.79亿元增长至2018年的156 402.86亿元,增长了1.88倍。同时,国内生产总值也在持续增长,从2008年的319 244.6亿元到2013年的592 963.2亿元,再到2018年的900 309.5亿元,10年间增长了2倍左右。虽然财政收入、税收收入总额和国内生产总值的数额一直在持续增长,但是税收收入占GDP的比重却是有增有减的。如表1所示,从2008年到2013年,税收收入占GDP的比重始终呈现上升的趋势,说明国家虽然出台了很多减税政策,但是效果还不是很明显,没有真正达到目的。然而从2013年开始,GDP的增长速度就超过了税收收入的增长速度,税收收入占GDP的比重也逐年降低,这意味着我国的减税政策已经真正开始发挥作用了。

表1 2008—2018年国家财政收入、税收收入及GDP总额变化

时间	国家财政收入 (亿元)	国家税收收入 (亿元)	GDP (亿元)	税收收入/ GDP(%)	财政收入/ GDP(%)
2008年	61 330.35	54 223.79	319 244.6	16.985 029 66	19.211 084 54
2009年	68 518.3	59 521.59	348 517.7	17.078 498 45	19.659 919 71

续表

时间	国家财政收入（亿元）	国家税收收入（亿元）	GDP（亿元）	税收收入/GDP(%)	财政收入/GDP(%)
2010 年	83 101.51	73 210.79	412 119.3	17.764 465 29	20.164 430 54
2011 年	103 874.43	89 738.39	487 940.2	18.391 268 03	21.288 352 55
2012 年	117 253.52	100 614.28	538 580	18.681 399 24	21.770 864 12
2013 年	129 209.64	110 530.7	592 963.2	18.640 397 92	21.790 498 97
2014 年	140 370.03	119 175.31	641 280.6	18.583 956 85	21.889 018 63
2015 年	152 269.23	124 922.2	685 992.9	18.210 421 71	22.196 910 49
2016 年	159 604.97	130 360.73	740 060.8	17.614 867 59	21.566 467 24
2017 年	172 592.77	144 369.87	820 754.3	17.589 901 14	21.028 555 07
2018 年	183 359.84	156 402.86	900 309.5	17.372 121 48	20.366 311 81

资料来源：国家统计局。

具体而言，2008 年 12 月，中央第一次提出要实行结构性减税，这是一种有增有减的减税政策，主要是为了进行结构性的调整，减轻纳税人的负担。从 2008 年开始，国家逐步进行增值税转型改革，2012 年上海成为第一个推行"营改增"政策试点的地区，之后继续扩大试点范围，到 2016 年全面完成"营改增"，并持续简化增值税税率结构。到目前为止，增值税已由 4 档税率调整为 3 档，并降至 13%。该项政策减税效果十分明显，仅 2013 年到 2017 年就累计减税 2.1 万亿元。在企业所得税方面，我国出台了许多针对中小微企业和高新技术产业的优惠政策。比如，小规模纳税人的税率为 20%，而一般纳税人高达 25%，并且其减半征收的年应纳税所得额的上限一直在上调。截至目前，小型微利企业的年应纳税所得额凡是不超过 100 万元的，其所得均可减按 50% 应纳税所得额计税。对于高新技术企业，企业所得税的优惠税率低至 15%，并且还可以享受研发费用 75% 的加计扣除。另外，为了降低我国百姓的负担，个税起征点从 2008 年的 2 000 元提高至 2018 年的 5 000 元，其税率也由 9 级超额累进税率调整为 7 级，去掉了 15% 和 40% 两档税率。除此之外，其他税种也有不同程度的调整，比如，为了促进环境保护，购置 1.6 升以下小排量的汽车，可以减按 7.5% 征收车辆购置税；购买节约能源的车或船，可以减半征收车船税；等等。关税方面也对多种商品实行了降税政策，仅 2017 年就多达 180 个品种。具体政策如表 2 所示。

表2 2008—2018年税收政策梳理

时间	税种	减税内容
2008年	增值税	实行增值税转型改革
	个人所得税	个税起征点改为2 000元
	企业所得税	合并内外资企业的所得税,统一使用25%的税率
2009年	车辆购置税	购置1.6升以下排量乘用车,暂减按5%的税率征收
2010年	增值税	企业新购入设备的增值税允许抵扣,小规模纳税人的增值税征收率下调到3%
	企业所得税	小微企业应纳税所得额3万元以下减半征收
	车辆购置税	购置1.6升以下排量乘用车,暂减按7.5%的税率征收车辆购置税
2011年	个人所得税	个税起征点改为3 500元,同时将第一级税率由5%修改为3%,9级超额累进税率调整为7级
2012年	增值税	首先将上海定为"营改增"试点,接着在10多个省市进一步开展试点工作,并且扩大了行业覆盖范围
	企业所得税	小微企业应纳税所得额6万元以下减半征收
2013年	增值税	将"营改增"的试行范围扩大到全国
2014年	增值税	交通运输业、电信行业也逐步被纳入"营改增"试点范围
	企业所得税	小微企业应纳税所得额10万元以下减半征收
	车辆购置税	纯电动汽车、插电式混合动力汽车和燃料电池汽车免征车辆购置税
2015年	企业所得税	小微企业应纳税所得额20万元以下减半征收
	车辆购置税	对1.6升以下的小排量汽车减半征收,按5%征收
2016年	增值税	企业新增不动产的增值税、建筑业等行业也被纳入"营改增"的试点范围
	企业所得税	小微企业应纳税所得额30万元以下减半征收
2017年	企业所得税	小微企业应纳税所得额50万元以下减半征收
2018年	增值税	将增值税税率下调到16%、10%,小规模纳税人免征增值税的额度提高到500万元
	企业所得税	小微企业应纳税所得额100万元以下减半征收
	个人所得税	个税起征点改为5 000元

五、减税目标实现方式

中国财政科学研究院院长刘尚希提出,减税的目的有三个:一是扩内需;二是降成本;三是引导预期。对于不同的减税目标,政府所采取的实现方式也各不相同,减税基更适合用来降成本,而为了引导预期则是采用降税率的方式更为有效。下文将根据不同的减税目标分别分析研究它们的实现方式。

(一)扩内需减税的实现方式

2008年的全球性金融危机使得各国的经济遭受重创,尤其是西方国家,其经济都出现了严重下滑。虽然我国当时还未放开人民币汇率,外资的金融投资也比较低,但依然受到了波及。我国的第一大出口市场欧洲,因为这场金融危机也陷入债务危机,经济十分低迷,产品出口遭受严重打击,我国需要靠扩大内需来带动经济发展。想要扩大内需,就要鼓励个人多去消费、企业更多地投资,那么就要让他们手里有可支配的钱。为此,我国一直在调整减税政策,其中针对扩内需、促消费的政策主要有三类:第一,提高个人所得税的起征点,使得百姓的工资留在自己手里的更多,用于消费的就会更多。第二,进行增值税改革,简化增值税税率结构,从4档税率简并至3档税率,降低增值税税率,从17%降到现在的13%。第三,调整个人购房购车的纳税政策。对于个人首次购90平方米以下普通住房的,契税税率下降到1%,对个人购买普通住房且是家庭唯一住房的,减半征收契税;对于购买1.6升以下排量小汽车的减按7.5%征收车辆购置税;等等。

(二)降成市减税的实现方式

降成本主要针对企业而言,降低企业的税费,相当于间接降低了企业的经营成本。为了达到降低企业成本的目标,政府同时采取了多种措施,对企业应交的税费及非税费用均进行了调整。我国的中小微企业在全国企业总数中所占的比例高达99.7%,提供了超过80%的城镇就业岗位,创造的经济价值相当于国内生产总值的60%,缴纳的税款接近总税款的50%。由此可以看出,中小微企业对我国的税收收入做出了很大的贡献,对我国的经济发展起到了很重要的作用。但是,中小微企业由于规模太小、资金来源不稳定等问题常常面临着较大的经营风险。因此,国家降成本的很多政策都是针对中小微企业的:第一,持续扩大小微企业享受优惠政策的范围,年应纳税所得额的上限提升至100万元,100万元以下的均可减半征收企业所得税。第二,减少了非税费用名目,尽量减轻企业的非税负担,将企业从复杂繁多的收费项目中解脱出来。第三,提高了研发费用加计扣除的比例,科技型中小企业的研发费用扣除比例已经提高到了75%,希望以此降低企业的研发成本,促进科技型企业的发展。

(三)引导预期减税的实现方式

一国往往会通过调整税收政策来对市场进行宏观调控,以达到产业升级等各种目的。所以,中国减税的目标除了扩内需和降成本之外,还有一个就是引导预期。企业总是希望能够尽可能地少缴税,所以当政府出台税收优惠政策的时候,企业一般都会想办法让自己满足税收优惠的条件,而政府在这个过程中就润物无声地达到了想要的目的。以保护环境为例,过去很多企业为了减少支出,都不会购买处理废水、废气等污染物的设备,而是将其直接排放,导致环境越来越差。政府对此出台政策规定,进口的废水、废气处理等技术设备及其关键零部件、原材料均免征关税和增值税。另外,环境保护专项设备投资额的10%可以从企业当年的应纳税额中抵免,当年不能抵免的,还可以在未来5年内结转抵免,由此激励企业加大环境保护投入。其实,要想更好地引导预期,最好的方法应该是降税率。刘尚希说过,"现在的减税要从过去做'包子'的方式改成做'比萨'的方式,把'馅儿'摆在明面上来,这样才能真正引导预期"。降税率就是把"馅儿"摆在面上,最能让百姓直观感受到减税力度的方式。比如,为了鼓励企业创新,凡是认定为高新技术企业的企业所得税税率均可减按15%征收,比一般纳税企业整整降了10个百分点,为了享受税收优惠,自然会有更多的企业愿意专注于研发创新。

参考文献

[1]孙化钢. 中国减税效应研究[D]. 大连:东北财经大学,2016.

[2]刘尚希. 减税目的是有效引导经济预期[J]. 中国中小企业,2019(4):15.

[3]林晓丹. 基于减税降费的财政政策路径探索[J]. 预算管理与会计,2019(9):32-35,20.

[4]张泽帅. 我国供给侧结构性改革中的减税政策研究[D]. 石家庄:河北经贸大学,2018.

[5]杨凤娟. 供给侧结构性改革中财税政策的探讨[J]. 现代企业,2019(5):82-83.

[6]张梅. 基于供给侧结构性改革的财税政策创新路径研究[J]. 内江科技,2018,39(8):58-59.

[7]高珂. 我国经济动能转换的财政政策研究[D]. 北京:中央财经大学,2018.

[8]本刊特约评论员. 减税降费政策落地见效,纳税人缴费人获得感显著提升[J]. 中国税务,2019(8):1.

新时代税收职能定位研究

阮家福　管锶锶[①]

一、引言

2017年10月18日,习近平总书记在党的十九大报告中指出,中国特色社会主义进入新时代,我国社会主要矛盾已经由"人民日益增长的物质文化需要同落后的社会生产之间的矛盾"转化为"人民日益增长的美好生活需要同不平衡不充分的发展之间的矛盾"。随着新时代的到来,我国社会主要矛盾发生转变,经济已由高速增长转向高素质发展,进入了转型升级的新阶段。为了顺应中国特色社会主义进入新时代,党的十九大提出建设现代化经济体系,对经济发展提出了新目标、新战略,相应地,对我国税收发展也提出了新要求:税收现代化建设必须全力服务于现代化经济体系建设,要发挥税收在国家治理中的基础性、支柱性、保障性作用,要为人民群众的根本利益提供保障。因此,在新时代背景下,伴随着税收发展的新要求,税收职能的内涵也在发生变化,税收的作用已延伸至经济、社会、政治、生态文明建设等多个领域。只有理解了新时代下税收职能的内涵以及各税收职能之间的联系,才能更好地发挥税收在经济、社会以及政治等领域的作用。

二、从税收原则理论看税收职能的演进

税收随着国家的产生而产生,其服务于国家职能。而税收原则是国家在制定税收制度时所遵循的基本原则,在不同的时代背景下,税收所发挥的职能是不同的,因此,税收原则也存在差异。本部分通过回顾税收原则理论的演进,体会不同历史时期人们对税收职能内涵的理解和认识。

税收原则理论的起源可以追溯至17世纪,英国古典政治经济学之父威廉·配第在其著作《赋税论》以及《政治算术》中论及英国税收存在的弊端,指出英国的税收没有遵循"公平""简单""节省"三条原则。进入18世纪中叶,亚当·斯密在威

[①] 阮家福,湖北经济学院教授。管锶锶,湖北经济学院硕士研究生。

廉·配第税收原则的基础上进行研究,在其代表作《国富论》中提出了税收四原则,即平等、确实、便利和最小征收费用原则,其中平等原则是指各纳税人的税收负担要保持公平,而确实、便利和最小征收费用原则是对税收征管提出的要求。从亚当·斯密的税收四原则可以看出,其对税收的职能定位主要是筹集财政收入,即税收的财政职能。

19世纪,随着资本主义过渡到垄断阶段,经济快速发展,贫富差距越来越大,社会矛盾日益凸显。在这种背景下,德国新历史学派代表人物阿道夫·瓦格纳在前人的基础上,进一步发展了税收原则理论,提出了四类九项税收原则:①财政收入原则,包括收入充分和税收弹性原则。②国民经济原则,包括选择税源和选择税种原则。其中,选择税源原则强调选择有利于保护税本的税源,选择税种原则考虑了税负转嫁问题。③社会正义原则,包括普遍和平等原则,强调税收调节收入分配的作用。④税务行政原则,包括确实、便利和最小征收费用原则。因此,从其税收原则中可以看出,当时的税收职能仍然更注重税收的财政职能,但较亚当·斯密的税收原则已是一大进步,其开始注重税收的调节职能。

20世纪30年代,经济出现大萧条,大量工人失业,企业生产力不足,资本主义所存在的问题越发凸显。面对这些问题,凯恩斯认为,经济的稳定不能依靠市场经济的自发调节,需要国家干预经济,并指出税收是国家实施干预和调节经济的重要手段。通过扩大政府支出,刺激需求,进而解决非自愿失业问题。其提出的税收原则有:①税收效益原则及其配置作用;②税收的公平原则及其配置作用;③税收的稳定原则及其经济稳定作用,主张发挥税收的调节作用,实现经济的稳定。其税收原则反映了税收在资源配置、收入分配和经济稳定与增长方面的职能作用。

综上所述,随着时代的进步,税收原则理论在不断演变。同时,税收的职能也在不断拓展,其突破了经济范畴,除了具有筹集财政收入的职能,还具有调节职能,可以通过发挥调节作用,进行资源配置和收入分配,维持社会公平,促进经济稳定与增长。

三、新时代的税收职能

(一)新时代税收职能的内容

税收职能是税收固有的功能,通过发挥税收职能,满足国家发展的需求,推动国家治理能力提升。税收的两大职能包括财政职能和调节职能。关于税收的财政职能,国家为了实现其职能,需要大量的财政资金作支撑,而税收作为国家财政收入的主要来源,因此税收承担起了筹集财政收入的重要任务。之前为了经济发展,我国政府十分注重改善基础设施,对基础设施建设投入较多,进而促进了我国经济的快速发展。现在,随着我国社会主要矛盾的变化,政府职能面临转型,政府需要加强公共管理,这对财政收入提出了更大的需求,需要通过税收的财政职能满足政府部门的资金需求。税收的调节职能,是以纳税人作为直接作用对象,通过对税收制度的设计,使得纳税人对其经济活动进行改变,进而直接或间接地产生的一系列微观和宏观的影响。随着新时代的到来,为了实现新的战略目标,建设现代化经济体系,税收的调节职能被赋予了多重职能,具体包括经济调节职能、监督调节职能、社会调节职能和政治调节职能。税收的经济调节职能,主要是在优化资源配置、促进经济稳定与增长上发挥作用;税收的监督调节职能,是对纳税人的经营活动进行监督,确保税收制度得到执行,为税收的其他职能提供保证;税收的社会调节职能,主要在满足社会公众基本需求、促进公平分配以及推动社会和谐发展上发挥作用;税收的政治调节职能体现在国家治理中,通过税收立法、征管的过程,促进国家和纳税人进行对话,使得纳税人有机会表达自己的诉求,从而促进国家和纳税人之间形成和谐的互动关系。

(二)税收各职能之间的逻辑与关联

税收的财政职能是随着税收的产生而产生的,国家征税会对社会各阶层的收入分配产生影响,进而对纳税人的经济行为产生影响,发挥税收的调节职能。因此,税收的财政职能和调节职能具有共生性。而在新时代的背景下,税收的调节职能包括经济调节职能、监督调节职能、社会调节职能以及政治调节职能,这表明税收的财政职能与各种调节职能之间是互相关联、互相制约的。首先,税收的调节职能是以税收的财政职能为基础,如果没有财政职能,其经济调节职能、监督调节职能、社会调节职能以及政治调节职能就无法发挥作用;其次,调节职能发挥的作用越大,税收的财政职能就越弱,因为税收的调节职能主要是通过减税降费,降低纳税人的税收负担,进而会导致税收的财政职能变弱;再次,税收的政治调节职能制约着其他职能的发挥,因为税收的职能需要通过税收制度来实现,而税收的政治调节职能是通过加强纳税人与国家之间的对话,平衡各方利益,使得税收的其他职能得到更好的发挥;最后,税收的财政职能、经济调节职能、监督调节职能以及社会调节职能的实现效果,会对社会、经济产生影响,进而影响国家和纳税人之间的互动,从而影响政治调节职能的实现。

四、新时代的税收职能实现路径

(一)税收的经济调节职能

税收是政府调控经济的重要手段,其经济调节职能包括资源配置、经济稳定与增长三个方面。目前,我国经济正处于转型升级的关键时期,税收的经济调节职能的作用越发重要。对于税收的资源配置作用,基于市场经济在资源配置中发挥着决定性作用,可以通过对税收制度的优化,减税降费,发挥税收中性的特点,实现刺激消费、带动投资以及促进技术进步和创新等。对于税收的经济稳定与增长职能,应当注重类似个人所得税具有自动稳定器作用的税种建设,通过税收自动稳定器的功能,影响企业与个人的可支配收入,进而保持消费和投资的稳定。同时,应当营造一个良好的经济发展环境,通过政策措施的引导,鼓励或者限制某些产业的发展,最终达到促进宏观经济稳定与增长的效果。

(二)税收的监督调节职能

税收的监督调节职能主要是通过对纳税人的生产经营活动进行监督,促使纳税人依法纳税,确保国家的税收制度得到执行,为税收实现其他职能提供保证。而税务部门对纳税人纳税行为进行监督的主要途径是纳税人的纳税申报、发票的管理等。因此,为了发挥税收的监督调节职能:首先,需要不断完善与税收征管有关的法律,因为依法治税是税收发挥税收监管职能的基础;其次,随着信息技术的快速发展,税务部门应当积极推进信息化建设,进而高效获取与纳税人有关的涉税数据,加强对纳税人的监督;最后,加强对税务人员能力的培养,顺应税收信息化建设的要求,充分利用税务系统内外的教育资源,形成多层次、多渠道、大规模的税务工作人员教育培训体系,建立税务工作人员学习培训档案,加强组织管理和考核评估,从而有效发挥税收监督调节的职能。

(三)税收的社会调节职能

随着我国经济体制的变迁和税收制度的不断变革,税收公平越来越得到重视。税收作为政府进行调控的重要手段,其社会调节职能主要体现在实现公平分配以及推动社会和谐发展上。税收公平具体包括两个方面,一是收入和财富差不多的纳税人负担相同的税收;二是收入和财富更多的纳税人应当负担更多的税收。为了发挥税收社会调节职能的作用,应当提高直接税的比重,降低间接税的比重。首先,对于房产税,应当扩大征税范围,考虑不同的房产类型,采用累进税率或者差别税率,通过优化房产税税制,调节收入分配,促进社会公平;其次,对于消费税,由于类似奢侈品这样的高档消费,更多的消费者是高收入阶层,因此,可以通过扩大其征税范围以及差别比例税率,让高收入人群负担更多的税收,缓解收入不公平引发的各类社会问题。

此外,税收的社会调节职能还体现在满足社会公众基本需求,推动社会建设,解决各类社会问题上。关于社会建设,可以通过税收优惠政策,引导、鼓励更多企业和个人参与到教育、医疗以及文化等社会事业中,进而推动各类社会事业的发展;对于保护环境、节约资源等社会问题,可以通过对资源税、消费税、环境保护税等税种的税收要素设计,在不同的纳税环节进行征税,加大对资源和环境的保护力度,推进绿色发展。

(四)税收的政治调节职能

随着社会的进步,现代国家治理不再是由国家"一元而治",而是强调国家、社会等"多元而治"。税收作为国家治理的基础,其政治调节职能也体现在国家治理中。通过征收税费,纳税人的纳税意识不断强化,纳税人开始重视公民权的行使,进而参与到国家的公共决策中。通过国家和纳税人之间的沟通和协商,纳税人可以表达自己的意愿,加强对公共部门的监督,提高公共部门的责任意识,进而提升国家治理能力。为了更好地实现税收的政治调节职能:首先,应将财政法治化,落实税收立法,通过立法明确征税双方的权利和义务,在制定税收制度时,提高人民参与立法的积极性,要广泛征求人民的意见,使得纳税人有机会保障个人的合法利益,协调解决立法过程中存在的利益冲突,平衡各方利益,进而提高纳税人对税法的遵从度;其次,应加快税收征管现代化建设,以互联网、信息技术为支撑,建立税收信息系统,在各税务机关之间,按照职能权限实现信息共享,同时推动不同部门之间的信息共享平台建设,通过税务机关、银行以及市场监督等其他部门之间的信息共享,简化纳税人的办税流程,保障税收工作的顺利进行,提高征税效率;最后,提升纳税部门服务质量,降低纳税人的涉税风险。最终目的是通过税收的立法、征管过程,促进国家和纳税人进行对话,保护纳税人的合法利益,使得国家和纳税人之间形成和谐的互动关系,有助于国家治理能力的提升。

参考文献

[1]彭妙薇,陈志刚.税收职能再思考:基于国家治理的视角[J].税务研究,2019(2):53-57.

[2]王金霞,王佳莹.新时代消费税职能定位的思考[J].税务研究,2018(10):93-97.

[3]冯守东.新时代中国税收发展战略研究[J].税收经济研究,2017,22(6):6-10.

[4]谷成.现代国家治理视阈下的税收职能[J].学术月刊,2017,49(8):88-97.

[5]李建军.现代财政制度下的税收职能探析[J].税务研究,2016(1):26-31.

[6]陈荟竹.现代财政制度下的税收职能探析[J].财经界(学术版),2016(20):312.

[7]闫坤,于树一.税收调节职能再思考:理论分析与税制决定[J].税务研

究,2014(2):3-7.

[8]李岩.税收职能与税制改革[J].黑龙江财专学报,2001(6):48-50.

[9]邱华炳,刘瑞杰.西方税收原则理论演变评析[J].厦门大学学报(哲学社会科学版),1996(2):60-64.

[10]余鸣.试论税收原则的建立、发展和演变[J].税务研究,1987(3):11-14.

关于税务师行业立法事宜的探讨[①]

王欢欢　路克珠[②]

一、我国税务师行业的发展历程及现状

20世纪80年代,我国开始实行经济体制改革,由单一工商税开始向所得税和流转税为主体的新税制转型,我国部分税务机关随之开始在征管领域推行税务咨询试点工作,针对税务中介工作的制度建设也逐渐拉开帷幕。

1992年9月全国人民代表大会通过的《税收征收管理法》第一次以法律的形式明确了税务代理的地位;1994年10月,国家税务总局根据《税收征收管理法》正式制定了《税务代理试行办法》;到1995年,全国建立税务代理机构1 000多家,从业者达到15 000人,并正式成立了中国税务代理人的第一个行业组织,中国税务咨询协会;1996年国家税务总局与人事部联合发布《关于印发〈注册税务师资格制度暂行规定〉的通知》,首次明确建立注册税务师资格制度,将税务代理人员纳入国家专业技术人员职业资格制度管理范围,正式确立了注册税务师制度;从1999年下半年开始,我国对税务代理行业进行历时一年的全面清理整顿,税务机关不再参与税务代理机构的投资、经营和执业活动,只行使行政监督管理职能;2003年,中国税务咨询协会正式更名为中国注册税务师协会(以下简称"中税协");2004年,《关于进一步规范税收执法和税务代理工作的通知》明确了注册税务师涉税鉴证和涉税服务的双重职能,进而确定了注册税务师作为社会中介的行业性质;2005年,《注册税务师管理暂行办法》作为第一个部门规章出台,注册税务师行业的管理进入了法制化轨道。在此之后,我国接连出台一系列规章,涵盖涉税服务的监管、信用评价、信用采集等方面,现已形成"1+6+1"的行业监管制度体系。其中最为核心的规章制度是国家税务总局发布的《涉税专业服务监管办法(试行)》(国家税务总局公告2017年第13号),该办法对提供涉税专业服务的组织名称、服务内

[①] 基金项目:国家社科基金一般项目"减税降费背景下地区税收流失规模测度与合作治理研究"(20BJY230)。

[②] 王欢欢,北京鑫税广通税务师事务所有限公司项目经理。路克珠,北京鑫税广通税务师事务所有限公司项目助理。

容、监管要求做了全面规范与界定。

由此可见,税务师行业的发展呈现出一个折线式的过程,至今没有一个完善、系统的法律体系去保障税务师行业的发展,这也在一定程度上制约了行业的发展。

经过30年多的发展,税务师行业已经成为服务社会主义市场经济体系和税收征管体制的重要组成部分,是完善市场经济体制、深化税收征管改革、优化纳税服务、提高税法遵从度的一支重要的专业化服务社会力量,是仅次于注册会计师和律师的全国第三大经济鉴证类专业服务行业。尤其是在国家治理能力与体系建设方面,政府、社会组织、企事业单位对涉税专业服务的依赖程度不断提高,这一方面源于对税收征管成本的考虑,另一方面是出于企业税务管理成本的考虑,体现着社会各界对税务师行业服务质量的肯定。税务师行业在服务社会经济发展、服务纳税人、服务国家税收等方面做出了突出贡献。"十四五"时期是税务师行业实现高质量发展的关键时期,国际、国内环境变化既为行业健康有序发展提供了有利条件,也带来了一系列新挑战,这些挑战也反映出税务师行业立法的必要性和迫切性。

二、税务师行业立法的必要性

(一)税务代理行业迅速发展亟待法律规范

由税务师行业的发展历程来看,其始终没有在法律层面形成基本规范。截至2014年,全国税务师行业从业人员已逾10万人,税务师事务所5 400余家;全行业营业收入140亿元。在2019年4月22日中税协举办的中国税务师行业人才发展论坛上,中税协考试部主任黄宏斌介绍:"自1998年税务师(注册税务师)职业资格制度施行以来,20年间,累计约267万人次报考税务师(注册税务师),约17万人取得税务师(注册税务师)职业资格证书。"随着税务师行业的壮大发展,其已经成为律师和注册会计师之后的全国第三大经济鉴证类专业服务行业,是一支促进纳税人依法纳税、维护纳税人合法权益、提高税务机关征管效率的重要社会力量。面对税务代理业即将出现大发展而服务水平参差不齐、专业化水平有待提升的局面,亟待从基本法律依据与具体制度设计层面完善相关法律规范。

(二)税务师行业的存在缺乏法律依据

从长远来看,为了适应税务师行业的大发展,需要有规范的法律,现阶段可以依据既有的框架,分类适用不同的法律规范。律师和注册会计师行业均已经有全国人大制定的法律为其行业发展保驾护航,即1996年的《律师法》和1993年的《注册会计师法》。但税务师能够作为法律依据的只有2005年由国家税务总局颁布的《注册税务师管理暂行办法》(以下简称《办法》),法律层次比较低。这会导致税务师行业的权益难以获得可靠的法律保障。由于缺少立法,涉税服务行业没有入行的标准限制,也没有门槛,就会出现谁都可以做的现象。除税务师的专业服务外,律师、注册会计师也参与到涉税服务中来;同时,还相继出现了名目繁多的各种"税务师""公司"入市抢占业务,恶性低价竞争的现象频繁发生;没有法律的规范就会导致出现大量不规范行为,给税务师行业的发展带来了很大的负面影响。当前,由于税务师行业缺乏专门的法律规范,行政监管手段和措施单一,涉税服务市场服务不规范、执业质量不高等现象日趋严重。这也相应弱化了专业税务师的作用,使服务需求方难以"从优选择",严重影响了涉税服务质量的提高。只有通过行业专门立法,才能解决行业监管不力和缺位等问题,保障涉税专业服务市场健康规范发展。

（三）税务师立法符合法治中国建设要求

我国宪法规定公民有纳税义务。但是因为税法的条文很多,错综复杂,晦涩难懂,而且修改的频率较高,普通公民很难做到全面准确理解和及时正确履行纳税义务。因此,纳税人履行宪法规定的纳税义务,迫切需要专业人士的协助。这也是专业税务代理产生的原因。党的十八届三中全会提出了我国全面深化改革的目标,即推进国家治理体系和治理能力的现代化。在国家治理当中,财税体制的作用极为重要,而税务代理人是建设财税法治、推进国家治理现代化的重要力量。税务师是我国税务代理中最重要的一类,具有律师和注册会计师不可取代的作用,我国要实现现代化,迫切需要既懂法律又懂会计的税务师。税务师以专门提供税法服务的专业人员身份,接受纳税人委托,按照法律和职业规则,公正独立、谨慎负责、诚实守信地提供服务,以谋求税法义务合理合法地实现。可见,税务师在保障我国税法有效实施、推进国家治理进程中具有积极重要的作用。

（四）税务师行业立法有利于实现国家税收的现代化

国家税务总局在中国注册税务师行业发展的指导意见中提出,各级税务机关要积极探索以政府采购及向社会招标的方式购买税务师事务所服务的代理模式;积极研究委托有一定资质的税务师事务所从事涉税培训、涉税鉴证和涉税审核等具体涉税事项,为税务机关提高税收征管的质量和效率服务。而税务中介作为整个税收征管体系中的一个必要组成部分,它能够规范纳税人的纳税行为、保护纳税人权益、弥补征收力量不足、降低税务执法风险等。因此,加快立法,保障税务师行业规范快速发展十分必要。

三、税务师行业立法的重要性

（一）加快税务师行业立法,有利于满足纳税人的专业化服务需求

只有通过立法才能把税务师行业发展得更好,才能更好地服务于纳税人。截

至目前,我国只有10多万注册税务师,5 000多家税务师事务所,还远远不能满足纳税人日益增长的涉税服务需求。税法的更新速度之快及复杂性迫切需要税务代理机构给纳税人提供专业化的服务。有很多的企业管理人员难以看懂一些专业性很强的文件,对于这些文件的解读,一方面要靠税务机关,另一方面要靠税务代理机构,靠注册税务师为企业做好涉税专业服务。这可让纳税人少踩政策的红线和底线,规避涉税风险。同时,加快税务师行业立法可以使纳税人在依法合规的前提下进行的纳税安排与筹划。

(二)加快税务师行业立法,有利于推进政府简政放权,完善国家治理

党的十八届三中全会以后,全面深化改革的步伐不断加快,为了处理好政府与市场的关系,发挥市场在资源配置中的决定性作用,政府提出"简政放权、依法监管、公正透明、权责一致、社会共治"的管理改革原则,其中"社会共治"不仅仅是政府的引导方向,更是社会各界的重要职责。市场专业化组织可以帮助企业和公民守法自律,协助政府加强事中、事后管理,有利于促进公平竞争的市场秩序的形成。2019年,中税协第六次会员代表大会上,再次重申了税务师事务所等市场专业化服务组织在社会监管中的重要职能,肯定了涉税专业服务组织在优化纳税服务、提高征管效能方面的积极作用。

(三)加快税务师立法,有利于完善税收征管工作

现代市场经济健康发展需要完善的税收征管体制,而现代税收征管体制则是由政府征税、纳税人纳税和涉税专业机构提供涉税服务三个环节组成的。作为连接纳税人和税收征管部门的桥梁,专业机构不仅能够帮助纳税人规范高效地完成重要的涉税事务,还能为税收征管部门提供有关纳税人的纳税信息,提高税收征管工作的准确性,从而降低征税成本。同时,涉税专业机构的服务有助于在税收征管部门与纳税人之间形成监督与制约机制,防止税务机关单纯追求税收入库额而采取强制征收、空转虚收等不当行为。

(四)加快税务师立法,有利于推动税收知识专业化和社会化

改革开放以来,司法、财政、建设和土地部门先后将律师、注册会计师、注册评估师、注册造价师、房产估价师和土地估价师成功带入了法制化和市场化的发展轨道,从而实现了这些领域的专业化和社会化。加快税务师立法,通过涉税鉴证,有利于推动税收知识专业化和社会化,改进社会监督和普法宣传机制。

(五)加快税务师立法,有利于提高税务师的社会认可度

当前社会各界对税务师行业的认可度较低,对该行业缺乏一定的认知。一方面,由于长期缺乏法律支持、宣传工作不够深入以及税务部门代理相关业务情况的存在,税务师行业存在业务对接困难问题,很多事务所找不到委托人和委托事项,

而遇到涉税困难时委托人也不愿第一时间寻求税务师的帮助。而出于自身利益的考虑,部分税务部门、会计师和律师事务所对税务师立法存在抵触情绪。另一方面,立法缺失使得市面上提供涉税服务的机构良莠不齐,"黑中介"也很常见,这不仅使得社会各界对税务师行业的业务范围产生了误解,还严重破坏了税务师行业在社会各界心中的形象。

四、关于加快税务师行业立法的建议

(一)亟须解决税务师独立性问题

一个行业要进行立法,首先要解决的就是行业的独立性问题,只有保持独立性,行业才能有序地开展业务,也才能得到社会各界对该行业的认可。从横向来看,税务师行业与注册会计师、律师行业都存在广泛的业务交集,但因为长期缺乏立法支持,各行业对税务师行业都存在不同程度的业务渗透;从纵向来看,税务师行业与税务部门的联系相对比较紧密,部分税务师事务所为了自身发展,会主动寻求税务部门的庇护,这将对行业的独立性造成严重阻碍,违背了立法的初衷,也不利于行业的长期发展。

(二)借鉴国际涉税专业服务行业的立法经验

早在1942年,日本国会就通过了《税务代理士法》,这是税务师的起源。国际上对涉税专业服务的管理大致分为两种类型:一种是以日本、韩国为代表的类型,国家以立法形式赋予税务专业服务执业资格,并要求相关人员按规定办理法律登记注册手续;另一种是介于美国与澳大利亚两种模式之间,以英国为代表的类型,以行业内组织的自律管控为主要手段。鉴于我国复杂的税制环境与市场环境,更适合借鉴日韩的税务行业立法。通过立法,明确涉税专业服务市场准入机制,赋予税务师及税务师事务所专属资格,以有效规范市场秩序,加强国家税收治理。

1. 明确对税务师行业的监管与惩戒制度

政府对涉税专业服务机构的行政监管既体现在涉税专业服务行业的法定责任上,也体现在监管组织的机构设置上。国际上大多将涉税服务行业监管交由税务部门负责,在监管组织的机构设置方面,日本国税厅有专门的部门负责税理士的业务监管;美国专门成立了三个部门,负责对违规代理的调查和处理。我国应当将社会监管成分加入进来,通过立法确定税务师行业的监管体制与监管渠道,与社会治理实现双向互补,规范行业秩序。同时,还应当设置对税务师事务所违规从业的惩办条例。日本《税理士法》和美国相关通告都对违规涉税服务做出了相应的惩罚措施。英国特许税务师协会对会员的疏忽或不诚实的行为进行审查,对违法的会员将予以开除,并且被开除者不得再以"特许税务师"的名义从事涉税专业服务业务。我国税务师惩戒制度立法可以参考注册会计师相关措施,对于违法执业的行为给予警告、罚款和追究刑事责任等。只有明确了监管与惩戒制度,税务师行业才能有序地发展。

2. 严格税务师资质审核与教育培训制度

日本对税理士有严格的考核机制,只有通过考试或者本身从事税务工作,具有一定年限工作经验的人才可以担任此职位。纵观我国,除了正式通过税务师考试的人员以外,有一部分曾担任注册会计师以及律师的从业人员也转到了税务师行业,对于此类现象,我们应设置一定的考核审批机制,并进行注册登记。我国一年一度的税务师考试,不能只进行专业理论知识的考核,还应增加职业道德考核等。除了执业资质审核,对税务师的教育培训制度也应当及时更新,帮助执业人员深入了解税收政策,提高业务水准,进而建立起整个行业的人才循环机制。

3. 通过立法明确税务师参与社会治理的渠道

作为涉税服务领域的专业社会机构,税务师事务所在为纳税人提供涉税服务的过程中,能够实现对其业务的监督与引导,促使其依法纳税。对于征管部门的涉税行为也能够起到监督作用,减少强制征税、强制代理等不当行为的发生。在立法过程中,应当制定涉税服务机构参与涉税活动的社会监管路径,明确涉税服务机构参与社会治理的范围、对象、方式等,对其具体职权进行合理界定,避免与税务部门发生功能重叠。

综上所述,当前注册税务师行业法律层次较低,行业立法进程较为缓慢,与行业的发展规模、在市场经济中的作用严重不符,推进行业立法已经迫在眉睫。

参考文献

[1]佟钧. 推进税务师立法进程 促进行业高质量发展:访全国政协委员、中国注册税务师协会副会长、四川省新的社会阶层人士联谊会会长、尤尼泰税务师事务所有限公司总裁蓝逢辉[J]. 注册税务师,2022(4):5-9.

[2]蔡昌,李长君. 推进税务师行业立法 开创税收治理新局面[J]. 注册税务师,2021(1):30-34.

[3]国家税务总局深圳市税务局涉税专业行业立法课题组,项清,吴晓丹.《税收征管法》修订应明确涉税专业服务的作用和定位[J]. 税务研究,2020(8):67-72.

[4]本刊特约评论员. 推进税务师行业立法是全面依法治国的内在要求[J]. 注册税务师,2016(4):1.

[5]张松,刘晓辉. 税务师行业立法研究[J]. 注册税务师,2016(3):62-64.

[6]方晓．注册税务师行业发展亟需立法保障:"注册税务师行业发展论坛"主讲嘉宾观点撷英[J]．注册税务师,2014(11):8-11.

[7]王素平．业界呼吁:加快注册税务师行业立法[J]．中国税务,2014(11):63-64.

[8]国外税务中介行业发展和立法趋势:经合组织对部分国家税务中介现状的分析研究[J]．注册税务师,2014(10):65-67.

[9]本刊特约评论员．立法:注册税务师行业当务之急[J]．注册税务师,2014(9):1.

[10]中国注册会计师协会研究发展部．推进行业法制建设 保障行业规范发展:中国注册会计师行业法制建设的成就[J]．中国注册会计师,2008(12):69-71.

税务师行业立法研究

王拴拴[①]

一、税务师行业现状及问题

(一)税务师行业的发展及现状

1994年10月,国家税务总局依据《税收征收管理法》及其实施细则的有关规定,正式颁布《税务代理试行办法》,明确提出我国税收代理人及其机构的概念,为我国注册税务师的发展带来了新的机会。1996年11月,国家税务总局与人事部共同颁布《注册税务师资格制度暂行规定》,首次确立了注册税务师资格,并将其纳入国家专业技术人才资格体系的管理范畴。

2000年,国家税务总局要求税务代理机构必须与税务部门在人员和经济上进行脱钩。2001年,国家税务总局颁布《税务代理业务规程(试行)》,为我国注册会计师行业的健康发展提供更加具体的制度保障。2004年,《关于进一步规范税收执法和税务代理工作的通知》首次将其定位为具有涉税鉴证、涉税服务两种功能的社会中介行业。2005年12月,《注册税务师管理暂行办法》的颁布,标志着行业的发展进入了一个崭新的阶段,同时也是该行业管理走向法治化的重要标志。

经过30多年的发展,我国税务师行业已经成为继律师和注册会计师之后的第三大专业服务行业。税务师是我国涉税行业的主力军,逐渐成为纳税人与税务部门沟通的纽带,对推动我国税收制度的发展起到了积极的推动作用。2022年的税务师职业资格考试报考人数为89.8万人,比2021年增长约4%,充分体现了社会对税务师考试的认可和关注。税务师在维护市场经济秩序等方面发挥着重要的监督作用,为税收事业作出了重要贡献。

(二)行业制度存在的问题

1. 法制不完善,立法等级不高

注册税务师行业需要有相关的法律支持,如日本的《税理士法》等。许多国家

---

① 王拴拴,北京鑫税广通税务师事务所有限公司项目经理,税务师。

都出台了有关税务师行业的法律法规,然而我国的税务师行业却仅依赖于层级较低的法律文件,如《税务师执业准则(试行)》《税务代理从业人员守则(试行)》等作为指导,缺少统一规范的法律和行政规章的上位法,法律文件所处的法律层级较低,没有足够的权威。目前国内的一些相关法律、法规条文大多是笼统性的,操作性差,对经营范围的界定也不够明确,不便于税务师事务所从事经营活动。除此之外,我国涉税专业服务立法也有一定的滞后性。首先,我国涉税服务行业起步较晚,20 世纪 90 年代,我国注册会计师、律师行业已经制定了相关的法律、法规,但到目前为止,我国的税务师行业尚未制定相关的法律、法规;其次,"互联网+"时代的到来使税务师行业加快了转型和升级的步伐,简单的业务咨询和代理已经不再适应当前市场的需求,业务范围的扩展需要立法的跟进,但是,有关部门对涉税业务发展的关注不够,未能制定相关的法律、法规从而与我国的市场化进程相适应。因此,在缺乏较为完善的法律体系及立法位阶较低的情况下,大量税务筹划师、税务风险管理师等无执业资格人员从事涉税专业服务,在一定程度上扰乱了行业秩序,影响了整个税务师行业的正常运转,不利于保护纳税人的合法利益,税收中介组织的社会认同程度也会大打折扣,使之发展受限。

2. 主体法律地位不明确

无论是《律师法》还是《注册会计师法》,均对其法律地位作出了明确的规定。虽然《税收征收管理法》第八十九条规定"纳税人、扣缴义务人可以委托税务代理人代为办理税务事宜",但该法并没有明确规定税务师的身份,而是税务代理人的法律地位。所以,到目前为止,税务师还没有独立的法律地位、缺少法律保障,从而使税务师所提供的涉税鉴证报告的公信力受到很大影响,容易导致涉税专业服务的资源浪费。大多数发达国家通过立法来明确税务师的法律地位,日本的《税理士法》和韩国的《税务士法》都有明确的规定,这保证了税务师行业在为纳税人提供法律服务的同时,还必须维护税法的尊严。但直到今天,我国税务师仍没有像注册会计师、律师一样拥有独立的法律地位,而且在执业过程中,法律保障的薄弱也限制了涉税专业服务行业的发展。

3. 业务水平参差不齐

随着我国市场经济的发展和经营方式的变化,新的经营领域层出不穷,税务师行业的涉税业务也越来越高端化,税务师行业作为一个新兴的行业,在我国税收管理能力的现代化中扮演着举足轻重的角色。《律师法》《注册会计师法》对律师和注册会计师的经营范围都已分别作出了明确的规定,在涉税服务方面,尽管总局在2017 年 13 号公告中明确了涉税专业服务机构可以从事的涉税业务,但由于涉税专业服务机构种类繁多,其业务水平在一定程度上参差不齐,容易给纳税人造成一定程度的误导。因此,有必要严格限制从事涉税业务领域,提高行业准入门槛,这一点也与立法制度的建立紧密相关。

4. 监管机制不完善

税务师行业与税务机关的分离仍不彻底,这在很大程度上制约了税务师事务所的正常运作,容易导致其市场秩序混乱。从政府监管角度看,尽管国家税务总局出台了多项法律法规,对税务机关涉足涉税行业进行了严格的限制,比如2015年发布的《国家税务总局关于严禁违规插手涉税中介经营活动的通知》,然而由于该文件的法律效力有限,在实际操作中的效果并不是很好。一些税务师事务所为了自身的发展,往往会主动向行政机关寻求保护,这不仅严重妨碍了企业的独立性,而且有悖于立法的本意。就行业协会的监管而言,其在税务师行业中所扮演的角色尤其重要:一方面,行业协会缺乏系统性的监督机制,只从道德上对其进行监督,往往使监管浮于表面;另一方面,行业协会也没有利用协会的税务专家、经济学者的力量,与政府共同发挥监管作用。目前,行业协会由于没有形成规范化的审查程序,缺乏独立性,且与政府部门有着密切的联系,很难真正作为独立的机构参与到监督中来。

二、税务师行业制度的国际借鉴

(一)法律制度确立

在立法层面上,建立健全的法律体系是促进税收代理高效运作的一个重要保障。法律的效力会加强税收中介的独立性和中立性。根据政府介入的程度,国际的税务代理体制可以分为两种。一种是集中式的垄断,以日本、韩国、德国为代表,这些国家都有严格的税务代理制度和严格的市场准入制度;另一种是美国和英国等国家的自由分权模式,这些国家都没有制定税收代理制度,也没有相应的监管机构。尽管不同国家之间税收代理制度存在着很大的差别,但为了促进税务代理行业的健康、有序发展,保证税收管理工作的顺利进行,各国均通过相关的法律法规对其进行了规定,明确了业务范围、机构设立形式、资格认定、注册管理、权利和义务等。

日本作为世界上首个实行税务代理的国家,其税收代理体系已基本成形。作为税收代理体制的基石,日本《税理士法》于1942年颁布并根据经济发展及时代需要进行多次修改。在此基础上,实施《税理士法施行令》和《税理士法施行规则》等相关制度作为补充,并对税理士的独立性做出严格规定,已建立了比较完备的法律体系。

1966年8月9日,美国财政部发布了第230号公告,该公告是税务代理制度的法律基础。其在税收代理业务的发展进程中已经多次修改并逐步完善,从而为政府有序地开展税收征管工作提供了有力的保证。

上述国家都是通过法律规定来对税务代理制度进行规范,在法律层次中处于较高地位,不仅效力强、认可度高,而且随着经济发展和涉税业务种类的丰富不断修订,以符合税务代理行业的发展要求。

(二)税务代理业务范围广泛且明确

比较各国税务代理法律我们可以看出,税务代理业务范围在法律文件中得到了明确,注册税务师主要的两个服务范围是税务服务和涉税鉴证。日本的《税理士法》规定了四项法定业务,包括税务咨询、税务代理、税务文书制作、会计税务代理业务等;德国1961年制定的《税务代理咨询法》也详细规定了税务代理人员的执业范围,包括:纳税代理、税务咨询、代办记账等;韩国《税务士法》除了规定税务士申报纳税、税务鉴证等八种业务外,还规定了三项法定业务。税务代理可代理纳税申报、税务登记等简单的涉税服务或会计审核、财务管理、税务筹划等高端业务。由于纳税人的需求和涉税事务的复杂性,税务代理经营活动的范围日益扩大,越来越专业化,越来越成熟,越来越规范。

(三)准入制度建立

从各国税收管理体系来看,税收代理行业的准入门槛较高,不仅要有专业知识,还要有相应的资质,以及对专业人员自身综合素质的要求。

日本实行考试准入制,对考生的考试资格进行了严格的限制,只有取得高等院校毕业证书或者在税务方面工作了一定的时间,才能进入税理士的选拔。严格的选拔与考核体系,使日本境内的税务代理人员具有很强的职业性和实践性。

德国税收顾问的考试分为两个环节:一是口语,主要测试的是报考人员的临场发挥能力、语言表达能力以及逻辑思维能力;二是笔试,主要测试的是对知识的理解和问题的分析能力。除此之外,有关法规也明确了税务咨询人员的报考条件和免考条件,以学历和工作经验为主要依据。

在美国,从事税收代理的主要是律师、注册会计师、注册代理人。律师和注册会计师的资格是由各自的产业机构确定的,而注册代理人资格的确定则需要经过税务部门的审核。由于该行业具有较高的准入门槛和较高的专业技术要求,注册代理人不仅可以从事一般的税收代理,同时还可以为纳税人提供高质量的税收服务。

(四)监管体系完备

各国税务师行业税收监管模式主要分为政府监管模式、行业自律模式、混合模式。日本是政府监管模式的典范,它所制定的有关法规和制度,都要求负责税收事务的人员必须在有关部门任职,而政府则可以利用这些税务人员来履行自己的职责;行业自律模式以韩国为代表,韩国在相关法规中明文规定,税收行业要采取自

57

律经营的方式;混合模式主要以德国为代表,德国的税收顾问行业属于垄断行业,按照本国有关法规组建行业协会,并以协会的形式对行业进行自我监管,同时在经营过程中也要受有关部门的监管。为了建立健全的监管制度,我们必须要将行业内部和政府外部两套监管体系有机结合,既维护客户的权益,又保障国家税收利益,确保税务代理的公正和准确,从而促进税务师行业的健康发展。

三、我国涉税服务行业举措

(一)完善法律体系,提升法律等级

我国税务师是一个新兴的行业,要想在较长时间内持续、稳定发展,就需要通过立法来保证其合法效力,并获得社会的认同。健全的法制体系是规范行业行为、实现公正的制度保证。目前,我国的税收代理法律体系还处于初级阶段,缺少权威性,需要加快税收代理的立法,健全税收代理法律体系和相应的配套制度。首先,要完善《注册税务师法》及有关上位法的立法精神及有关条文。通过制订《注册税务师法》,统一全国注册税务师的法律体系,明确注册税务师、税务师事务所、中国税务师协会的法律地位,为其制订具体的法规、规章、规范性文件等提供立法基础。出台《注册税务师法》,既能降低企业的税收风险,保护纳税人的合法权益,又能降低征税成本,保障国家税收利益。其次,要通过制定相关的注册税务师行政法规,来对《注册税务师法》等相关法律进行进一步的细化,完善我国注册税务师的相关管理制度。最后,在不违背现行法律法规的基础上,根据当地的具体情况和实际需求,制订符合当地实际需要的地方性法规。此外,也可以制定注册税务师的规范性文件,对注册税务师和税务师事务所进行独立、客观、公正的管理,使其走向法制化、制度化、规范化。

(二)扩大业务范围

涉税专业服务的业务范围在实际工作过程中也在逐步扩大,《涉税专业服务监管办法(试行)》中关于涉税鉴定和涉税服务的条款需要与时俱进。根据《涉税专业服务监管办法(试行)》,要对涉税专业服务的执业范围进行调整,对各种类型的涉税服务业务进行细化,如各税种申报、减免税、出口退税申报,企业合并、分立、破产事宜中税款清算的审核,增值税一般纳税人资格认定申请的审核等;也可以根据时代的变化增加一些新的业务,包括参与企业经营评价、税收筹划、税务风险评估、大型企业税务风险控制等。

(三)健全人才评价制度

目前,税务师的职业资格已从原来的执业准入类改为水平评价类,此举极大地提升了从业人员的积极性。由于注册税务师的部分涉税业务是同时为纳税人和税

务部门服务的,因此注册税务师需要有较强的专业技术和执业水平。对此,我国可以学习一些先进国家的经验。首先,要完善考核体系,引入高素质的专业技术人员。其次,改革考试方式,降低报考者的门槛,以培养更多的专业人才。再次,要完善我国税务中介机构的退出机制,对部分专业能力不强、职业道德不高的税务中介机构进行淘汰,以降低纳税人的风险和成本,保证行业整体素质。除此之外,税务师除了要通过正式的税务师考试,还要有一定的考核审批机制,如专业技能评估、职业道德评估。为了提高从业人员的综合素质,必须要建立健全继续教育培训制度,及时更新职业技术教育培训体系,让从业人员对税收政策有更深刻的认识,进而提高自己的专业能力。

(四)完善监督体系

在我国,相关部门和行业协会必须充分发挥自身的优势,建立起一套完善的监管体系。从政府角度来讲,税务部门要明确责任,强化自身管理,以保证监管工作落实到位,从而更好地发挥监督职能,规范市场秩序。税务机关可以依法建立专门的监管机构,针对不同类别的涉税业务分别进行监管,独立行使职责,确保公正、客观。税务机关要打破现行单一部门管理、力量薄弱的局面,强化税务机关内部的监督管理,积极利用信息化技术,建立多部门协同监管的体制,真正实现事前、事中、事后的监管。从税务师协会角度来讲,其比政府更了解行业,执业水平也更高,对发展中出现的问题有更清晰的认识。所以,要明确严格区分两者的职责权限,严格落实问责制。税收主管部门应当确保行业协会独立行使职能,不得干预其经营活动。同时,要发挥税务师协会自身的优势,严格贯彻执行国家颁布的各项行业法规,对各种政策文件上传下达,使税务师事务所充分理解国家政策,规范自身的行为,真正地履行职责。我国也可以通过建立严格的惩戒机制,对行业中的欺诈、恶性竞争等行为进行严厉打击,维护行业的正常秩序,具体实施办法可以参照注册会计师、律师等行业的相关法律法规,如给予警告、吊销执业资格、罚款等处罚。

参考文献

[1]蔡昌,李长君.推进税务师行业立法 开创税收治理新局面[J].注册税务师,2021,(1):30-34.

[2]付丹.我国涉税专业服务法律制度的完善[D].湘潭:湘潭大学,2017.

[3]张松,刘晓辉.税务师行业立法研究[J].注册税务师,2016(3):62-64.

[4]卫雪鸥.我国注册税务师行业法规体系建设问题研究[D].北京:首都经济贸易大学,2014.

[5]张毛平.论我国税务代理制度的完善[D].北京:中国政法大学,2015.

[6]施立端.关于加快注册税务师行业立法的几点思考[J].东方企业文化,2014(18):218,220.

[7]王天明.加快立法为注册税务师行业发挥作用保驾护航:访全国政协委员、中税协会长宋兰[J].注册税务师,2015(4):7-10.

涉税服务行业立法研究

王拴拴　张　慧[①]

一、涉税服务行业现状及问题

(一)人才队伍建设

1. 税务律师的兴起

经过十多年发展,我国税务律师人数逐年增加。从 2014 年大约 400 人,增至现在的 2 000 人左右,其中将涉税业务作为主业的专业税务律师约 1 000 人。

税务律师在相关税收法律法规、税收政策公开征求意见过程中,积极反映纳税人的意愿,为立法工作提供意见建议,促使税收法律制度更好地体现民意。税务律师能够有效避免征纳双方地位与力量的失衡,促进税务机关自觉依法行政,保障纳税人合法权益,及时化解征纳双方矛盾,构建和谐的征纳关系。

2. 注册会计师涉税业务的发展

根据中国注册会计师协会(以下简称"中注协")最新发布的会员人数统计,截至 2020 年底,中国注册会计师行业全国从业人员超 40 万人,其中在中注协注册会员的人数超 27 万人,其中非执业会员有 164 152 人,注册会计师(执业会员) 108 449 人,个人会员 272 601 人,还有暂未取得注册会计师的持证人但从事该行业的人员约 13 万人。

众所周知,注册会计师的主业为审计业务,但从历年注册会计师行业发展报告可以看出,非审计业务在逐年递增,其中包括涉税服务业务,表明会计师事务所拓展业务范围、加快多元化发展取得良好成效。同时,中注协也在积极举办涉税业务培训课程,如委托厦门国家会计学院举办涉税业务培训班,不断拓展业务领域,培养全面、高素质人才队伍,更好地服务于市场主体。会计师行业进入高质量发展新阶段,既是机遇也是挑战,会计师事务所在不断向做优做专做精转型,做好传统审

[①] 王拴拴,北京鑫税广通税务师事务所有限公司项目经理、税务师。张慧,北京鑫税广通税务师事务所有限公司项目经理。

计鉴证业务的同时拓展增值服务。

3. 税务师行业的壮大

经过30多年的成长,税务师行业已发展成为继律师、注册会计师之后的第三大鉴证咨询类专业服务行业。税务师作为涉税专业服务的主力军,在奋进新时代的征程中,全面加强党的领导,遵从税法、公正执业、优质服务、诚信立业,用辛勤和智慧为共和国税收事业添砖加瓦。

截至2020年,累计取得税务师(原注册税务师)职业资格人数已达234 639人,分布于税务机关、企事业单位、大专院校、涉税专业服务机构等。在涉税专业服务机构中,税务师事务所7 700多家,职业税务师5万人,从业人员10万多人,服务纳税人150多万户。税务师已成为维护国家税收利益、维护纳税人合法权益、发挥重要社会监督作用、维护市场经济秩序的一支不可替代的专业服务力量,为税收事业做出了重要贡献。

相较于律师、注册会计师,税务师行业在不断发展壮大的同时,同样也存在一些制度问题。

(二)行业制度存在的问题

1. 立法位阶低

纵观整个鉴证咨询类专业服务行业立法进程,我国于1993年、1996年、2017年分别发布了《中华人民共和国注册会计师法》(2014年修订,以下简称《注册会计师法》)、《中华人民共和国律师法》(2017年修订,以下简称《律师法》)、《涉税专业服务监管办法(试行)》(2019年修订,以下简称《监管办法》)。从制定机关来看,前两者由全国人民代表大会常务委员会制定,而《监管办法》由国家税务总局制定;从法律层级来看,前两者属于法律层级,其效率仅次于宪法而高于其他法,处于较高地位,而《监管办法》属于部门规章,法律层级较低。由此会产生一系列问题,如涉税专业服务准入门槛较低,导致除税务师、律师、注册会计师外,还存在各种以税务筹划师、税务风险管理师等为名的服务人员也涌入行业,一定程度上扰乱了行业秩序,有可能降低服务质量,不利于保护纳税人的合法利益。

因此,税务师行业需要尽快制定法律层面的文件来严格规范业务界限,充分发挥各自优势,提高涉税服务质量,为税务师行业发展保驾护航。

2. 主体法律地位不明确

律师和注册会计师的法律地位在《律师法》及《注册会计师法》中均有明确说明。但税务师作为涉税服务专业人员,在涉税服务领域处于核心地位,却至今未在法律地位上得到明确,尽管《中华人民共和国税收征收管理法》第八十九条规定"纳税人、扣缴义务人可以委托税务代理人代为办理税务事宜",在此基础上,1994

年财政部制定的《税务代理试行办法》(以下简称《试行办法》)从税务师资格认定、税务代理机构、税务代理业务范围、税务代理关系的确立和终止等方面做了说明,但是征管法及相关法律法规层面并未明确规定哪些涉税事项需要委托税务师事务所办理、办理的标准是什么。时至今日,税务师仍没有独立的法律地位,在执业过程中缺乏相应的约束,导致在涉税专业服务领域的公信力大打折扣,同时法律保障较弱也对整个行业的发展构成一定的制约。

3. 业务领域不清晰

律师和注册会计师的业务领域在《律师法》及《注册会计师法》中均有明确说明,但在涉税服务领域,法律上并没有明确具体的业务范围。尽管《监管办法》对涉税业务范围进行了具体规定,但因其是国家税务总局制定的部门法规,法律层级较低,从行业的发展来讲,税务师与注册会计师、律师一样,应当从法律层面上明确其享有的法定权利和应履行的法定义务。

随着市场经济的发展和业务模式的变化,新的业务领域不断出现,税务师行业在拓展新业务的同时,如果没有相应的法律来作保障,将难以开展高端业务,这样会制约其发展。同时,作为朝阳行业,税务师行业在国家税收治理能力现代化进程中可发挥重要作用,因此更需要用法律来规范业务领域,更好地推进税收治理能力现代化。

4. 监管机制不完善

在税收领域目前存在的监管机构主要有以下三类:①税务部门领导的监管机构,即各级税务机关;②行业主管机构,即国家税务总局纳税服务司;③税务师行业自律管理机构,即中国注册税务师协会。我国现行的涉税领域的规章及规范性文件等均由上述机构制定,这导致了立法、司法、监督存在一体化现象,税务机关并未设置独立的监管机构来监管涉税服务机构,因而会出现部分涉税专业机构利用自己的特殊身份来为纳税人进行违规筹划等违法行为。此外,随着税务师事务所数量的增加,使得事务所之间竞争激烈,出现盲目追求利润、陷入价格竞争的不良现象,虽然有的地区行业协会制定了定价标准,但并没有强制力去施行,全国范围内也没有统一的标准,从监管机制上说,不利于行业的公平竞争和高质量发展。

综上,在涉税专业人才队伍建设取得良好局面之际,还应当看到行业制度建设中存在的诸多问题,需要尽快推进税务师行业制度建设,不断完善税务师行业法律制度,明确税务师行业法律主体地位,清晰界定涉税服务行业具体业务领域,同时以相应的监管机制体系来辅助行业制度建设,这些也是推进税收法定化的重要举措。

二、涉税服务行业制度建设及国际借鉴

(一)法律制度确立

作为世界上最早实行税务代理制度的国家,日本已经形成了一套完整的税务代理制度。在日本,税务专业人士被称为"税理士",1942年2月,日本《税务代理士法》诞生,从此"税理士"执行税务工作有了法律保障。此后针对税务代理人士的从业资格、管理等方面又进行制度修订,1951年制定并实施了新的《税理士法》。此后,随着经济的发展和时代要求,《税理士法》又经过了多次修订。

德国税务顾问制度起源于《帝国租税通则》,该条文将税务代理人的权利授予高等财政首长。1961年德国制定了现行的《税务顾问法》,后经过几次修订,不断完善税务顾问制度,其宗旨是维护纳税人的合法权益,并以联邦宪法对其法律地位做了重要说明。

韩国于1961年9月制定《税务士法》,第一次确立了税务士制度的法律地位。经过几十年的发展,《税务士法》又进行了多次修订,以满足经济发展的需要。

上述国家都是通过法律规定来对税务代理制度进行规范,法律层次较高,不仅效力强、认可度高,而且随着经济发展和涉税业务种类的丰富不断修订,以符合税务代理行业的发展要求。

(二)业务领域发展

日本《税理士法》明确规定了税理士的法定业务,具体包括税务咨询、税务代理、税务文书制作、会计业务等。但是随着经济发展和业务变化,税理士的业务内涵不断丰富,除上述法定业务外,还可以参与税务诊断、税务对策研究及税务审计、经营分析、财务管理等业务。

德国税务顾问的业务范围较广,涉足几乎全部涉税事项,具体包括营业登记、税务咨询、纳税申报、税务诉讼代理等业务。但是,税务顾问执行分类制度,分为两类:一类是有限制执业权限的税务顾问,主要包括专利师、公法的机关及法人、公证人等;另一类是无限制执业权限的税务顾问,主要包括律师、注册会计师、税务顾问及税务咨询公司。

韩国《税务士法》规定的税务士业务范围包括税务申请(包括异议、审查等)、税务代理申报、制作税务文书、代理记账(与纳税申报有关)、税务咨询及税务诉讼等事项。

在业务领域方面,各国都明确规定了税务代理行业从事的法定业务和拓展业务,为税务专业人士及纳税人从事涉税工作提供了指引和方向。我国也应当以法律的形式对税务代理的业务范围予以明确,一方面促使税务师行业得到更高质量的发展,另一方面也有利于培养更加专业的从业人员,提高执业人员的专业素养。

(三)准入制度建立

日本实行以考试为基础的登记制度,《税理士法》对税理士资格的报考条件、科目、免试条件做了详细的规定,其完备性还体现在从业人员的广泛性上,只有税理士这类代理人需要参加税理士资格考试,除此之外,符合免试条件的人员及律师、注册会计师可以根据《税理士法》相关规定直接获得税务代理资格。

德国的税务顾问考试包括笔试和口试两部分,笔试主要对专业知识及分析问题能力进行考核,口试则以测试语言表达能力及沟通能力为主。此外,相关法律对税务顾问的报名条件及免试条件进行了明确规定,其中以学历及工作经历作为最重要的资格和条件。

韩国税务士资格考试对应试者的条件没有过多的限制,但是其考试难度较大,分为学科考试和实务考试。学科考试包括四部分,即财政学、会计学、税法第一部分(国税基本法、国税征收法、税务违章处罚法、税务违章处罚程序法、增值税法、特别消费税法、印花税法、证券交易税法)、税法第二部分(所得税法、法人税法、继承税法、减免税控制法、国防税法、资产重估税法),目的在于测试应试者知识掌握程度;实务考试科目包括三部分,即税法第一部分(同上)、税法第二部分(同上)、会计学,目的在于测试应试者解决实务的能力。

从各个国家准入制度可以看出,税务代理行业准入需要严格把关,不仅仅体现在专业知识层面,还需要具备相应的资格条件,同时还需要加强专业人士自身的综合素质。这就需要专业人员不断学习新知识,拓展新领域,做到多学科融合,以应对复杂的经济业务。

(四)监管体系完备

在税务代理行业发展的同时,出现了部分代理人盲目追求经济效益而忽视涉税服务质量的现象,不仅侵害了纳税人的利益,同时也损害了国家的税收利益。为此,各国出台了相应的监督和惩戒制度。美国制定了《改进处罚管理和遵从税收法案》《1976 税收改革法案》等,采取政府监管与行业管理相结合的方式对税务代理人士进行监管。德国税务顾问惩戒制度由职业法院进行处理,具体措施包括四种:警告、申诫、两万马克以下的罚款、除名。韩国税务代理的行政管理工作由财政经济部负责,同时国税厅负责税务代理工作的监督与指导,税务惩戒委员会负责对税务士的违规行为进行处罚。这些举措极大地提高了监管水平,有利于形成良好的行业秩序。

三、我国涉税服务行业举措

(一)建立法律制度

建设社会主义法治国家,必须坚持法治道路,树立法制观念。涉税服务行业规范化发展需要法律作为先锋。涉税服务行业作为市场经济的主体,要持续、健康、规范化发展,必须明确相关主体的权利义务,必须明确相关的法律程序。税务代理是一种代理行为,需要相应的法律进行规范,如《税务代理法》。可以参考相关国家(如日本)的做法,适当扩大税务代理准入资格范围,允许具备专业资质条件的人员开展税务代理服务。同时,将法的要素,如税务代理主体、执业范围、执业标准、执业收费、监管体系等纳入《税务代理法》,为税务代理行业奠定法律基础。

税务师作为涉税服务行业的主力军,其核心地位需要法律予以明确,作为继律师、注册会计师之后的知识密集型行业,我国税务师的认可度不及前两者,究其原因在于没有法律明确其地位。因此,税务师行业也需要一部属于自己的法律——《税务师法》,具体内容可以借鉴《会计师法》《律师法》中的主体框架,同时结合税务师行业自身职业特点进而制定本行业独有的规范。

(二)规范业务领域

目前,从事涉税服务的机构有会计师事务所、律师事务所、税务师事务所、其他咨询公司,但其业务领域经常会有交叉、重叠,可能造成涉税服务水平参差不齐。因此,需要在法律文件中明确规定相关主体执业范围及领域,如在涉税鉴证领域,税务师发挥专属作用,其他主体不得从事此类业务。规范业务领域不仅可以提高税务师的行业地位,而且也符合"专业的人做专业的事"的道理。同时,业务模式的变更及税务师行业转型的关键时刻,更应该明确税务师的执业领域,避免出现行业混乱、人员素质参差不齐的现象。

随着互联网的不断发展,涉税服务行业需要不断研究新业态,紧跟政策导向。同时,涉税专业人士需要学习一些专业技能,如英语、数据分析等,以应对工作环境变化带来的挑战。

(三)健全准入制度

现如今,税务师职业资格已经由最初的执业准入类调整为水平评价类,这一举措大大提高了从业人员的积极性。目前,我国税务代理资格要求较为严格,可以参考一些国家(如日本)的做法,对于从事涉税代理工作的注册会计师、律师等人士,可从工作经历及专业胜任能力方面进行考核,确定其是否适合从事税务代理服务工作。同时,也可以探索分类执业制度,如一般型税务代理和高端型税务代理,并明确各自的从业主体及范围。健全准入制度,不仅可以扩大税务服务行业的影响力,更能调动相关从业人员的积极性。

(四)完善监督体系

涉税服务行业应当采取以政府监管为主、税务师协会自律管理为辅的监管模式。《监管办法》中曾提出:"税务机关对涉税专业服务机构在中华人民共和国境内从事涉税专业服务进行监管。"即便有相关规定,但实际工作中税务机关并未建立专门的监督管理机构对涉税服务行业进行监督,在法律层面没有强制规定,因此需要法律予以明确,同时把各级税务机关的监管职责具体化,通过加强教育、培训等方式把工作做实、做细,做到上下级联动、互相监督,加强沟通,营造良好的税收营商环境。

税务师行业协会要充分发挥自身行业自律作用,研究建立税务师执业质量控制体系,完善税务师等级认定、税务师事务所资质等级认定等制度。同时,加强日常监督检查,充分发挥行业的领导带头作用,对发现的行业问题及时进行处理。

通过内部监管与外部监管相结合的方式,真正做到对问题早发现、早纠正,不断优化行业监管水平,提升行业地位,增强纳税人的公信力。

综上,涉税服务行业的发展,法律制度的建立是基础,在此基础上,不断规范业务领域,明确主体执业范围,健全准入制度,让更多专业人士进入涉税服务领域,同时进一步完善监督体系,加强内外部监管联动,从而营造一个良好的税收营商环境。

参考文献

[1]满毅.十二国(地区)税务代理行业制度的概况及借鉴[J].注册税务师,2011(9).

[2]满毅.十二国(地区)税务代理行业基本情况(上)[J].注册税务师,2011(10).

[3]王月仙.强化监管 完善制度 提升素质 促进注税行业规范发展[J].注册税务师,2013(12).

[4]杨同富.日本税理士制度的演进及对我国税收代理工作的启示[J].税务纵横,2003(6).

[5]周斌.解密中国顶尖税务律师事务所[N].咸宁日报,2019-03-25.

[6]张松,刘晓辉.税务师行业立法研究[J].注册税务师,2016(3).

促进自贸区飞机租赁业发展的税收制度研究

刘 荣[①]

飞机租赁业的发展受到经济政策、政府服务与配套条件多项因素的影响,其中,法律、会计、监管、税收被认为是影响租赁业发展的四大支柱。本文旨在对飞机租赁业的涉税制度进行研究,进而提出相应的完善建议。

一、飞机租赁的业务模式

租赁一般分为经营租赁和融资租赁。增值税法规中定义的经营租赁是指在约定时间内将有形动产或者不动产转让他人使用且租赁物所有权不变更的业务活动。与之相对应,融资租赁是指具有融资性质和所有权转移特点的租赁活动,合同期满后,承租人有权按照残值购入租赁物,以拥有其所有权。

飞机的经营租赁又分为湿租和干租两种类型。湿租是指航空运输企业将配有机组人员的飞机租赁给他人使用一定年限,承租期内听候承租方调遣,并按一定标准向承租方收取租赁费;干租则是指出租人仅将飞机在约定的时间内出租给承租人使用,承租人自行配备操作人员,出租人只收取固定的租赁费用,而在运输过程中发生的各项费用都由承租人承担的租赁模式。

相较于经营租赁,融资租赁具有更为复杂的业务属性。融资租赁的产生源于购置固定资产的资金需要,飞机作为大型固定资产,直接购置会占用航空运输企业巨额资金,而很多企业往往面临自有资金不足的问题,鉴于融资租赁将资金融通与物资融通相结合、融资与投资密切关联的特点,融资租赁已成为仅次于银行信贷的第二大融资方式,蕴含着巨大的市场需求。我国的合同法、会计准则、监管部门的法律或规章从不同出发点对融资租赁进行了定义,其覆盖范围既包括狭义的直接融资租赁,也包括广义的融资租赁业务,而现实经济生活中的融资租赁在金融创新的影响之下,衍生出更多的运作方式。我国增值税相关法条中的融资租赁实际是狭义的直接融资租赁,而广义的融资租赁还包括融资性售后回租等业务。本文讨论的融资租赁业务是指广义的融资租赁范畴。

---

① 刘荣,天津财经大学会计学院教授,硕士生导师。

飞机租赁作为融资租赁领域的高端业务,对运营者的资金实力及专业性都提出了较高的要求,有行业涉足门槛的规定,并有相关的监管部门。根据目前的监管政策,开展飞机租赁业务的租赁公司需要通过资质审批。具备资质的融资租赁公司包括三类,第一类是中国人民银行、银保监会批准从事融资租赁业务的金融租赁公司;第二类是商务部批准从事融资租赁业务的外资租赁公司;第三类是商务部授权的省级商务主管部门和国家级经济技术开发区批准的从事融资租赁业务的试点租赁公司。从业务模式划分,飞机融资租赁业务的基本模式可以分为两大类,一种是直接租赁模式,另一种是售后回租模式。目前,售后回租是国内飞机租赁公司最常用的租赁模式,在这一模式下租赁公司(出租人)会为航空公司垫付购买飞机的价款,航空公司(承租人)将该飞机名义上出售给租赁公司(出租人),但双方同时订立租赁合同,航空公司再从名义上的购买方(租赁公司)手里将飞机租赁回来投入营运业务。作为融资租赁业务发展的四大支柱政策之一,税收政策对飞机租赁行业的发展至关重要。

二、飞机租赁业务的现行税制

一般而言,飞机租赁业的交易至少需要出租人、承租人、供应商三方共同参与,涉及资产购置和资产租赁两个关键环节,再考虑出租人可能向金融机构举债等情形,租赁业务,特别是融资租赁的涉税事项较为复杂,涉及增值税、关税、企业所得税、印花税、城市维护建设税和教育费附加等多个税种。

(一)增值税

1. 经营租赁涉及的增值税

"营改增"之后,财税〔2016〕36号文奠定了增值税租赁业务的征税原则,其中经营租赁按其租赁物的不同,对租赁有形动产采用13%的税率,对租赁不动产采用9%的税率,但是如果属于前文提到的航空业的"湿租"业务,具体细分行业属于增值税的"交通运输业",而不是"现代服务业"中的"租赁服务","交通运输业"适用税率为9%。

2. 融资租赁涉及的增值税

至于融资租赁,增值税对其不同的业务模式也是差别对待的,其中直接融资租赁模式,按照租赁资产的不同分别适用13%和9%的税率,13%适用于有形动产,9%适用于不动产;售后回租的融资租赁模式,按照"金融服务业"征税,适用6%的税率(见表1)。此外,需要说明的是,售后回租在承租方向出租方出售资产的环节,按照实质重于形式的原则,不视同销售,给予免征增值税的待遇。

表1 飞机租赁业务增值税的征税规定

租赁模式	经营租赁		融资租赁	
	湿租	干租	直接租赁	售后回租
行业细分	交通运输业	租赁服务	租赁服务	贷款服务
税率	9%	13%、9%	13%、9%	6%
计税依据	全部价款及价外费用	全部价款及价外费用	全部价款及价外费用-对外支付的借款利息-发行债券利息	全部价款及价外费用(不含本金)-对外支付的借款利息-发行债券利息
资产的进项税额	出租方可抵扣	出租方可抵扣	出租方可抵扣	承租方可抵扣
租金的进项税额	承租方可抵扣	承租方可抵扣	承租方可抵扣	承租方不能抵扣
即征即退优惠	不享受	不享受	实际税负超过3%的部分	实际税负超过3%的部分

在直接融资租赁模式下,作为出租方的租赁公司可以抵扣购买租赁动产的进项税,符合条件的"合格租赁公司"其应税销售额以包含租赁资产本金在内的全部租金为基础,如果出租方有购置租赁资产发生的利息费用,允许从计税依据中扣除;在售后回租模式下,租赁公司不能抵扣购置租赁资产的进项税,符合条件的"合格租赁公司"其应税销售额以不包含租赁资产本金在内的全部租金为基础,购置租赁资产发生的利息费用可以从计税依据中扣除。这里所谓的"合格租赁公司"与前文提到的融资租赁公司的审批机构以及注册资本规模息息相关,第一类由中国人民银行和银保监会批准从事融资租赁业务的金融租赁公司及第二类由商务部批准从事融资租赁业务的外资租赁公司可以采用差额征税的方式,第三类由商务部授权的省级商务主管部门和国家经济技术开发区批准的从事融资租赁业务的试点租赁公司必须达到注册资本1.7亿元的标准才可以采用差额征税的办法计算销售额。

融资租赁业务中还有一项值得关注的税收优惠政策,即增值税即征即退的制度安排。对于上述适用差额征税方式的一般纳税人,对其增值税实际税负超过3%的部分实行即征即退政策,该项措施使得从事融资租赁业务的"合格租赁公司"的增值税税负得到有效控制,锁定为不超过销售额的3%。

(二)企业所得税

如果说租赁业增值税制度的重点是出租方细分行业归属及关注进项税额抵扣问题,租赁业的企业所得税则重点关注承租方税前扣除及纳税调整的问题。

1. 经营租赁

根据《企业所得税法》和《企业所得税法实施条例》的相关规定,承租方对于经营租赁发生的租赁费可以在税前扣除,但是随着《企业会计准则第21号——租赁》准则的修订,会计上的处理与税收上的处理可能产生差异,需要进行纳税调整。新的租赁准则自2019年首先在上市公司开始实行,最核心的变化是对于承租人不再区分融资租赁与经营租赁,对所有租赁业务确认"使用权资产"和"租赁负债",并分别确认折旧和利息费用(不包括选择简化处理的短期租赁和低价值资产租赁)。这就意味着承租方的经营租赁资产与融资租赁资产一样,都需要作为"使用权资产"进行确认,并进行折旧的计提。由于税收上的扣除项目是实际支付的租赁费,而会计上扣除的是折旧和利息费用,口径不尽相同,因此会形成税会差异事项,计算应纳税所得额时需要对差异额进行纳税调整。

2. 融资租赁

在直接租赁模式下,《企业所得税法》和《企业所得税法实施条例》中要求:承租人以合同约定的付款总额和合同订立过程中发生的费用作为租赁资产的计税基础。而会计准则中充分考虑到货币时间价值的因素,引入折现的做法,承租方应当按照租赁期开始日尚未支付的租赁付款额的现值和初始直接费用进行账面价值的初始计量。因为折现形成的"未确认融资费用",按照会计准则可以分期计入财务费用,而税法上是将其包含在固定资产计税基础中以折旧的方式予以扣除。会计上财务费用的计算采用实际利率法,而税收上折旧一般采用直线法,形成税会差异事项,需要进行纳税调整。

在售后回租模式下,企业所得税遵循会计实质重于形式的原则,在承租人出售资产给出租人环节不确认收入,承租人与出租人的关系实际构成借贷关系,按资产出售前的账面价值作为计税基础,承租人支付的租金高于出售环节销售款的部分可以视为融资借款利息,承租人支付的属于融资利息的部分,可以作为企业财务费用在所得税税前扣除。售后回租业务中承租人会计上计算出的融资利息一般可以在税前扣除项目,不会产生税会差异。

(三)其他征税规定

1. 进口环节的关税和增值税

对于飞机租赁业务而言,除了国内能够生产的部分机型之外,绝大部分飞机需要进口。进口的飞机,原则上应征收进口环节的关税和增值税。关税税率需对照关税条例、关税税则确定,进口环节增值税税率正常情况下为13%,但是按照《财政部、海关总署、国家税务总局关于租赁企业进口飞机有关税收政策的通知》(财关税〔2014〕16号)的规定:自2014年1月1日起,租赁企业一般贸易项下进口飞机并租给国内航空公司使用的,享受与国内航空公司进口飞机同等税收优惠政策,即进口空载重量在 25 吨以上的飞机减按 5%征收进口环节增值税。近年来,保税区特殊的区位优势和政策优势,吸引了大量租赁公司到此注册。飞机租赁业务中,注册在天津东疆保税区、上海自贸试验区、深圳前海湾保税区、海南自贸区等地区的租赁公司,进口环节的税费可以得到减免或实行保税。

2. 印花税

按照印花税的相关规定,经营租赁业务按照"财产租赁合同"缴纳印花税,税率为 1‰;融资租赁按照"借款合同",税率为 0.5‰。印花税由承租方与出租方分别缴纳。

三、助力飞机租赁业发展的税收制度改革建议

(一)扩大增值税差额征税和即征即退的适用范围

我国税法中对融资租赁的不同业务模式采用不同的征税原则,尤其在增值税上体现得最为明显,将其划分为直接融资租赁和售后回租融资租赁。直接租赁业务中,符合条件的租赁企业可以按照差额计算销售额,进而计算销项税额,但是税法中对享受差额征税的租赁公司资质是有要求的。对外资融资租赁公司注册资本金的要求为不低于 1 000 万美元,其中国外投资者的资产不低于 500 万美元,而内资融资租赁企业的注册资本金要求为不低于 1.7 亿元人民币,明显高于对外资融资租赁企业的要求。由于准入门槛过高,内资企业进入融资租赁领域严重受阻,而外资融资租赁企业实际上良莠不齐,但占有市场准入方面的便利,客观上造成对内资企业的不公。虽然部分地区出台了一些变通做法,如天津对在东疆保税区资信比较好的融资租赁公司设立项目子公司(SPV),可以不受最低注册资本金的限制,但这类项目子公司(SPV)是否可以享受差额征税和增值税税负超过 3%的部分即征即退的优惠,在政策上存在不确定性。出于促进内资企业参与融资租赁业务的考虑,本文建议近期内放宽对融资租赁行业差额征税和即征即退政策的适用范围,明确规定即使注册资本未达到 1.7 亿元的项目子公司也可以正常实行差额征税和即征即退,远期则应当考虑对融资租赁的行业准入门槛做出适当调整,给予内资企业同样的投资机会。

(二)缩小企业所得税扣除项目的税会差异

从前文的分析可以看出,由于企业会计准则的修订,经营租赁业务的税会差异明显增加。例如,某公司以经营租赁方式租入一处房屋建筑物用于办公,租赁期为 3 年,合同中无续租及终止选择权,年租金 10 万元,于每年年末支付。按照新会计准则,经营租赁与融资租赁确认资产价值的方法相同,承租人在进行使用权资产、

租赁负债、财务费用等计量时,要确定折现率,假设该承租人采用的折现率为5%。相关计算如表2所示。

表2 承租方扣除金额的计算示例　　　　　　　　　单位:元

年份	原准则	新准则		
	租金	使用权资产折旧	利息费用	小计
第一年	100 000	90 773.33	13 616	104 389.33
第二年	100 000	90 773.33	9 296.8	100 070.13
第三年	100 000	90 773.33	4 761.64	95 534.97
合计	300 000	272 319.99	27 674.44	300 000

注:上表计算存在尾差。

根据企业所得税的相关规定,承租人以经营租赁方式租入固定资产发生的租赁费支出,按照租赁期限均匀扣除,即每年计算应纳税所得额时均扣除10万元,而按照修订后会计准则的规定,计算利润总额时扣除的是计入成本费用的折旧和利息费用,其中的利息费用按照实际利率法计算得出,每年的利息费用并不相同,且呈现逐年递减的变化趋势。在租赁期限的前期,会计的折旧和利息费用之和大于实际支付的租金,会计上的扣除多于税法允许的税前扣除,在计算应纳税所得额时需要进行纳税调增;而在租赁期限的后期,会计的折旧和利息费用之和小于实际支付的租金,会计上的扣除少于税法允许的税前扣除,需要进行纳税调减。税收与会计的这类差异属于暂时性差异,在本例中,在租赁业务的第一年、第二年分别产生"递延所得税资产"1 097.33元[(104 389.33-100 000)×25%]、17.53元[(100 070.13-100 000)×25%],然后在第三年进行转销。实际业务处理中,企业所得税的应纳税所得额是在会计利润总额的基础上调整得出的,因此纳税调整会产生一定的工作量,尤其是在新租赁准则推出后,部分财务人员对新准则的理解和执行可能存在一些偏差,在此基础上计算的应纳税所得额的准确性也未可知。

虽然近期会计准则的修订对融资租赁业务影响不大,但在融资租赁业务中也存在一定的税会差异,主要产生于因折现形成的未确认融资费用,会计准则将其计入财务费用,在当期作为费用化处理项目予以扣除,而税法上是将其包含在固定资产计税基础中以折旧的方式予以扣除。实际上,该项纳税金额调整反映在企业所得税年度申报表附表三"纳税调整项目明细表"第54行"六、其他"栏中的"调增金额"栏内,计入"其他"说明该项差异并不是主要的税会差异,而且有一些单位可能根本未注意到该项差异,并未作纳税调整,在税务征管中一般也不会将其作为一个重点问题进行检查。

笔者认为,目前企业所得税中一些税前扣除项目的规定相较于会计准则看似比较简化,在一定程度上是由于早期的会计规范也比较简化,但随着我国会计准则与国际财务报告准则趋同的改革目标业已实现,会计准则的复杂程度明显提高。企业所得税的改革虽然未曾止步,但复杂化程度远远不及会计准则,因此产生了一些税会差异。这样一来,看似简化的税法扣除规定,实际上会带来较多的纳税调整工作。其实,租赁业务方面的税会差异基本属于暂时性差异,而且相对于租赁资产的价值而言,占比并不算高;相对于国家税收收入总量而言,不会有实质性影响。笔者建议,企业所得税的税前扣除在租赁业务方面不妨借鉴、遵从会计准则的做法,减少不必要的税会差异,以降低纳税调整的人力和时间成本,提高征管效率。

此外,笔者还注意到,虽然税法中要求承租方对融资租赁资产视同自有固定资产进行核算,允许承租方扣除融资租赁资产的折旧,但是目前企业所得税的一些税收优惠政策并不适用于融资租赁。例如,500万元以下固定资产可以一次性计入成本费用的政策就不适用于融资租赁资产。按照《国家税务总局关于设备器具扣除有关企业所得税政策执行问题的公告》(国家税务总局公告2018年第46号)的规定,享受一次性扣除的"购进"的设备、器具,包括以货币形式购进或自行建造的设备、器具,但不包括融资租赁的设备、器具。考虑到飞机的单体价值普遍较高,一般会超过允许一次性扣除的500万元的标准,建议采用变通性做法,例如对于大修理期间购置材料的支出,可以考虑允许其作为费用一次性扣除。这将使作为承租方的航空企业从中受益,否则,大修理发生的材料费只能以折旧的形式分期分批地在税前扣除。

(三)加大对租赁业专门人才的个人所得税优惠力度

租赁行业,特别是融资租赁行业的发展对专业人才的需求不言而喻,为了吸引优秀人才的加入,建议在个人所得税上对租赁行业的高端从业者给予关注与政策倾斜。目前国内融资租赁业务开展较多的几个自贸区一般以税收返还的形式对融资租赁企业本身进行政策扶持,与之相比,作用于从业者个人的税收优惠措施并不普遍,或者限制条件较多。例如,天津规定在本市新设立的融资租赁公司,从外省市引进的任职两年以上的公司副职级以上高级管理人员,在天津市购买第一套商品房、汽车或者参加专门的融资租赁相关培训的,五年内按其缴纳个人工薪收入所得税地方分成部分予以奖励。由于限制条件较多,融资租赁行业从业者享受到个人所得税税收优惠的人员范围比较有限,优惠力度也略显不足。

目前,财政部在部分地区出台了针对高端人才和紧缺人才的优惠政策。例如,2019年3月,财政部与税务总局联合发布《关于粤港澳大湾区个人所得税优惠政策的通知》,要求广东省、深圳市按内地与香港个人所得税税负差额,对在大湾区工作的境外(含港澳台地区)高端人才和紧缺人才给予补贴,该项补贴免征个人所得税。此外,中央也给予海南自贸港高端紧缺人才15%税率的个人所得税优惠政策,执行期限为2020年1月1日至2024年12月31日。2025年1月1日后,海南自贸港将按照3%、10%、15%三档超额累进税率征收个人所得税。

融资租赁作为高端服务业中一个特殊的门类,日常的业务涉及资产价值的估算与资金的筹集运作,需要一定数量规模的专业人才。笔者建议,在天津东疆保税区、上海自贸试验区等融资租赁试点地区对租赁业的高端人才采用与粤港澳大湾区、海南自贸港相仿的做法,设定较现行个人综合所得的七级超额累进税率更为温和的税率上限,或者在地方分成的个人所得税税款范围内给予纳税人更多的优惠,切实降低高端从业者的税负水平,以助力融资租赁人才队伍的稳定与行业的长远发展。

参考文献

[1]中国注册会计师协会. 中国注册会计师全国统一考试辅导教材:会计[M]. 北京:中国财政经济出版社,2022.

[2]李文增. 天津融资租赁业实现突破性发展的思考与建议[J]. 产业创新研究,2021(12):1-5.

完善无住所纳税人个人所得税制度的若干思考

刘 荣[①]

个人所得税的纳税人分为居民纳税人与非居民纳税人两类,分别承担"无限纳税义务"和"有限纳税义务"。我国个人所得税法对纳税人身份的判定采用两个标准。第一个是"住所标准"。一个自然人如果在中国境内有住所,将被认定为居民纳税人。所谓在中国境内(税法中专指中国大陆地区,目前还不包括香港、澳门和台湾地区,下同)有住所,是指因户籍、家庭、经济利益关系,而在中国境内习惯性居住,即当个人因学习、工作、探亲等原因消除之后,没有理由在其他地方继续居留,所要回到的地方。按照这一标准,在中国境内定居的外国侨民,虽然不具备中国国籍,但习惯性居住地在中国境内,因而属于税法上的居民纳税人;反之,侨居在海外的华侨和居住在香港、澳门、台湾的同胞虽然属于中国公民,但习惯性居住地不在中国大陆,因而在中国大陆境内无住所,不能依据住所标准将其判定为居民纳税人。第二个是"居住时间标准"。在中国境内无住所,但在一个纳税年度(即公历1月1日起至12月31日止,下同)内,在中国境内居住满183天的个人,也属于居民纳税人。

依据税法上述规定,在我国境内无住所的纳税人可以分为如下三种:一是未在我国境内定居的外籍人员;二是侨居在海外的华侨;三是居住在中国香港、澳门、台湾地区的同胞。

随着我国对外经济交往和文化交流的增多,人员跨国流动现象日益频繁,对无住所纳税人的管理逐渐成为个人所得税中一个值得关注的问题。本文将从制度建设层面,探讨我国现行个人所得税对无住所纳税人相关规定存在的缺陷与疏漏,并提出相应的改进建议。

一、外籍人员在中国境内"定居"的认定标准的问题

由于我国人口和资源间存在的巨大压力,长期以来到国外谋生的华侨比来华工作的外籍人员的数量要大得多。我国税法将华侨排除在居民纳税人的行列之

[①] 刘荣,天津财经大学会计学院教授,博士。

外,是符合税收国际惯例的,而且近年来相关规定更趋严密。《国家税务总局关于明确个人所得税若干政策执行问题的通知》(国税发〔2009〕121号)申明,华侨是指定居在国外的中国公民,具体界定标准为:①"定居"是指中国公民已取得住在国长期或者永久居留权,并已在住在国连续居留两年,两年内累计居留不少于18个月。②中国公民虽未取得住在国长期或者永久居留权,但已取得住在国连续5年以上(含5年)合法居留资格,5年内在住在国累计居留不少于30个月,视为华侨。③中国公民出国留学(包括公派和自费)在外学习期间,或因公务出国(包括外派劳务人员)在外工作期间,均不视为华侨。

相比较而言,税法对外籍人员在国内"定居"的界定标准仍为空白。自2004年颁布《外国人在中国永久居留审批管理办法》以来,我国陆续向外国人颁发在华永久居留证,标志着所谓"中国绿卡"制度的正式推行。但这只是民法中对"永久居留"做出的规定,而定居涉及永久居留、长期居留和连续合法居留多种情况。我国税法对外籍人员在中国境内"定居"的认定标准并不明确,尤其是对长期居留、连续合法居留缺乏约定,由此至少带来以下问题:由于依据"住所标准"将在我国境内定居的外籍人员划定为居民纳税人,在实践中难以推行,税务部门往往依赖"居住时间标准"判定纳税人身份。但按我国现行"居住时间标准"规定,对无住所纳税人居住时间的考核仅以本纳税年度内的居住时间为限,并不考虑跨年度累计居住时间,外籍人员被认定为居民纳税人的概率会大为降低。

鉴于上述情况,建议我国个人所得税法对外籍人员在华定居的认定可借鉴对中国公民在国外定居(即华侨)的认定标准,除永久居留外,将长期居留和连续居留适当考虑进来:一是对取得在华永久居留证,且在我国连续居留两年,两年内累计居留不少于18个月的外籍人员认定为居民纳税人;二是对虽未取得在华永久居留权,但已连续5年以上(含5年)取得在华合法居留资格,5年内累计居留不少于30个月的外籍人员也可认定为居民。

二、无住所居民纳税人纳税义务的设定问题

我国个人所得税法对无住所居民纳税人给予了一定的优惠政策,从而缩小了对这类纳税人实际的纳税义务。修改后的《个人所得税法实施条例》规定:在境内居住累计满183天的年度连续不满6年的无住所居民个人(高管人员除外),其取得的全部工资薪金所得,除归属于境外工作期间且由境外单位或者个人支付的工资薪金所得部分外,均应计算缴纳个人所得税。这意味着我国放弃了对无住所的居民纳税人境外所得的部分征税权,只对这类无住所居民纳税人取得的境内单位或个人支付的境外所得征税,而对由境外单位或者个人支付的境外所得不征税。

关于居住时间，《个人所得税法实施条例》中做了进一步的解释："如果此前六年的任一年在中国境内居住天数不满183天或者单次离境超过30天，该纳税年度来源于中国境外且由境外单位或者个人支付的所得，免予缴纳个人所得税；如果此前六年在中国境内每年累计居住天数都满183天而且没有任何一年单次离境超过30天，该纳税年度来源于中国境内、境外所得应当缴纳个人所得税。"但可以想象，不享受优惠，境内、境外所得均应征税的规定实际上很难有"用武之地"，甚至可以说形同虚设。我国对无住所居民纳税人纳税义务的设定，条件过于宽松，为纳税人留下了较大的避税空间。其实，按照税法的基本原则，无住所的居民纳税人理应对我国政府承担"无限纳税义务"，就来源于境内外的全部所得纳税。我国在个人所得税法的基本规定之外，针对连续居住不满6年的无住所居民纳税人的境外所得又给予额外的税收优惠，这样的做法一方面增加了税制的复杂性，容易造成理解上的偏差并增加执法难度；另一方面也使外籍人员可以在境内居住接近6年期限的时候安排临时离境超过30天，回到中国大陆之后，又可以重新计算6年期限，继续享受税收优惠。

笔者建议，为保持涉外税收政策的连续性，我们可以保留上述政策，但应对"居住满6年"作出一些限制性规定。比如，增加6年内累计居住时间的规定，如果6年内累计居住满1 098天，也应被认定为连续居住满6年；再如，规定纳税人居住满5年后离开中国，待其返回中国后，若某一个纳税年度在华居住超过183天，其境外所得不再享受优惠，以降低避税的可能性。

三、对外籍来华工作人员津贴补贴给予税收优惠的问题

考虑到外籍人员在华工作、生活期间的特殊需要，我国制定了诸多针对外籍人员的优惠措施。《财政部税务总局关于对外籍职员的在华住房费准予扣除计算纳税的通知》规定：外商投资企业和外商驻华机构租房或购买房屋免费供外籍职员居住，可以不计入其职员的工资、薪金所得缴纳个人所得税，在缴纳企业所得税时，其购买的房屋可以提取折旧计入费用，租房的租金可列为费用支出；外商投资企业和外商驻华机构将住房费定额发给外籍职员，可以列为费用支出，但应计入其职员的工资、薪金所得，该职员能够提供准确的住房费用凭证单据的，可准其按实际支出额，从应纳税所得额中扣除。除住房费用之外，在《国家税务总局关于外籍个人取得有关补贴征免个人所得税执行问题的通知》（国税发〔1997〕54号）中又规定：对外籍人员以非现金形式或实报实销形式取得的住房补贴、伙食补贴、洗衣费，以及合理数额内的搬迁费、境内外出差补贴、探亲费、语言训练费、子女教育费等项目暂免征收个人所得税。目前上述两项法规条文仍然全文有效，由此便形成在外籍职

员住房费用上,个人所得税与企业所得税双重"让利"的局面。而且由于对住房补贴、伙食补贴、洗衣费等项目缺乏限定标准而采用实报实销形式,从而为雇用外籍人员的单位在计算企业所得税、扣缴个人所得税时均留下操纵所得的空间。

值得注意的是,伴随着个人所得税的改革,自2019年1月1日至2021年12月31日期间,外籍个人符合居民纳税人条件的,可以选择享受费用扣除制度中的专项附加扣除,也可以选择上述津贴补贴的免税优惠政策;自2022年1月1日起,外籍个人不再享受住房补贴、语言训练费、子女教育费津贴补贴免税优惠政策,应按规定施行与有住所居民纳税人一样的专项附加扣除政策。但上述免税优惠是否仍然适用于非居民纳税人还是未知。笔者的建议是:第一,针对无住所个人,无论是居民纳税人还是非居民纳税人,2022年1月1日之后,一律取消目前对以非现金形式或实报实销形式取得的补贴收入暂免征税的规定,而将其计入总额。应纠正目前外籍职员住房费用上个人所得税与企业所得税双重"让利"的局面,如果企业为员工购房或租房,在计算企业所得税时,计提了折旧或扣除了租金,不宜再享受个人所得税的免税政策。第二,可借鉴通信费、交通费补贴的征税办法,对外籍人员合理设定搬迁费、探亲费等支出项目的费用扣除上限,凭有效票据可以限额扣除,或者在不超过该企业上一年或本地区同行业平均工资水平的一定比例内进行扣除。

四、对外籍人员来自中国境内的股息、红利所得免税的问题

(一)外籍人员来自外商投资企业的股息、红利所得免税的问题

2008年1月1日之前,我国对外国投资者从外商投资企业取得的利润,免征外商投资企业和外国企业所得税,该项优惠实际上是针对在我国境内未设立机构、场所的外国企业预提所得税方面的免税措施。在2008年合并后的企业所得税法中该项免税规定被取消,按现行规定应征收10%的预提所得税。而目前个人所得税中对外籍人员来自外商投资企业的股息、红利所得免税的规定仍在继续执行。这意味着,同样是来自外商投资企业的股息、红利所得,外国企业和外籍个人的税收待遇存在明显差异。其实,在中国进行间接、非控制性投资(英文称为portfolio investment)的外国资本,基本可以推论为流动性很大、只考虑不同国家不同资本回报率的国际资本[1],这些资金是以个人身份还是以企业名义出现,只是形式上的差异,并无实质性区别。而且在联合国范本、经济合作与发展组织(OECD)范本以及我国对外签订的税收协定中,涉及预提所得税时,并未将外国企业与外籍个人的间

---

[1] 崔威.境外居民企业投资者所得税预提制度设立的困惑[J].安徽大学法律评论,2007(2).

接投资回报区别对待,因此也无必要使企业和个人的预提所得税政策产生如此差异。目前出现的这种情况可以视为企业所得税与个人所得税改革步伐不同步,税种之间缺乏协调的一种表现。

(二)对外籍人员来自B股或海外股的股息、红利所得免税的问题

《国家税务总局关于外籍个人持有中国境内上市公司股票所取得的股息有关税收问题的函》(国税函发〔1994〕440号)规定:对持有B股或海外股(包括H股)的外籍个人,从发行该B股或海外股的中国境内企业取得的股息(红利)所得,暂免征收个人所得税。而国内投资者来源于B股或海外股的股息、红利所得暂时减按10%的税率征收个人所得税,造成中国公民与外籍人员税收待遇的不平等。与此同时,企业来自B股或海外股的股息、红利所得也是需要纳税的,其中,居民企业的这部分股息、红利应计入应纳税所得额,依25%的税率计算纳税。《国家税务总局关于非居民企业取得B股等股票股息征收企业所得税问题的批复》(国税函〔2009〕394号)明确了非居民企业股息、红利所得的纳税义务,具体规定为:"在中国境内外公开发行、上市股票(A股、B股和海外股)的中国居民企业,在向非居民企业股东派发2008年及以后年度股息时,应统一按10%的税率代扣代缴企业所得税。非居民企业股东需要享受税收协定待遇的,依照税收协定执行的有关规定办理。"由此可见,在有关股息、红利所得的征税问题上,外籍个人与外国企业的税负差异被进一步拉大了。我国当初设立针对外籍人员B股或海外股股息、红利所得的免税优惠措施,其初衷无疑是为了吸引外资,但目前随着国际政治经济环境的变化以及"一路一带"倡议的落实,继续执行该项优惠措施与当前国内外经济形势已不相适应。无论是从公平税负的角度,还是从促进资本市场健康发展的角度考虑,均应对该项规定加以调整。

目前,外籍人员来自外商投资企业的股息、红利所得,以及外籍人员来自B股或海外股的股息、红利所得均可享受免税的规定成为有关股息、红利所得税收政策中的特例。

笔者认为,出于平衡外籍个人与外国企业、外籍人员与中国公民的税收待遇的考虑,不宜继续保留这两项20世纪90年代制定的免税政策,而应考虑对外籍人员来自外商投资企业的股息、红利所得,以及来自B股或海外股的股息、红利所得征收10%的预提所得税(其居住国与我国签订税收协定另有规定者除外)。股息、红利所得不同于经营性所得,分配股息、红利的外商投资企业以及发行B股或海外股的居民企业,比较容易掌握股东的基本信息,代扣代缴税款的成本较为低廉,此举不会增加扣缴义务人的负担,在实际推行中应该不存在太大的阻力。而且该项改革对限制国际热钱的流入也会起到一定的积极作用,有利于促进B股及海外股市场的稳定与健康发展。

参考文献

[1]刘荣. 中美个人所得税对外籍人员征税制度的比较研究[J]. 扬州大学税务学院学报,2010(4).

[2]崔威. 境外居民企业投资者所得税预提制度设立的困惑[J]. 安徽大学法律评论,2007(2).

顺应经济波动优化企业税负的政策建议

薛 钢 姚 迪 蔡颜西[①]

一、文献综述

凯恩斯主义认为,在经济衰退时可以采用调整税收政策、增减税收收入的方式满足财政收支的需求。而 Barro(1979)提出的税收平滑定理认为,在经济波动的过程中应该保持税收的相对平滑,从而减低税收对经济活动的扭曲[②]。Talvi 和 Vegh(2005)则认为企业实际税负的顺周期性存在较大危害,会使得经济偏离其潜在水平,而发展中国家的实际税率具有顺周期性质[③]。对于税收的周期性问题,现有文献关注得并不多。高培勇(2013)认为,税收收入更是政府握在手中的重要宏观经济变量,政府可以通过它来改变 GDP 格局进而深刻影响消费、投资和社会总供求,对社会经济运行有着重大影响[④]。白景明(2015)[⑤]认为,制定科学合理税制的前提在于,首先要搞清楚税收增长与经济增长之间的关联,通过进一步的论证发现,其二者存在同向非固定系数性的对应关系,即二者涨跌一致且具有滚动性连锁增长关系,这种关系是周期性而非年度性的,并从二者计算依据、价格因素、关联性、产业结构四个方面论证了以上观点。赵桂芝(2019)以税收的逆周期调节作用作为切入点,通过探究税收政策自动稳定和相机抉择两种作用机制,认为税收的逆周期性质将会是改革的重点[⑥]。

少数学者通过实证分析得出企业实际税负确实与经济周期波动之间存在一定关系的结论。陈冬等(2016)分析企业避税行为与经济周期二者的关联性,结果显

[①] 薛钢,博士,中南财经政法大学财政税务学院教授。姚迪,中南财经政法大学财政税务学院硕士研究生。蔡颜西,中南财经政法大学财政税务学院博士研究生。
[②] BARRO ROBERT J. On the Determination of the Public Debt[J]. Journal of Political Economy,1979,87(5):940-971.
[③] TALVI, ERNESTO, CARLOS A VEGH. Tax Base Variability And Procyclical Fiscal Policy In Developing Countries[J]. Journal of Development Economics,2005,78(10):156-190.
[④] 高培勇. 财税改革:全面深化改革的突破口和主线索[J]. 财贸经济,2013(12):9-11.
[⑤] 白景明. 经济增长、产业结构调整与税收增长[J]. 财经问题研究,2015(8):56-61.
[⑥] 赵桂芝. 更好发挥税收政策逆周期调节作用的思考[J]. 税务研究,2019(11):18-21.

示国有企业税负存在显著的顺周期性①。李明等(2016)通过分析 1998—2007 年全国规模以上工业企业的企业所得税实际税负发现,中国企业税负存在明显的顺周期性,当地方潜在产出高于实际产出 1% 时,企业所得税实际税率将上升 0.12 到 0.19 个百分点②。也有学者的结论与上述观点不同。范子英等(2019)通过实证分析 1998—2012 年工业企业数据和税收调查数据发现,不同税种的实际税率在经济波动中的变化规律呈现出异质性③。

整体而言,目前从税收收入端口进行实证分析验证逆周期调节效应的文献同样比较少。而且在对经济波动指标进行衡量时,缺乏对于不同省份的考虑,也缺乏对于分税种、分企业所有制形式、分企业所属区域以及分行业层面的异质性分析,有待进一步完善。

二、我国经济波动与企业税负的历史演进

图 1 反映的是运用人均国内生产总值数据计算的 1994—2019 年我国经济波动情况。其中有几个时间点值得关注:一是 1997 年亚洲金融危机期间,中国经济增速开始掉头向下,在 2003 年左右才恢复上行趋势。二是 2008 年全球金融危机期间,中国经济再次出现下滑,但在 2009 年左右即出现回涨趋势。三是大约从 2011 年开始,中国经济进入新常态,增速整体呈下行趋势,而在 2016—2018 年有小幅度上行,可能的原因是"一带一路"倡议的推进、供给侧结构性改革的实施等。四是在近几年增速有下降趋势,可能是受到贸易摩擦等的影响。

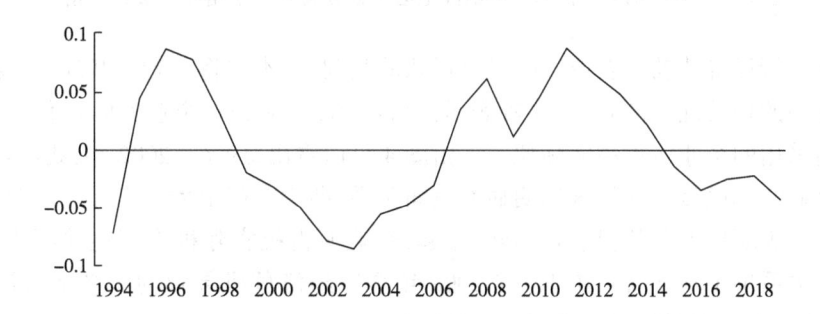

图 1　1994—2019 年我国经济波动情况

---

① 陈冬,孔墨奇,王红建. 投我以桃,报之以李:经济周期与国企避税[J]. 管理世界,2016(5):46-63.
② 李明,赵旭杰,冯强. 经济波动中的中国地方政府与企业税负:以企业所得税为例[J]. 世界经济,2016(11):104-125.
③ 范子英,王倩. 宏观经济逆周期调节中的企业税负[J]. 税务研究,2019(11):5-11.

本文基于我国上市公司 1994—2019 年企业所得税费用和利润总额数据,计算了企业所得税实际税率,其变化如图 2、图 3 所示。

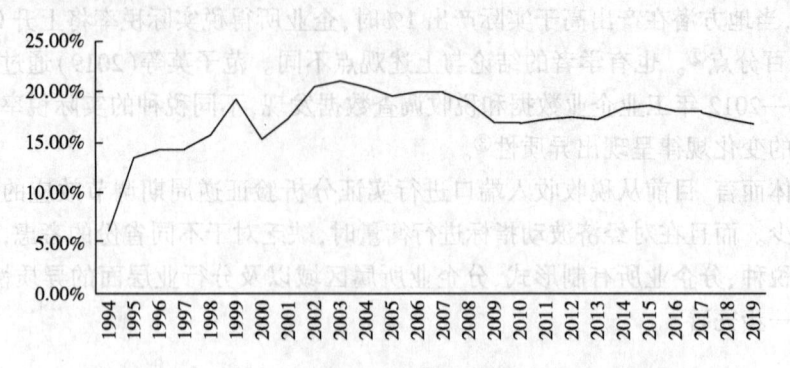

图 2　1994—2019 年我国上市公司企业所得税实际税率情况

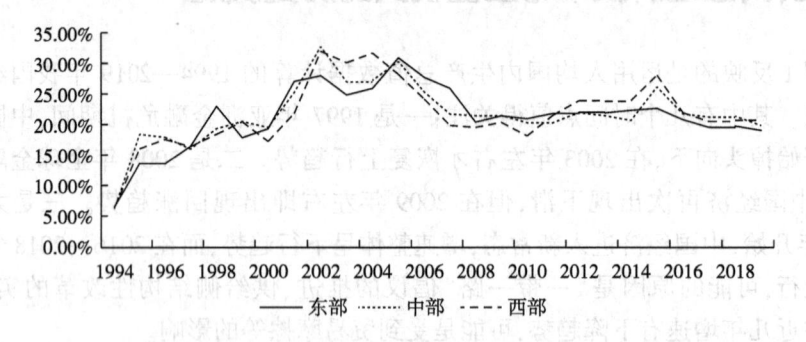

图 3　1994—2019 年我国东中西部地区上市公司企业所得税实际税率情况

在分析经济波动和企业实际税负现状的基础上,本文将二者关联起来,探究其现状之间的相关性。图 4 中,左轴表示经济波动,右轴表示企业实际税负水平,即本文所采用的企业所得税实际税率。由图 4 可以看出,1996—2002 年,我国经济波动与企业实际税负之间呈现出明显的负向关系,即潜在产出大于实际产出时,企业实际税负表现出上升趋势。自 2003 年起,企业所得税实际税率变化并不明显,这种负向关系也不再明显。并且,在 2008 年全球经济危机导致的经济下行波动时期,企业所得税实际税率也表现出下降趋势。

三、我国经济波动与企业实际税负的实证分析

(一)计量模型构建

本文所采用的企业实际税率计算公式为所得税支出与利润总额的比值,如式(1)所示。

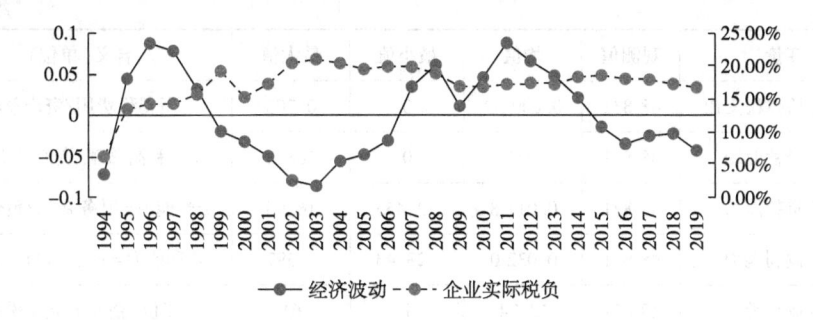

图 4　1994—2019 年我国经济波动与上市公司企业所得税实际税率情况

$$ETRS = tax/profit \tag{1}$$

企业实际税率还受到企业自身特征、所属行业特征、年份以及所在地区特征等一系列其他因素的影响。因此得到式(2)：

$$ETRS_{ijrt} = \alpha + \beta A_{it} + \gamma B_j + \pi year_t + \tau R_r \tag{2}$$

其中，下标 i 代表企业、j 代表行业、r 代表地区、t 代表年份。企业实际税率受到企业自身因素 A、行业因素 B、年份因素 $year$ 以及地区因素 R 的影响。进一步将经济波动因素代入得到式(3)：

$$ETRS_{ijrt} = \alpha + \omega Cycle_{pt}^{trend} + \beta A_{it} + \gamma B_j + \pi year_t + \tau R_r \tag{3}$$

（二）变量选取与数据来源

本文选取 1994—2019 年度沪、深所有上市企业为样本，使用的企业层面数据全部为国泰安数据库中企业年度财务报表数据。根据以往研究经验，在控制变量的选取上使用了企业资产规模、贷款能力、盈利能力及企业年龄（范子英和王倩，2019；李明，2016）。用资产总额取对数表示资产规模，用财务费用与负债总额的比值表示企业的贷款能力，用营业利润比总产值得到盈利能力指标，当期年份减去企业成立的时间再加 1 得到企业年龄。在此基础上，删除 ST 企业数值、企业所得税支出负值以及其他明显不符合逻辑的样本值，确保总资产值大于固定资产和流动资产总和、累计折旧值大于当期折旧值，并对所有变量进行 1% 的缩尾处理，排除异常值的影响。表 1 报告了本文核心变量的情况。

表 1　核心变量描述性统计及含义

变量	观测值	均值	最小值	最大值	含义(单位)
企业所得税支出	48 831	189.5	0	85 515	所得税费用(十万元)
企业利润	48 831	877.0	−1 778	391 789	利润总额(十万元)
企业资产规模	48 831	39 781	0.477	3 939 070	资产规模(十万元)

续表

变量	观测值	均值	最小值	最大值	含义(单位)
标准化所得税支出	48 831	0.009 59	0	0.705	所得税费用/资产总额
企业经营业绩	48 831	0.041 3	0	108.4	利润总额/资产总额
企业贷款能力	48 831	0.011 8	−2.455	16.96	贷款能力=财务费用/负债总额
企业盈利能力	48 831	0.032 0	−23.43	2.397	盈利能力=营业利润/总产值
企业年龄	48 831	13.74	1	61	年份−企业成立年份+1

(三)实证结果分析

表 2 为实证结果。

表 2　经济波动中的企业税负(基准结果)

	(1)	(2)	(3)	(4)	(5)	(6)
经济波动	0.091 3***	0.091 1***	0.090 1***	0.094 5***	0.085 5***	0.082 3***
	(0.015 0)	(0.014 0)	(0.014 0)	(0.014 0)	(0.013 5)	(0.013 5)
企业经营业绩		0.054 4***	0.053 8***	0.053 5***	0.028 6***	0.030 5***
		(0.014 2)	(0.014 4)	(0.014 4)	(0.028 6)	(0.042 4)
企业贷款能力			−0.096 6***	−0.091 5***	−0.065 2***	−0.064 7***
			(0.019 8)	(0.019 9)	(0.019 4)	(0.019 6)
企业资产规模				−0.035 7***	−0.041 9***	−0.039 8***
				(0.076 9)	(0.076 5)	(0.043 5)
企业盈利能力					0.029 2***	0.029 1***
					(0.003 10)	(0.003 11)
企业年龄						−0.017 3***
						(0.003 07)
常数项	0.009 42***	0.007 07***	0.007 21***	0.015 0***	0.016 3***	0.015 8***
	(0.001 68)	(0.001 57)	(0.001 48)	(0.001 68)	(0.001 67)	(0.001 62)
个体、时间效应	是	是	是	是	是	是
观测值	48 831	48 831	48 831	48 831	48 831	48 831
R^2	0.263	0.264	0.265	0.267	0.277	0.277
样本量	4 029	4 029	4 029	4 029	4 029	4 029

注:括号内数值为 t 值。***、**、*分别表示1%、5%、10%的显著性水平,下同。

在回归估计方法上,使用双向固定效应模型,控制了个体效应与时间效应。表2中第(1)列为仅加入经济波动变量的回归结果,从第(2)列起,逐步引入重要控制变量。可以看到,控制变量的引入对经济波动指标系数的影响并不大,经济波动中的企业实际税率呈现出逆周期特征。这说明,回归系数较为稳定,显著性水平也始终较高,研究结果是稳健的。第(6)列回归结果证实,经济波动对于企业实际税负的影响是正向的,这说明我国企业实际税负在1994—2019年间整体呈现出逆周期特征。

企业经营业绩越好,其实际税负越高。可能是因为较好的经营结果带来更多的税式支出。企业贷款能力与实际有效税率负相关,这一点主要受到利息抵税的影响,利息支出能够税前扣除,因此利息支出越多,所得税负越低。企业盈利能力越强,表示企业可以用来缴纳税款的营业收入越有保障,实际有效税率就会越高。企业资产规模与企业实际税率负相关,表明资产规模越大,企业越有动力进行税收筹划,降低企业实际税率。而企业实际税率与企业年龄虽呈现负相关,即企业经营时间越长,其积攒的经营经验越多,通过合理手段降低税负的经验越丰富。但这一结果并不显著。

在此基础上,本文还进行了稳健性检验、异质性分析,限于篇幅,不再赘述。

四、顺应经济波动优化企业税负的具体建议

从稳定宏观经济的角度来看,一国应该实施逆周期的财税政策来平抑经济波动。"十四五"规划中强调,我国要继续全面深化改革,更好发挥政府作用,推动有效市场和有为政府更好结合,建立现代财税金融体系,完善宏观经济治理。新的时代带来新的挑战,要探究更有效率的宏观经济政策,助力我国稳定度过新一轮经济不景气,推进落实更大规模的"减税降费",同时努力实现各项发展任务。

(一)降低间接税比重,增强税收自动稳定调节功能

我国改革开放进程中经历了数次的宏观经济波动,而面对每一次宏观经济波动几乎都选择了积极的财政政策进行应对,主要是扩大财政支出,伴随流转税制度的改革。然而,当前全球经济下行趋势明显,国内经济面临内忧外患,财政政策空间有限,单纯围绕流转税的减税降费难以全方位地应对宏观经济逆周期调节的任务。影响企业投资决策的直接要素是经济景气程度和投资回报率的高低。世界各国税收政策对于宏观经济逆周期调节的实践,多集中于所得税制度的改革和调整。当今形势下,所得税减税浪潮是全球资本竞争的新手段,也是税收逆周期调节的主要方式,效果更加直接,对于宏观经济的冲击和影响也相对较小。基于此,本文建议,应该结合我国经济和社会发展实际,在财政政策对宏观经济逆周期调节后劲不

足、提升空间有限的情况下,重视对于具有自动调节作用的税收体系的改革和完善,降低间接税比重,进一步深化所得税制度变革,完善企业所得税制度,提升整体税收制度与宏观经济的契合度,增强税收制度的自动稳定调节功能。

(二)实施产业导向税收优惠政策,简化办理流程

"十四五"期间,应当结合国家鼓励和支持的产业,对于制造业不同行业实施有针对性的减税政策。例如,对于劳动密集型产业,应该继续加大税收返还力度,鼓励这些产业转型升级。对于资本密集型产业,应该加大固定资产加速折旧政策实施力度,鼓励这些企业快速更新设备,普及先进生产工艺技术。对于技术密集型产业,应该加大研发加计扣除税收优惠政策,使人工成本压力进一步降低。对于产能过剩或者污染较重的产业,通过税收返还鼓励其转型升级。

为避免税收优惠政策的滥用,国家通常在税收优惠具体执行条款中加入比较严格的适用条件与标准。基层税务人员在执行税收优惠审核过程中机械地逐字逐条与标准进行核对,一些税收优惠申请需要填写大量佐证材料,导致能够真正满足税收优惠的企业畏难而退,降低了企业在"减税降费"中的获得感,也弱化了企业实际税负的逆周期性。因此,应该简化税收优惠办理流程,去除不必要的审核步骤,使满足条件的企业能够依法合理及时享受政策优惠。

(三)落实税收依法征管,加强税收征管监督管理

税收法定原则是税收政策的基本原则。"十四五"规划和2035年远景目标纲要进一步深化了全面依法治国的内涵,同时提出要加快现代财税金融体制建设,提升行政效率和政府公信力,提升国家治理效能。因此,为了更好地落实减税降费政策,应该完善税收征管体系,落实税收依法征管,同时加强税收征管过程中的监督管理,尽可能简化不必要的行政流程,缩小税收征管机关操作空间,减少企业税收征管过程中的人为因素。

(四)完善地方税体系,构建良性互动税收调控机制

当前,地方税体系薄弱是我国现行税收征管的瓶颈之一,也是地方政府在推行税收调控经济波动时难以作为的主要原因。因此,在税收立法权和税收开征权收归于中央的前提之下,完善地方税体系,适度扩大地方税权,对于构建多层级良性互动的宏观调控机制、提升我国税收政策的逆周期调节作用具有助推作用。事实上,税收立法不是一蹴而就的,应该久久为功,分步骤、分主次,层层推进和增强地方政府调控经济能力。

(五)丰富政绩考核形式,约束地方政府税收攫取

坚持贯彻税收法定原则,促进依法征税。地方官员在晋升激励之下对辖区内的国有企业加强征管,重要的原因是税务机关缺乏征管独立性,不当干预税收征管

的违规成本较低,导致官员可以通过灵活操纵征管力度甚至干预企业经营等方式从辖区内国有企业获得税收收入。建议加快税收法制建设,严格落实税收法定原则,增强税务机关征管独立性,提高依法征税的能力。改善营商环境,减少行政干预,约束政府和官员对市场主体的影响。

(六)营造公平竞争环境,助力减税降费提质增效

党的十九大以来,面对国内外复杂多变的经济形势,党和政府高度重视减税降费推进情况,势必要增强企业的获得感,让利于企业,促进经济长效良性发展。具体来说,减税降费上应当进一步做出以下调整:一是应当分别权衡不同区域的财政收支水平、财政支出压力、债务风险水平,在减税降费的同时兼顾不同地区的财政承受能力。二是转变地方政府竞争过程中对于第三产业企业丰厚税收优惠待遇的做法,在不同产业类型之中达到税负公平。地方政府在争相发展经济的同时,应注重将产业定位与当地自然环境、资源条件、社会发展状况相结合,因地制宜,积极在要素流动过程中优化资源的配置格局、构建符合实际的现代经济产业结构、产业体系,最大限度激发区域内企业活力。三是减税降费不能把国有企业作为靶子进行不公平的税收摄取,应加快推进国有企业资本化进程,打造国企、民营、外资企业公平竞争环境,减少地方政府与国有企业之间的政治关联,充分调动国有企业在规模和生产要素上的优势,为地方经济发展助力。

同时还应该注意,单纯的减税降费终究不是促进企业长期向好发展的核心因素,公平的交易、低廉的生产要素流通成本、良好的企业营商环境才是最终决定企业长期发展的秘诀。政府需要花大功夫创造企业公平竞争的社会经济环境,实现机会均等、资源均等、完善规则平等、政策平等。

参考文献

[1]范子英,王倩.宏观经济逆周期调节中的企业税负[J].税务研究,2019(11):5-11.

[2]李明,赵旭杰,冯强.经济波动中的中国地方政府与企业税负:以企业所得税为例[J].世界经济,2016(11):104-125.

[3]白景明.经济增长、产业结构调整与税收增长[J].财经问题研究,2015(8):56-61.

[4]范子英,王倩.宏观经济逆周期调节中的企业税负[J].税务研究,2019(11):5-11.

[5]申广军,陈斌开,杨汝岱.减税能否提振中国经济?——基于中国增值税改革的实证研究[J].经济研究,2016(11):70-82.

[6]詹新宇,王一欢.地方政府经济竞争下的企业负担:来自上市公司的经验证据[J].经济理论与经济管理,2020(6):39-57.

[7]赵桂芝.更好发挥税收政策逆周期调节作用的思考[J].税务研究,2019(11):18-21.

[8]OHANIAN LEE E, ANDREA RAFFO, RICHARD ROGERSON. Long-Term Changes in Labor Supply and Taxes: Evidence from OECD Countries, 1956-2004[J]. Journal of Monetary Economics, 2008(8):1353-1362.

[9]OMER, MOLLOY, ZIEBART. Measurement of Effective Corporate Tax Rates Using Financial Statement Information[J]. The Journal of the American Taxation Association 1991(2):13-37.

数字经济对地区税收收入的影响：
理论机制与实证检验

李永海　王怡婷　周之浩[①]

一、引言

数字经济是继工业经济之后，于信息经济与网络经济中催生的一种新型经济形态。《"十四五"数字经济发展规划》中指出：数字经济以数据为关键生产要素，以现代信息网络为主要载体，联结线上线下两个平台的优势，全面提高了经济社会的数字化、网络化和智能化水平。我国历来重视数字经济发展，把数字经济作为提高国际竞争力的重要战略选择，2022年1月15日，习近平主席在《求是》指出，数字经济的健康发展有利于推动国民经济快速发展，帮助市场主体重构组织模式，畅通国内外经济双循环。过去十年，我国数字经济发展迅猛，2021年数字经济规模达45.5万亿元，是2016年的2.01倍，占GDP比重提升至39.8%，作为国民经济"加速器""稳定器"的作用更加凸显。"十四五"时期，我国数字经济将继续朝着深化应用、规范发展、普惠共享的方向迈进。

税收是影响经济社会运行的基础制度变量、环境变量和政策调控引导变量（刘尚希等，2021），是连接市场与政府的纽带。数字经济在助推经济发展的同时，也对税收收入产生了影响（艾华等，2021）。数字经济的快速推进对现有税收体系提出了新要求，迫切需要一套适应数字时代的税收制度，用以避免发展中的纳税不平等问题，解决数字经济层面的税收流失等问题。然而，饮水思源，数字经济税收制度的改革架构必须准确把握数字经济与税收收入的关系。明确数字经济对税收收入的影响效应与作用路径，从总体上把握不同时期数字经济对税收收入促进作用的大小，这对于数字经济各项税收政策的合理制定、数字税款的高效征管等都具有重要的现实意义。本文在论证数字经济对税收收入影响机制的基础上，从省级层面实证考察数字经济发展对税收收入的促进作用，并进一步分析不同水平、不同区域

[①] 李永海，兰州财经大学财税与公共管理学院副教授，硕士生导师。王怡婷（通讯作者），兰州财经大学财税与公共管理学院硕士研究生。周之浩，兰州财经大学统计学院硕士研究生。

间数字经济发展对税收收入规模的影响效应,为新时期数字经济税收制度的优化提供理论依据。

二、文献回顾

近年来,数字经济发展对税收带来的挑战及影响引起了国内外学者的广泛关注,以此开展了多方面的研究。立足于文章研究重点,本文主要围绕数字经济纵深发展对税收收入产生的作用影响,分别从实证研究和理论研究两个方面展开文献综述。

数字经济领域税基侵蚀状况严重,地区税收收入面临较高的被侵蚀风险(王雍君,2020)。我国税制体系中的两个所得税在应对数字经济冲击方面较为乏力,现行所得税制亟须改革(冯俏彬,2021)。国内外学者较多地从实证角度测算数字经济对国内税收收入的具体影响程度,并聚焦于区域数字经济协调发展方面。数字经济对我国税收的贡献度不足,三产平均数字化贡献仅为 3.47%(冯秀娟等,2021)。梁晓琴(2020)构建了数字普惠金融对地方税收收入的影响关系,发现随着每 1 个单位数字普惠金融的增加,地方税收将增长 0.17%。艾华等(2021)使用刘军等(2020)的数字经济指数评价体系进一步验证上述结论,发现数字经济显著提升了地区税收收入规模,但由于数字经济促进地区税收收入的效果不同,因此会带来地区税收差距的扩大。曹静韬等(2022)借助空间杜宾模型研究,得出数字产业化和产业数字化均能促进地区税收收入提升的结论,但也造成了地区间税源"贫者愈贫、富者愈富"状况。韩君等(2022)测算了数字经济对不同行业税收的贡献程度,整体上产业数字化的税收贡献度大于数字产业化;具体到各行业,数字经济对制造业的税收贡献效应最大,其次是生产性服务业。刘怡等(2019)、陈鑫等(2020)立足于电子商务发展情况,认为电子商务"销售集中、消费分散"的特点在一定程度上扩大了地区间税收的不均衡(刘怡等,2019),使税收收入的分配更有利于生产地、总部所在地和注册地(陈鑫等,2020)。Lazanyuk 等(2021)立足于印度数字经济发展实际进行实证分析,发现数字经济与税收收入高度相关。Liu(2020)通过测算发现,电子商务领域的税收流失较为严重,2017 年的税收流失规模是 2012 年的三倍多,超过 3 000 亿元。

从理论角度,白彦锋等(2021)认为数字经济通过扩大税基和提高税收征管效率促进了税收收入的增长。肖育才等(2022)通过比较工业时代、数字时代税收制度的差异得出企业所得税和个人所得税收入将是数字经济时代新的税收增长点的结论。张红伟等(2021)、唐要家(2020)等学者分析发现数字经济也扩大了增值税规模,原因是数字经济助益核心生产力的价值创造能力,扩大了社会生产规模,进而扩大了增值税规模。数字经济发展对税收收入造成了较大影响,数字企业的税负很容易转移,税收的充足性原则未得到满足(Cerrillo,2020)。互联网技术的进步促进了数字领域的逃避税行为,对数字经济的参与者征税将带来巨大的税收收入(Wardani 等,2020)。具体到各税种,Zhu(2021)认为,数字经济带来的机遇之一就是扩大了税基,数字技术的进步使企业交易成本下降,业务范围扩大,进而扩大企业所得税税基。Bristol(2001)、Teltscher(2002)均认为传统进口被在线支付所取代的过程将使发展中国家面临更高的关税损失。Agrawal 等(2020)结合美国销售税在目的地征税的实际情况,发现数字经济的发展侵蚀了大城市税基的同时增加了小城区的税基。

从目前已有文献看,国内外学者对数字经济促进地区税收收入的作用已达成共识,但受制于研究方法及变量选取的差异,对其作用机制的分析研究还有待完善。在异质性分析方面,现有文献多从总体上得出数字经济对地区税收收入作用效果存在差异的结论,对于具体地区间的差异情况还有待继续深入,分区域、分效果进行研究。基于此,本文以 2011—2020 年 10 年间我国 30 个省份的面板数据为切入点,研究探讨数字经济发展对地区税收收入的具体影响,进一步从异质性视角研究数字经济发展带来的区域税收差异问题,并进行稳健性检验。本文的研究结论不仅丰富了数字经济对地方税收收入规模作用机制的相关研究,而且对数字经济影响税收收入的程度提供了新的证据,为未来我国数字经济税收制度的完善提供理论参照。

三、数字经济对税收收入影响的作用机制

为了更好地从理论角度探讨数字经济和税收收入之间的作用关系,本文构建了一个简单的数理模型。按照行业类型把社会税收总收入分为两部分,一部分税收来自未受数字经济影响的行业 A,另一部分税收则来源于受数字经济影响且借助数字经济提高其生产率的行业 B,A 与 B 两大行业的税收收入构成了社会税收总额 Y,如式(1)所示。

$$Y = Y_A + Y_B \tag{1}$$

其中,Y_A 为未受数字经济影响的行业税收总额,Y_B 为受数字经济影响或借助数字技术发展的行业税收总额。

进一步地,把各行业的税收收入看作由税率、产品价格、销售数量(产量)、征收成本四部分组成,假设全社会适用统一税率 t,A 行业产品价格为 P_A,B 行业产品价格为 P_B,A 行业销售数量为 X_A,B 行业销售数量为 X_B,单位征收成本均为 θ,则 Y 可以写为式(2)。

$$Y = (1-\theta)tP_AX_A + (1-\theta)tP_BX_B \qquad (2)$$

根据柯布-道格拉斯关于经济增长的生产函数模型,全社会的产出水平 X 主要由综合技术水平 T、劳动力数量 L 和资本投入强度 K 决定,如式(3)所示。

$$X = TL^\alpha K^\beta \qquad (3)$$

其中,α 代表劳动力产出的弹性系数,β 代表资本产出的弹性系数。

数字经济不仅代表着新的技术范式,还代表着新的要素禀赋(王宝顺等,2019)。荆文君等(2019)、赵涛等(2020)均认为数字经济能够通过增加新的投入要素、提高全要素生产率来促进全社会产出水平的提高。数字经济为工业生产率的提升奠定了良好的技术基础。基于此,本文引入数字经济作为综合技术水平 T 中新的投入要素,由数字技术对综合技术水平 T 产生影响。由此,综合技术水平 T 由非数字技术水平 T_1 和数字技术水平 T_2 两部分组成,如式(4)所示。

$$X = (T_1 + T_2)L^\alpha K^\beta \qquad (4)$$

其中,T_1 代表非数字技术因素带来的技术进步;T_2 代表数字技术因素带来的技术进步。

数字经济的发展也带来了政府治理水平的提高,"大数据监管""智慧税务"等新型征管方式极大地降低了税收征纳成本,因此,将原始税收单位征收成本定义为 θ_1,数字化智慧税务背景下的单位征收成本定义为 θ_2,其中,$\theta_1 > \theta_2$ 且 θ_1、θ_2 均 $\in (0,1)$。则数字经济发展前后税收总收入的变化 I 如式(5)所示。

$$I = Y_2 - Y_1 \qquad (5)$$

其中,Y_1 代表没有数字经济参与时全社会税收收入总额;Y_2 代表数字经济参与后全社会税收收入总额。

结合式(5),并将式(4)代入式(2)进行分析,得到式(6),整理后得到式(7)。

$$I = [(1-\theta_2)tP_AT_1L^\alpha K^\beta + (1-\theta_2)tP_B(T_1+T_2)L^\alpha K^\beta]$$
$$- [(1-\theta_1)tP_AT_1L^\alpha K^\beta + (1-\theta_1)tP_BT_1L^\alpha K^\beta] \qquad (6)$$

$$I = [(\theta_1 - \theta_2)(P_A + P_B)T_1 + (1-\theta_2)P_BT_2]tL^\alpha K^\beta > 0 \qquad (7)$$

式(7)中,由于 $\theta_1 > \theta_2$ 且 θ_1、θ_2 均 $\in (0,1)$,因此 I 值明显大于 0,即有数字经济活动参与的社会税收总收入要多于没有数字经济活动参与时的税收总收入,进一步整理式(7)得到式(8)。式(8)具体反映了数字经济促进税收收入增长的作用机制:在非数字经济参与影响的行业中,尽管社会产出水平没有变化,然而数字经济通过降低单位税收征纳成本增加了税收总收入。在数字经济影响的行业领域,首先是数字产品及服务销售由于征纳数字化水平的提升而降低了单位征税成本。其次,在数字水平的支持下,传统产品、服务与数字技术相融合,不断更新优化,诞生了新的种类更丰富的数字产品及服务,扩大了税基。此外,因其可获得总税收收益为 $(1-\theta_2)T_2P_BtL^\alpha K^\beta$,税务机关的单位征纳成本相比非数字技术水平领域进一步降低,征收的总税收收入增加。

$$I = \{[\theta_1 - \theta_2]T_1P_A + [(\theta_1 - \theta_2)T_1 + (1 - \theta_2)T_2]P_B\}tL^{\alpha}K^{\beta} > 0 \qquad (8)$$

在受数字经济影响较深的产业数字化领域,全社会总税收收入在税基扩大和单位征纳成本进一步降低的双重作用下呈现不断增长的趋势,即数字经济的深入发展显著增加了各地区产业数字化领域的税收总额。除此之外,在我国数字产业化领域,数据还可作为重要的生产要素参与社会经济活动,通过将数字化的知识和信息转化为生产要素,来催生新的产业和新的商业模式,进而形成数字产业链和产业集群。数字产业化在我国发展势头迅猛、规模较大,蕴藏的税源更为广阔,然而受限于税收制度安排缺失、监管手段滞后等原因,此部分的税收流失现象较为严重。综上,数字经济在产业数字化和数字产业化两大领域均促进了地方政府税收收入的增长。

四、研究设计

(一)数据来源与变量选取

在理论分析的基础上,本文选取2011—2020年全国30个省份(除西藏和港澳台)的面板数据具体分析数字经济对地区税收收入的影响效应。数据主要来源于2012—2021年《中国统计年鉴》、国家统计局官网、各省历年统计年鉴、各省历年统计公报等。

1. 被解释变量

地方政府税收收入(Tax),是指各省份当年实际获得的各项税收收入之和,主要包括增值税、企业所得税、个人所得税、资源税、城市维护建设税、印花税等共享税收入中归地方享有的部分,房产税、城镇土地使用税、土地增值税、车船税、耕地占用税、契税、环境保护税、烟叶税等地方税收入。不包括消费税、车辆购置税、关税等中央税收入。以此部分税收收入作为衡量标准,能够更加有效地测算数字经济发展对地方实际享有的税收收入产生的影响效应。

2. 核心解释变量

数字经济发展水平(De)。本文借鉴梁晓琴等(2020)、王连等(2022)的做法,使用数字普惠金融指数作为数字经济发展水平的测度值。该指数由北京大学基于蚂蚁金服交易账户大数据编制,采用无量纲化、变异系数赋权法、指数合成法测算,涵盖数字经济覆盖广度、使用深度和支持服务程度三个一级维度。数字普惠金融指数能够很好地反映我国各省份数字经济的实际发展水平。本文假设各地区数字普惠金融指数与政府税收收入之间存在正相关关系,且具有影响效应及地区分布的异质性。

3. 控制变量和其他变量

本文参照艾华等（2021）、蔡绍洪等（2022）的做法，选取地区经济发展水平（$Rgdp$）、市场繁荣程度（Esc）、城市化水平（Upd）和金融发展水平（Rdb）作为控制变量。其中，地区经济发展水平（$Rgdp$）使用地区 GDP 增速表示，市场繁荣程度（Esc）使用地区法人单位数表示，城市化水平（Upd）使用地区城市人口密度反映，金融发展水平（Rdb）则使用地区年末本外币各项存款余额增速反映。本文假设地区经济发展水平、市场繁荣程度、城市化水平、金融发展水平与政府税收收入之间存在正相关关系。同时，为确保模型的准确性，避免因模型自身包含的内生变量及双向因果等因素干扰，本文选取互联网宽带接入用户数（Ibu）、互联网普及率（Mpu）两个工具变量进行处理。具体变量定义与说明见表1，相关变量的描述性统计分析结果见表2。

表1　变量名称、符号及定义

变量名称		符号	定义
被解释变量	税收收入	Tax	地方政府税收收入(万亿元)
核心解释变量	数字经济发展水平	De	数字普惠金融指数
控制变量	地区经济发展水平	$Rgdp$	地区 GDP 增速(%)
	市场繁荣程度	Esc	地区法人单位数(百万个)
	城市化水平	Upd	地区城市人口密度(万人/平方公里)
	金融发展水平	Rdb	地区年末本外币各项存款余额增速(%)
工具变量	互联网宽带接入用户数	Ibu	互联网宽带接入用户数(亿户)
	互联网普及率	Mpu	互联网普及率(%)

表2　描述性统计分析结果

变量名称	符号	观测值	均值	标准差	最小值	最大值
税收收入	Tax	300	0.208 0	0.185 5	0.012 0	1.006 4
数字经济发展水平	De	300	2.000 0	0.671 2	0.974 4	4.698 3
地区经济发展水平	$Rgdp$	300	9.505 5	5.233 1	-5.336 9	25.986 6
市场繁荣程度	Esc	300	0.589 4	0.562 9	0.030 4	3.526 2
城市化水平	Upd	300	0.289 2	0.114 4	0.076 4	0.582 1
金融发展水平	Rdb	300	11.337 8	5.351 6	-4.812 7	40.440 7

续表

变量名称	符号	观测值	均值	标准差	最小值	最大值
互联网宽带接入用户数	Ibu	300	0.0985	0.0824	0.0042	0.3890
互联网普及率	Mpu	300	20.9085	9.2777	5.2350	45.4360

（二）计量模型设定

1. 面板固定效应模型

为验证上述分析结论，考察数字经济对地区税收收入的具体影响效应，设定面板回归模型如下：

$$Tax_{i,t} = \beta_0 + \beta_1 De_{i,t} + \beta_2 X_{i,t} + u_i + \lambda_t + \varepsilon_{i,t} \tag{9}$$

其中，$Tax_{i,t}$ 为地区税收收入总额，$De_{i,t}$ 是数字经济发展水平，$X_{i,t}$ 为控制变量，包括地区经济发展水平（$Rgdp$）、市场繁荣程度（Esc）、城市化水平（Upd）和金融发展水平（Rdb），β 表示常数项及各解释变量回归系数，u_i 为省份 i 的固定效应，λ_t 为时间 t 的固定效应，$\varepsilon_{i,t}$ 表示既不随时间变化也不随个体变化的随机扰动项。

2. 面板门槛模型

为进一步研究不同数字经济发展水平下地方政府税收收入的变化，建立门槛模型，设定的面板双门槛回归模型如下：

$$Tax_{i,t} = \beta_0 + \beta_1 De_{i,t} \cdot I(De_{i,t} \leq \gamma_1) + \beta_2 De_{i,t} \cdot I(\gamma_1 < De_{i,t} \leq \gamma_2)$$
$$+ \beta_3 De_{i,t} \cdot I(De_{i,t} > \gamma_2) + \beta_4 X_{i,t} + u_i + \varepsilon_{i,t} \tag{10}$$

其中，γ_1 和 γ_2 是数字经济指数变量门槛值的大小，且 $\gamma_1 < \gamma_2$。$I(\cdot)$ 代表示性函数，括号里式子成立则取 1，否则取 0。其他符号及变量设定同上。

五、实证检验和结果分析

本文基于 2011—2020 年 30 个省份的面板数据，使用 Stata 16.0 软件，通过理论基础和上述设定模型的回归，进行实证检验，并对结果进行分析。

（一）基准回归结果分析

为了避免多重共线性，对核心变量均采用 VIF 检验，结果显示 VIF 值为 1.64，小于 5，模型不存在严重的多重共线性。此外，模型通过了 Hausman 检验，选择固定效应模型，经过似然比检验，最终选择双向固定效应模型，具体的回归结果见表 3。

表3 数字经济对地区税收收入影响的回归结果

变量	固定效应回归 (1)	固定效应回归 (2)	广义最小二乘法 (3)	工具变量法 (4)
De	0.266 2*** (0.000)	0.185 2*** (0.000)	0.198 0*** (0.000)	0.062 1** (0.023 5)
$Rgdp$		0.002 9*** (0.000)	0.000 1 (0.954 6)	0.002 2* (0.084 6)
Esc		0.068 2*** (0.000)	0.141 7*** (0.000)	0.228 6*** (0.000 0)
Upb		0.066 2* (0.091 6)	0.088 4*** (0.000 7)	−0.007 6 (0.883 2)
Rdb		0.000 6 (0.174 0)	0.000 3 (0.740 4)	0.002 1* (0.070 4)
常数项	−0.233 4*** (0.000)	−0.228 3*** (0.000)	−0.213 7*** (0.000)	−0.093 8 (0.111 1)
个体固定	是	是	是	—
时间固定	是	是	是	—
观测值	300	300	300	300
R^2	0.782 0	0.845 1	—	—
F检验	116.44 (0.000 0)	24.74 (0.000 0)	—	—
Wald检验	— —	— —	3 628.48 (0.000 0)	759.43 (0.000 0)
Sargan-Hansen检验	—	—	—	2.830 9 (0.092 5)

注：***、**、*分别表示通过1%、5%、10%的显著性水平检验,下同。

由表3第(1)(2)列结果可知,数字经济对地区税收收入规模的促进作用较为显著,模型整体估计效果较好,各变量符号均符合预期。数字经济发展水平、地区经济发展水平、市场繁荣程度、城市化水平均与地区税收收入规模显著正相关。其中,数字经济发展水平对地区税收收入的影响系数显著为正,说明各地区数字经济的发展能够显著促进地区税收收入水平的提升,这一结果与艾华等(2021)使用刘军等(2020)的数字经济指数评价体系测算的结果大体相同,验证了数字经济促进地方政府税收收入提升的结论。

本文采用广义最小二乘法检验回归结果的稳健性,如表3第(3)列结果所示,数字经济发展水平对地区税收收入的影响系数仍显著为正,表明上述估计结果是稳健的,且沃尔德(Wald)检验结果显示解释变量联合显著,解释变量无自相关,上述结论得到验证。同时,由于模型本身可能存在由遗漏变量、双向因果和模型设定导致的内生性问题,本文使用工具变量法进行检验,选取各省份互联网宽带接入用户数(Ibu)和互联网普及率(Mpu)作为数字经济发展指标的工具变量,互联网宽带接入用户数可以从无线通信角度衡量地区数字基础设施的建设水平,互联网普及率则能够有效衡量各省份的数字活动参与度,这两个变量均与地区数字经济的发展水平联系紧密,且又与地区税收收入规模无直接关系。检验结果如表3第(4)列所示,Sargan-Hansen检验对应的P值明显大于0.05,说明工具变量是外生的,且第一阶段的F值显著大于10,说明选用的工具变量不存在弱工具变量问题。数字经济发展水平的系数显著为正,与固定效应模型结果一致,说明数字经济对地方政府税收收入确有显著的促进作用。

(二)异质性回归分析

1. 不同税收规模下数字经济的驱动效应分析

在上述实证研究的基础上,本文引入面板分位数回归模型,选取0.25、0.5、0.75三个分位点,进一步研究不同数字经济发展水平对地区税收收入规模的异质性影响。回归结果如表4第(1)(2)(3)列所示,在0.25、0.5、0.75的分位点上,数字经济对地区税收收入规模的影响系数分别为0.131 2、0.142 1和0.185 8,且均在1%的水平上显著。数字经济发展程度越好的地区,对地区税收收入的促进作用就越大。从不同分位点的具体促进效应来看,0.25及0.5分位点上的促进效应差距相对较小,然而,一旦数字经济发展到一定程度(0.75的分位点上),对地区税收收入的促进作用明显增强,也就是说,只有地区数字经济水平发展到一定阶段时,对税收收入的促进作用才能更好显现。一般而言,数字经济发展程度较好的地区,通常拥有良好的市场基础与经济基础,产业结构主要以高新技术产业、信息类产业为主,外加成熟的数字基础设施及人才加持,往往会吸引更多数字产业集聚,数字企业税基坚实。另一方面,数字经济发展水平较高的地区会促使当地税务部门不断探索,积极改进其征管技术手段,查处数字领域的偷逃税行为,降低税收征管成本,以维护国家税收利益,进而也就获得了更多数字领域的税收收入。

表4 分位数回归结果

变量	分位数回归		
	(1)	(2)	(3)
De	0.131 2***	0.142 1***	0.185 8***
	(0.000 0)	(0.000 0)	(0.000 0)
$Rgdp$	0.003 8***	0.003 1***	0.003 7**
	(0.000 0)	(0.000 2)	(0.019 1)
Esc	0.154 7***	0.158 2***	0.148 8***
	(0.000 0)	(0.000 0)	(0.000 0)
Upb	0.045 8	0.019 6	0.028 2
	(0.197 6)	(0.573 5)	(0.672 8)
Rdb	0.003 3***	0.002 9***	0.003 6**
	(0.000 0)	(0.000 2)	(0.014 2)
常数项	-0.277 6***	-0.243 5***	-0.299 0***
	(0.000 0)	(0.000 0)	(0.000 0)
个体固定	是	是	是
时间固定	—	—	—
观测值	300	300	300

注:(1)(2)(3)列分别为 0.25、0.5、0.75 处的分位点。

2. 不同数字经济发展水平的驱动效应分析

分位数回归模型显示出不同数字经济发展水平对地区税收收入的促进效果存在差异,进一步通过建立面板门槛模型具体研究不同数字经济发展水平下地区税收收入规模的变动情况。本文使用 Hansen(2000) 的 Bootstrap 自助法,以数字经济发展水平(De)作为数字经济发展影响地区税收收入规模的门槛变量,通过反复抽样 1 000 次得到检验统计量对应的 P 值,判断是否存在着门槛效应。面板门槛模型的检验结果如表5所示。

表5 门槛效应检验结果

门槛数	RSS	MSE	F统计量	P值	门槛值
Single	0.104 9	0.000 4	300.37	0.000 0	0.351 5
Double	0.091 8	0.000 3	41.15	0.020 0	0.507 4
Triple	0.078 7	0.000 3	48.41	0.187 0	—

由表5可知,不同数字经济发展水平对地区税收收入规模影响的双门槛通过了5%的显著水平,三门槛的P值为0.187 0,不显著。两个门槛的估计值分别为0.351 5和0.507 4。图1展示了数字经济对地区税收收入规模影响的双门槛结果在95%置信区间下的似然比函数图,其中,LR统计量最低点为对应的真实门槛值,虚线表示临界值为7.35,临界值7.35大于两个门槛值,因此上述门槛值是真实有效的。

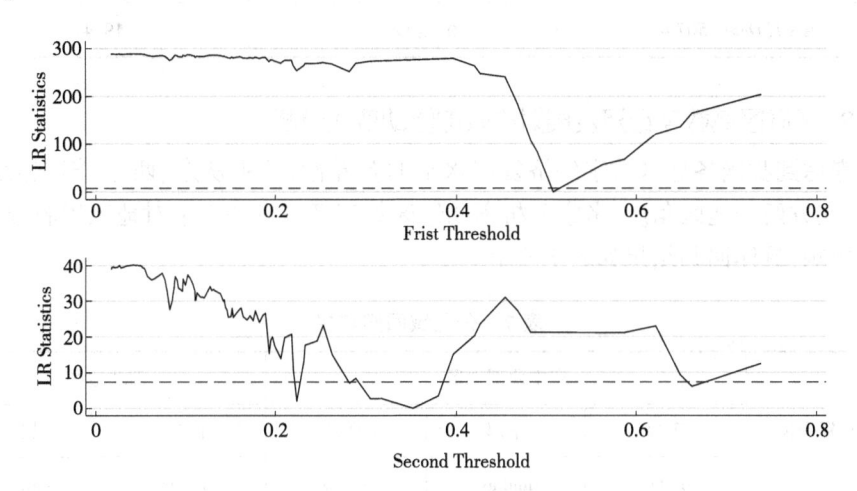

图1 数字经济对地区税收收入影响的双门槛估计结果图

注:两个图依次为门槛值0.351 5和0.507 4对应的估计结果。

面板门槛模型参数估计结果如表6所示,从模型估计结果可知,不同数字经济发展水平对地区税收收入规模的促进作用存在较大差异。当数字经济处于较低发展水平($De \leq 0.351\ 5$)时,其对地区税收收入规模的影响系数为0.064 8;当数字经济发展水平较好($0.351\ 5 < De \leq 0.507\ 4$)时,回归系数有所增大,为0.082 2;随着数字经济发展水平进一步提高($De > 0.507\ 4$),其对地区税收收入规模的影响系数扩大为0.120 4。由此可知:地区数字经济发展水平对税收收入规模的促进作用会随着数字经济发展水平的提升而不断增大,当越过0.351 5和0.507 4的门槛值时,对地区税收收入规模的促进效果获得进一步增强。

表6 面板门槛模型参数估计结果

变量	回归系数	t值
$Rgdp$	0.000 9***	2.93
Esc	0.058 5***	9.95
Upb	0.034 2	1.19

续表

变量	回归系数	t 值
Rdb	0.000 5*	1.89
$De \cdot I(De \leq 0.351\ 5)$	0.064 8***	8.71
$De \cdot I(0.351\ 5 < De \leq 0.507\ 4)$	0.082 2***	12.56
$De \cdot I(De > 0.507\ 4)$	0.120 4***	19.41

3. 不同区域数字经济发展对税收的驱动效应分析

考虑到我国各地区数字经济发展水平的差异性,分别从东、西、中部三大地区和南、北方两个地区角度,考察分析不同地区数字经济发展水平对地区税收收入规模的影响,具体回归结果如表7所示。

表7　分区域回归结果

被解释变量	东中西部地区			南北地区	
	东部	中部	西部	南方	北方
	eastax	midtax	westax	soutax	nortax
De	0.169 9*** (0.000 0)	0.042 7* (0.066 1)	0.058 4*** (0.002 9)	0.186 3*** (0.000 0)	0.084 6*** (0.000 4)
$Rgdp$	0.005 2*** (0.000 5)	0.001 5** (0.044 9)	0.000 4* (0.073 5)	0.004 8*** (0.000 0)	0.001 7** (0.012 1)
Esc	0.060 5** (0.019 5)	0.129 9*** (0.000 0)	0.051 0 (0.151 2)	0.057 1** (0.013 3)	0.072 9*** (0.000 0)
Upd	0.079 9 (0.633 2)	0.010 9 (0.792 6)	-0.016 4 (0.454 7)	-0.033 9 (0.740 9)	-0.052 5 (0.285 9)
Rdb	0.001 7*** (0.002 2)	0.000 9* (0.095 7)	0.000 6 (0.104 7)	0.002 7*** (0.000 0)	0.001 1*** (0.004 6)
常数项	-0.213 7*** (0.002 9)	-0.021 1 (0.638 9)	-0.014 9 (0.569 8)	-0.253 8*** (0.000 0)	-0.044 8 (0.312 6)
R^2	0.845 8	0.747 2	0.770 0	0.862 7	0.718 4
N	110	80	110	150	150

从表7分区域回归结果可以看出,我国数字经济发展对地区税收收入影响作

用的区域差异明显,数字经济对东部地区和南方地区各省份税收收入规模的促进作用更好。具体来看,数字经济发展水平对东、中、西部地区税收收入规模的影响系数分别为 0.169 9、0.042 7 和 0.058 4,分别在 0.01、0.1 和 0.01 的水平上显著,数字经济对东部地区税收收入的促进作用最好,西部地区次之,对中部地区的促进作用最弱,且东部地区的促进效果显著大于中部、西部地区。南北地区角度,尽管两个地区的影响系数均在 0.01 的水平上显著,然而数字经济对南方地区税收收入规模促进效果的系数高达 0.186 3,对北方地区的影响系数则仅为 0.084 6,差距明显。

分区域回归结果分别验证了上文分位数的回归结果,因为东部地区及南方地区均属于我国数字经济发展水平较高的地区,同时,电子商务、自动化数字服务等商业模式的推进,也使得税收收入由落后地区向发达地区转移(袁从帅等,2021)。工信部发布的《中国数字经济发展指数报告》显示:我国数字经济竞争力较高的城市集中于南方和东部地区。前 15 位城市中,东部地区 12 个,中部地区 1 个,西部地区 2 个。从南北地区来看,南方城市 12 个,北方城市 3 个。尽管人们对数字经济促进地区税收收入的作用已达成共识,然而数字经济也改变了税源分配的区域格局,在一定程度上扩大了我国各地区税收收入的差距。肖荣美等(2021)的研究结论认为,数字经济供需主体的错位分布导致区域间税收收入不均衡,使税收产生了虹吸效应。Agrawal 等(2020)立足于美国销售税在目的地征税的现状,发现数字经济侵蚀了大城市的税基,同时增加了小城市的税基。原因是数字经济发展之前,居住在小城市的个人需要前往大城市开展交易来满足其商品多样化的需求,为大城市贡献了许多税收。然而,随着数字经济发展,个人足不出户即可满足交易需求,收入从大城市重新分配给小城市。而我国是在机构所在地及生产地纳税,数字经济催生出的众多产品及服务均来自数字经济发展水平高、数字基础设施成熟的地区,这就使得大量数字领域税收由数字经济发展水平较好的地区获得。因此,尽管数字经济对区域协调发展起到了一定的积极作用(任晓刚等,2022),然而在税收分配方面却扩大了地区间税收收入的不平等。

六、结论与建议

(一)研究结论

本文在分析数字经济发展对地区税收收入规模影响机制的基础上,以中国 2011—2020 年 30 个省份为研究对象,利用双向固定效应模型、面板分位数回归、面板门槛回归方法具体探讨了不同数字经济发展水平对地区税收收入的影响效应及其作用效果差异。主要结论如下:第一,数字经济发展水平与地区税收收入规模显著正相关,即数字经济能够显著促进地区税收收入规模的提升。第二,分位数回归结果显示,不同数字经济发展水平对税收收入的作用效果具有异质性,数字经济发展水平越高的地区,数字经济对当地税收收入规模的贡献就越大,结合门槛模型回归结果,当数字经济发展水平达到 0.351 5 和 0.507 4 的门槛值时,地区税收收入规模的提升效果越好。第三,尽管数字经济对各地区税收收入规模都具有正向的促进效果,然而分区域回归结果显示,其对不同地区税收收入的促进作用有所差异。数字经济发展对我国东部地区、南部地区税收收入的促进作用更强。我国东部、南部地区由于经济发展基础较好,本身就属于税收收入规模较大的地区,数字经济的发展无疑从客观上扩大了我国区域间税收收入的不平等。

(二)政策建议

我国数字经济发展速度较快、前景光明、成果显著,已成为经济高质量发展的强大动力。然而,数字经济在发展过程中也产生了一系列经济问题,如数据监管和数据滥用等,在税收领域的具体体现为数字税收领域收入流失严重、税收收入区域不平衡问题加重等,亟待有效治理。根据实证结果,本文提出以下政策建议。

1. 完善数字经济税收制度,提高征管数字化水平

目前,我国数字经济规模已位居全球第二位,然而受限于现有税收制度及征管技术手段等因素,数字领域的税基潜力还有待进一步挖掘。数字经济时代人人都是经营主体,个个都是纳税人。为避免开征新税带来的重复征税问题,应从完善现有税收制度角度出发,提高现有税制与数字经济的包容适用性,建立数字时代的税制。要适当扩大增值税、企业所得税等税种的征税范围,可从企业所得税中设立专门的平台所得税,把参与数字经济活动的行为也纳入进来。明确数字企业的纳税地点、数字产品及服务的计税依据,厘清数字平台中自然人的纳税义务,规范其工商税务管理制度。一个高质量的纳税人登记和识别系统是实现最佳税收制度绩效的关键(Vazquez 等,2022),要持续推进"以数治税""智慧税务"等征管系统的建设,创新税收征管数字模式和数字技术,通过构建自然人涉税信息数据库,提高数字经济参与各方的纳税遵从度。

2. 加强数字基础设施建设,优化数字税源结构

数字基础设施是建设数字强国、赋能经济高质量发展的先决条件。《"十四五"数字经济发展规划》中指出,我国数字经济大而不强、快而不优,关键领域的创新能力不足。要从数字基础设施建设着手,培育有利于数字经济发展的技术、市场环境,充分释放数据资源的价值潜力。财政投资建设职能要重点发力,为数字基础设施的建设提供稳定的资金支撑。在建设项目的选择上要因地制宜,依托本地特色行业产业进行协同发展,强化地区城乡、部门、行业的衔接与联系,避免设施项目的重复建设问题。在税源结构的优化上,探索数字经济与第一产业的协同发展路

径,稳定数字经济助推第二产业发展的积极作用,扩大数字经济与第三产业深度融合的进程,推动各产业朝着智能化、信息化方向发展,形成协调可持续的数字经济税源结构。

3. 加大资金倾斜力度,健全区域间税收分享制度

东部、南部地区是我国数字经济的市场活跃地,数字领域税基丰沛,而数字经济发展的异质性又进一步导致其与中西部及北方地区的税收收入分配差距继续扩大,贫者愈贫、富者愈富,地区间税收收入的"马太效应"明显。东部、南部地区的部分税收收入均来源于其他地区的用户参与所得,因此需要公平区域间的税收分配,减少地区间税收不平等问题。在资金的使用拨付上,要向中西部地区、北方地区倾斜,重视它们的基础设施建设,孕育良好的数字经济发展基础。在政策的安排上,可以针对欠发达省份出台促进数字经济发展的政策,通过税收优惠、财政奖补等方式吸引数字企业入驻。解决数字经济税收收入不平等的问题还需要从根源入手,现有的税收分享制度保证了中央、地方的纵向分配,对区域间横向的税收分配还需完善。通过核算数字产品、服务销售地用户数量及交易规模等,确定合理的区域间数字税收收入分享标准,进行区域间的横向税收分配,以弥补中西部及北方地区的税收损失。此外,中央要持续发力,适当提高数字经济欠发达地区的税收收入分享比例,加大转移支付力度,保障其拥有充足的财源支持数字经济建设,推动构建良性协调的区域间数字税收分配关系。

参考文献

[1] BRISTOL M A. The Impact of Electronic Commerce on Tax Revenues in the Caribbean Community,2021:1-32.

[2] CERRILLO R L. La necesidad de un cambio tributario en materia de economía digital[J]. EKONOMIAZ. Revista vasca de Economía,2020,98(2):108-125.

[3]. CHUN XIAO ZHU. Analysis on Tax Collection and Management of Digital Economy[J]. E3S Web of Conferences,2021(253):1-5.

[4] DAVID R AGRAWAL, DAVID E WILDASIN. Technology and tax systems[J]. Journal of Public Economics,2020,185(15):1-15.

[5] HANSEN B E. Sample Splitting and Threshold Estimation[J]. Econometrica,2000,68(3):575-603.

[6] LAZANYUK INNA, MODI SWATI. Digitalization and Indian Economy: patterns and questions[J]. SHS Web of Conferences,2021,114:1-9.

[7] MARTINEZ-VAZQUEZ J,SANZ-ARCEGA E,JM TRÁNCHEZ-MARTÍN.

Tax Revenue Management and Reform in the Digital Era in Developing and Developed Countries[J]. International Center for Public Policy Working Paper Series, at AYSPS, GSU, 2022(1):1-36.

[8]TELTSCHER S. Electronic Commerce and Development: Fiscal Implications of Digitized Goods Trading[J]. World Development, 2002, 30(7):1 137-1 158.

[9]WARDANI S P, MAJID G M. Digital Taxes in Southeast Asia: A Review[C]// The 1st International Congress on Regional Economic Development, Information Technology, and Sustainable Business. 2020(1):569-578.

[10]艾华,徐绮爽,王宝顺. 数字经济对地方政府税收收入影响的实证研究[J]. 税务研究,2021(8):107-112.

[11]白彦锋,岳童. 数字税征管的国际经验、现实挑战与策略选择[J]. 改革,2021(2):69-80.

[12]蔡绍洪,谷城,张再杰. 中国省域数字经济的时空特征及影响因素研究[J]. 华东经济管理,2022,36(7):1-9.

[13]曹静韬,张思聪. 数字经济对我国地区间税收收入分配影响的实证分析:基于空间杜宾模型[J]. 税务研究,2022(6):13-21.

[14]陈鑫,刘生旺. 电子商务与地区间企业所得税分配:理论机理与实证检验[J]. 江海学刊,2020(6):94-98.

[15]冯俏彬. 数字经济时代税收制度框架的前瞻性研究:基于生产要素决定税收制度的理论视角[J]. 财政研究,2021(6):31-44.

[16]冯秀娟,魏中龙,周璇. 数字经济发展对我国税收贡献度的实证研究:基于数字产业化和产业数字化视角[J]. 税务与经济,2021,(6):47-53.

[17]韩君,高瀛璐. 中国省域数字经济发展的产业关联效应测算[J]. 数量经济技术经济研究,2022,39(4):45-66.

[18]荆文君,孙宝文. 数字经济促进经济高质量发展:一个理论分析框架[J]. 经济学家,2019(2):66-73.

[19]梁晓琴. 数字普惠金融对地方税收影响的实证研究[J]. 审计与经济研究,2020,35(5):96-104.

[20]刘军,杨渊鋆,张三峰. 中国数字经济测度与驱动因素研究[J]. 上海经济研究,2020(6):81-96.

[21]刘怡,耿纯,张宁川. 电子商务下的销售新格局与增值税地区间分享[J]. 税务研究,2019(9):25-34.

[22]刘尚希,梁季,施文泼. 经济数字化和金融化中的金融税制转型分析[J]. 财政科学,2021(11):5-11.

[23]任晓刚,李冠楠,王锐.数字经济发展、要素市场化与区域差距变化[J].中国流通经济,2022,36(1):55-70.

[24]唐要家.数字经济赋能高质量增长的机理与政府政策重点[J].社会科学战线,2020(10):61-67.

[25]王宝顺,邱柯,张秋璇.数字经济对国际税收征管的影响与对策:基于常设机构视角[J].税务研究,2019(2):86-91.

[26]王连,周之浩,杜蔓云,等.数字经济对区域协调发展的影响机制与路径研究[J].西华大学学报(哲学社会科学版),2022,41(3):75-89.

[27]王雍君.数字经济对税制与税收划分的影响:一个分析框架——兼论税收改革的核心命题[J].税务研究,2020(11):67-75.

[28]肖荣美,张巾,霍鹏,等.数字经济、税收分配与城乡协同发展[J].信息通信技术与政策,2021,47(5):26-31.

[29]肖育才,杨磊.数字经济时代与工业经济时代税制的比较分析[J].税务研究,2022(2):81-85.

[30]袁从帅,赵妤婕.数字经济税收转移:机制、现状及国际经验借鉴[J].国际税收,2021(9):65-72.

[31]赵涛,张智,梁上坤.数字经济、创业活跃度与高质量发展:来自中国城市的经验证据[J].管理世界,2020,36(10):65-76.

[32]张红伟,王莉莉,陈小辉.数字经济与财政分权:内在机制与实证检验[J].经济与管理研究,2021,42(7):76-93.

土地增值税涉税风险分析报告
——基于海口市的调研结果

马　慧　贾绍华[①]

一、房地产行业土地增值税涉税风险的研究背景和意义

（一）海口市房地产行业概况

土地增值税的设立是为了加强国家对房地产开发和房地产市场的调控能力，抑制炒卖土地的投机行为，维护房地产市场的稳定秩序，增加国家的财政收入。房地产企业是我国土地增值税的主要纳税人，房地产行业已成为海口市乃至整个国民经济的支柱性产业，对海口市经济的发展有着举足轻重的作用，深刻影响着地方财政收入的变化。从房地产行业发展状况来看，2019年海口市房地产开发企业完成了480.73亿元的总投资额，占到了整个海南省房地产开发企业投资额的36%。商品房平均销售价格为15 385元，超过了全国平均水平13.33%。从税收收入来看，2019年海口市土地增值税收入达到了184 042万元，占到了其地方税收收入的11.64%，是海口市的第三大税种。

（二）研究意义

目前有关土地增值税专门的法规是国务院令第138号《土地增值税暂行条例》，尚未有全国人大颁布的专门法律。制定土地增值税法，落实税收法定原则，是当前亟待完成的一个重要任务。财政部、国家税务总局于2019年7月16日公布的《中华人民共和国土地增值税法（征求意见稿）》共22条，除将征税范围扩大至集体土地使用权、地上建筑及其附着物，土地增值税纳税义务发生时间及普通住宅免土地增值税的条件有细微变化外，其他内容几乎是《土地增值税暂行条例》的平移。为了落实土地增值税的征管，地方出台了各自的规定，不同省份之间出现了差异。实践中，税务机关和企业对土地增值税在理解和执行中的诸多问题，带来了土地增值税涉税风险和税企争议。

[①] 马慧，中国社会科学院大学商学院税务硕士。贾绍华，中央财经大学税收教育研究所名誉所长，教授、研究员。

在此背景下研究房地产行业土地增值税的涉税风险具有重要意义。一是土地增值税是目前地方税收入的最主要来源,加强土地增值税风险管理在减税降费的大背景下有助于保障财政收入。二是房地产企业土地增值税的涉税风险多数情况下较为复杂。特别是清算风险。有些房地产项目一连几期联合登记,时间跨度长达10年,可以一直不清算,;有的早期房地产项目或小房地产公司,房子卖完老板就跑路,没办法清算;有的层层转包,重复几次扣除成本,涉税凭证的真实性、准确性难以核实;有的巧立名目,利用价格信息的不对称,虚开发票,虚构成本。为此,系统梳理土地增值税的清算风险点,对于加强对房地产项目的日常管控,防范发生虚开发票等重大风险,最大限度减少税收流失至关重要。三是税务机关和企业对土地增值税政策的理解存在分歧,各地实施的具体政策存在差异,因而产生税企争议。研究如何减少风险与如何解决争议,降低房地产开发企业等纳税主体的遵从成本和税务机关的征管成本,有助于优化营商环境,促进纳税遵从。

二、房地产生产流程与土地增值税的关系

房地产行业的税收征管与其业务复杂性和环节多重性密不可分,涉及多个税种的相关事项,其中土地增值税尤其重要。

(一)前期准备阶段

房地产开发企业签订土地使用权合同后,开工建设前需要向有关部门申请建设用地批准书、建筑用地规划许可证、建筑工程设计方案批复、建设工程规划许可证和不动产权证书。前期准备阶段与土地增值税的关系具体表现如下:

1. 土地使用权的取得方式决定取得土地使用权所支付的金额

房地产开发企业取得土地使用权的方式主要有三种,分别为出让、划拨、二级市场购买。采用出让方式取得土地的,房地产开发企业需要支付土地出让金;采用划拨方式取得土地使用权的,不用支付土地出让金;从二级市场购买的,需要支付对价。房地产开发企业需要将取得土地使用所支付的金额在不同开发项目甚至是不同类型的房地产之间进行成本分摊,不同的成本分摊方法会产生不同的增值率,从而影响房地产开发企业的土地增值税。

2. 有关审批部门决定土地增值税清算单位

对于土地增值税的清算单位如何确定,目前相关法规没有明确规定,导致全国各地的执行口径不一样,有的税务机关从建设用地规划许可证、建设工程规划许可证、建筑施工许可证、商品房预售许可证中选择一个作为划分清算单位的依据,有的税务机关则综合几个相关证件决定清算单位。以海南省为例,其规定以建设工程规划许可证为标准确认清算单位。

3. 在房地产未开发之前，房地产开发企业需要到税务机关备案

以北京为例，不动产项目建设单位或房地产开发企业应在取得建设工程规划许可证后 30 日内，到主管税务机关办理土地增值税项目登记手续，并报送相关资料。

(二) 建筑施工阶段

建筑施工阶段是房地产开发成本的产生阶段，产生的开发成本包括土地的征用及拆迁补偿费、前期工程费、建筑安装工程费、基础设施费、公共配套设施费、间接开发费用等。这个阶段在土地增值税方面的风险主要是容易引发房地产开发企业虚增拆迁补偿费、通过关联公司虚增成本等违法行为。

(三) 房产销售阶段

在房产交易环节，土地增值税的预缴尤为重要。以海南省为例，纳税人应在房地产项目取得预(销)售许可证后 30 日内到主管税务机关进行房源登记，并报送相关资料。房地产企业在签订房屋销售合同应将相关的合同时资料报送到项目主管税务机关备案，并在与购房人办理完交房手续后 10 日内将相关资料报送到项目主管税务机关备案。

房地产企业应按月(或季)进行预缴申报，严格按照税法规定根据房地产销售收到款项或房屋销售合同约定的首付款项时间确定纳税义务发生时间。在实际操作中，房地产开发企业为了少缴纳土地增值税，在销售房屋的过程中，可能存在拆解销售收入、低价销售给员工抵工资等行为，从而导致土地增值税的税收流失。

(四) 土地增值税清算阶段

纳税人应当在满足清算条件之日起 90 日内到主管税务机关办理清算手续。按规定，房地产企业自行进行土地增值税清算时应提供清算资料，但各地对信息资料的要求不一。土地增值税清算阶段，需要准确核算收入和成本费用。在这一过程中，房地产开发企业可能采取虚开增值税发票、重复扣除利息支出和将管理费列入间接开发费用中扣除等方法来逃避缴纳巨额土地增值税。

三、土地增值税清算中的涉税风险

土地增值税管理主要分为预缴管理和清算管理两部分，其他的还有尾盘销售、旧房转让等。通常情况下，预缴的风险也是在清算里发现的。本部分将对土地增值税清算中的涉税风险进行梳理，主要包括清算判断、收入的确认与核算、成本费用扣除三大环节。

(一) 土地增值税清算单位确定的涉税风险

国家税务总局《关于房地产开发企业土地增值税清算管理有关问题的通知》

(国税发〔2006〕187号)第一条规定:"土地增值税以国家有关部门审批的房地产开发项目为单位进行清算,对于分期开发的项目,以分期项目为单位清算。"基于此项税收政策规定,土地增值税清算单位以"国家有关部门审批的房地产开发项目"为基础。何为"国家有关部门审批",国税发〔2006〕187号文件没有具体明确,使得全国各地税务机关在税务执法中没有一个统一的执法口径和标准,这必将导致全国各地的房地产企业存在税负不公问题。

以海南省为例,其规定以建设工程规划许可证为标准确认清算单位,但在实际税务执法过程中,该标准存在一些弊端。建设工程规划许可证是规划管理部门对房地产开发项目的建设工程的位置、类别、数量、层数、外形、间距等建设内容开展行政管理的手段。一个房地产开发项目可能有一个或多个建设工程规划许可证。建设工程规划许可证管理的对象是建设工程,不是房地产项目建设的全部内容。其许可建设的只是一定范围的建设工程,而不是房地产项目本身。如果以建设工程规划许可证确定的工程范围作为清算单位,与清算单位的税收政策有差异。特别是当一个房地产开发项目领取了两份或两份以上的建设工程规划许可证的时候,会发生有的许可证范围的建设工程已经"符合清算条件",但配套的基础设施和公共工程未完成建设,在清算时成本无法完全确定的问题。

而北京、辽宁则以发改委的立项批文确定清算单位。发展和改革行政部门批准、核准、备案的立项文件确定的房地产开发项目,包括了开发建设的全部基础设施和房屋。如果以发改委的立项批文确定清算单位,其与税收政策规定一致,避免了符合清算条件时成本不确定的问题,减少了将一个房地产项目分为多个清算单位而引起的成本分配争议问题,也减少了清算事务,最符合现行的税收政策。

(二)收入项目确认中的涉税风险

1. 以房抵工程款的协议折让价"明显偏低且不合理"

在房地产建筑工程中,房地产公司有时由于资金紧张等原因,与建筑公司约定,以建筑好的房屋抵偿工程款,也就是实务中常说的以房抵工程款。根据税收法规规定,以房抵债属于土地增值税、增值税和企业所得税上的视同销售,销售收入不含增值税,以房抵工程款必须依法缴纳土地增值税、增值税和企业所得税。

土地增值税应税收入的确认需按国税发〔2009〕91号第十九条[①]的要求进行。关于如何确认协议转让价格明显偏低且不合理的问题,税收立法未予以明确,一般认为可以适用最高人民法院《关于适用〈合同法〉若干问题的解释(二)》(法释

---

① 根据《土地增值税清算管理规程》(国税发〔2009〕91号)第十九条的规定,房地产开发企业将开发产品用于抵偿债务,发生所有权转移时应视同销售房地产,其收入按下列方法和顺序确认:①按本企业在同一地区、同一年度销售的同类房地产的平均价格确定;②由主管税务机关参照当地当年、同类房地产的市场价格或评估价值确定。

〔2009〕5号)第十九条①。以海南省为例,琼地税函〔2015〕917号针对如何认定房地产转让价格明显偏低给予了答复,即纳税人申报的房地产转让价格低于同期同类房地产平均销售价格30%且无正当理由的,可认定为房地产转让价格明显偏低。但在实践中,对于"同期同类"的界定,各税务机关仍存在不同的做法,尚无统一的规定,导致参考价格存在较大的差异。

2. 未开具发票的销售额不确认为收入

一些房地产企业会发生销售开发产品,签订销售合同但未开具发票或未全额开具发票,或以开发产品用于捐赠、赞助、职工福利、奖励、对外投资、分配给股东或投资人、抵偿债务、换取其他企事业单位和个人的非货币性资产等行为,未开具发票,未签订销售合同但实际已投入使用。当房地产企业发生以上经营交易行为时,只按照开具发票金额确认土地增值收入,从而会少确认土地增值收入,少申报缴纳土地增值税,出现漏税的行为。

税务机关在审查房地产企业的土地增值税清算时,需要注意将发票金额与合同金额进行比对,并按照合同金额进行调整,以避免直接按照发票金额确认收入而少缴纳土地增值税的风险。第一,全额开具商品房销售发票的,按照发票所载金额确认收入。第二,未开具发票或未全额开具发票但已签订销售合同的,以交易双方签订的销售合同所载的售房金额及其他收益确认收入。第三,未开具发票,未签订销售合同但实际已投入使用的,按本企业在同一地区、同一年度销售的同类房地产的平均价格确定。

3. 土地增值税清算收入是否包含差额增值税

根据《房地产开发企业销售自行开发的房地产项目增值税征收管理暂行办法》(国家税务总局公告2016年第18号)第四条的规定,一般纳税人的房地产开发企业销售自行开发的房地产项目,适用一般计税方法计税时,实行差额征收增值税政策,即按照房地产企业销售开发产品取得的全部价款和价外费用,扣除当期销售房地产项目对应的土地价款后的余额计算销售额。在发票开具上,房地产企业实行全额开具发票,差额征收增值税的税收政策。

实践调研发现,享受差额征税的一般纳税人资格的房地产企业在土地增值税清算时,土地增值税清算收入如何确定,税企双方往往存在争议。税务机关认为"应将差额增值税部分计入土地增值税收入",而房地产企业认为"既不能将差额

---

① 最高人民法院《关于适用〈合同法〉若干问题的解释(二)》(法释〔2009〕5号)第十九条规定:"对于合同法第七十四条规定的'明显不合理的低价',人民法院应当以交易当地一般经营者的判断,并参考交易当时交易地的物价部门指导价或者市场交易价,结合其他相关因素综合考虑予以确认。转让价格达不到交易时交易地的指导价或者市场交易价百分之七十的,一般可以视为明显不合理的低价;对转让价格高于当地指导价或者市场交易价百分之三十的,一般可以视为明显不合理的高价。"

增值税部分计入土增清算收入,也不能在土地增值税清算中的土地成本扣除额中冲减对应差额增值税"。

针对以上两种税企争议问题,从增值税抵扣原理来看,本文认为房地产企业的观点是正确的。为了分析的方便,下面以增值税税率为9%,商品房销售全部价款为100万元,当期允许扣除的土地价款为20万元为例进行计算,具体的涉税分析如下:

(1)房地产企业实行"差额征税,全额开票"

根据上面的假设数据,房地产企业缴纳增值税的增值税销售额为73.39万元[(100-20)/(1+9%)],应缴增值税为6.6万元[(100-20)/(1+9%)×9%]。对外全额开具销售商品房发票,即按照总价款100万元,税率9%开票,发票上的销售额为不含增值税价款91.74万元[100/(1+9%)],增值税税款为8.26万元[100/(1+9%)×9%]。即所谓的"差额征税,全额开票"。

(2)扣除土地成本差额征收增值税的会计处理

根据《关于印发〈增值税会计处理规定〉的通知》(财会〔2016〕22号)的规定,按现行增值税制度规定企业发生相关成本费用允许扣减销售额的,发生成本费用时,按应付或实际支付的金额,借记"主营业务成本""存货""工程施工"等科目,贷记"应付账款""应付票据""银行存款"等科目。待取得合规增值税扣税凭证且纳税义务发生时,按照允许抵扣的税额,借记"应交税费——应交增值税(销项税额抵减)"或"应交税费——简易计税"科目(小规模纳税人应借记"应交税费——应交增值税"科目),贷记"主营业务成本""存货""工程施工"等科目。

基于上述规定,房地产企业扣除土地成本差额征收增值税的会计处理如下:

商品房销售收入确认时:

借:银行存款(预收账款) 100万元
　　贷:主营业务收入 91.74万元
　　　　应交税费——应交增值税 8.26万元

差额征税时:

借:应交税费——应交增值税(销项税额抵减) 1.66万元
　　贷:主营业务成本——土地 1.66万元[20/(1+9%)×9%]

从以上账务处理可知,会计收入同发票开具收入中的不含税价款保持一致,都不考虑增值税差额征收问题,均为91.74万元;企业所得税收入也同会计收入和发票开具收入保持一致,均为91.74万元。

(3)扣除土地价款差额征税的房地产企业土地增值税收入的确认方法:以发票上开具的销售额作为土地增值税清算收入

《国家税务总局关于土地增值税清算有关问题的通知》(国税函〔2010〕220

国家税收法律研究前沿问题
——国家税收法律研究基地成果和中国税务师行业发展报告

号)第一条第一款规定:"土地增值税清算时,已全额开具商品房销售发票的,按照发票所载金额确认收入……"国家税务总局《关于营改增后土地增值税若干征管规定的公告》(国家税务总局公告2016年第70号)规定,营改增后,纳税人转让房地产的土地增值税应税收入不含增值税。适用增值税一般计税方法的纳税人,其转让房地产的土地增值税应税收入不含增值税销项税额;适用简易计税方法的纳税人,其转让房地产的土地增值税应税收入不含增值税应纳税额。

基于这两个税法文件的规定,全面"营改增"后,一般纳税人资格的房地产企业转让房地产的土地增值税应税收入,以全额开具商品房销售发票上所载不含增值税销项税额的销售金额确认为土地增值税清算收入。在本案例中,以发票上不含增值税价款的销售额91.74万元为土地增值税清算收入,而不是以含差额增值额的93.4万元(91.74+1.66)作为土地增值税清算收入。

另外,以发票上不含增值税价款的销售额91.74万元作为土地增值税清算收入符合增值税抵扣链条原理。由于房地产企业按照"全额开票,差额征税"原则,给下游企业开具的发票上的销售额为不含增值税价款91.74万元[100/(1+9%)],增值税税款为8.26万元[100/(1+9%)×9%]。下游企业取得该不动产发票,正常可以按照8.26万元抵扣增值税进项税额。如果下游企业将该不动产再次出售,则下游企业按照票面的91.74万作为扣除项目,而不是以上游房地产公司确认收入的93.4万元作为扣除项目。否则,上游房地产公司如果按照93.4万元确认房企土地增值税清算收入,将导致下游企业未来再次转让时,在下一轮土地增值税清算扣除项目上出现混乱和不一致。

(4)扣除土地价款差额征税的房地产企业,不能在土地增值税清算中的土地成本扣除额中冲减对应差额增值税

扣除土地价款差额征税的房地产企业在进行土地增值税清算时,在开发成本扣除项目中的土地价款,不能按照18.34万元(20万-1.66万元)扣除,而应该按照20万元扣除。国家税务总局《关于修订土地增值税纳税申报表的通知》(税总函[2016]309号)对于清算表格中土地价款扣除做了如下规定:表第6栏"取得土地使用权所支付的金额",按纳税人为取得该房地产开发项目所需要的土地使用权而实际支付(补交)的土地出让金(地价款)及按国家统一规定交纳的有关费用的数额填写。基于税法此项规定,填写允许扣除的土地价款为实际发生数额,不用考虑少交的那部分增值税。

综上,通过以上财税处理分析,一般纳税人的房地产开发企业销售自行开发的房地产项目,适用一般计税方法计税时,在实行差额征收增值税政策的情况下,其土地增值税清算收入既不能将差额增值税部分计入土地增值税清算收入,也不能在土地增值税清算中,将土地成本扣除中冲减对应差额增值税。

4. 扩大土地增值税收入的确认范围从而多缴纳土地增值税

根据《中华人民共和国土地增值税暂行条例》(国务院令〔1993〕第 138 号)第二条①的规定,房地产企业缴纳土地增值税的收入确定必须满足两个关键条件:一是发生转让国有土地使用权、地上的建筑物及其附着物的行为;二是取得转让收入。因此,缴纳土地增值税收入的范围是转让国有土地使用权、地上的建筑物及其附着物而取得的收入。换言之,凡是取得的收入不是因为转让国有土地使用权、地上的建筑物及其附着物而取得的,不是土地增值税收入确定的范围。

通过对比《房地产开发经营业务企业所得税处理办法》(财税〔2009〕31 号)第五条的规定可以发现,土地增值税收入的确认范围小于企业所得税收入确认的范围。房地产企业发生的以下收入不确认为土地增值税收入,而应确认为企业所得税收入:转让房地产合同未履行收取的购买方违约金;房地产企业从建筑企业总承包或专业承包方的工程款中扣下的违约金、赔偿金;房地产企业采购"甲供材料"业务中收取材料供应商的违约金、赔偿金;房地产企业将未销售的开发产品租给承租人取得的租金收入;由于房地产企业与购房者没有正式签订房地产销售合同或房地产预售合同,没有发生转让开发产品的法律行为,房地产开发企业开盘前向有购房意愿的购房者收取的"诚意金"、"订金"和"会员费"。

税务执法中,税务人员应该避免征"过头税"的行为,不得将房地产企业取得与转让房地产开发产品无关的收入并入土地增值税收入范围缴纳土地增值税,以防止增加房地产企业的土地增值税负担。

5. 未确认车位永久使用权销售收入

无论是有偿转让人防车位的永久使用权,还是有偿转让属于全体业主的无产权车位永久使用权,其本质都是变相销售行为,都应纳入土地增值税征税范围。有些开发商让渡无产权车位永久使用权收取转让费或高额租金,往往没有将车库使用费收入计入土地增值税清算收入,没有视同销售处理,依法申报缴纳土地增值税,构成漏税的涉税风险。

不能办理产权登记的车库在建成后有偿转让的,应计算收入并在扣除成本和费用后缴纳土地增值税。虽然其中没有对转让车库永久使用权做出明确规定,但这里的"有偿转让"应按照实质重于形式的原则认定,除出售所有权的方式外,还包括转让永久使用权。因此,转让无产权车位永久使用权应视同销售处理,对有关所得在扣除成本和费用后计征土地增值税。实践中有不少省级税务局以公告的形

---

① 《中华人民共和国土地增值税暂行条例》第二条规定:转让国有土地使用权、地上的建筑物及其附着物(以下简称转让房地产)并取得收入的单位和个人,为土地增值税的纳税义务人(以下简称纳税人),应当依照本条例缴纳土地增值税。

式,将转让无产权车位永久使用权的行为纳入了土地增值税征税范围。例如,天津地税公告 2015 年第 9 号规定:符合下列情形之一的地下车库(位)可参与整体清算:(一)转让使用权年限与所售商品房占地使用年限一致的;(二)转让永久使用权的;(三)随销售商品房附赠使用权的。浙江地税公告 2014 年第 16 号规定:对房地产开发企业以转让使用权或提供长期使用权的形式,有偿让渡无产权车库(车位)、储藏室(以下简称无产权房产)等使用权的,其取得的让渡收入应按以下规定计算征收土地增值税……

(三)成本扣除项目中的涉税风险

1. 重复扣除"甲供材料"成本

甲供工程,是指全部或部分设备、材料、动力由工程发包方自行采购的建筑工程。房地产企业在建造房地产项目过程中,往往会采用甲供工程的方式发包,由承包方负责相关的工程建造。许多房地产企业与建筑施工企业都会签订"甲供材料"合同,存在房地产企业重复扣除"甲供材料"成本少缴纳土地增值税的涉税风险。

房地产公司对于"甲供材料"业务中的"甲供材料"金额是否计入工程结算价中,存在两种结算法:"总额结算法"和"差额结算法"。"总额结算法"是指发包方将"甲供材料"金额计入工程结算价中的一种结算方法;"差额结算法"是指发包方将"甲供材料"金额不计入工程结算价中的一种结算方法。实际结算时,出于规避税收风险的考虑,应选择差额结算法,但是,工程结算实践中,房地产企业往往倾向于"总额结算法"。在该法下,一方面房地产企业与建筑施工企业签订建筑总承包合同时,在合同的"合同价款"条款中,按照含"甲供材料"金额签订合同价,并要求建筑企业按该合同价进行决算并开具总额发票,房地产企业将含"甲供材料"金额的增值税发票计入"开发成本"科目;另一方面,房地产企业向材料供应商购买的"甲供材料",获得材料供应商开具的材料增值税发票计入"开发成本"科目。最终房地产企业就"甲供材料"金额的成本发票,两次抵扣土地增值税并加计 30% 扣除,使得房地产企业少缴纳土地增值税。

2. 将软装成本计入"开发成本"

装修工程中含有的动产设施不可以作为建筑装修成本在土地增值税税前扣除。国家税务总局《关于房地产开发企业土地增值税清算管理有关问题的通知》(国税发〔2006〕187 号)规定装修费用可以计入房地产开发成本。但是"装修费用"和"装饰费用"是完全不同的概念,该通知并没有明确指出允许扣除装饰费用。一些房地产开发公司委托装饰公司装修同时购买家具家电,将购买家具家电的价款由装饰公司开具建筑装饰业发票,作为房地产开发公司装饰成本计入开发成本中,将硬装修和软装修成本统一开发票给房地产开发公司计入"开发成本——建安成本"并在土地增值税计算中作为加计扣除的基数,通过"装饰"手段达到减少税收的目的。

我国建筑法对"装修"有严格的定义。根据《建筑法释义》对第二条的说明:建筑装修活动,如果是建筑过程中的装修,则属于建造活动的组成部分,适用本法规定,不必单独列出。对已建成的建筑进行装修,如果涉及建筑物的主体或承重结构变动的,则应按照本法第四十九条的规定执行;不涉及主体或承重结构变动的装修,不属于本法调整范围。此外,对不包括建筑装修内容的建筑装饰活动,因其不涉及建筑物的安全性和基本使用功能,完全可以因使用者的爱好和审美情趣的不同而各有不同,不需要以法律强制规范,因此本法的调整范围不包括建筑装饰活动。根据《关于印发〈商品住宅装修一次到位实施导则〉的通知》(建住房〔2002〕190号),住宅装修工程中不含不能构成不动产附属设施和附着物的家具、电器等动产设施。因此,房地产企业的软装成本即装修工程中含有的动产设施不可以作为建筑装修成本在土地增值税前扣除。

针对此问题,海南省地方税务局《关于印发土地增值税清算有关业务问答的通知》(琼地税函〔2015〕917号)给予了如下答复:凡以建筑物或构筑物为载体,移动后会引起性质、形状改变或者功能受损的装饰物支出,可以作为开发成本计算扣除。上述之外的其他装饰费用支出,如房屋销售中外购的家具、家电支出,若在销售合同中一并计入销售收入,能够提供购进发票的,准予作为"新建房及配套设施的成本"予以扣除,但不作为计入房地产开发费用和财政部规定的其他扣除项目的计算基数。虽然该做法没有将软装成本计入开发成本,避免了房地产企业增加土地增值税加计扣除的基数,但实际上增加了可扣除成本的金额,从而可能导致增值率的降低,使得企业少缴纳土地增值税。

3. 扩大"开发间接费用"的扣除范围

计入"开发成本"核算的"开发间接费用"在计算土地增值税时,可以作为加计20%扣除的基数,从而达到增加土地增值税的扣除成本,少缴纳土地增值税的目的。因此,在房地产企业土地增值税清算时,依照税法的规定,允许扣除的"开发间接费用"有一定的范围界定,而企业会计核算中的"开发间接费用"范围则更广。如果房地产企业按照会计核算中的"开发间接费用"在土地增值税清算中进行扣除,显然会多扣除成本,使得房地产企业少缴纳土地增值税。

根据《土地增值税暂行条例实施细则》(财法字〔1995〕6号)第七条的规定,开发间接费用,是指直接组织、管理开发项目发生的费用,包括工资、职工福利费、折旧费、修理费、办公费、水电费、劳动保护费、周转房摊销等。

在实践中,如何理解"直接组织、管理开发项目发生的费用"成为税务机关执法的重点和难点。海南省税务局对此也给出了解释,即"指施工现场为组织、管理开发产品而实际发生的费用,对不属于为施工现场服务的部门,如行政管理部门、财务部门、销售部门等发生的费用不得列入"①。除了《土地增值税暂行条例实施细则》所列的八项费用之外,与项目相关的其他费用,如职工教育经费、通信费、交通差旅费、租赁费、管理服务费、样板间支出、利息支出、保安费用等,在进行土地增值税清算时能否扣除,要进一步判断。

(1)样板间支出只有在销售完成后,才能确定是否可以扣除

若租用房屋装修为样板间,其装修支出应在"销售费用"科目核算,不能在土地增值税前扣除;若将开发商品装修为样板间,并在以后年度销售的情况下,其装修费支出与销售精装修商品房核算一致,应在"开发成本"科目核算;若将开发商品装修为样板间,在以后年度不销售作为固定资产入账的情况下,则相关的装修费应计入固定资产价值,其折旧作为期间费用入账,不能作为土地增值税前扣除。

(2)周转房摊销可以在土地增值税前扣除

周转房摊销是指将开发商品或自有房屋用于安置拆迁户的摊销费或折旧费,实践中的房地产企业租用房屋安置拆迁户,所支付的房屋租金,租用房屋根据拆迁户的要求进行装修、工程改造、布线等所发生的支出,应计入"开发成本——开发间接费用——周转房摊销"科目,在土地增值税前扣除。

(3)项目管理人员工资及福利费可以在土地增值税前扣除

给直接组织、管理项目的人员支付的工资及福利费,在提供项目管理人员名单及劳务合同的情况下,可以在土地增值税前扣除。但列支规划部、采购部、预算部、保安部等部门人员的工资及福利费,一般不可以作为间接开发费扣除。

(4)通信费应视具体情况而定

项目工程部安装电话,发生的电话费可以作为其他开发间接费列支,但项目管理人员报销的手机费难以与项目直接相关,不能列支在开发间接费,在土地增值税前扣除。

(5)交通差旅费支出应视具体情况而定

项目管理人员直接坐出租车发生的交通费可以列支开发间接费,但报销的私车加油费,难以区分与项目直接相关,不能列支在开发间接费,在土地增值税前扣除。

(6)保安服务费应视具体情况而定

项目公司与保安公司签订的保安服务费,主要判断是否直接与项目管理有关。

---

① 海南省地方税务局《关于印发土地增值税清算有关业务问答的通知》(琼地税函〔2015〕917号)"六、如何界定开发间接费用?"规定,房地产开发间接费用应严格按照《中华人民共和国土地增值税暂行条例实施细则》(财法字〔1995〕6号)第七条第二款第七项的规定界定,"关于直接组织、管理开发项目发生的费用"可按如下标准把握:"直接组织、管理开发项目发生的费用"是指施工现场为组织、管理开发产品而实际发生的费用,对不属于为施工现场服务的部门,如行政管理部门、财务部门、销售部门等发生的费用不得列入。

如有关,可以作为开发间接费入账;不相关,则不能计入开发间接费。

(7) 模型制作费不可以在土地增值税前扣除

一般模型是为销售而制作的,属于销售费用,不能计入开发间接费,不可以在土地增值税前扣除。

(8) 职工教育经费和业务招待费不可以在土地增值税前扣除

按会计制度相关规定,职工教育经费、业务招待费,不能直接归集于开发产品的成本,作为期间费用核算,其原理与印花税税收处理一致,不可以在土地增值税前扣除。

4. 重复扣除利息费用

房地产企业计入开发成本的借款费用或利息支出,在进行土地增值税清算时,需要剔除,应调整至财务费用中计算扣除。房地产企业往往没有将平常会计核算中计入"房地产开发成本——开发间接费用——利息费用"的利息支出调整至财务费用中计算扣除,从而多扣除利息支出少缴纳土地增值税。

在会计核算上,一般将项目开发资本化利息计入"开发成本——开发间接费用",但土地增值税中利息支出处理原则与会计核算、企业所得税处理有很大区别。企业会计准则中关于借款费用资本化的原则不适用于土地增值税清算,对于已经计入房地产开发成本的利息支出,土地增值税清算时应调整至财务费用中计算扣除。在土地增值税清算计算房地产开发费用时,应先调减开发成本中的资本化利息,而后与财务费用中的利息支出加总,再适用国税函[2010]220号文件规定的计算方法进行税务处理。

5. 共同成本费用分摊方法选择问题

按规定,房地产企业开发项目中的住宅、商铺、写字楼共同负担的土地成本、建筑成本和期间成本必须采用合理的成本费用分摊方法进行分配。在房地产企业土地增值税清算时,对于共同的成本费用如何分摊到各房地产项目中,或者同一期开发项目中的不同业态产品发生的共同成本费用如何分摊到各业态产品中,根据国税发[2006]187号的规定,"属于多个房地产项目共同的成本费用,应按清算项目可售建筑面积占多个项目可售总建筑面积的比例或其他合理的方法,计算确定清算项目的扣除金额"。

从税收征管实践来看,全国各地税务部门在对房地产开发企业同一项目不同类型的房地产进行土地增值税清算时,其相关共同成本费用的分摊方法主要有可售建筑面积百分比法、占地面积百分比法和税务机关确认的其他合理方法(暂无统一规定,一般有直接成本法、预算造价法和层高系数面积法)。以海口市为例,税务机关对同一项目不同类型房地产的成本费用一般采取建筑面积百分比法来分摊。但在容积率差别大的情况下,仅仅用该方法来分摊同一项目中的土地成本则显得有些不合理。例如,在同一个开发项目中,既有容积率较高的普通住宅,又有容积率较低的别墅,如果根据建筑面积比例来分摊土地成本,则别墅区可以扣除的土地成本低,而普通住宅区可以扣除的土地成本高,不符合收入与成本配比原则。

由于税法规定了"税务机关确认的其他合理方法",也就是说,无论房地产企业选择哪一种对自己有利的或少缴纳土地增值税的成本分摊方法,都要经过税务机关确认为合理。问题是对于"其他合理"的判断标准,税法没有明确规定。这就很容易产生,要么税企争议导致不和谐的税收征管,要么产生"人情"执法或"人情税"滋生腐败执法,阻碍依法治税和税收法定原则的贯彻落实。

6. 有产权的地下车库未分摊土地成本

在税务征管实践中,一些房地产企业在对销售有产权地下车库的收入进行土地增值税清算时,只按照建筑面积法给予分摊建筑成本,没有分摊土地成本,使得房地产企业地下车库少缴纳土地增值税。

在开发项目中有普通住宅、非普通住宅、非住宅,且地下车库(位)归入非住宅清算的情况下,销售的地下车位不分摊土地成本会增加普通住宅的成本,从而导致普通住宅的增值率更低,而非住宅的增值税率更高。由于地下车库分为无产权的地下车库和有产权的地下车库,地下车库到底要不要分摊土地成本,在税法上没有很明确的规定,使得全国各地税务机关执法口径不统一。

(1) 容积率是土地成本归集的内在因素

容积率又称建筑面积毛密度,是指一个小区的地上总建筑面积与用地面积的比率。对于开发商来说,容积率决定地价成本在房屋中占的比例。容积率的计算公式如下:

容积率=项目用地范围内地上总建筑面积(但必须是正负 0 标高以上的建筑面积)与项目总用地面积的比值。

原国土资源部《关于严格落实房地产用地调控政策促进土地市场健康发展有关问题的通知》(国土资发〔2010〕204 号)第四条规定:"经依法批准调整容积率的,市、县国土主管部门应当按照批准调整时的土地市场楼面地价核定应补缴的土地出让价款。"基于此文件规定,容积率是土地成本归集的内在因素,如果调整容积率,必然涉及出让金的补缴。因为土地出让金的计算通常与土地使用性质、土地面积、土地容积率等因素相关联,容积率决定了未来土地上可以建设的房屋面积,直接影响开发商的收益。

(2) 地下车库(位)会影响容积率

根据《建筑工程建筑面积计算规范》(GB/T 50353—2013)的规定,建筑物顶部有围护结构的楼梯间、水箱间、电梯机房,结构(设备管道)转换层,底层车库、杂物间等。层高在 2.2 米及以上的,按全面积计入容积率;层高不足 2.2 米的,按 1/2

面积计入容积率。基于此规定,地下车库会影响建筑容积率,地下车库(位)如果影响容积率,应当分摊土地成本;如果未影响容积率,不应当分摊土地成本。但绝大多数地方政府规划部门在审批时并未将地下车库(位)面积计入容积率,所以地下车库(位)面积通常属于总建筑面积,但不属于计容面积。

例如,湖北省地方税务局《关于进一步规范土地增值税征管工作的若干意见》(鄂地税发〔2013〕44号)规定:"房地产开发项目在取得土地使用权时,申报建设规划含地下建筑,且将地下建筑纳入项目容积率的计算范畴,并列入产权销售的,其地下建筑物可分摊项目对应的土地成本。如交纳土地出让金的非人防地下车库,在整个开发项目的土地使用证中会标明地下车库的土地使用年限和起止日期,同时取得'车库销售许可证',在计算地下车库土地增值税扣除项目时可分摊土地成本。其他不纳入项目容积率计算范畴或不能提供与取得本项目土地使用权有关联证明的地下建筑物,不得进行土地成本分摊。"海口市税务局也采取了同样的处理方法。

(3) 可售地下车库(位)分摊土地成本对于土地增值税的影响

地下车库(位)如果对外销售,无论有无独立产权,通常界定为不动产转让,参与正常土地增值税清算,而且在清算中和商铺、写字楼、公寓等并入其他商品房类别统一计算增值额。对于房地产企业的开发项目而言,地下车库(位)分摊土地成本最终对于土地增值税必然产生影响,如果分摊,则更多的土地成本被计入了其他商品房扣除项目之中;如果不分摊,更多的土地成本被计入了住宅扣除项目之中。至于哪个部分在清算中更需要分摊成本,对土地增值税来说是有较大差异甚至重大影响的。

(4) 分析结论

通过以上分析,本文得出以下结论:一般而言,如果地下建筑面积属于计容面积,则地下建筑应该分摊土地成本;如果地下车位建筑面积不属于计容面积,则不需要分摊土地成本。同时,国家相关建设主管部门在审批销售许可证时,如果将地下车库建筑面积纳入容积率计算,则办理地下车库销售许可证,销售的车库可以办理产权证书,否则地下车库不可以办理产权证书。从全国情况看,地下车位的建筑面积基本上是不计入容积率的,因此,按照配比原则要求,地下车位不需要分摊土地成本。

7. 因以土地使用权投资入股引发的争议

投资人用土地使用权投资入股是否需要缴纳土地增值税,取决于投资方或被投资方是否为房地产开发企业,只要有一方是房地产开发企业,投资人在投资过程中就需要承担土地增值税纳税义务。根据《公司法》的规定,股东可以以货币出资,也可以以土地使用权出资,对于以土地使用权出资的,容易引发以下争议:投资人是否需要缴纳土地增值税,如何确定被投资人可以扣除的"取得土地使用权所支付的金额"。

一方面,针对投资人是否需要缴纳土地增值税,根据财税〔2018〕57号《关于继续实施企业改制重组有关土地增值税政策的通知》第四条的规定,单位、个人在改制重组时以房地产作价入股进行投资,将房地产转移、变更到被投资企业,暂不征土地增值税。但是,只要改制重组中有一方是房地产开发企业,即不能享受暂不征土地增值税的优惠政策。另一方面,接受土地使用权的被投资人没有就土地使用权支付对价,被投资人就投资土地上的开发项目进行土地增值税清算时,关于可以扣除的"取得土地使用权所支付的金额"是多少容易发生税企争议。对于土地使用权的价格,《土地增值税暂行条例》第十四条规定以取得土地使用权时的基准地价进行评估。对于如何在基准地价的基础上进行评估,土地增值税法规未作规定,实践中存在不同观点。

本文认为,对于投资人在投资时依据财税〔2018〕57号文第四条的规定未缴纳土地增值税的,被投资人应当以投资人取得土地使用权所支付的金额作为扣除金额,理由有三:一是制定财税〔2018〕57号文的宗旨即是递延纳税,并不是要免除土地增值税,不能因为这个文件导致国家税款流失;二是在投资环节不缴纳土地增值税的规定只适用于投资人与被投资人都是非从事房地产开发的纳税人的情形,这类被投资人接受土地使用权之后,一般不会在建房后立即销售,基本上是用土地使用权建设厂房、办公楼等用于生产经营;三是投资人可以放弃税收递延优惠,避免投资人多缴纳土地增值税。

对于投资人在投资时已按评估价格就土地使用权的投资缴纳过土地增值税的,被投资人应该以评估价格作为"取得土地使用权所支付的金额"进行扣除。因为国家已就投资人的增值额征收过土地增值税,假如再要求被投资人以投资人取得土地使用权所支付的金额作为扣除金额,会导致重复征税。实际调研中发现,海口市税务局在执法过程中同样采取了上述方法。

四、土地增值税涉税风险对策建议

(一)落实税收法定原则,加强土地增值税的立法

1. 尽快颁布《中华人民共和国土地增值税法》

党的十八届三中全会通过的《中共中央关于全面深化改革若干重大问题的决定》强调落实"税收法定原则"。2015年3月,十二届全国人大三次会议表决通过新修订的《中华人民共和国立法法》,明确"税种的设立、税率的确定和税收征收管理等税收基本制度"只能由法律规定。

针对当前土地增值税法存在的固有缺陷,如立法层次低,缺乏健全的土地增值税法体系,土地增值税法中的一些条款规定不明确、含糊不清等,需要尽快通过全国人大审议表决,加强土地增值税立法工作,提高立法层次,在《中华人民共和国土地增值税暂行条例》现有规定的基础上,结合当前的房地产经济实际情况,进行修改、补充和完善,颁布一部由全国人大审议通过的《中华人民共和国土地增值税法》。

2. 建立健全土地增值税法体系

通过全国人大立法,颁布《中华人民共和国土地增值税法》后,国务院根据《中华人民共和国土地增值税法》颁布《中华人民共和国土地增值税法实施细则》,制定具体的土地增值税法体系,对现有的《中华人民共和国土地增值税暂行条例实施细则》进行修订、补充和完善。本文建议修订以下内容。

(1)明确规定房地产企业土地增值税清算收入中不含差额增值税,土地扣除成本中不冲减差额增值税

建议条文:一般纳税人的房地产开发企业销售自行开发的房地产项目,适用一般计税方法计税时,实行差额征收增值税政策的情况下,其土地增值税清算收入既不能将差额增值税部分计入土增清算收入,也不能在土增清算中,将土地成本扣除中冲减对应差额增值税。

(2)明确规定转让无产权车位永久使用权收入计入土地增值税清算收入

建议条文:无论是有偿转让人防车位的永久使用权,还是有偿转让属于全体业主的无产权车位永久使用权,其本质都是变相销售行为,都应纳入土地增值税征税范围。

(3)明确规定土地增值税清算单位的确定标准

建议将土地增值税清算单位的确定标准规定为:以发展和改革行政部门批准、核准、备案的立项文件确定房地产开发项目作为清算单位。

(4)明确规定土地增值税清算的共同成本费用的分摊方法

建议分摊方法如下:第一,对于同一建筑物(单栋建筑物)中包含不同类型房地产的(底层是商铺+底层以上是住宅模式),土地成本和建筑成本按照层高系数面积法,其他共同成本费用按照建筑面积法进行分摊。商业用房层高系数=商业用房层高/住宅层高。第二,房地产开发企业同一项目中包含不同类型房地产的,其开发成本采用层高系数法分摊开发成本,其房地产开发成本层高系数计算分配方法为:选择住宅层高为基数,设定为1,其他商品层高与住宅层高之比,计算出各自层高系数。

(5)明确规定地下车库(位)的土地成本分摊方法

建议分摊方法如下:第一,地方政府规划部门在审批房地产企业开发项目时,如果地下车库建筑面积不计入容积率,则地下车库就不分摊土地成本;如果地下车

库建筑面积计入容积率,则地下车库分摊土地成本,其中的土地成本包括取得土地使用权所支付的金额以及土地征用及拆迁补偿费。第二,房地产企业销售有产权的地下车库,在土地增值税清算时,地下车库一定要分配土地成本。第三,房地产企业销售将无产权的地下车库(位),与业主签订长期租赁合同(20年租赁期限),到期后续租或赠送免费使用期限,在土地增值税清算时,地下车库不分配土地成本,只分配建筑成本。

(二)做好税收征管与稽查的衔接,提高征管效率

实际工作中,由于总局的清算规程过于强调税务机关在清算过程中的审核作用,税务机关在清算审核过程中常常不得不采取超征管常规的做法,进入了稽查的领域。因此,本文建议:一是改变每案必查的土地增值税清算模式,参考企业所得税征管模式,统一清算条件达成标准,以纳税人申报为主,还责于纳税人,以风险管理为手段,对经风险识别后存在重大疑点的作为重点审核对象;对其他项目按"双随机一公开"方式开展抽查审核,降低清算超期的执法风险。二是明晰征管和稽查工作界限。征管局主要负责案头形式审核,加快清算效率;稽查局重点稽查存在重大疑点的清算项目,打击偷税漏税行为。

此外,税务机关应加强税收执法,提高自身的征管能力。一方面,税务机关要依托新的税收征管理念,开展高质量的税收征管。本着"聚财为国,执法为民"的原则,必须在依法征管、税收风险、大数据控税等管理理念的指导下,开展税收征管工作。另一方面,税务机关需夯实税收征管基础,提高征管水平,包括强化户籍管理制度、大力完善和推行多元化电子报税方式、完善评估办法等,为实施有效征管和有效稽查提供保证。

(三)注重"发票控税",创新发票稽查新手段

1. 查发票必查合同

为了防范房地产企业的漏税行为,必须对发票稽查的手段进行创新,寻求一种降低征管成本又能查明收入的发票稽查手段,即发票必须与合同相匹配,查票必查合同。第一,发票开具需与合同相匹配,这包括两层含义:一方面,发票记载标的物的金额、数量、单价、品种必须与合同中的约定相一致;另一方面,发票上的开票人和收票人必须与合同上的收款人,和付款人或销售方和采购方,或者劳务提供方和劳务接受方相一致,否则不可以在土地增值税、企业所得税税前扣除,也不可以抵扣增值税进项税额。第二,企业缴纳多少税不是财务算出来的,而是经济业务合同本身的履行就决定了企业未来什么时候缴税和缴纳多少税,不能凭借企业开具发票的金额判断企业的收入,而应该查看企业的交易合同,未开具发票或未全额开具发票的,以交易双方签订的销售合同所载的售房金额及其他收益确认收入。

2. 房地产和建筑行业合同稽查策略

由于房地产企业和建筑企业的业务流程复杂，涉及的合同较多，税务稽查部门在稽查房地产企业和建筑企业合同时，可采用以下策略。

(1) 查工程造价清单、施工设计图纸

房地产企业的土地增值税税前扣除的成本涉及土地成本、开发成本和开发费用。其中，土地成本是通过政府招投标获得的土地，均有政府行政事业收据可查。开发成本是稽查重点，主要由项目施工设计图纸和工程造价清单决定。通过稽查工程造价清单和施工设计图纸就可以知道房地产企业与建筑企业之间是否有签假合同造假做大成本的可能。

(2) 查工程计量确认单、工程进度结算书、工程决算书

对施工企业而言，工程计量确认单、工程进度结算书和工程决算书是施工企业与房地产企业结算收入的依据，也是建筑企业向房地产企业开具发票的依据，即工程结算金额一定等于发票开具金额。如果工程结算金额大于发票开具金额，则大于的结算金额部分一定是建筑企业漏税的行为；如果结算金额小于发票开具金额，则小于开具发票金额的部分一定是建筑企业虚开发票的行为。因此，稽查建筑企业与房地产企业双方签字确认的计量确认单、工程进度结算书、工程决算书，是判断房地产企业是否多进建筑成本少缴纳土地增值税和企业所得税的根本方法。

(3) 查材料验收确认单

许多房地产企业会发生"甲供工程"业务。实践中有两种假的"甲供材料"现象：一是建筑企业与房地产企业签订的建筑合同中的"材料设备供应"条款约定"房地产企业提供工程中的材料"，但房地产企业根本没有发生采购行为，而是从别的材料供应商处购买发票入账，增加开发成本。二是建筑企业与房地产企业签订的建筑合同中的"材料设备供应"条款约定"房地产企业提供工程中的材料"，但是房地产企业购买的材料品种、规格和型号，在工程造价清单中根本不存在。

另外，房地产企业账上的材料入账成本，表面上有采购合同、发票和资金流，但是没有物流，实际是从别的材料供应商处购买发票形成的。

因此，为了查实房地产企业和建筑企业材料成本的真实性，在稽查工程造价清单的基础上，还必须稽查工地上的材料验收确认单，必须稽查材料验收确认单上的材料品种、规格型号是否与本工程项目工程造价清单中的材料品种、规格型号保持一致。

参考文献

[1] 贾绍华. 税收治理论[M]. 北京：中国财政经济出版社, 2017.

[2]贾绍华.房地产业健康发展的税收政策研究:基于海南国际旅游岛房地产业的分析[M].北京:中国财政经济出版社,2013.

[3]樊勇.深化我国房地产税制改革:体系构建[J].中央财经大学校报,2008(9).

[4]王福凯,钟山.以税务审计为核心的大企业税收风险管理[J].中国税务,2014(11).

[5]肖太寿.建筑房地产企业财税法风险管控[M].北京:经济管理出版社,2019.

[6]肖太寿.建筑房地产企业税务管控[M].北京:经济管理出版社,2016.

[7]蔡昌,黄洁瑾.房地产企业全程会计核算与税务处理[M].5版.北京:中国市场出版社,2019.

[8]刘兵.税务稽查的风险提示与防控策略[M].北京:中国税务出版社,2015.

[9]张秀莲,唐磊.我国土地增值税若干问题探析[J].税务研究,2016(6).

[10]马奎升.土地增值税管理中存在的问题与改进[J].税务研究,2016(5).

"双循环"新发展格局战略背景下消费税的功能定位及改革路径研究

李为人 张 越[①]

一、引言

为适应世界经济形势复杂多变的趋势,党的十九届五中全会通过的《中共中央关于制定国民经济和社会发展第十四个五年规划和二〇三五年远景目标的建议》(以下简称《建议》)明确提出,要加快建设现代化经济体系,加快构建以国内大循环为主体、国内国际双循环相互促进的新发展格局,推进国家治理体系和治理能力现代化,实现经济行稳致远、社会安定和谐,为全面建设社会主义现代化国家开好局、起好步。加快构建新发展格局,就必须坚持扩大内需这个战略基点,加快培育完整内需体系,形成强大国内市场,把实施扩大内需战略同深化供给侧结构性改革有机结合起来。而消费是内需体系的重要组成部分,构建以国内大循环为主体、国内国际双循环相互促进的新发展格局,就要将消费作为双循环的内生动力,把消费提到一个新的高度上来看待。目前,我国国内市场在中高端商品供给上还存在短板,由于受生产力水平的限制,一些消费品和服务低端化、同质化供给过剩,无法满足人们对高质量消费品的现实需要,导致国内不少高品质消费外流。同时,财权事权的划分、供需体系的构建、资源要素的流动都存在区域失衡的问题。在此基础上,研究如何适应以国内大循环为主体、国内国际双循环相互促进的新发展格局需要,构建有利于调动地方促进消费积极性的税收秩序,实施促进海外消费回流的税收政策,具有长远的意义。消费税改革作为一项"顶层设计",具有多重红利,凸显了财政改革牵一发而动全身的杠杆效应,本质上是财政作为国家治理基础和重要支柱作用的现实呈现。

本文力图深入剖析厘清我国消费税改革的现实逻辑,从法治角度看,能够推动夯实消费税改革基础的立法工作,有利于中央和地方关系的制度化与规范化;就社

[①] 李为人,中国社会科学院大学应用经济学院副院长、副教授。张越,中国社会科学院大学应用经济学院税务硕士。

会治理而言，积极探索消费税征税环节后移的可行性，有利于实现地区间公平收入分配，营造公平有序的社会环境；从财政关系看，有利于完善地方税系，缓解地方公共服务供给压力；从市场环境看，通过消费税改革动态调整税制结构，可以引导资源要素良性流动，有助于发挥税收调节居民收入再分配的积极效用，刺激消费回流，促进消费结构升级，从而建立扩大居民消费需求的长效机制，成为深入调整我国经济结构、切实转变经济发展方式的一项重要举措。

二、新发展格局战略背景下消费税的功能定位

亚当·斯密在1776年发表的《国富论》中认为应当对奢侈品加重征税力度；英国福利经济学家庇古及其导师马歇尔率先提出"外部性"这一概念，并提出了用庇古税来解决外部性问题。通过对负外部性强的消费行为征收一定的税收来矫正负外部性，对额外成本征收与之数额相等的税收，迫使污染者将"外部效应内部化"，进而使消费者减少此类消费。我国消费税是在增值税普遍开征的基础上选择部分消费品征税的"特别消费税"。消费税具有三个功能：财政功能、调节功能与生态功能。

越贫穷的国家越重视消费税筹集财政收入的职能，而越发达的国家则越强调纠正外部性的补偿职能。随着我国社会经济的迅速发展和居民消费结构的转型升级，资源环境压力与日俱增，这对强化消费税调节功能提出了更高的要求。与世界各经济体消费税功能侧重点相对比，中国新发展格局战略背景下的消费税功能定位既不能照搬经济欠发达国家和地区侧重筹集财政收入，也不能照搬发达国家过于侧重矫正负外部性。"十四五"规划纲要提出，加快培育完整内需体系，增强消费对经济发展的基础性作用，全面促进消费，这对新发展格局下消费税如何更好发挥其功能作用提出了新的要求。同时，当前完善现代税收制度，更好发挥消费税独有的功能作用，需要深化消费税的改革。从"十四五"规划纲要出发来重新审视消费税的财政收入、经济调节与矫正外部性三大功能，既是全面促进消费引导投资来扩大内需的重要内容，也是建立现代财税体制的必然之举。

（一）稳定财政功能，影响消费成本持续发力

消费税是间接税，其税收负担可以通过价格机制转嫁给消费者，从而影响消费成本，引导消费。消费税的财政功能主要体现在消费税收入及消费税收入占总税收收入的比重这两个方面。首先，在应对疫情冲击的大规模减税降费政策背景下，2020年全国税收收入154 310亿元，与2019年相比下降2.3%，其中国内消费税收入12 028亿元，税收收入位居第三位，同比下降4.3%，降幅排在所有税种第二位。这反映出消费税与经济运行状况密切相关。其次，自消费税开征以来，国内消费税

收入占税收总收入的比重呈现出 U 形变化(如图 1 所示),从 1994 年的 9.5% 逐步降至 2008 年的 4.7%,并因 2009 年成品油消费税改革与卷烟、酒等消费税改革的实施,2009 年后该比例基本保持在 7%~8%。可见,近些年来消费税的财政功能日趋稳定。因此,适当的消费税税负可以降低消费成本,鼓励消费,在当前经济恢复基础不牢固之时,不可过度强调消费税筹集收入的作用,应将其看作调节功能和生态功能的从属。稳定的财政功能将尽可能减少对消费的束缚,进而在加快构建新发展格局的基础上扩大内需,持续发力。

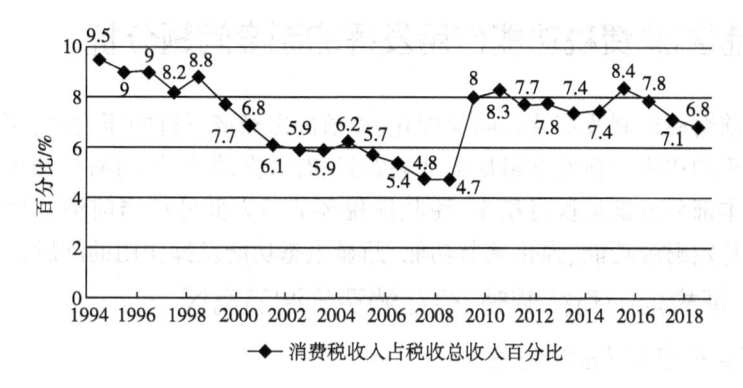

图 1　1994—2018 年消费税收入占税收总收入百分比

资料来源:根据 2019 年《中国税务年鉴》整理。

(二)强化调节功能,促进消费结构优化升级

目前,我国消费税通过对高档手表、珠宝玉石、游艇等高档消费品,烟、酒等不利于健康的消费品以及木制一次性筷子、小汽车、电池和涂料等高耗能高污染消费品进行征税,体现其"寓禁于征"的调节功能,有助于引导健康消费、理性消费。我国现行消费税属于"特别消费税",是增值税的辅助税种。消费税与增值税的协同关系更多体现在税收功能上。增值税对商品、劳务和服务等普遍征税,具有税收中性,公平收入分配功能较弱,税收负担具有累退性。而消费税仅对几个特殊消费品或行为进行征税,具有充分的调节作用,可以通过与对必要的生活必需品免税的优惠政策一起来弥补增值税的功能缺陷。消费税的调节功能与消费的提质扩容密切相关。大规模的减税降费政策激发了企业经营活力和居民消费潜力,增值税税收负担的降低增加了消费者的实际购买力,促进消费。在此基础上,通过适当调整消费税的征收范围和税率,可以发挥消费税的调节功能,改善居民消费结构,促进高质量商品的消费;并且刺激消费回流,培育扶持自主品牌,助力产业结构升级优化。

(三)凸显生态功能,注重绿色消费、高品质消费

在生态功能方面,要求消费税强化对消费环节中高污染、高耗能、高排放消费

品的负外部性矫正功能,发挥价格的杠杆调节作用,消除市场负外部性。为了贯彻新时代的新发展理念,消费税应具有生态功能,如对木制一次性筷子、鞭炮焰火、卷烟、电池和涂料等征收消费税,可以发挥节约资源与环境保护的作用。通过课征消费税,对产生负外部性的产品起到纠正的作用,如对危害环境的产品(如电池、小汽车等)征税,可以增强人们的环境保护意识,响应五位一体的总体布局,有利于我国绿色经济的发展。对烟酒等危害身体健康的消费品征收消费税,可以引导人们绿色消费、健康消费,提升消费质量。

三、制约消费税功能作用发挥的制度问题分析

在当前财税体制改革背景明显变化、疫情冲击经济下行的压力中,深化消费税改革被置于加快构建新发展格局的战略背景,有效促消费、扩内需被当作制度改革的方向。本部分分别从税目税率、税收征税环节等方面分析当前消费税制度中制约消费税稳定财政功能、强化调节功能、凸显生态功能发挥作用的问题。

(一)征税范围有待调整,存在消费税调节盲区

1. 税目扩围与功能相结合

新兴的、具有炫耀性的高档消费纳入消费税征税范围需慎重。要想引导消费结构,挖掘内需潜力,使国民经济得以良性循环,应该在调整消费税的税目方面进行协调。一段时期以来,许多学者建议将消费税税目"扩围"至高端家具、高档茶叶等高档消费品以及高档酒店、美容健身等高档服务。在当前促进全面消费扩大内需的战略背景下,扩大消费税征税范围应该慎重;另外,我国消费税引导绿色消费、健康消费行为的功能较弱。我国资源短缺、环境压力大,而消费税的生态功能有限,现行消费税制中仅包含木制一次性筷子、实木地板、电池和涂料等体现其生态功能的税目,高耗能、高污染消费品的征税范围有待进一步扩大。非健康性的消费税征税范围有待扩容,现行消费税制中对烟、酒产品征税体现了消费税引导居民健康消费的功能。而墨西哥、英国和芬兰等国家已经将含糖产品等对人体有危害的消费品纳入征收范围,我国应根据本国居民的消费习惯和消费品自身的特点及时对一些有害性产品征收消费税,适时引导大众健康消费。

2. 大众消费品应该及时剔除

若以抑制限制性消费品的消费、引导鼓励类消费品的消费、促进消费优化升级为目标,科学地选择税目税率等税制要素则是题中应有之义。随着收入水平和生活水平提高,一定时期的高档消费品很可能已变为居民的普通消费品。比如,2006年我国取消了对"护肤护发品"征收的消费税。如今我国消费税税制要素已经多年未调整,部分应税消费品早已成为大众消费品,如摩托车、部分高档化妆品及部

分小汽车。在经济快速发展的背景下,富人消费的高档物品变成大众日常消费品的速度加快。近年来,消费升级使我国高端化妆品销售规模加速增长,在不同档次化妆品中占比提升。2019年我国化妆品市场规模高达4 777.2亿元,同比增长13.84%;2010—2019年,年均复合增长率达到8.82%。2019年居民大众化妆品增速放缓,同时高端化妆品增速高达25%。高端化妆品消费量在近十几年来迅速提高,其中包括消费者从实体店、网络平台、海淘等多种渠道购买的国内外化妆品,而且高端化妆品进口金额增长率日益提升,2018年已达74.1%(如图2所示)。因此,消费税中部分税目亟待改革。

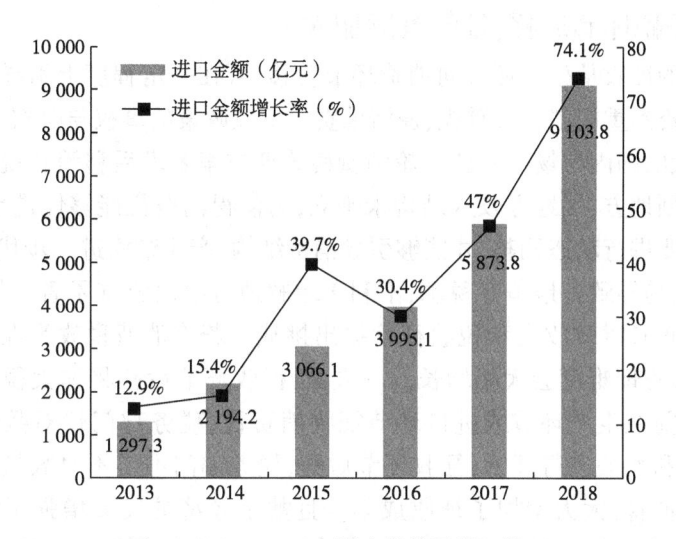

图2 2013—2018年国内化妆品进口情况

资料来源:根据2019年《中国化妆品行业市场需求预测与投资战略规划分析报告》整理。

(二)税率设计缺乏科学性,税率结构有待优化

首先,部分税目的税率过低,仍有提升空间或没有发挥应有的调节作用。如高尔夫球、游艇等税率仅为10%。促进绿色消费现行消费税制中实木地板、木制一次性筷子税率为5%,涂料仅为4%,这类发挥消费税生态功能的资源消费品的税率明显偏低。按此税率征收消费税,不易达到对居民消费高污染、高耗能产品行为的约束,难以有效地发挥矫正负外部性的作用。应该在不引起超额负担并带来过多效率损失的前提下,以达到纠正负外部性为目标,适当提高该类消费品的税率,强化消费税调控生态的效果。

其次,随着经济社会的发展和物价水平的上涨,定额税率下从量税的税收负担具有累退性,违背量能课税原则。同时,因其与价格相分离的特点,商品价格变动和商品消费支出占收入比重的变化不能从消费税收入中得到反映。因此,从量税

使得税收损失了分享经济增长红利的机会,在大规模减税降费的背景下,不利于消费税财政功能的发挥,与新一轮消费税改革方案中后移消费税征收环节并稳步下移地方的要求不一致。

最后,税率"一刀切"现象严重。例如,不同木材保护级别、珍稀特性和生长周期皆不同,而现行消费税对同一税目下不同种类的实木地板未实行差别税率,难以实现与原木资源保护级别相对应的保护。再如,对贵重首饰及珠宝玉石、红酒等高档奢侈品的征税未细划税率层次,不能很好地发挥消费税调节收入分配和引导居民健康消费的作用。

(三)征税环节后移,征管难度加大

消费税的征收从生产环节向消费环节转移,可在一定程度上引导地方政府从过度关注投资到重视消费。首先,厘清消费税下放政策的事权与财权,才能扩大内需,建设强大的国内市场。而新一轮消费税改革方案要求后移消费税征收环节并部分稳步下划地方,因地方收入结构未确立,为使得消费税能够促进地方消费,消费税税目需要进行动态调整,才能够引导消费结构、产业结构进一步优化。而税源地难以明确,易导致各地争夺税源,不利于缓解地方财政收支矛盾。其次,这次改革将对地方政府财政收支和税收征管提出挑战。若将消费税改为在消费环节征收,那么征收管理难度会大幅增长。一方面,征收环节后移将加大税务部门的征管成本。之前在生产环节或进口环节征收消费税,税务部门仅对数量相对较小的生产厂家和海关进行征管;征收环节后移,税务部门不得不对数量庞大的批发销售商进行征管,大大增加了征收成本。且数字经济的发展增强了消费的隐蔽性,从而对新发展格局下消费税征收环节后移的政策效应提出挑战。另一方面,后移消费税征收环节的方案将消费税收入增量部分下放至地方政府,可能使地方政府在产业发展方面出现逆向选择的风险,这有悖于弥补地方财政收入、调节消费的初衷。

四、消费税改革的国际经验借鉴

消费税在超过 120 个国家的税制结构中发挥着重要的作用,而且世界消费税改革趋势日益接近,这为我国消费税制的完善提供了可借鉴之处。纵观全球,近几年消费税收入比重增长缓慢,有些国家的消费税收入甚至呈现下降趋势,同时消费税的调节功能、生态功能日益凸显。近年来,国外学者大多重视分析对特殊应税消费品如高档服务、卷烟和含糖饮料等征收消费税的可能性,或者通过各种例证来研究消费税的调节功能与生态功能,侧重对消费税扩大征收范围提出建议。同时,部分国家在税率设计上采用累进税率来替代比例税率,凸显税制的公平原则。

(一)关于扩大税目的国际经验借鉴

1. 许多国家在消费税税目中增加高档消费服务

表1 部分国家奢侈品和消费行为消费税的征税范围

国家	高档消费品	高档消费行为
美国	豪华汽车等	赌博等
英国	—	参加赌博活动、游艺活动
泰国	香水、游艇、水晶、大理石、地毯	赛马等娱乐服务
韩国	珠宝、高档手表	高尔夫球、赌博、赛马
菲律宾	珠宝、香水	游船、娱乐、赛马
越南	飞机、游艇等	舞厅、赌博
老挝	香水、化妆品、游艇等	迪斯科舞厅、彩票、赌场等
中国	游艇、高档手表、高档小汽车、金银首饰和珠宝玉石、高档化妆品	无

资料来源:OECD. Consumption Tax Trends 2020:VAT/GST and Excise Rates,Trends and Policy Issues[M]. Paris:OECD Publishing,2020.

世界上许多国家对高档消费品及行为进行征税,但受地理位置、经济水平和消费习惯影响,各国征税范围大不相同。如表1所示,与7个国家消费税制中高档消费品税目对比发现,我国奢侈品的种类繁多,但我国是发展中国家,人均收入低且差距大,我国更加需要消费税发挥引导健康消费、抑制超前消费的功能,我国可以借鉴外国高档消费品的征税范围,结合我国的国情和国内税收的现状,与时俱进地将部分高档消费品纳入消费税税目。此外,许多国家将一些消费行为如赌博、赛马等纳入了消费税税目中,我国"营改增"的顺利推进使得原本一些娱乐服务业的税收负担减轻,且我国消费税征税范围并未包括高档服务。因此,根据国际经验,我国可以通过进一步的测算和模拟来扩大消费税税目,发挥消费税引导健康消费、调节收入分配的作用。

2. 各国消费税税目凸显环境保护和健康导向

其一,为减少环境污染和生态破坏,税目体现绿色消费导向,提高发挥生态功能消费品的税负。世界各国学者对绿色税收进行了深入研究,尤其是OECD成员国的消费税改革动态,更加凸显了消费税的绿色导向。在绿色税收体系中,除了专门为保护环境设立的环境税,消费税的生态功能越来越为各国所重视。例如,自2017年8月1日起,土耳其对液化石油气消费税进行了改革,将丙烷和丁烷等消费品的税率从每千克 1.494 里拉、1.210 里拉提升到 1.778 里拉;2018 年芬兰提高燃油消费税的税率,二氧化碳税额标准提高至 62 欧元。2018 年 OECD 一大半的成员国综合考虑对环境造成的影响或其燃料效率的标准来判定购买机动车辆的税收负担,旨在鼓励纳税人更多地购买低排放车辆。

其二,以健康消费为导向,提高对人体健康有害消费品的税负。许多国家将高盐、高糖等产品纳入消费税税目。据科研及实证分析,糖分摄入过量,超重和肥胖,患Ⅱ型糖尿病、心脏病甚至癌症等病的风险加大。为此,世界卫生组织呼吁各国对含糖饮料征税以对抗全球性超重肥胖。加利福尼亚州伯克利市自 2015 年对碳酸饮料征税,该消费品的消费量下降了 21%。目前,墨西哥、巴巴多斯、英国、法国、挪威和芬兰等国家已开始对添加糖过量的饮料征税。当前,中国已成为世界上主要的食用糖的生产与消费大国之一,北大公共卫生学院和联合国儿童基金会驻华办事处组织我国相关领域专家编写的《中国儿童含糖饮料消费报告》显示,我国儿童的含糖饮料消费量不断增加,2008 年城市儿童每天饮用饮料(主要为含糖饮料)量增长到 715 毫升,过量饮用高糖饮料对儿童健康带来的危害值得我们警惕。为此,我国应尽快考虑将含糖饮料纳入消费税税目,对此类有害人体健康的消费品加以调控,鼓励饮料生产企业健康转型。

综上,如今国际消费税改革聚焦于促进居民健康消费、绿色消费,并具体地通过增加相关的税目和频繁提高税率来实施该类改革举措。这已成为世界消费税的发展趋势,我国也应以此为导向并结合国内具体情况酌情进行改革。

(二)部分国家对消费税的一些税目增加累进税率形式

部分国家在特别消费税某些税目的设计中增加了累进税率、分档税率等税率形式,强调了税收负担的公平原则。比如,南非在 2017 年改革中根据价格的高低采用累进税率的形式对智能手机进行分类并征税。英国、爱尔兰不仅对含糖饮料进行征税,而且采用了累进税率形式,对于每 100 毫升中含糖量为 5 至 8 克的饮料适用基本税率,含糖量高于 8 克适用较高的税率,以此来激励企业降低饮料的糖分,向生产更有益于人体健康的饮品方向转型。由此可见,精细税率结构虽然会使消费税制变得复杂,但当前世界消费税的功能定位、发展趋势是以调节功能和生态功能为重,并保留筹集财政收入功能。中国现行消费税制的税率分为从价定率、从量定额和复合计税三种形式,同一税目下不同种类消费品也可能适用不同的税率,消费税制本身就很复杂,不必过于追求税制简化。因此,可以借鉴国际经验,对部分税目实行累进税率或分级税率,增强消费税的调控效果。

(三)部分国家为消费税的收入建立了专款专用制度

在消费税制上,部分国家对消费税收入实行专项基金制度。如对于环境治理问题,地方有着保护环境、治理污染的事务责任,而治理费用可来自消费税收入。

比如,美国对水、空气、垃圾污染征收消费税,其收入便实行专项基金制度,用于治理环境的污染问题;为应对经济下滑、人口老龄化,2014年日本用提高消费税率的方法提高消费税收入。实施消费税专款专用做法的优点在于:其一,开创式地对消费税收入实行专款专用,解决了事权财权不匹配的难题。其二,实施专款专用的消费税制度使得居民对征税的排斥性降低。其三,实施消费税中央地方共享的国家,若对属于地方的消费税收入实施环境专项治理制度,可避免地方政府为增加地方财政收入在产业发展问题上进行逆向选择。对我国来说,新一轮将消费税收入增量部分下放至地方政府的政策改革可借鉴此种专款专用的制度,以优化营商环境,引导产业升级。

五、深化消费税改革的建议

为加快构建新发展格局,扩大内需,调整消费结构,更好地促进全面消费的目标对深化消费税改革提出了新的要求。我国消费税改革应凸显生态功能,适当强化调节功能,稳定财政功能,优化调整消费结构,以此为消费提质扩容,促进健康消费、绿色消费,激发消费潜力,助力全面消费。

(一)动态调整消费税税制要素,尽快落实税收法定原则

探析消费税税制要素的调整对需求侧以及国民经济的综合影响,可以更好激励政府高效履职、调节消费结构和推动市场良好运行为,形成消费税改革的政策方案。目前消费税征税范围的15类消费品中,属于消费税税目中的部分高档消费品(如摩托车、部分高档化妆品及部分小汽车),随着经济的发展逐步成为一般日用品,继续按照原先税制要素进行征税,不利于这些已经同居民生活密切相关的大众消费品的消费。其中一些高档消费品的高税负甚至会导致消费外流,不利于扶持我国的国内品牌。因此,税制要素调整中,对税目应该多做"减法",通过适当调整税目或者逐步降低税率的方式,将已成为大众消费品的税目移除。同时也要少做"加法",从新一轮居民消费升级角度来看,当前我国居民消费结构正由实物商品转向服务消费。由近几年的国际消费税改革经验可知,可对高档服务征收消费税,服务消费相对于实物消费来说替代效应小,不易扭曲资源配置,可以有效地起到调节收入分配和居民消费习惯的作用,而且对高档服务征税可以起到过去营业税的调控作用。营业税曾通过设置差别税率的方式调整不同行业的税收负担,发挥调节作用。随着"营改增"的推行,增值税通过对应税服务采取不同税率的方式进行调节,但服务业税收负担较以前明显下降,且增值税税率制度过于复杂,可能偏离税负中性。当前为加快构建新发展格局,鼓励消费,对高档服务征税应该慎重,盲目将过多高档消费品和服务纳入征收范围,可能会导致更多不合理的消费外流,不

利于扶持国内自主品牌。

同时,应该尽快将税收法定原则落实到消费税法制定及之后税收制度的调整中,强化法律在税收规范体系中的主体地位。首先,制定《消费税法》应充分听取民意、借鉴国外消费税立法经验,并在我国财税体制改革整体基础上,经相关专家精确计算来调整消费税征税范围、税率等税制要素。其次,法律用语应该逻辑严密,尽量精确明了地规定法律内容,便于税务机构与纳税人理解并遵从。最后,法律的制定应该为之后的调整留足改革空间,并经全国人大及其常委会或明确授权国务院来制定行政法规。因此,消费税落实税收法定原则应立即推进,法律须就消费税应做的调整进行回应,既要避免将消费税条例简单地换名为法律,又要给未来消费税调整留足空间,使消费税可以在立法轨道上不断改革和完善。

(二)征税环节后移下划地方,实现现代征管信息化

应税消费品在全国各地的生产和消费存在非均衡性。消费税征收涉及生产环节、批发环节和零售环节等,与特定消费品的供给、需求和流通相关,因此,征税环节后移也应注意经济循环的畅通。后移消费税征税环节并部分稳步下划地方的改革方案,对地方政府的财政收支和税收征管提出了挑战。一方面,消费税改为在批发环节或零售环节征收,税收管理的难度会大大增加。面对数量更加庞大的批发销售商,税收征管成本将增加,税务部门可顺应当前大数据、区块链等高科技的发展与税收管理现代化的趋势,利用信息化手段提升现代税务征管效率,降低征税成本。另一方面,将消费税收入增量部分下放至地方政府,可能使地方政府在产业发展方面出现逆向选择的风险。为了实现消费税的应征尽征,可以将对地方资源配置影响较大、税基稳定的部分税目的地方分成比例提高,将消费税征收环节后移,并将其税收增量部分下放至地方,且不同地区的污染治理责任也归属于地方政府。可借鉴国际做法,对收入去向进行调整,将这部分税款专款专用,集中用于地方环境治理、污染防治项目的建设。这样既可以避免地方政府鼓励非健康产业发展的风险,又可以顺应国际绿色税收的发展趋势,此外,还可以根据不同地区的经济发展水平和环境污染情况,对污染造成的负外部性和消费税朝绿色投资方向调整的成本进行科学测算,以便因地制宜地制定差别化绿色税收政策。

(三)进一步凸显生态功能,促进绿色消费、健康消费

如今世界各国消费税税目均凸显环境保护和健康导向,国际消费税改革趋势聚焦于促进居民健康消费、绿色消费,并具体地通过增加相关的税目和频繁提高税率来实施该类改革。我国也应该以此为导向,并结合国内具体情况酌情进行改革。当前我国环境压力大、资源匮乏,而现行消费税的生态功能较弱,与其他国家相比,我国体现绿色税收的消费税仍处于缺位状态,对此我国应该强化消费税的生态功能,增加消费税的绿色税目。具体来看,2020年1月19日,国家发展改革委、生态

环境部联合印发的《关于进一步加强塑料污染治理的意见》规定:至2020年,率先在部分地区、领域,禁止、限制部分塑料制品的生产、销售与使用;到2022年,一次性塑料制品的消费量应该明显减少。在此消费税立法征求意见之际,一次性塑料制品无须再纳入消费税税目中,避免税制政策更换频繁。可对燃气、洗涤剂、有害农药和化肥的包装、煤炭、重金属电池等消费品征税。制定政策时,要充分结合我国当前的社会经济现状、民众消费水平、其他政策规定,确保税制的科学与可行。

(四)消费税与环保税、资源税的协调定位

随着我国2016年资源税改革与2018年环境保护税法的实施,消费税具有生态功能的税目应该与国内绿色税收协调发挥作用,进行精准定位。具体分析三者关系,其征税的侧重点不同:资源税侧重资源的开采与使用,利用资源进行生产;消费税侧重发生购买应税消费品及消费行为;环境保护税侧重直接对污染物及污染行为征税(如图3所示)。如对开采出的原油征收资源税,随后其加工为成品油时征收消费税,最后如果造成环境污染,征收环境保护税。只有厘清三者在绿色税收中的定位,通过合理的消费税制度调整,才能做到不重不漏地征税,促进生态文明与绿色发展。

图3 资源税、消费税和环境保护税绿色功能流程

消费税、资源税与环境保护税都涉及消除负外部性的问题。此前,我国在消费税中已增加消费负外部性的税目,一方面是因为许多国家均赋予消费税生态功能,另一方面是因为当时我国尚未针对环境保护、资源节约设立税种。如今,生态保护税种已经成形,长期来看应该将相关的税目、税基进行整合,短期内维持税负不变,可采用税负平移的方式,以便更好地对造成环境破坏、生态污染的行为进行约束与惩罚。

参考文献

[1]贾康,张晓云. 中国消费税的三大功能:效果评价与政策调整[J]. 当代财经,2014(4).

[2]刘磊,丁允博. 减税降费背景下的消费税问题探讨[J]. 税务研究,2020(1).

[3]李升,宁超,盛雅彬.消费税改革研析[J].税务研究,2017(5).

[4]塞伯仁·科诺森.消费税理论与实践:对烟、酒、赌博、污染和驾驶车辆征税[M].李维萍,译.北京:中国税务出版社,2010.

[5]《世界税制现状与趋势》课题组.世界税制现状与趋势(2019)[M].北京:中国税务出版社,2020.

[6]刘素,于冬梅,俞丹,等.2010—2012年中国居民含添加糖食物消费状况[J].中国食物与营养,2016(6).

[7]冯俏彬.从整体改革视角定位消费税改革[J].税务研究,2017(1).

[8]高阳,李平.部分OECD国家消费税的特征及借鉴[J].国际税收,2015(4).

[9]徐建标.我国消费税改革"四大热点"问题辨析[J].税务研究.2018(7).

关于"社会化用工服务平台结算业务"相关涉税问题的研究

张春平　蒋正奇　郭　辰[①]

一、社会化用工服务企业结算业务概述

社会化用工模式的特点为，人力资源需求方与劳动者双方是业务合作关系而非劳动雇佣关系，双方采用"风险共担""利益共享"的商业化合作模式，劳动者进行展业所使用的生产资料均由个人提供，生产经营展业行为，企业仅对服务交付标的进行验收以及费用结算。新型人力资源服务公司开始服务于企业应用外部合作人员的场景，以满足中国企业不断增长的社会化用工需求，即针对合作者的结算和支付进行居间的服务，包含代收代付、代缴税、代开发票等，如图1所示。

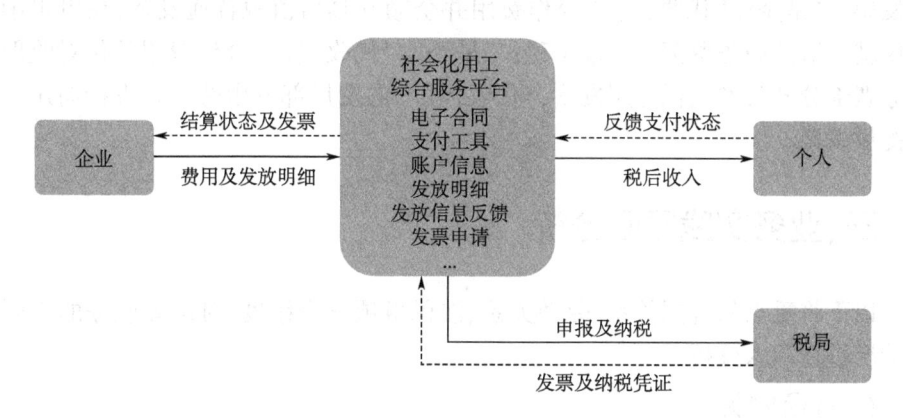

图1　社会化用工综合服务平台概览

由于业务是用工单位和劳动者直接产生关联，与传统外包不同，不是社会化用工服务企业承接企业业务再转包，而是仅对代收代付结算部分进行服务，更近似人力资源服务的代收代付工资薪金业务，因此社会化用工企业开具差额发票至企业，

[①] 张春平，首都经济贸易大学副教授，硕士生导师。蒋正奇，首都经济贸易大学硕士研究生。郭辰，首都经济贸易大学硕士研究生。

作为支付后取得等额的发票,入账报税;劳动者部分,再通过纳税地的公司完成自然人增值税、附加税和个人所得税的纳税,劳动者开具的抬头为用工单位的增值税发票作为社会化用工服务企业开具的差额发票的记账依据留存。

二、业务模式定性分析

结算业务的核心是社会化用工服务企业(以下简称"企业")提供代理服务,"代收"用工单位与劳动者之间的合作费用后"代付"给劳动者,并代办相关涉税事项。该业务模式下,用工单位作为委托方,企业作为受托方,双方关于"代收代付"事项进行约定,企业按照代发费用的一定比例收取服务费,或者以"人次"为单位收取代发手续费;在其具体运行过程中,同时涉及税务事项的代理服务,用工单位或者劳动者为委托方,企业为受托方,代为办理劳动者取得收入相关的纳税申报及发票开具等事项。

结算业务涉及的"代收代付"结算服务和涉税事项代理服务,业务实质均属于提供代理服务。根据其具体操作过程以及未来发展趋势,该项业务可能涉及如下几种模式:一是企业"代收代付"合作费用并开具"差额发票",即对收取的代理服务费部分开具增值税专用发票,对"代收代付"的费用部分开具零税率的增值税普通发票;二是企业"代收代付"合作费用并全额开具增值税普通发票,在申报纳税时仅就收取的服务费部分差额纳税;三是企业"代收代付"合作费用并仅对收取的服务费部分开具增值税专用发票,"代收代付"的费用部分由劳动者直接向用工单位提供发票。

三、业务实践层面分析

以下将重点从合同关系、劳动关系、涉税事项三个维度,对结算业务的实际运行情况进行深入分析。

(一)合同关系

结算业务的合同签订方式为:用工单位与劳动者直接签订业务合作协议或合同(假设合同金额为100万元);企业与用工单位、劳动者分别签订结算服务合同,提供"代收代付"的费用结算服务、代办发票开具以及纳税申报等涉税事项,并按照代收代付款项的一定比例收取服务费(假设按5%收取服务费)。

用工单位与劳动者之间的合同可能属于中介合同、承揽合同、建设工程合同、运输合同等,因此二者的合同关系需要根据具体内容进行判断。

企业与用工单位或劳动者之间则属于委托代理关系。根据《民法典》第七章关于"代理"的相关规定,该模式下企业与用工单位或劳动者构成委托代理关系,企业为代理人(行纪人),用工单位或劳动者为被代理人(委托人),合同关系的确定可以参照适用行纪(商事代理)合同。

(二)劳动关系

根据《劳动法》第十六条的规定,劳动合同是劳动者与用人单位确立劳动关系、明确双方权利和义务的协议。建立劳动关系应当订立劳动合同。

但该结算业务模式下,企业与劳动者相互独立,不存在劳动关系,仅构成上述委托代理关系;用工单位与劳动者为业务合作关系,也不存在劳动关系,劳动者应当根据二者的合作协议,就其提供的劳务或服务成果直接向用工单位负责。

(三)涉税事项

结算业务的发票开具方式,可能存在以下三种:

方式一:"代收代付"部分开具"差额票"。劳动者完税后将发票提供给企业,企业就收取的服务费部分开具发票明细为"人力资源服务——服务费"、税率为6%的增值税专用发票,就"代收代付"给劳动者的费用100万元开具发票明细为"人力资源服务——代发业务费用"、税率为零的增值税普通发票,企业进行增值税纳税申报时,仅就收取的服务费部分计算纳税。

方式二:全额开票、差额申报。企业按照收取的价款(105万元)全额开具6%的增值税普通发票,申报纳税时以扣除"代收代付"款项后的差额(5万元)为销售额、适用5%的征收率差额申报纳税。

方式三:"代收代付"部分劳动者直接开票。企业仅就收取的服务费部分(5万元)向用工单位开具增值税专用发票并申报纳税,"代收代付"的款项由劳动者直接向用工单位提供发票。

表1通过对比分析了结算业务的三种开票方式对于企业、用工单位以及劳动者的影响。

表1 三种开票方式的影响

	方式一:企业开具"差额发票"(部分专票、部分普票)	方式二:企业全额开具普票、差额申报纳税	方式三:由企业和劳动者分别开具发票
对企业的影响	由于不属于劳务派遣服务或人力资源服务,差额开票的方式不合规,具体分析详见"四、潜在风险分析(一)代理服务费的增值税税目适用及发票开具问题"		收取的服务费按照"商务辅助服务——经纪代理服务"适用6%税率计算缴纳增值税,并计入当期所得额计算缴纳企业所得税

续表

对用工单位的影响	①取得两张发票； ②专用发票(服务费部分)可以进行增值税进项税额抵扣，普通发票(支付给劳动者的费用部分)不得抵扣增值税； ③相关支出均可以在企业所得税前扣除	①取得一张普通发票； ②全额不得进行增值税抵扣； ③相关支出均可以在企业所得税前扣除	①当同一项业务存在多个劳动者时，将取得多张发票； ②专用发票(服务费、支付给已进行税务登记的劳动者的费用)可以抵扣增值税，普通发票(支付给未进行税务登记的劳动者的费用)不得抵扣增值税； ③相关支出均可以在企业所得税前扣除
对劳动者的影响	①需要自行开具(已进行税务登记的劳动者)或者向税务机关申请代开(未进行税务登记的劳动者)增值税发票； ②如果委托企业代办涉税事项，可能存在开票地与法定增值税纳税地点不一致的情形(详见后文)		需要自行开具(已进行税务登记的劳动者)或者向税务机关申请代开(未进行税务登记的劳动者)增值税发票

综上分析，结算业务下由企业和劳动者分别开具发票的方式相对较为规范，同时对于用工单位而言，可能产生的增值税进项税额最多。

四、潜在风险分析

(一)代理服务费的增值税税目适用及发票开具问题

根据财税[2016]47号的规定，一般纳税人提供劳务派遣服务可以选择差额纳税，以取得的全部价款和价外费用，扣除代用工单位支付给劳务派遣员工的工资、福利和为其办理社会保险及住房公积金后的余额为销售额，按照简易计税方法依5%的征收率计算缴纳增值税。选择差额纳税时，企业有三种发票开具方式：

开具两张发票：服务销售额部分开具5%的专用发票，允许扣除的差额部分开具5%的普通发票。

开具一张发票：以取得的全部价款和价外费用，全额按5%开具增值税普通发票。

开具一张发票：使用新系统中差额开票功能，全额开具5%专用发票。

但应当注意的是，上述政策的适用前提是构成劳务派遣业务，即劳动者应当与派遣服务企业订立劳动合同，作为派遣公司的员工为用工单位提供劳务或服务。否则，企业属于提供"代收代付"等代理服务，不构成劳务派遣业务，进而也就不能适用相关业务的增值税特殊规定。同时，该业务也不构成人力资源外包业务。人力资源外包业务下，外包内容实质为"人力资源部门职能"，例如为用工单位提供招聘员工、社保办理、工资代发等服务,企业与劳动者之间为代理关系,用工单位与劳动者之间为劳动关系,用工单位应当为劳动者缴纳社保。

综上分析,由于劳动者与社会化用工企业和用工单位均未建立劳动关系,因此,上述业务既不属于劳务派遣也不属于人力资源服务。企业提供费用结算业务在增值税税目的适用方面,更加符合"经纪代理服务"的界定。该情形下,企业开具"差额发票"或者"全额开具普票、差额申报纳税"的方式均不符合增值税相关规定,存在较大的税务风险,企业应当按照"经纪代理服务"适用6%的税率开具发票并计算纳税。

(二)现行开具"差额票"的合理性分析

首先,"代收代付"业务是企业基于新型的社会化用工模式提供的人力资源辅助服务,为了保证合同流、资金流、发票流"三流一致",企业基于真实的业务、通过"差额票"的方式为用工单位开具发票,不存在虚开发票的情形。其次,对于开票企业而言,虽然该开票方式下存在的不足之处会使企业面临一定的税务风险,但一方面由于"代收代付"的款项从内容实质上并不构成企业的收入,企业就提供的代理服务部分计算缴纳增值税和企业所得税等相关税费,不存在少缴税款的问题,同时,"代收代付"款项部分由提供劳动的一方申报纳税,整体上也未造成税款的流失;另一方面,由于现行税收法律、法规、规章及其他规范性文件中针对该新型业务模式的规定不甚明确,对于具体的开票及申报纳税方式暂无明确规定,因此,企业参照适用增值税上关于"人力资源服务"的规定进行税务处理也具有一定的合理性。但企业需要注意的是,随着该业务模式的不断发展和日益成熟,企业在进行税务处理方面也应当同步做出调整和改善。

对于用工单位而言,虽然现行开具"差额票"的方式存在瑕疵,但由于该发票是基于真实的业务而取得,且发票内容与实际业务情况相一致,因此用工单位不存在接受虚开发票的问题;同时,相关支出为用工单位日常经营活动相关的、合理的支出,取得的发票符合《企业所得税税前扣除凭证管理办法》规定的真实性、合法性、关联性原则以及文件关于税前扣除凭证(外部凭证)的要求,因此用工单位可以据实进行税前扣除。

(三)"代收代付"款项被界定为价外费用

企业提供费用结算服务,受托代为收取的"用工单位支付给劳动者的费用"存在被认定为企业收入的风险。《营业税改征增值税试点实施办法》(财税〔2016〕36号附件1)第三十七条第二款规定:"价外费用,是指价外收取的各种性质的收费,但不包括以下项目:(一)代为收取并符合本办法第十条规定的政府性基金或者行政事业性收费。(二)以委托方名义开具发票代委托方收取的款项。"

因此,为避免"代收代付"的款项被认定为企业收入或价外费用,建议在企业与用工单位、劳动者签订的合同或协议中明确约定：企业受托代为收取的"用工单位支付给劳动者的费用"，以劳动者的名义向用工单位开具发票，则"代收代付"行为涉及的款项不构成企业的销售收入或价外费用，不涉及缴纳增值税或企业所得税的问题。企业只提供代理服务，对收取的服务费和手续费部分向用工单位开具发票并申报纳税。

（四）"代收代付"方式下，存在"三流不一致"现象

结算业务的资金收付方式为：企业向用工单位收款（105万元），款项包含服务费（5万元）和代用工单位支付给劳动者的费用（100万元），企业将服务费部分确认为营业收入，同时将"代收代付"的款项支付给劳动者。由此将产生的合同流（用工单位→劳动者）、资金流（用工单位→服务企业→劳动者）、发票流（劳动者/服务企业→用工单位）"三流不一致"的情形。

对于"三流合一"的问题，虽然国税发〔1995〕192号文件从受票方的角度规定了增值税发票"三流合一"的原则，具体包括"货物、劳务及应税服务流""资金流""发票流"必须都是同一开具发票方，但该执行口径是出于对买方业务真实性的限制，而不是机械地强调三者必须"一致"。因此，在实务操作中，企业可以通过与用工单位、劳动者签订三方协议的方式，解决"代收代付"方式下的"三流不一致"问题，通过协议明确各方的权利和义务，证明业务的真实性，避免由于"三流不一致"导致的税务风险。

此外，由于"营改增"之后增值税发票的管理要求对部分行业产生了较大影响，例如旅行社等行业就极易不符合"三流合一"的规定，对此，国家税务总局货物和劳务税司就旅行社业"营改增"反映集中的问题所进行的答复中对"三流合一"进行过解释，表示"三流合一"源于1995年国税发192号文件，其出台背景是当时都是手写的专用发票，在手写开票的情况下税务局需要检查采购方是否"三流合一"，但是现在该条款管理的范围还仅限于货物和运输服务，"营改增"的服务领域不适用该条规定；同时还表示，关于该条款总局会再进行评估，如果认为其没有存在意义，今后有可能会取消。

（五）企业作为直接支付方，存在被认定为个税扣缴义务人的风险

根据个人所得税及税收征管法等的相关规定，向个人支付所得的单位或者个人为个人所得税的扣缴义务人。据此，实践中由于多重支付的情形较为复杂，企业作为费用的直接支付方，可能存在被税务机关认定为扣缴义务人的风险。

在企业"代收代付"的情形下，对劳动者是否存在代扣代缴义务，关键在于对相关规定中的"支付"如何理解。

如果仅做文理解释，即实施"支付"行为的企业为扣缴义务人，则企业作为支付方，除了提供服务的劳动者为个体工商户或者属于由税务机关代征的情形外，企

业向劳动者支付所得时应当履行代扣代缴义务。

如果进行体系解释,同时结合国家税务总局《关于个人所得税偷税案件查处中有关问题的补充通知》(国税函〔1996〕602号)"对所得的支付对象和支付数额有决定权的单位和个人,为扣缴义务人"的相关规定,由于劳动者实质上是为用工单位提供劳务或服务并据此取得相应报酬,相关所得实际由用工单位确定并发放,因此,用工单位有权确定支付对象和支付金额,应当为扣缴义务人;企业仅提供"代收代付"的结算服务,对劳动者不具有代扣代缴义务。

(六)可能存在异地开票和申报纳税的问题

由于增值税实行属地管理,因此原则上应当在劳务或服务提供地申报缴纳。但根据企业与用工单位签订的合同内容,"由企业代为办理发票开具和申报纳税等事项",因此,当企业与劳动提供者不在同一地区(省、市、县)时,存在增值税异地开票和申报纳税的问题。

根据2017年修订的《中华人民共和国增值税暂行条例》(国务院令第691号)关于"增值税纳税地点"的规定,增值税的申报地点应当分情况进行处理:

对于个体工商户,应当向其机构所在地的主管税务机关申报纳税;到外县(市)经营的,应当向劳务发生地的主管税务机关申报纳税,否则由其机构所在地的主管税务机关补征税款。

对于自然人,应当向劳务发生地的主管税务机关申报纳税,否则由其居住地的主管税务机关补征税款。

对于扣缴义务人,应当向其机构所在地或者居住地的主管税务机关申报缴纳其扣缴的税款。

(七)劳动者个税税目的确定问题

根据《中华人民共和国个人所得税法》及有关规定,灵活用工人员从平台获取的收入可能包括劳务报酬所得和经营所得两大类。灵活用工人员取得的收入是否作为经营所得计税,要根据纳税人在平台提供劳务或从事经营的经济实质进行判定,而不是简单地看个人劳动所依托的展示平台,否则容易导致从事相同性质劳动的个人税负不同,不符合税收公平原则。

因此,劳动者提供服务取得的收入,应当根据提供的服务内容实质确认增值税和个人所得税的适用税目,按规定计算缴纳增值税及附加税费、个人所得税。

个人所得税方面,劳动者取得的收入性质可能属于劳务报酬或者生产经营所得,具体类型应当根据劳动者提供的服务内容进行确定,但所得的性质不因通过企业提供而改变,因此并不当然适用"生产经营所得"项目。实务中劳动者提供的服务内容多种多样,常见情形如加工、承揽、定制、建筑、安装、装卸、运输、设计、经纪等,对应取得的收入可能构成劳务报酬所得,也可能构成生产经营所得,二者在税款计算和缴纳方式上存在显著差异。

(八)劳动者个税"核定征收"的适用问题

提供服务的主体方面,可能存在两种情况:一是劳动者注册成立个体工商户;二是未注册为个体工商户,临时从事生产、经营性质活动的自然人。企业代为办理涉税事项时,应当注意二者在个税上存在的差异。

对于个体工商户取得的所得,应当按照"经营所得"以每一纳税年度的收入总额减除成本费用以及损失后的余额为应纳税所得额,适用经营所得税率表,按年计税。对于自然人取得的所得,其内容可能包括劳务报酬所得和经营所得两大类,应当根据具体内容进行区分处理,在企业从事设计、咨询、讲学、录音、录像、演出、表演、广告等劳务取得的收入,属于"劳务报酬所得"应税项目,由支付劳务报酬的单位或个人预扣预缴个人所得税,年度终了时并入综合所得,按年计税、多退少补;属于"经营所得"应税项目的,应当按照前述方式进行处理。

税务实践中,两类主体最大的区别和争议在于,自然人是否可以适用"核定征收"。虽然《中华人民共和国税收征收管理法》规定了税务机关有权核定应纳税额的情形,《中华人民共和国个人所得税法实施条例》规定了个人所得税核定征收的具体情形为"纳税人从事生产、经营活动,未提供完整、准确的纳税资料,不能正确计算应纳税所得额的",但并未明确"核定征收"的适用主体是否包含自然人在内的全部从事生产、经营活动的纳税人。

黑龙江省、云南省、河南省等部分地区的税务机关出台的相关配套文件明确规定了"自然人临时从事生产、经营在申请开具发票时,核定征收个人所得税",但由于暂无国税总局发布的全国适用的文件,同时实行核定征收的前提为自然人"临时从事生产、经营"且申请由税局代开发票的情形,因此仍存在操作风险。

(九)可能产生劳动关系纠纷(用工单位-劳动者)

该模式下,如果劳动者大量以自然人形式提供劳务或服务,虽然用工单位与劳动者未签订劳动合同、不存在劳动法意义上的劳动关系,但如果双方发生劳动争议,劳动者以"用人单位未与劳动者签订劳动合同,但双方构成事实劳动关系"为由提起仲裁或诉讼时,用工单位可能面临法律风险。

根据相关判决案例,法律意义上的事实劳动关系是指用人单位与劳动者之间没有订立书面合同,但双方实际履行了劳动权利义务而形成的劳动关系。是否构成劳动关系应从人格上、组织上、经济上综合认定劳动者对用工单位是否具有从属性。

因此,双方未签订劳动合同不等同于没有劳动关系,双方签订承包或服务合同也不等同于仅构成承包关系,相较于形式外观而言,内容实质才是实践层面的核心。

常用事实劳动关系的认定标准包括但不限于如下内容：

没有书面合同形式,通过以口头协议代替书面劳动合同而形成的劳动关系。

应签而未签订的劳动合同,例如用人单位招用劳动者后不按规定订立劳动合同而形成的劳动关系。

以其他合同形式代替劳动合同,即在其他合同中规定了劳动者的权利、义务条款,比如在承包合同、租赁合同、兼并合同中规定了职工的使用、安置和待遇等问题,这就有了作为事实劳动关系存在的依据。

其他可以认定双方构成事实劳动关系的标准。

五、分析结论及建议

针对结算业务可能涉及的潜在风险,企业可以从以下方面进行防范。

(一)完善合同条款,明确服务内容

建议由用工单位、社会化用工企业、劳务提供者三方共同签订三方协议,并对"代收代付"的内容、金额、时间等事项作出明确约定,通过细化合同条款,明确企业提供的服务范围。三方协议相较于"两两签订协议"的优势在于以下三点：

1. 有利于明确各主体之间的法律关系

三方"两两签订协议"的形式下,核心法律风险在于"代收代付"的款项,容易产生三角债纠纷。

就该笔款项而言,用工单位为债务人,劳动者为债权人,社会化用工企业作为第三方,如果在三方两两签订的合同中约定,相关款项由第三方代收代付,可能产生的合同纠纷包括"由第三人履行的合同""第三人原因造成违约时的违约责任承担"等,容易形成三角债,且不易解决。

2. 可有效降低税务风险

通过在三方协议中注明"企业受托代为收取的'用工单位支付给劳动者的费用',以劳动者的名义向用工单位开具发票",则"代收代付"行为涉及的款项不构成企业销售收入或价外费用,不涉及缴纳增值税或企业所得税的问题。

同时,三方协议可以明确各主体之间的"代收代付"关系,有效避免由于"三流不一致"可能导致的税务风险。

3. 可有效降低合同执行风险

"两两签订协议"的方式可以明确各方的权利和义务,通过在合同中注明"代收代付"及开票方式等内容亦可以降低相关税务风险。但从合同执行的角度来讲,根据合同相对性原理,合同仅对当事人具有法律约束力,对于两方当事人签订的涉

及第三方义务的合同,除非第三方书面同意,否则对第三人不发生效力。

虽然"代收代付"情形下实质上的债务人为用工单位,但"代收代付"的特殊业务性质加上"两两签订协议"的方式可能导致三方关系进一步复杂化。同时,基于上述法律规定,如果在合同执行过程中发生纠纷,社会化用工企业作为第三方可能被卷入二者的债权债务纠纷中,从而面临较大法律风险,时间、人力、资金等方面的成本均会增加。

因此,为避免"代收代付"的款项被认定为收入或价外费用,建议在合同或协议中注明:企业受托代为收取的"用工单位支付给劳动者的费用",以劳动者的名义向用工单位开具发票。则"代收代付"行为涉及的款项不构成企业销售收入或价外费用,不涉及缴纳增值税或企业所得税的问题,企业只提供代理服务,对收取的服务费和手续费部分向用工单位开具发票并申报纳税。同时,通过三方协议明确各主体之间的"代收代付"关系,还能有效避免由于"三流不一致"可能导致的税务风险。

此外,需要注意的是,如果以"两两签订协议"代替三方协议的方式开展业务,应重点关注两方协议中涉及的第三方权利义务问题,以及违约责任的承担问题等。可以考虑建立"告知制度",或者将涉及的第三方相关合同作为合同附件,从而明确各方的债权债务关系。但同样基于合同相对性原理,该做法在司法实践中的效力如何尚存争议,因此不推荐以"两两签订协议"代替三方协议的方式。

(二)规范增值税税务处理方式

对于增值税的税目适用及发票开具方式问题,由于劳动者与社会化用工企业和用工单位均未建立劳动关系,结算业务既不属于劳务派遣也不属于人力资源服务,实质为企业提供代理服务,因此可以考虑按照如下方式进行增值税处理。

1. 方式一:按照"经纪代理服务"进行处理

企业提供经纪代理服务,增值税应当按照"商务辅助服务——经纪代理服务"税目,以取得的全部价款和价外费用扣除"代收代付"款项后的余额为销售额,适用6%税率计算纳税,并开具相应的增值税专用发票或普通发票;"代收代付"款项部分,由劳动者向用工单位提供相应的增值税发票作为企业所得税税前扣除凭证。

该处理方式的优势在于,在增值税税目的适用、税额的计算和申报、发票的开具等方面均最为合理合规,企业的税务风险最低。

其劣势在于,当同一项业务存在数量较多的劳动者时,用工单位将取得大量发票,发票归集管理的难度和工作量较大。可以通过以下两种方案来解决:

(1)"企业提供代理服务"

由企业代为汇总个人发票、代办个税申报等事项,以此降低用工单位进行发票归集管理的难度和工作量。企业可与用工单位协商,在实施账号权限管理等信息安保措施的前提下,由用工单位开放其相关系统,或者企业与用工单位进行系统对接,从而完成税务代理的相关工作。

(2)"清单方式进行结算"

针对同一项目同时存在大量劳动者的情形,"代收代付"的款项以清单形式展现,并以此作为用工单位税前扣除的依据。企业仅作为费用结算方提供"代收代付"服务,并不介入双方的具体业务。

但由于目前尚无相关的官方文件出台,实践中缺乏政策依据,因此实际操作存在困难,需要与税务机关进行沟通协调并获得认可。

2. 方式二:按照"收支两条线"原则进行处理

会计上将收到的款项全额确认收入,金额包括代理服务费或手续费、用工单位支付给劳动者的费用等内容,由企业全额为用工单位开具增值税专用发票,适用6%税率计算纳税;支付给劳动者的费用部分,作为相关业务的成本费用进行核算,由劳动者为业务提供相应增值税发票作为税前扣除的凭证。

该处理方式的优势在于,用工单位可以直接取得一张全额发票(专票)入账,既简化了发票管理工作,又增加了可抵扣增值税的进项税额。

其劣势在于,该处理方式的适用情形通常为企业提供外包服务,与用工单位(客户)签订服务协议并收取服务费后,向劳动者(供应商)采购合同约定的交付内容,收取的款项全额确认为收入,采购支出确认为成本费用;同时,劳动者为自然人的情况下,除销售或出租不动产、保险代理人等特殊情形可以向税务机关申请代开增值税专用发票以外,绝大部分情况下自然人提供的发票为增值税普通发票,而该方式下企业应当就取得的收入全额计算纳税,因此相较于方式一的增值税税负会显著增加。

综上分析,无论是从业务实质契合的角度,还是从平衡整体税负的角度考虑,方式一更加合理合规。

(三)现行开具"差额票"方式的完善措施

由于企业结算服务现行的开票方式(服务费部分开具明细为"人力资源服务——服务费"、税率为6%的增值税专用发票,"代收代付"款项部分开具明细为"人力资源服务——代发业务费用"、税率为零的增值税普通发票)不符合增值税相关规定,为降低由此带来的税务风险,企业可以通过如下方式进行完善:

一是按照"商务辅助服务——经纪代理服务"税目,就收取的服务费部分适用6%税率,为用工单位换开增值税发票;同时,将企业留存备查的由劳动者开具的抬头为用工单位的增值税发票,即"代收代付"款项对应的发票,提供给用工单位作为其企业所得税税前扣除凭证。

二是通过用工单位与劳动者之间补充劳动合同,使该业务模式符合"人力资源服务"的界定,但该方式下如果企业开具"差额票","代收代付"部分应当开具税率显示为"＊"的增值税普通发票,因此同样需要换开发票。

(四)完善合同条款,降低"异地开票"相关风险

对于代为办理增值税发票开具时可能产生的"异地开票"问题,企业可以通过合同条款加以明确,通过合同及提供劳务或服务过程产生的资料等,证明劳务或服务发生地与开票地具有实际联系,发票的开具地点符合 2017 年修订的《中华人民共和国增值税暂行条例》(国务院令第 691 号)、《国家税务总局关于纳税人对外开具增值税专用发票有关问题的公告》(国家税务总局公告 2014 年第 39 号)等相关规定,不构成虚开发票的行为。

(五)劳动者个税税目的确定问题

在确定劳动者的个税适用税目时,企业应当依据其提供劳务或服务的具体内容进行判断。根据《中华人民共和国个人所得税法》及其实施条例、《国家税务总局对十三届全国人大三次会议第 8765 号建议的答复》等相关规定,劳动者从企业获取的收入内容可能包括劳务报酬所得和经营所得两大类,从事设计、咨询、讲学、录音、录像、演出、表演、广告等劳务取得的收入,属于"劳务报酬所得"应税项目,由支付劳务报酬的单位或个人预扣预缴个人所得税,年度终了时并入综合所得,按年计税、多退少补;劳动者注册成立个体工商户,或者虽未注册但从事生产、经营性质活动的,其取得的收入属于"经营所得"应税项目,"经营所得"以每一纳税年度的收入总额减除成本费用以及损失后的余额为应纳税所得额,适用经营所得税率表,按年计税。

据此,企业对于劳动者所得性质的确定,应当根据纳税人提供劳务或从事经营的经济实质进行判定,提供同一性质的劳动或服务所取得的收入应当适用同一税目,不因依托企业或展现方式的不同而改变。

(六)优化合同设计,降低劳动纠纷风险

企业在开展新型灵活用工业务时,应当关注合同签订的严谨性。对于"用工单位与劳动者建立平等业务合作关系"的业务模式,建议优化相关合同设计,通过签订"三方协议"来明确企业的中介或代理身份,明确提供服务的范围以及应承担的权利与义务,以降低企业在合同执行过程中可能产生的合同关系和劳动关系方面的风险。

劳动者对用工单位不能同时具有人格从属性、经济从属性和组织从属性,具体表现方式包括但不限于:用工单位不能对劳动者进行考勤、管理,只能对工作任务结果进行规定;支付的报酬应该按照单个或一批任务结算,而不是按月结算;不能给劳动者缴纳除工伤保险以外的社保;不能对劳动者的上班时间、地点等进行管理,例如上下班打卡等。

此外,签订的承揽协议、灵活用工协议等合同应当关注内容实质,需要有实际的合作承揽才能证明合作关系。

六、结语

近年来,随着国家大力倡导和支持新业态新模式发展,许多新型社会化用工模式不断涌现,在相关配套法律法规存在空白或者规定不明确的情况下,社会化用工服务企业在探索和开展灵活就业相关辅助服务的同时,也应当关注新业态在法律和税收等领域可能存在的问题,通过持续完善和优化合同设计、规范涉税事项处理等方式,对潜在风险进行规避和防范。

统一混合销售与兼营的探讨

张春平　彭禧璠　蔡金洪①

一、混合销售与兼营的概念和历史背景

（一）混合销售的概念和历史背景

1. 概念

根据《营业税改征增值税试点实施办法》（财税〔2016〕36号附件1）第四十条的规定，一项销售行为如果既涉及服务又涉及货物，为混合销售。从事货物的生产、批发或者零售的单位和个体工商户的混合销售行为，按照销售货物缴纳增值税；其他单位和个体工商户的混合销售行为，按照销售服务缴纳增值税。其所称从事货物的生产、批发或者零售的单位和个体工商户，包括以从事货物的生产、批发或者零售为主，并兼营销售服务的单位和个体工商户在内。

如果一项销售行为中既涉及服务又涉及货物，且两者之间存在着关联关系或因果关系，那么该项业务就属于混合销售行为。

2. 历史背景

在全面实施"营改增"之前，营业税和增值税在我国税制中并存。而营业税和增值税在征收范围、计税依据等税制要素方面及征管方式、入库方式等征收管理方面都有着一定的区别。根据《中华人民共和国增值税暂行条例实施细则》（以下简称"细则"）第五条对于混合销售的定义，一项销售行为如果既涉及货物又涉及非增值税应税劳务，为混合销售行为。因此，在营业税和增值税两税并存的背景下，混合销售的特点是既有货物销售又有营业税应税劳务，而且分属两个税种的业务同时发生，且二者之间有直接关联关系，均由同一销售人向同一购买人提供。

细则第五条还提到"除本实施细则第六条规定外，从事货物的生产、批发或者零售的企业、企业性单位和个体工商户的混合销售行为，视为销售货物，应当缴纳

---

① 张春平，首都经济贸易大学副教授，硕士生导师。彭禧璠，首都经济贸易大学硕士研究生。蔡金洪，首都经济贸易大学硕士研究生。

增值税;其他单位和个人的混合销售行为,视为销售非增值税应税劳务,不缴纳增值税。……本条第一款所称从事货物的生产、批发或者零售的企业、企业性单位和个体工商户,包括以从事货物的生产、批发或者零售为主,并兼营非增值税应税劳务的单位和个体工商户在内"。可见在这一阶段,混合销售征收增值税还是营业税的基本判定原则仍然是看发生混合销售的单位是以增值税应税业务还是营业税应税业务为主,从而决定征收增值税或营业税。

随着我国税收制度的改革,特别是"营改增"之后,混合销售和兼营的区分还有无必要?首先,税源分配界限弱化。在国地税未合并之前,增值税属中央和地方共享税,由国税部门统一征管;而营业税是地方税,由地税部门进行征管,因此按增值税征税还是按营业税征税对于中央级财政和地方级财政留存的收入将会有很大的影响,而国地税合并弱化了税源分配的界限。其次,混合销售与现行增值税制度并不匹配。伴随着"营改增"的全面推进,"非增值税应税劳务"这一概念已经消失,而是对其销售行为统一征收中央和地方共享税的增值税,财政部、国家税务总局《关于全面推开营业税改征增值税试点的通知》(财税〔2016〕36号)对于混合销售的概念也进行了重新定义:一项销售行为如果既涉及服务又涉及货物,为混合销售。由于混合销售是为了区分增值税和营业税的课税范围而产生的概念,而现如今我国已全面实施"营改增"和国地税合并,在某种意义上混合销售这一概念与我国现行的增值税税制不完全匹配,现行的混合销售仅是在旧增值税体系进行概念上的完善,并没有与时俱进地创造性制定现行全面"营改增"后的新规定,导致一些行业在实务执行中产生差异和混乱。因此,混合销售这一概念是否还有严格区分的必要引发诸多争议和讨论。

(二)兼营的概念和历史背景

1. 概念

根据财政部、国家税务总局《关于全面推开营业税改征增值税试点的通知》(财税〔2016〕36号)附件1《营业税改征增值税试点实施办法》第三十九条的规定,对于兼营行为的定义为"纳税人兼营销售货物、劳务、服务、无形资产或者不动产,适用不同税率或者征收率的,应当分别核算适用不同税率或者征收率的销售额;未分别核算的,从高适用税率"。

兼营行为是指纳税人的经营范围既包括销售货物和加工修理修配劳务,又包括销售服务、无形资产或不动产,并且这些经营活动间并无直接的联系和从属关系。兼营行为本质上是同一纳税人分别经营不同税率的应税项目,彼此业务之间并无直接的因果关系和联系。

2. 历史背景

我国增值税税制中兼营政策在历史上可分为两种模式,分别是营业税时期的兼营模式以及全面"营改增"以后的兼营模式。要想彻底研究兼营政策的历史背景，必须根据以上两个划分，按不同时期的税制特点分别进行分析。

由于2008年底我国对于增值税和营业税的政策进行了修订，因此在讨论营业税时期兼营政策的历史背景时需以2009年作为一个时间分界点进行说明。

(1) 营业税时期的兼营模式

在2008年12月31日之前，根据《增值税条例实施细则(1993)》第六条以及《营业税条例实施细则(1993)》第六条的规定，纳税人兼营应税劳务与货物或非应税劳务的，应分别核算应税劳务的营业额和货物或者非应税劳务的销售额。不分别核算或者不能准确核算的，其应税劳务与货物或者非应税劳务一并征收增值税，不征收营业税。纳税人兼营的应税劳务是否应当一并征收增值税，由国家税务总局所属征收机关确定。而在2009年1月1日之后，有关兼营的政策要参考《增值税条例实施细则(2008)》第七条以及《营业税条例实施细则(2008)》第八条的规定，纳税人兼营非增值税应税项目的，应分别核算货物或者应税劳务的销售额和非增值税应税项目的营业额；未分别核算的，由主管税务机关核定货物或者应税劳务的销售额。

(2) 全面"营改增"以后的兼营模式

全面"营改增"后，财税[2016]36号附件1第三十九条对于兼营行为的定义为："纳税人兼营销售货物、劳务、服务、无形资产或者不动产，适用不同税率或者征收率的，应当分别核算适用不同税率或者征收率的销售额；未分别核算的，从高适用税率。"

至此，横跨两个阶段的兼营行为概念就此确定，并沿用至今。

在现行的增值税制度下，界定混合销售与兼营概念区别的关键在于确认两项销售行为是否具有因果关系相互联系，且实际上二者在一项业务的范畴内。如果是，则该项业务属于混合销售行为；如果不是，就属于纳税人分别经营不同税率应税项目的兼营行为范畴。

二、混合销售税制建设存在的主要问题

(一) 政策制定角度

1. 混合销售定义范围较小

2016年"营改增"之后，增值税应税项目应当包含销售货物、加工修理修配劳务、服务、无形资产、不动产这五大类，但现行增值税暂行条例规定混合销售涉及的销售行为仅有服务和货物，其中还包括部分特殊性政策。这样的范围定义是否过于狭窄呢？如果一项内在联系的销售行为既包括无形资产又包括服务，或者是既涉及不动产又涉及加工修理修配劳务，甚至是包含不同税率的服务等，那么在征税

原理上也应该属于增值税混合销售的范畴,但却并没有纳入条例规定里。笔者认为,混合销售是"营改增"之后对于旧的营业税固有概念直接适用过来,并没有根据当时的增值税体系与市场特点和经济发展状况进行与时俱进的重新设计与修改。下面用两个案例详细说明这一观点。

案例一:某一般纳税人电信企业推出促销活动,套餐内容为按月对客户提供国内通用语音及短信服务和流量包并承诺附赠多款手机应用程序会员。首先,该笔业务中附赠的会员显然属于增值税视同销售范畴,需要根据其公允价值适用增值电信服务6%的税率计入计税基础。其次,通用语音及短信服务和流量包适用基础电信服务9%的税率。这两笔业务在促销活动中是紧密联系的,在原理上应该与混合销售等同,但在现实操作中却按照兼营分别计税处理。

案例二:某一般纳税人汽车修理企业提供道路救援服务,若客户在行驶途中发生不可抗因素导致车辆损坏或抛锚,该企业会派出拖车将受损车辆带回修理厂检测并修理。从原理上看,拖车拖回和修理都属于道路救援业务中相互联系不可分割的销售行为。从增值税上看,派出拖车拖回车辆这一行为属于交通运输服务,适用9%的税率;带回修理厂修理整备属于加工修理修配劳务,适用13%的税率。同案例一一样,这笔业务涉及的劳务和服务在原理上也应该属于增值税混合销售范畴,但却按照兼营处理。

以上两个案例中的业务都分别涉及相互联系的增值税不同应税项目,在征税原理上是符合混合销售行为界定的,但在实务中却采用兼营行为来缴纳税款。现有的混合销售行为定义范围在增值税不同应税项目相互交叉的业务中显得意义不大,基本是从旧的营业税体系下照搬过来的,其独立存在的必要性已被大大削弱。

2. 链条终端非中性

我国的增值税是上下游企业相互勾稽的链条税,增值税的"链条"设计主要是为了避免企业偷逃税款等导致增值税税源流失而使"链条"的上下游企业相互勾稽、互相监督。增值税链条的中端是指此征税环节的上下游皆为企业,不涉及最终承担税收负担的消费者;终端则是指此时的下游为消费市场最终对商品进行选择的消费者。当一笔混合销售行为发生在增值税链条中端的时候,由于其余的下游企业依然可以依靠进项的专用发票抵扣增值税,所以并不会影响国家的整个"税收盘子",税收负担在链条上依然是均衡的;而当混合销售行为发生在终端的时候,则很明显会影响到消费者的行为选择,最终波及整个"税收盘子"。

例如,某一般纳税人电信企业主营业务为销售无线寻呼机、移动电话,并为客户提供有关的电信服务,其最近推出买手机送流量套餐以期获得更高的营业额,这个活动就是典型的混合销售业务,既涉及手机的销售,又涉及提供电信服务,须就两项业务合并缴纳13%的增值税。对于相同属性相同配置的商品来说,除去品牌附加值等,价格是影响消费者消费行为选择的最大因素,相同的产品与服务,混合销售业务中需就销售额和价外费用统一适用高税率,而分开购买手机和流量套餐,则基础电信服务那部分销售额就适用9%的低税率,也就意味着消费者可以承担较少的税负转嫁。但现实生活中,企业往往会适当降低商品定价来使得该笔混合销售业务的销售价格低于一般的市场价格并获得较为理想的销售量,其他同类企业由于市场竞争的因素纷纷开展此类业务谋求利润,会进一步影响消费者的集体消费选择,冲击手机零售企业的商业市场,最终影响国家的整个"税收盘子",使得税务机关征管工作更加复杂。

3. 自然人发生"混合销售"应税行为无明确规定

根据2011年发布的《中华人民共和国增值税暂行条例实施细则》第五条的规定,一项销售行为如果既涉及货物又涉及非增值税应税劳务,为混合销售行为。其他单位和个人的混合销售行为,视为销售非增值税应税劳务,不缴纳增值税。这里的其他个人指的是自然人发生混合销售行为不缴纳增值税,那么自然人如何缴税呢？根据1993年发布的《中华人民共和国营业税暂行条例实施细则》第五条的规定,一项销售行为如果既涉及应税劳务又涉及货物,为混合销售行为。从事货物的生产、批发或零售的企业、企业性单位及个体经营者的混合销售行为,视为销售货物,不征收营业税;其他单位和个人的混合销售行为,视为提供应税劳务,应当征收营业税。也就是说,在增值税与营业税并存时期,自然人发生混合销售行为时应视同提供应税劳务征收营业税。

那么"营改增"后该如何处理呢？根据财税〔2016〕36号文件附件1《营业税改征增值税试点实施办法》第四十条的规定,从事货物的生产、批发或者零售的单位和个体工商户的混合销售行为,按照销售货物缴纳增值税;其他单位和个体工商户的混合销售行为,按照销售服务缴纳增值税。该文件并未述及其他个人即自然人发生混合销售行为时应如何缴纳增值税,因此在国家立法层面上也就不存在自然人发生混合销售行为这一说法。这种立法的空白到底如何处理？是否应该按照兼营处理？我们不得而知。

(二)实务及征管角度

1. 主营业务认定口径不统一

目前,我国对于企业主营业务的认定没有明确的标准。财政部、国家税务总局《关于增值税、营业税若干政策规定的通知》(财税字〔1994〕26号)第四条曾提出混合销售中主营业务的征税问题,根据增值税暂行条例实施细则第五条的规定"以从事货物的生产、批发或零售为主,并兼营非应税劳务",是指纳税人的年货物销售额与非增值税应税劳务营业额的合计数中,年货物销售额超过50%,非增值税应税劳务营业额不到50%。但该规定在2009年被财政部、国家税务总局《关于公布若干废止和失效的营业税规范性文件的通知》(财税〔2009〕61号)废除,我国至今对于主营业务的认定仍未出台具体的规定。

尽管目前没有明确的政策依据,但在实务操作中最常见的对于主营业务的认定办法即通过判断企业上一年度或近12个月,某业务销售额占其全部销售额的比例达50%以上的业务为该企业的主营业务,而笔者认为这种仅通过上一年报表的业务情况指导本年计划的判定依据在一定程度上存在着不合理性,同时大部分企业对于主营业务的判断主要依赖于企业中会计人员的主观判断。在现实中,大部分企业的主营业务在企业经营一定时期之后会进行调整和变化,而我国目前也并未出台相关政策文件对主营业务变化的核定周期时间加以规定和说明。这种不明确的主营业务认定口径将会给税务机关稽查带来一定难度,同时这种不科学的判定方式会使现行混合销售政策的根基不稳定。未来我国对于企业经营范围认定的趋势已不仅限于营业执照上所注明的经营范围,目前美国对注册的公司的业务行业和业务项目没有太大的限制,只要满足合法的经营业务即可完成注册并经营。在企业合理、合法经营的前提下,可以推想我国将来或会认可"无范围"经营,这将会切实提高企业的销售收入,为企业发展注入更多的活力,从而有利于我国经济的发展。除此之外,部分企业也会参考财税字〔1994〕26号第四条的规定,为了避免认定高税率应税项目为其主业,企业往往会将低税率应税项目比例提高到50%以上,从而增加企业的涉税风险。因此,在混合销售主营业务认定上,较为模糊的认定口径也不利于混合销售政策的实施。

2. 混合销售会导致税务机关稽查效率降低

目前不少企业的财务人员或办税人员由于分辨不清混合销售与兼营的区别和联系,往往会把原属于混合销售业务的一个合同拆分为两个合同,在不知情的情况下产生偷逃税款的涉税风险。而税务机关不仅要对其主营业务进行认定,还要对其业务的实质进行判断,由此导致税务机关的稽核审查效率大幅度降低,同时也不利于纳税人纳税遵从度的提高。若改为用兼营销售行为方式进行核算,则有利于使税务机关从税前监管向税后监督角色转变。

3. "先开发票"产生涉税风险

在增值税的税务认知内,开具发票意味着企业间的销售行为已分别支付或收到款项,其本质上是收款凭证。但在商业交易往来中,"先开发票后付款"是许多行业和领域习以为常的商业习惯,一般情况下先开发票可以归结为两种常见情形:买方要求财务部必须在见到发票后才能支付货款,以此要求卖方先开发票,业务员凭发票从财务部领取货款后付给卖方;买方通知卖方结账,卖方便将全额发票送至买方,买方工作人员却只先支付部分货款,或者要求卖方次日来取款,或者以银行暂时不能办理等种种理由拖延付款。虽然在征管角度先开票先交税,但这种商业习惯在增值税混合销售业务中还是不可避免地会产生涉税风险,许多卖方企业的财务人员或办税人员并不清楚增值税混合销售和兼营的区别,下面通过一个案例来说明其涉税风险。

北京的 A 企业是一家主要销售办公桌椅的增值税一般纳税人,该企业也承揽桌椅运输等服务。2022 年 3 月,A 企业为 B 企业办公楼提供十套高档办公桌椅并承诺为其提供道路运输服务,签订了一份合并的商业合同,合同约定该批桌椅含税销售价为 5 万元,含税运输费用为 5 000 元。双方约定先付运输费用,桌椅销售费用于货物运抵 B 企业办公楼并验货后交付。B 企业在交付运输费用时要求 A 企业先开具发票,此时便产生了涉税风险。从原理上看,销售桌椅是销售货物,提供运输是销售服务,货物运输这项销售行为与桌椅本身是具有因果关系的一项整体的销售行为,两者是密不可分的,那么按照《营业税改征增值税试点实施办法》第四十条的规定,这项业务很明显是增值税的混合销售行为,需要就主营业务销售货物的税目适用 13% 的税率合并缴税。但 A 公司在先开据货物运输发票时并不清楚该项业务为混合销售行为,开具的是 9% 的低税率发票。

A 企业收到运输款时的账务处理:

借:银行存款　　　　　　　　　　　　　　　　　　5 000 元
　　贷:其他业务收入　　　　　　　　　　　　　　4 587.16 元
　　　　应交税费——应交增值税——销项税　　　　412.84 元

而后在桌椅运抵办公楼并验货后,B 企业要求 A 企业先为其开具货物销售发票,并在见票后支付 A 企业十套办公桌椅的销售款。

A 企业收到销售款时的账务处理:

借:银行存款　　　　　　　　　　　　　　　　　　50 000 元
　　贷:主营业务收入　　　　　　　　　　　　　　44 247.79 元
　　　　应交税费——应交增值税——销项税　　　　5 752.21 元

虽然桌椅销售和货物运输是一笔具有内在联系的商业业务,但由于 A 企业并不清楚其属于混合销售,前后分别开具低税率和高税率两张增值税专用发票,在无意识的情况下做出了违反税收法律的避税行为,产生涉税风险,而其在之后税务稽查时则会被处以补缴税款和滞纳金。

这一案例的交易金额虽然不大,处罚也相对较轻微,但在商业市场交易中这样的例子比比皆是,其中不乏交易金额巨大的案例,这些企业是否会受到处罚就完全看税务稽查是否仔细,各地征收管理部门是否具有较强的税收侦查能力。从征管角度看,北京的 A 企业在这项混合销售行为中签订的是一份合并的合同,这为之后的税务稽查提供了便利。但现实中还有许多企业私自拆分商业合同,将本属于混合销售的业务按照不同适用税率拆分成多份合同,以此来故意逃避缴纳部分增值税税款。那么界定不同合同是否属于同一个销售业务便只能依靠地区税务机关的主观判断,由此产生的税收分歧、纳税人的抗税行为也必然会影响税务机关的税收行政效率,使其不得不投入更多的征管成本来解决此类问题。

三、特殊行业的混合销售政策

虽然增值税混合销售政策强调的是在一项销售行为中既涉及货物又涉及服务,且两者必须存在因果关系并缺一不可,但在后续的文件中仍规定了特殊政策,解读该政策也是研究混合销售不可或缺的一部分。国家税务总局《关于进一步明确营改增有关征管问题的公告》(国家税务总局公告〔2017〕11号)第一条规定,纳税人销售活动板房、机器设备、钢结构件等自产货物的同时提供建筑、安装服务,不属于《营业税改征增值税试点实施办法》(财税〔2016〕36号文件印发)第四十条规定的混合销售,应分别核算货物和建筑服务的销售额,分别适用不同的税率或者征收率。很显然,此条政策针对的就是我国的建筑安装行业。

在两税并存时期,营业税的征税范围主要围绕着各种应税劳务征税,增值税的征税范围则围绕着销售货物以及提供加工、修理修配劳务课征。由于营业税为地方税,增值税是共享税,这就导致在特殊的建筑安装行业产生了征管乱象。最典型的就是建安企业纳税人销售自产货物并同时提供建筑业劳务的混合销售行为,国家税务部门认为该行为主要是为了销售自产货物,提供建筑业劳务是附带业务,就应针对货物征收增值税;而地方税务部门认为企业销售的自产货物是为了完成建筑业劳务而提供的,那么就应当包含在建筑劳务合同金额之中并全额缴纳营业税。国地税之间就该类业务争执不清,建安企业也不知该如何纳税。为了解决这一征管乱象,国家税务总局印发了《关于纳税人销售自产货物提供增值税劳务并同时提供建筑业劳务征收流转税问题的通知》(国税发〔2002〕117号),针对该类建筑安装企业作出了"对销售自产货物和提供增值税应税劳务取得的收入征收增值税,提供建筑业劳务收入(不包括按规定应征收增值税的自产货物和增值税应税劳务收入)征收营业税"的补充规定。

而国家税务总局《关于纳税人销售自产货物并同时提供建筑业劳务有关税收问题的公告》(国家税务总局公告〔2011〕23号)规定:纳税人销售自产货物同时提供建筑业劳务,应按照《中华人民共和国增值税暂行条例实施细则》第六条及《中华人民共和国营业税暂行条例实施细则》第七条规定,分别核算其货物的销售额和建筑业劳务的营业额,并根据其货物的销售额计算缴纳增值税,根据其建筑业劳务的营业额计算缴纳营业税。未分别核算的,由主管税务机关分别核定其货物的销售额和建筑业劳务的营业额。建筑安装行业在"营改增"之前就已适用于兼营的政策,因此交通运输行业同样可以适用兼营政策。

交通运输行业是我国"营改增"扩大试点项目中的首个行业,国家税务总局2013年发布的《交通运输业和部分现代服务业营业税改征增值税试点实施办法》中提出该行业适用混业经营政策,这一政策实际上就是将原有交通运输业的混合销售行为改为类似兼营的混业经营行为,在试点时期把原来业务的一张发票改为两张发票,并经过三年的实践证明其制度上确实可行,同时在一定程度上为税务机关对该行业的征收管理提供便利,降低征管难度,提高征管效率。而后2016年全面推开"营改增"试点时又废除了混业经营概念,于是交通运输业的两张发票再度回归一张。由此观之,除特殊的建筑安装行业以外,一般的交通运输业实际上也试行过以类似兼营概念代替混合销售概念的政策,但由于试点时间较短,实践经验尚不充足。这就说明,在增值税领域,无论是特殊性行业,还是一般性行业,实际上都可以用兼营行为替代混合销售行为。

四、混合销售改为兼营的可行性探讨

(一)混合销售改兼营的探讨

1. 混合销售改兼营的优越性

基于前文所讨论有关混合销售的现存问题,笔者认为在现行增值税体系下,将混合销售改为兼营更能突出流转税政策的优越性。我国目前对于混合销售行为已有较为特殊的政策规定,如前文所讨论的建筑安装行业,其直接质疑了混合销售存在的必要性,意味着其他行业也具有混合销售改为兼营的可能性,并且改兼营后可以有效地解释目前混合销售情形下征收增值税的现存问题,比如"先开发票"适用税率不一致、链条终端非中性、混合销售定义范围小等税制问题,以及主营业务认定口径不统一、损失税务机关稽查效率等征管问题。混合销售改兼营与现行增值税税制和征收管理政策的匹配性更高。

近年来,我国大力推行减税降费政策,"十四五"税制改革的重点也落在提高直接税比重上,同时增值税的改革方向也意在降低间接税收入占国家税收收入的比重,将混合销售改为兼营在某种程度上也符合了此类政策的方向。通过使用兼营销售行为方式进行核算,给予了纳税人充分的自由选择权来确定适应行业和经济状况的最佳商业模式,真正体现了税收中性的原则;引导和鼓励纳税人正确地获取商业利益而非通过虚构业务等违法手段偷逃税款的方式获得;同时也有利于降低纳税人的遵从成本,提高其纳税遵从度。

2. 增值税的税率未来应统一

增值税作为我国的主体税种,其普遍课征的特点决定了其必然成为发挥税收中性的税种。但目前税制中,其税率级别设置较多、税收优惠政策繁多、差异性政策复杂导致它很难达到"税收中性",混合销售政策更是进一步加剧了课征增值税对市场造成的扭曲效应。根据前文述及的混合销售历史背景来看,目前已不存在两税并存的情况,国地税也已经合并,其存在的历史条件已经消失;况且多年来,什么行业不适用混合销售、什么业务属于混合销售、什么销售行为属于兼营等问题也一直在持续困扰着纳税人和税务机关。增值税税制改革的方向便是简化税制,摒弃非必要的差异性政策,将混合销售改为兼营正好适应了我国税制未来发展方向,回归到增值税中性设计。

笔者认为,除了将混合销售改为兼营以外,为了更好地发挥增值税的中性作用,未来我国增值税税制应进一步减少税率级别,最终仅保留单一税率。对于政府大力扶持的产业可以采取即征即退和先征后退等税收优惠政策,例如对特定行业或产业施行实际缴纳税款超过规定税率的部分全额或比例退还给纳税人,同时在企业所得税方面规定对这部分返还收入免税。而调节宏观经济市场,引导纳税人消费等目的则完全可以通过辅助税种——消费税来体现。

(二)混合销售改兼营可能会出现的问题及建议

1. 混合销售改兼营的技术问题

混合销售改为兼营后,适用不同增值税税率的应税项目需单独核算并分开计税,可能会导致原混合销售业务中主营业务适用较低税率的纳税人对于其实际承担税负的认知不清晰,对改革产生抗拒心理。

实际上,原混合销售业务中主营业务适用较低税率的纳税人承担的税收负担确实会加重,也正是在这一环节,该纳税人采用兼营方式缴纳的增值税税额大于其采用混合销售方式,但同时其下游企业也从原来适用混合销售政策时进项税额仅能抵扣低税率专票变成了抵扣高税率专票,也就变相地降低了下游企业的税负。此时,该上游纳税人可以根据此认识来增强其议价能力,虽然在其环节所负担的增值税税额增加,但可以通过抬高销售价格获得更多收入来弥补这部分相对于混合销售处理时的负税损失。

2. 税务机关的政策问题

"营改增"后混合销售的政策只是对之前政策的延续,其制定混合销售政策的目的也包含对反避税手段的考量,即担心在一定程度上侵蚀税基,降低国家税收收入,但不合理拆分商业合同只会对增值税链条的终端有影响,而相对于增值税链条的中端,其税收负担是均衡的。在混合销售改兼营的过程中,此类商业合同拆分的合理性问题亟待解决。原有符合"混合销售行为"的商业合同需按照服务和货物拆分成两份合同,企业为了达到在不减少双方利益的前提下少缴税款的目的,往往会把高税率应税项目的销售额向低税率应税项目转移,由此造成监管困难和征管

161

国家税收法律研究前沿问题
——国家税收法律研究基地成果和中国税务师行业发展报告

成本的增加。因此,笔者认为可以根据不同的业务实质设置一定比例,防止企业为了达到上述目的而故意拆分合同,同时充分运用我国发达的征管系统,在保证税收公平的同时提高执法效率。

地区间税负差异及影响因素研究
——基于省级面板数据的固定效应模型

项炀骁[①]

一、引言

1978年,我国制定实施改革开放发展战略,这是在当时历史条件下,党和国家为了加快我国经济发展进程而做出的伟大决策。改革开放发展战略本质上是从国家层面制定一种区域经济非均衡发展战略,凭借东部沿海区域天然的区位优势在此设立经济特区,通过大力引进国外的资本、技术以及管理经验等先进生产要素来助力东部沿海区域的经济发展。再通过先富带动后富的发展方式,让东部沿海区域积累的富余生产要素向我国内陆地区辐射,从而带动我国内陆地区的经济发展水平与东部沿海区域逐步趋同。

改革开放发展战略中设定的经济特区吸引外资最主要的手段便是特区内各种税收优惠政策,通过形成税负洼地的方式在特定区域积聚大量国外先进的生产要素,刺激区域经济在强要素驱动模式下实现快速增长,这种发展模式带来的直接后果就是让我国开始出现区域宏观税负水平差异。在已有的区域宏观税负水平差异研究文献中,学者们通过我国东、中、西部区域的税收收入和地区生产总值数据计算出我国东、中、西部区域各自的宏观税负水平。他们认为我国经济发展水平较高的东部区域的宏观税负水平要低于经济发展水平落后的中西部区域的宏观税负水平,这种宏观税负水平与经济发展水平倒挂的现象极大地阻碍了中西部区域的经济发展,进一步拉大了我国区域间的贫富差距悬殊程度。随着国家西部大开发战略、东北振兴计划以及中部崛起战略的相继出台,相关战略中的税收优惠政策已经大幅度地降低了这些区域的宏观税负水平,但我国区域宏观税负水平差异并没有完全消除,它对于区域经济协调发展仍然具有较强的负面影响。

"十三五"规划明确指出,协调是我国经济持续健康发展的内在要求。我国必须要坚持协调发展,加快形成平衡发展的经济结构,而推动区域协调发展则是坚持

---

① 项炀骁,首都经济贸易大学财政税务学院2021级博士研究生。

协调发展的第一要务。财政是国家治理的基础和重要支柱,推动区域经济协调发展最基本的就是要采取有效的财税政策,同时我们要将有利于经济落后地区发展本地产业的其他政策与财税政策结合形成全方位的政策体系,这样的政策体系既能有效完成对经济落后地区的"造血式"扶贫工作,同时还能推动全国区域经济加快形成协调发展的新局面。理清我国当前税收负担的区域分布状况和我国区域宏观税负水平差异程度,一方面可以帮助我们确定我国财税体制未来的改革方向,有效避免区域宏观税负水平差异的进一步扩大,同时还能够指导我们制定出更加精细化的政策来支持经济落后地区发展本地产业,缩小区域宏观税负水平差异和经济发展水平差异。

二、文献回顾

现有文献中关于我国地区间税负差异的研究主要有两类。部分学者将宏观税负差异与各地经济发展状况相联系。郭健(2006)计算了我国 1998—2003 年间各地区宏观税负,发现全国 GDP 每增长一个单位,带来的税收收入为 0.22 个单位,且产业结构、物价水平等因素同样影响了地区间及地区内部税负水平差异。刘书明、郭姣(2018)基于 2007—2017 年我国省级面板数据分析我国宏观税负区域总体差异,并将该差异归因于地区 GDP 增长率、产业结构、物价水平等。张艳彦、朱为群(2013)运用 Theil 指标等方法研究指出,区域税负不均衡是我国的基本国情,且在经济发达区域内各地区的税负差异尤其大。林颖(2009)通过对 1994—2006 年的时间序列数据建立模型进行实证分析之后发现,地区经济结构的差异是导致区域税负不均衡的最重要因素。申嫦娥(2006)对我国各地区 2004 年税负数据建模分析后发现,影响各地税负差异的主要因素有人均 GDP、城镇就业比重、第三产业比重等。

此外,还有部分学者将地区间税负差异与税收努力程度相联系。"税收努力"的概念最早由国际货币基金组织(IMF)在 20 世纪 60 年代提出,被定义为"实际税收收入/税收能力",这一指标决定了潜在的税收能力中有多大比例能转变为实际的税收收入。IMF 学者在全球范围内选取了 72 个国家作为样本,进行国际间的税收比较(Bahl,1971;Tanzi,1987;Chelliah,1971)。吕冰洋、郭庆旺(2011)认为税收分权提高了税务部门的征收能力和税收努力,进而带来了税收收入的增长。黄夏岚(2012)将实际税负差异分离成税收能力和税收努力的差异,发现地区的税负差异有进一步扩张的趋势。周黎安、刘冲等(2011)基于省级面板数据研究我国税收收入增长的影响因素,并指出 GDP 的增长对于税收的增长有约 45% 的解释力,同时税收努力对于税收收入也有重要贡献。刘金山(2018)基于全国 31 个省(自治区、直辖市)数据实证分析后指出,我国东、中、西部流转税实际税收收入的增长中,税收努力做出的贡献分别为 1.08%、-1.31%、4.69%。

本文使用我国 2008—2018 年间 31 个省(自治区、直辖市)的面板数据,建立影响区域税负差异的 4 个研究基本假设,在进行豪斯曼检验后选择以固定效应模型对我国地区间税负差异进行分析,揭示我国各地区之间税负不均的原因或影响因素。

三、全国及各地区宏观税负水平

图 1 展现了我国 2008—2018 年间宏观税负(税收收入与 GDP 的比值)趋势。2008—2012 年间,我国宏观税负从 18.12% 稳步提升至 20.57%。在此之后的几年内,宏观税负则逐年回落至 18.88%。宏观税负的降低与近年来我国一系列减税降费措施密不可分。然而在全国宏观税负稳步提升的同时,我国各个地区间税负水平的不平等性却依然较为明显。

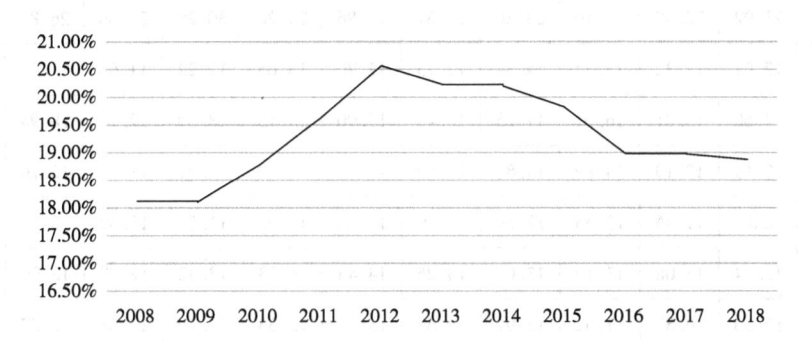

图 1　2008—2018 年我国宏观税负趋势

资料来源:《中国统计年鉴》《中国税务年鉴》。

表 1 中,笔者分别计算了 2008—2018 年间我国各省份税负差异。总体来说,我国各省份近年来宏观税负呈现上升的趋势,各省份税负的均值由 2008 年的 15.72% 逐年上升至 18.16%,在 2013 年达到最高,而后有所回落,2018 年这一数值降低到了 17.72%。而各省份的宏观税负水平无论从横向还是从纵向来看,均存在一定差异。

从 2008—2018 年的时间跨度来看,各省份宏观税负的波动情况及增速存在较大差异。十余年间,税负增长较快的地区为北京、海南、上海、西藏,其 2018 年的税负较 2008 年分别增长了 5.7%、5.37%、9.07%、11.25%。而部分地区的税负却有所下降,比如天津、山西、辽宁分别较 2008 年下降了 5.98%、4.87%、1.75%。

国家税收法律研究前沿问题
——国家税收法律研究基地成果和中国税务师行业发展报告

从每年的横截面来看,2008—2018年间,各年税负最高的地区在上海与北京两个直辖市间交替,税负水平在50%左右。而税负最低的地区在2010—2014年为河南,2015—2016年为福建,2018年为辽宁。且近十年来税负最低的地区,除个别年份以外,税负一般都在10%以下。由此可见,在不同地区之间的税负差异较为明显——除个别年份外,每年税负最高与税负最低地区的差异均在40%以上。此外,从税负差异的发展趋势来看,也在逐年增大。税负最高与最低地区的差异在2008年为40.18%,而在2018年这一差异为46.64%,扩大了6.46个百分点。

通过横向和纵向的基本分析,可见我国各省(自治区、直辖市)税负水平呈现出不平衡的发展态势。而找到这一现象及趋势的原因,对于我国宏观经济、财税政策的制定能够起到一定的指导作用。

表1 2008—2018年我国各省(自治区、直辖市)宏观税负情况(%)

	2018	2017	2016	2015	2014	2013	2012	2011	2010	2009	2008
北京	53.35	50.51	46.30	43.57	54.07	52.35	50.58	47.61	44.14	50.63	47.65
天津	23.92	22.60	24.10	23.80	27.31	27.86	29.26	30.28	29.60	26.88	29.90
河北	12.61	12.32	13.54	14.34	12.75	12.70	13.05	12.22	11.66	11.24	11.13
山西	14.60	13.81	16.01	17.25	16.49	17.90	19.13	18.09	17.77	18.98	19.47
内蒙古	12.15	12.19	14.89	14.86	11.69	13.49	13.99	13.92	13.33	12.16	12.23
辽宁	9.04	11.86	12.53	12.59	11.19	12.26	12.93	11.54	11.52	10.81	10.79
吉林	13.34	13.08	13.19	13.08	14.25	14.43	14.23	13.32	12.37	12.06	11.78
黑龙江	12.50	10.82	11.92	12.91	14.68	15.35	15.35	14.40	12.56	12.87	13.33
上海	55.68	52.05	52.93	52.64	51.27	50.06	51.58	49.99	46.62	44.36	46.61
江苏	18.59	17.15	16.36	16.69	18.54	18.40	18.81	18.33	17.46	16.96	16.67
浙江	15.11	14.76	15.13	15.83	15.33	15.25	15.58	14.72	14.22	14.23	14.55
安徽	14.97	14.26	14.54	14.65	14.82	14.44	14.59	14.00	13.39	12.37	12.03
福建	11.46	10.05	9.82	9.62	12.29	12.20	11.82	11.15	10.65	10.20	10.12
江西	14.86	14.01	14.40	14.92	14.53	13.88	13.50	12.18	11.86	10.81	9.72
山东	10.16	9.55	10.17	10.76	10.76	10.85	11.08	10.39	9.85	8.93	9.13
河南	10.64	9.93	10.32	10.76	10.42	10.18	9.70	8.80	8.33	8.26	8.47
湖北	13.65	12.96	13.31	13.08	13.27	12.83	12.54	11.44	11.14	11.00	11.18
湖南	10.96	10.32	11.07	11.46	10.93	11.02	10.80	9.73	9.44	9.44	9.32

续表

	2018	2017	2016	2015	2014	2013	2012	2011	2010	2009	2008
广东	16.18	15.50	16.02	16.05	16.44	16.22	16.54	15.76	15.35	14.50	14.62
广西	12.32	11.66	12.56	12.65	12.63	12.64	13.08	11.78	11.13	10.48	10.33
海南	24.25	23.43	24.31	25.91	24.17	23.77	25.07	24.52	23.05	20.83	18.88
重庆	15.79	14.71	14.34	14.80	15.64	15.16	14.72	14.22	13.69	12.06	11.71
四川	13.80	13.08	13.07	13.63	14.22	14.19	13.96	12.80	12.06	11.39	10.97
贵州	18.24	16.71	16.39	17.00	19.37	19.21	19.17	18.03	17.63	16.93	16.32
云南	20.08	17.77	17.51	18.58	21.79	22.49	23.41	22.41	22.66	21.74	21.72
西藏	18.73	22.05	25.46	26.95	18.54	17.80	21.60	15.71	9.88	7.69	7.48
陕西	14.57	12.30	13.85	14.56	15.17	16.12	17.20	16.83	16.03	15.22	14.22
甘肃	17.25	16.29	17.01	16.66	15.28	14.92	15.95	15.05	14.69	15.06	12.40
青海	14.17	12.16	13.78	13.84	15.43	16.18	15.98	15.17	14.86	15.00	12.81
宁夏	17.11	15.97	16.58	16.42	17.32	17.74	17.36	15.36	15.06	14.04	13.45
新疆	19.25	19.11	19.18	18.21	20.46	21.00	22.21	21.57	20.10	18.58	18.41
均值	17.72	16.87	17.44	17.68	18.10	18.16	18.54	17.46	16.52	15.99	15.72
最大值	55.68	52.05	52.93	52.64	54.07	52.35	51.58	49.99	46.62	50.63	47.65
最小值	9.04	9.55	9.82	9.62	10.42	10.18	9.70	8.80	8.33	7.69	7.48
极差	46.64	42.50	43.11	43.02	43.65	42.17	41.87	41.18	38.30	42.94	40.18

资料来源：根据2009—2019年《中国税务年鉴》《中国统计年鉴》有关数据计算。

四、我国区域税收负担差异影响因素的实证分析

（一）研究基本假设

目前学界对于我国各地区间税负差异的影响因素有着不尽相同的理解。林颖(2009)认为地区经济结构的差异是导致区域税负不均衡的最重要因素。许景婷(2013)对税收负担计算公式进行了推导，认为宏观税负的大小取决于经济发展水平、产业结构、产业利润、工资制度、税制结构、对外贸易水平和税收征管水平等因素。而刘书明、郭姣(2018)则将该差异归因于地区GDP增长率、产业结构、物价水平等。郭江(2014)通过理论和实际数据的分析，认为影响区域税负差异的经济因

素主要有经济发展水平、经济运行质量、产业结构、所有制结构、国家价格政策这五个因素。本文结合近年经济发展趋势及前人研究成果,对于影响区域间税负差异的因素提出了如下四个假设并进行实证研究。

1. 经济发展水平与宏观税负

人均 GDP 可以作为衡量地区经济发展水平的主要指标之一,而经济发展水平越高,一定程度上也就意味着数量丰厚的税基,纳税人税收负担能力也越强,为宏观税负的提高提供了客观基础。而经济发展水平低的地区,由于人民需要一定量的可支配收入以维持生活,国家可征得的税收收入也会较为有限。因此,本文的假设1:宏观税负与经济发展水平(人均 GDP)正相关。

2. 产业结构与宏观税负

产业结构决定了税基的性质。因此,即使经济发展水平相近而产业结构不同,也可能导致截然不同的宏观税负。目前我国税收收入主要来源于增值税,而在增值税上对于农业有较多的税收优惠,且农业受土地、自然条件等因素的限制,投资报酬低、生产周期长。一般认为第一产业为低税产业,对税收收入的贡献缺乏弹性。以工业、建筑业为主导的第二产业长期以来是国民经济的重要支柱,其发展受自然条件的约束较小,税收收入增长的弹性较强。以服务业、金融业等为主导的第三产业理论上拥有广泛的税基,也能够为税收收入的增长提供有力支撑。因此,本文的假设2:宏观税负与第二、第三产业的比重正相关。

3. 对外开放程度与宏观税负

一般而言,较高对外开放程度意味着更多的进出口贸易以及可观的吸引外商投资的规模,还有利于促进劳动力、先进技术、重要原材料的交换,这些重要生产要素的交换对于企业的生存、发展至关重要。掌握精英劳动力及先进技术有利于企业在市场中取得更强的竞争力,进而带动社会经济活力的提高,对于税基的拓宽有着重要作用。因此,本文的假设3:宏观税负与对外开放程度正相关。

由于"对外开放程度"这一概念具有抽象性,因此在衡量指标的选取上,不同的学者采取了不同的方式。综合考虑数据的可获取性等因素,本文以进出口贸易总额与 GDP 的比值作为衡量地区对外开放程度的指标。

4. 就业结构与宏观税负

城镇就业人口占总就业人口比重能够在一定程度上衡量地区的城镇化水平,因而也能在一定程度上体现税基的"质量"。一方面,对于农村的就业者而言,其劳动取得的报酬往往低于城镇就业者,且其劳动报酬往往仅能维持日常生活所必需的消费资料,因此其税收负担承受能力较低,难以对税收增长做出贡献;另一方面,对于农村的生产者而言,其生产经营活动处于经济发展较为滞后的地区,若对其课以重税,不利于农村经济发展,也有违税收的公平性原则。而城镇的税基不仅数量充足,"可税性"也较高。因此,本文的假设4:宏观税负与城镇就业人口占总就业人口的比重正相关。

(二)实证分析过程与结果

1. 研究方法与样本数据

本部分的研究样本区间选择为2008—2018年,采用省级面板数据进行分析。所用数据中,各地区税收收入来源于《中国税务年鉴》(2009—2019年度);地区生产总值、地区人均生产总值、地区进出口总额及第二、第三产业生产总值均来源于《中国统计年鉴》(2009—2019年度);各地区总就业人数来源于各地区2009—2019年间的统计年鉴;各地城镇就业人数来源于《中国劳动统计年鉴》(2009—2019年度)。

以上数据既包括对研究个体的这些特性在2008—2018年这一时期内的连续观察,也包括对研究个体(各省、自治区、直辖市)在每年末这一时点上的观察,能够反映出研究个体在横向和纵向两个维度的变化规律,并且能够减少多重共线性对数据带来的影响。因此,本文将采用时序与截面混合数据结合的面板数据构建回归模型。考虑到各地区个体特性存在一定差异,本文采用固定效应回归模型。

2. 变量设置及定义

本文区域税收负担使用税收收入与地区生产总值的比值衡量;经济发展水平用人均GDP衡量,计算方式为地区生产总值与地区总人数的比值;产业结构用第二、第三产业产值与地区生产总值的比值表示;对外开放程度用进出口贸易总额与地区生产总值的比值表示;就业结构用城镇就业人数与地区总就业人数的比值表示(见表2)。

表2 变量设置及计算方法

变量	影响因素	符号	变量名称	计算方法	单位
因变量	—	Y	区域税收负担	税收收入/地区生产总值	%
自变量	经济发展水平	X_1	人均GDP	地区生产总值/人数	元/人
	产业结构	X_2	第二产业比重	第二产业产值/地区生产总值	%
		X_3	第三产业比重	第三产业产值/地区生产总值	%
	对外开放程度	X_4	对外开放程度	进出口贸易总额/地区生产总值	%
	就业结构	X_5	城镇就业比重	城镇就业人数/总就业人数	%

3. 实证设计

为验证前文所述的四个假设,本文的模型基本设定如下:

$$Y = \gamma_0 + \gamma_1 X_1 + \gamma_2 X_2 + \gamma_3 X_3 + \gamma_4 X_4 + \gamma_5 X_5 + \varepsilon_{it} \qquad (1)$$

其中,X_1 表示人均 GDP,X_2 表示第二产业比重,X_3 表示第三产业比重,X_4 表示对外开放程度,X_5 表示就业结构。在这 5 个自变量中,只有 X_1 为绝对数,其余变量均为相对数。γ_0、γ_1、γ_2、γ_3、γ_4、γ_5 均为待估参数,ε_{it} 为随机扰动项。

(1)描述性统计

从表 3 可以看出,各个变量的最大值、最小值的差额较大,且各变量的标准差也较大。说明各省(自治区、直辖市)之间的宏观税负、经济发展水平、产业结构等差异较大。

表 3 描述性统计指标

变量	数量	均值	标准差	最小值	最大值
Y	341	17.29	9.523 3	7.48	55.68
X_1	341	45 875.65	24 855.8	9 855	140 211
X_2	341	45.44	8.52	18.6	61.5
X_3	341	44.24	9.54	28.6	81
X_4	341	26.76	29.82	1.16	154.95
X_5	341	21.54	10.58	8.78	66.19

(2)平稳性检验

由表 4 可以看出,各变量的偏差校正 t 统计值都显著为负(P 值都为 0.000 0),即强烈拒绝面板包含单位根的原假设,认为面板为平稳过程,因此可以进行协整性检验与回归分析。

表 4 平稳性检验——LLC 检验

变量	偏差校正 t 统计量	P 值
Y	−7.951 1	0.000 0
X_1	−9.136 9	0.000 0
X_2	−9.549 8	0.000 0
X_3	−8.137 0	0.000 0
X_4	−12.072 1	0.000 0
X_5	−10.088 6	0.000 0

(3) 回归结果分析

从表 5 的豪斯曼检验结果来看，P 值为 0.000 0，说明拒绝原假设，即存在个体固定效应，与本文所采用的模型一致。另外，从回归结果来看，影响地区间税负差异的变量主要为人均 GDP (X_1)、第二产业占 GDP 的比重 (X_2)、第三产业占 GDP 的比重 (X_3)、城镇就业人数占总就业人数的比重 (X_5)，假设 1、假设 2、假设 4 都得到了证实；而用以衡量对外开放程度的进出口贸易总额与地区生产总值的比值虽然与宏观税负正相关，与预期符号一致，却并未产生统计意义上的显著性，这可能与本文使用的衡量指标是进出口贸易的总额，而非分别使用进口及出口贸易额进行实证分析有关。

表 5　回归分析结果

	宏观税负
X_1	0.049 1*
	(0.245 4)
X_2	0.534 9***
	(2.099 6)
X_3	0.435 4**
	(2.197 5)
X_4	0.002 5
	(0.080 1)
X_5	0.134 7**
	(1.681 4)
_cons	−29.467 7
	(−1.496 9)
豪斯曼检验	chi2(5):52.50
	P:0.000 0
省份固定	是
年份固定	是
样本量	341
R^2	0.216 8
F	3.369 3

注：*、**、*** 分别表示 10%、5% 和 1% 的显著性水平；括号内为标准误差。

五、结论与启示

从回归结果可知，各变量指标中，产业结构的显著性最强。这也印证了申嫦娥

(2006)的研究结论。进一步的分析发现,地区产业结构的差异对区域税负差异的影响主要体现在第二产业。东部地区生产力发展水平高,综合加工能力强,形成了以加工产业为主的工业体系。而西部地区劳动力水平相对较低,综合加工能力薄弱,矿产资源开采、粗加工、原材料等基础工业所占比重高。这一产业格局必然加大西部地区的税收负担。我国在2009年之前一直实行生产型增值税,很容易造成固定资产投资较大的重工业税负重、轻工业税负相对轻的局面。在税负转嫁条件限制下,西部地区重工业等基础产业比重大,为低附加产业结构,不仅税负重,而且税收收入增长慢。而东部地区产业结构附加值高,增值税进项税额大,税负转嫁比较容易,税收收入增长快。从产业结构上看,东、西部地区税负差异在较长时间内难以根本扭转。此外,在本文设计的各项指标中,产业结构和城镇化水平的回归系数都是显著的,表明产业结构和城镇化水平等非经济增长因素对区域税负差异的影响日益加大。实证分析结论与安体富、孙玉栋(2006)等学者的观点相吻合。对于税制改革后税收收入大幅度增长的原因,除了经济增长因素外,管理因素、政策因素也不可忽视,甚至更加重要。从促进税收分配公平、缩小区域税负差异的角度出发,完善税制结构、提高税收征管水平是未来税收领域的重要任务。

参考文献

[1]刘崇珲,陈佩华. 我国宏观税负和微观税负差异分析[J]. 税务研究,2018(4):101-103.

[2]华富,陈旭煜. 福建省宏观税负水平差异分析测算与影响机制探究:基于泰尔指数法与OLS回归分析[J]. 发展研究,2018(3):75-85.

[3]姜朋,梁俊娇,李美於,等. 我国区域间税负水平差异空间分布特征及分析[J]. 税务研究,2017(6):20-27.

[4]吴玉霞,安娜,杜兴涛. 中国省域宏观税负收敛性及演变路径[J]. 经济经纬,2016(3):138-143.

[5]孔庆景,张自力. 我国区域税收负担差异与地区产业结构关系研究[J]. 河北企业,2016(6):49-50.

[6]朱云飞. 河北省宏观税负水平及税负结构比较研究[J]. 经济研究参考,2016(33):7-11.

[7]汪德华,李琼. 宏观税负与企业税负地区间差异之比较:基于工业企业数据计量分解的分析[J]. 财贸经济,2015(3):17-29.

[8]沈凯豪,叶炜,端莹芸,等. 区域性所得税优惠政策效应研究:基于对不同区域上市公司税负情况比较分析[J]. 改革与开放,2015(15):72-74.

[9] 王丽娅,王璇. 泛珠三角九省区税收负担的比较研究[J]. 广东外语外贸大学学报,2014(3):42-45,48.

[10] 朱门添,杜欣怡. 基于省域面板数据的区域税负与税收竞争之空间考察[J]. 求索,2013(1):26-28.

[11] 谭光荣,尹宇. 我国区域、地区宏观税负比较研究[J]. 财会月刊,2013(12):41-43.

[12] 王满仓,冯雪. 中国地区间税负差异与社会安定[J]. 金融经济,2013(18):112-114.

[13] 王鲁宁,胡怡建. 我国区域间税负差异与生产要素流动的相关性分析[J]. 上海财经大学学报,2013(5):73-80,88.

[14] 黄夏岚. 地区间的税负差异与税收结构:地区税负基尼系数的税种分解[J]. 经济体制改革,2012(3):112-116.

[15] 李玉虎. 经济发展与我国区域税收优惠政策比较分析[J]. 现代经济探讨,2012(8):25-27,42.

[16] 黄夏岚,胡祖铨,刘怡. 税收能力、税收努力与地区税负差异[J]. 经济科学,2012(4):80-90.

[17] 秦劲松,肖加元. 我国地方税税负差异测度及其影响因素实证研究[J]. 中央财经大学学报,2011(5):6-11.

[18] 杨杨,杜剑. 我国区域税负公平探析:以税收与税源的关系为研究视角[J]. 税务与经济,2011(6):77-83.

[19] BAHL R W. A Representation Approach to Tax Effort and Tax Ratio Analysis[J]. IMF Staff Papers,1971(3). 570-612.

[20] BHAL R W. A Representative Tax System Approach to Measuring Tax Effort in Developing Countries[J]. IMF Staff Papers,1972(1):87-124.

[21] SIEGFRIED J J. Effective Average U. S. Corporation Income Tax Rates[J]. National Tax Journal,1974,27(2):245-259.

[22] LAFFER A B. Balance of Payments and Exchange Rate Systems[J]. Financial Analysts Journal,1974,30(4):26-82.

[23] STICKNEY C, V MCGEE. Effective corporate tax rates the effect of size, capital intensity, lever-age, and other factors[J]. Journal of Accounting and Public Policy,1982(1):125-152.

先秦财税思想及经济学启示

李 卉[①]

先秦时期包括夏、商、西周、春秋战国。我国最早出现的国家就是夏王朝,也是从夏王朝开始才有了税收的"雏形"。而一个国家的财税制度与当时的社会性质以及政治经济背景有着密切的关系,因此下文将先介绍先秦时期的政治经济背景。

一、先秦时期的政治经济背景

(一)夏、商、西周时期的政治经济背景

夏、商、西周时期可以归为奴隶社会,我国的财政也是在这一时期产生的。该时期的土地制度是天子所有,国王管理王城周围千里之内的土地,在其管理范围之外的土地会按等级分给诸侯,诸侯再按等级分给大夫,大夫再分给自己的臣属。虽然当时的土地可以在贵族之间进行交换,但是国家禁止买卖。在夏、商、西周时期,主要的收入就是农业收入,在夏王朝,夏禹在农业方面做出重大贡献,但当时的农业生产率还是比较低的,商代农业生产状况得到了发展,西周时期生产工具及方法都得到了较大的改善。农业的进步也促进了手工业和商业的发展,据史料记载,在西周时期,除了官府手工业外,家庭手工业也有了发展,而商业在商代有了萌芽,从已出土的商代文物中可知当时已用贝作为交换的手段。

(二)春秋战国时期的政治经济背景

春秋时期是奴隶制度走向崩溃的时期,战国时期是中国封建制度初步建立时期。春秋时期政治上出现较大的波动,当时周天子依然固守奴隶制度,在政治、经济等方面都没有进行改革,导致国势逐渐衰落,而各大诸侯国通过政治经济改革逐渐强盛起来,他们不听周天子的号令,导致奴隶制度逐渐瓦解。到战国时期,基于"适者生存,弱者淘汰"的政治法则,各国开始了变法运动。出于各国变法的需要,很多学派纷纷表达自己的观点,进一步催生了百家争鸣的局面。不同的学者对于当时的财税政策有着不同的思想,其中有代表性的有儒家、墨家、法家等。

[①] 李卉,首都经济贸易大学2022级硕士研究生。

二、先秦时期的财税思想

(一)夏、商、西周时期的财税思想

1. 租、赋合一,全面课税

根据当时的政治经济情况,土地归天子所有,国家根据远近分给奴隶主,奴隶主再向下分,最后由平民和奴隶耕种。所以,耕种土地就相当于向天子租地,收获之物要向天子纳赋,也相当于纳租。另外,当时实行的是"井田制",即把大约九百亩的土地分成九块,中间的一块是公田,其余八块是私田,公田由八户人家共同耕种,在公田上的收获物归当时的天子或是诸侯。只有先在公田上耕种才可以耕种自己的私田,也就是说,如果一户人家要耕种私田,其必须先在公田上完成相应的劳动义务,这可以看作对平民百姓的劳力地租,也可以看作租、赋合一。同时,根据材料记载,在夏、商、西周时期不仅以土地为课税对象,还以人和商业行为为课税对象,这说明该时期的课税不仅局限于农业,而是体现出全面课税的思想。

2. "量入为出"

根据《礼记·王制》中的记载,家宰必须在每年的年末进行国家下一年度的预算的编制,在编制预算的时候也要考虑到国土面积的大小以及丰收情况等因素,以30年收入的平均数值作为编制收入预算的依据,同时也要根据收入去决定开支。这体现了先秦时期量入为出的财税思想,即根据收入量的大小来决定开支。

3. 专税专用

专税专用是指某种税收专门为某一方面的财政开支所使用,这一思想在西周时期就有体现。《周礼·天官冢宰·大府》记载,西周时期的9种赋税专门为9种开支所使用,例如邦都之赋用于祭祀之式,邦中之赋用于宾客之式等。西周时期使用这一原则也与当时的经济状况有关。

4. 罚课

在西周时期,有罚课的措施。根据相关材料记载,西周时期对那些不勤劳生产以及不按时完成任务的人要实施加税的惩罚。例如,凡田宅不种桑麻的,罚出居宅税钱;凡田地不耕种的,罚出屋粟;凡民无职业而又无所事事的,罚他照样出夫税、家税。因此,在西周时期就有罚课思想。

(二)春秋战国时期的财税思想

在春秋战国时期,由于变法的普遍存在,很多学派都发表自己的观点,形成了百家争鸣的局面,不同学派的财税思想也有不同,以下主要说明儒家、墨家、法家的财税思想。

1. 春秋战国时期儒家的财税思想

(1)"薄赋敛"

儒家思想的代表人物为孔子,孔子在税收上主张"什一之税""量能课证"的原则。其中,"什一之税"意思是农民向官府缴纳的税,约为亩产量的十分之一,也即税率约为10%,孟子在当时也认为"什一之税"是最合适的,因为高于此税率会降低农民劳作的积极性,而低于此税率不能保证国家财政的需要。"量能课税"是指根据人们能力的不同来征收税款。孔子曾说:"先王制土,籍田以力,而砥其远迩;赋里以入,而量其有无;任力以夫,而议其老幼。"(意思是:先王按照土地的肥瘠分配土地,按照劳动力的强弱征收田赋,而且根据土地的远近加以调整;按照商人的利润收入征收商税,而且估量其财产的多少加以调整;按照各家男丁的数目分派劳役,而且要照顾那些年老和年幼的男子。)孔子其实是以先王的名义表达了自己"量能课税"的观点。通过上述孔子的两个观点可以总结出"薄赋敛"(即轻税,更加注重百姓利益)这一财税思想,这也是儒家财税思想的核心。

(2)注重税源

税收是国家财政收入的主要来源,对于国家来说是至关重要的,因此对于税源的保护也尤为重要。在儒家的财税思想中也可以看到其重视税源的思想,比如在《礼记·大学》中就提到,要使国家富足就要增加生产的人数,同时创造财富要迅速。这表明,要使国家财政收入稳定,就要增加从事生产的农民,保证税源的充沛。

2. 春秋战国时期墨家的财税思想

(1)反对"厚敛"

墨家学说的主要代表人墨子在税收上反对厚敛,即反对执政者迫使农民劳作,征收较多的税赋,因为这样会使百姓贫苦而无法生活。同时,墨子主张在征收税赋时要考虑到老百姓的经济能力,确定一个正常的税率。墨子认为老百姓对于税收的态度其实并不是排斥税收本身,而是排斥过高的税收负担,所以墨子反对厚敛,支持一个正常的税率水平,在该税率水平下,既能保障国家财政收入的需要也能保障老百姓的生产力不受到损害。

(2)普遍课税

墨子在主张征收农业税时也主张征收关市税,这在《墨子·尚贤》中有说明。在征收关市税上,墨子认为关市税对纳税人是有利的,因为他们就可以进行正常的经营活动;同时关市税的征收对于国家也是有利的,因为它有助于保障国家财政的收入。这体现了墨子普遍课税的思想,而不仅仅局限于农业税上。

(3)节约开支

《墨子·节用(上)》中记载,"圣人为政一国,一国可倍也;大之为政天下,天下可倍也。其倍之,非外取地也,因其国家去其无用之费,足以倍之"。意思是说,国家财力的加倍增长不是靠掠夺土地,而是靠省去没有用处的花费。墨子认为统治者除去这些没有用处的开支,国家就会有加倍的财富。显然,墨子是在强调国家的支出应该考虑民生,注重人民的利益。

3. 春秋战国时期法家的财税思想

(1) 重农抑商,农轻商重

法家非常重视农业的发展,认为农业对于国家的富强来说是至关重要的。这在商鞅变法中就有体现,商鞅认为国家的收入来源主要是农业,鼓励农业的发展,对于那些不好好进行农业生产的,过于重视商业发展的人给予抑制并加以惩罚。同时,他主张按农产品的产量征税以均平税负,稳定税源。在当时,农业税率与商业税率相比是较轻的,这也体现出了"农轻商重"的思想。

(2) 课以重税

与儒家和墨家思想不同,法家主张课以重税。因为其认为赋税过轻会使百姓富裕,而富裕之后百姓就会懈怠农耕;加重赋税会使百姓贫苦,而百姓贫苦后会更加积极地工作,同时国家也会变得富强。

(3) 统一财政

《管子》中就有国家干预经济的思想,并且《管子》认为应该通过垄断、强制以及抑商的方式来获得财源。商鞅也主张统一国家财政,集中财源。商鞅认为,国家富强的途径就在于统一财政。在商鞅变法中,商鞅推行户籍管理,进行严格的编户,以使国家能够直接控制户口和土地。同时商鞅还主张国家控制山泽之利,对山泽实行统一管理。

三、经济学启示

(一) 保护税源

先秦时期在税收方面就已经有稳定税源的思想,这在儒家和法家思想中都有体现,他们主张轻税保护百姓利益,因为过重的税收负担会打击百姓的劳动积极性,同时主张"量能课税",从而有利于保护税源。这对我国税收体系具有重要的经济学启示,因为税收是国家财政收入的主要来源,税收具有重要的地位,保障国家税收来源是至关重要的。目前我国的税收体系也体现了"量能课税"的原则,比如累进税率的设计,人们收入增加所适用的税率也会增加。

(二) 国家适度干预经济

《管子》主张的国家干预经济对于当今仍有重要的参考作用。首先,在国有企业方面,《管子》主张生活必需品,比如盐、铁等由国家经营管理,这样才能使国家富足,这就相当于古代的国有企业。当今社会,我国国有企业的作用大家也有目共睹。其次,在垄断铸币权方面,《管子》主张国家应该垄断铸币,从而可以调控经济;对于当今社会来说就是防止假币。所以,《管子》中的主张对于我国财政制度具有很强的借鉴意义。政府应在市场失灵时进行干预,因为在有些方面市场不能发挥作用,比如外部效应很大的公共物品提供以及垄断等,只有国家进行干预才能保证经济更好地发展。

(三)严格规范财政开支

先秦时期的"量入为出""节约用度"的财税思想对于我国财政制度也具有重要的启示。不管是"量入为出"还是"节约用度"的思想,都说明了国家财政的开支应该更加规范。我国目前的财政制度就包括国家预算制度,我国每年都会进行预算的编排,安排下一年度的收支,使政府开支更加透明、规范。

(四)确定合理的税负水平

过重的税负会给人民带来沉重的负担,抑制百姓劳动的积极性。因此,确定合理的税负水平对一个国家来说是至关重要的,并不是税负越重国家财政收入就会越多;反之,过轻的税负也满足不了政府支出的需要,从而影响公共物品与服务的提供。只有确定一个合理的税负水平才更有利于经济的发展。

综上所述,先秦时期的财税思想对当今具有重要的借鉴意义。从夏、商、西周时期的轻徭薄赋、注重税源的财税思想到春秋战国时期的普遍课税、节约用度等财税思想,它们在当今的财政税收体系中都有所体现,是古人给我们留下的宝贵遗产。

参考文献

[1]丁生川. 先秦儒家财税思想浅探[J]. 商,2012(6):59,58.

[2]丁生川. 先秦法家诸子财税思想浅探[J]. 商品与质量,2011(11):83.

[3]陈少英,欧阳天健. 先秦税收法律思想研究[J]. 商业研究,2014(10):187-191.

[4]林淼,李国庆. 论夏商西周及春秋时期的财政思想及其现实意义[J]. 知识经济,2014(13):57.

[5]齐海鹏,孙文学. 夏商西周时期的财政思想[C]// 中央财经大学中国财政史研究所. 财政史研究(第三辑). 中国财政史研究所,2010:15.

[6]耿振东. 论《管子》财政思想与现实价值[J]. 经济问题,2017(5):26-30.

财政转移支付对义务教育公共服务均等化的影响研究

张宇晨[1]

一、引言

"十四五"规划擘画了未来5年到2035年我国建立高质量基本公共教育服务体系的战略发展方向,对居民提供"高质量""优质均衡"的义务教育公共服务。2022年国务院《政府工作报告》也强调提升教育公平与质量。推动义务教育公共服务均等化的财政转移支付制度业已成为关乎地区居民公共服务体感与国家长期经济增长动力的重要命题。一方面,我国社会经济正在转向新发展阶段并进入"后疫情"时代,这也意味着我国更需要厚植人力资本质量和原始创新能力来作为推动经济增长的长期动力。另一方面,我国长期以公立教育体系作为义务教育服务供给的支柱,保证其基本的均衡依赖财政转移支付制度。在现有的央地财政关系下,公共资源配置职能(如义务教育公共服务供给)仍然是地方政府主要的财政责任,然而通常受到地方政府财政自给率和地区经济增长水平等因素的制约,从而对地方政府在市场经济下公共服务供给的职能偏好产生替代[2]。

我国自1994年实行分税制改革后,地方政府因财政能力不均和转移支付公式造成了"经济支出偏好替代公共服务"现象,而地方政府获得转移支付资金时,其对公共支出规模的正向影响会比减税手段更大(Gramlich,1977;Oates,1971)。在依赖财政转移支付的同时,中央的转移支付补助会比征税更方便地增加财政收入,而地方政府会出现地方公共支出明显扩张的现象,即"粘蝇纸"效应(吕炜,2015;毛捷,2015)。仅仅对一些财力勉强维持运转的地方政府给予转移支付会显著降低其地方的税收努力度,从而形成对转移支付的依赖以及"无效率"均等(Leonzio Rizzo,2008)。在上述理论得到支持的同时,地区间财政竞争成为又一制约因素,该因素主要影响了本不规定特殊用途的一般性转移支付(赵永辉等,2019)。形成

---

[1] 张宇晨,首都经济贸易大学财政税务学院2022级博士研究生。
[2] 周黎安.中国地方官员的晋升锦标赛模式研究[J].经济研究,2007(7):36-50.

该现象的原因之一可能在于我国地方财政压力和以 GDP 增长考核地方官员绩效的双重激励作用(胡玉杰,2019;方红生,2009;周黎安,2004),而如果地方政府的预算约束和支出监督等机制不强,上述的"粘蝇纸"效应会更加显著(伏润民,2008;鲍曙光,2018)。另一方面,产生显著公共支出扩张效能的多是以定期弥补财力性质的转移支付类型,而诸如一次性拨款和限定用途的转移支付则可能没有上述效能(薛凤珍,2018;田侃,2013;郭庆旺,2008)。这样的机制可以进一步延伸至诸如义务教育这类公共服务支出方面,如果在给定的财政分权格局下安排强外部性的公共服务支出,地方政府进行配套的激励会较低,此时若上级政府采取"因素法"下达专项转移支付资金,相应"配套"措施将会明显挤压对应的专项支出(姚东旻,2019)。进一步,上述推论也得到了安大略省 50 个上层城市综合截面数据的证据支持(Enid Slack,1980),即上级政府的无条件与有条件的纵向转移支付补助均会降低地方政府税收努力度,但发现不带有附加条件的转移支付对地方政府征税努力度的负向影响更大(Langer S.,2019;P. Kumar Panda,2009)。转移支付对地方政府税收产生了替代,并扭曲了地方政府收入偏好。即便如此,上述各因素的变化对地方政府提供公共服务的产出水平依旧存在正向影响(Petretto A.,2013)。

在不同类型的转移支付对比中,贾晓俊(2015)发现专项转移支付的均等化作用更强,也可以较好地引导和规范地方政府的支出行为,而一般性转移支付提升义务教育公共服务均等化水平的效应通常较弱。各地区公共服务供给对转移支付的依赖程度表现出显著的差异性,中西部等经济薄弱地区由于自身财政收入相对不足,对上级政府转移支付的依赖性通常也较强(刘士义,2018;邓晓兰,2019;刘贯春,2019)。Savas(1987)认为第三方和社会机构承担部分基本公共服务项目的供给责任能够较政府间竞争更好地改善义务教育服务的质量。Snoddon T.(2003)从公共服务供给机制角度探讨了义务教育公共服务的私人供给激励机制。Ferede E.(2016)和 Sheret M.(2007)提出,在财政联邦体制下,依据稳定的收入划分公式可以大幅提升基础教育公共品的供给水平(Ma Jun,1997)。Jones M. P.(2012)通过研究美国财政联邦教育支出体制,分析了转移支付对公共品供给的影响显著为正。

在财政转移支付对义务教育均等化的影响因素等方面,目前历史研究存在一定分歧,这些分歧主要来源于研究视角和研究对象所处的现实局限,然而相关的效应也存在大量实证结论的支持。一方面,在地区经济发展水平异质性强且地区财力与事权不匹配的情况下,作为理性经济主体的地方政府将响应财政收入分成公式的激励机制,进而对地方公共服务支出形成激励扭曲,最终削弱财政转移支付,尤其是一般性转移支付对义务教育均等化的正向效应。另一方面,通过教育支出政策约束,地方政府将更倾向于增加义务教育公共服务供给,加之非义务教育领域转移支付形成的减低支出成本效应,这会进一步提升地方政府的义务教育支出偏好,进而发挥其促进义务教育均等化的效果。因此,在作用机制方面,至少上述的多种因素(包括激励扭曲等现象)应当纳入分析框架,加以考虑。

二、财政转移支付影响义务教育服务均等化的作用机制

(一)义务教育实现均等化的必要性

无论基于教育视角还是经济视角,义务教育都具有强正外溢性,这是学界普遍的看法,也意味着义务教育有显著的规模经济效应(杨志勇,2017);同时,在理论上,义务教育具有同其他阶段的教育服务相异的特征。首先,义务教育阶段处在影响受教育居民文化认同的关键时期,对于政府而言是极强的外溢性公共品,由专门法律来强制保证全体公民的义务教育权利而非由市场规制,正是基于这一特点。从理想的市场经济循环来看,义务教育塑造统一市场和精进分工协作的作用正在变得日益重要,在公共消费中是政府担负供给的基本公共服务项目,同时也是维系代际机会公平的家庭基础投资。义务教育以其各方面体现出的强外溢性成为政府负责供给的准公共品。其次,义务教育具有全民性,它的服务对象面向全体居民而非部分群体。从我国经济发展现实看,一方面,义务教育均等化离不开优质教育资源的均衡配置;另一方面,公立教育体系支撑着全国主要的义务教育服务供给,使义务教育的公平性得以保证。可以看到,我国公立教育体系所定义的义务教育范畴与欧陆国家推行的强制教育类似,更多强调其国民必须履行的职责属性。最后,义务教育对促进内部代际收入分配均等具有长期的正向效应。因此,从长期增长的角度看,可以将义务教育支出视作政府的公共投资——主要体现在用以降低内部市场中难以量化的交易成本。义务教育供给水平的差距会造成地区间更复杂的非均等化,进而模糊政府间事权与支出责任的边界,影响义务教育公共服务的整体质量提升,因此,义务教育公共服务实现均等化是必要的。为此,可以通过财政转移支付缓解地区间财力不均,同时体现中央财政的义务教育均衡供给责任,并进行政策约束和规定义务教育投入要求来增加地方政府的教育支出,使转移支付进而作用于义务教育服务供给,并促进其均等化发展。

(二)财政转移支付影响义务教育均等化的机制分析

1. 中央政府是义务教育均等化供给的责任主体

结合上述义务教育公共品的定位及作用,虽然地方政府直接担负着辖区内基本公共服务供给的责任,但从不同层级政府职能的角度看,中央政府在区域间义务教育均等化上是责任主体。一方面,关于中央政府与地方政府在义务教育等公共品供给问题上的职能和角色定位,在政府的三大类职能中,收入分配职能普遍认为超出了地方政府的层级而应当由中央政府承担,而代际收入分配又与义务教育水

平密切相关。另一方面,在经典财政联邦主义的分析中,义务教育这一公共品也作为地区居民的公共消费而由地方政府承担配置职能。义务教育是一种公共知识资源,与具有创造性的专利知识有本质的不同①;从受益范围看,一地的义务教育服务,既关乎本地居民代际机会和收入的分配,又决定超出地方辖区的市场统一和社会分工协作潜力;从作用时间看,义务教育是对全地区人力资本的长期公共投资,决定未来人力资本的整体质量。如果义务教育均等化对维持一定范围内的统一市场和社会分工结构有重要的意义,那么基于上述分析,中央政府将是义务教育均等化的责任主体。当地方政府义务教育供给不足时,中央政府基于分权格局中的财政主动地位,应实施纵向或协调横向转移支付的财政手段,增加地方财力,提高地方政府对义务教育公共品的整体供给能力②。

2. 平衡地方财力不均并以政策约束教育支出强度

财政转移支付制度是现有财权格局下平衡地方财力不均等的重要财政手段,而财力与支出责任差距悬殊的地区无法提供同样水平的义务教育。财力性转移支付不是直接作用于义务教育,而是通过平衡各地区之间的财政能力,增强支出要求的政策对地方政府支出结构的影响,从而提供更多的义务教育公共服务来缩小地区间义务教育供给差距。因此,转移支付平衡地区间财力不均的效应是与地方政府的支出约束同步施加的前提条件,用以促进义务教育均等化。受到地方政府追逐税源激励的影响,财政转移支付并不一定会增加地方公共服务供给的倾向。同时,现有经济开放和人口流动的趋势使义务教育在省级地区很难内化其收益,加之中央政府多年来强调"三个增长,两个只增不减"全国统一的教育支出表述,我国财政转移支付制度就成为影响义务教育公共服务均等化的有力财政手段。

总体而言,除了义务教育领域的转移支付直接作用于地区义务教育公共服务均等化的提高外,一般性转移支付首先弥补地区间财力不均,表现为增强财政能力的收入效应,同时辅以长期的教育总支出规模、义务教育领域支出强度以及各地义务教育服务标准的监控和约束,来保障自身财力有限的地区能够且倾向于提供更高水平的义务教育,缩小地区间义务教育水平的差距。另一方面,非义务教育领域公共服务的转移支付(一般是专项转移支付形式)将通过降低地方政府义务教育支出的机会成本,间接地影响地方政府支出偏好,表现为地方政府增加教育财政支出倾向的替代效应。

地方政府在获得无条件转移支付后并不一定增加义务教育领域公共服务的支出。由于地方政府公共支出规模和地区要素禀赋不同,即使无条件转移支付分配

---

① 即使是民办的义务教育服务主体,用于受益分割的也只是教育机构对上述公共知识的独有解释权,实际上并没有对产出公共知识的法人进行利益分配的权利。

② 孙涛. 政府责任、财政投入与基本公共教育均等[J]. 财政研究,2015(10):26-32.

到了公共服务领域,无条件转移支付也并不仅仅直接影响义务教育供给,如山林资源较多的地区政府会倾向于将财力用于农林水事务支出而非义务教育领域,人口老龄化程度较深的地区政府会优先补充社会保障领域的财力支出。于是从地方政府财政能力来看,一般性转移支付能否显著提升地区义务教育水平并缩小差距,要依赖于对地方政府的教育支出约束是否稳固有效。而保障相对均衡的地方政府财力是实现义务教育能力均等化的必要前提。因此,在如图1所示的影响机制中,三种不同类型的财政转移支付作用于义务教育均等化的效能有显著的不同。

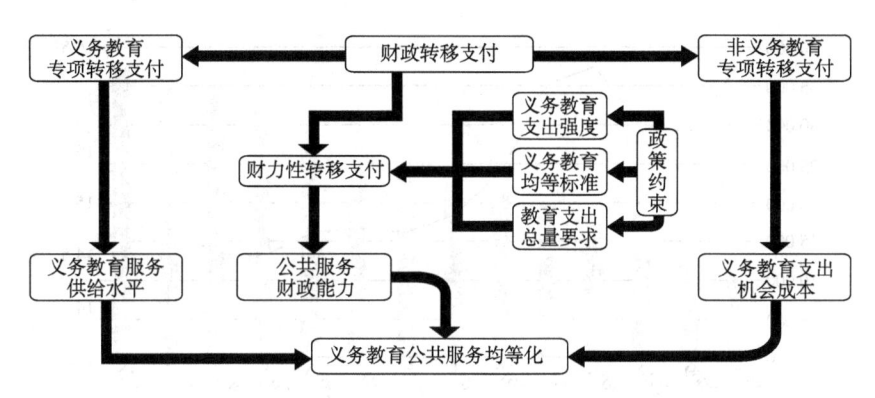

图1 财政转移支付对义务教育均等化的影响机制

三、我国义务教育发展现状及财政转移支付政策分析

(一)我国义务教育的发展现状

长期以来,我国义务教育供给主体依托公立教育体系。一方面,投入义务教育领域的财政转移支付绝对规模和相对规模都在保持逐年增长,除教育专项转移支付外,以弥补平衡地方政府财力为目标的一般性转移支付①实际上也在财力均等化的原则下相对均衡地支撑着各地区可投入义务教育的财力;另一方面,刚性的义务教育支出要求和办学条件的标准约束显著提升了各地义务教育公共服务供给。2008年我国一般公共预算教育经费支出②为10 212.96亿元,占当年一般公共预算

---

① 一般性转移支付在2009年以前的政府预算科目中被称为"财力性转移支付",现在沿用的次级科目"均衡性转移支付"原被称为"一般性转移支付",2002年以前被称为"过渡期转移支付"。1995年出台的《过渡期转移支付办法》设立均衡性转移支付的目的是平衡各地区的可支配财力,向少数民族地区等欠发达地区倾斜财力,而由于欠发达地区一般公共预算收入远不足以维持地方运转刚性支出,更不可能留有投入义务教育的财力,因此一般性转移支付的增加客观上显著降低了地方政府增加义务教育支出的机会成本。

② 自2012年起,"预算内教育经费"改为"公共财政教育经费",并在2017年后改为"一般公共预算教育经费"。

国家税收法律研究前沿问题
——国家税收法律研究基地成果和中国税务师行业发展报告

财政支出的 16.32%,2012 年我国财政性教育经费绝对规模首次达到国民生产总值的 4%,该目标维持至今。2008—2021 年我国一般公共预算教育经费支出的总规模持续扩大(如图 2 所示);在相对规模上,除 2015 年后由于公共支出规模扩张的影响,教育支出保持着一定的总强度。除了上述教育支出 4% 的整体目标外,在依托财政转移支付的情况下,各地义务教育支出的绝对规模和相对规模都在稳步提升。从图 3 可以看到,我国各省级地区的义务教育经费支出规模也在与其接收的财政转移支付数保持着大体同步的扩张。

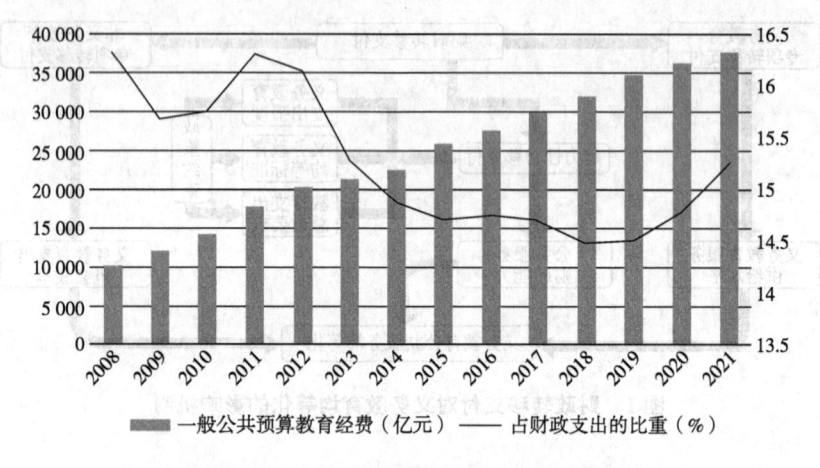

图 2　一般公共预算教育经费变动趋势

资料来源:《中国财政年鉴》《中国教育经费统计年鉴》。

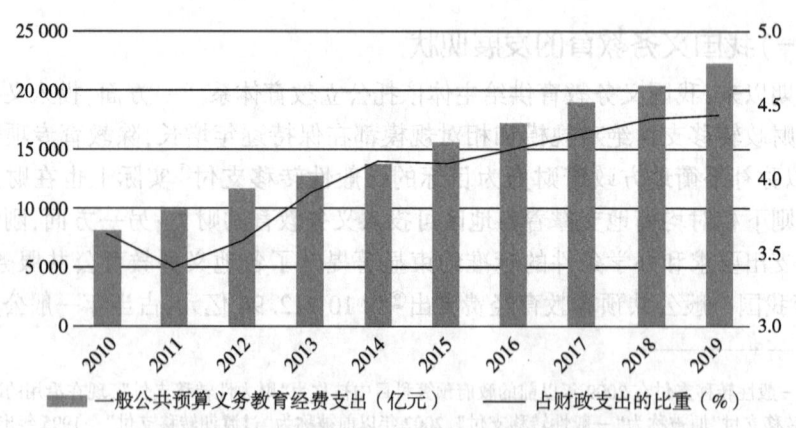

图 3　一般公共预算义务教育经费支出变动趋势

资料来源:《中国财政年鉴》《中国教育经费统计年鉴》。

图 4 为利用高斯核函数估计的 2010 年至 2019 年我国各省级一般公共预算义

务教育经费与财政转移支付比值的分布结果。在四个观测期内,各省份总体分布区间呈现逐渐右移,峰高经历波动下降趋势,而曲线宽度有微小延展,这说明上述二者比值在该时期内趋于稳定态势,没有较大的波动;同时,各省级地区义务教育支出规模与财政转移支付之间的比值稳定,部分欠发达地区省份可能存在相对规模较高的情况。

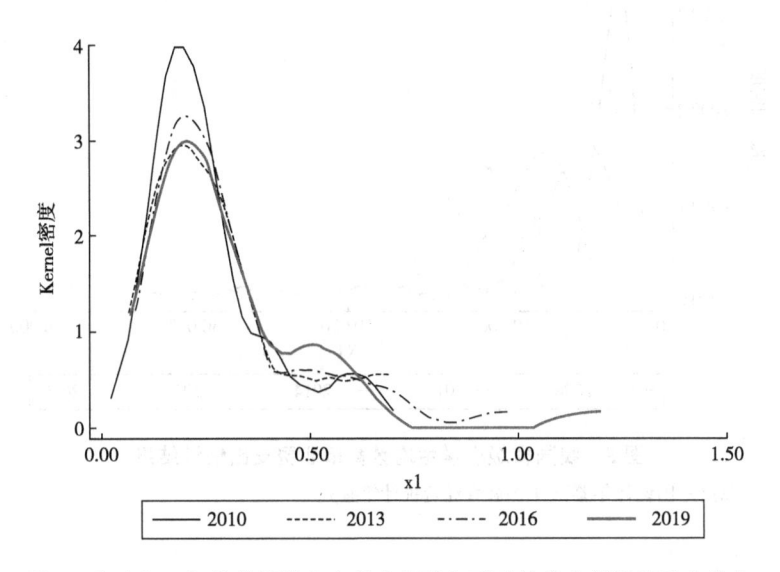

图 4 各省级一般公共预算义务教育经费与财政转移支付比值动态分布
资料来源:各省(市、区)政府预算公开网站,《中国教育经费统计年鉴》。

从上述分析结果来看,全国各省份的义务教育支出强度跟随财政转移支付规模呈稳定并趋向于分化的特征。这可能是自 2010 年以来我国持续向各省份欠发达地区的教育领域倾斜转移支付的结果,如 2014 年开始的"全面改薄"专项计划中就包括了中央薄改补助专项资金、农村初中校舍改造项目资金、农村义务教育经费保障机制校舍维修改造长效机制资金、农村义务教育学校公用经费、进城务工人员随迁子女奖励资金等中央财政专项补助资金,同时市县级财政也被规定由获得的一般转移支付来配套用于义务教育建设的支出。这从侧面表明,我国各省级地区的义务教育支出更多受到其地方政府接收的财政转移支付数的影响,考虑到其维护与补充的经常性支出与财政自给率的不足,义务教育支出有随着财政转移支付进一步增长的可能。我国义务教育阶段的事业性经费支出也在随着各地财政转移支付数逐年增长,且变动态势较为相似,这也显示出各地区义务教育支出受到经费增长目标和财政转移支付的有力约束。

图 5 与图 6 为利用高斯核函数估计的 2008 年至 2020 年我国各省级地区小学与初中学段生均教育事业费支出的动态分布情况,所用公式如下:

$$K(x) = \frac{1}{\sqrt{2\pi}} \text{EXP}\left(\frac{x^2}{2}\right)$$

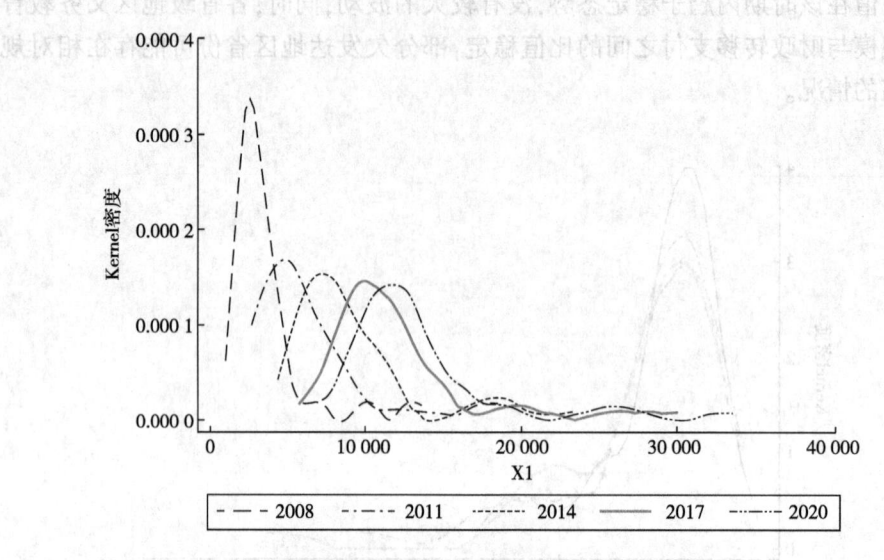

图5　我国省级小学生均教育事业费支出估计结果

资料来源：《中国统计年鉴》《中国教育经费统计年鉴》。

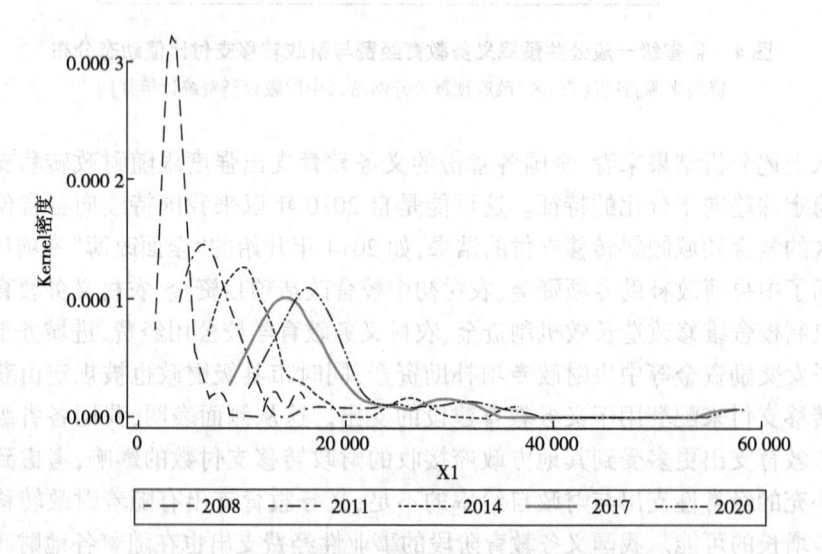

图6　我国省级初中生均教育事业费支出估计结果

资料来源：《中国统计年鉴》《中国教育经费统计年鉴》。

从核函数估计结果可看出，观测期间小学与初中阶段的生均教育事业费支出分布曲线与中心区均出现显著右移,表明我国省际生均义务教育事业费支出的差距呈现不断收窄的趋势。这与我国不断加码的薄弱地区均衡性转移支付与教育领域专项转移支付计划等典型现实基本吻合。此外,从主峰特征来看,生均义务教育事业费支出差异总体缩小,同时分化状况显著改善。

历史文献在讨论义务教育均衡时,通常还考察校舍建筑面积、图书册数以及教学仪器设备的生均值。从上述三个指标维度来看,我国各省间义务教育基础设施条件的差距整体缩小,特定时期的部分指标差异有所扩大。

图7和图8分别展示了我国省际小学和初中阶段生均基础办学条件指标的变异系数变动趋势。除了小学阶段生均校舍建筑面积外,其余5个指标的变异系数均有明显下降,意味着我国义务教育办学条件的省际差异不断缩小。

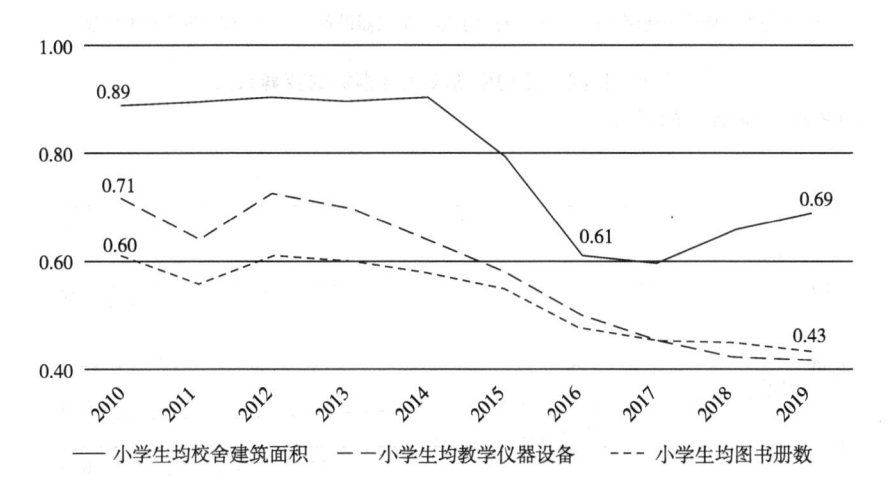

图7 我国省际小学阶段生均指标的变异系数

资料来源:《中国教育统计年鉴》。

从师资配置方面看,生师比与教师学历结构是衡量义务教育供给差距的主要观测指标。考虑到现实中省级地区维度的义务教育在校生数量庞大,在讨论师资充足性时可以忽略因学生数导致的高指标值失真情况。对此本文综合讨论之,选择生师比、平均班额衡量师资充足性,选择教师学历结构衡量师资质量[①]。由图9和图10可见,我国义务教育阶段师资配置的省际差距整体上不断缩小,表明我国师资的省际差距主要体现在生师比与实际班额上。

综合以上分析,我国省际义务教育信息化设施存在显著的结构性非均衡。一

---

① 2002年7月1日我国发布的《城市普通中小学校校舍建设标准》和《农村普通中小学校校舍建设标准》中统一规定了义务教育阶段校舍配置及班额与学校规模相适应的具体标准,即小学阶段班额不超过45人,初中阶段不超过50人。

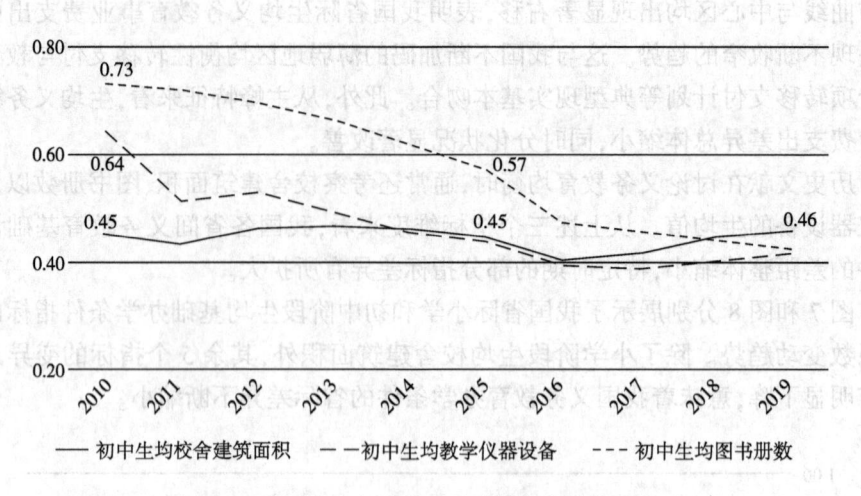

图8　我国省际初中阶段生均指标的变异系数

资料来源：《中国教育统计年鉴》。

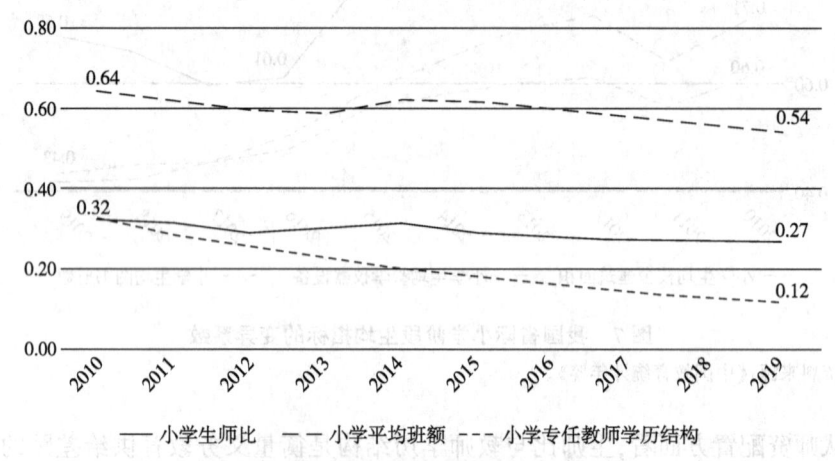

图9　我国省际小学阶段师资的变异系数

资料来源：《中国教育统计年鉴》。

方面，生均计算机建设情况得到显著改善，信息化终端设备的均衡度提升；另一方面，多媒体教室综合教学设施存在明显的省际差距。义务教育信息化设施的结构性非均衡可能意味着部分地区已建成的信息设备存在空置现象，未有效参与到义务教育的产出活动中。

（二）我国财政转移支付与义务教育均等化的政策分析

财政转移支付体系是我国政府间事权与支出责任划分改革的伴生制度，政府界定支出责任对财政转移支付的影响极大，其中最重要的方面是各地转移支付的

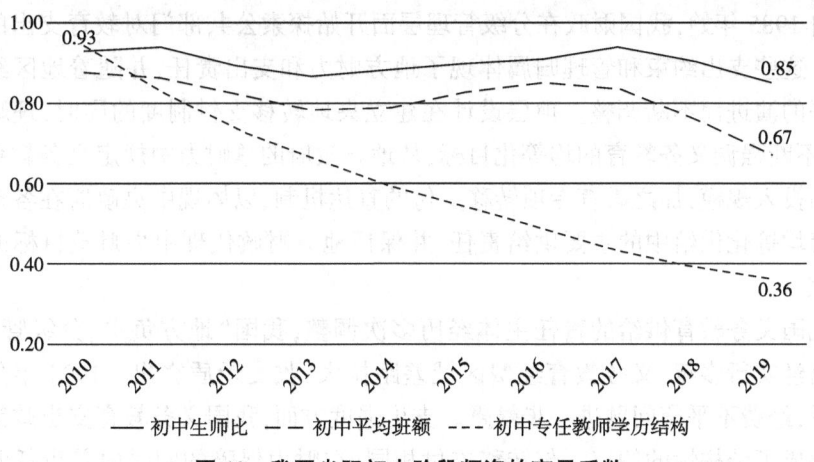

图 10 我国省际初中阶段师资的变异系数

资料来源:《中国教育统计年鉴》。

计算方式。表1为以政府间支出责任划分与资金分配为脉络梳理的政策文件与表述。

表 1 政府间责任划分与资金分配的政策文件与表述

时间	政策名称	责任划分与资金分配
1995	《过渡期转移支付办法(1995)》	各级财政采用标准支出和标准收入核算公式,将政府收支项目分类为标准收支核算缺口确定转移支付数
2000	《中央对地方专项拨款管理办法》	专项拨款分配"基数法""因素法"相结合:已确定补助基数的按原基数;已确定单位标准定额的按已定标准额
2015	《中央对地方专项转移支付管理办法》	专项转移支付设定分类,制定到期时限和资金管理办法,及时公开
2015	《国务院关于改革和完善中央对地方转移支付制度的意见》	增加一般性转移支付规模和比例,调增欠发达地区测算因素、权重,规范专项资金管理下达标准、分配和使用
2016	《中华人民共和国预算法》	规定了一般性转移支付与专项转移支付从各级政府预算正式下达下一级时的具体时限
2019	《教育领域中央与地方财政事权和支出责任划分改革方案》	各级政府按既定基本公共服务项目,按比例责任分成;设立教育共同事权财政转移支付,明确义务教育优先使用转移支付

资料来源:根据财政部、国务院公布的政策文件整理。

自 1985 年始,我国财政在分级管理层面开始探索公共部门对教育支出的刚性规则。这些支出约束和管理归属体现了地方财力和支出责任,并随着地区经济发展水平的演进而不断调整。顶层设计在建立央地转移支付制度的同时,理顺政策通道,不断强调义务教育的均等化目标,从地方政府的总财力中规定义务教育公共服务的投入规模,加之教育专项转移支付的直达机制,以体现中央政府在各地区义务教育均等化供给中的主要供给责任,并保证地方财政代理中央财政目标的偏离度可控。

我国义务教育供给的责任主体经历多次调整,我国"地方负责、分级管理"的体制已经实行多年,义务教育经费区域差距拉大,收支矛盾突出。1994 年分税制改革后,经费不平衡问题进一步暴露。支出强度方面,我国义务教育支出政策表述初步形成了结构性的约束。与转移支付相同,在财力保障的同时向着责任明确的方向发展完善,如表 2 所示。

表 2　义务教育责任明确与支出约束的政策文件与表述

时间	政策名称	责任明确和支出强度
1986	《中华人民共和国义务教育法》	实行地方负责,分级管理的义务教育管理体制
1992	《中华人民共和国义务教育法实施细则》	明确了有关义务教育管理体制、义务教育实施步骤、保障措施、义务教育管理与监督等具体实施办法
1993	《中国教育改革和发展纲要》	4%总量支出目标,计征城乡教育费附加主要用于义务教育;"两个比例""三个增长"支出
1995	《中华人民共和国教育法》	实行以各级财政拨款为主的教育经费投资体制
2001	《国务院关于基础教育改革与发展的决定》	由地方政府负责、分级管理、以县为主的管理体制
2003	《基础教育工作分类推进与评估指导意见》	明确义务教育达标标准后,强调基础标准的覆盖率
2005	《义务教育法(修订草案)》	义务教育经费由各级政府共同分担
2006	《农村义务教育经费保障机制改革中央专项资金支付管理暂行办法》	中央财政负担免费教科书、免杂费补助、公用经费补助、校舍维修改造等义务教育支出项目

资料来源:根据教育部、国务院公布的政策文件整理。

综上所述,我国义务教育财政体制依旧处在不断革新以释放制度红利的阶段,义务教育服务供给整体也取得了长足的进展。一方面,财政转移支付明显平衡和补足了地方政府投入义务教育的财政能力,而各地义务教育支出强度也得到支出标准和督导机制的控制。从整体教育支出的政策约束看,我国长期明确并坚持了各级地方政府要维持一定义务教育经费的支出目标并与 GDP 和财政收入挂钩,同时将其纳入"两个比例"和"三个增长"的教育支出要求中,实际上对地方政府的义务教育支出偏好具有长期较强的控制和影响作用。另一方面,部分欠发达地区的义务教育经费存在明显错配,地区内"义务教育学位供给短缺"和"义务教育空心化"问题并存,这也使得财政转移支付在义务教育领域的支出效能被削弱,义务教育整体薄弱的现状还有待根本性扭转,部分省级地区间义务教育供给差距也有逆向扩大的可能。

四、我国义务教育服务供给水平测度和均等化评价

(一)指标体系构建

结合现有的研究方法,本节首先基于我国义务教育服务的现实构建综合指标体系(薛二勇,2013),在此基础上采用熵值法合成服务水平指数(辛冲冲等,2019;熊兴等,2018;吴强等,2017),并利用泰尔指数分析我国各省间义务教育均等化的差距,以期全面反映我国各省级地区义务教育均等化现状(孟估贤等,2020;申伟宁等,2019)。

结合我国"十四五"规划和《国家基本公共服务统计指标(2017)》中关于推动义务教育均等化发展的要求和内容(刘琼莲,2014;李保强等,2014),本文从义务教育经费、义务教育设施、义务教育师资和义务教育产出四个维度来构建义务教育阶段服务水平的指标体系。除平均班额和生师比为逆向指标外,其他指标均为正向指标。具体如表3所示。

表3 义务教育服务水平指标体系

义务教育经费	公共财政预算支出	公共预算支出中教育经费支出占比
	国家财政教育经费	教育经费中国家财政教育经费占比
	生均公共财政预算教育事业费	小学生均公共财政预算教育事业费
		初中生均公共财政预算教育事业费

续表

义务教育设施	生均教学及辅助用房面积	小学生均教学及辅助用房面积
		初中生均教学及辅助用房面积
	生均图书册数	小学生均图书册数
		初中生均图书册数
	生均计算机数	小学生均计算机数
		初中生均计算机数
	生均教学仪器设备	小学生均教学仪器设备资产
		初中生均教学仪器设备资产
	多媒体教室占比	小学网络多媒体教室占比
		初中网络多媒体教室占比
义务教育师资	平均班额	小学平均班额
		初中平均班额
	生师比	小学生师比
		初中生师比
	专任教师学历合格以上教师数占比	小学专任教师本科及以上学历占比
		初中专任教师本科及以上学历占比
义务教育产出		每十万人口平均在校生数
		初中升学率
		人均受教育年限
		15岁及以上人口中非文盲人口占比

（二）义务教育服务水平的测度及分析

考虑到本文主要分析指标体系反映出的综合指数情况而非拆解分析，为尽量客观地衡量各省（自治区、直辖市）义务教育水平，本文选择熵值法将2010—2019年31个省（自治区、直辖市）的多维度指标综合为义务教育服务水平指数，测算我国各省份义务教育服务水平(见表4)。

表4 2010—2019年各省份义务教育服务水平

	2010	2011	2012	2013	2014
北京	0.112 1	0.113 1	0.129 2	0.122 6	0.119 7
天津	0.056 8	0.059 4	0.061 5	0.059 1	0.055 8
河北	0.029 1	0.027 0	0.026 8	0.024 9	0.023 7
上海	0.148 0	0.118 5	0.117 5	0.100 3	0.088 1
江苏	0.050 8	0.052 8	0.054 4	0.054 1	0.053 7
浙江	0.061 5	0.058 8	0.058 6	0.056 7	0.054 5
福建	0.030 9	0.033 0	0.028 8	0.031 1	0.032 8
山东	0.034 3	0.038 4	0.032 6	0.033 8	0.034 4
广东	0.025 6	0.025 3	0.024 4	0.025 5	0.030 5
海南	0.015 6	0.014 6	0.014 7	0.018 0	0.020 3
山西	0.018 1	0.018 8	0.016 4	0.018 0	0.019 6
内蒙古	0.026 7	0.028 5	0.026 8	0.028 4	0.028 4
安徽	0.009 8	0.012 1	0.013 9	0.015 9	0.018 6
江西	0.011 4	0.011 9	0.009 3	0.009 0	0.009 0
河南	0.007 8	0.007 9	0.007 1	0.006 9	0.006 7
湖北	0.017 1	0.017 9	0.024 1	0.025 9	0.025 2
湖南	0.022 8	0.020 8	0.021 6	0.018 9	0.016 6
广西	0.011 8	0.011 7	0.010 3	0.010 0	0.010 5
重庆	0.019 3	0.020 5	0.018 7	0.020 7	0.023 5
四川	0.011 2	0.013 9	0.015 3	0.016 0	0.016 4
贵州	0.005 8	0.006 2	0.006 4	0.008 1	0.011 9
云南	0.012 1	0.011 9	0.010 9	0.012 0	0.011 6
西藏	0.023 4	0.026 3	0.023 7	0.025 9	0.028 8
陕西	0.023 1	0.031 0	0.026 4	0.027 8	0.028 8
甘肃	0.013 1	0.017 6	0.017 2	0.018 7	0.019 8

续表

	2010	2011	2012	2013	2014
青海	0.023 0	0.027 3	0.028 1	0.030 0	0.028 4
宁夏	0.028 2	0.027 3	0.028 7	0.029 7	0.033 5
新疆	0.028 1	0.030 9	0.029 3	0.033 2	0.033 1
辽宁	0.039 4	0.035 8	0.039 6	0.038 4	0.035 1
吉林	0.031 9	0.030 4	0.028 0	0.028 0	0.030 4
黑龙江	0.024 8	0.023 7	0.022 5	0.024 1	0.022 5

	2015	2016	2017	2018	2019
北京	0.105 4	0.101 6	0.100 2	0.103 6	0.101 4
天津	0.051 4	0.047 1	0.044 9	0.044 7	0.045 5
河北	0.023 7	0.023 5	0.022 2	0.019 8	0.019 6
上海	0.077 0	0.071 3	0.067 9	0.073 5	0.076 2
江苏	0.048 4	0.045 1	0.041 4	0.040 2	0.038 7
浙江	0.051 9	0.048 4	0.047 5	0.048 8	0.047 3
福建	0.031 0	0.029 0	0.026 1	0.024 0	0.021 4
山东	0.034 3	0.031 6	0.031 1	0.030 8	0.029 4
广东	0.031 1	0.029 7	0.029 4	0.030 1	0.029 3
海南	0.022 1	0.021 5	0.021 8	0.021 2	0.021 3
东部整体	0.047 6	0.044 9	0.043 2	0.043 7	0.043 0
山西	0.023 3	0.025 2	0.024 6	0.023 9	0.024 5
内蒙古	0.032 5	0.038 7	0.038 6	0.038 1	0.039 8
安徽	0.023 2	0.023 2	0.023 1	0.022 6	0.022 2
江西	0.010 2	0.011 9	0.013 0	0.013 4	0.016 0
河南	0.006 8	0.008 2	0.009 4	0.009 8	0.008 8
湖北	0.029 3	0.027 8	0.027 2	0.023 7	0.022 7
湖南	0.014 9	0.012 6	0.013 1	0.012 9	0.014 7
广西	0.011 2	0.014 8	0.018 9	0.018 5	0.017 7
中部整体	0.018 9	0.020 3	0.021 0	0.020 4	0.020 8

续表

	2015	2016	2017	2018	2019
重庆	0.024 6	0.022 6	0.021 4	0.020 9	0.021 8
四川	0.018 9	0.019 9	0.020 8	0.021 1	0.021 3
贵州	0.016 5	0.015 9	0.015 7	0.016 8	0.016 3
云南	0.012 7	0.015 5	0.018 3	0.019 8	0.018 7
西藏	0.030 3	0.030 0	0.032 9	0.037 0	0.034 9
陕西	0.031 4	0.032 6	0.033 4	0.032 6	0.032 3
甘肃	0.023 5	0.029 1	0.031 3	0.031 2	0.032 7
青海	0.026 0	0.026 6	0.029 9	0.028 9	0.029 7
宁夏	0.034 6	0.036 1	0.034 3	0.033 2	0.031 2
新疆	0.034 4	0.033 1	0.032 9	0.032 8	0.033 7
西部整体	0.025 3	0.026 1	0.027 1	0.027 4	0.027 3
辽宁	0.035 9	0.037 8	0.036 4	0.035 5	0.036 9
吉林	0.033 3	0.035 4	0.036 2	0.035 1	0.037 2
黑龙江	0.023 0	0.029 0	0.031 6	0.032 0	0.033 8
东北整体	0.030 8	0.034 1	0.034 7	0.034 2	0.036 0
全国整体	0.055 4	0.059 2	0.063 1	0.065 5	0.067 8

从省际层面看,北京、上海、江苏、天津和浙江等东部地区省份的义务教育服务水平始终处于较高的队列,接近甚至超出全国整体水平。而河南、广西、云南、贵州、湖南等中西部地区的省份近十年的义务教育服务位于全国较低水平。这表明我国的义务教育服务水平可能存在一定程度的省级地区分化,同时考虑到受教育人口流动的影响,一些人口流入地省份的义务教育服务压力可能增加,进而体现在较低的指数上;相应的人口外流地省份在指数上呈现上升态势,可能代表该省份出现"教育空心化"等资源空置现象。

(三) 义务教育供给动态演进

如前所述,仅通过义务教育公共服务供给指数的直观比较并不能得出供给水平优劣的结论。为综合考量各省级地区的义务教育均等化水平,本节采用核密度估计法观察省级义务教育服务供给水平的动态分布。为了更直观地观测我国省级义务教育公共服务水平及分布结构的动态优化过程和演进趋势,本节利用

Stata 15.1 采用核密度估计法,选择高斯核函数估计我国省级义务教育服务水平的动态分布,所用公式如下:

$$K(x) = \frac{1}{\sqrt{2\pi}} \exp\left(\frac{x^2}{2}\right)$$

图 11 描述了我国整体义务教育公共服务水平在样本观测期内的分布动态演进趋势[①]。在图 11 中,我国整体的分布曲线中心以及变化区间逐步右移,曲线主峰随着观测期的演进经历先升后降的变动过程,总体波动上升,同时曲线宽度小幅收窄,而左侧边界明显收敛,这意味着我国义务教育服务供给水平整体趋于提升,也表明省际绝对差异在逐步缩小,部分省份的义务教育水平增速可能存在明显加快现象。

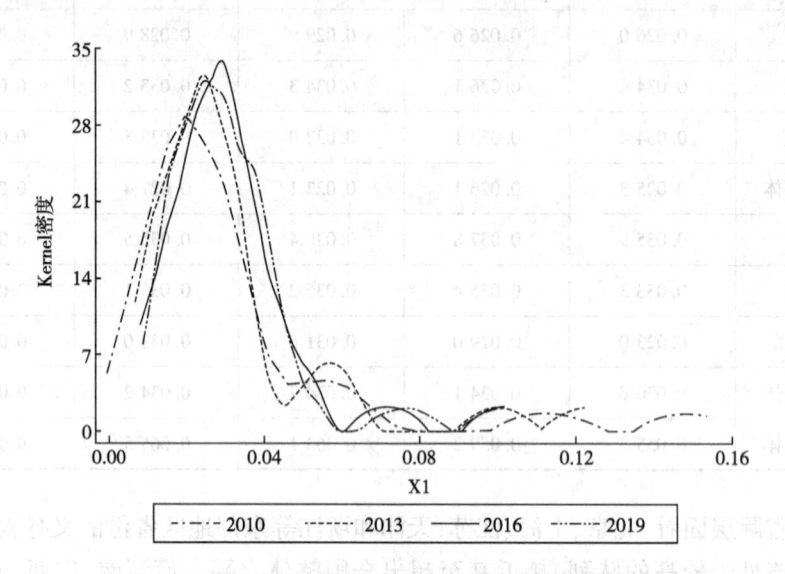

图 11 我国省级义务教育服务供给水平的估计结果

尽管我国义务教育服务水平随着近年来经济社会发展以及专项政策支持取得了明显提升,但鉴于要素禀赋、经济水平以及政府财政能力等存在明显差异,短期内义务教育服务水平低的省份若要追赶高水平的省份,依旧需要追加投入,因此在财政能力迥异的地方政府辖区之间的分化趋势有可能仍会持续一段时期。

---

① 本文的经济地区划分依据参照《中共中央、国务院关于促进中部地区崛起的若干意见》、《国务院发布关于西部大开发若干政策措施的实施意见》以及党的十六大报告等政策文件,而考虑到东北地区省份样本量较少,以其单独划分经济地区难以得出有经济含义的分析结果,故在以下分析中将辽宁纳入东部地区,将黑龙江省与吉林省纳入中部地区,合并为三大地区。

五、财政转移支付对义务教育均等化影响的实证分析

(一)变量选择及数据来源

本文采用义务教育服务偏离度作为衡量义务教育均等化水平的被解释变量。其计算方法为:义务教育服务供给水平减全国平均水平的绝对值。义务教育服务供给水平的原始数据于前文获得。

在选取财政转移支付总量及其各分项作为核心解释变量的过程中,为了统一所有指标的含义,核心解释变量采用财政转移支付总量与分项的人均值。本文在模型 1 中选取 2010—2019 年 31 个省(自治区、直辖市)数据;在模型 2 中考虑到数据的可获得性,选取 2015—2019 年 31 个省(自治区、直辖市)数据。

考虑到义务教育公共服务均等化受到多种因素的影响,本文引入以下控制变量:第一类是地方财政能力指标,即人均财政支出,反映其真实财政能力(吕炜、赵佳佳,2015)。第二类是经济社会指标,引入人均地区生产总值、产业结构、全社会固定资产投资水平和城镇化率来综合体现各省经济增长的动力(田侃、亓寿伟,2013;朱光、李平、姜永华,2019)。本文各变量的解释及衡量方法如表 5 所示。

表 5　各变量名称及解释

变量符号	变量名称	变量解释
TI	义务教育服务偏离度	|各省义务教育服务水平−全国平均水平|
Perftp	人均财政转移支付	地区财政转移支付数/当地常住人口
Pergtp	人均一般性转移支付	一般性转移支付/当地常住人口
Perstp	人均专项转移支付	专项转移支付/当地常住人口
Pertr	人均税收返还	税收返还/当地常住人口
PFE	人均财政支出	地区财政支出/当地常住人口
Pergdp	人均地区生产总值	地区生产总值/当地常住人口
IS	产业结构	第二产业增加值/地区生产总值
TFA	固定资产投资水平	各地区固定资产投资总额/地区生产总值
UR	城镇化率	各地区城镇人口/地区总人口

资料来源:中国统计年鉴,中国财政年鉴,中国教育经费统计年鉴,中国教育统计年鉴和各省(自治区、直辖市)政府历年省级财政决算公开表。

总体而言,按照本部分模型设定选取的各类变量不存在异常值,符合进行下一

步分析的需要。

(二)模型设定和实证分析

在具体的模型选择上,考虑到义务教育公共服务的空间相关效应在短面板中不显著,而样本个体之间又存在显著差异,本文选择面板数据模型并检验固定效应与随机效应。为研究财政转移支付总量及分项对义务教育均等化的效应,构建两个面板模型分别检验总量效应和结构效应。

对于财政转移支付总量对义务教育均等化水平的影响,模型1如下:

$$TI_{i,t1} = \alpha_0 + \alpha_1 \cdot Perftp_{i,t1} + \alpha_2 \cdot TFA_{i,t1} + \alpha_3 \cdot IS_{i,t1} + \alpha_4 \cdot UR_{i,t1} + \alpha_5 \cdot PFE_{i,t1} + \alpha_6 \cdot Pergdp + \mu_i + \varepsilon_{i,t1}$$

对于财政转移支付分项对义务教育均等化水平的影响,模型2如下:

$$TI_{i,t2} = \alpha_0 + \alpha_1 \cdot Pertr + \alpha_2 \cdot Pergtp + \alpha_3 \cdot Perstp + \alpha_4 \cdot TFA_{i,t2} + \alpha_5 \cdot IS_{i,t2} + \alpha_6 \cdot UR_{i,t2} + \alpha_7 \cdot PFE_{i,t2} + \alpha_8 \cdot Pergdp_{i,t2} + \mu_i + \varepsilon_{i,t2}$$

其中,被解释变量 TI 为义务教育服务偏离度;α 为回归系数;μ_i 为个体效应;$\varepsilon_{i,t}$ 为随机误差项;$i = 1, 2, 3, \cdots, 31$,即全国 31 个省(自治区,直辖市);$t_1 = 1, 2, 3, \cdots, 10$,即 2010—2019 年这 10 年;$t_2 = 1, 2, 3, 4, 5$,即 2015—2019 年这 5 年。其余变量名称与经济含义见表5。

被解释变量选择本文第四部分计算得到的各省义务教育服务水平的泰尔指数作为义务教育均等化程度的代理变量。在核心解释变量的选择上,借鉴已有文献以及全国各省财政决算数据的可获得性,将财政转移支付分为税收返还、一般转移支付和专项转移支付,同时为了变量的含义保持一致,核心解释变量都采用人均值。描述性统计分析结果如表6、表7所示。

表6 模型1样本的描述性统计分析结果

变量	观察值	平均值	标准差	最小值	最大值
TI	310	0.03	0.069	0	0.129
$Perftp$	310	0.606	0.669	0.108	5.595
TFA	310	0.793	0.262	0.092	1.507
IS	310	0.832	1.042	0.016	6.352
UR	310	0.561	0.134	0.227	0.896
PFE	310	0.385	1.202	0.015	9.459
$Pergdp$	310	5.182	2.612	1.323	16.422

表7 模型2样本的描述性统计分析结果

变量	观察值	平均值	标准差	最小值	最大值
TI	155	0.03	0.069	0	0.129
$Pertr$	155	0.660	0.521	0.112	2.735
$Pergtp$	155	0.422	0.569	0.004	4.664
$Perstp$	155	0.225	0.304	0.009	2.040
TFA	155	0.793	0.262	0.092	1.507
IS	155	0.832	1.042	0.016	6.352
UR	155	0.561	0.134	0.227	0.896
PFE	155	0.385	1.202	0.015	9.459
$Pergdp$	155	5.182	2.612	1.323	16.422

假设我国居民有稳定的受教育意愿,预计采用个体固定效应模型可以控制该因素的影响。判别模型1和模型2选择模型种类的Hausman检验结果显示P值均小于5%,表明二者都更适于选取固定效应模型(FE)对面板数据进行处理。两个模型的具体回归结果如表8、表9所示。

表8 模型1回归结果

被解释变量	TI	被解释变量	TI
$Perftp$	-0.014 670 5***	$Pergdp$	0.009 886 2***
	(-2.88)		(2.78)
TFA	0.011 745 2	_cons	0.650 453 6***
	(1.89)		(21.02)
IS	-0.001 441 7	R^2	0.926 4
	(-0.99)	样本观察值	310
UR	-0.041 647 9***	Hausman 检验结果	chi2(6)= 456.85
	(-5.00)		Prob>chi2=0.000 0
PFE	-0.023 428 8***		
	(-3.73)		

注:括号内数值为回归系数的异方差稳健标准误;*、**、*** 分别表示10%、5%和1%的显著性水平。

表 9　模型 2 回归结果

被解释变量	TI	被解释变量	TI
$Pertr$	-0.011 504 7	UR	-0.041 647 9***
	(-1.02)		(-10.01)
$Pergtp$	-0.012 771 6***	PFE	-0.023 428 8***
	(-3.30)		(-8.36)
$Perstp$	-0.026 513 2***	$Pergdp$	0.009 886 2***
	(-3.41)		(2.29)
TFA	0.011 745 2	_cons	0.650 453 6***
	(-0.90)		(47.29)
IS	-0.001 441 7	R^2	0.980 4
	(-1.44)	样本观察值	155
		Hausman 检验结果	chi2(8) = 288.12
			Prob>chi2 = 0.000 0

注：括号内数值为回归系数的异方差稳健标准误；*、**、*** 分别表示 10%、5% 和 1% 的显著性水平。

由模型 1 的面板数据回归结果可见模型拟合度较好，R^2 为 0.926 4。从具体参数来看，人均财政转移支付（$Perftp$）与义务教育服务偏离度（TI）在 1% 的显著性水平下负相关，统计显著度较高，说明目前中国财政转移支付制度对于促进省级地区义务教育均等化有显著的正向影响，是支撑目前义务教育均衡发展的重要影响因素，但其结构性的作用机制还需要通过模型 2 进行进一步解释。

接下来观察模型 2 的面板数据估计，结果拟合度同样较高。从统计量来看，人均一般性转移支付和人均专项转移支付均在 1% 的水平下显著，而税收返还不显著，财力补偿的转移支付（税收返还与一般性转移支付）和专项转移支付都对义务教育服务偏离度（TI）的降低起到了推动作用。这解释了税收返还是作为地方政府原有财力的补偿，且对增加地区财力的效果不足；而由于税收返还本身规模较小，因此对模型 1 中财政转移支付对义务教育服务偏离度（TI）的影响效应波动也是较弱的。

同时，由模型 2 回归结果也可以看出，从回归系数看，人均专项转移支付（$Perstp$）、人均一般性转移支付（$Pergtp$）能显著改善义务教育公共服务差异，人均税收返还（$Pertr$）则不显著。其中人均专项转移支付较人均一般性转移支付的效应更强。这可能是由于专项转移支付有特定的使用规限和配套措施,从减轻地方特定领域公共支出的角度看,是属于间接增加地方财力的措施,而一般性转移支付属于无方向、无条件、直接增加地方政府财力的转移支付,主要用于平衡各地的财力差异,因而效果较弱。

从外生控制变量的回归结果来看,模型 1 中固定资产投资水平(TFA)和人均地区生产总值($Pergdp$)与义务教育水平偏离度(TI)呈现正相关,其余控制变量均与义务教育服务偏离度(TI)在 1% 的显著性水平下负相关,可见地方财政支出偏好、城镇化进程都是显著影响省级义务教育公共服务均等化的重要因素。

(三)小结

模型 1 与模型 2 的估计结果显示,财政转移支付对义务教育均等化的正面效应较为显著,其中专项转移支付对义务教育均等化的促进效果为正且较显著。相较于专项转移支付,一般转移支付会产生明显的"粘蝇纸"效应,减弱其对义务教育均等化的促进作用。由此可见,转移支付资金进行用途和预算管理上的规限有助于提升地方政府在义务教育领域的公共支出倾向和资金使用效益。而在公共需求方面,人均地区生产总值水平实际上拉大了居民省际的教育均等化差距,这说明优化地方政府基于地区 GDP 的经济绩效考核对促进义务教育公共服务均衡是必要的。此外,城镇化率和人均财政支出的间接效应为正效应,这是因为城镇化进程增加了迁入人口接受优质义务教育资源的机会,而人均财政支出增长的地区其民生性公共服务供给水平也较高。

六、推进义务教育均等化的财政转移支付建设对策

(一)扩大教育转移支付向欠发达地区倾斜规模

无论是一般转移支付还是专项转移支付,其对地方政府而言首先是为了弥补财力与支出责任不匹配而存在的,只有提升了地方政府的可支配财力,地方政府才能充分发挥其资源配置的职能。从分权理论上看,地方政府具备感知居民实际公共需求的信息优势,有利于地方因地制宜统筹安排基本公共服务领域的财政支出和落实相应的管理责任。从财政实践来看,地方政府义务教育经费增长的落实与中央要求存在滞后,这也与未形成匹配地方支出责任的财力体系有关。此外,从财政转移支付促进我国区域间义务教育均等化的实证分析可看出,一般性转移支付对于缩小我国省际义务教育均等化差距较为显著。从长期看,应当继续推进与各地支出责任相匹配的地方财力体系建设,如直接联系地方公共服务支出的财产税体系建设和地方政府公共服务考核激励机制,通过保障地方政府财力来提高其义务教育供给的积极性,进而促进地方义务教育公共服务走向"优质均衡"。

(二)发挥专项转移支付对优质师资流动和数字教育资源的引导作用

对于义务教育而言,我国专项转移支付的相关项目多集中在改造薄弱地区硬件设施和当地学生生活和公用经费补助上,而受限于地区优质师资不足,专项支出改造的学校并未满足居民的教育需求,反而出现教育空心化现象。虽然义务教育政策对规模不足的教学点采取增加生均公用经费补助的措施,但这也是牺牲专项资金支出效率的次优之选。与此同时,薄弱地区的专项转移支付鼓励优质师资流动和数字教育资源的补助不足,逐渐无法满足当地居民义务教育需求的升级。从义务教育领域的特点看,在财力远不足以匹配其支出责任的地区,一般转移支付通常首先提升地区财力均等水平,并不会直接提高义务教育公共服务的供给,而即使存在管理上的不足,专项转移支付依旧可以缓解部分地区急需的公共服务供给压力,即间接地增加了地方政府财力,从而造成了上述的不确定性。因此,专项转移支付应当加大促进优质师资流动的方向引导力度,制订并落实轮岗教师的专项补助计划,同时推进薄弱地区信息化基础设施建设,提高数字化教育资源向中西部和东部欠发达地区配置的力度,使得专项转移支付资金的使用更好发挥其促进区域间义务教育均等化的作用。

(三)完善转移支付资金直达机制,提升教育转移支付的支出效率

在提升转移支付资金支出效能方面,要想提升现有转移支付资金在义务教育领域的支出效能,需要依托并完善转移支付资金直达机制。利用全国统一的教育转移支付资金管理平台实施支出管理,提升与地方受教育人口动态监测体系的协调性,使学位供给优先适配受教育人口的流动方向。为实现我国区域间均等化的目标,应当为之匹配有效的监督体系。一方面,财政转移支付补助资金的去向、拨付流程、是否严格按照上级政策拨付到相应项目、使用明细都可以通过监督体系进行记录并实时反馈。另一方面,设计一套相互关联的效益评估指标对转移支付资金最终使用的绩效情况进行考核,衡量其带来的效益是否实现最大化。在搭建动态监测的转移支付通道后,教育专项转移支付应当专用于薄弱地区的数字化教育基础设施建设,提升数字教育资源质量,以更有效更精准地补齐薄弱地区数字教育短板,推动整体义务教育公共服务均等化。

参考文献

[1]范柏乃,傅衍,卞晓龙.基本公共服务均等化测度及空间格局分析:以浙江省为例[J].华东经济管理,2015,29(1):141-147,174.

[2]马忠华,许航敏.财政治理现代化视域下的财政转移支付制度优化[J].地方财政研究,2019(12):36-42.

[3]孙涛.政府责任、财政投入与基本公共教育均等[J].财政研究,2015(10):26-32.

[4]凡勇昆,邬志辉.我国城乡义务教育资源均衡发展研究报告:基于东、中、西部8省17个区(市、县)的实地调查分析[J].教育研究,2014,35(11):32-44,83.

[5]乔俊峰,陈荣汾.转移支付结构对基本公共服务均等化的影响:基于国家级贫困县划分的断点分析[J].经济学家,2019(10):84-92.

[6]姚东旻,李静,陈翊婧.专项转移支付是否带动了地方的专项支出?——一个基于政策文本与省市数据的理论机制及其实证检验[J].财经研究,2019,45(10):21-34.

[7]赵永辉,付文林,束磊.转移支付与地方财政支出扩张:基于异质性与空间外溢视角的分析[J].经济理论与经济管理,2019(8):27-44.

[8]邓晓兰,金博涵,李铮.转移支付的资源配置效应研究:基于区域间资本错配视角[J].中央财经大学学报,2019(8):3-19.

[9]刘贯春,周伟.转移支付不确定性与地方财政支出偏向[J].财经研究,2019,45(6):4-16.

[10]朱光,李平,姜永华.专项转移支付、一般性转移支付与地方政府公共服务支出:基于专项转移支付分项数据的空间计量分析[J].华东经济管理,2019,33(3):145-151.

[11]马海涛,任强,孙成芳.改革开放40年以来的财税体制改革:回顾与展望[J].财政研究,2018(12):2-9.

[12]鲍曙光,符维,姜永华.上级转移支付与地方财政努力:基于中国县级数据的实证分析[J].财经论丛,2018(11):22-30.

[13]薛凤珍,蒙永胜.转移支付与县级财政支出扩张:基于"双向"粘蝇纸效应的分析[J].中央财经大学学报,2018(7):13-25.

[14]胡灵芝.财政分权、转移支付对非经济性公共品供给的影响[D].长沙:湖南大学,2018.

[15]刘士义.财政转移支付制度的现实困境与改革路径研究[J].财经问题研究,2018(2):89-94.

[16]成丹.政府间转移支付制度优化:基于转移支付效果的分析[J].地方财政研究,2017(9):75-83.

[17]王永钦,张晏,章元,等.中国的大国发展道路:论分权式改革的得失[J].经济研究,2007(1):4-16.

[18]田侃,亓寿伟.转移支付、财政分权对公共服务供给的影响:基于公共服

务分布和区域差异的视角[J].财贸经济,2013(4):29-38.

[19]吕炜,赵佳佳.中国转移支付的粘蝇纸效应与经济绩效[J].财政研究,2015(9):44-52.

[20]毛捷,吕冰洋,马光荣.转移支付与政府扩张:基于"价格效应"的研究[J].管理世界,2015(7):29-41,187.

[21]刘琼莲.论基本公共教育服务均等化及其判断标准[J].中国行政管理,2014(10):33-36.

[22]武力超,林子辰,关悦.我国地区公共服务均等化的测度及影响因素研究[J].数量经济技术经济研究,2014,31(8):72-86.

[23]刘贯春,段玉柱,刘媛媛.经济政策不确定性、资产可逆性与固定资产投资[J].经济研究,2019,54(8):53-70.

[24]王义中,宋敏.宏观经济不确定性、资金需求与公司投资[J].经济研究,2014,49(2):4-17.

[25]安体富,任强.中国公共服务均等化水平指标体系的构建:基于地区差别视角的量化分析[J].财贸经济,2008(6):79-82.

[26]辛冲冲,陈志勇.中国基本公共服务供给水平分布动态、地区差异及收敛性[J].数量经济技术经济研究,2019,36(8):52-71.

[27]武少苓.上海市基础教育服务均等化的实证考察:基于财政资金的泰尔指数法[J].山西财经大学学报,2017,39(S2):14-16,25.

[28]吴强,徐李璐邑.我国区际基础教育服务差距与均等化的转移支付研究[J].中国软科学,2017(8):175-183.

[29]李保强,马婷婷.公共教育服务的概念及其体系架构分析[J].教育理论与实践,2014,34(7):35-38.

[30]薛二勇.区域内义务教育均衡发展指标体系的构建:当前我国深入推进义务教育均衡发展的政策评估指标[J].北京师范大学学报(社会科学版),2013(4):21-32.

[31]吕炜,赵佳佳.我国财政分权对基本公共服务供给的体制性约束研究[J].财政研究,2009(10):11-14.

[32] SLACK, ENID. Local Fiscal Response to Intergovernmental Transfers[J]. The Review of Economical and Statistics,1980,62(3):364-370.

[33] MA J. Intergovernmental fiscal transfer in nine countries : lessons for developing countries[J]. Policy Research Working Paper Series,1997.

[34] OATES W E. Lump-Sum Intergovernmental Grants Have Price Effects. Economists of the Twentieth Century Series,1991:166-173.

[35] LI H, L ZHOU. Political Turnover and Economic Performance: The Incentive Role of Personnel Control in China[J]. Journal of Public Economics, 2005, 89(9/10): 1743-1762.

[36] FEREDE E, S ISLAM. Block Grants and Education Expenditure: Evidence from Canadian Provinces[J]. Public Finance Review, 2016, 44(5): 635-659.

[37] SHERET M. Equality Trends and Comparisons for the Education System of Papua New Guinea[J]. Studies in Educational Evaluation, 1988, 14(1): 91-112.

[38] LANGER S, A KORZHENEVYCH. Equalization Transfers and the Pattern of Municipal Spending: An Investigation of the Flypaper Effect in Germany[J]. Annals of Economics and Finance, 2019, 20(2): 737-765.

[39] PETRETTO A. Need Equalization Transfers and Productive Efficiency of Local Governments[J]. Rivista Italiana degli Economisti, 2013, 18(1): 25-46.

[40] E S SAVAS. On Equity in Providing Public Services[J]. Management Science, 1978, 24(8): 800-808.

[41] GRAMLICH E M. Subnational Fiscal Policy[J]. Perspectives on Local Public Finance and Public Policy, 1987, 3(1): 3-27.

[42] Gramlich E M. Intergovermental Grants: a Review of the Empirical Literture[M]// OATES W E, edited. The Political Economy of Federalism, Edited by Oates. 1977: 227-230.

[43] LEONZIO RIZZO. Local Government Responsivenessto Federal Transfers: Theory and Evidence[J]. International Tax and Public Finance, 2008(3): 316-337.

[44] PK PANDA. Central Fiscal Transfers and States' Own-Revenue Efforts in India: Panel Data Models[J]. The Journal of Applied Economic Research, 2009(3): 223-242.

[45] SNODDON T. On Equalization and Incentives: An Empirical Assessment[R]. School of Business and Economics, Laurier University, Working Paper, 2003: 17-23.

第二部分
税收治理、税收征管与涉税服务

数字经济与税收治理

李万甫　刘同州[①]

一、数字经济及其发展概况

（一）数字经济及其特点

"数字经济"一词最早出现在美国作家 Don Tapscott 所著的《数字经济》(1996)一书中,该书将数字经济描述为:数字经济是继农业经济、工业经济之后的更高级经济阶段,是知识经济的一种重要体现,是经济发展的新趋势,将对商业行为产生重大影响。美国商务部在《浮现中的数字经济》(1998)报告中,将数字经济描述为"因特网为基础设施,信息技术为先导,信息产业为支柱,电子商务为经济增长的发动机"。在 IT 技术推动下,经济形态将由工业经济向数字经济转变。2016 年,二十国集团(G20)领导人杭州年会发布的《G20 数字经济发展与合作倡议》中,将数字经济界定为"以使用数字化的知识和信息作为关键生产要素、以现代信息网络作为重要载体、以信息通信技术的有效使用作为效率提升和经济结构优化的重要推动力的一系列经济活动"。国务院发布的《"十四五"数字经济发展规划》中,认为"数字经济是继农业经济、工业经济之后的主要经济形态,是以数据资源为关键要素,以现代信息网络为主要载体,以信息通信技术融合应用,全要素数字化转型为重要推动力,促进公平与效率更加统一的新经济形态"。

从数字经济内涵演变的进程可以看出,随着数字经济技术的迅猛发展,人们对数字经济含义的认识逐步深化并逐步得到共识,其内在含义可归纳为:一是以互联网发展作为底层逻辑而展开,离开了互联互通也就无法形成数字经济新业态,这是数字经济的载体和原动力;二是信息通信技术的创新应用,在赋能传统产业发展中,逐渐衍生出新经济业态,并通过融合发展,提升全要素生产效率;三是体现出数据作为核心要素的价值,数据作为新生的创造价值要素,成为推动数字经济发展的驱动力,并显现出更大的作为空间;四是数字经济是一种新型的经济形态,是依托现有工业经济并日渐独立发展的新经济模式,必然会对社会发展产生巨大影响力。

[①] 李万甫,中国税务杂志社总编辑。刘同州,国家税务总局科研所博士后。

数字经济基本组成架构包括数据价值化、产业数字化、数字产业化、数字化治理。具体见表1。

表1 数字经济的"四化"框架

生产要素	生产力	生产关系
数据价值化	数字产业化	数字化治理
数据采集 数据确权 数据定价 数据交易	基础电信 电子信息 软件及服务 互联网	多主体参与
技术 资本 劳动 土地	产业数字化 数字技术在农业中的边际贡献 数字技术在工业中的边际贡献 数字技术在服务业中的边际贡献	数字技术+治理 数字化公共服务

（二）发展数字经济意义重大

国际社会普遍认为，数字经济已成为变革全球治理格局的重要力量，各国纷纷采取措施，助力数字经济的快速发展，抢占未来经济社会发展的制高点。习近平总书记多次强调，要站在统筹中华民族伟大复兴战略全局和世界百年未有之大变局的高度，不断做强做大我国数字经济。党中央、国务院相继下发了一系列有关数字经济发展的纲领性文件，做出了顶层设计、制度安排并推出保障措施。大力推进数字经济发展的意义重大：①它是建设新发展阶段现代化经济体系的重要引擎。大数据的发展和应用，是推动经济体系现代化的重要驱动力，数字经济具有高创新性、渗透性、广覆盖性，可作为引领建设现代化经济体系的重要助推器。数字技术正在颠覆传统经济运行模式，不断赋能千行百业，推动传统领域数字化转型，推动各个领域治理方式变革，并成为推动构建统一开放、竞争有序市场环境的重要力量。②它是构建新发展格局的重要支撑。畅通国际、国内经济循环，增强经济发展韧性，数字技术的广泛应用必不可少。数据作为关键生产要素，深入渗透到社会再生产的各个环节，也是连接产业链、供应链的重要纽带，引领着土地、资本、劳动力、技术等要素网络化共享、集约化整合、协作化开发和高效化利用，实现高水平供需动态平衡。③它是构筑国家竞争新优势的重要途径。现代信息技术的创新发展，引领新一轮产业变革，并成为重组全球要素资源、重塑全球经济结构、重建全球竞争格局的关键力量，为全球经济发展增添新功能。④它是推进共同富裕的必由之路。共同富裕是党的第二个百年目标，具有重大的战略意义，实现共同富裕离不开数字技术驱动的经济高质量发展,数字经济自身也将对促进财富及公共服务均等化带来重大影响。

(三) 我国数字经济发展成效显著,具有明显的国际竞争力

数字经济对经济社会的引领带动作用日益凸显:一是数字经济发展规模全球领先。到2020年底,已开通5G基站超过140万个,占全球总数的70%以上,5G终端用户达5亿,庞大的网民规模(10亿以上)奠定了强大的规模市场优势。二是数字经济赋能实体经济提质增效。近6年来,我国全球创新指数排名由第29位跃升至第12位,制造业数字化转型持续深化,数字技术的广泛应用推动新业态新模式蓬勃发展,数字技术在农业生产经营活动的渗透率不断提升。三是数字经济拓展经济增长新空间。数字经济拉动了投资增长,带动数字产业领域投资近千亿元,农村电商、电子商务、智能化产品、数字贸易、跨境电商、可数字化支付等增长明显。四是数字抗疫举重若轻。数字经济、数字技术在支持抗疫、复工复产、稳就业、增强供应链韧性等方面作用显著。

中国信息通信研究院发布的《中国数字经济发展报告(2022)》显示,我国数字经济发展呈现出以下几个特征:一是数字经济作为国民经济的"稳定器""加速器"作用更加凸显。2021年我国数字经济规模达到45.5万亿元,同比名义增长16.2%,占GDP比重达到39.8%。二是数字产业基础实力持续巩固,占GDP比重达7.3%。三是产业数字化发展进入加速轨道,占GDP比重达32.5%。四是数字化治理体系正在构建,数字政府建设加速,新型智慧城市建设稳步推进,数据价值挖掘探索更加深入,数据资源化资产化确权等有序推进。

《全球数字经济竞争力发展报告(2021)》以数字产业、数字创新、数字设施和数字治理为主要框架,构建全球数字经济国家竞争力评价指标体系,反映各国数字经济竞争力水平,如表2所示。

表2 全球数字经济国家竞争力评价指标体系及主要国家数字经济竞争力水平

国家	数字产业		数字创新			数字设施			数字治理		
	经济产出总量增速	国际贸易(跨境)	创新产出(专利、技术出口)	人才投入	研发投入	网络设施	通信设施	终端设备	安全保障	服务管理	市场环境
美国	40.15			88			88.37			90.18	
英国	15.31			78.13			84.57			80.45	
日本	7.67			85.27			85.36			76.29	
德国	19.53			83.29			82.74			79.84	
中国	62.72			62.99			69.78			76.61	

资料来源:王振,惠志斌. 全球数字经济竞争力发展报告(2021)[M]. 北京:社会科学文献出版社,2022.

(四)持续做强做优做大我国数字经济的战略重点

当前,百年变局加速演进,国际格局深刻调整,国内经济面临困扰,对加快数字经济发展提出了新的更高要求。

1. 推进关键核心技术攻关

要集中各方面力量,围绕实现高水平自立自强,突破数字关键核心技术,构建开放协同创新体系,促进数字技术成果转化。

2. 超前部署新型基础设施建设

"新基建"是数字经济发展基础和重要支撑,要加大信息基础设施建设,构建一体化大数据中心,加速传统基础设施数字化改造,形成网络化、智能化、服务化、协同化的融合基础设施。

3. 加快数字技术与实体经济深度融合

要提升数字生产力,激活发展新动能,助推传统产业升级,深化企业数字化改造升级,打造一体化数字平台,助力构建三大融通发展新模式,促进时空数据赋能数字化转型,着力打造区域数字化转型创新综合体。

4. 推动数字产业创新发展

数字产业的质量和规模是数字经济核心竞争力的集中体现,要推进数字产业基础提级增效,推进数字产业链现代化,培育新业态新模式,规范平台企业建设,大力发展智能经济。

5. 提升数字经济治理水平

要健全数字经济治理政策法规体系,完善协同监管机制,探索建立适应平台经济特点的监管机制,推进共治格局建设。

6. 筑牢数字安全屏障

要增强网络安全防护能力,健全网络安全应急预警机制,提高防范和抵御安全风险能力,守住网络安全底线。

二、产业数字化、数字产业化与税收治理

(一)产业数字化与税收治理

1. 数字技术与传统产业的深度融合

产业数字化通常是指数字技术与传统产业融合所带来的产出增加和效率提升部分,其发展路径即实现数字技术与实体经济的深度融合,包括但不限于工业互联网、智能制造、车联网、平台经济等融合型新产业、新模式、新业态。通过数字技术

赋能传统产业和实体经济,推动制造业、服务业、农业等全方位、全角度、全链条转型升级,从而提升全要素生产率,进一步拓展经济增长新空间。产业数字化已经成为构筑稳增长的关键引擎。工业互联网是产业数字化转型的核心方法论,工业互联网融合应用,形成了平台化设计、智能化制造、个性化定制、网络化协同、服务化延伸、数字化管理等六大典型融合应用模式,应用广度不断拓展,应用程度不断加深,应用水平不断提高。服务业数字化转型成长迅速,各类传统服务市场因数字化赋能实现了线上线下融合发展,持续活跃。网络零售、电商平台发展迅猛,2021年全国网上零售额达13.1万亿元,同比增长14.1%,网络直播场次超2 400万场,累计观看超1 200亿人次,直播商品数量超5 000万件,活跃主播数量超55万人。网络支付体系完善促进消费扩容便利,2021年移动支付业务增长22.73%,互联互通加速推进。农业数字化转型成效显著,数字技术在农业生产经营活动和农村生活领域的渗透率不断提升。农业生产信息化水平已达20%以上,农村电商助力乡村振兴,数字乡村建设深入推进。此外,数字技术在助力中小企业化转型方面成效也非常明显。2021年,我国产业数字化规模达37.2万亿元,同比名义增长17.2%,占GDP比重为32.5%。近些年来,日益发展壮大的数字经济,特别是产业数字化的融合发展,在确保"六稳""六保"等方面都发挥了卓有成效的作用,也必将在新发展格局构建中发挥更加积极的作用。

2. 增强产业数字经济发展的税收治理匹配性

一方面,现行的税收治理架构是以工业经济为基础逻辑而建立起来的,通过不断的改革完善和优化调整,是基本适应当前的经济运行状态的。而涉及技术创新带来的知识产权、无形资产等的课税难题,始终是税收治理面临的重大困扰,这在增值税、公司所得税、个人所得税等主要税种的制度规定和征管保障方面都有明显的体现。而数字经济的快速发展,又进一步暴露了税收治理的这一短板。面对新老问题共存的状况,应当增强税收的匹配性,在难以对现行税收治理格局进行全面改革的背景下,进一步完善现行税制,特别是针对无形资产等课税要件,研究提出有针对性和更加有效的改革举措,提升税收治理的匹配度,确保税收确定性。

另一方面,尽快明确平台经济新业态的税收政策。数字技术与传统产业融合形成新的经济业态,是助推传统产业转型升级的重要路径,也是数字经济发展进程中催生的新经济模式,特别是蓬勃兴起的平台经济、共享经济、直播经济等业态,对现行税收治理提出了严峻挑战,税法的适用性又带来了税收征管的盲点,这使个人所得税具体课征对象方面存在较大疑惑,税法遵从度大打折扣。要着力完善个人所得税申报制度和平台企业预扣预缴制度,加强源泉征管,防范税款流失;完善平台企业的涉税信息报告制度,使平台企业的交易信息具有可查性、可控性、真实性,并依法依规向税务机关提供相关数据,助力形成"政府+平台+金融机构"的共治机制;完善平台企业中个人所得税认定和费用扣除,单一从事平台经济服务提供的个人收入,视同工资薪金所得,兼职从事的视同劳务报酬所得,借助不动产或固定资产提供服务取得的收入推定为经营收入,实施法定费用扣除,区别不同类型的所得,适用相应的课税机制;增强税制与征管的确定性,针对产业数字化进程中的新业态,及时明确税制的适用性,确定具体的课征标准,减少征管的随意性及差别性,增强税收确定化水平。

(二)数字产业化与税收治理

1. 数字产业化平稳持续发展

数字产业化即指信息通信产业,包括电子信息制造业、电信业、软件和信息技术服务业、互联网行业等。我国数字产业化基础牢固,内部结构持续优化,无论收入规模、增长值规模及增速,都呈现出较为强劲的发展势头,为稳增长打下了坚实基础,为创新发展提供了有力的支撑,为数字经济健康发展提供了强大动力,是新的经济增长极。2021年,我国数字产业规模达8.4万亿元,同比名义增长11.9%,占GDP比重为7.3%。从内部结构上看,电信业稳中向好,增速同比提高4.1个百分点,电子信息制造业增速较上年快8.0个百分点,软件和信息技术服务业同比增长17.7%,增长较快,互联网等相关服务业增速持续,较上年加快8.7个百分点。

2. 创新提升数字产业化的税收治理适配性

把数字产业化发展作为税收治理的首要选项,把创新激励作为税收优惠政策选择的基点,并针对新情况、新变化,调整税收治理策略,最大限度增强税收治理的适配性。

第一,最大限度增强现行税收治理体系对数字产业化发展的适应性,最大限度减少对数字产业化发展的阻碍。随着数字产业化的深度发展,必然会暴露相应税收治理结构的不足,对现行税收治理架构带来全新的挑战,这就要求税收治理策略做相应的调整和转换,以顺应数字产业化发展的内在要求,至少不影响数字产业化发展。

第二,科学评估税收治理工具的选择。国家为了激励信息通信产业的创新发展,已制定实施了一系列税收优惠政策,包括增值税"超税负返还""即征即退"等优惠,也包括所得税方面的税收优惠措施。制定这些税收激励政策的初衷,当时还仅局限于信息通信行业发展之需,而没有站在整个数字经济发展前沿的高度去审视数字产业化发展问题,而当前需要提供更加科学、力度更大、效果更佳的税收政策,注重关键核心技术的自主研发、新基建投资、创新产品转化、技术入股等层面,制定具有较强针对性的激励措施,提升税收优惠质效。

第三,积极构建以数字技术创新为核心的税收优惠政策体系。持续加大信息通信行业税费扶持政策,提高政策"含金量",加大创新风险准备金的计提和税前扣除范围,设置创新风险投资担保基金,并给予税收照顾,承担必要的创新风险,对具有原创性和自主性的知识产权等专利技术的成果转化,给予更大的优惠支持。

第四,加大数字化企业并购重组的税收支持力度。面对激烈的市场竞争和技术迭代升级,数字化企业的兼并重组是数字经济时代的惯常做法,同时也是数字化企业成长面临的一道鸿沟。时下,兼并重组的所得税政策有待进一步完善,个人转让专利技术和股权所得的税收政策有待进一步明确,增强税收确定性,将对数字化企业兼并重组并做大做强做优数字经济产生至关重要的影响。

三、数据价值化与税收治理

(一)数据要素价值创造的理论解析

1. 加强数字技术-数据要素的价值创造机理研究

数字经济发展为传统经济理论等相关创新发展提供了诸多契机。《"十四五"数字经济发展规划》明确提出"深化数字经济理论和实践研究,完善统计测度和评价体系"。金融是现代经济的核心,但随着互联网技术兴起,衍生出许多经济元素,特别是以数据为核心、以数字技术发展为动力源的数字经济,对金融领域及金融工具的运用都带来重大影响,传统货币功能正在面临巨大挑战,数字货币兴起正在改变传统金融格局。可以说,关于数字经济理论研究的革命性、共识性成果尚不多见,研究深度尚显不足,基本架构尚未形成,理论界的使命依然任重道远。

2. 数据是数字经济价值创造的"核心资源"

数据可被视为数字经济时代的"石油",是数字经济商业模式价值创造的关键核心资源。原始数据价值并不高,正如"原油"价值需要进一步的提炼、创造,只有形成具有高附加值的产品,其价值才能得到进一步提升。数据要素的价值形成机理具有与此相似之处,拥有数据是数字化企业市场竞争力的具体体现。姚丽(2021)分析认为,数据作为无形资产,与其他通过研究而形成的交易型无形资产相比,对数据的估值愈加困难,因为数据有可能因为过时而快速贬值,也有可能因为商业模式创新引发其他数据重组或聚合而快速升值。WENDY(2019)将数字经济下价值创造过程总结为四个阶段,即"数据价值链"构成为"数据收集、数据存储、数据分析、数据驱动商业模式",这四个渐进发展阶段,对应不同程度的价值创造和价值实现贡献度。数据收集与数据存储体现数据的所有权和排他性,具有基础性价值作用。数据分析和挖掘是技术性处理,将数据对满足市场社会需求的有用性挖掘出来,找到价值实现的支撑点和通道。商业模式创新通过商业增值活动本身奉献价值,并随同前端创造的价值一并传递给市场,最终实现价值创造货币化。

(二)数据价值与税收数据增值

1. 数据价值的基本内涵

数据的价值是数据对人和社会在经济上的意义,应从数据、信息、知识和智慧的演变和贡献上予以理解。根据数据(Data)、信息(Information)、知识(Knowledge)、智慧(Wisdom)模型①,数据、信息、知识、智慧的关系可表示成一个金字塔,底层是未加工处理的海量数据,是对事实的记录,是最原始的"材料",没有回答特定问题,缺乏意义;上一层是经过对原始数据清洗、过滤、标准化后的信息,具有了对事实的意义;再上一层是经过信息聚类、分类、模式识别后产生的知识,是对事实的剖析;最上层则是人类的智慧。本文认为,数据价值包含初始价值、基础价值、核心价值和终极价值四个阶段,每阶段分别代表对事物发展规律认知的"器、术、法、道"四个维度②,具体如表3所示。

表3 数据价值开发利用各阶段特征

认知维度	价值属性	价值内涵	功能作用	时代背景	数据开发利用要求
道	终极价值	智慧治理	宏观经济运行趋势预判;智慧决策;精准施策	智慧化时代	数据从精到智,推进国家治理现代化
法	核心价值	驱动创新	业务变革:执法、服务、监管的流程再造	数字化时代	数据从优到精,推进数字化升级和智能化改造,提高服务水平和用户体验
			组织变革:组织体系集约化扁平化;岗责体系重塑		
			技术变革:中台架构引入		
术	基础价值	提炼信息和知识	数字化转型的基础要素归集	信息化时代	数据从有到优,提升征管效率
器	初始价值	记录和描述事实	人工记录和申报	手工化时代	数据从无到有

(1)数据的初始价值——记录和描述事实

数据,顾名思义,"数"是计数,"据"是凭据,即数据是对客观事物性质、状态及

---

① R L ACKOFF. From Data to wisdom[J]. Journal of Applied Systems Analysis,1989,16(1):3-9.
② 老子道德经注[M]. 北京:中华书局,2011.

相互关系进行记录和描述的结果,是承载于龟板、竹简、纸张、计算机等各类物理实体上人为创造的符号。"器"是指有形的物质,逻辑上与数据一脉相承,数据的初始价值是从"器"的层面对事物发展规律的记录和描述,是未经加工的资源。在此阶段,数据以碎片化和非结构化形式呈现,没有直接的应用价值,仅具有潜在的经济价值。

(2)数据的基础价值——提炼信息和知识

"术"代表在认知事物规律过程中的工具方法。从"术"的层面而言,数据通过采集、预处理、分析挖掘等方式方法能够提炼出信息和知识,经过资本、劳动和技术等要素的投入,形成具有市场交易价值的产品或资产,这构成了数据的基础价值。数据的基础价值是数据作为生产要素所产生的客观价值,价值量取决于其他资源的投入规模,是数据资产价值的重要组成部分。就基础价值内涵而言,信息是对物理世界无序性和不确定性的度量,是知识的原材料。知识是在人类认知过程中不断积累、总结、验证的信息,是智慧的原材料。信息和知识囿于时代局限,对事物运行规律的揭示仅是基础性的,通常以独立的各个要素形式呈现,对于要素间的关联程度和要素重组后的效能认知不够深刻、全面。例如,数据、应用、技术、组织、人才都是数字化转型的基础性要素,但数字化转型成功不仅应考量要素的自身规律,也要在转型主体的战略目标统筹下,重点分析要素间的关联性和重构后的效能,因此需要对数据的基础价值予以进一步挖掘。

(3)数据的核心价值——驱动创新

"法"代表在认知事物规律过程中的规则。就"法"的层面而言,数据的核心价值在于对数据的基础价值深度挖掘后,将构成事物的诸多要素重新"增减"和"组合",创造出新的规则和秩序,即所谓的系统优化和机制创新。数据要素与经济活动深度融合,与各类生产要素高效连接,形成了多业态融合的经济价值网络,这是数据核心价值的具体表象。数据要素作为连接各方的纽带,推动了资源的跨界整合,深刻改变了原先的生产方式、交易模式和组织结构,催生了新的经济业态,如数字经济、平台经济、共享经济等。这种新业态新模式颠覆了基于"线下"物理场所的传统经济的雇佣关系,劳动关系由原先的"企业-员工"雇佣模式逐渐转变为"平台-个人"的合作模式,构建出一个多市场主体参与、多生产要素投入以及多应用场景实现的生态系统。在该生态系统中,平台企业基于强大的算量、算力、算法,实时掌握市场中供需双方的行为偏好,重新定义价值创造方式与交易定价规则。

(4)数据的终极价值——智慧治理

"天地以自然运,圣人以自然用。自然者,道也",故老子有云"道法自然"[①]。"道"是事物运行发展的规律,而智慧是对"道"的认知,是对事物发展变化中规律的总结,是将大量信息点构成的知识网进行系统性分析后,形成的一套解释当下现

[①] 老子道德经注[M]. 北京:中华书局,2011.

状和判断未来趋势的认知框架和思维体系。智慧能够在空间维度上从局部推断整体,在时间维度上从现在推断未来,并经得起实践的检验。与数据价值的前几个阶段不同,数据的终极价值强调预判性和探索未来,以智能化的方式驱动决策,这为数字时代公共部门科学决策和精准施策奠定了基础。因此,数据终极价值的开发利用程度不仅将决定征管数字化在未来能否顺利"迭代升级",更影响税收治理现代化乃至国家治理现代化进程能否"行稳致远"。

综上可知,数据的价值不在于其本身,而在于将原始数据"开发利用",通过对海量数据的集成、挖掘和分析、应用、赋能,产生新信息,获得新知识,创造新制度、新模式,最终形成对国家治理有前瞻性和指导意义的认知框架和思维体系,这一过程即为数据增值的过程。

2. 数据价值核心要素

价值化的数据是数字经济发展的关键生产要素,加快推进数据价值化进程是发展数字经济的本质要求。数据价值化包括但不限于数据采集、数据标准、数据确权、数据标注、数据定价、数据交易、数据流转、数据保护等。

(1)数据要素

习近平总书记多次强调,要"构建以数据为关键要素的数字经济"。党的十九届四中全会首次明确数据可作为生产要素按贡献参与分配。2020年4月9日,中共中央、国务院印发《关于构建更加完善的要素市场化配置体制机制的意见》,明确提出要"加快培育数据要素市场"。数字经济下,数据、技术、资本、劳动力、土地构成生产要素组合。数据不是唯一的生产要素,但作为数字经济全新的、关键的生产要素,贯穿于数字经济发展的全部流程,与其他生产要素不断组合迭代,加速交叉融合,引发生产要素多领域、多维度、系统性、革命性群体突破。具体而言,一是数据要素将推动技术、资本、劳动力、土地等传统生产要素的优化重组,生产要素的新组合、新形态将赋予数字经济强大发展动力。例如,催生出人工智能等"新技术"、金融科技等"新资本"、智能机器人等"新劳动力"、数字孪生等"新土地"。二是数据要素与传统产业广泛深度融合,凸显乘数倍增效应。例如,数据要素推动农业向数据驱动的智慧生产方式转型,推动工业向实现智能感知、精准控制的智能化生产转型,推动服务业深度发掘数据资源,探索客户细分、风险防控、信用评价。未来,应着重培育数据要素市场,加快构建数据要素市场规则,培育规范的数据交易平台和市场主体,探索场内场外相结合的数据交易模式。

(2)数据资产

根据维基百科的解释,数据(Data)是"已知"的意思,也可以理解为"事实",是反映客观事物未经加工的原始素材,是对客观事物的真实表达。根据《企业会计准则——基本准则》,资产是指企业过去的交易或者事项形成的、由企业拥有或者控制的、预期会给企业带来经济利益的资源。在资产概念中,"控制"产生经济利益,"权利"是核心内涵。由此可知,数据资产是企业由于过去事项而控制的现时数据资源,并且有潜力为企业产生经济利益。数据资产是企业生产经营中每天都会碰到的符号,是世界通行的一种语言方式,是科学研究的基础和经济决策的依据。①

(3) 数据确权

明确数据归属,界定数据所有权是数据交易的前提。对于上传数据的初始用户,如何界定初始数据与用户之间所有权归属是数据确权的难点。包括《民法典》在内的我国现行法律对数据所有权没有明确规定,国际上也缺乏成熟的法律文本可供借鉴。现阶段,区块链技术是厘清数据归属的有效工具。美国 Facebook 的扎克伯格提出将"数据归还用户",通过区块链将数据封装为可上链的数据对象,为用户数据赋码确权,被打上唯一、不可篡改、可追溯的标记,即使在后续流转中发生合并、拆分,也都可通过标识,保障用户数据的所有权。

3. 税收数据增值的逻辑架构:以大数据为例

税收数据增值利用的逻辑框架,主要包括大数据采集、大数据预处理、大数据存储与安全、大数据分析与挖掘、大数据应用五个层次(详见图1),具体逻辑关系如下。

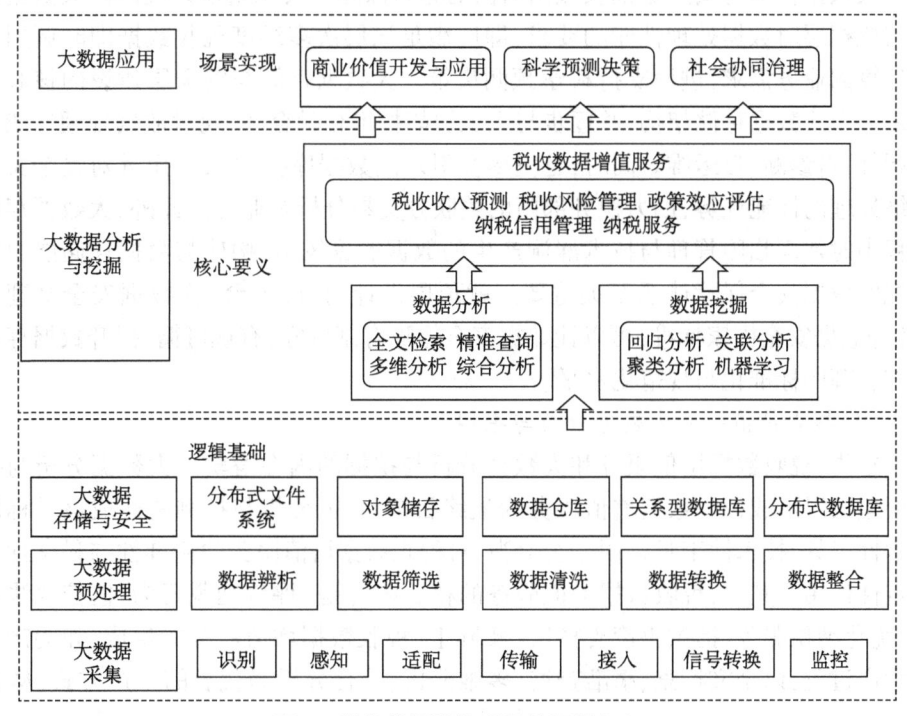

图1 税收数据增值利用的逻辑框架

① 秦荣生. 企业数据资产的确认、计量与报告研究[J]. 会计与经济研究,2020,34(6):3-10.

国家税收法律研究前沿问题
——国家税收法律研究基地成果和中国税务师行业发展报告

(1) 逻辑起点——大数据采集

大数据采集是税收数据增值的逻辑起点。大数据采集层建设应以"数据可知、数据可取、数据可联"为目标,保障数据初始端口的真实性、全面性、多元化,聚焦构建多渠道、多维度的数据采集体系,拓展税务系统内部数据与外部数据采集的渠道,为实现内外部数据的互联互通与分析比对奠定基础。其中,拓宽内部数据来源主要是将企业财务数据与自然人数据纳入采集范围;拓宽外部数据来源主要是获取其他政府部门数据、第三方数据以及国际情报交换的离岸税收数据,尤其是银行、证券交易所等金融机构的数据以及互联网数据。

(2) 必要前提——大数据预处理

大数据预处理是税收数据增值的必要前提。该层次建设以"数据可用、数据实用"为目标,以数据标准化为核心,对数据采集层上报的数据统一定义、统一口径、统一标准,将多种涉税数据加工整理,保障数据质量的"真实性、完整性、精准性",具体包含数据辨析、数据筛选、数据清洗、数据转换、数据整合多个环节,主要处理对象为发票信息、纳税评估、税务稽查等事务数据以及其他公共部门数据。

(3) 运行保障——大数据存储与安全

大数据存储与安全是税收数据增值的有力保障。其规划建设应匹配大数据分析与挖掘层对数据处理性能的要求,即应满足该层次多维度税收数据即时调用分析计算的业务需求,进而支持科学预测决策。大数据存储与安全层建设的核心是搭建分布式数据存储架构,并逐步与人工智能技术相融合,实现对数据处理性能的自调优、自诊断、自运维。同时,也应尽快引入图数据库技术[①],利用其对复杂关系网络处理的性能优势,助力税务部门的关联方交易分析等业务。此外,大数据存储过程中时常面临因管理与技术漏洞产生的数据泄露风险,构建与数据存储能力相匹配的数据安全保障体系至关重要。就顶层设计而言,出台《大数据安全管理指南》等数据安全国家标准,可以让数据安全保障有制可守、有规可循,提升数据存储及其管理的标准化与规范化水平。

(4) 核心价值——大数据分析与挖掘

首先,税收数据增值服务和大数据分析与挖掘的内在逻辑。大数据分析与挖掘层建设以形成税收数据增值服务为最终目标,数据分析与挖掘是达成该目标的技术性工具,技术性工具运用是否恰当,对税收数据增值服务的精准性与科学性起决定性作用。其中,税收数据增值服务的核心内容是"评价纳税行为、监控执法过程、优化纳税服务、提供决策支持"。实际上,税收数据增值服务的生成,如同产品的生产过程,以全文检索、精准查询、多维分析、综合分析为代表的生产方式(数据

---

① 图数据库是利用图结构进行语义查询的数据库。该数据库技术根据边的标签,对复杂结构甚至任意结构的数据集予以建模,广泛应用于社会网络分析、反洗钱审计、税务稽查等领域。

分析)在高质量税收数据增值产品的供给上稍显乏力,急需以回归分析、关联分析、聚类分析、机器学习为代表的生产方式(数据挖掘)的优化升级。当然,深化数据挖掘并不是忽视数据分析,两者应协同匹配,共同发挥合力,从而提升税收数据增值服务的质量。

其次,大数据分析与挖掘的"承上启下"支柱作用。大数据分析与挖掘是税收数据增值系统逻辑的核心价值,发挥着"承上启下"的支柱作用。就整个逻辑架构而言,无论是由大数据采集、大数据预处理、大数据存储与安全所构成的逻辑基础,还是由大数据应用所构成的场景实现,只有通过大数据分析与挖掘的支撑,整个系统方能运行通畅。若将税收数据增值的逻辑架构视为产品的生产流通过程,大数据采集、大数据预处理、大数据存储与安全则分别代表不同层级的原材料,通过对原材料的逐层"优化提纯",才能保障大数据分析与挖掘层次生产要素的高质供给。税收数据增值服务代表产成品,数据分析与数据挖掘代表生产方式,通过差异化生产方式对生产要素的加工升级,生成多维度功能的增值产品,进而满足企业部门、税务部门以及其他公共部门的业务需求。大数据应用代表着增值产品投入市场后的流通方向,供应于企业或个人将降低交易双方因信息不对称产生的风险,是增值产品商业价值开发与应用的体现;供应于税务部门则助力政策决策的科学性与前瞻性;供应于其他公共部门则有利于推进社会协同治理,通过税收数据增值产品为各部门的市场行为与政策决策提供智力支持。

(5)场景实现——大数据应用

大数据应用是税收数据增值的成果展示层,是新时代税收职能的场景应用。新时代税收工作,既要完善财政资金筹集、宏观经济调控、收入分配等经济职能,更要履行新时代赋予的社会治理职能,上述职能可在税收数据增值的顶层架构得以实现,实践中的具体应用场景如下。

一是"非接触式"办税缴费服务的拓展。"非接触式"办税缴费服务,即通过打破地域和时间的界限,以最大限度减少纳税人缴费人与税务人员的线下见面时间,促使纳税人缴费人以最便捷的方式办理涉税事项与咨询服务。通过涉税业务的"线上办理""一键办理""掌上办理"等"非接触"方式,达到"服务不见面,时刻都在线"的效果,为疫情防控与涉税服务"提质增效"。

二是税收大数据精准对接供销双方并畅通产业循环。税收大数据可帮扶复工复产企业畅通产业链上下游。税务部门基于税收大数据,对企业复工复产状况进行多维度分析,通过全国数据共享和信息联动,协助解决产业链上下游和供需双方的配套衔接问题。即利用增值税发票数据对企业销售状况进行持续跟踪和深入分析,从地理位置、纳税人信用等级、开票金额三个方面,筛选出适宜的原料销售方和购买方信息,在保护纳税人商业秘密和个人隐私的前提下,基于市场化原则促成交易双方的商业往来。

三是税收大数据协助税务部门科学决策。除了精准帮扶企业实现供销对接外,通过对税收大数据的分析与挖掘,实现数据的增值利用。即从行业、地区、规模、企业类型等不同维度,动态分析经济运行现状,客观反映企业生产、经营、投融资等状况,提出切实管用的帮扶措施,为其他公共部门科学预测决策与精准施策给予支持。例如,企业资金流遇到困难,通过"银税互动",将纳税信用转化成融资信用,协助企业申请银行贷款。积极推进银行和税务局的数据直连,实现小微企业贷款网上"一站式"办理。对于受疫情影响较大的企业,基于税收大数据,协助银行金融机构精准放贷,在一定程度上缓解企业现金流压力。

四是动态"信用+风险"精准监管模式的落地。税务部门已初步建立了纳税人动态信用、监控预警、风险应对、联动融合的全流程新型监管机制,该机制以数据要素为导向,通过对业务流程的系统化和整体化设计,改变了以往分散的线条式业务管理模式。新模式将纳税人的动态信用风险状况融入分类分级服务与监管的全过程,实现风险、稽查、内控的一体实施,促进业务管理与数据治理的相互赋能。在"以数治税"的模式下,税务部门可利用大数据、区块链、人工智能等信息技术,持续推进动态"信用+风险"管理体系建设,通过对海量涉税数据进行"一户式""一人式"的归集整理,依靠先进的算法群与多模型组合对纳税人涉税数据进行多维度关联分析,实行动态信用评价和监控、差异化风险识别和预估,实现"无风险涉税行为不打扰,高风险涉税行为及时阻断",达到对市场主体干扰最小化、监管效能最大化、基层减负最实化的目标。

(三)数据可税性

可税性是指某一类客体能够作为课税对象所应当具备的性质。面对数字经济的发展,无论是在现行税制下对相关税种进行扩展,还是开征专门的数字税,都必须符合可税性的要求。为此,对于作为数字经济时代基本要素的数据是否具有可税性,对于数字服务行为应否征税等,仍需展开深入研讨。傅靖认为,应当从经济、法律和税收征管三个层面确定课税对象是否可税。

1. 经济上的可税性

经济上的可税性是确定课税对象的起点和基础。缺少经济上的可税性,经济主体、经济活动或经济资源至多只能算是潜在的税源,而不能成为真正的课税对象。经济上的可税性包含以下几项要求:

(1)课税对象能够给纳税主体带来一定的经济利益

经济上的利益不能仅仅存在于理论或观念上,而必须是已经真实发生的或者未来确定能够兑现的。收益的形式,可以是货币形式也可以是其他形式,如实物或者经济权益等。

(2) 流入的经济利益能够可靠地计量

纳税主体通过对课税对象的经营、管理、使用,或者与他人之间的交易、赠予、处分所实现的经济利益流入,应当能够使用货币单位进行可靠的计量,这也是确定应纳税额的基础。

(3) 流入的经济利益减去相应的成本费用后仍有剩余

使用课税对象开展经济活动必须产生价值增值。如果没有价值增值仍对课税对象征税,将会使纳税主体失去最基本的维持简单再生产的能力,相当于把征税变成了征收、罚没。

2. 法律上的可税性

法律上的可税性意味着,只有法律明确规定可以对某类客体征税时,该客体才能够成为课税对象。某些时候,由于法律的规定比较原则抽象,施行过程中需要有权机关作出决定或裁定来判断某类客体是否属于法定的征税范围,这类决定或裁定也可以作为课税的依据。法律上的可税性要求,有如下形式:

(1) 法律明确规定

例如,我国征收的增值税、消费税、企业所得税、个人所得税等 18 个税种都制定了法律或行政法规,在法律文件中清楚地规定了课税对象、计税依据、税率等,纳税人依法缴税、税务机关依法征税,各无异议。

(2) 通过法律解释推定

虽然法律条文明确规定了课税对象,但是随着时间的推移,法律条文没有明确列举的新的商品形式或经济业态越来越多。对于这些新商品、新业态是否属于法律规定的课税对象、能否对其征税,由于立法程序过于复杂或立法机关怠于行使立法解释权,行政机关可以通过分析立法原意解释确定。

(3) 司法机关裁判决定

当纳税人和税务机关在纳税方面产生争议时,可以提起行政诉讼,司法机关对争议的涉税案件依法审理后作出判决,生效判决可以作为确定课税对象的依据。

3. 征管上的可税性

征管上的可税性要求设计税种税制时要做到简明易行好操作。开征新的赋税,需要对税收征管是否可行进行评估;开始征税后,也要定期对税收征收的效率进行测算,分析征税的收入能否覆盖征管的成本。征管上的可税性包括以下要求:

(1) 要有明确的纳税人

纳税客体在占有、使用、交易、处置等各个环节都可能产生收益、形成纳税义务,但各个环节的纳税主体不尽一致,征纳双方必须能够方便且没有争议地确定承担纳税义务的主体。

（2）能够准确计算应纳税额

对商品、所得和财产征税，应纳税额的计算方法各不相同，关键是要能够准确计算课税对象的价格、收益和价值。在没有公开市场的情况下，应当能够运用核定、评估、特别纳税调整等方法估定。

（3）征纳双方的遵从成本不能过高

在开征新税时，立法者和社会公众往往比较关注法定税率、税收归宿等问题，忽视征纳双方的管理和遵从成本。实际上，一项新征的赋税，如果纳税人众多而每个纳税人的应纳税额甚少、确定课税对象需要非常专业的技术知识、应纳税额的计算异常复杂，执行过程中必然给征纳双方带来难以忍受的遵从成本。

4. 数据课税的制度选择

数据税是以数据为征税对象的税收，以收益计算税基，对数据征收数据税。邓伟认为，数据的收益既包括保有环节的收益，也包括流转环节的收益；既包括货币化的收益，也包括非货币化的收益。按照收益类型的不同，可以征收不同种类的税收：对于数据的所得收益，可以对数据征收所得税；对于数据的流转收益，可以征收数据流转税。我国数据课税制度，应当以此为指引，在对数据征收的直接税与间接税中作出不同的制度选择。

（1）对数据征收直接税：改进所得税条款

一方面，将"转让数据收入"纳入企业所得税应税收入。"转让数据收入"无法纳入现行《企业所得税法》第六条规定。要解决上述问题，有三种路径：一是修改《企业所得税法实施条例》第十六条，在第十六条的财产类型中增加"数据"；二是修改《企业所得税法实施条例》第二十二条，在第二十二条的"其他收入"中增加"转让数据收入"；三是国务院财税部门明确将"数据"界定为"无形资产"，或者制定文件对《企业所得税法实施条例》第十六条或第二十二条中的"等"进行扩张解释。

另一方面，将"转让数据收入"纳入个人所得税应税收入。现行《个人所得税法实施条例》第六条第八款的财产转让所得不包含数据，建议修改《个人所得税法实施条例》第六条第八款，将数据作为财产的一种类型，或者国务院财税部门出台文件对该款中的"其他财产"进行扩张解释，使数据成为"其他财产"的一种。

（2）对数据征收间接税：征收专门的数据税

数据不属于增值税的征税对象，且数据不适合按照增值税的方式征税，因此，有必要对专门的数据征收，从而对数据征收合理的间接税。数据税的征税对象是那些能够产生现实的、可计量的收益的数据。货币化交易环节的数据，以货币为对价，其产生的收益具有现实性和可计量性，当然具有可税性。保有环节的数据，只有参与了价值创造且可以准确衡量其所创造的价值量时，才具有可税性；那些未参与价值创造或者所创造的价值量难以衡量的数据,不属于征税的对象。数据税的税基是数据所创造的收益。在不同的环节,数据的收益有不同的表现形式:在交易环节,数据的收益表现为数据交易的收入额;在保有环节,数据的收益表现为数据所创造的价值量。

四、数字化治理与税收征管数字化

(一)数字化背景下的政府治理

"数字化"作为一种新的社会经济形态,其伴随着现代信息技术的发展而不断演变,并成为现代国家治理的重要手段,同时也给国家治理带来了新的挑战。如何将"数字化"与"治理"有机结合,成为当下政府治理面临的崭新课题。而"安全风险"问题是数字政府建设进程中最为关键的问题,这也是数字化政府治理的基础和前提。

1. 政府数据安全治理问题

对于政府的数字化治理,技术风险是极其重要的,既包括网络信息攻击,也包括信息安全漏洞,还有信息泄露等,当前关键核心技术的短板尚未补齐,潜在风险犹存。而在数字政府建设中,数据安全是核心,是影响国家安全的重要因素,数据安全治理是实现国家总体安全、推进治理现代化的重要基石。政府数据安全治理问题一般是指数据治理实施中所面临的内外部环境变化所可能引发的对数据采集、整理、运用、经营、反馈、维护等各个环节、各个领域造成的冲击和负面影响。提升政府数字化治理水平,首要的是实现政府数据安全的全流程、全方位治理,其中最为关键的是政府数据滥用和政府数据监管。技术风险与数据安全相互影响,技术安全风险的存在,会对政府在政务数据运营和使用、监管和反馈过程中产生重大影响。同时,政府数据滥用、监管不到位等也会导致技术标准不过关,规范性不够,也易产生技术风险。

(1)政府数据滥用

政府通过数字化手段收集了大量管理相对人等的敏感信息,数字政府与普通民众在数据使用上的地位不对等,政府能够对用户提供的个人隐私信息提出要求,如果未经授权就把用户数据提供给第三方,极易产生信息数据滥用的风险,降低政府的信任度。

(2)政府数据监管难度加大

现代信息技术广泛应用不断延长数据链,参与主体不断增多,数字政府对数据使用、流动、管理的参与主体、参与环节、参与的监管难度增加,数据传播途径日渐复杂和多样,这样进一步增大了数据监管成本,导致监管效率下降,从而破坏政府数据运行机制,降低数据治理效率。

(3) 数据规范的体系化建设尚显不足

虽然我国相继出台了确保网络信息安全、数据安全管理等方面的公共政策和法律规定,但其时效性、执行力、约束力等仍有不足,造成法律法规、公共政策等数字经济治理等方面存在一定"真空"地带,对数字政府利用数据治理造成一定冲击。

(4) 数字政府治理模式尚不完善,也直接影响着数据安全治理

数据管理部门与业务部门的权责不清晰,各部门间的"数据职责"尚未实现清单化管理,导致数据采集、整理、更新、共享等难以实现规范化管理。同时,部门间的协同性较弱,线上线下流程和业务间协同衔接不畅,无法实现有效对接,严重制约了数字政府的运行效率。

2. 数字政府治理的路径

有效规避和防范数字技术风险、数据安全风险等,是数字化政府治理顺利推进的重要保障。

(1) 健全数字化政府机制,推动政府职责体系与机构设置适应数字的要求

一是推动实现数字政府标准化建设,做好数字政府治理的顶层设计,整合数字政府资源,形成全面联动;二是加强业务协同,明晰政府各部门各层级数据采集、存储、共享、开放等职责,建立数据全流程清单,整合线上线下业务部门的协调对应;三是坚持以社会需求为核心,以平衡各方利益、展现政府作为为原则,提升政府数据水平;四是充分利用数字政府平台,加快全能型"数字人才"培养,实现数据"善治"目标。

(2) 推动数据要素市场化进程,提升数字政府运行效率

这方面既要加强对数据要素的保护,又要积极推进数据要素市场化改革,政府集中掌握的公共数据也要纳入数据要素市场化改革中同步推进。一是健全数据要素市场的法律法规、政策制度,从法治层面确定数据资源的所有权、使用权、流转权等,最大限度发挥数据要素市场化的价值;二是构建一体化数字资源系统,以数字资源生命周期为管控对象,并形成数据资源智能化系统,有序放开政府数字资源,加快数字化治理进程;三是优化数据运行生态环境,要以市场化、标准化为交易准则,以市场价、成本价、现金流为定价手段,健全数据评估机构和交易场所,打造良好数据要素市场秩序和环境。

(3) 着力提升数字政府治理中各个参与主体、治理主体、应用主体的素养水平

数字化背景下,政府部门、市场主体、社会主体、公民个体逐步形成一个整体,成效取决于全体。一是强化政府管理层、业务层、技术层的工作职责、道德操守、思想认识等;二是健全数字政府数据开放共享过程中管理层、业务层、使用者、应用者之间的反馈、修正等机制,实现多元参与主体、治理主体的有效联动。

(二)"以数治税"税收征管模式创新

1. "以数治税"的底层逻辑分析

我国经过将近40年的税收信息化建设,在征管制度、协同共治、信用支持、科技手段、安全保障等方面为"以数治税"征管模式的建立奠定了重要基础,"以数治税"将在税收征管改革中发挥重要作用。

(1)"以数治税"的制度基础

新技术、新业态的发展对税收征管制度也带来了巨大挑战,在大数据和网络技术的助推下,数字经济业已成为新经济发展的重要形式,数字经济企业主要依托互联网等数字技术提供产品和服务,而不再依赖传统实体性机构开展交易。数字经济征税主体的虚拟化、物理空间与实体不统一、全球范围内组织体系和业务不再遵从传统模式,这在跨地区征税、来源地税收管辖权等方面给税收征管带来巨大冲击,税收征管制度需要及时进行修订。要引导数字平台经营管理者认真履行对平台内的经营者进行涉税信息收集、核验和登记等义务,鼓励数字平台经营管理者定期向税务部门提供平台内所有经营者的涉税信息。未来税收相关法律制度的制定,应适应数字经济运行中税制和征管方面带来的一系列挑战,重构当前的税收法律义务关系,以顺应当前新经济的运行特征,引导优化税制及分配关系的建立,强化先进技术手段在税收征管工作中的应用,为"以数治税"征管模式的建立奠定完整的制度基础。

(2)"以数治税"的共治基础

政府部门间的税收征管协作是实现"以数治税"共治的基础。目前,全国各地税务机关在政府部门间涉税信息合作上已有众多尝试,但整体来说,政府部门间税收信息合作仍处于初始阶段,需要进一步拓展合作的范围。一方面,由于配套制度缺失,政府部门法律地位不明确,合作大部分采取政府文件、联席会议、双方协议等形式进行;另一方面,各部门信息系统不一致,数据信息的标准和口径也不一致,导致"以数治税"的信息互通存在障碍,涉税信息交换的效率不高。《关于进一步深化税收征管改革的意见》提出推进精诚共治,健全"党政领导、税务主责、部门协作、社会协同、公众参与、国际合作"的税收共治新体系,并对加强部门协作、社会协同、税收司法保障、国际税收合作等方面作出部署,为进一步深化税收共治提供了有力支撑。推动"以数治税"离不开政府部门间的税收征管协作,只有各部门之间明确责任和义务,形成协调配合的税收征管协作机制,才能奠定"以数治税"的社会共治基础。

(3)"以数治税"的信用基础

在推进社会信用体系建设过程中,纳税信用是社会信用体系建设的重要组成部分。在数字经济背景下,纳税信用作为纳税人履行税收义务的直接反映,客观上体现了纳税人对社会、对国家的信用,也是一个企业是否合法合理经营的重要衡量指标。首先,应建立跨部门信用信息共享机制,开展纳税人基础信息、各类交易信息、财产保有和转让信息以及纳税记录等涉税信息的交换、比对和应用工作。其次,应进一步完善纳税信用等级评定和发布制度,加强税务领域信用分类管理,发挥信用评定差异对纳税人的奖惩作用。最后,应积极持续推进税收违法"黑名单"和联合惩戒制度,运用税收"大数据",建立纳税人诚信档案,通过加强部门间信用信息共享,构建守信联合激励、失信联合惩戒长效机制,推进纳税信用与其他社会信用联动管理,共同营造"守信者一路绿灯,失信者处处受限"的信用环境,不断提升纳税人税法遵从度。

(4)"以数治税"的技术基础

近年来,创新驱动发展战略正引领科学技术飞速发展,不断推进人工智能、大数据、云计算、区块链等新技术与税收征管深度融合。科技创新深刻改变了经济社会活动的面貌,成为助推税务"以数治税"的强劲动力,必将带来税收征管制度创新和业务流程变革,进而实现征管模式的优化、征管效能的提升。当前,税务部门通过对海量税务数据资源进行分析,并将相关结论和建议应用于税收风险管理、违法线索识别和税收经济政策决策,无疑能有效提升税务征管的实际绩效,充分发挥税收在国家治理中的基础性、支柱性、保障性作用。在2021年浙江省杭州市税务部门查处的网络主播涉税案件中,大数据分析发挥了重要的初始发现、关键节点识别、证据记录和过程回溯的执法和监管功能,也对行业税务违规行为和失序状态形成了"警示性"压力,督促纳税人和相关市场主体严格遵循税法申报纳税。

(5)"以数治税"的安全基础

随着数据作为生产要素的价值不断显现,数据安全已成为事关国家安全的重要方面,是数字政府、数字经济的生命线,也是数据管理工作和"以数治税"的前提和底线。当前,数据在税务机关执法、监管和服务过程中的作用越来越重要,税收数据库中拥有纳税人缴费人的大量交易信息和涉税信息,涉及很多个人隐私和商业机密,存在被泄露和使用不当的风险。在"互联网+税务"背景下,纳税人缴费人信息的采集和共享有可能受到网络病毒的攻击,纳税人缴费人的信息存储也可能遭到黑客的恶意窃取,导致纳税人缴费人隐私泄露。要在保障税收信息的安全与纳税人信息的安全之间取得平衡,不断完善税收数据安全相关制度规范的建设,及时填补制度空白,修复管理漏洞,杜绝税收数据安全隐患,并与保密工作相协同,推动数据安全保密一体化落实。

2."以数治税"与税收治理现代化

新业态加大了税收征管的难度,新技术则为税收征管创造了机遇。[①] 新业态

---

① 李伟. 新技术、新业态与税收征管[J]. 国际税收,2018,(5):6-10.

和新技术的迅速发展,深刻改变了税源的结构、形式及流动性。为了适应当前的挑战,税收征管模式必须要及时进行重构。《关于进一步深化税收征管改革的意见》立足于解决深化税收征管改革中存在的突出和深层次问题,并把构建"以数治税"的理念贯穿于税收征管改革全过程。当前构建"以数治税"征管模式必须围绕税收现代化"六大体系"①而展开。

(1) 构建"以数治税"征管模式下的党的领导制度体系

构建"以数治税"征管模式下的党的领导制度体系,可将党建、党务、纪检、组织、宣传、内审、财务等部门相关数据"一盘棋"统筹,构建税务行政管理大数据融合分析平台,通过跨平台数据共享,打通党建、综合办公、数字人事、绩效管理、财务管理、采购管理、内控监督、学习兴税、税务宣传等税务系统行政服务数据链条,深化业务协作,深挖数据潜在价值,提升数据应用效能,实现系统的共融共通。切实做到税务干部信息"一员式"归集、税务部门情况"一局式"汇总,实现党务政务系统与税收业务系统相对接,为党务政务工作提供决策情报和业务大数据支撑。

(2) 构建"以数治税"征管模式下的税收法治体系

税收法治体系要在筑法治之基、行法治之力、积法治之势中推动,大幅提高税法遵从度。当前,数字经济蓬勃发展,对传统税收征管带来巨大挑战,而我国现行的税收法律法规尚未跟上数字经济的发展步伐。数字经济交易活动涉及较多的无形资产,数字经济背景下的课税对象界限相对于传统产品或服务更为模糊,数字产品、数字服务价值的评估难度较高,现行税制难以明确征税对象和税收优惠的适用性,这给税收征收过程中课税对象的确定和计量带来挑战。目前,我国相关经济法和税法对数字经济的定义几乎为空白,对数字经济商业模式产生的新类型的所得定性也没有明确的条文规定。

当前,构建经济数字化转型背景下的税收法治体系,需要对数字经济时代的税收征收管理法、个人所得税法、企业所得税法、经济法、公司法、合同法等都及时做出相应的补充。同时,司法机关要对法律条文提出具体的解释和执行标准,解决基层税务机关在具体执行之中无法可依的难题。

未来,税收法律法规和征管制度将按照信息化、数字化、智能化管理标准进行修改,设计从"以票管税"到"以数治税"、纸质到数据的系列涉税管理制度,实现"交易即开票",推行数据驱动的后台无感监管新模式,涉税强监管,无税不打扰。税法设计应充分体现税收中性原则,使税收监管制度设计更加合法、合理,符合数字化、电子化操作管理要求,实现公平、公正、公开和精确执法。

---

① 国家税务总局办公厅. 带好队伍展现新气象 干好税务开拓新局面 高质量推进新发展阶段税收现代化——全国税务工作会议在北京召开 [EB/OL]. (2021-01-08) [2022-02-04]. http://www.chinatax.gov.cn/chinatax/n810219/n810724/c5160614/content.html.

(3) 构建"以数治税"征管模式下的税费服务体系

税费服务体系要在提升办税缴费体验上大幅提高社会满意度。《关于进一步深化税收征管改革的意见》提出,到 2023 年,基本建成"线下服务无死角、线上服务不打烊、定制服务广覆盖"的税费服务新体系,实现从无差别服务向精细化、智能化、个性化服务转变。税务部门以现代信息技术为支撑,将大数据、云计算、人工智能、区块链等技术与办税缴费业务相融合,建立智能感知、智能引导、智能处理的多元化办税缴费方式。同时,打通线上线下办税缴费服务渠道,通过加载在线收付功能,支持多元化办税缴费方式。建立按需定制、因需而变的需求诉求实时协调响应机制,运用税收大数据智能分析识别纳税人缴费人的实际体验、个性需求等,加强与纳税人缴费人的交流互动,全面采集纳税人缴费人在办税缴费过程中的需求、问题、意见和评价,对纳税人缴费人开展数据和行为分析,精准定位纳税人缴费人诉求,精准提供线上和线下服务。通过创新征纳双方的互动模式,实时回应并精准识别纳税人缴费人的具体需求,制定个性化服务模式,加强线下和线上服务模式的相互衔接,主动提升办税缴费体验。持续优化线下服务,更好满足特殊人群服务要求,确保税收业务最短时限直办快结,在"管"上规范用力,确保涉税诉求最大限度直通快应。切实推动税费服务向精细化、智能化、个性化转变。

(4) 构建"以数治税"征管模式下的税费征管体系

税费征管体系应以"以数治税"为导向,要在推进理念方式手段变革中更加优化高效统一,形成税费征管新格局,实现税费征管数字化转型。构建"以数治税"征管模式下的税费征管体系,要围绕构建智慧税务建设目标,着力推进"两化、三端"建设。[1]

一是实现数字化升级和智能化改造。在数字化升级方面,税务部门将以发票电子化改革为突破口,将各类业务标准化、数据化,让全量税费数据能够根据应用需要,多维度适时化地实现可归集、可比较、可连接、可聚合。税务系统将利用新技术搭建数字化税源管理体系、智能化的业务办理体系、全流程风险防控体系、电子发票体系、可视化的决策指挥体系等多维度、立体化的"数字化"税收管理体系。从实际税收征管实践视角观察,纳税申报、税款征收、税收法治等税收管理重点将围绕"数字化"快速转型升级。在智能化改造方面,税务部门将基于大数据、云计算、人工智能、区块链等新一代信息技术,对实现数字化升级后的税费征管信息进行有机整合,并通过其反映现状、揭示问题、预测未来,更好地服务纳税人缴费人,更好地防范化解征管风险,更好地服务国家治理。

---

[1] 国家税务总局办公厅. 深化亚太税收合作 共绘数字发展蓝图——王军局长在第 50 届 SGATAR 年会上的发言[EB/OL].(2021-11-18)[2022-02-04]. http://www.chinatax.gov.cn/chinatax/n810219/n810724/c5170676/content.html.

二是推进"三端"平台建设。在纳税人端,通过打造法人税费信息"一户式"、自然人税费信息"一人式"税务数字账户,成为纳税人在税务局的数据资料"保管箱",数据将成为连接征纳双方的新纽带,以数据驱动业务,实现法人税费信息和自然人税费信息智能归集。可实现对同一企业或个人不同时期、不同税种和费种之间,以及同规模同类型企业或个人之间税费匹配等情况的自动分析监控。征纳面对面互动频次会大幅减少,征纳成本大幅降低。在税务人端,通过打造"一局式"和"一员式"应用平台,实现税务系统所有单位和人员信息可分别进行智能归集,并按照税务人员所处层级、部门、职务、岗位、业务范围等进行标签化和网格化管理,智能推送工作任务,进行个性化考核评价,从而大幅提升内部管理效能。在决策人端,通过打造"一览式"应用平台,实现对征纳双方、内外部门数据,按权限在不同层级税务机关管理者的应用系统中进行智能归集和展现,为管理指挥提供一览可知的信息,提升智慧决策的能力和水平。

(5) 构建"以数治税"征管模式下合作共赢的国际税收体系

一是需要多方发力。中国要积极参与数字经济背景下的国际税收规则制定,深度参与国际税收规则和标准制定,加强对国际税收新问题新趋势的研究,做数字经济相关规则制定的参与者、引领者,提升话语权和影响力,在推动全球应对数字经济挑战、重塑数字经济全球税收治理秩序的发展过程中发挥重要作用。

二是进一步打造优质便捷的国际税收服务体系。要持续推进"非接触式"办税缴费,不断提升纳税缴费便利度,实现国际税收主要涉税事项"网上办"和"跨国办",并建立"普惠 + 定向"的分类服务模式,推行优质便捷的个性化服务。

三是要加强国际税收合作,严厉打击国际逃避税。推动完善国际税收合作与协调机制,执行好多边税收公约,加强税收信息交换,形成深度交融的互利合作网络。加强申报管理及跨境利润水平监控系统等数据的应用,挖掘案源信息,聚焦重点行业、重点领域,有针对性地开展打击国际逃避税,维护我国税收利益。加强大数据背景下的涉税情报交换,形成打击国际逃避税的征管合力。以"智慧税务"建设为契机,统一国际税收信息系统,依托信息化手段切实提升国际税收征管精准度。坚持数据驱动,提升跨境税源管理质效。全面深入参与 BEPS 行动计划,构建数字经济背景下的反避税国际协作体系。

(6) 构建"以数治税"征管模式下的税收队伍组织体系

一是实施人才支撑战略,为征管数字化转型提供保障。结合深化税收征管改革发展需要,推进"以数治税"的现代化税收队伍组织体系建设,配强人员和力量,进一步破除部门间管理联动壁垒,打造高效协同的组织管理体系,提升税务人力资源配置效能。推动全体税务人员尤其是领导干部学大数据、懂大数据、用大数据,成为助推"以数治税"的行家能手,满足"以数治税"征管模式下的税收工作要求。

结合构建"以数治税"征管工作实际,对难度大、涉及面广的复杂事项,组建跨层级、跨部门、跨区域风险应对专业化团队,实施"专业化+跨区域"团队式应对,在实战中提升本领、锻炼干部。

二是提升干部队伍的"改革能力"和"用数能力"。在《关于进一步深化税收征管改革的意见》落实过程中,税务干部必须具备专业化思维与能力,要树立数据是重要资产的理念,让税务干部在潜移默化中增强精确、精细、精准、精诚的理念,强化"用数"意识、增强"用数"能力,依法依规"用数"、科学"用数"。同时,关注基层数字治理能力短板,正视数字鸿沟,提升治税能力,在信息系统易用性、便捷性上下功夫,在基层税务机关各部门设置数据治理岗位,逐步提升整体治理能力。

三是坚持"以数带队"与"以数治税"联动。按照"制度加科技、管队又治税"的思路,坚持"以数治税"与"以数带队"联动,全面上线内控监督平台,将内控监督规则、考核考评标准渗入业务流程、融入岗责体系、嵌入信息系统,实现过程可控、结果可评、违纪可查、责任可追的自动化联动监控,不断拓展"以数治税"乘数效应,大幅增强带队治税的税收治理效能。

(三)税收征管数字化转型

税收征管数字化转型的底层逻辑在于数据开发利用,终极目标在于构建智慧税务。即在复杂数据中充分挖掘数据资源的价值,持续推动数据要素价值的释放,从围绕优化流程向数据挖掘、智能决策等更深层次的数据增值应用发展。无论是信息化、数字化、智慧化,根源皆在于数据价值的开发利用。信息化侧重数据基本价值挖掘,将原始数据进阶为信息和知识,巩固了数字化转型的基础。数字化更侧重数据应用价值的发挥,为税收征管数字化转型提供支撑。通过税收征管系统内部各基本要素的优化重组,驱动税收执法、服务、监管体制机制的创新,这种创新将融入征管数字化转型的三大变革之中,如业务变革中的流程再造,组织变革中的岗责体系重构,技术变革中的中台架构引入等。智慧化侧重对数据终极价值的挖掘,将数据要素终极价值释放与国家治理现代化相结合,充分发挥税收在国家治理中的基础性、支柱性、保障性作用。即借助人工智能技术建立对经济社会发展规律的认知框架和思维体系,协助税务部门乃至其他政策制定部门对经济运行趋势进行预判,并建立风险防控和快速响应机制,实现决策智慧化和跨周期逆周期调控的精准有效。

综上,强化数据增值必须更好地发掘数据要素的基础价值、核心价值和终极价值,将数据要素对数字化转型的赋能效用最大化,这是税务部门数字化转型的难点,需要从逻辑上明晰税收征管数字化转型到底"转什么"、"如何转",又"转到哪里"。

1. 税收征管数字化转型"转什么"

简言之,"转什么"是转变税收征管模式的驱动力,实现税务执法方式的根本性变革。即在现有税收征管模式岗责流程和任务表单驱动的基础上,升级优化为数据驱动、规则驱动、人工智能驱动,以"嵌入式"征管推进纳税人自愿遵从的"报税"模式向纳税人自动遵从的"算税"模式转变,包含业务、技术、组织三个层面,业务变革是主体,技术变革是支撑,组织变革是保障。业务变革的方向在于业务流程的融合升级和优化重构,是精确执法、精细服务、精准监管和精诚共治的内容。技术变革为业务变革和组织变革提供支撑,即通过一系列数字技术"组合拳"的应用,实现内外部涉税数据智能归集和分析,线上线下有机贯通,驱动税务执法、服务、监管的制度创新。组织变革是在数字化背景下的组织优化和机制完善,以适应经济数字化为导向,明晰并优化税收组织职能、岗责设置、人员配备。

2. 税收征管数字化转型"如何转"

税收征管数字化转型"如何转",具体包含业务、技术、组织三个方面。

(1) 业务变革的"如何转"

转变一提征管改革就是优化业务流程的固化思维,而是秉承数据驱动理念,让业务变革向数据分析和挖掘、智能决策等更深层次的数据增值应用发展。具体表现为税务、财务、业务的一体化深度融合。现行监管模式是基于纳税人自行填报数据,是对过去发生的应纳事项的反馈,税收监管是对风险的"事后"识别,涉税信息的滞后导致了税收的不确定性,税收风险识别存在"先天劣势"。因此,转变税收征管模式,将征纳双方的"接触点"由过去的"有税"关联转变为现在的"涉税"即关联,下一步将发展到"未税"即时关联,使税收规则、算法、数据直接融入纳税人经营业务中,伴随每一次交易活动自动计算纳税金额,确保在应税事项发生的时间节点纳税人就能遵从税收规则,实现征管的即时化。[①]

(2) 技术变革的"如何转"

通过现代信息技术促进征管数字化升级和智能化改造,包含数据驱动、应用升级和技术革新三个方面。数据驱动的关键不在于算力和算法,而在于算量,即数据的可得性和安全性。现阶段,数据安全性会极大地影响数字化转型基础——数据获取。囿于各政府部门、市场主体、自然人对数据外部交换和共享的安全性担忧,与涉税业务有关的第三方数据的获取受到了一定程度的抑制。应将数据安全建设作为数据驱动的重点,在"原始数据不出域,数据可用不可见"原则的指导下,通过基于安全多方计算(MPC)的隐私计算技术,从源头上消除"数据孤岛",为数据要素流通"保驾护航"。应用升级主要是建设以"金税四期"为代表的智能应用平台体系。在纳税人端,打造"一户式"和"一人式"税务数字账户,实现法人和自然人

---

① 王军. 深化亚太税收合作 共绘数字发展蓝图 [EB/OL]. (2021-11-16) [2021-12-06]. http://www.chinatax.gov.cn/chinatax/n810219/n810724/c5170676/content.html.

涉税信息智能归集和监控。在税务人端，构建"一局式"和"一员式"应用平台，实现各级税务机关和工作人员信息智能归集和管理。在决策人端，构建"一览式"应用平台，实现对征纳双方、第三方数据的智能归集和展现，提升管理者决策的科学性和精准性。技术革新主要是中台架构的引入，构建支持业务优化的数据链闭环。

（3）组织变革的"如何转"

一是考虑在组织机构中嵌入数字政府理念，突破科层制的管理壁垒。数字化理念并不是仅设计一个税收数字系统，而是对税务组织进行全方面、多维度的改造和升级，最终促使税务组织体系向横向集约化和纵向扁平化转变。二是明晰税务部门的职能定位，重塑税务系统内部的职责体系，使税务部门的组织职能划分更加明确、岗责设置更加科学、人员配置更加高效。三是将内控监督规则、考核考评标准渗入业务流程、融入岗责体系、嵌入信息系统，实现人事管理的自动化联动监控，增强治理效能。

3. 税收征管数字化转型"转到哪里"

智能化是税收现代化的重要特征，智能化基于数字化，而数字化服务于智能化，两者同时服务于智慧税务[①]，故智慧税务是税收征管数字化转型的高阶形态。这里的"智慧"与数据终极价值的"智慧"一脉相承，从理念、制度、技术三个层面探知数字时代税收征管数字化的"道"，回答了税收征管数字化转型"转到哪"的问题。

就理念而言，应为纳税人至上，多元主体协同共治。纳税人至上是"以人民为中心"发展理念在税收领域的具体落实。税收征管数字化转型始终要围绕纳税人缴费人实际需求，通过提供精细化、高效化、智能化的公共服务，为人民群众创造美好生活。多元主体协同共治是新发展阶段处理国家与纳税人关系的创造性思维，税收治理从税务部门和纳税人这一单向关系逐渐向多元化治理体系转变。即构建纳税人、税务部门、其他公共部门、第三方机构共同参与、反馈互动、协同共治的多元主体合作机制，以群策群力的方式产生"1+1>2"的协同效应。

就制度而言，税收征管数字化转型的目的是为构建适应数字经济的现代税收制度提供保障。基于实体经济运行与属地原则的征管模式已与数字经济不相适应，税收征管数字化转型为数字经济税收征管提供了一种解决方案，保障税收制度的有效运行，并倒逼现代税收制度的构建。

就技术而言，"嵌入式"征管实时感知业务需求并进行智能预判和应对。智慧税务的关键在于算量、算法、算力的一体化深度融合，通过"嵌入式"征管实时获取纳税人数据，全面感知纳税人生命特征和行为模式，智能分析纳税人可能存在的涉税业务需求，精准预判涉税风险。

---

① 谢波峰．智慧税务建设的若干理论问题：兼谈对深化税收征管改革的认识[J]．税务研究，2021（9）．

高净值人群个人所得税征管问题研究

丁 芸 李泽鹏 马 睿[①]

一、高净值人群的界定

高净值人群的概念最早产生于金融投资领域,国内外的头部金融机构经常对高净值人群进行调研,获取客户或潜在客户的资产配置情况及投资意向,以便做出自己的工作安排。将这一概念引申至税务领域,有助于税务机关抓取关键涉税数据,对个人所得税的征管更加有的放矢。

(一)国外税务机关对高净值自然人的界定

经济合作与发展组织(OECD)2009年出台的《高净值人士税收遵从度研究》(Engaging with High Net Individuals on Tax Compliance)将高净值个人定义为持有价值不低于100万美元资产的个人。

国际上虽然没有一个固定的标准,但是在实际工作中,多数国家的认定标准都与资产多寡或者收入高低有密切关系。具体而言分为以下三种:第一,将纳税人的资产总额作为单一判定标准。例如,澳大利亚税务机关将3 000万澳元作为界限,资产总额高于该界限即被判定为高净值自然人纳税人。第二,收入与资产总额相结合的判定标准。这也是各国广为采纳的方法,美国、葡萄牙、马来西亚等均采用此标准。第三,全面考虑关键涉税要素法,将收入、资产总额、与大企业的关系等均考虑在内。例如,在新西兰,资产总额超过5 000万新元,或与企业产生关联关系的数量超过30家,或税务事项复杂的个人均可能被判定为高净值自然人纳税人。将国际上主流的资产或者收入判定量化标准换算成人民币,均超过1亿元人民币。表1汇总了部分国家高净值自然人的认定标准。

[①] 丁芸,首都经济贸易大学教授。李泽鹏,北京市丰台区税务局干部。马睿,首都经济贸易大学硕士研究生。

表1 部分国家高净值自然人的认定标准

国家	资产或收入	其他标准
美国	资产>1 000万美元或收入>1 000万美元	
加拿大	净资产>5 000万加元	
英国	资产>2000万英镑	
西班牙	资产>1 000万欧元或收入>100万欧元	个人与合伙企业纳税人或者大企业纳税人有关联关系或者存在复杂交易
葡萄牙	资产>2 500万欧元且收入超过500万欧元	
罗马尼亚	资产>2000万欧元或收入>300万欧元	
爱尔兰	资产>5 000万欧元	在爱尔兰有大量收入的非居民个人
澳大利亚	资产>3 000万澳元	
新西兰	资产>5 000万新元	涉及复杂税务事项,与超过30家企业有关联关系的个人
马来西亚	法定收入≥100万林吉特或资产≥500万林吉特	
南非	收入>700万兰特或个人净资产≥7 500万兰特	与大企业有关联的个人
阿根廷		将资产、证券等因素进行综合考虑

资料来源:OECD. Engaging with High Net Individuals on Tax Compliance, 2009:17.

(二)民间研究机构对高净值自然人的界定

胡润研究院携手青岛意才基金销售有限公司联合发布的《2021 意才·胡润财富报告》(Yi Tsai · Hurun Wealth Report 2021)是胡润连续第13年发布该报告,该报告揭示了目前中国财富家庭数量和地域分布情况。该报告将总财富600万至1 000万元人民币的人群定义为富裕人群,将总财富1 000万至1亿元人民币的人群定义为高净值人群,将总财富超过1亿元人民币的人群定义为超高净值人群,将总财富超过3 000万美元的人群定义为国际超高净值人群。该报告显示,中国的"富裕人群"较上年增长1.3%至508万人,"高净值人群"较上年增长2%至206万人,"超高净值人群"较上年增长2.5%至13.3万人,"国际超高净值人群"较上年增长2.8%至数量达到8.9万人。此外,中国富裕人群拥有的总财富达160万亿元,比上年增长9.6%,是中国全年GDP总量的1.6倍,其中可投资资产达49万亿元,约占总财富的三成。表2和表3分别列出了中国"高净值人群"和"超高净值人群"的构成。

表2 中国"高净值人群"的构成

50%企业主	30%金领	10%炒房者	10%职业股民
企业主占比50%,比上年减少10个百分点。企业资产占其总资产的57%,他们拥有250万元的可投资资产(现金及部分有价证券)和价值530万元以上的自住房产	金领主要包括大型企业集团、跨国公司的高层人士,他们拥有公司股份、高额年薪、分红等来保证稳定的高收入。这部分人占30%,比上年增加10个百分点。他们的财富中现金及有价证券部分占63%,拥有价值740万元以上的自住房产	炒房者主要指投资房地产,拥有数套房产的财富人士。这部分人占10%。房产投资占到他们总财富的58%,现金及有价证券占比7%,拥有价值635万元以上的自住房产	职业股民是从事股票、期货等金融投资的专业人士。这部分人占10%。现金及股票占到其总财富的69%。职业股民平均拥有价值635万元以上的自住房产

资料来源:《2021意才·胡润财富报告》。

表3 中国"超高净值人群"的构成

75%企业主	10%炒房者	15%职业股民
企业主的比例占到75%。企业资产占其所有资产的65%,他们拥有2 500万元的可投资资产(现金及部分有价证券),房产占他们总财富的13%	炒房者在这部分人中的占比减少5个百分点到10%。房产投资占到他们总财富的七成以上,现金及股票占到其总财富的11%,拥有价值2 100万元以上的自住房产	职业股民在这部分人中的占比增加5个百分点到15%。现金及股票占到其总财富的八成以上,房产占他们总财富的16%

资料来源:《2021意才·胡润财富报告》。

招商银行联合贝恩公司发布的《2021中国私人财富报告》将中国高净值自然人定义为"可投资资产在1 000万人民币以上的人群"。该报告是招商银行自2009年首开中国私人财富研究之先河以来第7次发布系列报告。该报告显示,2020年中国可投资资产在1 000万元人民币以上的高净值人群数量达262万人,2018—2020年年均复合增长率为15%;其预测到2021年底,中国高净值人群数量将接近300万,这部分人掌握的可投资资产总规模接近84万亿元人民币,在中国宏观经济进入新常态的背景下,中国私人财富市场的可投资资产总量和高净值人群数量继续保持两位数的快速增长。

瑞信研究院发布的《2021年全球财富报告》将高净值(HNW)自然人定义为全球资产持有价值100万至5 000万美元的人群,将超高净值(UHNW)自然人定义为全球资产持有价值超过5 000万美元的人群。该报告指出,2020年全球共有5 610万名百万富翁,其中超高净值人群约21.50万人,比2019年的17.36万人增长了23.9%。同时该报告预测,未来5年全球百万富翁数量将有明显增长,达到8 400万,超高净值人群的数量也将达到34.4万。

全球知名的国际私营房地产顾问公司莱坊(Knight Frank)最新公布的《2022年财富报告》(2022 Wealth Report)将高净值自然人定义为净资产达到或超过100万美元的人士。该报告将全球富豪分为高净值人士、超高净值人士、亿万富翁3个层次。高净值人士,指的是净资产达到或超过100万美元的人士;超高净值人士,指的是净资产达到或超过3 000万美元的人士;亿万富翁,指的是拥有10亿美元或更多净财富的人。该报告显示,过去两年,全球疫情大流行并没有导致财富的缩水。由于财富增长,全球高净值人士的数量增长了7.8%,达到了69 750 472人;超高净值人士的数量在2020年增长2.4%之后,在2021年大幅增长了9.3%,新增了5.2万名,这使得超高净值人士数量增加至610 569人。莱坊预计,高净值人士数量在未来5年还将进一步增长28%,同时预测,从2016年至2026年的十年间,全球超高净值人士的数量将翻一番——从348 355人增加到783 671人。

世界级领先的全球管理咨询公司麦肯锡2021年4月19日发布的《中国金融业CEO季刊》按照个人金融资产将中国居民理财市场的参与主体分为大众人群(低于25万美元)、富裕人群(25万至100万美元)、高净值人群(100万至2 500万美元)、超高净值人群(超过2 500万美元)。麦肯锡认为,中国近三成的金融资产被高净值以上客群持有。

(三)高净值个人税收判断标准

虽然我国在相关法律法规(见表4)中明确了高收入者的标准,但还没有明确的高净值自然人标准。国家税务总局《关于切实加强高收入者个人所得税征管的通知》(国税发〔2011〕50号)中对五类高收入行业和人群做了列举,并在《非居民金融账户涉税信息尽职调查管理办法》(国家税务总局公告2017年第14号)中对高净值账户做了相关定义,即"截至2017年6月30日账户加总余额超过一百万美元的账户"。

表4 国家有关高收入者的发文汇总

文号	名称
国税发〔2006〕164号	《关于做好受理年所得12万元以上纳税人自行纳税申报工作的通知》

续表

文号	名称
国税发〔2010〕54号	《关于进一步加强高收入者个人所得税征收管理的通知》
国税发〔2011〕50号	《关于切实加强高收入者个人所得税征管的通知》
税总发〔2016〕99号	《关于印发〈纳税人分类分级管理办法〉的通知》
国家税务总局公告2017年第14号	《非居民金融账户涉税信息尽职调查管理办法》

资料来源：国家税务总局官网。

本文认为，应当将高净值自然人纳税人的界定标准定为可投资资产1 000万元人民币，也就是说在我国负有个人所得税纳税义务的、除去自住的房产之外可投资资产达到1 000万元人民币的自然人纳税人为本文所讨论的高净值自然人纳税人。原因有二：一方面是考虑到与收入标准相比，资产标准相对更加稳定；另一方面是参考《非居民金融账户涉税信息尽职调查管理办法》提出的金融资产100万美元标准。实际上，我国高净值自然人除了拥有金融资产外，往往还拥有不动产、汽车等资产，而一线城市一套自住房产的价值很可能就达到了高净值标准线，所以应当选取可投资资产而非资产总额作为界定标准。

二、我国高净值人群个税征管现状及存在的问题

我国税务部门很早就开始关注高收入者的税收情况，但是在具体征管实践中，并没有对高净值高风险自然人进行专门的税收管理，主要是依靠扣缴义务人的预扣预缴和年度汇算清缴，而对于单位之外取得的财产转让所得、股息红利所得等较为隐蔽所得的征管则较为乏力。

（一）高净值纳税人的避税手段

1. 不自行申报或少申报

我国《个人所得税法》规定了"预扣预缴+汇算清缴"、自行申报两种个税申报方式。当一项收入有扣缴义务人时，该收入往往能被据实申报。但现实中，高净值人群收入来源具有多样性，而且其中很多收入可能没有扣缴义务人，此时纳税人可能因为税收意识淡薄或者出于侥幸心理，不自行申报或者少申报，从而造成税款的流失。

例如，范冰冰利用阴阳合同隐匿收入2 000万元，少申报个人所得税618万元。从实际情况看，高净值群体中有境外所得人群占比相对较高，而对于有境外所得收入的纳税人，部分人员存在侥幸心理，认为税务机关无法掌握境外收入情况，通过

不报或少报境外收入逃税。

例如，居民个人张某某被外派至新加坡子公司工作3年，其在新加坡取得的收入在当地缴纳了个税。年度汇算期间，张某某的外派单位提醒他应就其境外收入在国内申报个税，但他心存侥幸，认为自己外派时间长且不可能被发现，于是没有办理境外所得申报和年度汇算。税务机关在大数据分析比对时发现，张某某有上百万元的境外所得没有申报，向他下达了责令限期改正通知书。张某某补缴了税款及滞纳金，单位得知他未如实申报的情况后，也对其进行了批评教育。①

2. 转换个人所得税的所得类型

我国目前个人所得税共有9个税目，其中综合所得（工资薪金、劳务报酬、稿酬、特许权使用费）适用3%~45%超额累进税率，经营所得适用5%~35%超额累进税率，其他四项所得适用20%的比例税率，不同税目间的税率差异使高净值纳税人有了广泛的税收筹划空间。一方面，高净值人群收入很高，税收筹划节省的税款剔除聘请税务师的费用后依然相当可观；另一方面，高净值人群收入来源多样，既有工资薪金、劳务报酬等劳动性所得，又有股息红利、财产租赁所得等资本性所得，便于进行税收筹划，筹划难度不大。例如，有的企业股东和高管将工资薪金收入转换为股息红利所得，有的明星艺人、网红主播将劳务报酬收入转换成生产经营所得，从而少缴巨额税款，使自己税负大大降低，给国家税款造成严重流失。

例如，某集团董事局主席刘某某自2015年至2025年十年间，每年工资薪金仅为1元人民币，但却以4.34亿美元购买某公司2600万股股票，从而将工资薪金所得转换为股息红利所得，将自己的税负从最高45%直接降至20%。虽然是刘某某将"一元年薪"带入国内大众视野，但国际上这一税收筹划方法早已广为流行，苹果创始人史蒂夫·乔布斯、Facebook创始人兼CEO马克·扎克伯格等科技大佬早已使用此法多年。此外，截至2021年3月31日，这2600万股股票市价已达10.96亿美元，也就是说，刘某某已经获利6.62亿美元，折合42.52亿元人民币。

直播带货一姐"薇娅"在直播间带货所得按收入性质划分属于劳务报酬，应该按照最高40%的税率预扣预缴个人所得税，但是她通过设立多家合伙企业或者个人独资企业的形式，将本属于个人劳务报酬的坑位费、直播佣金等所得转换为企业的经营所得，转换收入形式虚假申报，偷逃税款将近5.6亿元。前不久被查处的影视明星邓伦，通过转换收入性质、虚构业务等途径进行虚假申报，在2年时间内偷逃个人所得税4765.82万元。艺人郑爽拍摄某电视剧实际片酬1.6亿元，但劳务合同却仅显示片酬4800万元，其余1.2亿元增资注入其母亲隐名代持的公司，从

---

① 个人所得税年度汇算服务引导与风险提示九案例[EB/OL].(2022-03-14)[2022-08-14]. http://www.chinatax.gov.cn/chinatax/n810356/n3010387/c5173502/content.html.

而将 1.2 亿元的劳务报酬所得转换为股息红利所得,少缴税款 4 302.7 万元。

3. 利用移民进行避税

我国《个人所得税法》规定,居民纳税人需要承担无限纳税义务,其来自全球所得均需在我国申报纳税;但非居民仅承担有限纳税义务,只需就来自我国或来自境外但与我国有实际联系的部分所得申报纳税。而高净值自然人纳税人流动性较大,一方面他们往往有来自境外的所得,另一方面他们也会将自己的资产配置到境外,甚至移民境外,放弃我国国籍,成为非居民纳税人。但他们很可能"移民不移居",每年接近 183 天在国内居住。

例如,2012 年加拿大税务局请求我国税务机关协助核查 X 先生的税务问题,X 先生移民加拿大前,将自己拥有的 13 家企业和多处房产平价转让给亲属,移民后这些企业定期频繁给 X 先生的母亲大额转账,备注为"借款",随后这些款项通过在香港成立的账户再汇给 X 先生,3 年间总计 1 亿多元人民币。最终税务机关认定其母亲为企业实际控制人,上述借款认定为股息红利所得,要求其母亲补缴个人所得税 3 395 万元。[①]

4. 利用税收洼地避税

我国各地地方政府出于招商引资、吸引人才的考虑,往往会出台一些税收优惠和税收返还政策,个税返还和个税减免通常也在其中。这样就会在一些地区形成税收洼地,使高净值人群有了可乘之机,大肆进行税收筹划。此外,高净值自然人的收入来自不同省份,资产配置在不同省份,这也给税收征管工作带来一定难度。

例如,新疆的县级市霍尔果斯曾一度被冠以影视公司的避税天堂之名,国内大量艺人在此注册工作室、传媒公司、经纪公司,是因为该地规定,截至 2020 年底,自企业取得第一笔经营收入开始,连续 5 个纳税年度免税,之后 5 个纳税年度减半征税。正因如此,这个小县城拥有 4 000 多家企业,其中有实体经营的企业只占 2%,其他 98% 均为空壳皮包公司,主要目的是利用税收洼地避税。

(二) 高净值人群个税征管存在的问题

1. 税收法律法规不够完善

我国的个人所得税法和税收征收管理法中,对高净值高风险自然人征管的相关规定不够完善,留下了较大的税收筹划空间,从而造成国家税款的巨额流失。这不利于财政收入的实现,也有违公平原则,不利于调节贫富差距。2019 年新个税法实施后,综合分类所得的税制配合"预扣预缴+汇算清缴"的措施,使得工资薪金、劳务报酬等劳动性所得的税收漏洞被堵塞,但高净值自然人的收入来源多样、

---

① 梁若莲. 对一起高净值个人移民避税案例的思考与建议[J]. 税务研究,2016(9):104-107.

国家税收法律研究前沿问题
——国家税收法律研究基地成果和中国税务师行业发展报告

地区分布广泛,股息红利等非劳动性所得依然存在较大的税收筹划空间,非劳动性所得税率仅为 20%,远低于 45% 的劳动性所得。此外,我国税收征收管理法是 2015 年修订的,距今已有 7 年,经济社会日新月异,其对于高净值人士的一些新型所得的监管心有余而力不足。例如,适用于企业纳税人的税收保全措施、强制执行措施并不能直接挪用到自然人纳税人身上,缺少对自然人纳税人的一些奖惩体系等,导致征管法对高净值自然人的威慑力有所欠缺。

2. 缺乏高净值自然人的专职管理机构

国家税务机关有专门管理大企业的大企业税收管理司,并且每年发布千户集团名单,但是却没有针对高净值高风险自然人的专职管理机构。由于我国税收收入主要来自企业缴纳的部分,长期以来我国税收征管的重心都集中在企业纳税人,对自然人纳税人尤其是高净值高风险自然人纳税人的征管有所欠缺,专门面向自然人税收管理的体制、机制和与之相匹配的征管力量还很不足。此外,高净值自然人纳税人居住相对分散、收入来源多种多样、资产配置五花八门,这都增大了税务机关进行广泛稽查的难度,致使高净值自然人存在不如实申报的侥幸心理。

现阶段,我国税务机关对自然人纳税人个税的征管依然归所得税处或所得税科负责,虽然国家税务总局提出,要按照"数据集成+优质服务+提醒纠错+依法查处"的自然人税收监管体系建设整体思路对高净值高风险自然人纳税人进行分级分类管理,但由于并未建立起对高净值自然人纳税人的专职管理机构,未构建起成熟的高净值自然人纳税数据库,也未明确对高净值自然人的具体管理权限,因而无法有效地对高净值自然人进行集中管理和集中监控。在实际征管中,也往往局限于"预扣预缴+汇算清缴"的征管模式,对于缺少扣缴义务人的收入所得,除了开展对明星艺人等个别行业人士的专项稽查外,缺乏日常的管理措施。此外,对于高净值人士进行税务管理需要组建一支高业务素质的人才队伍,这方面目前也有所欠缺。

3. 征纳双方信息不对称

相较于税务机关,纳税人属于信息的优势方,比税务机关掌握更多的收入与资产信息。由于我国并未构建起一套成熟的第三方涉税信息共享机制,税务机关获取高净值自然人的涉税数据难度较大。这表现在两个方面:一方面,目前税务机关对高净值自然人的信息获取,主要是扣缴义务人履行扣缴义务时申报给税务机关的数据,但现实中高净值自然人收入来源多样,有一些收入所得是没有扣缴义务人的,这部分所得很大概率会被纳税人隐匿,少报收入,从而少缴税款;另一方面,高净值自然人的涉税财产信息往往掌握在不同政府职能部门手中,例如土地和房产在不动产登记中心,机动车在车管所,存款在银行,证券在券商,股权在市场监管局……没有一套成熟的信息自动交换机制,税务机关就无法及时获取高净值自然人的涉税信息,数据的完整性、真实性、时效性难以保证,就会降低涉税数据的利用率,拖累税收征管的推进,不利于征管效率的提高。

三、高净值人群个税征管国际经验借鉴

(一)经济合作与发展组织(OECD)的三条建议

OECD 在应对高净值人群的个税征管工作上提出了一些有益的建议,可以简要概括为以下三个方面:第一,设立专职机构对高净值自然人进行管理,并在日常管理中对高净值人群进行分级分类,在识别纳税人风险特征的基础上有针对性地制定管理措施,从而实现精准管理,提高征管效率。第二,加强跨国税收征管中的交流与合作。我国积极响应 OECD 于 2014 年提出的金融账户涉税信息自动交换标准,于 2017 年发布《非居民金融账户涉税信息尽职调查管理办法》对相关信息进行交换。第三,提高高净值人群的纳税遵从度。通过教育、宣传与引导,增强纳税人的税收意识,让高净值人群形成主动依法纳税的良好共识。

(二)具体征管举措

1. 设立专门的税务管理机构

截至目前,全世界大概有 1/3 的国家和地区在税务机关中设立了专门管理高净值纳税人的部门,该部门集中优势资源,改进征管效率,既负责高净值纳税人的税收征管,又为其提供日常的纳税服务。而 OECD 成员国中高净值人群更多,相应地,超过半数的 OECD 国家设立了专门的高净值纳税人管理机构。

有些国家虽然没有为高净值人群设立专门的税务管理机构,但往往会通过大企业管理机构来管理高净值自然人,如阿根廷和西班牙。税务机关通过设立专职管理机构,一方面可以更深入地收集高净值人士的涉税相关信息,促进征纳双方更广泛、多角度的互相了解;另一方面双方可以在日常工作中保持持续沟通,随时就纳税申报、税收遵从、税务筹划等问题进行经常、持续的探讨与沟通。此外,部分国家的高净值纳税人税务专职机构的职能会进一步延伸到高净值人群投资业务或企业运营的管理,如并购、信托等。

2. 对高净值人群进行专项审计

高净值人群中的一个重要组成部分为企业主或者大企业的董事、监事、高管。简言之,多数高净值人群与企业存在着或多或少的关联关系。所以,在税务专项审计中,国外税务机关不仅仅拘泥于自然人的税收资料,而是会与企业涉税申报资料进行比对。例如,尽管美国个人所得税 1 040 号申报表依然是税务审计的重要抓手,但美国国内收入署(IRS)往往采用"企业法",而非传统的"逐表"或"逐年"审

查法,从而能够全面审视高净值人群与其关联企业的税务全貌。此外,美国税务机关在对高净值人群进行税务审计时往往采用全球财富视角。

在对高净值人群进行专项审计过程中,抽样审计并非主流,大多数国家往往会针对辖区内所有高净值人群进行审计。例如,爱尔兰税务局会在每年一个固定的时间对国内所有高净值人群进行专项审计,以使辖区内所有高净值人群都能被覆盖到,同时可根据审计结果与时俱进地调整税务管理方略。

3. 广泛实施自愿披露政策

作为给纳税人主动改过自新的一条途径,自愿披露政策在国际上也被广为采用。例如,OECD成员国一半以上出台过鼓励高净值纳税人自愿披露的政策,通过给予之前不如实申报的纳税人一条更正申报补充申报的途径,可鼓励纳税人如实提交涉税资料,提高高净值纳税人的税收遵从度。值得注意的是,多数高净值纳税人往往利用境外账户隐藏收入隐匿财产,因此很多国家的税务机关对此出台了相应的自愿披露政策。例如,在2014年澳大利亚税务机关实施的自愿披露过程中,有超过500位高净值自然人纳税人自愿披露了超过1亿澳元的收入和4.5亿澳元的资产,这些收入和财产在此前的纳税申报中被纳税人隐匿了。从国际社会的长期实践来看,偶尔慎重实施自愿披露也不失为一项有利于征纳双方的措施,可以用较低的征管成本换取较大的税收收入。

四、完善高净值人群个税征管的政策建议

完善自然人税收征管体制机制,对高净值群体实施合理调节,加大税收在收入分配中的调控力度并提高精准性,在高质量发展中促进共同富裕是我国税制改革的重要目标之一,也是社会主义现代化建设的内在要求。

(一)完善相关税收制度

1. 完善高净值人群相关的法律法规

首先,应修订个人所得税法,继续推进我国个税制度改革,将个税由目前的小综合改为大综合,即不仅要将工资薪金、劳务报酬、稿酬、特许权使用费四项纳入综合所得,更要将剩余的股息红利等五项所得囊括进来,从而压缩高净值高风险自然人纳税人的税收筹划空间。将个税九项税目所得均纳入综合所得,统一按照超额累进税率进行汇算清缴,由此可杜绝纳税人利用转换收入类型的方式进行避税。

其次,应继续完善《税收征收管理法》,补充自然人,尤其是高净值自然人的征管条款,将自然人纳税人的登记、申报、入库、监管等全流程都纳入征管法,让税务机关在对其进行征管时有法可依。同时,应参照企业税收保全、强制执行等条文,补充完善针对自然人的违法处理措施。此外,应当以法律形式明确对税收失信自

然人的失信惩戒措施。

2. 完善反避税规则体系

面对高净值人群采用的形式多样的避税手段,我国目前并没有一套完善的反避税规则体系能够应对,虽然 2019 年实施的《个人所得税法》中加入了反避税条款,但表述较为笼统,并不能直接应用于税务机关的实际工作。

一方面,需要将有关规则细化。例如,何为"关联方",可参考"关联企业"的概念,将"关联方"定义为"配偶、父母、子女、祖父母、外祖父母、孙子女、外孙子女、兄弟姐妹以及对纳税人承担直接抚养或者赡养义务的抚养人或者赡养人,或者在资金、经营方面存在直接利害关系的个人、企业或组织";再如,"正当理由""合理商业目的"等概念均需明确细化。

另一方面,《税收征收管理法》中并没有针对个人的反避税条款,反避税规则仅限于"关联企业",滞后于实际工作,建议将"关联企业"的概念延伸至"关联方",将关联交易的调整范围扩大到个人所得税,将自然人纳税人也囊括其中。自然人转让定价往往高发于股权转让和特许权使用两个领域,在制定反避税规则时,应着重关注。

(二)对高净值纳税人进行针对性管理

1. 组建高净值自然人专职管理机构

OECD 为我国税务机关提供了对高净值人士的征管经验,我国税务机关不妨微调一下组织架构,成立专门的高净值自然人管理机构,以实现对高净值自然人的有效管理。在国家税务总局层面,该机构可单列,也可设在大企业管理司,机构职能包括但不限于以下四条:一是制定高净值自然人纳税人的界定标准;二是构建高净值自然人涉税数据库;三是对数据库中的纳税人进行税收经济分析,通过大数据交叉比对锁定税务风险;四是向各省(自治区、直辖市)税务局下派个税核查任务。在省一级税务机关层面,也应成立高净值自然人的专门管理机构,一方面协助总局进行数据归集和分析,另一方面负责本辖区高净值自然人的日常税务管理和专项稽查任务的生成。

我国高净值人士中企业主及上市公司董事、监事、高管占有不小比例,税务机关在实际征管中,可从上市公司年报中抓取数据,将针对大企业的有效监管措施引入对自然人的管理中,实现二者涉税信息的有机融合与相互比对。

2. 健全第三方信息共享机制

高净值人群的个人所得税往往具有税收来源多样与税收分布跨区域等特性,由于信息不对称的存在,税务机关难以准确全面地抓取纳税人的涉税数据,故需要健全第三方信息共享机制。

首先,在立法层面,《税收征收管理法》中应当加入相关条款,明确第三方向税务机关提供涉税数据的义务,并明确第三方与涉税数据的内涵与外延。其次,同为政府机关的其他部门往往也掌握着大量税务机关征税所需的数据,例如市场监督管理部门掌握纳税人持有的公司股权情况,不动产中心掌握纳税人名下的房产地产等信息,车辆管理所掌握纳税人名下的车辆等情况。故需要构建起一个不同政府部门间的信息共享系统,让不同的机关单位可以共享信息,相互提高工作效率。例如,在办理纳税人税务股权转让过程中,税务机关可登录该信息平台,与工商系统进行稽核比对,确保准确掌握该纳税人的股权情况,避免股权转让过程中出现偷税漏税现象。最后,高净值人群往往在资金、财产等方面与企业存在密切的关联关系,故掌握纳税人涉税信息的企业也须承担起向税务机关报送涉税数据的义务。例如,高净值人群往往会将财产配置到证券等金融领域,故证券公司也需积极配合税务机关工作,定期将高净值人群的投资及收益情况报送给税务机关。各大商业银行作为掌握居民财富数额的"账房先生",也应当提供一个可供税务机关登录查阅的平台,以供税务机关查询高净值人群的财富数额,从而更好地分析数据,提高征管效率。

(三)提高高净值自然人的税收遵从度

1. 加大宣传力度,提高违法成本

一方面,要加大税收宣传力度,正确引导舆论,在社会上构建起风清气正的税收氛围和人人依法纳税的良好环境。首先,积极利用税收宣传月、税收进校园等传统措施为群众普及税法知识,增强居民纳税意识。其次,税务机关应积极适应新形势,主动运用新技术、新媒体,通过抖音、微博等互联网渠道向民众,尤其是年轻人群体普及税法。例如,通过税务干部抖音直播课或者抖音短视频小课堂等方式向民众传播税收知识,让诚实纳税成为社会共识;在税务机关微博下面开设偷漏税举报渠道,对网友举报明星艺人偷漏税行为做出及时有效回应,让网友看到积极反馈,由此增强群众监督的积极性,提高高净值自然人的税收遵从度。

另一方面,应当尽早构建起对税收失信自然人的联合失信惩戒制度。施行税收违法"黑名单"制度,让失信者寸步难行,让守信者一路绿灯。对于因偷税漏税而被列入"黑名单"的个人,应当限制其乘高铁、坐飞机、出境旅游等高消费活动,同时在贷款审批、股票购买等方面也提高其准入门槛,从而敦促社会各界,尤其是高净值人群依法纳税、诚信纳税。建立自然人纳税信用体系是一种很好的税务机关与自然人良性互动机制,通过守信激励、失信惩戒,提高纳税人税法遵从的自觉性,提高征管效率,促进资源优化配置。同时,有效落实减税降费,维护自然人涉税合法权益,满足自然人规避涉税风险和其他合法涉税信用需求。

此外,税务机关也应当加强对税务师行业等涉税服务中介行业的指导,让税务

师坚守正确的价值观和税收观,在高净值自然人聘请他们进行税收筹划时,能够告知高净值人士偷逃税款的严重后果和诚实纳税的正面社会效益,积极劝说并主动引导其依法诚实纳税,杜绝侥幸心理和投机意识。

2. 推出高净值人群的自愿披露政策

现阶段,我国在高净值人群个人所得税的自愿披露政策方面还比较欠缺。近年来,随着我国经济的飞速发展,高净值人群数量日趋增多。高净值人群的收入来源隐蔽、收入形式复杂多样,如果一味深入审查,征管成本可能过大,从而造成人力与时间等征管资源的较大浪费。故而本文建议我国参考国际上的涉税信息自愿披露经验,推出符合我国国情的相关政策。

在梳理总结 OECD 成员国经验的基础上,本文认为以下两条值得借鉴:第一,在框架设计方面,借鉴 OECD 成员国的成功经验,设计出符合我国国情的政策框架。一方面要提高纳税人自我披露的积极性和真实性,另一方面要避免使纳税人产生依赖性和侥幸心理。在具体操作中,如果纳税人在税务机关限定的期限内进行了自我披露,主动报送税务机关尚未掌握的涉税收入信息,税务机关可对纳税人免予起诉,不将纳税人列入失信名单或税收黑名单,并在行政罚款和补交税款的滞纳金方面给予一定程度的减免。第二,根据 OECD 成员国自我披露的多年经验,相较于长期政策,间歇性的、短期的自我披露才是正确的选择。目前金融情报自动交换已经在我国实施,针对高净值人群的海外金融账户资产等海外财产,对其稽查本身就有较大难度,故我国税务机关不妨择期实施一次短期的自我披露,用适度的税收优惠来激发纳税人主动补缴税款的积极性,如此既可以用较低的征管成本获取较大的税收收入,同时也可以对高净值人群形成震慑,敦促其依法诚实纳税,可谓一举多得。

参考文献

[1] 范玲. 金融账户涉税信息交换法案下个人所得税法和征管体系的优化思考[J]. 国际税收,2018(7):76-81.

[2] 方佳雄. 高收入高净值自然人税收征管:现状、问题与对策[J]. 税务研究,2019(2):105-108.

[3] 郝琳琳. 我国个人所得税反避税规则的优化:以税务透明化背景下高净值人群跨境避税与税收征管为视角[J]. 中国社会科学院研究生院学报,2021(6):76-84.

[4] 韩瑜,孙家政. 高收入个人税收遵从风险管理的国际借鉴[J]. 税务研究,2014(12):82-85.

[5]黄成元,孙军,王立坤,等.高收入高净值个人税收征管国际借鉴与思考[N].恩施日报,2021-11-05(008).

[6]国家税务总局湖北省税务局课题组,覃木荣.高收入高净值自然人税收征管的国际经验借鉴[J].税务研究,2022(4):97-101.

[7]顾兵,孙硕.高收入者个人所得税国外征管经验及对我国的启示[J].税务与经济,2017(6):90-94.

[8]李爱鸽,崔智敏.个人所得税调节高收入的制约因素及对策[J].税务研究,2010(9):37-40.

[9]李菁.高收入高净值自然人税收征管思考[J].甘肃金融,2020(9):30-32.

[10]梁若莲.对一起高净值个人移民避税案例的思考与建议[J].税务研究,2016(9):104-107.

[11]刘柏惠.自然人逃税行为的理论解释与治理路径[J].国际税收,2018(11):66-71.

[12]刘军.国外个人所得税征管经验及借鉴[J].涉外税务,2011(3):45-48.

[13]马珺.面向自然人课税的思考:以美国国内收入局个人所得税征管为例[J].国际税收,2017(2):11-16.

[14]马念谊.高收入高净值个人税收征管:国际经验与启示[J].税务研究,2017(8):78-81.

[15]漆亮亮,王晔,陈莹.加强自然人税收治理的路径探析[J].国际税收,2020(7):32-36,71.

[16]漆亮亮,赖勤学.共建共治共享的税收治理格局研究:以新时代的个人所得税改革与治理为例[J].税务研究,2019(4):19-23.

[17]王葛杨.第三方信息在个人所得税征管中的应用初探[J].国际税收,2020(3):35-39.

[18]王玮,周宁宇.我国强制性信息披露制度的构建:基于反避税视角[J].税务与经济,2016(5):82-87.

[19]文婧.招商银行《2021中国私人财富报告》关注"新财富群体"财富传承理念受到新富人群青睐[J].家族企业,2021(6):120-125.

[20]武民刚,曹静波.如何加强涉税信息的管理[J].税收征纳,2018(12):13-15.

[21]张春光.以高净值个人为地税"大企业"税源监控对象的国际比较与借鉴[J].辽东学院学报(社会科学版),2017,19(3):37-43.

柔性税收征管现状和提升路径探究

王竞达　刘祎男　马里斌[①]

一、引言

2015年,国务院印发《推进简政放权放管结合转变政府职能工作方案的通知》(以下简称《通知》)。《通知》首次提出"放管服"改革(简政放权、放管结合、优化服务),并创造性地提出,通过深化行政管理体制改革,创新监管方式的同时改进服务,建立服务型政府。自此,税务机关开始更加重视柔性征管在税收征管体系中发挥的作用,征管体系也由单一的强制性征管转变为"刚柔并济"的立体征管体系,以市场主体的纳税需求为锚点优化税务机关服务,打造"监管+服务"型税务机关。

2020年,习近平主席主持召开中央全面深化改革委员会第十七次会议,会议审议通过了《关于进一步优化税务执法方式的意见》,指出了新一阶段税收征管现代化的目标,即推动税务执法、服务、监管的理念方式手段变革,大幅提高税法遵从度和社会满意度,降低征纳成本。2021年,中办、国办印发了《关于进一步深化税收征管改革的意见》,提出通过切实减轻办税缴费负担、全面改进办税缴费方式、持续压减纳税缴费次数和时间、积极推行智能型个性化服务等措施,着力建设以服务纳税人缴费人为中心的智慧税务系统。

近年来,学者们从税法遵从角度对税收征管体制改革进行了一些研究,为明确其经济后果提供了证据。邓微达等(2022)发现,党的十八大以来我国征管制度变化有利于改善征管环境。"金税三期"的应用显著压缩企业逃税空间(张克中等,2020),提高上市公司税法遵从度(唐博和张凌枫,2019),改善上市公司税收优惠享受情况(樊勇和李昊楠,2020)。值得注意的是,也有学者研究发现,"金税三期"显著提高企业税费负担(张克中等,2020),企业会通过社保逃费降低税负压力(蔡伟贤和李炳财,2021)。此外,柔性征管通过提升税收认知、税收评价和税收参与降低居民税感(樊丽明和张晓雯,2013),纳税信用评级披露显著提高上市公司的税法

[①] 王竞达,首都经济贸易大学教授。刘祎男,首都经济贸易大学硕士研究生。马里斌,首都经济贸易大学硕士研究生。

遵从(陶东杰等,2019;李林木等,2020),税收宣传能够通过缓解征纳双方的信息不对称提高税法遵从(毛捷等,2022),高质量纳税服务能够提高税法遵从(何晴和郭捷,2019),"首违不罚"有利于和谐征纳关系、改善税收领域营商环境(周优和刘琦,2021;胡彦伟,2021)。与此同时,学者们发现柔性税收征管尚存在一些待解决的问题,诸如理念上重视法制、轻视教育(李波和王彦平,2021),制度层面有待完善(田志明和侯昭华,2015),实践中未能满足纳税人需求(国家税务总局纳税服务司课题组,2022)、面临提升质效的挑战(李成,2020)等,上述问题的存在限制了柔性征管充分发挥税收治理能力。

通过对文献的回顾可以发现,强制性征管对税法遵从的作用得到广泛的证据支持,但其对税负的提高促使企业通过社保逃费等手段减轻压力。柔性税收征管对于提高税法遵从度和社会满意度均起到显著作用,但在执行层面,部分问题导致其作用不能得到充分发挥。因此,如何优化柔性征管体制,推动征管机制不同组成部分之间的协调与协作,在新的发展阶段达成提高纳税人税法遵从度、提升社会满意度的目标,成为深化税收征管改革阶段的重要问题。基于此,本文聚焦于如何进一步提高纳税人税法遵从度、社会满意度并大幅降低征纳成本这一重要视角,分析柔性税收征管发展与现状,提出其存在的问题并给出优化路径,以期对税收征管体制深化改革路径提供参考。

二、柔性税收征管的概念与内涵界定

探讨柔性税收征管的内涵,需要梳理政府柔性治理理论的概念界定,并依此延伸至税务管理领域。西方学者于20世纪90年代发展出政府柔性治理理论强调,治理不仅包括依靠行政强制力量使得他人服从。赵韵玲(2008)结合我国实际提出,政府行政执法转向柔性是实现社会和谐的必要前提,并将柔性定义为与刚性相对应的范畴。从外延来看,刚性执法是指以管制、审批、处罚、强制为主的传统行政执法模式;而柔性执法是指在执法中注意服务、指导、激励、效果,注重宣传和沟通的创新行政执法模式。莫于川(2010)发现,我国的公共管理模式也逐步由单纯的管理、管制,调整为柔性治理理论指出的引导、指导和提供服务。蒋建湘和李沫(2013)通过分析明确了柔性治理的核心要素是非强制性和自愿性,柔性治理主要包括激励型监管、协商性监管、行政指导和自我监督。

2012年全国税务系统依法行政工作会议指出:要健全矛盾纠纷防范与化解机制,改进执法方式,积极探索和运用行政指导、行政合同、服务、疏导、教育等柔性执法手段。李波和王彦平(2021)提出税收政策风险提示和"首违不罚"属于柔性税收执法的范畴。需要强调的是,柔性税收执法和柔性税收征管的概念范围存在差异,执法是存在纳税问题后的处理阶段,而税收征管则是包含宣传、服务、执法在内的全流程制度安排。冀云阳和高跃(2020)考虑到这一问题,提出非强制性的柔性征管主要包括纳税信用评级、优化税收服务等活动。

综合来看,本文认为以纳税这一中心环节作为分界线,柔性税收征管可以划分为事前、事中和事后三个阶段(见表1)。事前阶段的制度安排为纳税宣传;事中阶段体现为纳税服务,包括纳税过程中对纳税人的风险提示服务;事后阶段为纳税信用评级和"首违不罚"。

表1 柔性税收征管的构成

阶段	制度安排	目的
事前	纳税宣传	预防
事中	纳税服务(包括税收风险提示)	控制
事后	纳税信用评级、"首违不罚"	应对

三、柔性税收征管的发展与现状分析

细致分析我国柔性税收征管的发展历程,可以发现:

(一)税收宣传共治格局正在构建

税收宣传作为柔性税收征管重要的制度安排,能够通过提升税收认知,提高税法遵从度,降低税感,提高社会满意度,促成纳税人对税务机关的合作型遵从,并进一步降低征纳成本。我国系统的税收宣传活动开始于1992年的首个全国税收宣传月,随后的30多年间,全国税收宣传月聚焦"税收法制""税收·发展·民生""营改增""减税降费",打造了税收宣传的第一个品牌窗口。1999年,时任国家税务总局局长金人庆提出,税收宣传要贯穿全年税收工作,不能局限于税收宣传月,标志着我国税收宣传步入全面实施阶段。

党的十九届二中全会后,国家税务总局党组会议提出,要加强税收普法工作,努力构建多主体参与、多载体保障、多渠道推进的税收普法共治格局[①],标志着我国税收宣传步入改革创新阶段。税收普法共治格局包含四个要点:①组织实施宣传的机构或个人要多元;②承载宣传内容的介质要创新;③渠道即宣传的平台要丰富;④通过税收宣传的共治格局推动税收治理共治的实现。在改革创新阶段,宣传

---

① 国家税务总局办公厅. 国家税务总局党组传达学习贯彻党的十九届二中全会精神[EB/OL]. (2018-01-24)[2022-09-30]. http://www.chinatax.gov.cn/chinatax/n810209/n810575/n811941/n811998/c3239410/content.html.

主体由税务机关人员扩大至非税务机关人员,宣传载体由传统的文章社论扩展至新兴的数字藏品,宣传渠道由传统媒体平台转移至线上线下协同的宣传矩阵(见表2)。税务机关明确宣传内容,聚焦主体、载体、渠道,创新税收宣传活动,税收宣传逐步形成共治格局。

表2 税收宣传创新——主体、载体、渠道

		宣传创新	宣传内容
主体	传统主体	税务机关	税收认知 税法常识 税收政策 税收优惠 办税流程 工作动态
	创新主体	涉税中介机构志愿者、群众志愿者	
载体	传统载体	文章、影视作品	
	创新载体	短视频、网络直播、漫画、动漫、数字藏品	
渠道	传统渠道	传统媒体平台、书籍、税收宣传月、新闻发布会	
	创新渠道	新媒体平台、税收政策库、税法学堂、少年税校、税收普法基地、元宇宙	

资料来源:中国税务报.让税收普法走进千家万户——党的十九大以来税收普法工作纪实[EB/OL].(2022-05-31)[2022-09-30].http://www.ctaxnews.net.cn/paper/pc/layout/202205/31/node_01.html.

(二)纳税服务多种举措大范围实施

纳税服务是提高纳税人办税便利度,降低制度性交易成本,进而提高社会满意度的重要举措。便民办税春风行动始于2014年,2022年步入"2.0"时代。2014年,国家税务总局发布《关于印发"便民办税春风行动"实施方案的通知》,提出最大限度服务纳税人、最大限度规范税务人的目标。"春风行动"不是一吹而过,而是年年吹、时时吹。2014年以来,税务部门每年将发展需要解决的迫切问题、纳税人最关心的问题总结为主题,展开与之相关的春风行动(见表3)。例如,2017年税务机关为纳税人提供所得税申报风险提示功能。作为当年便民办税春风行动的重要举措,风险提示服务能够有效降低纳税人错报风险。2020年税务部门以"战疫情促发展服务全面小康"为主题开展春风行动,利用税收政策为企业纾困、快速推进非接触式办税,助力企业渡过疫情难关。2022年国家税务总局下发《关于推出2022年"我为纳税人缴费人办实事暨便民办税春风行动2.0版"的通知》,标志着春风行动进入升级优化的新阶段。

表3 便民办税春风行动

年度	主题	举措(项)	实施情况
2014	提速	28	各省均已实施

续表

年度	主题	举措(项)	实施情况
2015	规范	11	各省均已实施
2016	改革·合作	31	各省均已实施
2017	提升·创响	46	各省均已实施
2018	新时代·新税貌	74	各省均已实施
2019	新时代·新税貌	52	各省均已实施
2020	战疫情促发展服务全面小康	76	各省均已实施
2021	优化执法服务·办好惠民实事	100	各省均已实施
2022	智慧税务助发展·惠企利民稳增长	80	各省均已实施

资料来源:根据国家税务总局年度报告整理而得。

纳税服务能够降低企业纳税成本。企业纳税次数和纳税时间是衡量企业纳税成本的重要指标,因此纳税次数和纳税时间可作为纳税服务的反向代理指标。数据表明,"放管服"实施以来,我国纳税便利度显著提高,营商环境得到改善(见表4)。根据《世界银行营商环境报告》的数据,我国纳税人年度纳税次数从2016年的9次下降到2020年的7次,国际排名由第34名提高至第17名;我国纳税人年度纳税时间由2016年的261小时降低至2020年的138小时,下降比例高达47%,国际排名也由第138名提高至第46名。

表4 纳税服务指标纵向变化趋势

指标	2016年	2017年	2018年	2019年	2020年
纳税时间(时/年)	261	263	251	142	138
纳税次数(次/年)	9	9	9	7	7

注:纳税时间定义为公司准备、申报、缴纳三种主要类型税费所需的时间;纳税次数定义为公司支付所有税费的次数。

资料来源:根据2016—2020年《世界银行营商环境报告》整理而得。

(三)纳税信用评级制度基本成形

纳税信用评级水平是体现纳税人税法遵从度的重要指标,其能够通过信用激励提高税法遵从度,还能通过构建社会税收治理格局降低征管成本。2014年,国家税务总局发布《纳税信用管理办法(试行)》和《纳税信用评价指标和评价方式(试行)》,建立税收缴纳信用体系,首次纳税信用评级结果和A级纳税信用评级主体于次年披露。2016年,发改委、国家税务总局、人民银行等联合发布《关于对纳税信用A级纳税人实施联合激励措施的合作备忘录》,34个部门共同设定对A级纳税人的41项优惠和便利措施,措施以税务管理为主,并涵盖包括金融、环保在内的18个领域。国家税务总局不断完善纳税信用管理、信用修复、激励措施,我国纳税信用评级制度目前已基本成形。根据人民网报道①,2021年我国企业纳税信用结构保持明显的橄榄型特征,B级和M级占比超过80%(见表5)。

表5 纳税信用结构及分级管理主要举措

级别	户数及占比		发票管理	出口企业类型	留抵退税	公告公开	联合激励
A	275万	8.28%	专票可一次领取不超过3个月用量,需要调整用量时即时办理;普票按需领用;取消增值税发票认证	一类企业	享受	主动公告	享受
B	2747万	82.58%	专票可一次领取不超过2个月用量,需要调整用量时即时办理;普票按需领用;取消增值税发票认证	一类企业	享受	不公开	不享受
M			取消增值税发票认证	三类企业	不享受	不公开	不享受
C			取消增值税发票认证	三类企业	不享受	不公开	不享受
D	304万	9.14%	专票领用按辅导期一般纳税人政策普通发票;普票领用实行交旧供新、严格限量供应;取消增值税发票认证	四类企业	不享受	公开纳税人及直接责任人	不享受

资料来源:根据人民网和国家税务总局-税收政策库资料整理而得。

表6总结了我国A级纳税人的变化趋势。数据显示,2014—2016年A级纳税人稳中有升。2016年联合激励措施出台后,2017年纳税人绝对数量和占比均有所提升。2018年,国家税务总局扩大评级范围,纳入新设立企业以及评价年度内无生产经营业务收入的企业,并针对其增设信用M级,使得2018年A级纳税人绝对数上升的条件下,占比大幅下滑。截至2020年,我国上市公司中76%的企业为A级纳税人,全部企业中5.88%为A级纳税人,纳税信用激励显著的同时,上市公司与非上市公司间呈现出显著的结构差异。

---

① 人民网.2021年我国企业纳税信用稳中向好 A级企业数量和占比明显上升[EB/OL].(2022-05-17)[2022-09-30].http://finance.people.com.cn/n1/2021/0517/c1004-32105692.html.

表6 纳税信用评级A级企业占比时间趋势

年度	A级别纳税人占比	
	上市公司	全部企业
2014	55%	7.65%
2015	54%	7.9%
2016	55%	8.04%
2017	64%	12.16%
2018	61%	4.58%
2019	69%	4.77%
2020	76%	5.88%
2021	未公布*	8.28%

注:2021年企业纳税信用评级结果尚未开放查询。
资料来源:根据国家税务总局纳税信用A级纳税人公示栏资料整理而得。

(四)"首违不罚"逐渐规范化

国家税务总局于2016年发布《税务行政处罚裁量权行使规则》,首次在税务行政领域中对"首违不罚"做出全国性统一规定:同时满足首次违反、情节轻微、主动改正或在责令期限内改正的情况下可以适用"首违不罚"条款,不予行政处罚。全国人大常委会发布的《中华人民共和国行政处罚法》(2021年修订),进一步将"首违不罚"在国家法律层面予以确认,明确了其行使主体、构成要件和适用范围。随后,国家税务总局迅速响应,在2021年内分两批(《税务行政处罚"首违不罚"事项清单》《第二批税务行政处罚"首违不罚"事项清单》)发布税务行政领域的"首违不罚"清单。清单从税务登记、账簿管理、发票管理、纳税申报四大领域规定14项违法行为可以适用"首违不罚"。

地区层面,三省两市(上海市税务局、江苏省税务局、浙江省税务局、安徽省税务局、宁波市税务局)发布《长江三角洲区域税务轻微违法行为"首违不罚"清单》,列举了18条"首违不罚"事项。宁夏回族自治区税务局发布《轻微违法行为"首违不罚"清单》,列举了24条"首违不罚"事项。海南省税务局发布《不予税务行政处罚清单的通告》,列举了27条"首违不罚"事项。其余地区"首违不罚"的相关规定见于各地出台的税务行政处罚裁量基准。本文通过查阅国家税务总局《税务稽查案件办理程序规定》、各地"首违不罚"办理操作手册等文件,总结了企业适用"首违不罚"的流程(见图1)。各地适用程序基本一致,可分为发现、整改、申请、适用四个阶段。各地具体流程中存在细微差别,例如全程线上办理或是部分情况需要线下办理等。

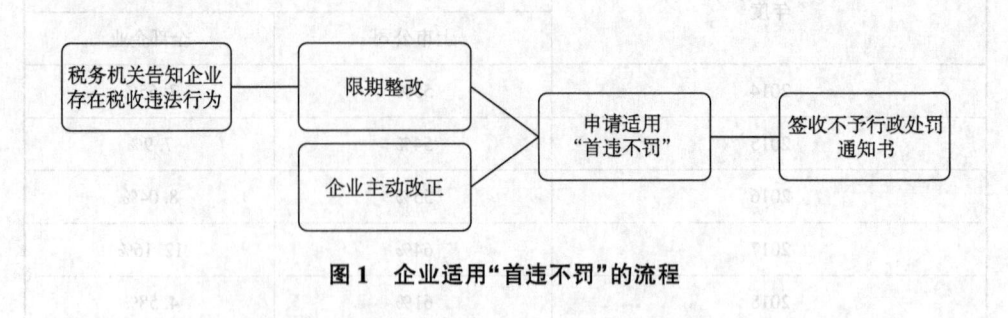

图1　企业适用"首违不罚"的流程

四、当前柔性税收征管存在的问题

近年来,柔性税收征管已建立起相对完善的制度体制,但在机制完善度和成熟度上相比强制性征管体制仍然有所欠缺。柔性征管存在的问题致使征管机制间存在内部不协调,制约深化征管机制改革目标的实现。具体来说,柔性税收征管存在如下问题。

(一)税收宣传实践滞后于宣传需要

1. 未能充分调动社会主体宣传参与度和治理参与度

税务机关作为管理方,纳税人仅作为被管理方的旧模式不利于征管水平的进一步提高,应当建立政府各部门、社会各界人士共同参与的税收治理新格局。当前,参与纳税宣传的主体局限于税务机关和志愿者(见表2),未能发动如非税务政府部门、企业的积极性,社会主体宣传参与度不足。此外,是否参与税务机关意见征集一定程度上可以反映税务社会治理参与度,本文手工查阅了36个省级(省、直辖市、自治区、计划单列市)税务局2018年至2021年意见征集相关数据(见表7)。税务局进行征集调查时,至少每次征集都能收到反馈意见的地区数量①分别为26、27、24和22个,总体来看,全国超过30%的意见征集不能收到反馈意见。时间维度上,在留言办理时间逐年降低与征集调查期数逐年提高的条件下,至少每次征集都能收到反馈意见的地区数量却在逐年降低,纳税人参与税收治理积极性存在下降趋势。由此可见,税务宣传工作在调动社会参与税收治理积极性上存在不足。

---

① 至少每次征集都能收到反馈意见的地区认定方式为:若各地区(收到意见)/(意见征集期数)≥1,则当地至少每次征集都能收到反馈意见;若<1,则当地并非每次征集都能收到反馈意见,各个年度地区数量为至少每次征集都能收到反馈意见的地区数量加总。

表 7 治理参与度纵向变化趋势

	2018	2019	2020	2021
留言办理时间(天)	3.42	3.42	2.98	2.79
意见征集期数(次)	277	326	359	374
每次征集都能收到反馈意见的地区数	26	27	24	22

资料来源:根据省级税务局门户网站工作年度报表整理而得。

2. 税收宣传针对性不足

随着新媒体时代的到来,税收宣传的渠道越来越丰富。从电视、广播、报纸到官方网站、微博、微信公众号,税务机关在多种宣传媒介上都进行了尝试,方便纳税人及时了解最新税讯。但各平台宣传内容同质化严重。此外,由于具体的涉税情况、业务性质、纳税规模,以及办税人员的年龄、受教育水平、专业素养存在差异,纳税人对税收宣传的需求不同。截至2021年末,仅有上海市和辽宁省税务局门户网站开通千人千网,即通过历史访问信息,定制化推送纳税人关注度高的内容。这表明税收宣传未能根据相关数据,针对纳税群体需求形成有层次感、有差异化的立体宣传矩阵。繁复、同质的宣传会因缺乏针对性而导致效果不足,同时低关联度宣传也增加了对纳税人的打扰。

(二)纳税服务堵点降低办税便利度

1. 部分业务无法线上操作,需要纳税人"跑腿"

本文手工查阅了36个省级(省、直辖市、自治区、计划单列市)税务局2021年门户网站工作年度报表,从其中摘选出政务服务事项数量和可全程在线办理政务服务事项数量,通过计算得出全程在线办理率①。表8数据表明,各省级税务局在政务服务全程在线办理率上存在显著差异,全程在线办理率最高值为100%,最低值为52%,均值为89%。其中26家税务局(占比约为72%)无法提供全部业务全程线上办理;11家税务局(占比约为28%)提供全程在线办理的业务比例低于90%。

表 8 各省级税务局政务在线办理率

省、市、自治区	全程在线办理率	省、市、自治区	全程在线办理率
安徽省	91%	内蒙古自治区	89%

---

① 在线办理率定义为政务服务事项数量和可全程在线办理政务服务事项数量之比。

续表

省、市、自治区	全程在线办理率	省、市、自治区	全程在线办理率
北京市	92%	宁波市	100%
大连市	100%	宁夏回族自治区	100%
福建省	95%	青岛市	100%
甘肃省	91%	青海省	91%
广东省	91%	厦门市	99%
广西壮族自治区	96%	山东省	89%
贵州省	84%	山西省	57%
海南省	97%	陕西省	100%
河北省	94%	上海市	99%
河南省	100%	深圳市	95%
黑龙江省	57%	四川省	70%
湖北省	95%	天津市	100%
湖南省	94%	西藏自治区	52%
吉林省	100%	新疆维吾尔自治区	91%
江苏省	100%	云南省	71%
江西省	76%	浙江省	100%
辽宁省	89%	重庆市	67%

资料来源：根据各省级税务局门户网站中的工作年度报表整理而得。

2. 办税流程繁琐、表单填写复杂

我国纳税便利度优于世界平均水平、OECD平均水平、东亚及太平洋地区平均水平，但与最佳水平相比仍有差距（见表9）。从纳税时间角度着眼，除税制差异外，原因在于各省市征管任务统筹机制尚未完全建立，部分业务存在流程繁琐的问题。例如，纳税人首次安装发票开具软件，或者使用税务UKey时，需要填写包括企业基本信息、网络配置参数等在内的众多可以自动处理的表单。以成都市税务局电子发票配售工作为例，纳税人需要在操作票种核定并获得审批后，再申请金税发行操作，完成后再持税控盘至发票配售岗申请发票配售，即要经历票种核定、金税发行、发票配售三个步骤，导致单户办理时间较长。从纳税次数角度来看，我国实行增值税、消费税与附加税费合并申报制度、财产和行为税合并申报制度，合并申报范围仍有进一步扩大空间。

表 9 纳税服务指标横向对比

指标	世界均值	OECD 均值	东亚及太平洋地区均值	最佳水平	中国
纳税时间(时/年)	245	158	172	34.5	138
纳税次数(次/年)	23	10	20	3	7

资料来源：根据 2020 年《世界银行营商环境报告》整理而得。

3. 跨省业务办理困难

随着我国市场经济的不断发展和京津冀、长三角一体化战略的持续推进，跨区域的企业业务往来已成常态。但是由于不同省份税收政策不统一，许多地区间数据尚未完全共享，导致除了 2020 年上线的长三角电子税务局实现了线上跨省办税一体化之外，其他许多跨省业务仍无法进行线上办理，需要采用邮寄申报和线下前往办税大厅办理。我国目前没有完整的有关电子政务的法律法规体系，相关规定散见于《电子签名法》《政府信息公开条例》等，因此各地方采用支撑线上业务的软件不同。例如：北京市企业用户采用的网上办税软件为北京国税办税软件，而上海市采用的是海亿企惠税软件。软件不统一导致的结果就是，即使部分业务可以线上办理，也需要纳税人进行多次切换，这无疑增加了跨省市纳税人办税的复杂性。

4. 税收政策风险提示服务覆盖面有待进一步提高

2017 年，国家税务总局发布《关于为纳税人提供企业所得税税收政策风险提示服务有关问题的公告》。根据该公告，企业纳税人在申报所得税时，可以勾选税收政策风险提示服务，税务机关会将涉税风险信息反馈至纳税人。但截至 2022 年，我国 18 个税种中只有企业所得税申报开通了税收政策风险提示服务。2021 年，企业所得税占全国税收收入的比重约为 23.34%[①]，也就意味着占国内税收收入比重为 76.66% 的其他税种申报并未开通税收政策风险提示服务。未开通风险提示服务的税种中包括我国税收收入占比最高的国内增值税（占全国税收收入的比重约为 36.77%）。

(三)纳税信用评级机制建设存在欠缺

1. 纳税信用评级结果向社会公开不足

表 6 数据表明我国上市公司和非上市公司纳税信用结构存在显著差异。除财务水平的系统差异外，纳税信用评级结果公开不足引致声誉约束机制受限是重要

---

① 根据财政部公开信息测算而得。

原因。目前,税务机关仅主动对外公告了 A 级纳税人的相关信用信息以及公开 D 级纳税人的部分相关信用信息,其余信用级别(B 级、C 级和 M 级)纳税信用信息均不向社会公开,仅供纳税人自身查询或其他纳税人依申请查询。从公开端来看,目前存在如下问题:各省市披露标准不统一、披露周期过长、披露内容局限、数据可得性较差。公开不足导致评级结果的适用范围受限,使得部分纳税人认为自身评级结果不会为外界得知,在一定范围内的失信不会对自身的利益带来影响,这就降低了企业的失信成本,抑制了信用评级对税收合规水平的积极影响。

2. 尚未形成层次分明的信用激励阶梯

纳税信用评级应建立有层次感的激励阶梯,鼓励纳税人提高合规水平,提升纳税信用等级。但从当前激励和惩戒措施来看,仅有最高 A 级和最低 D 级的企业的征管措施存在显著差异,A 级与 D 级之间的企业没有受到明显影响,提升信用评级的边际收益小于边际成本,企业提升信用评级的动力较低。《纳税信用管理办法(试行)》第五章第二十九条和《关于对纳税信用 A 级纳税人实施联合激励措施的合作备忘录》提出了对 A 级纳税人的相关激励措施,由税务机关与相关部门实施的联合激励措施可知,现有纳税信用结果的激励范围在税务领域主要体现为发票管理便利,其他领域主要集中在融资、招投标等环节优先考虑。由于"放管服"政策将发票在线认证的权限从 A 级纳税人扩大到全部一般纳税人,发票管理便利仅保留单次最大领取量和增量时效的差异,削弱了发票管理便利的激励作用。此外,税务部门外的激励措施散见于各部门管理举措中,并未以法律法规形式予以明确,未形成明确、清晰的机制体制。因此,纳税信用评级的信用激励层次感不足,不能有效激励企业提升纳税信用等级。

3. 纳税信用评级权威性、公正性不足

目前与纳税信用相关的最高层级政策文件是国家税务总局公告,即规范性文件。这不仅导致评级结果缺乏法律法规的有效支撑,有损纳税信用评级的权威性,还给了税务机关较大的行政自由裁量权,使得税务执法过程存在弹性管理现象,有损纳税信用评级的公正性。《纳税信用等级评定管理试行办法》规定了纳税信用评级的一级具体指标和分数,但二级指标的分数、不同情形分数的扣除,各地税务机关可根据实际情况进行设定。纳税信用评级评定标准的不统一,形成过大的自由裁量范围,给了各地税务机关弹性管理的空间。

(四)"首违不罚"后续环节衔接有待进一步完善

守法意识、守法能力、守法条件和环境是守法社会的三个方面(李娜,2018)。"首违不罚"通过给予违法行为人容错空间,体现人文主义关怀,增强公民自觉守法的意识(江国华和丁安然,2021)。但在提高守法能力、促进守法条件和环境改善上缺乏衔接环节。

1. "首违不罚"缺少对纳税人的警示

违法行为的严肃后果能够增强法律的威慑作用,形成更好的守法条件和环境。"首违不罚"事项发生后,税务机关应按照法律要求向行政相对人下发不予行政处罚决定书。不予行政处罚决定书包括行政主体信息、行政相对人基本信息、违法事实、法律适用理由和依据、司法救济渠道(见表10)。通过对不予行政处罚决定书构成的分析可以发现,决定书缺乏警示纳税人的内容。

表10 不予行政处罚决定书的内容构成

结构	内容
首部	不予行政处罚决定的标题和文号
	被查对象或者其他涉税当事人姓名或者名称、有效身份证件号码或者统一社会信用代码、地址
正文	检查范围和内容
	税收违法事实及所属期间
	不予税务行政处罚的理由及依据
	申请行政复议或者提起行政诉讼的途径和期限
尾部	不予行政处罚决定的制作日期、税务机关名称及印章

资料来源:根据《税务稽查案件办理程序规定》整理而得。

2. "首违不罚"对纳税人的教育不足

涉及"首违不罚"的纳税人可能由于客观能力受限,对税收政策和税收规定理解不充分,而做出违法行为。通过教育能够提高"非故意"违法纳税人客观守法能力。法律法规也依照这一原则做出安排,《中华人民共和国行政处罚法》(2021年修订)第三十三条第三款规定:"对当事人的违法行为依法不予行政处罚的,行政机关应当对当事人进行教育。"《税务行政处罚"首违不罚"事项清单》中规定,税务机关应当对当事人加强税法宣传和辅导。然而,尽管各层级规定均强调"首违不罚"需要协同实施税法宣传和辅导,但尚未有任何已出台文件明确"首违不罚"相关税法宣传和辅导工作应如何开展。

五、进一步提升柔性税收征管效果的优化路径

为充分释放柔性税收征管在达成"两提高,一降低"中的作用,应当聚焦柔性征管制度安排在实践中暴露出的问题,进行针对性调整。因此,本文提出如下优化

柔性税收征管的政策建议。

（一）创新宣传链路，利用数字工具，为税收宣传提质

1. 按链路扩主体，以税收共宣推动社会共治

本文建议依照税务社会共治实施路径逐步拓宽税收宣传工作的队伍，并将税收宣传作为参与社会共治的基本途径，推动共治基本格局的构建。首先，以社会共治的新时代税收治理格局为主题开展重点宣传活动，提高非税务面参与税收治理的积极性。其次，主动向有关政府部门、社会团体等介绍税务共治的重要性和目前存在的问题，听取各方意见与建议，并积极争取各方理解和支持，为后续工作的开展营造良好的环境。再次，在政府系统内部，建立由税务机关牵头，工商、金融、公安等多部门联合推行的综合治税机制，积极发挥部门独有优势，结合各自部门与税收治理交叉点，壮大税收宣传规模、扩大宣传覆盖面，携手完成宣传工作。另外，可在纳税信用评级指标中引入税收宣传指标，激励企业开展税收宣传工作，实现政企税收共治。最后，积极推动公民和社会组织作为志愿者参与到税收宣传工作中，最终形成多方共宣共治共享的治理格局。

2. 利用大数据，描绘纳税人画像，开展精细化宣传

如前文所述，纳税人在学历素质、涉税情况、职业状况等方面均存在不同，因此本文建议税务局在进行税收宣传时，根据需求划分受众，明确宣传平台与纳税群体的对应性，根据其需求选择宣传重点，并在方法、形式、内容上进行相应调整，分类开展税收宣传活动。对于有税法学习需求但专业素养较低且难以受到系统培训的纳税人，多进行普及宣传。例如，为小规模纳税人或者县级市、乡镇新办企业的税务从业人员定期开展税收新政培训课程，拓展该部分涉税人员参与、了解、掌握税收政策的渠道，促进其业务能力的提升。对于财务会计建设健全、办税能力强但纳税意识较低的纳税人，如大中型企业，开展模范纳税户的评定，定期表彰诚信纳税企业，增强税收的社会影响力，促进其纳税意识的提升。

（二）建立纳税思维，疏通办税路径，提升办税效率

1. 优化线上平台功能，创造纳税新体验

纳税服务理念下，税务部门应当将优化纳税人业务办理体验、提高纳税人满意度放在首位，以全新的政府定位推动公民税收遵从度的提高。因此，针对目前电子税务局功能建设存在纰漏的问题，本文建议优化平台现有功能，提高智能化响应程度，保证平台服务及时跟进阶段性政策变动，降低涉税业务办理难度，实现全线上、零接触办税；同时，进一步拓展电子税务局纳税服务功能，充分掌握纳税人的共性并利用大数据了解其个性需求，精细化涉税业务管理及纳税服务工作。

2. 加快税务信息化建设,简并优化报税流程

针对办税流程繁琐、表单重复填写的问题,本文建议以《全国税务机关纳税服务规范》(3.0版)为依据,重新整合当前电子税务局中涉税业务流程,剔除冗杂繁复环节,精简申报审核流程。在纳税人定期申报时,由系统自动生成部分在申报过程中需要重复填写且长期保持不变的部分,并且将提示和引导涉税事项办理的功能适当加入其中,搭建更为完善、高效的涉税系统,确保电子税务局功能更完备,充分发挥电子税务局的作用。

3. 提高系统稳定性,建成区域统一办税平台

本文建议通过尽快建立健全区域统一办税平台,保证各地区网络信息与平台资源的交融互通,尽最大可能简化跨省市纳税人办税流程,解决纳税人跨省业务办理困难的问题。此外,在确保全国各地紧密联系、密切合作、信息共享的基础上,电子税务局的作用能够被最大限度发挥的核心在于该平台的稳定、有效。因此,各地区不仅需要弥补原办税系统存在的漏洞,提升系统稳定性,还要做好与全区域统一办税平台的对接,避免系统不稳定带来的操作不便。

(三)加强纳税信用体制建设,发挥信用乘数效应

1. 提高信用评级结果透明度,拉大信用激励强度差异

公开、透明的信用披露是约束纳税人行为、激励纳税人关注自身纳税信用最行之有效的工具之一。因此,本文建议,向社会及时、完整披露企业纳税信用评级情况,充分发挥公众的监督作用,使纳税信用评级成为影响企业正常生产经营的重要因素。此外,进一步细化不同纳税信用等级企业的分级管理,形成差异度明确的激励阶梯。优化完善内部激励措施,使得信用记录良好的纳税人真正获益。例如,在更多的税收优惠政策上采用类似于留抵退税政策的适用门槛,即"仅限纳税信用等级为A级或者B级"的纳税人使用,鼓励企业足额、按时缴税;或者对应当前的税收违法"黑名单",颁布诚信纳税"红名单",对具有良好信用的A级、B级纳税人在政府采购或者工程项目招投标时优先考虑。

2. 推进纳税信用评级制度立法,健全征管机制,完善税收体系

有法可依是保障纳税信用管理权威性、公平性的前提。针对我国纳税信用评级制度不健全、法律不完善、层级较低的问题,本文建议,总体上提升纳税信用管理体系的法律层次。应将纳税信用法律体系融入以《税收征管法》为核心的税收法律体系。在纳税信用相关制度的具体操作性条款中,规范现行纳税信用评级过程,并限定信用数据开放范围及运用,从法律角度明确诚信纳税的激励措施以及谎报虚假数据的失信惩戒机制,保障纳税人的合法权利。制定维护纳税人权利的法律,明晰纳税人和税务机关双方的权利与责任,防范侵害纳税人权利的行为发生,平衡

征纳税双方的法律地位。

（四）从"首违不罚"拓展为"首违必警"和"不罚则教"

1. "首违必警"，通过警示引导纳税人提高税法遵从度

不予行政处罚通知书中应包含警示内容，通过提醒、引导纳税人，促进其税法遵从度的提高。首先，通知书中应当提醒纳税人再次违法造成的后果，诸如一定时间内相同违法事项不能适用"首违不罚"、再次涉及相同违法事项将造成的行政处罚措施，以及违法将造成纳税信用评级降低等情形。其次，通知书中应当对"首违不罚"进行充分说理，清晰告知"首违不罚"的设立目的和适用原因。避免纳税人曲解政策内涵，忽视税收法律法规的严肃性。

2. "不罚则教"，通过宣传、辅导帮助纳税人提升合规水平

"首违不罚"可以和纳税宣传活动形成联动，设计"教育补救"机制。首先，税务机关可以通过走访、询问等方式了解其发生错误的原因，为纳税人提供建议，帮助纳税人形成更加完善的内部控制机制。进一步，税务机关可以按照违法条目，整理发生原因，提出改进意见，将其编纂成册发布给纳税人。其次，"首违不罚"纳税人应在纠错完成后参加与其违反规定相关的税法教育活动。通过参与活动加强对税收政策、税收法规的认知和理解，避免再次发生相同情形。考虑到"首违不罚"应该降低纳税人"首违"时的遵从成本，可以考虑通过网络课堂方式，降低纳税人参与培训活动的成本。

参考文献

[1] 邓微达,王智烜,荣超. 税收征管环境与企业税法遵从:基于上市公司的研究[J]. 税务研究,2022(3):127-132.

[2] 张克中,欧阳洁,李文健. 缘何"减税难降负":信息技术、征税能力与企业逃税[J]. 经济研究,2020,55(3):116-132.

[3] 唐博,张凌枫. 税收信息化建设对企业纳税遵从度的影响研究[J]. 税务研究,2019(7):62-69.

[4] 樊勇,李昊楠. 税收征管、纳税遵从与税收优惠:对金税三期工程的政策效应评估[J]. 财贸经济,2020,41(5):51-66.

[5] 蔡伟贤,李炳财. 税收征管、税收压力与企业社保遵从[J]. 世界经济,2021,44(12):201-224.

[6] 樊丽明,张晓雯. 从税负到"税感":理论及实证分析[J]. 财贸经济,2013(9):5-15.

[7] 陶东杰,李成,蔡红英. 纳税信用评级披露与企业税收遵从:来自上市公司

的证据[J].税务研究,2019(9):101-108.

[8]李林木,于海峰,汪冲,等.赏罚机制、税收遵从与企业绩效:基于纳税信用管理制度的研究[J].经济研究,2020,55(6):89-104.

[9]毛捷,曹婧,刘玎倩.信息完备与税收遵从[J].世界经济,2022,45(6):87-111.

[10]何晴,郭捷.纳税服务、纳税人满意度与税收遵从:基于结构方程模型的经验证据[J].税务研究,2019(9):94-100.

[11]周优,刘琦.税务执法"首违不罚"的法理阐释与制度完善[J].税务研究,2021(9):96-101.

[12]胡彦伟.税务领域"首违不罚"制度的若干问题探究[J].税务研究,2021(12):67-71.

[13]李成.我国税收营商环境面临的挑战与机遇[J].税务研究,2020(9):27-31.

[14]赵韵玲.以和谐思维引领行政执法实践[J].首都经济贸易大学学报,2008(1):69-72.

[15]莫于川.行政法治视野中的社会管理创新[J].法学论坛,2010,25(6):18-24.

[16]蒋建湘,李沫.治理理念下的柔性监管论[J].法学,2013(10):29-37.

[17]郝朝信,汪丽丽.柔性执法:税务行政行为方式之趋向与选择[J].税务研究,2014(5):44-47.

[18]田志明,侯昭华.税收柔性执法探析[J].税务研究,2015(4):86-89.

[19]冀云阳,高跃.税收治理现代化与企业全要素生产率:基于企业纳税信用评级准自然实验的研究[J].财经研究,2020,46(12):49-63.

[20]李波,王彦平.优化税务执法方式的实现路径探析[J].税务研究,2021(6):25-30.

[21]国家税务总局纳税服务司课题组,韩国荣,张颂舟,等.从明确纳税服务定位角度看纳税服务现代化体系建设[J].税务研究,2022(5):121-127.

[22]发扬成绩 明确任务 真抓实干 努力开创新时期税收工作的崭新局面:国家税务总局局长金人庆在一九九九年全国税务工作会议上的讲话(摘要)[J].中国税务,1999(2):4-8.

[23]李娜.守法社会的建设:内涵、机理与路径探讨[J].法学家,2018(5):15-28,192.

[24]江国华,丁安然."首违不罚"的法理与适用:兼议新《行政处罚法》第33条第1款之价值取向[J].湖北社会科学,2021(3):143-153.

数字经济背景下涉税服务的高质量发展研究

姚林香 杨 蕾①

一、引言

科学的进步推动了互联网科技的飞速发展,数字经济的时代已然到来。事实上,数字经济的诞生是全球经济自工业革命以来具有里程碑意义的发展新机,也是当前各国推动经济增长和创新发展的主要动力。目前,我国正处于由工业经济转向数字经济的过渡期,经济市场的变革推动了社会大环境中各类要素地位的转变。2020年,国务院发布的《关于构建更加完善的要素市场化配置体制机制的意见》,明确将数据添入生产要素行列,这充分表明了国家宏观层面对数字经济的重视与认可。2021年,中国社会科学院数量经济与技术经济研究所发布的《数字经济蓝皮书:中国数字经济前沿(2021)》显示,1993年至2020年我国数字经济的年均增速高达16.3%;中国信息通信研究院发布的《中国数字经济发展白皮书2021》显示,2020年我国数字经济规模为39.2亿万元,在GDP中占比38.6%。数字经济的持续增长助推了经济社会的转型革新,为提高就业、刺激投资以及拉动消费注入了新的动能。但是,数字经济的迅猛发展也使得商业演变出新的涉税特征,交易品类等诸多方面的变化使得原本的涉税服务并不能与数字经济的发展完美契合。《税务师行业"十四五"时期发展规划》中明确提出,要全面提升行业数字化建设质量,走高质量发展之路。因此,本文旨在明确数字经济背景下提高涉税服务质量的重要意义,剖析阻碍涉税服务发展的现实困境,为涉税服务的高质量发展提出具体的对策建议。

二、数字经济背景下提高涉税服务质量的意义

涉税服务指的是涉税专业服务机构接受委托就涉税事项提供相应服务。数字

---

① 姚林香,江西财经大学财税与公共管理学院教授、博导。杨蕾,江西财经大学财税与公共管理学院博士。

经济背景下,提高涉税服务的质量对促进国家税收治理体系与治理能力现代化建设、优化税收营商环境、保障纳税人合法权益,推动涉税服务行业稳健发展都具有深远意义。

(一)促进国家税收治理体系与治理能力现代化建设

《中华人民共和国国民经济和社会发展第十四个五年规划和2035年远景目标纲要》提出,要推进国家治理体系和治理能力现代化,实现经济行稳致远、社会安定和谐;完善现代税收制度,深化税收制度改革。

一方面,税收作为国家治理体系中重要的制度设计,同时与国家的财政收入和纳税个体的切身利益息息相关,需要科学统筹、全方位考量。数字经济的崛起对国家税收治理体系提出了新的考验,数字经济背景下交易品类、交流途径、业务模式等都不再高度依赖经营实体,更具复杂性和流通性的商业交易使得现行税制、现行税收征管制度都不能很好地契合数字经济的发展,需要进一步完善和优化。涉税服务行业作为连接税务机关和纳税主体的中间桥梁,在论证立法、意见征求环节能够代表纳税主体向税务机关传递有效的市场信息和专业的合理诉求,促进税收治理体系构建的科学化和合理化。

另一方面,数字经济的飞速发展带动了现有产业的结构转型和诸多新型产业的兴盛,我国纳税主体不断增加,对我国税务系统的税收征管提出挑战。在纳税主体以"亿"激增而税务系统工作人员较为有限的情况下,单纯依赖税务机关现有人员进行征收管理,可能无法满足当前社会税收治理的需要。税务师事务所等第三方机构可以提供涉税咨询审核、税法宣传等服务,为税务机关的工作开展起到了良好的辅助作用。涉税服务行业独立于税务机关与纳税人,在严格遵循税法前提条件下为纳税人依法纳税、合理筹划提供专业可靠的指导,可以减少纳税人与税务机关在征纳过程中的工作量。涉税服务行业对业务能力的精进与服务质量的提高,不仅能够更好地完成纳税人的委托,也有利于提高税务机关税收征管和税务稽查的工作效率,助力国家治理能力现代化建设。

可以说,高质量的涉税服务在助力国家全面推进"科学立法、严格执法、公正司法、全面守法"中扮演了重要角色,对于国家税收治理体系与治理能力现代化建设发挥了积极的作用。

(二)优化税收营商环境,保障纳税人合法权益

事实上,大部分纳税主体对依法纳税的认知程度并不高,且自主纳税意识欠缺,税法遵从度不够。数字经济的发展催生出电子软件、网络游戏、电玩装备、知识付费等许多数字型虚拟产物,非具象交易标的物的价值认定具有模糊性,交易具有隐蔽性。同时,数字经济打破了传统交易的地域壁垒,突破了实体经营的地理局限,计算机的发展与物流网络的搭建使得跨国、跨区域的交易不再困难,即使交易

主体分散在世界各地、没有实际的经营门店和仓储区域,也不妨碍其在网络平台开展经营活动。数字经济的交易模式不仅削弱了实体经营的必要性,也给交易主体隐匿自身信息提供了可能,加之转收、运输等环节的事项和购物节、预存返利、预定赠送等各式各样的销售技巧掺杂,业务处理会更加复杂,给涉税事项处理增添了不确定性。交易的隐蔽性、复杂性和不确定性削弱了税务机关对数字经济的监管,也滋生了纳税主体逃避税收的想法。独立于征纳双方的涉税服务行业为双方的接洽起到了调和剂的作用,高质量的涉税服务能够在保障双方权益的同时,对双方的征纳行为进行一定的监督制约。在提供涉税服务过程中,涉税服务人员既要"知法",也要"懂法";既要"用法",也要"普法";既能向纳税主体普及税法知识,提高纳税主体的税法遵从度,也能减少税务机关的工作量,协助税务机关实现有效监管,有利于优化税收营商环境。

税收法律法规知识具有很强的专业性,税收优惠政策也种类繁多,非专业人员参透相关法律法规以及优惠政策存在一定的困难,且数字经济的业务处理、价值认定等事项较传统业务更加复杂,专业的涉税服务人员能够在掌握各类税收法律法规和税收优惠政策相关知识的基础上,为纳税主体提供纳税辅导、涉税鉴证等具有针对性的服务。在新一轮的税收征管改革中,"还权明责于纳税人"要求厘清征税主体与纳税主体的权责划分,采取纳税主体自主申报的方式,在此改革背景下,纳税主体倾向于选择涉税服务代理的意愿明显增强,因为高质量的涉税服务可以帮助其减少错缴、漏缴税款的可能,规避税收风险。涉税服务人员合法运用税收优惠政策可降低纳税人实际税负,节约企业营运成本,在严格遵循税收法律法规行事的基础上尽可能为纳税人争取利益最大化,维护纳税人的合法权益。

(三)推动涉税服务行业稳健发展

涉税服务行业应征纳双方的涉税业务需求而存在。近年来,随着数字经济的崛起和税收法治进程的加快,涉税服务需求不断扩张,一定程度上拉动了涉税服务行业的发展。一方面,随着国家税收治理体系的构建,各类税改频频发力,如个人所得税改革、《契税法》的颁布施行等,民众对税收的重视程度也不断提高。另一方面,各类企业在顺应数字经济发展过程中对纳税申报、税收筹划等涉税服务有了更高的要求和期待。因此,我国对涉税服务的供给需求将不断加大,对以税务师为主的涉税服务专业人才的需求将长期存在。但在数字经济背景下,要实现涉税服务行业长期、可持续的稳健发展,不仅要保证充足的市场需求,更要实现"数量"与"质量"的双向提高。根据中国注册税务师协会公布的相关数据,截至2020年,获得税务师职业资格证书和注税考试改革前取得注册税务师证的总人数约为23.5万人。但通过职业考试并不意味着完全具备了与数字经济发展相匹配的业务能力和道德素养,受业务类型、实操经验、区域经济等因素的影响,税务师的业务能力良莠不齐,职业道德素养也有参差,这也是限制涉税服务行业扩大社会公信力和影响力的关键所在。例如,在知名电商带货主播某娅偷税漏税案中,其丈夫在网上喊话说是"所谓税务筹划专家惹的祸"。由此可见,提升涉税服务质量,促进涉税服务高质量发展,是推动涉税服务行业稳健发展的根本之道。

三、数字经济背景下涉税服务高质量发展面临的现实困境

无论是从自然经济到工业经济,还是工业经济转向数字经济,每一次的经济转型都预示着新的机遇,也必然导致与经济发展密切相关的税收变革,与之高度关联的涉税服务行业也亟待转型升级。数字经济的发展对涉税服务提出了新的要求和期待,但在推进涉税服务高质量发展过程中也存在一些现实困境。

(一)社会责任意识淡薄

数字经济之所以能取得如此高的关注与争议,关键是因为它在极短的时间内创造出了巨大的商业财富,在实体经济式微的现实情况下,数字经济产业及其衍生产业却收获了巨额利润。国家施行减税降费等各项税收优惠政策的本意在于让利于民,而在极短时间内的财富激增模糊了相关主体税收遵从的理念。一方面,在巨额利益的诱导下,涉税服务行业中出现了一些曲解优惠政策、滥用"税收洼地"的情况,部分涉税服务人员违背了行业"维护国家税法威严,保障纳税人合法权益"的服务理念,没有承担起应有的社会责任。另一方面,近年来涉税服务行业的发展和服务机构的快速增加使得不同机构之间竞争越来越激烈,部分机构甚至出现盲目扩张和恶意竞争的倾向,"知法"却"犯法",社会责任意识淡薄。为了争夺更多的市场份额,部分服务机构甚至采取低价恶意竞争的手段,"只重数量不看质量"的恶性竞争扰乱了市场秩序,与涉税服务行业发展理念和价值追求相悖,涉税服务质量大打折扣。

(二)法律体系亟待完善

我国涉税服务行业发展起步较晚,相关的法律法规和管理制度尚未完善,行业立法进程滞后于数字经济的发展,使得涉税服务人员在执业权责归属方面缺少法律层面的规范引领和强制约束,阻碍了涉税服务行业高质量发展的进程。当前,涉税服务行业的执行准则主要依据的是2005年国家税务总局发布的《注册税务师管理暂行办法》和2006年中国注册税务师协会发布的《注册税务师行业自律管理办法(试行)》。数字经济背景下,涉税服务的执业要求更高、业务处理更复杂,面对的诱惑也更多。仅通过行政法规和部门管理办法对涉税服务行业进行管理,虽有一定的指导意义,但涉税服务违法执业成本相对较低,其法律约束力远不能达到涉税服务行业发展的现实要求。与此同时,相关规章出台已有一段时间,脱离发展现

状,难以对涉税服务行业的高质量发展起到应有的指导和促进作用,数字经济的快速膨胀使得涉税服务行业急需层次较高的法律对其进行规范和约束。

(三)人才储备与技能适配不足

打铁还需自身硬,涉税服务行业的高质量发展应经得起市场的检验。相较于与涉税服务相近的会计和律师行业,无论是职业考试认可度还是人才数量,税务师远不及注册会计师和律师。虽然通过税务师职业资格考试的人数在逐年增多,但选择专门从事涉税服务行业的人员相对较少。数字经济的迅速发展加速了各类信息技术的创新、发掘和利用,带动了使用权、知识产权等社会生产生活中的新型关键性要素的使用和交易,实现了生产要素和经营交易的快速流通。信息技术的兴起、生产要素的转变以及交易模式的升级都对涉税业务处理提出了更高的要求。但现实中部分涉税服务人员专业能力略显单薄,虽然通过了理论知识考试,但缺乏实际执业经验,对税收政策的理解不够深入,职业素养参差不齐。数字经济时代,涉税服务工作人员不仅需要熟知并掌握税收法律法规以及税收优惠政策相关知识,具备相应的实操能力,还需要面对数字化能力转型的考验。掌握网络、人工智能等数字技术正成为涉税服务行业执业的基础,处理综合性更强、内容更庞杂的业务是涉税服务行业高质量发展的必然诉求。对涉税服务机构而言,其对本机构从业人员一般少有数字技术方面的系统培训,对人才培养的重视和投入仍显不足。

(四)监管体制不够完备

在现行经济转型阶段,涉税服务行业的发展势态良好,但行业的高质量发展离不开完善的监督管理体制,涉税服务行业在监管体制建设方面仍滞后于其实际发展速度。目前,不仅在立法层面欠缺对涉税服务的约束,也缺少与涉税服务行业发展相适应的监督管理机制。数字技术是数字经济发展的根本,数据也是数字经济衍生出的众多新生产业赖以生存的关键。在大数据环境中,各行各业数据资源的广泛利用和处理提升了劳动效率,优化了资本结构,实现了全要素配置生产率的提高,也转变了经营业务中的关键要素。尤其是依托数字经济发展的互联网企业、电子平台等各类新型产业链,数字技术和数据成为其主要利润的关键所在。数字经济的发展使得涉税业务的处理不同以往,而负责涉税服务行业的注册税务师协会等组织尚未形成统一规范的处理准则,也尚未构建起成熟有效的行业自律管理机制,这些情况助长了部分涉税服务人员的侥幸心理,涉税服务行业自律监管体制有待完善。对于政府监管部门而言,对数字经济的涉税监管不同于对传统商业的税收征管,受限于专业知识、数据获取等方面的影响,难以对数字信息进行全方位的检测、度量和评析。此外,不同部门信息相对独立,税务部门与监管部门并未完全实现信息共享,对涉税服务行业处理相关业务的监督管理也尚有欠缺,导致监管部门对涉税服务机构的监管效力有限,对涉税服务行业的监管体制尚不完备。

四、数字经济背景下促进涉税服务高质量发展的对策建议

为了响应国家高质量发展战略,顺应数字经济发展的热潮,各行各业都在探索高质量发展之路,涉税服务行业也在积极实践促进行业高质量发展的可行路径。基于影响涉税服务高质量发展的现实困境,本文具体提出以下对策建议。

(一)坚持党的领导,强化职业道德素养

要在数字经济背景下促进涉税服务的高质量发展,首要的是坚持党管人才的原则,强化行业的社会责任担当意识。在数字经济飞速发展的同时,涉税服务行业要积极承担起相应的社会责任,依托行业协会与涉税服务机构,发挥党建引领的作用,将政治思想建设放在人才选育、行业发展的重要位置,强调涉税服务人员对社会主义核心价值观的认同和实践,强调家国情怀和公共责任意识的培育和奉行。在强化职业道德素养方面,涉税服务机构应将职业道德素养评价作为人才选拔、职位晋升以及薪酬待遇的主要考核标准,不能"唯业绩论",要注重思想品行、职业道德修养方面的考量。加强对相关人员诚信守法、客观公正的思政教育和职业道德素养的培育,要求涉税服务人员依法依规,在维护国家税收权益和税法威严的基础上展开工作,秉承客观公正的职业态度,为委托方提供合理的涉税服务,保障纳税主体的应有权益。

(二)加快立法进程,健全配套政策制度

加快涉税服务行业法治建设、推动税务师立法,不仅是规范数字经济背景下行业发展的必然需要,也是国家实现依法治国的客观需要。习近平总书记在中央全面依法治国工作会议上指出,要健全国家治理急需的法律制度、满足人民日益增长的美好生活需要必备的法律制度,以良法善治保障新业态新模式健康发展。数字经济发展背景下,为了更好地满足国家税收事业和涉税服务行业的发展需要,必须要加快涉税服务行业的法治治理体系建设。除了在立法层面对涉税服务行业做出普适性要求,还需要地方政府和主管部门适时制定具体的配套政策。针对数字经济发展现状和地方的具体情况制定实施细则和管理办法,更有针对性地维护和保障涉税服务行业的发展。

(三)优化人才培养,加强服务机构变革

涉税服务行业属于智慧型的现代服务行业,数字经济背景下促进行业的高质量发展,需要培养综合型的高素质人才。在人才培养方面,首先,优化现有的人才培养模式,宣传并发展税务师职业资格考试,为行业人才扩充打好基础;加强数字化线上平台和线下培训交流的配合,提高继续教育培训的力度和质量;"分级管理+内培外引",打造行业高端人才库。其次,加强涉税服务人员自我修养和技能

的提升,开展更多具有实操价值的沙龙、论坛等以理论结合实际为主旨的专业活动,培养数字经济背景下多业态融合的实操能力,针对相关人员设置岗位和能力评析,做到知人善用。在服务机构方面,涉税服务机构应紧跟时代步伐,抓住变革机遇,大胆探索变革之路。顺应数字经济的发展趋势,注重行业数字信息化建设,更新专业办公软件和信息系统,提高机构服务效率和管理水平。秉承创新突破的思维,对经营模式、人才培养和激励方案进行改革,促进行业的高质量发展。

(四)加强行业监管,提升行业自律管理

当前,部分不当竞争和违法执业现象使得涉税服务的专业水平受到影响,行业形象受到破坏。为了更好地推动涉税服务行业的高质量发展,必须全面肃清不当竞争和违法执业行为。一方面,需要税务等相关部门加强沟通与配合,完善数字化监管机制,强化对涉税服务行业的监督管理。对于违法行为,严打击,重处理,不仅要使用警告、罚款、吊销资格等手段,还要依法追究相关人员的法律责任,强制规范行业发展,引导从业人员和机构自觉遵守法律法规,合法执业。另一方面,行业自身也要加强自律管理,行业协会要制定完善可行的行业标准,利用分级的组织结构对从业人员和机构加以监管。针对执业规范,相关标准要明确执业行为的权责划分,尤其在数字经济背景下,商业具有了新的涉税特征,要针对多业态融合的现状就执业活动的规范程序、行为准则、具体操作等制定翔实的标准,指导从业人员和机构提升服务质量。通过加强监管,做到有法可依、执法必严,有据可循、执业规范,为实现涉税服务行业的高质量发展添砖加瓦。

参考文献

[1]陈志勇,王希瑞,刘畅.数字经济下税收治理的演化趋势与模式再造[J].税务研究,2022(7).

[2]佟钧.推进税务师立法进程 促进行业高质量发展:访全国政协委员、中国注册税务师协会副会长、四川省新的社会阶层人士联谊会会长、尤尼泰税务师事务所有限公司总裁蓝逢辉[J].注册税务师,2022(4).

[3]高峻.推进税务师行业人才建设 发挥涉税专业服务主力军作用[J].注册税务师,2021(12).

[4]韩龙河.数字经济背景下税务人员执法能力转型的路径[J].税务与经济,2021(5).

[5]黄宏,斌苏扬.高质量发展背景下税务师行业人才队伍建设探究[J].注册税务师,2020(2).

[6]王宝顺.数字经济下强化税收意识和税法知识的思考[J].税收经济研

究,2021(5).

[7]杨娟.数字经济背景下促进税收遵从的理论路径[J].西安财经大学学报,2022(4).

[8]袁从帅.数字经济中的税收遵从:证据、模式与应对建议[J].财经论丛(5).

数字经济背景下涉税服务行业的税收合规服务
——以网络直播为例

薛钢 吴璟 常康江[①]

随着互联网技术的不断发展,我国网络直播作为一种新兴业态显现出强大的活力。中国互联网络信息中心(China Internet Network Information Center,CNNIC)发布的第50次《中国互联网络发展状况统计报告》显示,截至2022年6月,我国网络直播用户规模达7.16亿,较2021年12月增长1290万。可以看出,我国的网络直播规模不断扩大,随之而来的是业务模式不断创新,面临的税收问题层出不穷,加之税务机关对网络直播的税收监管力度逐渐加大,涉税服务行业提供合规服务拥有广阔的市场,亟待研究。

一、从避税筹划到合规服务:数字时代涉税服务行业转型的必由之路

随着数字经济的快速发展,网络直播的交易额不断扩大,各参与方取得了高收入,但由于国家相关的税收征管制度尚未完善,网络直播行业的逃避税问题愈演愈烈。例如,2021年12月,头部主播薇娅逃税事件被曝光,税务机关依法追缴税款、加收滞纳金并处罚款共计13.41亿元,并对协助其逃税的中介机构进行检查。近年来,税务机关不断加强对网络直播的税收监管。2022年3月25日,国家互联网信息办公室、国家税务总局、国家市场监督管理总局联合印发《关于进一步规范网络直播营利行为促进行业健康发展的意见》,不仅要求税务机关提高大数据分析能力,强化税收征管信息化水平,同时指出,对帮助网络直播提供偷逃税服务的中介机构予以严惩。4月23日,七部门联合发布《网络直播营销管理办法(试行)》,进一步明确网络直播的主体权责,加强对网络直播的监管。随后,国家税务总局发布《网络直播行业税务检查指引》,详细列举了网络直播行业的涉税业务,为开展税务检查提供方向指引。

[①] 薛钢,中南财经政法大学财政税务学院副院长、教授。吴璟,中南财经政法大学财政税务学院硕士。常康江,中南财经政法大学财政税务学院硕士。

长期以来,涉税服务行业为以网络直播为代表的新兴行业及其从业人员提供的主要是避税咨询服务,但是随着网络直播行业的税收征管逐渐成熟,涉税服务行业若仍旧提供传统的避税服务,将面临较大的风险,因此必须向提供税收合规服务转变。

借鉴2021年11月江苏省律师协会印发的《律师从事合规法律服务业务指引》中"合规法律服务"的定义和2022年9月国资委印发的《中央企业合规管理办法》中"合规"的定义,"税收合规服务"是指,涉税服务机构通过研判企业的涉税行为,在掌握税务方面的法律法规、监督规定、行业准则和企业章程、规章制度以及国际条约、规则等基础上,出于帮助企业预防、识别、评估、报告和应对税收合规风险的目的,提供的咨询、代理等专项税收服务。目前,税收合规服务主要包括以下五项内容:

一是帮助纳税人合规适用税收政策。涉税服务机构向纳税人宣传新出台的税收政策,提供涉税咨询服务,解答纳税人的疑问,增强其对税收政策的理解,帮助纳税人降低税务合规成本。

二是帮助纳税人合规申报缴纳税费。涉税服务机构向纳税人提供税务代理服务,依照税法规定办理税务登记、纳税申报以及享受税收优惠政策等,避免因税务不合规给纳税人带来负面影响。

三是为纳税人提供涉税合规审查。涉税服务机构受托对纳税人的合同、业务、发票等涉税资料进行税收合规专项审查,识别潜在的税收风险。

四是帮助纳税人建设税务合规制度。涉税服务机构定期为纳税人开展税务合规培训,培养从业人员的合规意识,建立税务合规管理体系。

五是为纳税人开展税务合规筹划。涉税服务机构通过分析纳税人的经营情况,在税法等法律许可范围内,对纳税人的经营活动提前进行策划,以降低税收负担。

二、数字时代涉税服务行业提供税收合规服务面临的主要挑战

(一)数字化程度低

随着数字技术的快速发展,网络直播交易的支付方式选择更多,直播类型和业务更加复杂,交易具有隐蔽性[1],一些网络主播在线上和线下同时销售,收款方式

---

[1] 郭健,王超. 网络直播的税收治理:理论构建与策略选择[J]. 现代传播(中国传媒大学学报),2022,44(7):102-111.

多样化,如支付宝、微信、银行转账等。当前我国涉税服务行业数字化程度低,完整准确搜集涉税数据的难度大,难以有效利用新的数据分析方法对企业税收状况进行整体评估。因此,如何应用互联网技术为网络直播行业提供高效的合规服务成为涉税服务行业需要解决的难题。

当前,涉税服务行业在数字化建设上仍然存在一些问题,具体表现在以下几个方面:首先,数字化建设是一个庞大的工程,周期长、见效慢,且需要大量的资金投入。涉税服务行业中有很多是中小型机构,市场竞争力弱,资金有限,由于其经营风险大、规模小,很难从银行取得贷款,融资难度较大[1],数字化建设受到限制。其次,未将数字化与具体业务相结合。尽管涉税服务行业中许多中介机构意识到了推进数字化建设的重要意义,积极引进数字化设备,但是对于如何将先进技术与涉税服务融合,没有明确的方向,且业务处理模式的改变需要一定的时间。因此,数字技术未被广泛应用到具体工作中,许多涉税信息仍然被分散保存,如网络直播参与方需要同时填写纸质资料和电子数据,后期对涉税数据的整合难度大,降低了涉税服务机构进行数字化分析的效率,难以提供高质量的合规服务。

(二)从业人员综合能力不足

在传统的业务中,涉税服务行业多采用单一企业、特定业务服务的方式展开工作。但是网络直播的参与方众多,包括网络主播、直播平台、货物供应商等,其企业组织形式也多种多样,包括有限责任公司、合伙企业、个人独资企业、个体工商户、自然人,每种组织形式适用不同的税收政策,因此网络直播涉及的税收问题更广泛,涉税数据也更复杂,涉税服务行业的从业人员难以很好地满足纳税人需求。

首先,在当前数字经济背景下,不仅需要涉税服务行业提高数字化水平,而且对从业人员也提出了更高的要求。许多从业人员对前沿技术不了解,不能完整掌握其应用方法,仍使用传统的模式处理具体业务,不能很好地利用模型分析方法来应对网络直播行业复杂的涉税数据,不利于精准发现企业潜在的税收风险,因此无法提供优质的合规服务。

其次,具备综合素质的人才短缺。网络直播作为新兴行业,不仅涉及税收问题,而且存在很多尚未解决的法律问题。当前,涉税服务行业从业人员知识结构单一,从业人员中既掌握财税知识又了解相关法律法规的人才寥寥无几。随着税制改革的不断推进,我国对于网络直播的税收政策将进一步完善,税务机关信息化建设水平也不断提高[2],精准识别税收风险能力不断增强。涉税服务行业人员在为网络直播提供涉税服务时,如果仅依靠之前掌握的财税知识和传统方法,未预见可

---

[1] 吴超. 大数据时代税务师事务所审计工作挑战及应对探讨[J]. 财会学习,2022(6):113-116.
[2] 高峻. 推进税务师行业人才建设,发挥涉税专业服务主力军作用[J]. 注册税务师,2021(12):5-7.

能存在的法律问题和税收风险,不仅不利于涉税服务机构开展税收合规服务,也不利于其长远发展。

最后,从业人员的自身素质和道德水平参差不齐。一些从业人员盲目追求眼前利益,利用现有的税收漏洞,为网络主播进行不合理避税,严重损害了税收公平原则,不利于行业向提供合规服务转变。

(三)服务机构品牌效应不足

涉税服务行业市场竞争激烈,为网络直播提供的合规业务内容大同小异,因此,提升行业的品牌效应,对于提高竞争力、吸引客户具有重要意义。① 然而,涉税服务行业的品牌效应不足已成为其开展合规业务必须解决的问题。

一方面,为网络直播行业提供合规服务缺乏针对性,难以吸引客户。不同于其他行业,网络直播交易具有跨地域、隐蔽性、虚拟性等特点,其所面临的涉税问题多而新,而涉税服务机构由于业务水平、经营模式等因素不能适应现阶段网络直播行业产生的涉税需求。例如,税收政策的宣传缺乏针对性。涉税服务机构通过微信公众平台、举办公益讲座等方式来宣传税收政策,但都是一些简单业务的处理,且不具有针对性,对网络直播中涉及的复杂涉税业务如何合规纳税的辅导较少,导致网络直播行业纳税人不清楚哪些业务可能存在税收问题,从而存在潜在的税收风险。长此以往,涉税服务行业对网络直播行业纳税人将缺乏吸引力。

另一方面,部分涉税服务机构品牌营销水平欠佳。与发达国家相比,我国涉税服务行业起步较晚,我国涉税服务机构,特别是中小型涉税服务机构品牌意识淡薄。② 中小型涉税服务机构向提供合规服务转变亟待意识革新,但是其品牌营销意识淡薄,不愿将有限的资金投入品牌建设。经营者习惯于通过向建立合作关系的企业提供涉税服务维持发展,缺乏开拓意识和品牌战略规划,导致网络直播行业纳税人不能全面了解涉税服务机构的实力,造成资源错配。

(四)法律制度不完善

涉税服务行业在为网络直播提供合规服务的过程中,也暴露了许多问题。

一方面,涉税专业服务的法律层级低。目前,涉税服务行业仍以国家税务总局发布的《涉税专业服务监管办法(试行)》和国家税务总局《关于税务师事务所行政登记有关问题的公告》为指导,提供涉税服务。部门规章和规范性文件是目前涉税服务行业法律制度的主体,其立法呈现片面化、碎片化的特征。没有完备的法律制度引领,涉税服务行业在开展合规服务时,既没有具体法律条款指导,也没有方法、

---

① 乔久华,徐紫明. 目标市场对会计师事务所品牌建设的影响及其对策[J]. 现代审计与会计,2021(7):29-30,33.

② 艾华,王薇. 如何优化税务师事务所的品牌形象[J]. 注册税务师,2018(10):20-22.

原则指引,为网络直播行业提供涉税专业服务时,难以真正做到有法可依。

另一方面,涉税服务行业的定位不清晰。涉税专业服务应当有明确的概念、权利与义务、目标等规定,但是目前相关的法律条文少,且表述十分笼统。例如,我国《税收征管法》中规定:"纳税人、扣缴义务人可以委托税务代理人代为办理税务事宜。"但是该规定仅表明税务代理人有权代理涉税事务[①],缺乏关于涉税专业服务完整的法律体系,未明确划分税务机关与涉税服务行业提供的服务类型,在提供合规服务时缺乏法定依据,也未提及涉税服务行业的具体权利与义务,对从业人员违规操作的惩罚机制不明晰,这些问题都需要在法律层面做出具体规定。涉税服务行业在开展工作时缺乏法律依据,阻碍了合规服务在网络直播行业的正常开展。

三、涉税服务行业提供高质量税收合规服务的优化路径

(一)加快数字化转型

网络直播作为数字经济时代的产物,对合规服务的需求不断提高,涉税服务行业急需数字化转型来满足直播行业纳税人多样变化的需求,构建智慧财税服务刻不容缓。

1. 引入云财税平台

我国正在积极构建和完善智慧税务服务体系,智慧电子税务局和智慧移动终端等给涉税服务行业提供合规服务建立了信息基础。在此基础上,可以针对涉税专业服务机构出台财政补贴等支持政策,帮助其引入自主管理维护的云财税平台,以加深涉税服务行业自主进行数字化转型的意识。该平台可与国家智慧税务服务体系互联互通,直播行业纳税人通过平台进行简易操作,就能充分了解涉税服务行业的业务范围、机构设置等,对涉税服务行业形成全局性认识。涉税专业服务机构也能通过平台的电子资源,全面掌握直播行业纳税人的涉税信息并获取最新的税收政策,以精准有效地开展纳税申报、退税申报、税务筹划等业务。

2. 建设平台配套系统

首先,建设需求匹配系统,做好多元化、精准化的涉税服务匹配工作。可以利用计算机技术,建立需求模型,将直播行业纳税人的规模和收入等信息作为变量纳入模型,得出最优的涉税服务选择建议。其次,建设风险监控预警系统,帮助直播行业纳税人提前识别和主动化解潜在的涉税风险。系统的工作机制是实时收集包括网络舆论信息、工商注册信息、法院信息等各类数据,扫描出风险点,利用机器学习的方式对风险点进行归纳总结,建立风险防范模型。

---

① 王明世.《税收征管法》修订应明确税务师等涉税专业服务的法律概念[J]. 注册税务师,2021(2):31-34.

(二)推进人才培养体系建设

高质量税收合规服务的可持续供给,培养复合型人才是关键,完善教育培训制度是抓手。

1. 强调职业道德培养

心中有红线,才能提供优质的税收合规服务。数字经济的浪潮下,直播行业也存在着隐匿收入、偷逃税款等违法行为。涉税服务行业要想秉持公正的立场,发挥好沟通征纳双方的桥梁作用,关键在于守住职业道德底线。美国的注册代理人或注册退休计划代理人在每个注册周期中,至少要修满 72 小时的继续教育学分,内容包括 6 小时的道德或职业操守教育。① 美国涉税执业服务如此强调职业道德教育的重要性,值得我国涉税服务行业借鉴。

2. 加强实务经验培训

提供涉税专业服务除了需要理论知识外,还须具备实务经验,从容、熟练地开展实际业务。实务经验包括在涉税服务实践中积累的业务经历和创新方法,如不定期到直播行业纳税人处走访,深入了解直播行业纳税人经营状况等都可作为实务培训内容。

3. 搭建云培训平台

可以与各大高校共同搭建空中学习平台,学习大数据技术、电子商务、经济、法学等不同学科的知识体系以及前沿理论和技术分析方法,并在平台中组织定期考核,评定涉税专业服务从业人员的专业能力等级。此外,还要丰富跨学科知识储备,提高涉税服务从业人员的综合素质。

(三)提升涉税服务品牌效应

品牌效应的提升,可助力涉税服务行业扩大规模,提高纳税人选择税收合规服务的意愿。

1. 扩充业务范围

当前税务机关采用以"信用+风险"为理念的税务稽查监管模式,对纳税人的信用和风险两方面进行动态监管,判定信用和风险等级,针对不同等级的纳税人,分类提供事前、事中、事后全过程的差异化管理和服务。因此,增强信用、管控风险逐渐成为纳税人追求的目标,而直播形式的多样化凸显了开展信用、风险双重税收合规服务业务的重要性。韩国税务士开展税务商谈和咨询、对高风险企业的税务确认等广泛业务。我国涉税服务行业急需同韩国一样扩充业务范围,将信用管理、风险控制纳入进来,并逐渐涵盖直播行业不同经营领域的事务,对直播行业纳税人

---

① 吴晓丹. 涉税专业服务行业继续教育的国际经验和启示[J]. 注册税务师,2019(4):66-69.

提供全生命周期的服务。这种嵌入式服务,将使直播纳税人更愿意依靠涉税专业服务这个"全能管家"。

本文建议从以下两个方面帮助直播纳税人建立规范的财富积累机制,保障其获得公正的经济利益分配:

一是协助落实备案登记制度。在直播纳税人申请进入网络交易平台时,协助相关监管部门对其资质进行严格审查,包括其提供材料的客观性、真实性和合法性。审查完毕后,严格按照法律规定和法定程序落实直播纳税人的备案登记。

二是协助监管直播产品质量。同海关、12345政务平台等直播产品监管部门形成联合机制,对直播行业纳税人产品质量进行多方强化监管,有效提高直播行业纳税人在消费者心中的可信度。

2. 加强纳税宣传辅导

可以通过微信推文和直播课堂等直播行业纳税人所熟悉的新型方式,对直播行业纳税人进行"点对点"精准灌溉式、强化型辅导,积极宣传涉税服务行业业务范畴及最新的税收政策,帮助直播行业纳税人开展纳税、退税申报等涉税业务,在降低其税收遵从成本的同时,让直播行业纳税人感受到涉税服务行业存在的价值。此外,还可以制定长远的品牌发展规划,通过增加无偿纳税辅导次数,不断提高品牌影响力。

3. 加强机构合作

加强税务机关同涉税专业服务机构的合作。加拿大税务机关在其官网开通了特别通道,为税务代理机构在线办理注册登记、批量申报和查询涉税信息等业务提供便利。参考加拿大税务机关的做法,我国可为涉税服务行业提供行业宣传和简化流程等支持,从而提升涉税服务行业信誉度。此外,可给予选择涉税专业服务的直播行业纳税人适当的税收优惠,促使更多的直播行业纳税人走近涉税服务行业。

(四)完善法律制度体系

法律制度的强制性约束力,使得涉税服务行业平稳有序发展。法律制度体系的完善可形成多方位保障的"增强型稳定器"。

1. 扩大立法范围

从细化涉税专业服务操作指南等方面完善现有法律制度内容的同时,还需扩大立法范围。澳大利亚《税务代理服务法案》是专门规范涉税专业服务的法律,《纳税人宪章》则为纳税人享有的保密权、申诉权、知情权等权益提供了法律依据和保障。[①] 鉴于此,我国可对涉税服务行业规范和纳税人权益保障进行立法,还可

---

① 袁自永. 推进我国纳税服务社会化发展的国际借鉴思考[J]. 税收经济研究. 2019,24(5):80-85.

对数字化系统或平台的操作、维护、信息安全保障等进行专门立法,以覆盖涉税服务行业不断扩大的业务范围,更好满足直播行业纳税人的合规服务需求。

2. 提升立法层级

立法层级越高,具有的效力越强。我国可以将规范涉税服务行业和保障纳税人权益等相关的条例和行政法规升级为法律。对于单行税种立法所规定的内容,可以进行汇总,为涉税专业服务提供全面完整的指引。

参考文献

[1]艾华,王薇. 如何优化税务师事务所的品牌形象[J]. 注册税务师,2018(10).

[2]郭健,王超. 网络直播的税收治理:理论构建与策略选择[J]. 现代传播(中国传媒大学学报),2022(7).

[3]高峻. 推进税务师行业人才建设 发挥涉税专业服务主力军作用[J]. 注册税务师,2021(12).

[4]乔久华,徐紫明. 目标市场对会计师事务所品牌建设的影响及其对策[J]. 现代审计与会计,2021(7).

[5]吴超. 大数据时代税务师事务所审计工作挑战及应对探讨[J]. 财会学习,2022(6).

[6]王明世. 税收征管法修订应明确税务师等涉税专业服务的法律概念[J]. 注册税务师,2021(2).

[7]吴晓丹. 涉税专业服务行业继续教育的国际经验和启示[J]. 注册税务师,2019(4).

[8]袁自永. 推进我国纳税服务社会化发展的国际借鉴思考[J]. 税收经济研究,2019(5).

数字经济下我国税务师行业发展研究

阮家福 李 勇[①]

近年来,新一代信息技术的不断涌现并逐渐成熟促进了信息化的深度发展。新技术的发展促进了传统行业的转型升级,也为数字经济的发展奠定了良好的基础。新冠疫情暴发给世界经济发展带来了巨大冲击,由此产生了一系列深远的经济社会影响。面对疫情,数字产业抓住机遇,传统产业也被推向数字化转型、智能化升级。在线会议、在线视频、在线网课等以互联网为代表的数字经济平台迅速发展,并表现出强大的生命力,成为应对疫情影响、促进经济稳步回升的重要力量。

数字经济时代的快速来临和发展对于各行各业都产生了深远影响,税务师行业也不例外。税务师行业作为中国继律师、注册会计师后的第三大鉴证咨询类服务行业,在维护国家税收利益、纳税人权益以及税收征管等方面发挥着重要作用。特别是21世纪以来,世界发生着广泛且重大的变化,其中信息技术的发展给经济带来了深远影响,它打破了传统的时间和地域的概念,企业和消费者之间的交易大量依托互联网平台,通过物流进行配送,使得跨境交易可以高效便捷地进行,使得经济环境和经济活动变得越来越复杂,对涉税服务专业人员提出了更高的要求,同时对涉税服务的需求也在增加,给税务师行业的发展带来了机遇和挑战。

一、我国税务师行业发展现状

(一)行业营收分析

我国税务师行业2020年经营性收入合计267.63亿元,同比增长10.81%;利润总额14.30亿元,同比增长29.49%;利润率5.34%,同比增长16.86%。行业从业人员109 825人,同比增长4.56%,其中执业税务师49 781人,同比增长6.77%。百强税务师事务所实现收入合计161.77亿元,同比增长14.38%,比行业收入增长率高3.57个百分点,占全行业收入(267.63亿元)的60.45%。

---

① 阮家福,湖北经济学院教授。李勇,湖北经济学院硕士研究生。

(三)培养人才,为行业发展打好基础

"十四五"规划指出:积极研究会计专业技术资格评价与其他会计类职业资格认定、学历教育相互衔接的可行性,畅通各类会计人员流动、提升的渠道。目前,我国部分地区已经明确了注册会计师、税务师以及中级会计师之间的互相认定,这对于扩大财会人员的从业队伍能发挥一定的积极作用。

为满足市场日益复杂的需求,在注重服务产品和服务方式创新的同时,税务师行业也需要注重人才培养,创新人才选拔培养机制。一方面,要注重人才的引进。涉税服务专业组织可以通过加强与国内高校(特别是双一流建设高校)的合作,积极进行宣讲,吸引更多人才关注这个行业并从事这个行业。另一方面,要完善人才后续培养机制。衡量人才不仅要看其专业知识,还要看其职业能力和精神,其中职业能力包括对知识的应用能力、对新知识的学习能力等方面。涉税专业组织应当通过加强师资队伍建设、推进继续教育以及实施定期考核等方式,完善税务师行业人才后续培养机制,为行业后续高质量发展打下良好基础。

(四)加快立法,推动行业法治建设

很多西方国家的税收制度,不仅用法律规定了纳税人和征税机关的相关权利和义务,而且还规定了涉税中介的权利和义务。而中国涉税专业服务法治建设还存在一定不足,需要紧跟时代步伐,加快推动涉税服务行业立法建设。例如:《税收征管法》应对从事涉税服务的税务代理人的主体资格、业务范围等问题进行明确的规定,使之具有科学的法律依据,还要对涉税服务机构与纳税人及征税机关之间的法律关系进行完善和修订。只有这样,才能对税务师行业的法律地位和法定业务进行确定,提升行业的权威性,为行业未来高质量发展创造一个优秀的法治环境。

(五)加强行业规范建设,优化行业发展环境

加强税务师行业规范建设,首先要制定和完善税务师行业的业务指引,并对业务指引进行培训和推广。其次要以《涉税专业服务监管办法(试行)》为基础建立新型信用监管机制,提高行业整体的职业道德与自律能力。最后要构建以服务质量、员工薪酬、公益水平、品牌以及人才素质为主要指标的外部评价体系,从而建立起税务师行业高质量评价指标体系。行业指标评级体系可以帮助行业在各方面实现规范有序的运行,是行业实现高质量发展必不可少的组成部分。

(六)拓宽市场,打造国际专业服务品牌

首先,守住传统业务。税务代理和咨询是税务师的优势传统业务,必须做大做强,守住基本盘,防范被其他行业抢占市场。这需要税务师行业依法执业,遵守执业道德,以优质的服务来赢得客户的信任。其次,拓宽新业务,为企业提供综合性服务。在传统税务代理和咨询业务的基础上,拓展纳税筹划、财富规划、资本市场

的融合,使得其与传统业务模式有很大区别,因此对课税对象的判断变得困难。另一方面,数字经济企业基于数字技术提供产品和服务、高度依赖无形资产等,使企业更容易跨地区、跨国界重组价值链,将更多的收入和利润向低税收国家和地区转移,从而对税基的准确衡量形成挑战。

数字经济促使供需对接远程化,纳税地点难以合理确定。传统经济模式下,交易活动的纳税地点与销售地、消费地通常保持一致。但是在数字经济时代,企业借助信息技术、物流体系、电子支付,实现了跨地域的销售,销售地和消费地相分离,无法按照传统的方法确认纳税地点,合理地划分税收管辖权。

税务师作为连接征税机关和纳税人的桥梁,这些由于数字经济的快速发展带来的对税收制度的挑战,在某种程度上也是对税务师行业的挑战,但同样也是税务师行业发展的机遇。

四、数字经济下我国税务师行业发展建议

(一)学习新技术,提升行业服务质量

在数字经济时代背景下,大数据、人工智能、5G 和区块链等数字技术已经深度融入各行各业当中,涉税服务信息的收集、处理和传递都离不开这些技术,电子税务已经成为全球趋势。据《OECD 税收征管 2019》报告,随着数字时代的到来和大量数字技术的应用,税务行业正在经历前所未有的变革,中国乃至世界将继续以越来越快的速度数字化,这将对我国及全球层面的税收政策和管理产生根本性影响。税务师行业要紧跟时代的步伐,学习和使用数字时代新技术,通过数字技术更加高效高质地处理涉税服务信息,提升行业服务质量和效率。

(二)注重创新,推动税务师行业发展

党的十九届五中全会提出:"坚定不移贯彻创新、协调、绿色、开放、共享的新发展理念。"在这五大理念中,创新理念处于我国现代化建设全局的核心地位。面对数字时代,税务师行业必须围绕"创新是第一动力"这一核心,增强自身创新能力,实现行业高质量发展。

税务师行业应当注重服务产品创新,推出满足市场需求、公司需要的产品,从而提升自身的核心竞争力。以前可能只需要税务咨询这种单一性服务,通过简单翻阅记账凭证就能满足需求,但是现在的市场需要税务师行业提供涉税风险预警以及财务咨询一系列的综合性服务,这就对税务师行业从业人员提出了更高的要求。在服务产品创新的同时,税务师行业也需要注重服务方式的创新,向用户提供多元化、专业化、全方位服务。

因此,许多会计公司成立了独立的税务代理机构,提供专业的税务相关服务。

(二)律师行业

当下,我国律师行业主要从事以下领域的工作:①税务咨询。企业运营中会有大量的涉税和法律相关事务,聘用税务律师能够同时较好地完成这两项任务,成为当下企业经常采用的管理制度。②公司税收相关优惠的申报。依据国家税收政策,税务律师可以为公司在信息和计划方面提供最新的支持,为公司争取到最大的税收优惠。③重要事项的税务筹划。税务筹划不仅涉及企业的财务情况,也与企业经营结构的设计有关,包括证券法、公司法等相关法律。税务律师具有税、法、财会等方面的知识和执行能力,能够为公司提供最优的交易计划,这是会计所不具备的。④国际税务服务。随着跨国投资越来越多,国家间的税收制度和环境大不相同,我国企业要进行跨国业务,就必须去解决跨国税务问题。多年来,各国税务当局大力打击逃税,比如BEPS,我国现在也越来越关注税务条约滥用、数据准备、境外受控企业税务方面的问题等。由此可见,中国税务律师可在国际上起到十分重要的作用。⑤税务纠纷的处理。作为税务律师,主要活动涵盖了税务听证、行政复审和如何面对税务稽查等。

三、数字经济下我国税务师行业发展面临的挑战和机遇

数字经济的飞速发展为经济社会发展带来了许多变化。例如,数据在生产、管理、流通等全产业链中发挥着越来越重要的作用,已成为继土地、劳动力、资本、技术之后的又一项关键生产要素。企业可以依托数字技术,在无须借助物理场所的情况下,在不同国家和地区开展经营活动,企业跨地区、跨国界提供产品和服务的能力以及在全球多地之间进行业务整合的灵活性得到显著提升。

数字经济既创造了新兴业态,也对传统产业深度赋能,推动各个维度的跨界融合持续加深,极大地拓展了经济边界,显著地改变了业务形态。这些变化对依托传统经济建立的税收制度提出了挑战,尤其是税收要素中的纳税人、课税对象和纳税地点。

数字经济促使经营主体分散化,对纳税主体难以有效监管。在数字经济时代,企业可以依托互联网平台进行交易活动,大幅拉低了商业交易的门槛,大量个体经营者从事数字经济交易活动,使得数字经营主体增多且更为分散,对其难以进行有效监管。

借助技术和网络平台,数字经济企业可以突破业务范围和地域的限制,使业务边界模糊化,从而对课税对象的合理确定和准确计量带来挑战。一方面,数字经济下企业业务模式层出不穷,这些业务模式通常属于多种传统业务模式和经济形态

（二）行业人才分析

目前，税务师行业中的税务师数量每年稳定增长，但是增加的税务师中非执业会员占比较大，执业会员占比较小。其中百强税务师事务所的人员的增长率一直高于行业整体水平，对人才的吸引力更加明显，人才队伍更具稳定性。总体来说，税务师行业从业人员队伍较为稳定。

（三）行业市场状况分析

随着我国转变政府职能、深化简政放权，营商环境不断优化，并且正在积极推进个人所得税和房产税的改革，未来纳税人的数量会显著增加，这些都为税务师行业发展提供了重大机遇。目前我国委托税务师事务所处理纳税事项的纳税人仅占9%，远低于韩国（95%）、日本（85%）、美国（企业50%，个人80%）等，这在一定程度上反映出我国税务师行业市场化程度不高，提升潜力巨大。

（四）行业法治状况分析

目前我国三大中介服务行业，注册会计师和律师都有明确的法律确定其法律地位，但仅在《涉税专业服务监管办法（试行）》（国家税务总局公告2017年第13号）中明确了税务师及税务师事务所的身份地位，这使行业的权威性受到一定影响。总体来说，税务师行业相关立法相比注册会计师和律师行业还存在不足，需要进一步完善，以促进税务师行业健康发展。

（五）行业国际化程度分析

税务师行业国际化可以使税务师事务所获得更好的市场和资源，但是我国的税务师事务所大多规模较小、业务能力不足，主要服务于国内的中小企业，只有少数事务所开展了国际化业务。由于地域原因，内陆城市国际化程度低，与国际接触的机会较少，而沿海城市的事务所有更多的机会开展国际业务。总体分析，我国税务师行业国际化程度低，本文建议可以先从"一带一路"沿线国家开展国际业务。

二、我国税务师行业竞争对手分析

（一）会计师行业

对于税务师行业来说，会计师是最强大的竞争对手。相对而言，会计师的优势在于从扩大财务报表审计业务服务到设施服务，可以提供一系列企业会计、税收和评估服务。我国会计师去做税务相关服务一般分为以下两种情况。第一，会计公司在审计的同时顺便从事其他相关业务，如税务的代理、咨询和与税收相关的金融投资。第二，依据我国税法相关规定，除税务师行业外，其他从事税务认证业务的相关专业服务机构，必须具有注册税务师的专业资格并同时设立税务师事务所。

涉税服务、跨国纳税方案设计、涉税司法等业务,为税务师行业开拓更大的发展空间。最后,打造国际品牌。在"一带一路"建设如火如荼和不断深入的背景下,中国税务师事务所拥有"走出去"的外部条件和必要性,在做好国内市场业务的同时,应积极开展国际业务,拓展国际市场,争取打造一批具有中国特色的国际服务专业品牌,向世界展现具有中国特色的现代国际税务师事务所形象。

参考文献

[1]艾华,冀晓曼,曾琳."十四五"税务师行业发展的机遇、挑战及措施[J].注册税务师,2021(1):27-29.

[2]张敏华.创新前行 推进税务师行业实现新发展[J].注册税务师,2021(1):13-16.

[3]蔡昌,李长君.对新发展格局下推进税务师行业高质量发展的思考[J].注册税务师,2021(9):7-9.

[4]汤凤林.新发展格局下税务师行业的发展机遇及应对策略[J].注册税务师,2021(9):10-12.

[5]刘天永.顺势而为 税务师行业在民法典时代创新发展[J].注册税务师,2020(8):14-16.

[6]岳杨.我国涉税专业服务行业的定位与发展研究[D].北京:首都经济贸易大学,2017.

涉税专业服务组织在优化税收营商环境中的作用探析

原如斌　刘　峰　刘　轶　周娴丽[①]

2021年3月,中办、国办印发的《关于进一步深化税收征管改革的意见》明确提出:"加强社会协同。积极发挥行业协会和社会中介组织作用,支持第三方按市场化原则为纳税人提供个性化服务,加强对涉税中介组织的执业监管和行业监管。"这为充分发挥涉税专业服务组织在优化税收营商环境中的作用、实现税收共治指明了前进方向。

近年来,我国税收营商环境优化是在深化"放管服"改革背景下,不断推进税收制度与征管体制改革、全面落实减税降费政策、充分利用"互联网+税务"等信息化手段的共同作用下推进的。其中,涉税专业服务组织一方面服务于税务部门,在配合开展税法宣传、辅导、志愿服务、纳税情况审查、鉴证等方面助力纳税服务;另一方面服务于纳税人,在代理、咨询、顾问、策划、争议解决等方面为纳税人提供个性化和专业化的服务,在提升纳税便利度、税法遵从度、社会满意度等方面发挥了应有的作用。

一、涉税专业服务组织的职能定位和作用机理

只有从理论上清晰界定税务部门、涉税专业服务组织、纳税人之间的权利、责任、义务边界,厘清三者的关系及其内在逻辑,才能科学确立涉税专业服务组织在税收共治中的职能定位。本文从市场供需理论、风险管理理论和税法遵从理论、公共治理理论三个层面进行分析(见图1)。

（一）从市场供需理论看,涉税专业服务组织能够有效满足税务机关、纳税人两类需求

市场机制是市场经济的内在运作机理,它是由供求关系、价格、竞争、风险等诸要素组合而成的有机体系。

[①] 原如斌,陕西中税网通税务师事务所所长。刘峰,国家税务总局陕西省税务局科研所所长。刘轶,中共陕西省委党校(陕西行政学院)副教授。周娴丽,陕西中税网通税务师事务所总经办副主任。

```
┌─────────────────────────────────┐
│        优化税收营商环境          │
│  ┌────────┬────────┬────────┐  │
│  │税法遵从度│社会满意度│纳税便利度│  │
│  └────────┴────────┴────────┘  │
└─────────────────────────────────┘
              │
         ┌─────────┐
         │ 精诚共治 │
         └─────────┘
                        共
 ┌──市场主体──┐         治   ┌──政府部门──┐
 ┌──────┬──────┐ 条  ┌──────┬──────┐
 │涉税专业│纳税人│ 件  │税务部门│其他部门│
 │服务组织│      │    │        │        │
 └──────┴──────┘    └──────┴──────┘

     ┌──────法治、体制、机制、文化……──────┐
     └──────────────────────────────────┘

  ┌────────┬──────────────┬────────┐
  │市场供需 │风险管理理论  │公共治理│
  │理论     │和税法遵从理论│理论    │
  └────────┴──────────────┴────────┘
```

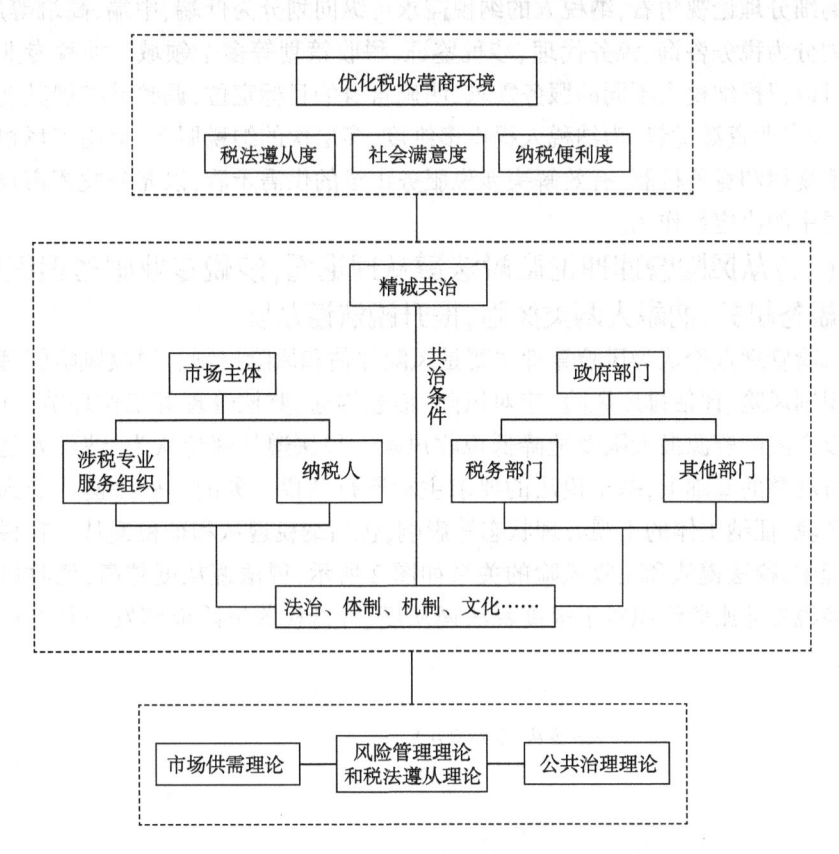

图1 涉税专业服务组织在税收共治格局中的职能定位与作用机理

首先,供求理论认为,供求不平衡不仅与生产关系不适应生产力发展有关,还与供求结构不平衡相关。供求结构不平衡源于消费者与生产者之间在个性化需求、品牌建设、价格质量比等方面的差异。从供求理论视角看,纳税人对涉税服务的需求日益多样化、个性化、复杂化。但由于公共资源的有限性,税务部门的纳税服务难以满足纳税人的巨大需求,供需矛盾日益凸显。涉税专业服务组织因其专业性、有偿性,既可以弥补税务部门公共服务的短缺,也可以为纳税人提供个性化的纳税服务。

其次,市场细分理论(STP理论)认为,市场是一个多层次、多元化的消费需求集合体,任何企业都无法满足所有的需求,企业应根据不同需求把市场分为由相似需求构成的消费群,即若干子市场。企业在一定市场细分的基础上,确定自己的目标市场,最后把产品或服务定位在目标市场中的确定位置上。市场细分的客观基础在于市场的差别化倾向,即需求的个体差异性,对需求个体差异可以分为纵向层次的不同和横向需求的多样性,需求的层次性和多样性共同构成了需求的差异性。

从市场细分理论视角看,纳税人的纳税需求可纵向划分为低端、中端、高端等层次;横向划分为税务咨询、税务代理、涉税鉴证、税收策划等多个领域。涉税专业服务组织可以根据纳税人不同的服务需求,明确自身的目标定位,调整并扩展其业务范围,发挥专业资源优势,为纳税人提供多维度、多层次的纳税服务,运用市场机制中的价值规律和竞争机制,有效解决涉税服务市场的供需矛盾,以充分发挥市场在资源配置中的决定性作用。

(二)从风险管理理论和税法遵从理论看,涉税专业服务组织能够降低税务机关、纳税人两类风险,提升税法遵从度

风险管理理论认为风险管理主要是风险评估和风险控制。税收风险管理可细分为识别风险、评估排序风险、应对风险、信息沟通、监控管理等工作环节,其核心在于以有限的资源最大限度地降低税收风险。税法遵从理论认为,纳税人是在权衡自身利弊的基础上,基于税法的要求主动履行纳税义务的。税法遵从受到整体税收环境、征纳主体的主观心理状态等影响,包括纳税遵从和征税遵从。在税收风险管理中,税法遵从和税收风险的关系如图2所示,税法遵从度越高,税收风险越低。涉税专业服务组织对于提高税法遵从度、降低税收风险能够发挥其专业化的优势。

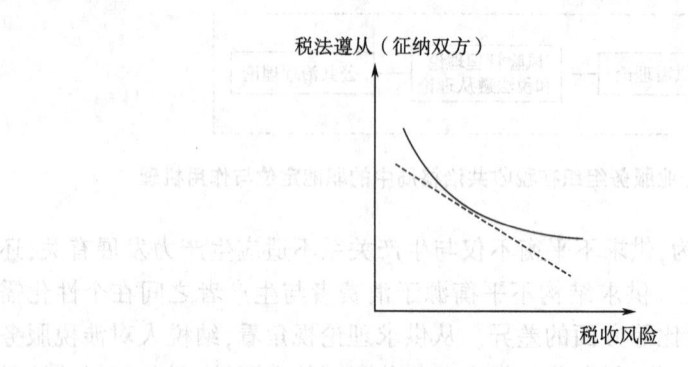

图2 税法遵从与税收风险的关系

税收风险管理工作的重心是根据不同的风险级别,建立差别化的应对策略和监控管理措施,有效整合税收管理资源,把有限的征管资源配置于高风险的领域,提高税法遵从度的同时降低税收征管成本。在税收风险管理中,针对遵从风险的级别,采取不同的防范应对措施。其中,针对故意不遵从的高风险,可通过调查、审计、处罚等措施增强税法威慑力,加大处罚力度、稽查力度来提高征纳双方的税法遵从度;针对可能不遵从和希望遵从的中低风险,可通过加强税收信息化、税法宣传、政策咨询、个性化辅导等措施提高税法遵从度,降低税收风险。

(三)从公共治理理论看,涉税专业服务组织是税收营商环境建设中不可或缺的重要力量

从治理理论视角看,提高税收法治化、办税便利度、提升纳税人税法遵从度、社会满意度,是优化税收营商环境、促进高质量发展的基本路径。

首先,新公共管理理论认为,政府应引入市场竞争机制,运用市场化的运作机制和管理手段,让更多的私营部门参与公共服务提供,提高公共服务的品质与效率。新公共管理理论认为公共管理的本质是服务,政府的职能是服务,政府服务应以市场或顾客需求为导向,以满意度作为衡量其服务质量的标准。在这种情况下,政府既是服务的提供者,也扮演着调解者、协调者、裁决者的角色。

其次,信用治理理论认为,经济主体之间的信用及信用关系以经济利益关系为基础,信用治理是法律治理、行政治理之外的第三种治理方式,是建立在经济社会中普遍存在的失信行为上的事后矫正机制。政府通过引入竞争机制让更多的私营部门提供公共服务,再将社会信用评价纳入行业或个人信用评价,实现分级分类管理,加强行业监督管理,使涉税专业服务行业规范健康发展,让涉税专业服务组织更好地发挥服务、监督的作用。

最后,国家治理理论认为,国家治理的核心问题是公平公正下的有效资源配置。政府作为国家治理的主体之一,既要充分尊重市场经济一般规律,又要最大限度减少政府对市场资源的直接配置和对微观经济活动的直接干预,厘清政府与市场的边界。通过推进制度化、经常化和有效的"跨界"合作来提供优质的公共服务,提升公共服务价值。

综合以上逻辑分析可知,在税收共治的大背景下,涉税专业服务组织在优化税收营商环境中可以发挥重要作用,其作用机理如图3所示。首先,涉税专业服务组织以其专业化优势,可以解决纳税服务的供需矛盾;其次,涉税专业服务组织可根据纳税服务需求市场,提供不同层面和维度的个性化纳税服务;再次,政府可以通

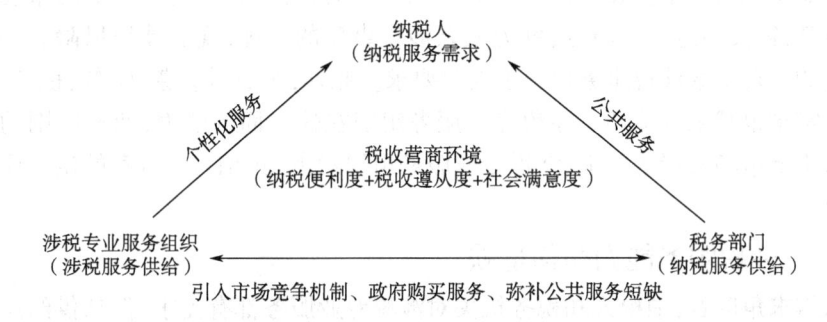

图3 税务部门、涉税专业服务组织、纳税人三者的关系

过引入市场竞争机制,以政府购买服务的形式让更多的涉税专业服务组织参与纳税公共服务,实现政府的"简政放权",同时利用"信用+风险"的机制,提高税法遵从度,降低税收风险和税收征收成本;最后,建立协同治理机制,从法律和制度上明晰纳税服务边界,统筹兼顾各方利益主体的要求,不断调整各种利益关系,进而保证制度的可持续性。

二、涉税专业服务组织发展制约因素分析

虽然涉税专业服务组织在优化我国税收营商环境上已经发挥了积极的作用,但仍然存在着一些主观的、客观的问题和不足,制约着其在优化税收营商环境上更好发挥作用。从市场供需、公共治理等理论来看,涉税专业服务组织如何更好地融入国家税收征管体制改革的大环境之中,如何更好地满足纳税人需求,如何助力提高纳税便利度、社会满意度、税法遵从度等方面,还有很大的提升空间。

(一)涉税服务供需匹配较弱

只有基于纳税人需求,才能让纳税人满意,这对于涉税专业服务组织来讲也同样适用。在实际中,纳税人的需求非常复杂,纳税人的地域、行业、规模、发展阶段、涉及的税种、信息化程度、专业人才储备等都不相同,因此对于纳税服务的需求也不尽相同,可以说非常广泛。也恰恰是由于纳税人需求的广泛性和复杂性,更需要涉税专业服务组织为纳税人提供具有个性化、多样化、综合性、复杂性的涉税服务,作为税务部门提供的公共的、普遍的纳税服务的补充。

当前,涉税专业服务组织与纳税人的供需关系还存在不相匹配的矛盾:市场上,一般性、基础性业务方面供给过多,行业同质化竞争激烈,也导致出现恶性竞争的现象;同时,个性化业务、高端业务、复杂业务、国际业务有市场需要但供给不足,服务能力有限。比如,国企混改,企业境外投资、并购、重组业务等,由此带来的涉税服务需求比较复杂。在国内国际经济双循环的新格局下,企业面临的市场环境日益复杂,需要通过专业服务,助力复杂涉税事项的办理,规避涉税风险。一些新型业态的出现也给涉税服务提出了新的要求。此外,企业对业务、财务、税务、法务融合的需求也越来越迫切。涉税专业服务组织在这方面的能力、业务范围的拓展都尚未跟上市场发展的要求,涉税专业服务组织对市场的细分、自身的定位研究还不充分。

(二)涉税服务能力有待增强

从需求角度看,纳税人和税务机关对涉税专业服务都有需求,但从供给层面来看,涉税专业服务组织还存在着供给能力不足的问题,这也是制约其在优化税收营商环境中发挥作用的重要因素。

涉税专业服务组织自身存在着业务能力、人才、信息化建设、内部管理等方面的问题和不足。第一,专业服务能力与社会需求还有一定差距。对于前面提到的高端的、综合的、复杂的业务需求,专业能力上还有很大的提升空间。第二,在行业人才方面,目前比较凸显的矛盾是高端性、复合型、国际化人才匮乏。行业整体对人才的吸引力不足。第三,信息化水平与税收现代化的要求不相适应。对云计算、大数据、人工智能、区块链等高新技术的前瞻性研究比较欠缺,特别是与国家搭建的"智慧税务"的融合发展还不够深入。尤其是中小涉税专业服务组织的信息化水平较低,制约了其对接税务部门以及为纳税人提供涉税服务的能力、效率和便利性。第四,内部管理的规范化有待提升。组织架构不合理,缺乏风险控制意识,防控风险能力比较弱,不按执业规范执业,三级复核不到位,质量控制体系方面还存在不少问题。第五,行业的宣传推广力度不足。税务部门、涉税专业服务组织和纳税人之间还存在着信息不对称的情况。宣传不足使得纳税人对涉税专业服务组织及其所提供的业务范围、服务内容不够了解,有的纳税人在遇到涉税问题时不知道去找涉税专业服务组织。

涉税专业服务组织行业自我管理不完善。加强行业自律管理,目的是促进行业整体更好的发展,而行业自我管理不完善,一定程度上会影响行业整体的发展水平及专业化能力,也影响为社会提供专业服务的能力。在现行的体制机制框架下,税务师、会计师、律师等行业的涉税服务侧重点各有不同,但行业之间存在信息壁垒、业务分割,未按照涉税服务的链条、环节,建立信息资源共享、优势互补、合作共赢的良性发展机制。目前,也尚未建立涵盖全国所有涉税服务组织的行业协会。就税务师行业协会来看,第一,在市、县没有建立协会组织,存在行业管理松软的现象。第二,独立性不够,与税务部门还有着千丝万缕的联系。第三,公共管理职能和专业服务职能有限,在执业规范、执业质量检查方面还不够严格。在检查力度、奖励惩处方面与律协、注册会计师协会还有很大差距。第四,尚未建立人才激励机制。人才的培养主要以中税协每年的继续教育为主,在内容、时间、考核、实际效果和结果应用方面还有很大的提升空间。第五,税务师考试制度仍需改革完善。

(三)涉税服务机制有待优化

从税收治理层面来讲,基于新公共管理理论、国家治理理论、信用管理理论,税收治理需要充分发挥第三方服务机构的作用,并厘清税务部门和涉税专业服务组织的边界,才能实现共同为市场主体提供更好的税务服务的目的。从目前涉税专业服务组织参与税收共治的现状来看,共治机制尚未真正建立起来,不利于其作用的发挥。

首先,"共治"意识尚未筑牢,税务部门对涉税专业服务组织在优化营商环境中的作用认识不足。共治体制没有建立,税务部门害怕用、不敢用涉税专业服务组织。《关于进一步深化税收征管改革的意见》明确提出要建立"政府主导、税务主责、部门合作、社会协同、公众参与"的协同共治格局,积极发挥行业协会和社会中介组织作用。但在实际工作中,由于缺乏政府主导的刚性制度约束,税务部门受制于责任边界等的压力,与社会力量进行的合作不够充分,依靠市场力量合理配置资源,达到供需矛盾平衡,提高行政效率的"动能"尚未激发。

其次,政府和市场的职能定位和服务边界尚未厘清(见表1),纳税服务社会化程度不足。实现税收现代化,引入社会化服务是提升纳税服务水平的重要途径。社会主义市场经济条件下,纳税人的需求多种多样。在现阶段,税务部门很难满足每个纳税人的个性化需求。当前,税务部门在税源管理、纳税服务上投入了大量的人、财、物,政策宣传辅导、催报催缴以及其他一些事务性工作仍然占用了大量的精力,而在税收风险管理、税务稽查等方面的力量不足,打击税收违法行为的力度不够,不利于推动自觉依法纳税环境的形成,也造成纳税人接受涉税专业服务提升纳税遵从的意愿降低。

表1 税务部门、涉税专业服务组织服务内容一览

服务主体	服务内容	依据
税务部门	税法的宣传辅导,纳税知识、办税流程的普及,办税疑难问题的咨询与解读,税收争议的调解,税收法律救济,以及纳税人从设立、经营到注销全过程税务业务的办理[信息报告、发票办理、申报纳税、优惠办理、证明办理、社会费及非税收入业务、出口退(免)税、国际税业务、信用评价、税务注销、涉税(费)咨询、涉税信息查询、纳税服务投诉、涉税专业服务]	1.《中华人民共和国税收征收管理法》 2.《全国税务部门纳税服务规范(3.0版)》 3. 国家税务总局纳税服务司的主要工作职责
涉税专业服务组织	纳税申报代理、一般税务咨询、专业税务顾问、税收策划、涉税鉴证、纳税情况审查、其他税务事项代理、其他涉税服务	《涉税专业服务监管办法(试行)》
	涉税专业服务行业规划、涉税专业服务行业调查、税收执法相关行业调查、涉税专业服务行业统计分析、涉税展业服务行业标准修订;鉴证服务、指标模型评审;税制改革和税收政策课题研究、论证、财务服务、审计服务、税务稽查财务会计分析;12366纳税服务咨询、办税服务厅咨询、税收业务咨询、绩效管理咨询;税收业务培训、网络培训、考试服务;纳税评估辅助性服务、办税服务厅非执法类辅助性服务、税务稽查资料整理等	《全国税务系统政府购买服务指导性目录》

注:国家税务总局纳税服务司的主要工作职责内容来源于国家税务总局网站。

最后,对涉税服务组织的信用管理还不完善,监管多,而培养和扶持较少。根

据国家税务总局12 366纳税服务平台"涉税专业机构查询"中纳入监管的涉税专业服务机构一栏可以看出,截至2022年8月底,纳入监管的涉税专业服务机构共11万多户。从该平台中可以查询到的信用等级主要来自信用积分,而信用积分是根据《涉税专业服务机构信用积分指标体系及积分规则》(国税发〔2020〕第17号)计算得来,指标体系是否完善,直接影响到信用评分的客观性。从《涉税专业服务机构信用积分指标体系及积分规则》中的指标体系分析来看,有些指标的设计可操作性较弱,比如对业务规模的评分、服务质量的评分在具体计分环节不易落实,从而影响评分结果。而评分结果将进一步影响纳税人对涉税专业服务组织的选择、采用,以及税务部门对涉税专业服务组织的进一步管理。

此外,税(税务部门)、企(纳税人)、服(涉税服务组织和协会)三方沟通机制还存在不足:一是部分涉税服务组织的积极性不高,提交、反映信息的数量和质量还不高;二是沟通机制的联系还不紧密、沟通方式比较单一、沟通频次较少;三是基层三方沟通机制在解决纳税人提出问题的实质效果上还有待加强。

(四)涉税服务法治有待强化

从治理层面来讲,基于治理理论,要想充分发挥市场在共治、协同治理中的机制作用,就应以法律为核心,从法律和制度上明确和统筹兼顾各方面利益主体的要求,保证各方在稳定和清晰的定位下发挥作用。我国目前对涉税专业服务组织缺乏专门的法律规范和明确的职能定位。而没有专属的法定业务,缺乏有效的市场切入点,制约了涉税专业服务行业的发展及其作用的发挥。

现有法律规范不明,行业立法亟须加强。从我国目前关于涉税专业服务管理的相关规范来看,主要以部门规章为主,以"1+6+1"的监管体系[①]为主。法律层面,《税收征管法》仅在附则的第八十九条规定:"纳税人、扣缴义务人可以委托税务代理人代为办理税务事宜。"这条原则性的规定字数不多,无论从位置还是内容看都较为笼统,未能体现涉税专业服务的地位和作用。随着经济社会的快速发展,涉税专业服务的主体、资质、业务范围、作用都发生了很大变化,内涵和外延都更加丰富。

法律层级较低给行业监管带来难题。《涉税专业服务监管办法(试行)》将提

---

① 涉税专业服务组织"1+6+1"行业监管制度体系是国家税务总局对涉税专业服务行业的健康发展进行的顶层设计,包括8个重要监管文件:《涉税专业服务监管办法(试行)》(国家税务总局公告2017年第13号)、《税务师事务所行政登记规程(试行)》(国家税务总局公告2017年第31号)、《涉税专业服务信息公告与推送办法(试行)》(国家税务总局公告2017年第42号)、《涉税专业服务信用评价管理办法(试行)》(国家税务总局公告2017年第48号)、《关于采集涉税专业服务基本信息和业务信息有关事项的公告》(国家税务总局公告2017年第49号)、《关于税务师事务所行政登记有关问题的公告》(国家税务总局公告2018年第4号)、《从事涉税服务人员个人信用积分指标体系及积分记录规则》(国家税务总局公告2018年第50号)和《关于进一步完善涉税专业服务监管制度有关事项的公告》(国家税务总局公告2019年第43号)。

供涉税专业服务的主体分为六大类主体。而多主体混业经营,给我国以分行业监管为主的监管体系带来挑战。税务部门在实践中是否具有以及如何行使监管权都面临困境。特别是在《注册会计师法》和《律师法》之下,税务部门的部门规章与上位法的冲突问题使行业生存和发展面临"合法性"危机①。此外,财务咨询公司、代理公司等的设立门槛较低、管理运营不规范,给整个行业都带来一定的负面影响,但却没有相应的法律法规来监管。

三、强化涉税专业服务组织作用的对策建议

基于以上理论逻辑分析以及涉税专业服务组织存在的问题,为充分发挥涉税专业服务组织在优化税收营商环境中的作用,解决其在涉税服务中存在的困难和问题,本文提出以下建议。

(一)以市场需求为导向,拓展专业化服务供给市场

基于供求理论和市场细分理论,涉税服务产品供需不平衡影响涉税服务市场均衡发展,涉税专业服务组织应充分了解涉税服务需求,对所提供的涉税服务进行市场细分和目标市场定位,有针对性地进行业务拓展,为纳税人和税务部门提供个性化、精细化、智能化服务。通过问题分析发现,目前涉税服务市场中纵向的高端复杂业务以及横向的全流程咨询业务的供给服务出现不足。因此,涉税专业服务组织首先要提升涉税专业服务供给能力。一方面,提升自身专业素养,及时跟进国家税制和税收征管体制改革的新形势,熟悉和准确理解最新税收政策,及时正确地向纳税人传递税收政策资讯和具体操作程序,帮助纳税人充分理解高端业务所涉及的财税政策,完成税务合规要求,提高税法遵从度。另一方面,通过加大高端业务培训力度,丰富从业人员的知识结构,切实提升专业化服务能力,满足社会多样化涉税服务需求。同时,在培训中,既要注重对涉税服务人员的分层次培训模式,也要及时跟进对培训效果的考核和评价。

其次,通过"互联网+""云计算""大数据""区块链"等信息技术手段,搭建和打通税务部门与纳税人之间的信息化平台和通道。一方面,通过平台广泛收集纳税人的诉求,积极向税务部门反馈,确保税企双方对税收政策理解的一致性和执行确定性,建设良好的税收征纳关系;另一方面,融合"业务、财务、税务、法务"等相关领域,借助大数据平台为企业提供全流程个性化服务,以其专业化综合服务能力促进涉税专业服务组织高质量发展,在拓展市场上,以全方位的供给服务引领涉税

---

① 国家税务总局深圳市税务局涉税专业行业立法课题组.《税收征管法》修订应明确涉税专业服务的作用和定位[J]. 税务研究,2020(8).

服务市场的需求。此外,涉税专业服务组织在内部管理、执业质量、风险把控以及文化建设和宣传推广方面也应更加重视、加大力度。

(二)完善涉税专业服务规范,加强行业监督管理

1. 要加强行业自律监督管理

探索建立涵盖所有涉税服务组织的行业协会或自律组织,进一步完善涉税专业服务规范,制定高质量的行业业务分类和标准化的业务指引,并加强对业务指引的培训和推广应用。注重执业质量控制,加大执业质量检查力度,建立执业质量检查培训的常态化机制。借鉴美国和英国的经验,完善涉税专业服务组织从业人员的诚信管理体系建设,借助第三方税务代理机构以信用管理进行税收信用评级,加大诚信记录在行业自律管理中的应用力度。

2. 要加强税务部门的纳税服务监管力度

借鉴国际经验,如日本的税理士专门官、英国的租税协会等,以纳税人权益维护机构的形式对涉税专业服务组织和从业人员的涉税服务行为进行评估和监管。

3. 要完善从事涉税服务执业人员的执业资格考试制度

在国外税务代理方面,日本《税理士法》、韩国《税务士法》和德国《税务顾问法》对从业人员的资格考试、权利义务、执业范围和违规惩戒都有严格规定。美国虽然没有专门立法,任何人只要拥有必要的知识,就可以从事税务代理,但想成为注册登记的执业税务代理,必须通过 IRS 的考试和资格审核。我国在《税收征管法》中规定税务师事务所、会计师事务所、律师事务所、代理记账机构、财税类咨询公司等涉税专业服务机构代为办理税务事项。为更好地提供全面多样化的涉税服务,应完善涉税服务从业人员执业资格考试制度,通过考试和资格审核引导不同类型涉税服务组织提供的涉税服务有所侧重;探索鼓励从业人员报考通过涉税服务资格考试的激励机制,以提高从业人员持证比例的方式提升涉税服务人员的专业水平。

(三)健全共治机制,促进涉税服务市场有序发展

要使涉税服务体系的不同利益方达成共识并采取一致行动,必须建立健全共治机制。为此,本文建议:

1. 建立鼓励涉税服务组织发展的机制

针对当前我国涉税服务组织社会接受度和认可度偏低的情况,除法治保障外,通过政府加大宣传、政策引导来扶持涉税服务组织的发展壮大。美国 95% 的个人纳税人申报纳税、日本 63% 的个人所得税申报业务、澳大利亚超过 95% 的企业和 75% 的个人纳税人办理涉税事项均通过中介组织协助完成。韩国企业通过税务人员代理业务的,企业可享受一定的税收减免优惠,为涉税专业服务组织发挥作用提

供政策扶持。

2. 加强征纳环节失信行为的事后矫正机制

随着金税四期信息系统的开发和应用,完善涉税服务组织的管理信息库,对纳入行政监管的涉税服务组织及从业人员进行实名信息备案,发挥好信用等级评定成果在监管过程中的重要作用,加强信用治理、风险管理措施,对违反法律法规行为的人员和机构采取降低信用度、黑名单、网上公开等方式,实行联合激励惩戒机制,营造良好的市场氛围。

3. 优化纳税信用评价指标,进一步完善"信用+风险"机制

针对《涉税专业服务机构信用积分指标体系及积分规则》中部分指标的设计可操作性不强、指标的评价难以落实的情况,进一步优化信用积分指标体系。同时,借鉴美国和英国的经验,借助第三方税务代理机构进行税收信用评级,通过建立纳税信用体系及金融、法律等配套体系,对征税和纳税形成严格的约束机制。

4. 加大税务部门与涉税服务组织发展的协同力度

首先,站在国家治理层面,在尊重市场经济规律的前提下,进行资源的有效配置。基于此,涉税专业服务组织以提供个性化服务为主,税务部门以提供公共服务为主,进一步明晰纳税服务边界。税务部门可适度放宽涉税服务的范围,将专业性、周期性较强的业务开放给符合要求的涉税专业服务组织,既满足纳税人个性化、高质量的纳税服务需求,同时提高征管效能、降低税收风险。其次,基于新公共管理理论,税务部门要进一步扩大政府购买服务的范围,对涉税服务实行企业化管理,税务部门把工作重点转向建立制度、加强监督管理等宏观事务,完善三方沟通机制,及时了解和解决纳税人的痛点和难点问题,落实国务院"放管服"改革要求。

(四)加强法治保障,引导涉税服务行业发展

在国家税收治理体系中,征税主体、涉税服务组织、纳税人以及其他各方的权利、责任和义务的关系应通过立法加以规范和明确,使涉税专业服务组织在一个健康有序的市场环境中提供高质量的涉税服务,从而进一步推动和完善我国现代税收征管体系和国家治理体系现代化。因此,要以法律法规形式明确涉税专业服务组织的相关法律界限和权利义务,确立涉税专业服务组织参与纳税服务的主体范围和执业规则。具体而言,一是借鉴日本的《税理士法》和韩国的《税务士法》,在我国《税收征管法》中明确涉税专业服务组织的定位和作用,明确机构的准入模式和人员的执业条件,明确涉税专业服务组织的独立性,保持涉税专业服务组织公平公正的角色定位。二是加快研究出台《涉税专业服务管理条例》,对从事涉税专业服务的税务师事务所、会计师事务所、律师事务所、财税咨询公司及其从业人员的法律责任、执业标准、业务范围、权利和义务等做出具体规定。

总之,涉税专业服务组织是实现税收共治的重要力量,发挥好涉税专业服务组织在优化税收营商环境中的积极作用,可以实现纳税服务供给和需求之间的平衡,明晰纳税服务边界,发挥好税务部门的职能,共同促进涉税服务行业规范健康发展,提升税收治理能力和治理体系现代化水平,不断推进国家治理体系和治理能力现代化。

参考文献

[1]王军旗.社会主义市场经济理论与实践[M].北京:中国人民大学出版社,2021.

[2]尹淑平.借鉴COSO风险管理理论提高我国税收遵从风险管理水平[J].税务研究,2018(12).

[3]STEPHEN P OSBORNE.新公共治理?——公共治理理论和实践方面的新观点[M].北京:科学出版社,2020.

[4]国家税务总局深圳市税务局涉税专业行业立法课题组.《税收征管法》修订应明确涉税专业服务的作用和定位[J].税务研究,2020(8).

[5]岳华.提供专业涉税服务助力"一带一路"发展[J].注册税务师,2018(6).

[6]朱海琴.关于纳税服务引入涉税专业服务机构协作共治的思考[J].纳税,2019(28).

[7]岳杨.我国涉税专业服务行业的定位与发展研究[D].北京:首都经济贸易大学,2017.

[8]袁自永.推进我国纳税服务社会化发展的国际借鉴思考[J].税收经济研究,2019(5).

[9]吴晓丹,秦璐.国外税务代理行业现状和发展趋势[J].国际税收,2018(9):66-69.

我国税务师行业地区发展差异及影响因素研究

李永海 蔡璇[①]

一、引言

随着我国经济跨越式的发展和财税政策的修订与完善,涉税服务行业越发重要。2018年国税总局发布的《关于发挥涉税专业服务作用 助力个人所得税改革有关事项的通知》指出,涉税专业服务机构可以根据个人所得税改革相关内容,为纳税人、扣缴义务人提供个人所得税政策咨询、办税咨询、纳税申报、汇算清缴代理、专业税务顾问等服务,帮助纳税人办理专项附加扣除信息的填报、纳税申报表的填报、年度汇算清缴等事项。由此可见,涉税专业服务的对象不仅包含各行各业的法人,还包括众多纳税个人。中国注册税务师协会公布的数据显示,当前相关行业的从业人员有10多万人,然而职业税务师仅5万人,占比不足一半。尤其是互联网等新技术的发展压缩了代理记账、申报等低端业务的发展空间,而咨询、顾问、策划、国际税收等高端业务需求大增,涉税服务行业需要税务师人才。

党的十九大报告指出,我国经济已经由高速增长阶段转向高质量发展阶段,这意味着对各行各业的升级都提出了更高的要求,对税务师人数、专业素养和职业能力也提出了新的要求。因此,比较研究税务师行业地区发展的差异及影响因素,有助于完善税务师人才体系建设,助力税务师行业成为涉税服务专业的主力军,在推进国家治理体系和治理能力现代化进程中发挥积极作用。

二、我国税务师行业发展现状

我国注册税务师产生于改革开放初期的税务咨询业务、税收征管改革与税制改革。根据《注册税务师资格制度暂行规定》,自1998年起,原人事部考试中心和国家税务总局教育中心联合组织实施考试认证。随着我国的"放管服"改革,国务院发布《关于取消和调整一批行政审批项目等事项的决定》,取消了注册税务师职

---

① 李永海,兰州财经大学教务处副处长、副教授。蔡璇,兰州财经大学财税与公共管理学院在读研究生。

业资格的行政许可和认定。这一时期共举行了17次考试,约12万人取得了注册税务师职业资格证书。之后,人力资源和社会保障部印发《关于做好国务院取消部分准入类职业资格相关后续工作的通知》,将取消的注册税务师由准入类职业资格调整为水平评价类职业资格。由此,注册税务师变成了税务师,去掉了"注册"二字。2015年11月,人力资源和社会保障部、国家税务总局印发《税务师职业资格制度暂行规定》和《税务师职业资格考试实施办法》的通知,2016年2月,中国注册税务师协会组织实施了第一次税务师职业资格考试,至2019年已有7万余人取得了税务师职业资格证书。

(一)税务师资格考试状况

2015—2020年全国税务师职业资格报考人数逐年增长,从2015年的169 614人增长到2020年的640 465人,6年间增加了470 861人,增长了2.77倍。2016—2019年,报考人数增长率直线上升,平均增长率为36.5%。由于新冠疫情,2020年报名数虽在上涨,但增长率下降为15.36%。6年间报考人数平均增长率为25.23%(见图1)。这说明税务师资格证的影响力在逐渐扩大,其专业性被市场所认可。

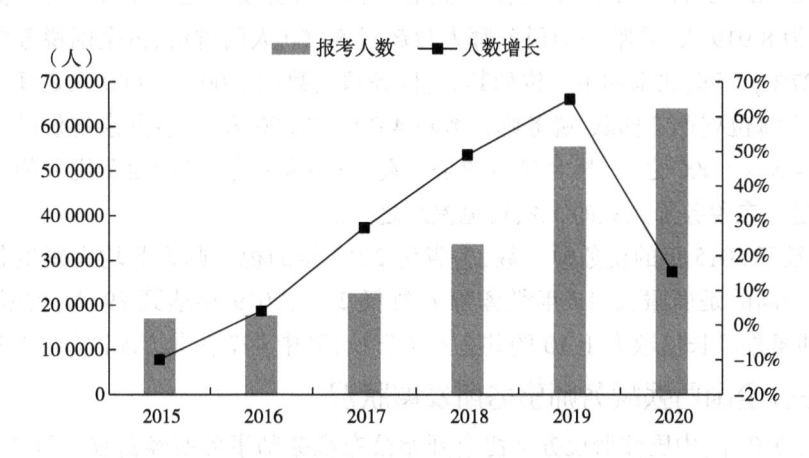

图1 2015—2020年全国税务师职业资格报考人数

资料来源:中国注册税务师协会(http://www.cctaa.cn/)。

就2015—2019年税务师职业资格通过人数来看,逐年递增,从2015年的3 715人增长至2019年的27 768人,5年间增长了24 053人,其中2017年通过人数增长率高达150.89%;税务师职业资格考试平均5年合格率为45.12%(见图2)。近年来,为加强人才队伍建设和储备,不断提高行业核心竞争力,中国注册税务师协会在人才队伍建设方面采取了一系列措施,包括各地方的税务师协会进入高校宣讲税务师职业资格考试,并与高校合作举办税法知识竞赛等,使得报考人数和通过率连创历史新高。

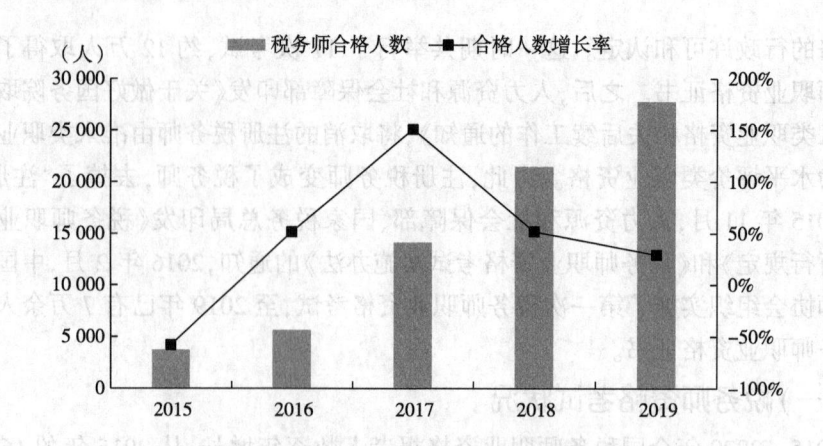

图 2　2015—2019 年全国税务师职业资格通过人数

资料来源：中国注册税务师协会（http://www.cctaa.cn/）。

（二）地区税务师人数状况

就 2015—2019 年税务师人数来看，各省份差异显著。近 5 年税务师人数最多的广东为 8 919 人，是唯一的税务师人数超过 8 000 人的省份，占全国税务师人数的 12.27%；江苏、北京和山东位列其后，税务师人数在 5 000~7 000 人之间；浙江、四川和上海位列第三梯队，税务师人数在 4 000~5 000 人之间；其余省份的税务师人数在 400~3 000 之间；排名最后的是宁夏、青海和西藏，其中西藏税务师人数仅 89 人，是广东税务师人数的 1%，可见差距之大。

相较于 2015 年的税务师人数，各省份 2019 年的税务师人数均大幅增长。增长倍数最高的是西藏，2015 年税务师人数仅 2 人，2019 年达到 89 人，增长了 19 倍；除西藏外增长倍数大于 10 的共有 6 个省份，其中 4 个在北方地区（见图 3）。

（三）全国百强税务师事务所发展状况

自 2010 年，中国注册税务师协会开始公布税务师事务所经营收入百强（以下简称"百强所"）名单，至今已有十年。百强所名单的发布，不仅增强了税务师行业发展动力，见证了税务师行业发展历程，增强了社会的关注度，提升了税务师事务所的品牌效应，促进了税务师事务所的规模发展，更推动了税务师行业的高质量发展。

数据显示，百强所 2010 年经营收入为 25.79 亿元，较 2009 年（18.41 亿元）增长了 40.08%，占全行业收入（80.75 亿元）的 31.94%；全国从业人员为 8.4 万人，在百强所执业的税务师人数为 3 066 人，占全国执业税务师（31 736 人）的 9.66%；百强所分布于全国 16 个城市，其中江苏 24 家，浙江 18 家，北京 15 家，上海 10 家，宁波、广东和四川各 6 家，山东 3 家，新疆、厦门、青岛和陕西各 2 家，河北、河南、湖北和重庆各 1 家。

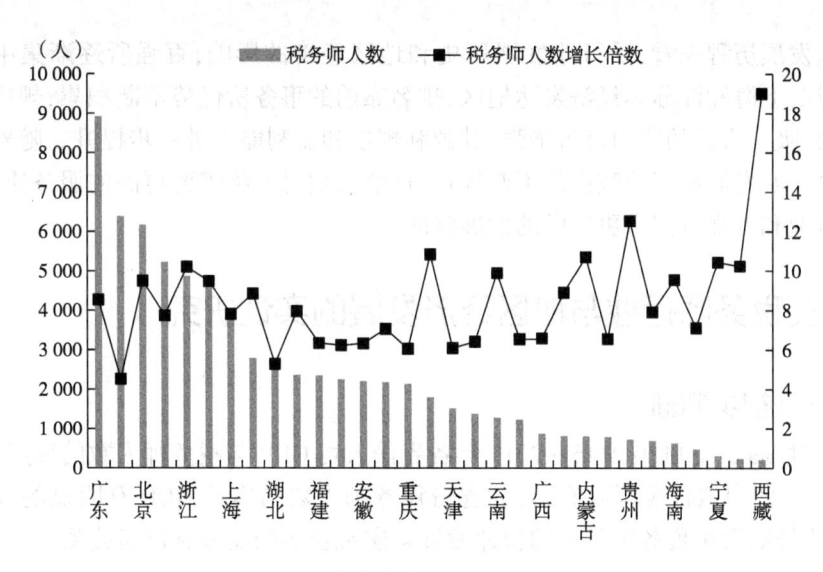

图 3　2015—2019 年各省份税务师总人数及增长倍数

资料来源：中国注册税务师协会（http：//www.cctaa.cn/）。

税务师行业经过多年发展，规模不断壮大，从业人员职业能力逐渐提高，业务范围更加广化、深化。2019 年，百强税务师事务所在连年收入持续增长的基础上，又同比增长 30% 以上；百强所的总利润逐年增长，占行业总利润的 70% 以上；百强所的从业人员同比增长 10%，执业人员同比增长 15%，分别占全行业人员总数的 1/4 和 1/5；百强所分布于 17 个地区，其中北京 40 家，浙江 14 家，上海 11 家，江苏和宁波各 6 家，四川 5 家，广东 4 家，安徽、山东、青岛和重庆各 2 家，天津、山西、厦门、湖南、深圳和陕西各 1 家（见图 4）。

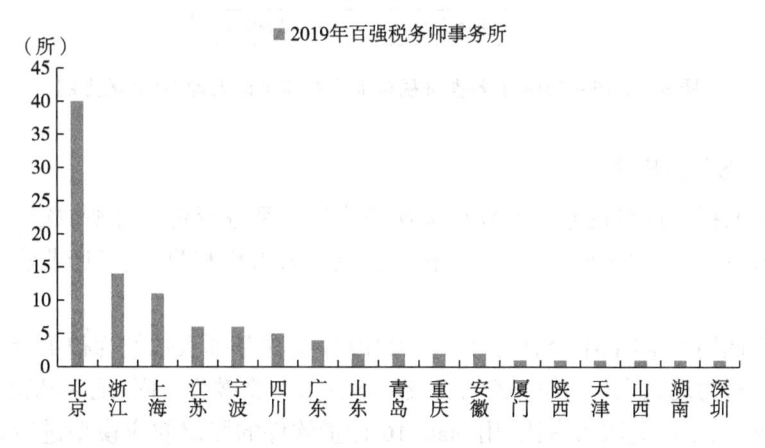

图 4　2019 年百强税务事务所地域分布

资料来源：中国注册税务师协会（http：//www.cctaa.cn/）。

从发展历程来看,受行业发展历史和地区经济的影响,百强所逐渐集中于北京、浙江、上海和江苏等经济发达地区,排名靠前的事务所优势不断积累,规模扩张速度快,吸引人才的能力显著增强,其盈利规模和盈利能力进一步提升。随着市场经济的不断发展和相关政策的不断优化,社会和纳税人将需要更高的服务质量,税务师行业和百强所拥有更广阔的发展空间。

三、税务师行业与地区经济发展的实证研究

(一)初步判断

通过 Stata 16 画出 2015—2019 年各省份人均 GDP 与税务师人数的散点图(见图 5)。从图中拟合线可以看出,各省份税务师人数与本地 GDP 有明显的线性关系,初步推断我国税务师行业的快速发展与宏观经济的发展有密切关系。

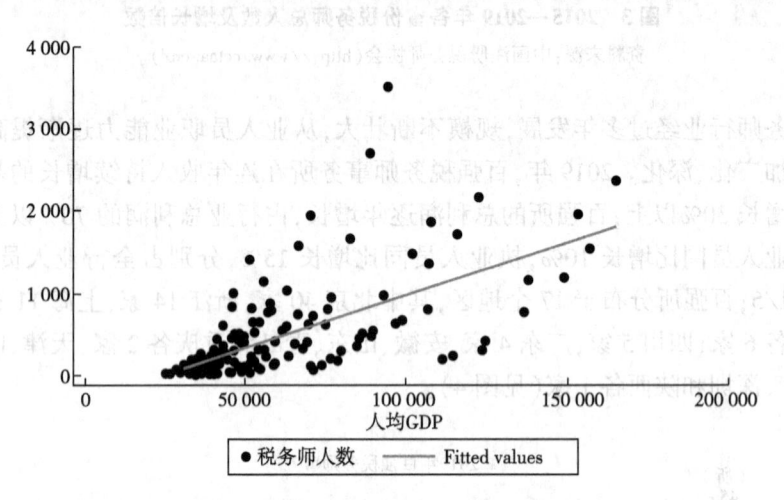

图 5　2015—2019 年各省份税务师人数与本地人均 GDP 散点图

(二)实证研究

采用面板数据对税务师人数与宏观经济的关系进行定量分析,探究我国地区税务师人数与人均 GDP、教育水平、私营企业法人占比和第二、三产业法人占比的内在关系。

本文选用了全国 31 个省份 2015—2019 年的税务师人数作为被解释变量。主要解释变量为地区人均 GDP,控制变量为地区人均受教育年限、地区私营企业法人占比和第二、三产业法人占比,用 Stata 16 计量软件的固定效应模型进行相关性分析,以找出它们之间的关系。具体研究方法如下。

1. 模型设定与变量选择

为降低个体特征和时间效应对模型产生的影响,本文选用固定效应模型来定量研究地区税务师人数与人均 GDP 的关系,在描述性统计分析的基础上建立回归方程,形式如下:

$$\ln ta_{it} = \alpha_0 + \beta \ln pgdp_{it} + \gamma control_{it} + \varepsilon_{it}$$

其中,ta 表示税务师人数,$pgdp$ 表示人均 GDP,$control$ 表示与税务师人数相关的一组控制变量,i 和 t 分别表示地区和年度,α_0 表示常数项,β、γ 表示系数矩阵,ε 表示既不随时间变化也不随个体变化的随机扰动项。

解释变量:地区人均 GDP。一般而言,地区生产总值越高,其经济越发达,对税务师人数的需求也有所影响。上文的初步分析发现税务师事务所数量与税务师人数和地区经济发展水平紧密相关,故采用此变量,且假设人均 GDP 与税务师人数呈正相关关系。

控制变量:

(1)平均受教育年限。平均受教育年限指接受教育的人口接受学历教育的平均年数,主要衡量地区受教育程度。平均受教育年限=(小学人数×6+初中人数×9+高中和中专人数×12+大学专科及以上人数×16)/6 岁及以上人口数。税务师资格考试有学历要求,受教育年限平均为 15 年及以上才能报考税务师资格考试。因此,本文假设平均受教育年限与税务师人数呈正相关关系。

(2)私营企业法人占比。私营企业法人占比是指私营企业法人单位数占企业法人单位数的比率。我国自改革开放以来,私营企业法人数量显著增长,2019 年私营企业法人占比为 89.7%,而私营企业是税务师主要的从业方向,私营企业法人占比高,说明地区企业数量较多,会扩大对税务师的需求,本地区的人会更加倾向于考取税务师资格。因此,本文假设私营企业法人占比和税务师人数呈正相关关系。

(3)第二、三产业法人占比。第二、三产业法人占比是指第二、三产业法人占各产业法人之和的比率。我国行业市场对税务师的需求主要集中在第二产业和第三产业,第二、三产业法人占比高,说明本地区发展水平较高,市场较为活跃,进而需要专业的税务师人才。因此,本文假设第二、三产业法人占比与税务师人数呈正相关关系。

2. 数据来源

本文的资料来源于《中国统计年鉴》、国家统计局,以及中国知网和中国注册税务师协会等网站,经过计算得到各变量的最终结果。本文采用 Stata 16 作为分析面板数据的主要工具,在对数据进行处理时,为了防止异方差的存在,将税务师人数和人均 GDP 数据取自然对数。表 1 为各变量的样本描述性统计结果。

表 1　各变量的样本描述性统计

变量	变量解释	Obs	Mean	Std. Dev.	Min	Max
ta	税务师人数(取对数)	155	5.41	1.37	0.69	8.16
pgdp	人均 GDP(取对数)	155	10.90	0.41	10.14	12.01
edu	平均受教育年限	155	9.20	1.12	5.09	12.68
pe	私营企业法人占比	155	0.75	0.14	0.42	0.95
ind	第二、三产业法人占比	155	0.93	0.06	0.78	0.99

(三) 实证分析结果

在对数据进行处理后,对文中各模型进行 Hausman 检验,检验结果均采用固定效应模型。

从回归结果(见表 2)来看,各模型的估计效果较好,且各变量的符号也符合预期,说明上述假设得到了验证。从上述回归结果可以看出,无论是否加入控制变量,以及加入几个控制变量,人均 GDP 的系数均显著为正,说明经济的发展对税务师人数有显著的促进作用,这也与上文的初步判断一致,宏观经济的发展是税务师发展的前提。控制变量中,平均受教育年限系数显著为正,表明地区平均受教育年限越长,水平越高,越有助于税务师的发展,与上文假设一致;私营企业法人占比系数为正,说明私营企业作为税务师主要从业方向,私营企业法人占比越高,有利于更多的人报考税务师,进而促进税务师行业的发展;第二、三产业法人占比系数为正,即工业和服务业发展水平较快,税务师缺口较大,一定程度上会促使税务师人数增长,有利于我国税务师行业的发展。

表 2　实证分析结果

解释变量	因变量:税务师数量(lnta)				
	(1)	(2)	(3)	(4)	(5)
人均 GDP(ln*pgdp*)	1.804***	1.257***	1.677***	1.538***	0.630**
	(0.179)	(0.217)	(0.180)	(0.226)	(0.257)
平均受教育年限(*edu*)		0.312***			0.326***
		(0.076 3)			(0.072 1)
私营企业法人占比(*pe*)			1.967***		2.468***
			(0.669)		(0.636)

续表

解释变量	因变量:税务师数量(lnta)				
	(1)	(2)	(3)	(4)	(5)
第二、三产业法人占比(ind)				3.373*	5.616***
				(1.771)	(1.660)
常数(c)	-14.25***	-11.16***	-14.35***	-14.47***	-11.51***
	(1.955)	(2.007)	(1.907)	(1.941)	(1.890)
R^2	0.405	0.465	0.438	0.419	0.533
F检验	101.3	64.32	57.57	53.36	41.62
模型设定	FE	FE	FE	FE	FE
N	155	155	155	155	155

注:***、**、*分别表示通过1%、5%、10%的显著性水平。括号里的数值为标准误,FE表示固定效应模型。

四、结论及建议

(一)研究结论

本文对2015—2019年我国31省份的面板数据,从理论和实证层面进行研究,得出以下结论:第一,人均GDP对税务师人数有显著影响,且人均GDP与税务师人数呈正相关关系。第二,平均受教育年限、私营企业法人占比和第二、三产业法人占比的提高均会促进税务师的发展。

(二)建议

1. 大力推动地区经济高质量发展

党的十九届五中全会提出,我国经济已转向高质量发展阶段,"十四五"时期经济社会发展要以推动高质量发展为主题。回顾过去,我国的产业特征较为粗放,传统重工业占比较大,多为高污染、高能耗的落后产业,加重了资源环境代价,不利于我国可持续发展战略的落实。同时,由于国外单边主义和保护主义的抬头,我国必须顺应科技革命和产业变革的趋势,转换经济动力,要依靠创新驱动,调整产业结构,加快发展现代化产业体系,发展实体经济,建设制造业强国,推动经济的变革。一方面,鼓励传统工业的改造提升。鼓励运用大数据、云计算、人工智能等新技术改造传统工业,推广绿色先进的工艺技术,促进第二产业实现智能化、绿色和高效发展。另一方面,加快发展现代服务业。构建服务产业新体系,重点推动新兴服务业的规模化和规范化,提高服务品质和服务效率,不仅满足人民日益增长的消费需求,还可为市场注入资本活力,推动产业结构优化。随着国家经济实力的增强,人均 GDP 将会提高,进一步推动税务师行业的发展。

2. 提高地区居民受教育水平

2019 年,我国高等教育的毛入学率已达到 51.6%,高等教育逐渐普及化,但区域教育资源还不够均衡,城乡差距较大。"十四五"规划提出要提升国民素质,促进人的全面发展,把提升国民素质放在突出位置,构建高质量的教育体系,优化人口结构,拓展人口质量红利,提升人力资本水平和实现人的全面发展的能力。为此,一要进一步提高高等教育普及水平,到 2025 年,高等教育毛入学率力争提升到 60%;二要进一步优化教育资源分配,缩小地域、城乡之间的教育差距;三要鼓励人民在就业过程中不断接受学历教育,提高教育水平,为行业和社会发展培养、储备更多人才。

税务师资格考试的学历要求为:取得经济学、法学和管理学学科类大学本科及以上学历或取得其他专业大学本科学历,从事经济、法律相关工作满 1 年;取得相关专业专科学历且工作满 2 年,或取得其他专业专科学历且工作满 3 年。根据中国注册税务师协会公布的 2015—2019 年税务师职业资格考试分析报告,在不同学历考生人数占比上,本科学历占比平均为 70%。若能降低报名条件,如专业为经济学、法学和管理学学科类的大二、大三本科学生,准予参加税务师职业资格考试,将会极大地增加税务师资格考试报名人数,进而增加税务师人数。

3. 激发市场主体活力

为应对新冠疫情,2020 年中央提出了"六保"政策,其中之一就是保市场主体。市场主体是我国经济活动的主要参与者、就业提供者和科技创新推动者,在国家发展中作用极大,可以说保市场主体就是保生产力。截至 2019 年末,全国有私营企业法人单位 1 892.2 万个,比 2011 年末增加 1 366.7 万个,增长 260.1%,占全部企业法人单位的比重由 71.7%提高到 89.7%,私营企业为我国经济社会发展做出了突出贡献。私营企业作为税务师主要的就业方向,它的蓬勃发展将使市场对税务师的需求增加,可以继续减税降费、减租降息,强化对市场主体的金融支持,放宽市场准入,推动贸易和投资的便利化,激发市场活力,以实现更大发展。

4. 优化营商环境,吸引投资

营商环境影响市场主体活动,涉及政治、法律、市场状况和人文等多个方面。良好的营商环境会增强地区经济的吸引力、竞争力和创造力,有助于本地企业发展,同时吸引国内外企业的投资。随着地区经济发展,税务师需求也会逐渐增大,吸引更多人报考税务师,这将会改善和优化税收环境,从而构建和谐税收,促进税务师行业的发展。

5. 税务机关增加对税务师的重视

税务师作为水平评价类职业资格,可以提高税务机关工作人员的专业素养和综合素质。税务机关报考专业要求中,包括各种非经济类和非税收类的专业,这类人员缺乏相关的税务知识,入职前还需进行多方面的岗前培训。根据2020年税务机关公务员报考数据,全国共招考8 334个岗位,招录14 891人,报考人数为78 887人,报录比为5:1,公务员岗位对人才极具吸引力。如果能在部分专业性强的税务岗位优先考虑拥有税务师资格的人才,将会极大地提高税务师的吸引力,使更多考生关注税务师资格考试。

参考文献

[1]苏强. 世界各国注册税务师制度比较与借鉴[J]. 甘肃联合大学学报(社会科学版),2005(3):82-85.

[2]艾华,王佳琳. 对税务师行业高质量发展的思考[J]. 注册税务师,2020(8):65-67.

[3]董树奎. 正确认识注册税务师行业的地位与作用 推动行业又好又快地发展[J]. 税务研究,2007(7):3-6.

[4]李林军. 抓住机遇 乘势而上 开创注税行业发展新局面[J]. 注册税务师,2014(1):20-24.

[5]韩健,汤凤林. 我国注册税务师行业发展的困境及应对策略分析[J]. 财政监督,2012(15):63-65.

[6]黄宏,斌苏扬. 高质量发展背景下税务师行业人才队伍建设探究[J]. 注册税务师,2020(2):64-67.

[7]中国注册税务师协会. 税务师职业资格考试分析报告:基于2015—2019年考试数据[J]. 注册税务师,2020(4):5-9.

税务师行业高质量发展路径研究

李 新 仲子怡[①]

税务师主要职能是涉税服务[②],这是一个肩负重要使命的行业,是维系国家经济秩序不可或缺的一部分,不仅接受来自税务部门的任务,也能够为纳税人提供专业的涉税服务,在这两者之间起到公平、公正的桥梁纽带作用。其实,纳税人、注册税务师、税务机关在税收治理中功能相互交错,形成一种三角结构,在这一结构中,税务师本质上应是税收治理的参与者、税法实施的监督者、税收法治的推动者(肖勇和吕亚峰,2012)。

改革开放以来,税务师行业不断发展,专业从事涉税服务和涉税鉴证,成为推动税收事业科学发展的生力军。面对税收征管体制改革的积极影响、疫情反复冲击的负面影响,税务师行业如何通过行业内部的进步实现自身高质量发展,成为整个行业的共同课题。

一、新形势下中国经济发展的新特点

2014年5月10日,习近平主席在河南考察时明确提出"新常态"。从党的十八大开始,中央从世界经济和我国经济的周期规律通盘分析,提出新常态已成为中国经济发展的主题。中国的经济增长趋缓,以保质量为主,调整存量和做优增量并行,坚持创新驱动发展,让经济不断向质量更好、结构更优发展。在新常态下,税务师行业应当充分展现专业特长,寻求创新突破,谋求新的空间,逐步实现新形势下的转型升级,提供更高水平的服务。然而,当前行业的现状与经济的高质量发展不相匹配,我国税务师行业的服务能力和水平还存在与新常态不适应、不匹配的问题,面对更加激烈的竞争,行业急需高质量的人才、规范的内部管理机制与良好的品牌。

与此同时,数字经济已经日益融入中国经济生活,在业务往来与企业运作中涉

[①] 李新,湖北经济学院财政与公共管理学院教授。仲子怡,湖北经济学院 MPAcc。
[②] 根据《国家税务总局关于发布〈涉税专业服务监管办法(试行)〉的公告》(国家税务总局公告2017年第13号)规定,涉税服务包括:(一)纳税申报代理;(二)一般税务咨询;(三)专业税务顾问;(四)税收策划;(五)涉税鉴证;(六)纳税情况审查;(七)其他税务事项代理;(八)其他涉税服务。

及数据的都可以视作数字经济的一部分。数字经济具有极强的流通性,企业所拥有的无形资产、业务功能所在地以及交易发生地都因互联网技术的不断进步越发灵活。数据在经济生活中具有重要价值,在数字技术的帮助下,收集、存储及分析数据的能力大大提高,数据可以在数字经济中创造更大价值。

与传统经济相比,数字经济具有由数字产品及服务居于主导地位的虚拟性,以数字为载体的渗透性,这给相关法律制度带来巨大挑战;互联网经济使得大量个体经营者参与到互联网经济中,从业者在短期内急剧增长,且为线上进行,让单一的线下工作趋于饱和;数字媒介为大众提供了新的供给方式,但也对供给的质量提出了更高要求。数字经济的发展驱动了国民经济的发展,为专业服务领域带来前所未有的机遇与考验。对于税务师行业来说,这意味着需要更为健全配套的法律、更为专业综合的人才为数字经济服务,借助大数据处理信息,提高服务质量。

二、新形势下税务专业服务面临的问题与挑战

税务师行业是与经济发展、税制改革关系最为密切的涉税专业服务组织。因此,在新的经济形势下,税务师行业面临新挑战,而行业自身也存在一些固有问题,这些都成为税务专业服务高质量发展的阻力。

(一)税务专业服务领域法律制度不健全

经济发展需要法制保驾护航,专业服务领域的规范也是我国法治化建设的重要内容之一。税收关乎国计民生,涉税专业服务作为一项民事活动,要有健全配套的法律保障,这也是国家税收治理优化的内核。一般来说,税务专业服务领域比较健全的国家都会通过涉税服务法律来规范和保障税务师的专业服务活动。目前,我国的《注册税务师管理暂行办法》,立法层级低,法律效力较差。2017年5月,国家税务总局出台《涉税专业服务监管办法(试行)》,这项规定虽与和之前的暂行办法有些许不同,但并没有从根本上扭转税务专业服务领域的处境。而在《税收征收管理法》中,对于涉税服务制度并没有过多涉及,税务师的工作范围是什么,税务代理人的具体职责有哪些并不明确。立法的缺位造成我国税务专业服务无法可依,增加了税务服务领域活动的风险和不确定性,不能满足新经济的要求。

(二)专业服务领域高端人才缺乏

涉税专业服务要向高质量发展,需要有执业操守,具备专业水平的经济学、法学等综合知识的高端人才,而目前从业人员大多做的是重复的、单一的工作,缺少综合性的高端人才。事实上,会计师和税务师虽然有较多共同之处,但随着经济的发展,会计师与税务师专业知识上的区别将日益显著,职业差距将不断扩大,二者应优势互补,提供精细化的专业服务。现今智能化手段越来越多,许多基础性的工

作不再需要人工操作,各个专业服务领域更需要决策性、复合型的人才。

而我国税务师专业服务行业内同时掌握税法、财会和管理等各方面综合知识的高层次人才较少,加之从业人员后续教育制度不够健全,不仅影响涉税专业服务质量,也阻碍了业务拓展和客户满意度的提升。

(三)专业服务领域供求信息不到位

当前,各个行业都受到数字化的影响,而专业服务行业在数字化转型的同时也不可避免地遭受巨大冲击。税务师行业可能面临内部管理数字化、服务方式数字化、服务成果数字化等方面的挑战(王家国,2021)。

随着数字经济和互联网的发展,各种信息和数据互相流通,纳税人掌握的资讯越来越丰富,用户的选择也就更加理性,不同的行业、类型、规模的企业对涉税专业服务的需求差异化较大,个体需求千差万别,专业服务门槛变得更高。涉税服务供给端与纳税人需求端的信息不对称、不匹配,不利于税务专业服务领域开发新服务、拓展市场和壮大自身。

在大数据时代,信息技术系统也显得尤为重要。比如,专业服务领域的信息系统安排混乱,会形成信息孤岛;信息系统的开发不符合本身的状况,如涉税专业服务系统流程和关键控制点没有录入信息系统,会导致系统功能发挥受限,工作中得不到有用的信息。这些在信息数据尤为重要的今天对税务师行业发展极为不利。

(四)缺乏科学的内部控制

税务师行业高质量的发展,需要高质量的管理。对于税务师行业来说,对外服务水平的高低很多情况下与内部控制水平密切相关。长期以来,我国的专业服务领域缺乏有效的内部控制,涉税行业也不例外。内部控制的不足使得专业服务只看眼前发生的,无法充分思考长期的规划,失去控制力,偏离专业服务方向。诸如内部控制乏力、对内部控制认知不够、缺乏科学性和连贯性、监督机制不健全等问题都会阻碍内部控制的发展(虞健,2012)。

倘若涉税专业组织内部高度集权,大事小事都要由总经理决定,在精细化运作的新经济时代,企业领导会无比疲累,进而无法顾及长期发展。内部组织机构的设置不科学,既不利于内部控制,也不利于快速响应市场的变化(程石彬,2022)。

(五)行业竞争激烈,缺乏品牌效应

高质量发展需要企业具有良好的品牌。若税务师行业各自为政、恶意竞争,不能形成具有竞争力的品牌,将无法与国外先进机构品牌抗衡;没有行业领头羊,也就无法进行资源整合、业务重组,很难积累资金、人才和项目优势,进而不能提高国内税务师行业的服务质量和综合实力。

三、税务师行业高质量发展对策

我国税务师行业的基本经营准则是"守法、自律、诚信、规范",要做到这一点,执业人员必须建立底线意识,明确可为与不可为,这种前瞻性思维的建立是行业高质量发展的前提。2021年3月,中共中央办公厅、国务院办公厅印发了《关于进一步深化税收征管改革的意见》(以下简称《意见》),其中第二十二条明确指出,加强社会协同,积极发挥行业协会和社会中介组织作用,支持第三方按市场化原则为纳税人提供个性化服务。《意见》为税务师行业规范健康发展带来新的机遇,同时也提出了新要求。面对挑战,税务师行业要对新经济形势下的问题及时做出应对,以实现行业的高质量发展。具体对策如下。

(一)加强专业服务领域法治建设

随着中国数字经济的迅速增长和税制的逐步完善,依法治税力度逐渐加大。纳税人依法纳税需要专业涉税服务,税务师行业作为依法治税的中坚力量,行业自身必须适应数字经济,实现规范化、法制化发展。

首先,加快制定税务代理相关的法律法规,通过相应法规明确从业者资质、纳税代理服务标准、税务中介行业的法律职责等。其次,利用行业协会力量,建章立制,以制度、准则、整顿、治理行业乱象。中税协制定了很多业务指引,有基本指引,有具体业务指引[①]。随着经济的发展,新的业务产生,应逐步建立相应的规范,并对行业开展制度化的业务自律检查制度。最后,借鉴国外涉税行业的经验,制定合理的职业保险赔偿制度,降低涉税人员的执业风险,增强税务师抗风险能力,提升行业的公信力。总之,要充分依靠法制力量和制度力量,以前瞻性与战略性思维进行规制建设,助力行业高质量发展。

(二)完善行业人才培养机制

税务师行业作为智力密集型行业,随着数字经济的发展,对高素质人才的需求增大,人才机制建设是重中之重。

首先,要建立和完善人才考核机制,按照个人绩效指标进行考核,激发从业人员积极性,并运用考核结果,优先提拔晋升优秀人员。通过这种方式,在保证绩效考评的激励效果得到充分体现的同时,还能进行适当的约束和限制,促进人才队伍建设。

---

① 2021年中,中税协印发了《税务师行业职业道德指引——专业胜任能力(试行)》《一般税务咨询业务指引(试行)》等5项执业规范指引。至此,中税协已经制定出台了共计40项执业规范指引,逐步构建起由国家法律法规、税收政策以及行业管理要求组成的执业规范体系,并总结积累了大量的规范化建设经验。

其次,为提升从业人员整体素质,应制定人才教育计划,开展有针对性的培训。比如,对于新入职人员,可进行岗前培训教育,开展执业规范、职业道德等方面的教育,从源头上把好从业人员的质量关。对于已入职人员,根据岗位差异,通过自学、网课学习、专家现场交流、举办培训班、脱岗培训等多样化的教育形式,提高从业队伍的综合业务素质,营造人人学习、终身学习的良好环境。对于高端人才,因其更注重职业规划和发展前景,这就需要各个税务师事务所不断优化提升与晋升机制,使高端人才为税务师事务所创新发展做出应有贡献。

(三)搭建大数据互联网平台

数字化是各行业未来的发展趋势。税务师事务所要顺应发展新趋势,积极谋划数字化转型,利用大数据搭建平台,以市场为导向,加强信息系统建设。

第一,更加广泛和深入地收集信息,提高信息共享能力。比如,税务师事务所可以利用互联网进行区域定位,各个区域定位到咨询师,便于客户进行询问,增进对当地税收政策的认识;事务所通过互联网也可以更好地沟通,使税务咨询可以更加及时便捷,纳税人可以直接在网络平台上拨打税务师电话,可以及时提供相应的服务。互联网的运用,既可以提升咨询质量,又可以降低服务成本。第二,税务师事务所可以搭建自媒体平台。搭建自媒体平台是一个时下流行的做法,税务师事务所可以通过互联网大数据,做到对不同用户分配不同的信息,对信息进行有效筛选,增强信息传播效果,提高用户体验。也可以将信息分类管理,用户根据需求自由选择。第三,税务师事务所可以搭建大数据检测后台,加大监测力度,使平台更加人性化,知己知彼,无形中提高用户的体验。

总之,税务师行业要与时俱进,通过设立完整的信息系统,让税务师事务所拥有客观详细的资料,并加以宣传,与市场良性互动,再通过高质量、行之有效的方案,使纳税人增进对税务师行业的了解,客观评价税务师行业,助力税务师行业稳步向前、高质量发展。

(四)建立科学的内部治理机构

税务师事务所也是企业,需要遵循企业管理的规律和要求。只有规范管理,实现良性发展,树立良好的企业和行业形象,最终赢得客户信任。税务师事务所应该规范管理,全面梳理管理机制和办法,提炼企业文化,规划发展战略,建立人、财、物各方面规章制度,探索和创新税务师事务所管理模式。税务师事务所最大的优势是人才优势,要从各方面逐步建章立制,如人员招聘、人才培养、后续教育、职级晋升等,形成高素质的人才梯队,为事务所在数字经济中的发展奠定良好基础。

首先,优化税务所的治理结构和组织结构,以适应数字经济发展。其次,设立完善法人治理机构与职能部门设置,并根据各个地区的发展设立不同的配套机构。再次,形成管理员工的涉及聘用、培训、考核、激励、晋升一整套制度体系。设立绩效考评制度,明晰从业人员职业规划,积极培养税务师,提升整个行业的品质。最后,构建良好的质量控制体系。将信息管理系统与质量控制体系相融合,利用大数据将项目控制与风险和信息化系统相结合,提高行业工作效率。总之,通过科学的内部控制从根本上提升企业管理水平与整个行业的质量水平。

(五)加大宣传力度,提升品牌效应

面对激烈的行业竞争,要想得到市场认可,塑造企业服务品牌的独特特色,满足数字经济和经济高质量发展背景下不同类型、不同层次需求,税务师行业需要提升品牌效应。

首先要提升整个税务师行业的市场影响力。税务师行业协会可以通过网络、媒体宣传,提高行业市场影响力。各级税务机关可以通过定期开展有税务师参与的税收宣传活动,一方面普及我国税收法律法规,使公众理解税收的重要性;另一方面让纳税人了解税务师行业,提高市场对税务师的认可度,营造税务师行业发展的良好氛围。

其次要做精。税务服务机构应注重商标注册,打造品牌效应,以便在不断提升自身服务的同时逐渐扩大市场,让品牌深入人心。其他服务行业的发展经验值得借鉴,例如注册会计师行业的普华永道事务所、立信会计师事务所等每年都会有综合排名。成功的经验税务师行业完全可以借鉴,建立以服务质量为核心的品牌,在市场上树立品牌形象,提供高质量的服务,逐渐累积社会的认可度。

我国目前建立了五个等级的事务所认定标准[①],并且每年对各个等级进行评定和数量变化分析比较。这有效激励了同行,榜样激励作用十分明显。例如,中汇税务师事务所有限公司、尤尼泰税务师事务所有限公司等,它们的年度经营收入经常位列全国前几名,积累了一定数量的客户并提高了行业整体认可度,已经具有良好的品牌效应。通过不断提升行业品牌效应,可为经济发展提供适应数字化形势的高质量涉税服务。

参考文献

[1]程石彬.基于风险防范的涉税专业服务创新对策研究[J].注册税务师,2022(7).

[2]王家国.参与税收协同共治赋能行业规范健康发展[J].注册税务师,2021(12).

---

① 中国注册税务师协会等级税务师事务所认定办法(2017年修订)[EB/OL].http://old.cctaa.cn/djswsswsmd/djrdxgwj/2017-06-14/CCON17900000017214.html.

[3]肖勇,吕亚峰．论税收治理语境下注册税务师的职业定位和职能作用[J]．税收经济研究,2012(1)．

[4]虞健．自收自支事业单位内部控制探讨[J]．行政事业资产与财务,2012(18)．

数字经济背景下税务师行业高质量发展的途径探究

张 慧 呼延世荻[①]

数字经济是当今世界经济发展的大趋势,尤其是在新冠疫情冲击下,各国的实体经济受到一定程度的影响,与此同时数字经济得到了飞速发展。根据我国《"十四五"数字经济发展规划》,数字经济是继农业经济、工业经济之后的另一经济形态,对加快推进产业数字化、数字产业化有着重要意义。

随着数字经济进程的加快和数字技术的应用,数字化元素逐渐融入社会的各个行业。《国民经济和社会发展第十四个五年规划和 2035 年远景目标纲要》提出,以数字化转型驱动治理方式变革,将数字技术广泛应用于政府管理服务,推动政府治理流程再造和模式优化,不断提高决策科学性和服务效率。在中共中央办公厅、国务院办公厅印发的《关于进一步深化税收征管改革的意见》(以下简称《意见》)中,提到了以数治税、定制服务、精准监管、智能税务等关键词,绘制了未来税收征管数字化、智能化的改革路线。

税务师行业的发展与我国税制改革密不可分,不同的税收征管环境对税务师行业提出了不同的要求。尤其是《意见》第二十二条明确指出,加强社会协同,积极发挥行业协会和社会中介组织作用,支持第三方按市场化原则为纳税人提供个性化服务,加强对涉税中介组织的执业监管和行业监管。这为税务师行业指明了未来的发展方向,也带来了新的发展机遇。税务师行业应把握机会,借数字化技术和税收征管改革之力,谋新篇、开新局,努力实现税务师行业的高质量发展。

一、税务师行业现状和困境

(一)行业发展现状

税务师行业经过 30 余年的发展,截至 2022 年 9 月 25 日,全国共有税务师事务所 10 060 家。根据中国注册税务师协会公布的数据,2021 年税务师行业经营收

[①] 张慧,北京鑫税广通税务师事务所有限公司项目经理。呼延世荻,北京鑫税广通税务师事务所有限公司业务主管。

入前100名的税务师事务所(以下简称"百强所")的经营收入共计166.65亿元,同比增长3.01%,占全行业经营收入的58.75%。全年服务各类纳税人缴费人63.84万户,占全行业服务户数的36.45%。

从百强所的名单中可以看到,共有44家为税务师事务所集团(以下简称"集团所"),其中,前26名均为集团所,这44家集团所的经营收入共141.27亿元,占百强所经营收入的84.77%,占行业经营收入的49.8%。这从一定程度上反映出税务师事务所有集团化、规模化发展的趋势。同时,百强所中至少有13家有对应的会计师事务所,说明与相关行业的合作有利于税务师行业的发展。

从从业人员来看,2021年度,百强所的从业人员共30 241人,其中执业税务师12 687人。从业人员中,本科及以上学历20 584人,占百强所从业人员的68.07%;35岁以下13 401人,占百强所从业人员的44.31%。从数量看,百强所从业人员和执业税务师的数量呈逐年上升趋势,其占行业人数的比重也逐年递增,增长率高于行业整体水平;从综合素质看,从业人员及执业税务师中,本科及研究生以上学历人员占比高于行业平均水平。

从经营收入和从业人员情况来看,税务师行业的规模在逐渐扩大,从业人员质量逐渐提高,这也从侧面反映出社会对税务师行业的认可度在逐年提高。

(二)行业发展困境

1. 市场竞争激烈

市场竞争指的不仅仅是税务师事务所之间的竞争,还包括与从事涉税专业服务的其他机构之间的竞争。

《涉税专业服务监管办法(试行)》(国家税务总局公告2017年第13号)中提到,涉税专业服务机构是指税务师事务所和从事涉税专业服务的会计师事务所、律师事务所、代理记账机构、税务代理公司、财税类咨询公司等机构。涉税专业服务机构可以从事纳税申报代理、一般税务咨询、专业税务顾问、税收策划、涉税鉴证、纳税情况审查、其他税务事项代理、其他涉税服务等八项涉税业务。其中,专业税务顾问、税收策划、涉税鉴证、纳税情况审查等四项业务为具备相应资质的机构、人士的特定业务,即应由具有税务师事务所、会计师事务所、律师事务所资质的涉税专业服务机构从事,相关文书应由税务师、注册会计师、律师签字,并承担相应的责任。

截至2022年9月25日,除了税务师事务所外,全国另有代理记账机构、税务代理公司、财务咨询公司、其他办税机构等其他涉税服务机构共94 236家,会计师事务所5 892家,律师事务所2 956家。由于注册会计师和律师可以从事税务师能够从事的所有业务,因此,税务师事务所不仅要与会计师事务所、律师事务所竞争四项特定业务,还要与其他涉税服务机构竞争其余四项涉税业务,在当前行业规模、业务量仍然偏小的情况下,这极大地增加了税务师行业的竞争压力。

2. 市场环境不成熟

从行业内部看,目前从事涉税专业服务的机构不仅包括税务师事务所、代理记账机构等其他涉税服务机构,还包括会计师事务所、律师事务所,这些机构的总体规模、人员配置、专业素养参差不齐,提供的涉税专业服务质量也有所不同。涉税服务专业性强,很多纳税人都会委托涉税服务机构进行专门的税务筹划和合规审查,但由于机构的商业性和趋利性,特别是"放管服"改革以来,涉税专业服务行业的门槛明显降低,市场内各类代理记账公司和财税咨询公司迅速涌入,涉税专业服务机构良莠不齐。

一方面,对于四项特定涉税专业服务,一些事务所为谋取商业利益,在专业把关和"红线意识"方面不强,不能客观准确地评估风险,无法为客户提供优质服务,甚至违规提供纳税筹划;另一方面,对于其他涉税专业服务而言,为了抢占市场或牟取不当利润,一些专业能力弱的代理记账、咨询公司随意解读税法并进行完全市场化的招揽式营销,甚至出现为抢夺业务而恶意竞争、随意压低价格的现象。这些行为都严重破坏了公平的市场竞争秩序和信用建设成果,破坏了正常的税收秩序,最终导致劣币驱逐良币,不仅影响高水平涉税服务机构扩大经营规模、提高服务质量的积极性,还会破坏税务师行业长久以来积累的社会信用和整体声誉,阻碍税务师行业的健康持续发展。

3. 人才缺口较大

与注册会计师、律师行业相比,税务师行业的起步较晚,发展时间较短,人才数量不足,尤其是高端复合型人才更为短缺。

首先是知识结构。随着经济的快速发展和国内企业国际化业务的增多,企业涉及的复杂经济业务在不断增长,市场对于既熟练掌握国内税收法律法规、财务知识及相关经济法律,又了解国际经济和税收法律等知识的税务师的需求日益增加。

其次是管理能力。税务师事务所行政登记制度规定,税务师事务所的股东构成中税务师必须占50%以上,这就要求税务师不仅要具有较强的专业胜任能力,还要具备市场开拓、人员管理等管理能力;而税务师事务所数量增长相对缓慢、大型事务所数量较少的原因之一就是具备管理能力的高端税务师人才短缺。

最后是风险防范能力。随着国家税收制度的不断完善,各类税收政策的相继出台,以及智慧税务的建设,税收遵从风险不断加大,这对税务师的风险防范意识和风险防范能力提出了更高的要求。开展涉税服务业务,尤其是税务顾问、涉税鉴证、税收策划、纳税情况审查时,税务师应从纳税人和自身执业两方面防范税收风险,服务征纳双方,增强红线意识。但现阶段,部分税务师的风险防范意识依旧淡薄,存在违规操作的现象。

二、税务师行业高质量发展的途径

数字经济时代,国际税收环境趋于复杂化和透明化,企业业务模式呈现多样化和创新化特征。在此背景下,涉税专业服务面临广阔的业务创新空间。涉税专业服务行业既要在复杂的涉税业务中发挥所长,也要积极开拓创新业务。当前涉税专业服务机构既面临机遇,也面临挑战,必须高瞻远瞩,抓住机遇,开展个性化服务,做精做细税务业务,加速数字化转型,加强人才培养,努力实现数字经济下税务师行业的高质量发展。

(一)开展个性化服务,顺应时代发展

《意见》第二十二条中提出:"积极发挥行业协会和社会中介组织作用,支持第三方按市场化原则为纳税人提供个性化服务,加强对涉税中介组织的执业监管和行业监管。"税务机关的主要角色是税收征管者,提供的纳税服务是以提升纳税人的办税便利、提高税收监管体系效率、保障国家税收政策的实施效果为主要方针。同时,由于国家税制的复杂性,公共性的、大众化的税务专业服务难以满足纳税人、缴费人的诉求。因此,税务师行业可以有针对性地开展定制化税务服务,为不同纳税人提供更加精细化、更加个性化的服务。

《意见》中多处提及对自然人的纳税服务以及税费管理,实现自然人税费信息"一人式"智能归集。原因在于,数字经济背景下,灵活就业的形式多样且比重不断提升,个人收入来源日益多元化,个人所得税越发重要,而分散的自然人往往依赖代扣代缴渠道甚至在征管体系中处于空白地带。随着大数据、云计算、人工智能、移动互联网等现代信息技术的发展和广泛应用,以及税务部门与其他政府部门常态化、制度化数据共享协调机制的逐步建立,以"数据集成+优质服务+提醒纠错+依法查处"为主要内容的自然人税费服务与监管体系将逐步完善。相应地,自然人对专业的税务服务需求将会增加。税务师行业应把握这一市场趋势,提供面向自然人的强调专属性、私密性、定制化的服务,填补市场需求的空白,拓展行业的新业务内容,发挥行业优势。同时,很多企业的跨地区经营和集团化运作模式也需要税务师行业针对特定企业的具体业务和商业模式来提供专业的、个性化、精细化的税务咨询和纳税筹划等涉税专业服务。另外,税务师行业还可以开展高收入人群的个税申报服务、CRS 税务服务等。

税务师行业应按照高质量推进新发展阶段税收现代化要求和智慧税务建设规划,打造与之相适应的智能化、定制化税费服务能力,为企业和个人提供更高附加值的服务,提升纳税人满意度,优化税收营商环境,打造上到企业集团下对自然人的提供专业服务的"全方位无死角"专业服务机构。

（二）加速技术升级，实现行业转型

《意见》描绘了未来智慧税务的发展蓝图，税务师行业对此应有针对性地开展数字化转型。如何利用数字技术提高服务质量和服务效率，实现传统行业经营模式的创新性转型开始成为税务师行业高质量发展的一个关键。

在数字技术日渐成熟的今天，税务师行业可以充分利用大数据、人工智能、5G和区块链等数字技术，抓住互联网的机遇，建立"互联网+涉税服务"的全新模式，对行业的经营模式、发展模式、思维模式甚至收费模式进行改变，实现本质上的创新。在数字技术应用方面，可以利用大数据技术对纳税人的经济活动信息进行收集；利用人工智能技术提高处理涉税数据的加工效率；利用5G技术实现涉税数据信息的实时互联互通，提高工作效率；利用区块链技术提高涉税数据的综合利用率；利用智能终端设备降低涉税数据信息的采集成本。随着数字技术逐渐渗透进各行各业，税务师行业有必要紧跟现代科技发展的步伐，充分融入"互联网+""智慧城市"等新的形态、新的模式，全面收集、高效率处理各类经济活动数据、涉税数据，提高数据的使用率，深挖数据背后的价值，扩大信息使用面。税务师行业还可以将"互联网+大数据"的思维方式应用到涉税服务中，实现服务模式的变革。

（三）加强人才培养，提高行业竞争力

经济快速发展带来的交易复杂化和越来越严格的税收征管制度，对税务师行业和从业人员提出了更高的要求，需要不断提升自身专业化水平，加快人才培养是税务师行业实现高质量发展的必然要求。

税务师行业属于智力密集型行业，高端、专业化人才是实现行业高质量发展的关键。行业专业化程度主要取决于行业的发展规模以及从业人员的素质。近年来，随着我国税务师资格考试报名标准的降低，税务师行业中非执业税务师占比较大，且高学历人才占比偏低。非执业税务师主要从事的是相对简单的业务，如税务代理、纳税申报等，有能力处理较为复杂的税务服务的高学历、复合型的税务师数量较少。在数字经济背景下，只懂财税知识已无法满足现在复杂的业务需求，尤其是高难度、高层次的涉税服务对从业人员的能力有更高的要求。随着新业态、新商业模式的出现，涉税业务愈加复杂，高端税务师更加紧缺。尤其在国际化企业、股权转让、并购重组等一些特殊、复杂业务服务方面，纳税人急需高端咨询服务。税务师行业应尽快适应社会需求，培养更多的复合型人才，以提供专业化水平更高的税务服务。

税务师的服务对象涉及社会的各行各业，其中不乏数字经济产生的新兴行业、企业，这对税务师行业提出了更高的要求。为此，税务师不仅要熟练掌握基础的财税知识，还要与时俱进，不断更新自己的知识储备，应对财税政策的变化、服务对象的变化以及国际化的服务内容。同时，税务师还应保持对新生事物的敏感性和思

维的开放性。

税务师行业作为整个国家税收治理体系的一部分，应积极发挥专业服务作用，促进税收环境的优化，服务社会经济的发展，借数字经济发展和税收征管体制改革的东风，不断提升行业整体水平，实现行业的社会价值，推动整体的高质量发展。

参考文献

[1] 吴超. 大数据时代税务师事务所审计工作挑战及应对探讨[J]. 财会学习, 2022(6): 113-116.

[2] 关于数字经济下的财税思考[N]. 人民政协报, 2022-05-18(003).

[3] 丁国杰, 朱庆阳, 沈志歆. 我国"十四五"期间薪税服务人才需求情况分析[J]. 中国商论, 2022(13): 109-112.

[4] 杜涛. 涉税服务机构洗牌时代来临[N]. 经济观察报, 2022-09-12(003).

[5] 雷炳毅. 坚持改革创新 构建税务师行业高质量发展新格局[J]. 注册税务师, 2022(1): 17-19.

[6] 窦秀芳. 深化税收征管改革带给税务师行业的机遇、挑战与启示[J]. 注册税务师, 2022(1): 69-71.

[7] 高峻. 推进税务师行业人才建设 发挥涉税专业服务主力军作用[J]. 注册税务师, 2021(12): 5-7.

[8] 王家国. 参与税收协同共治 赋能行业规范健康发展[J]. 注册税务师, 2021(12): 55-57.

[9] 宋朝阳、孙波. 数字经济时代薪税服务行业的创新发展[J]. 中国商论, 2022(12): 126-128.

[10] 胡翔. 数字经济背景下落实税收法定原则的价值、难点与对策[J]. 税务研究, 2022(4): 90-96.

新时代纳税服务的优化研究

韩王凯[①]

一、纳税服务的内涵

(一)纳税服务的定义

纳税服务是政府和社会组织根据税收法律、行政法规的规定,在纳税人依法履行纳税义务和行使权利的过程中,为纳税人提供的规范、全面、便捷、经济的各项服务措施的总称。

(二)纳税服务的内容

1. 税法宣传和纳税咨询辅导

税务机关为纳税人提供税法宣传和纳税咨询辅导是基本义务,也是纳税人的刚性需求。税法宣传的内容包罗万象,不仅包括税法知识,还涉及相应的税收征管程序、税收的职能范围、涉税的相关法律等内容。我国进行税法宣传的目的在于提高纳税人的税收遵从程度,减少纳税人的税收违法行为。税务机关不仅要进行税法宣传,还要提供纳税咨询辅导。纳税咨询辅导包括以下内容:提供最新的社会政策咨询;指导办理涉税实务;协助处理涉税软件的技术问题;指导涉税会计问题的处理。其作用在于减轻纳税人由于对税收政策的不了解而给税务机关带来的纳税服务负担。

2. 申报纳税和涉税事项办理

申报纳税和涉税事项办理是税务机关纳税服务的重要内容。税务机关在其中所起的作用是使纳税人便捷地处理涉税实务,准确及时完整地申报纳税。纳税人的纳税申报方式有代扣代缴、汇算清缴、自行申报等。对于纳税人尤其是自然人纳税人来说,我国的纳税申报方式较为复杂,所以提供纳税申报服务和涉税事项办理十分重要。税务机关要依托网络平台,提供便捷的纳税申报服务,建立税务大数据系统,建立纳税人、税务机关及其他部门一体化的税收信息平台,从而实现纳税人

[①] 韩王凯,首都经济贸易大学财政税务学院 2022 级硕士研究生。

税务申报的电子化，便于纳税人随时随地便捷纳税。

3. 个性化服务

所谓个性化服务，是指根据个体的历史税务信息提供相应的纳税服务。在依托金税系统税务大数据功能的基础上，整合纳税人个性化的税务信息，按照不同税种、不同行业、纳税人的纳税信誉等指标，对纳税人进行分类管理和动态监管，提供相应的个性化服务。只有这样，才能满足不同纳税人个性化的纳税需求。

4. 投诉和反馈结果

税务机关提供的纳税服务不仅包括提供纳税信息，进行相应的纳税服务指导，制定个性化的纳税服务计划，还要制定相应的投诉和反馈制度。税务机关要提供优质的纳税服务，做到让纳税人真正满意，善于听取纳税人的意见是必不可少的。所以，要为纳税人提供一个投诉和提供建议的渠道，虚心听取纳税人的意见和建议，并认真补齐短板，完善机制，切实提高纳税人的满意度。

（三）纳税服务遵循的原则

1. 效率便利原则

对于纳税服务而言，纳税人对于效率的需求排在第一位。由于纳税人在处理涉税事项时可能会投入大量的人力、物力、财力，因此纳税人的纳税需求首先是提高效率。

2. 公正公开原则

新时代的纳税服务应该严格遵守税收法定原则，税务机关和纳税人都要在法律的约束下进行税收活动。税务机关应该坚持公平、公正、法制的治税思想，在法律规定的基础上进行征税活动，同时也要保障纳税人的合法权益，提高税收征纳工作的透明度，建立互相信任的和谐征纳关系。

3. 寓管理于服务原则

要将纳税服务与管理紧密结合，做到同时节约征税成本和纳税成本，提高税收效率。税务机关应该提供全过程的优质服务，在征税之前为纳税人提供宣传、咨询等服务；在征税过程中为纳税人提供高效率、高准确度的纳税服务；在征税之后做好司法工作，为纳税人提供完善的法律救济等。

4. 供求对路原则

税务机关提供纳税服务时，需要考虑纳税人的实际需求，建立起有效的信息沟通机制、投诉反馈机制和需求及评价反馈机制，量身定做，使纳税服务具有针对性，更有效率。

5. 奖优罚劣的原则

可实行纳税信用等级评定制度，对不同等级的纳税人实施分类服务管理，加大对遵从纳税人的奖励力度和对不遵从纳税人的惩罚力度,完善纳税遵从的奖惩机制,从而带动和引导广大纳税人努力提高纳税信誉等级,树立诚信纳税意识。

6. 成本效益原则

成本效益原则指纳税人享受最优的纳税服务时所要承担的纳税成本达到最小。优化纳税服务,可以提高纳税遵从度,降低税收的行政成本和遵从成本。

二、我国纳税服务存在的短板

(一)纳税服务理念尚未形成

受历史文化和社会观念的影响,进入新时代后,部分税务人员尚未形成正确的纳税服务理念。具体可以分为两个方面:其一,税务人员未能认清自身"服务者"的角色。对于税务人员而言,征税活动并不是一种自上而下的管理行为,而应该是一种服务纳税人的行为。其二,新时代税收信息化建设已经相当完善,但税务人员的纳税服务理念依旧停留在传统理念上。这一点尤其体现在年龄较大的税务人员身上。

(二)纳税服务流程机制尚未健全,便利化水平有待进一步提升

进入新时代,纳税服务优化的最直接表现为税务机关进行征税活动的高效化和纳税人纳税的便利化。但如今这一领域,我国纳税服务还存在以下短板:其一,相当一部分纳税人无法很好地理解税务机关的征税服务,从而不能很好地履行甚至主观拒绝履行纳税义务。其二,纳税人需求管理机制不够健全,以"需求采集—需求分析—需求回应—持续完善"为主要环节的闭环式管理机制尚未建立起来。其三,纳税服务的人力资源保障尚不完善。新时代纳税服务流程日新月异,而我国在相关领域的教育和培训工作尚不到位,导致我国税务机关适应新时代的复合型税务人才不足。其四,纳税服务的标准化程度不高。纳税服务的标准化工作需要相关政策的保障,而我国虽然出台过类似服务规范的法律法规,但总体上还不够完善。其五,纳税服务信息化水平不高。新时代纳税服务的主要特征便是高度信息化。理想的纳税服务信息化状态应该是税务机关与其他政府部门、第三方的信息完全共享,从而提供全面的涉税信息等。显然,我国税务机关目前的信息化服务尚有不足。

(三)新时代纳税服务背景下税务人员素质能力不足

新时代的税收征管工作与传统的税收征管工作差异巨大,在纳税服务领域,税务人员的综合素质有待提高。一方面,有很大一部分资历较老的税务人员,虽然经验丰富、业务熟练,但由于年龄过大,对于工作的专注度和积极性明显不足,且缺乏

创新能力和接受新事物的积极性。另一方面,税务领域的高学历人才虽然基本素养较高,但是这部分人才大多擅长理论知识,而缺乏工作实践,而由于税收是实践性较强的领域,这部分年轻人才还需要经验丰富的老同志引导,所以这些高素质人才真正成为税务机关的中坚力量还需要很长的时间。对于现阶段来说,税务人员的素质跟不上新时代纳税服务的要求,纳税人可能因为享受不到优质的服务而消极纳税,从而形成一个恶性循环,阻碍和谐征纳关系的构建,限制了纳税服务工作的改善。

(四)缺乏完善的信息化纳税服务系统

信息化是当今世界纳税服务的一个主要特征,对于整合税务资源有着不可替代的作用。而我国纳税服务信息化稍显滞后。其一,为了提高税收征管效率,我国税务机关经常会推行信息化的税收征管软件,但是软件实际上是由公司开发再交付税务部门使用的,部分软件在上线前仍存在或多或少的漏洞,常常带来无法预料的问题。其二,这些软件的开发和维护都需要专业的技术人员,而我国目前该领域的专业人才尚显缺乏,这就导致平台可能得不到及时的维护和更新,从而影响税务人员的办税效率和纳税人的纳税体验。

(五)纳税服务法律体系仍需进一步完善

完善的法律体系是优化纳税服务的前提和必要条件,然而目前我国针对纳税服务的法律保障尚不完善。现阶段我国纳税服务法律体系主要存在以下短板:其一,我国税收领域的法律法规大多用来约束纳税人的行为,即规定纳税人应该遵守的义务,而用来约束税务机关的法律法规少之又少。在《税收征管法》中,有13条规定涉及纳税人的行为,仅仅只有一条规定针对税务机关,这明显忽略了纳税人在税收征纳活动中的主体地位,使得税法体系中纳税人的权利和义务不对等。这一立法现状不利于调动纳税人的积极性,进而对优化纳税服务造成阻碍。其二,我国目前的税收管理改革,包括金税三期系统和增值税发票系统,改革的主要方向是保证税款的及时足额入库,重点放在税务稽查和税务管理方面,旨在防范偷逃税,而对于改善纳税服务的改革措施不多,这种情况不利于我国向服务型政府转变。其三,随着互联网行业迅速发展,针对网络领域的立法明显不足。互联网已经成为人民生活中不可缺少的一部分,然而对于互联网的管制,目前还缺少法律的约束。我国纳税服务的开展离不开互联网,立法体系的不完善导致新时代背景下纳税服务缺乏法律体系的保障。

(六)新时代纳税服务存在税务数据获取壁垒和整合壁垒

现阶段,我国税务数据信息领域仍然存在获取和整合方面的难题。由于多方面的原因,税务机关与其他部门的信息交流存在壁垒,税务机关的税务信息绝大部分来自纳税人的自主申报。我国税务数据信息存在获取壁垒和整合壁垒主要有以下几个原因:第一,虽然国地税合并为税收征管带来了一定的便利,但是由于中央和地方的税务申报信息仍然相对独立,缺乏共享机制,因此税务数据整合方面存在问题。第二,税务机关的有自己的平台获取税务数据,但是缺乏信息共享机制,从而导致信息的综合利用率较低。第三,在新时代,数据信息对于企业来说是很重要的资产,相当一部分企业并不愿意将数据信息提供给税务机关,从而形成了税务机关获取信息的壁垒。而税务数据的获取和整合对优化纳税服务的工作来说是不可或缺的,税务机关有效获取信息的重要性由此可见一斑。

(七)税收考核体制机制不完善

现阶段,我国政府大部分精力都放在税款的及时足额征收上,而对于纳税服务没有给予足够的重视。虽然纳税服务领域已经有越来越多的税收绩效考核指标,但是绝大部分的税收考核指标仍在税收征管上。没有完善的考核机制,纳税服务的优化工作便缺少了引导,相关部门也缺少改革的动力。

(八)税收协同共治局面尚未形成

纳税服务的优化实际上并不是税务机关一个部门的工作,减税降费、"放管服"改革等工作需要各部门协同作战。只有税务局内部各部门、税务部门与政府及相关部门、税务部门与第三方涉税机构等社会化机构整合资源、共同努力,才能真正做好纳税服务的优化工作。显然,我国目前税收协同共治局面尚有完善的空间。新时代,各部门之间要加强协作。纳税人在纳税过程中往往要与多个部门打交道,如果出现各部门相互推诿的情况,将大大降低纳税人的满意度。

三、优化纳税服务的建议及对策

(一)进一步转换纳税服务理念,增强纳税服务意识

广大税务工作者要切实转变理念,坚持以人为本,以构建和谐的税收征纳关系为目标,全面提升纳税服务水平。

1. 高度重视理念更新对于纳税服务现代化的重要意义

要充分认识、牢固树立"以纳税人为中心"的服务理念,这是贯彻习近平新时代中国特色社会主义思想及实现税收现代化的必然要求。要彻底抛弃那种单纯为完成税收任务的传统观念,加强对"纳税服务"的深层次了解,努力为纳税人提供专业化、高水准的纳税服务。

2. 围绕纳税人多元需求,切实更新纳税服务理念

新时代纳税服务理念要紧密围绕纳税人多元化的新需求而展开,实现以下几个方面的观念转变:由主管部门的优势地位心理向尊崇"平等性"的服务理念转

变;由"管理者"向"服务者"的理念转变;由纳税服务仅关注管理水平向管理水平和服务并重的理念转变;由纳税服务仅属于个别岗位工作的意识向全员服务理念转变;由千篇一律、循规蹈矩的浅层次、形式化服务向以新时代纳税人多元化需求为导向的深层次、创新式服务理念转变。

(二)完善服务流程机制,提升纳税便利化水平

随着近年来政务信息化建设的持续推进,当前政府各部门基本都建立了本部门的信息化数据管理系统,而且大块的区域布局也已经形成,但总体而言,受制于一些行政体制的约束,跨部门的数据交互机制尚待完善。下一步可结合各级政府数据信息化的现状,加快税务机关和其他部门的信息交流与共享,在新时代的大环境下加强信息交互系统运用,彻底突破税务部门提供纳税服务的信息化瓶颈。

(三)切实提高纳税服务人员素质

纳税服务的实践工作归根结底要由税务人员来完成,而新时代的纳税服务与传统的纳税服务差异巨大,提高纳税服务人员的素质是优化纳税服务的重中之重。一方面,对于资历较老的税务人员,由于其思维容易固化,习惯了传统的征税方式,接收全新的纳税服务方式比较慢,所以应该加强对这部分税务人员的培训和指导,使其尽快适应新时代纳税服务方式。另一方面,要加强对税务领域高素质人才的引领,给这部分人才更多的实践机会。还可以在税务专业的高等教育中增加税收信息化的相关内容并增加实践机会。总之,提高税务人员的综合素质,使从业人员掌握纳税服务流程,加强对税收政策的学习和理解,并不断跟随时代的发展提升业务能力,是优化新时代纳税服务的必要条件。

(四)完善纳税征管信息化

1. 发展"互联网+办税"体系

在新时代的税收征纳过程中,互联网发挥着重要的作用。税务机关利用以互联网技术为主的电子信息技术处理税务信息,不仅效率更高、速度更快,而且安全性更强,还可以使纳税人享受到更优质的纳税服务。在利用互联网处理税收信息时,税务机关要保证办税的安全性和可靠性,发挥互联网办税的优势,让纳税人真正做到随时随地安全办税。

2. 提高税务信息共享水平

互联网的一大优势是可以不受时间和空间的限制,实现信息的共享。对于纳税服务来说,利用网络构建税务信息共享平台,拓宽税收数据信息的来源渠道,可使税收信息借助网络更快更准地被税务机关获取,从而为税务机关优化纳税服务奠定基础。此外,税务机关还可以借助网络开展税收信息交流和互动,从而提高纳税服务的质量。

3. 加强税务部门之间的信息合作

要加强中央和地方、地方和地方税务局之间的信息交流，实现信息共享，以有效掌握纳税人的税务信息，及时发现纳税人偷税漏税的证据，从而从源头上杜绝偷漏税。同时，各个部门要加强涉税工作的沟通交流，有助于税务机关更加清楚地了解纳税人的整体信息，从而为纳税人提供及时、便捷、高效的纳税服务。

（五）完善新时代纳税服务法律制度，依法治税

我国应加强法律制度的建设，以法律法规的形式保障税务机关从各信息主体获取完整且有价值的数据信息，让各主体将信息分享作为一项必须履行的义务来对待，毫不犹豫地贯彻执行。另外，在保障税务机关获取数据信息的法律权利的同时，还要确保其有保护信息安全性和保密性的法律义务。税务机关掌握着大量的国民经济信息，很多信息对于企业来说都是商业秘密，因此要全方位保障数据信息安全。

（六）加强税收数据收集和整合能力

进入新时代，税收数据的收集和整合不能再像过去那样采用填报的方式，这种传统方式不仅效率低，而且准确性也没有保证。在大数据时代，税务机关应该利用互联网平台安全快捷的优势，全面收集、整合纳税人的税务信息，再利用互联网强大的数据处理能力，将收集到的微观信息数据加工处理为宏观税收资源。这样就可以高效地为纳税人提供更加优质纳税服务。

（七）优化税收考核机制

可通过培育绩效文化理念、根植税务文化理念、科学设置绩效指标等方式优化税收考核体制机制。一是培育绩效文化理念。推进绩效管理，推动税务机关干在实处、干出实效，挖掘绩效管理的内在价值，积极塑造绩效文化理念。一方面要着力强化结果运用，将绩效考核结果作为评价干部工作的标尺，运用到人才培养、干部任用、创先争优等方面。既要发挥绩效管理奖励先进、鞭策后进、持续改进的作用，又要引导干部把关注重点放在提质增效上。另一方面要进一步开展绩效文化建设，深化绩效工作意识，通过绩效讲评、绩效分析、绩效亮评等形式，形成"人人讲绩效、个个论绩效"的比学赶超氛围。加强纵向落地，始终沿着绩效考核"指挥棒"的具体路径谋划部署、高效执行，将税务机关中心工作一根竿子插到底。二是根植税务文化理念。严格按照国家税务总局工作部署和有关要求，大力推广践行中国税务精神。以促进税务事业持续发展与广大税务干部个人全面发展相结合为目标，结合基层实际构建科学的制度体系和行为文化体系，充分发挥税务文化在提升素质、规范行为、激发动力等方面的作用。在制度约束下，帮助税务干部形成行为规范，促进干部养成良好的政治品格。三是科学设置绩效指标。在绩效管理指标

设计、规则运用等方面,建议适当调减干部互相之间的主观评价在个人绩效成绩中的比重,全方位考核干部个人在思想政治、业务技能等方面的绩效,适当增加干部在岗位练兵比武、个人创先争优以及其他对组织绩效做出较大贡献等方面的分值。最大限度发挥人的主观能动性,为"撸起袖子加油干"的新境界提供支撑、注入动能。

(八)加强政府沟通,建立协调机制

首先,从法律层面来说,做好顶层设计,积极制定、修订相关法律法规,加强税务部门与各部门之间的数据共享。

其次,提高税务部门的主观能动性。在纳税服务的过程中,税务机关应发挥其主观能动性,及时掌握纳税人需求,了解纳税人的具体情况,提高各项政策落实的精准度。虽然地方政府与税务机关不存在直接的行政隶属关系,也没有掌控税务机关人事的权力,税务机关实行的是垂直管理制度。但税务机关还是要多向政府汇报工作,让政府明白各种税费形式及其对税收收入的影响程度,取得当地政府的理解与支持,为税收工作的顺利开展打好基础,从而进一步优化税收营商环境,促进地方经济又好又快发展。与此同时,税务机关应该与公安局、人民法院、市场监督局等单位主动进行交流和沟通,加强税务部门纳税服务宣传工作,加强各单位的骨干力量之间的学习和交流,使各部门形成良性的互动交流。

最后,推进信息共享平台的建设。借助政府的社会治理优势,建立常态化数据沟通、协调机制,积极响应并落实数字化政府的建设要求,加强各部门间的数据联系与交流。

参考文献

[1]韩晓.纳税服务现代化问题研究[J].商讯,2021(24):152-154.

[2]郑美玲.旗县级税务系统纳税服务问题研究[D].呼和浩特:内蒙古农业大学,2021.

[3]韩晓琴,王琰.5G时代背景下做好精细化纳税服务的建议[J].税收征纳,2021(9):24-27.

[4]马海.税收遵从、纳税服务与我国税收征管的效率优化[J].纳税,2020,14(21):1-2.

[5]朱天豪.以需求为导向地方税务局纳税服务优化研究[D].上海:上海师范大学,2021.

[6]夏会."互联网+"背景下个性化纳税服务模式及应用研究[J].当代会计,2020(13):109-110.

[7]国家税务总局泉州市税务局课题组. 探索以"要素办税"为基础的精细化纳税服务体系[J]. 税收征纳,2021(10):25-28.

[8]徐照晗. 信息化背景下纳税服务的优化策略研究[J]. 财经界,2021(36):180-181.

[9]贾亚锦,魏小文. 基于税收信息化对企业纳税遵从的影响研究[J]. 边疆经济与文化,2021(11):44-48.

[10]林颖. 深化税收征管改革 构建税费服务新体系[J]. 税收征纳,2021(10):10-13.

关于加强海口市房屋租赁税收征管的分析报告

任 钰 贾宜正[①]

一、背景和必要性

近年来,中央支持海南全岛建设自由贸易试验区,逐步探索、推进中国特色自由贸易的建设,海口市经济建设进入了快车道,特别是发展总部经济,引进人才等措施,使得外来人口逐渐增加。另外,随着海口市坡博、道客、盐灶、八灶等大片区的"城中村"改造,房屋租赁市场空前活跃。

一方面,当前经济下行压力大,税收收入增速缓慢,需要重点从房产税上挖掘潜在税源,拓宽城镇化建设资金渠道;另一方面,房屋租赁行业涉及面广,人员流动性较强,征管基础信息不全,并具有行业特点,实际征管难度较大,税收流失严重。所以,如何强化房屋租赁市场的税收征管,规范行业管理,促进收入增长,已经成为海口市税务部门税收征管工作面临的一个重要课题和需要解决的重大难题。

二、现状分析

(一)海口市房屋租赁税收政策概述

1. 增值税及城建税与教育费附加、地方教育费附加

一般纳税人出租不动产,可按11%税率缴纳增值税,也可选择适用简易计税办法按5%征收率计算应纳税额;小规模纳税人和个人出租其取得的不动产(不含住房),应按5%的征收率计算应纳税额,个人出租住房,应按5%的征收率减按1.5%计算应纳税额,由办税大厅或者各区政府协税护税办公室(以下简称"协税办")受理纳税人出租不动产的申报缴纳和代开增值税发票业务。城建税与教育费附加、地方教育费附加分别按照增值税税额的7%、3%、2%缴纳。

2. 房产税、个人所得税、印花税和城镇土地税优惠政策

2008年3月3日,财政部、国家税务局联合发布了《关于廉租住房经济适用房

---

① 任钰,中国社会科学院大学商学院税务硕士。贾宜正,海南华宜财经研究院执行院长,研究员。

和住房租赁有关税收政策的通知》(财税〔2008〕24号),对住房租赁的有关税收政策进行了明确,自2008年3月1日起,个人出租住房用于居住的,房产税适用税率暂减按4%,个人所得税税率暂减按10%。对个人出租住房签订的合同,免征印花税和城镇土地使用税。2019年1月17日,财政部、税务总局联合发布了《关于实施小微企业普惠性税收减免政策的通知》(财税〔2019〕13号)。2019年2月13日,海南省财政厅、国家税务总局海南省税务局印发《关于小规模纳税人按50%幅度减征相关税费的通知》(琼财税〔2019〕109号),规定增值税小规模纳税人已依法享受其他税收优惠的,可以叠加享受财税〔2019〕13号第三条的优惠政策,房产税税率减暂按2%。

(二)海口市对自然人房屋租赁管理模式

1. 采集录入资料

代征员对纳税人提供房屋租赁合同(协议)、房产证、购房合同、出租人身份证原件及复印件进行审核,在金税三期系统"房产税税源信息采集"模块,录入房屋信息(包括房屋坐落地、用途、所属税务机关、房屋的取得时间、建筑面积),并要求纳税人填写代开发票申请表、房屋租赁收入申报税收承诺书。如有委托代办申报纳税的,提供税务事项办理授权委托书。

纳税人也可直接在各区税务局办税大厅进行纳税申报,属首次办理纳税申报的,各区税务局办税大厅工作人员应要求纳税人提供房屋租赁合同(协议)、房产证、购房合同、出租人身份证原件及复印件进行审核,在金税三期系统"房产税税源信息采集"模块,录入房屋信息(包括房屋坐落地、用途、所属税务机关、房屋的取得时间、建筑面积),并要求纳税人填写代开发票申请表、房屋租赁收入申报税收承诺书。纳税人申报的纳税资料经整理归集后,应由各区税务局第一税务分局将纳税资料复印件在5个工作日内移交协税办保存。

2. 凭证管理

代征员要收集房屋租赁合同、房产证等涉及房产税的有关资料(纳税人提供)。纳税人首次办理申报必须提供纳税人房产出租合同的原件,代征员应将出租合同的复印件移交所辖路段的税源管理股审核留存。如发生合同变更,代征员需及时通知纳税人补充提供。

代征员要及时在金税三期系统"房产税税源信息采集"模块录入纳税人及房屋出租信息。

代征员在金税三期系统"房产税申报"模块进行申报征收税款。

纳税人通过POS机刷卡等方式缴纳税款并开具完税凭证。

纳税人如需要开具发票,凭完税证明到协税办的发票岗代开增值税普通发票。

3. 税款统计

代征员每月通过"税款开票查询"统计代征入库税款,由协税办按月汇总各路段征收组的收入情况,填报"20××年××月协税办税收收入汇总",报各区税务局税源管理股备案。

4. 开展催报催缴

对逾期未进行纳税申报的,代征员要协助税管员开展催报催缴。

5. 实施路段巡查

税管员要和代征员按月进行路段巡查,在路段巡查过程中发现漏征漏管户,经代征员收集整理后要及时将漏征漏管信息报送给分管路段税管员,由税管员制作税务文书(加盖税务机关的公章)后送达纳税人,对漏征漏管户进行催报催缴。税源管理股股长及税管员要对代征员的业务进行指导和监管。

6. 建立税收档案

代征员要建立纳税户档案,档案内容包括纳税人基本情况资料,如租赁合同书、税票和房产证等。要求代征员必须填写委托代征纳税人清册,分户逐月登记,填写内容要全面、翔实,要收集出租方纳税人名称及其身份证号码、房产坐落地址、房产面积、房产用途、承租方纳税人名称及其身份证号码、联系电话、租赁合同信息以及相关文书等,掌握纳税人基本信息。

7. 开展税源分析

代征员每月要对纳税人租金收入进行税源分析,对租赁收入明显偏低又无正当理由或以其他形式支付租金的纳税人,要向税管员报告。

(三)协税办代征税款工作流程

纳税人凭出租合同进行纳税申报→代征员进行初审(经组长审核)→代征员(纳税人)在协税办申报纳税→区局各税源管理股股长对申报信息审核(事后)。

(四)各区协税办代征工作现状

以海口市为例,2020年国家税务总局海口市税务局组织税收收入为4 123 109万元,其中房屋租赁业主体税种税收收入53 324万元,包括增值税13 152万元,房产税27 679万元,个人所得税12 493万元,占全年入库税收收入的1.3%。

2016—2020年,海口市各区人民政府协税办代征收入分别为13 595万元、20 263万元、22 226万元、16 273万元、14 124万元(如表1至表5所示)。从税款的总量来看,2016—2018年每年税额与上年同期相比都有大幅增长,但是受疫情影响,2019年及2020年收入有较大下降。2016—2020年,从海口市各区人民政府协税办代征房屋租赁收入分税种征收情况来看,房产税在主体税种中占的比重均较大,在各区人民政府协税办代征收入的总量中占比均在20%以上。

表1 2016年海口市各区人民政府协税代征收入明细

区协税办	2016年代征入库税收(万元)	增值税(万元)	房产税(万元)	个人所得税(万元)	房产税占总收入的比例
龙华区	5 651	361	2 673	2 411	48%
美兰区	4 975	144	2 198	6.8	45%
秀英区	1 726	—	750	949	44%
琼山区	1 243	111	582	527	47%
合计	13 595	616	6 203	3 893.80	—

表2 2017年海口市各区人民政府协税办代征收入明细

区协税办	2017年代征入库税收(万元)	增值税(万元)	房产税(万元)	个人所得税(万元)	房产税占总收入的比例
龙华区	9 158	537	3 529	4 700	39%
美兰区	6 411	454	2 686	2 858	42%
秀英区	2 497	154	967	1 320	39%
琼山区	2 197	168	792	1 181	36%
合计	20 263	1 313	7 974	10 059	

表3 2018年海口市各区人民政府协税代征收入明细

区协税办	2018年代征入库税收(万元)	增值税(万元)	房产税(万元)	个人所得税(万元)	房产税占总收入的比例
龙华区	9 621	556	3 644	4 935	38%
美兰区	7 483	532	3 027	3 420	41%
秀英区	3 081	215	1 212	1 564	40%
琼山区	2 041	164	764	1 077	38%
合计	22 226	1 467	8 647	10 996	—

表4 2019年海口市各区人民政府协税代征收入明细

区协税办	2019年代征入库税收(万元)	增值税(万元)	房产税(万元)	个人所得税(万元)	房产税占总收入的比例
龙华区	5 434	209	1 141	2 412	21%

续表

区协税办	2019年代征入库税收(万元)	增值税(万元)	房产税(万元)	个人所得税(万元)	房产税占总收入的比例
美兰区	7 703	548	2 181	4 805	28%
秀英区	2 502	172	741	1 558	29%
琼山区	634	42	150	438	24%
合计	16 273	971	4 213	9 213	—

表5　2020年海口市各区人民政府协税代征收入明细

区协税办	2020年代征入库税收(万元)	增值税(万元)	房产税(万元)	个人所得税(万元)	房产税占总收入的比例
龙华区	3 554	21	780	1 556	22%
美兰区	6 237	534	1 453	4 138	23%
秀英区	2 589	191	549	1 802	21%
琼山区	1 744	119	342	1 207	20%
合计	14 124	865	3 124	8 703	—

2020年单位房屋出租缴纳增值税10 535万元,个人房屋出租缴纳增值税1 396万元,单位房屋出租缴纳房产税24 458万元,个人房屋出租缴纳房产税3 214万元。从全市的税收收入总量看,房屋出租税收总量整体很低,税收增长呈现稳定状态;从税收收入结构组成看,大部分收入是单位纳税人出租房屋收入,个人住房或者房屋出租所占的比重小;从征收方式来看,纳税人自行申报的比率较低,集中在行政事业单位和部分企业,个人出租自行申报征管基础薄弱。通过税务机关加强征管后,房产税收入还有很大的增长空间,特别是个人房屋出租收入房产税还有很大的挖掘潜力。

三、问题分析

加强房屋租赁行业税源的征管,是海口市税务局面临的现实问题。我们以海口市龙华区、美兰区、秀英区、琼山区当前房屋租赁税收现状为例,探讨房屋租赁税收管理存在的问题并寻找应对措施,力求以小税源撑起税收大征管,实现国家税务总局海口市税务局税收收入可持续增长。

(一)综合税负偏重

现行海口市范围内房屋租赁行业税收政策涉及8项税费,包括房产税12%,增值税(简易征收)、城建税、教育费附加与地方教育费附加合计 5.6%,印花税 0.1%,个人所得税 20%(据实征收)、土地使用税(据实缴纳);而居住用个人房屋出租,按照房产税 4%,增值税简易征收按 1.5%,城建税、教育费附加与地方教育费附加 1.68%,个人所得税 10%(据实征收),基本名义税负达到 15.68%。

此外,由于房屋租赁行业的实际缴纳税款的实际承受人一般是承租人,税务机关对实际上获取高额利益的出租方控管手段不够。由于双方都不愿承担或者缴纳租赁税款,从共同利益出发,大都通过签订双份合同的形式,设置虚假租金,隐瞒真实情况,给税务机关的控管带来了很大困难。个人房屋出租税收征管对于同一出租行为收入要征收多个税种(增值税、个人所得税、房产税、城建税等),纳税人日常申报多而杂。这不仅加大了房屋租赁行业税收控管难度,更导致部分出租人故意逃避税款。

(二)纳税人纳税意识淡薄

房屋出租纳税人群体复杂、个性化要求高。对个人而言,缴纳房屋租金大部分是即时支付,不开具发票,或以白条代替,相当一部分承租人不知道要找出租方索要发票,房主也不知道要缴税、缴哪些税,或者知道也不积极,纳税意识淡薄,主动申报纳税的微乎其微。税法宣传很难深入每一个纳税人,政策普及难以到位。实际工作中,房屋出租的税率偏重,房屋租赁税收征管面临很大的阻力,经常遭到租赁户与承租人的联合抵制。加之房屋租赁行业市场的不规范,房屋租赁备案登记制度落实不到位,具体情况复杂多变,税务机关征管力度不够等,导致税收漏洞较大,税款流失严重。

(三)计税依据不实,税源监控落实难

按照海口市现行税收政策规定,房屋租赁行业应按照实际取得的租金收入作为增值税、房产税等税种的计税依据,这就对租金收入的真实性提出了很高的要求。租金是否真实可靠,是税收政策能否落实、税款是否足额征收的关键。确定租金收入成了税务机关最重要的一个环节。但现状是,影响房屋租赁价格的因素有很多,如房屋面积、房屋楼层、装修程度、房屋地段、房间朝向、房屋类型等,甚至租金的高低跟出租人的性格也有关,房屋租金价格相差较大,并无统一标准,税务机关的计税依据难以核实。在海口市房屋租赁行业,普遍存在的情况是租赁双方达成口头协议,不签订租赁合同,或者签订书面合同但真实收取的租金远远高于合同金额,税务部门无法对真实的收入予以核实;很大一部分承租人以管理费、利润分配、实物补偿等形式代付出租人租金,或者出租人实际确实未收取现金,而是以餐饮费、招待费、福利费等形式冲抵租金,税务部门很难核实真实的租金价格,使得计税依据不可靠、不真实,导致房屋出租税收大量流失。

此外,房屋出租业点多面广,税源分散,流动性强,涉及大量的居民和企事业单

位,存在信息不对称的问题,给税源监管造成难度。税务机关与相关政府部门的信息交换不足,对辖区内的纳税户租赁停留在静态登记层面,核实产权人也较为困难,需动用政府有关部门的力量。如房屋出租经常会出现转租、停业、短期租赁等情况,人员变动较为频繁,个人住房出租底细难以摸清,给税源监管带来了很大难度。

(四)税收相关法律制度不完善

从历史的角度来看,在我国税收制度改革之前,对房屋租赁行业不是很关注,而各级税务机关存在"捡芝麻丢西瓜""重大税轻小税"现象,出租房屋税收征管工作没有得到应有的重视,同时房屋租赁税收较大的征管成本也制约了相关部门征管的主动性与积极性。因此,部分纳税人利用政策漏洞逃避房产税,签订租赁合同将标的物租金人为区分为房屋租金和场地租金或设备设施租金;或者纳税人以较低的价格出租给关联方,关联方再以较高的价格转租给另一方,借此逃避了大部分的房产税;也有纳税人将标的物租金有意分割为房屋租金、物业费、水电费等,则仅需就房屋租金部门缴纳房产税。例如:原海口市地税评估局 2018 年评估海南环瑞置业有限公司 2015—2017 年度租赁收入时发现,该公司将租赁收入人为分割为物业费用和租金,且物业费用与租金收入一致,经评估约谈后该公司应补缴房产税 372 万元。《中华人民共和国物业管理条例》第三十二条、第六十条规定,国家对从事物业管理活动的企业实行资质管理制度。违反该条例的规定,未取得资质证书从事物业管理活动的,应没收违法所得并处以罚款。海南环瑞置业有限公司并未取得物业管理的相应资质;同时,其也未向法院提交该公司代有关部门、企业、单位向承租户收取的水费、电费、取暖(冷)费、卫生(清洁)费、保安费等有效合法收费凭证,以及自己产生上述费用的证据。因此,地税局评定该笔物业费用实质是租金收入,并对其进行纳税调整。

与此同时,目前房屋租赁市场管理不规范,房管部门的备案登记管理模式形同虚设。虽然房管部门的相关规定要求房屋租赁双方当事人签订房屋租赁合同后及时到房管部门备案登记,但该条规定是理论上的系统性规定,而且并未提出房屋租赁不予以登记备案应负的法律责任,尤其未涉及应负民事责任等问题。所以,所谓的房屋租赁备案制度基本是空架子,真正备案的户数少之又少,只要双方达成租赁协议,房屋租赁即时就可完成,这就给相关部门,尤其是税务部门带来了很大的征管难度,缺少房屋租赁市场必要的基础信息,从源头上失去了控管主动权,导致相关部门无从管理。

(五)部门协作不畅,综合协税互动难

近几年,海口市税务局出台了关于加强海口市房屋租赁行业税收管理的文件,也对房屋租赁行业的税收征管提出相关工作要求,细化征管流程,明确相关责任。

但在实际征管工作中,仅仅依靠税务机关,对房屋租赁行业税收是很难全面控管的。从房屋租赁信息的获取到日常的规范管理,再到真正征收入库,还需要住建、公安、市监、税务、街道、协税办和社区等相关部门的协作配合。

2015年9月1日起施行的《海南省税收保障条例》进一步明确了各地政府及职能部门、单位在税收保障工作提供涉税信息、协助税收征收等方面的法定职责。但实际的情况往往是各部门各自为政,仅从自身需求出发,缺乏必要的沟通与联系,相关职能部门之间缺乏行之有效的协作配合机制,各部门之间的协作不够深入,未能形成合力,无法对房屋租赁行业税收进行有效管理。比如:房管部门在日常管理中未真正落实房屋租赁登记制度,导致税务部门不能获取相关信息,征管自然就跟不上来。各部门信息不对称、不共享,形成多头管理、重复管理的状态;税务机关对数据信息的挖掘、分析、利用不到位;各单位缺乏统一的协调配合机制,很难形成综合治税的局面,无法全面监控房屋租赁行业税源状况。

(六)信息化程度不高

近年来,国家税务总局提出要信息管税,各级税务机关也不断加大信息化建设投入,有些城市,如广东省中山市税务局已建立完成存量房价格批量评估系统,江西省南昌市抚州市已建成租金价格核定管理系统,大大提高了房屋租赁税收征管的现代化水平。海南省税务局于2012年7月1日建立了海南省存量房评估系统,税款调增率16.6%。但是在房屋租赁税收方面,信息化还未提上日程,在基础数据、信息传递与共享等方面严重滞后,缺乏源头基础信息,与海口市的经济形势和发展要求相比还有较大的差距。税务部门与地方政府各职能部门的信息传递机制不畅通,信息化系统未完全建立,相关部门共享渠道不畅、信息传递模式不完善,无法实现实时、全面共享,不利于税务机关及时获取税源基础信息并进行动态管理。

可以借鉴海南省存量房评估系统以及省外先进地区租金价格管理批量评估系统的经验,推出海口市房屋租金价格批量评估系统。完善的海口市房屋租金基本信息数据库及基准价评估数据库,可以在房屋租金税收管理上统一标准,在税费征收上将会有大幅增长,初步估计增长幅度为30%。

四、对策建议

(一)简化税制,实行统一的税收综合征收率

可在国家层面实行统一的税收综合征收率,计算简便,易于操作,降低房屋出租的名义税率。据了解,北京、山东、广东和江苏等省市已出台了文件。根据国家税务总局《关于开展2020年"便民办税春风行动"的意见》(税总发〔2020〕11号)和《关于进一步深化税务系统"放管服"改革优化税收环境的若干意见》(税总发

〔2017〕101号)要求,国家税务总局北京市税务局决定实行综合申报,即企业所得税(预缴)、城镇土地使用税、房产税、土地增值税和印花税合并申报并缴纳税款。纳税人可通过北京市电子税务局进入综合申报模块进行申报。纳税人还可根据办税习惯,选择使用原单税种申报模块进行企业所得税(预缴)、城镇土地使用税、房产税、土地增值税和印花税申报。

实行统一的税收综合征收率,不仅可以提高征管效率,持续优化税收营商环境;还可以切实减轻企业申报负担,提高纳税遵从度,更易为广大的纳税人所接受。

(二)加强税法宣传,提升纳税人纳税意识

在提升纳税人纳税意识上,要以长远的眼光来进行规划,将这项工作纳入地方税收工作的长期计划当中,建立长效机制,采取有力措施。

第一,在税收宣传月、法制宣传日活动中,有针对性地开展税法宣传工作,充分利用各种网站、新闻媒体、QQ群、政务公开栏、电视、报纸、广播等方式,多渠道、多模式宣传。

第二,与房屋租赁的相关人员面对面交流,讲解房屋租赁行业涉及的税收政策及税种、税率,告知他们有监督出租人缴纳税款的义务和索取房屋租赁业发票的权利,提醒其主动到房管部门进行租赁房屋备案登记等。

第三,广泛宣传依法诚信纳税典型,曝光逃税违法犯罪大案要案,强化震慑教育作用,提高纳税人的税法遵从度与税法宣传的针对性和实效性。一是通过微信、短信通知及催缴,形成电子催缴法律依据。二是对部分欠税人进行定期公告或监察约谈。对逾期未缴纳的纳税人进行分类梳理,通过媒体进行欠税催缴公告,形成社会舆论压力。三是积极与法院、公安联手,取得他们的支持,对个别"钉子户"申请法院强制执行。

通过这些方式积极引导纳税人逐步提升纳税意识,在海口市范围内,营造积极的纳税氛围。与此同时,对虚假申报或不主动申报,甚至抗税、骗税的纳税人,要坚决按照《税收征管法》的相关规定给予处罚或者采取移交等措施。

(三)加大税源监管力度,建立房屋租赁价格核定体系

近几年,全国正在推行存量房交易评估系统,主要针对二手房地产交易时的虚假申报问题[①]。该系统一个主要功能模块就是房地产交易价格评估。该系统有助于对虚假申报的纳税人进行把关,促进税款的足额入库,有效规避执法风险。

房屋租赁行业同样面临"阴阳合同"、隐瞒收入、虚假申报等逃避税款的情形。由于海口市尚未出台统一的房屋租赁指导价格,税务机关即使明知道租赁收入偏低也很难核定租赁收入。税务机关只有建立起房屋租赁价格核定体系,出台价格

---

① 2012年7月1日海南省存量房评估系统全面上线以来,税款调增率16.6%。

指导范围,才能避免上述情形。本文建议参照原海口地税的存量房价格评估模式,与海口市委、市政府相关单位进行沟通、协调,取得市领导的重视和各相关单位的配合与支持,通过政府采购方式,建立海口市房屋租赁价格评估系统。

第一,通过组织房管部门、专家人员,对全市房屋租赁市场按照不同街道、不同区域进行划分,根据房屋的地段、面积、楼层等因素,设定不同价格区间范围,经过科学测算、反复认证,最后上报海口市政府批复,以政府的名义下发《海口市房屋租赁价格核定范围》,并予公布实施。税务部门严格按照文件规定,对收入明显偏低的纳税人进行核定,也可避免更多的"人情税""关系税"。

第二,要根据市场的变化对房屋租赁价格核定范围进行及时更新与修正。价格范围要顺应市场的发展趋势,要让纳税人信服,保证租金的合理性,实现税法的公平与公正。当房地产市场发生重大变化或与房地产租金价格相关因素出现明显变动时,要通过人工干预的方式,对数学运算模型作必要的适用性调整。对系统适用范围内个别遗漏的楼幢,发现后要及时补充完善,对增量房产的租金基准价格进行及时的补充和更新。

第三,税务部门也要建立争议处理机制,成立争议处理和纳税评估小组,对于部分租金明显低于价格指导范围,确实存在正当理由的,要通过争议处理机制,建立争议处理和纳税评估小组实地调查(比如:双方是亲属关系;出租房屋存在很大的缺陷)。这样就建立起一套完整的价格核定指导体系,纳税人的纳税遵从度也会大幅提升。

第四,加强巡查巡管,通过各区协税办,居委会和网格员按路段对登记经营用户进行编号,建立房屋出租电子档案。按日对已缴户进行登记,按月归集,做好出租房屋征收台账,每季度对登记征收台账进行比对,区协税办、代征员和网格员要通知未缴户缴纳税款。

利用海口市房屋租赁价格评估系统实现税务机关对海口市房屋租赁行业税收的全面、准确、实时的征收和监控,实现各区人民政府协税办对房屋出租纳税人租赁价格的统一征收,保证执法尺度的公平、公正。

(四)完善房屋租赁税收政策

房屋租赁行业税收涉及税种较多,一般都是以综合征收率的形式予以征收,法律支撑的层次还不高,大都由各省地方机关制定综合税率,综合税负也相对较高,造成整个税收征管环境比较紧张。要改变这种现状,一方面,要从制度层面予以完善,通过税制改革或者借鉴先进国家经验,适当减轻税负、减少税种,根据地方经济发展和房屋租赁行业发展情况,制定相应的优惠税率,将增值税、房产税、个人所得税等多个税种合并计算,既可避免重复征收,也易于征收和被纳税人理解接受,从而促进房屋租赁税收的稳步增长。另一方面,要结合不动产登记的推行,做好配套制度建设。在相关不动产登记过程中，抓好房屋租赁信息登记，进一步完善房屋租赁信息库，建立环环相扣的机制，使得两项改革同时推进，相得益彰，既推动了不动产暂行条例的顺利实施，更有力堵塞了税收的漏洞。

(五)深化社会综合治税

房屋租赁行业属于税收管理的难点，没有职能部门的协助很难取得成效，因此要积极争取当地政府及相关职能部门的支持。

一是依据《海南省税收保障案例》，完善综合治税第三方涉税信息平台建设，在实现数据资源信息共享的同时，加大数据分析利用的力度。特别是2019年1月1日自然人税收管理系统(ITS)全面上线后，税务机关要利用自然人住房租金抵扣信息，加强对房屋租赁的税收征管工作。

二是建立房屋租赁协税护税机制。房屋租赁行业点多、面广，涉及的管理部门也很多，主要有公安、房管、税务、市监、街道、社区等，在国家简政放权的大背景下，海口市政府要做好部门之间的沟通与协作的问题，尤其是房屋租赁行业，更要通过建立协税护税网络、创立齐抓共管的模式，解决这一难题。房租租赁行业具有较强的行业特性，单靠税务部门，在人力、措施等方面都具有很大的局限性，只有多个部门共同管理，才能对辖区范围的税源形成"拉网式"的监控。

比如，房管部门可要求房屋租赁业主在签订租赁合同后，必须备案登记；市监部门在为个体工商户办理营业执照时，可要求个体户提供房屋租赁合同等相关资料，进行严格把关；公安部门的流动人口手册可要求他们提供居住地点，无形中获取了大量的房屋租赁税源信息；税务部门在办理税务登记的时候，可要求纳税人提供房屋租赁合同，并就支付的租金以房屋租赁业专用发票入账；街道办事处和居民委员会可核准辖区内居住人口、租赁房屋、租户等情况，定期向税务部门报送资料。相关部门密切配合，齐心协力开展协作，可形成以公安、房管、市监、物业、房屋租赁中介机构、街道和社区为依托的房屋租赁行业协税护税网络和税款代征网络，房屋租赁行业税收的征管水平将会得到进一步提升。

三是建立房屋租赁委托代征机制。考虑到当前税务部门征管力量严重不足，征管模式趋于老化，可以尝试借鉴国内有关城市的先进经验，对部门区域采取委托代征的模式，弥补税务部门征管漏洞，解决征管难题。对有物业管理的规范居民小区、有房屋部门备案登记的租赁户等，可以采取委托物业公司、居民委员会、房管部门等进行代征，税务部门提供税收政策依据，开放信息化系统端口，全部通过系统进行一体化操作，各委托代征单位要指定专人专管，也相应地给予经济上的补贴，加强代征单位的积极性和主动性。税务部门要加强对委托代征单位的业务指导和日常巡查，提升代征单位的工作效率。另外，要建立起群众举报和奖励机制，通过租户或者居民的相互监督，制约那些故意躲避税款、隐瞒租金收入等行为。这既为税务部门提供了税源信息与征管线索,也间接地对代征单位及征管部门的征税行为进行监督,促进了执法的公平、公正,带动了房屋租赁行业税收的大幅提升。

(六)依托科技,建立房屋租赁信息化管理平台

在互联网飞速发展的今天,国家税务总局提出信息管税的号召,海口市政府也逐渐认识到护税协税的重要性,这都将为海口市进一步强化房屋租赁行业税收征管打下坚实基础。

2014年11月24日颁布的《不动产登记暂行条例》(以下简称《条例》)第四章对登记信息的应用进行了明确规定,在信息应用时,要注重对信息的保护。责成国务院不动产登记部门牵头,建立一套统一的不动产登记信息管理系统,通过该系统实现全国不动产登记信息共享,全面推行信息化管理。《条例》也明确要求,不动产登记部门要与其他有关部门建立起信息共享平台,要求房管、公安、财政、税务、市监等其他相关部门共同协作,实现不动产信息的实时共享。这对房屋租赁行业是一个有利契机,房屋登记的基础信息为促进房屋租赁税收征管打下良好基础,提供了数据支撑。通过与软件公司合作,研发一套科学、先进的房屋租赁信息化管理系统,实现一体化联网、一体化办公。该系统主要实现了以下三个重要功能:一是实现信息全覆盖。通过对房屋信息的调查,将全区房屋租赁信息纳入系统管理,并向税务部门提供出租人的基本信息,提供征管所需的基础资料。二是实现数据实时共享。通过该系统,税务部门与公安、代征单位等部门实现多方联网,数据实现即时传输、动态共享,确保数据的及时性、准确性。三是实现一体化操作流程。该系统通过一个资料库与多个子功能模块,实现了多项功能,如日常申报、税款征收、发票开具、数据分析比对等,各项功能一应俱全。

五、具体实施步骤

结合海口市实际情况,在借鉴其他城市先进管理经验的基础上,本文认为加强海口市房屋租赁税收征管可以从以下几个方面开展实施。

(一)开展房屋租赁税源采集

第一,通过召开动员会、业务宣讲会,利用网站、QQ群、报刊、微博、微信、政务公开栏等各种媒介形式,积极开展房屋租赁税收征管模式改革相关工作。在税源清查中,积极向纳税人做好税收政策的宣传、解释,调动一切力量普及房屋租赁税收政策,增强纳税人的纳税意识。

第二,成立工作专班,分成多个工作小组,以街道为单位,对海口市城区房屋租赁税源进行普查,对辖区内的营业性商铺、厂房、写字楼、仓库等各种类型出租的房屋进行全面排查摸底,认真填列房屋租赁信息采集表,核实房屋面积、地址、租金等

信息,由纳税人签字认可,不留死角、不留盲区,严防漏登、错登。

第三,组织人员对房屋租赁信息采集表进行审核并录入金税三期系统,针对每位纳税人、每套房屋建立一套电子档案资料,形成"一户一档"的数据信息库,全部纳入计算机管理,为信息化管理提供基础税源数据。

(二)分类实施税源控管

根据不同纳税人取得租金方式的不同,可采取多种不同的税源控管模式,主要有查账征收、核定征收和以票控税。

对租金收入申报真实,能够提供真实、合法、有效的合同或协议的,有确定计税依据的,可以按照实际租金收入按相关税收政策计征各项税款。

对拒不申报租金收入或者隐瞒收入、申报不实的,不能主动进行备案登记、主动提供真实合同、协议及计税依据的,以及提供的合同、协议租金收入明显偏低的,按照下文的租金标准范围,合法依规计征各项税款。

充分利用发挥"以票控税"。根据《海南省发票管理实施办法》相关规定,支付租金收入必须向出租人索取发票,出租人必须无条件提供。但在实际工作中,双方都为了自身利益最大化,往往互相约定不索要发票可给予折扣,这样出租方逃避了房屋租赁税款,承租方少支付了部分租金,达到所谓的"双赢"。面对这种局面,税务部门需要采取强有力措施,充分利用"以票控税",要求辖区内所有纳税人在取得收益时,必须到税务机关全额开具发票,对不开具发票的纳税人,严格按照《税收征管法》,发现一起,处理一起,予以处罚。同时,通过大力宣传,引导辖区承租人逐步认识到索取发票的重要性,形成索要发票的习惯,对不取得发票或者白条入账的纳税人也要予以处罚。

(三)分类核定租金价格范围

召集海口市委、市政府相关单位和评估中介机构、相关专家,成立海口市房屋租金价格制定小组,开展房屋租赁价格基础数据采集工作。结合实际,调查采集海口市各地段(街道或片区)的实际租金水平,结合地段人流状况、商业繁华程度、公共交通便利性等相关指标,按照不同街道、不同区域进行等级划分,设置房屋的地段、楼层、面积、用途等价格影响参数,确定租金范围,并反复认证。

将通过反复认证的租金价格范围全部导入信息化系统,并对最终租金价格范围进行公示,确保核定租金环节的公平、公正与公开。建立和完善租金价格体系,设置每年调整一次的机制,确保价格范围随着市场的变化及时更新。

对通过"阴阳合同"故意隐瞒或者少报租金收入的行为,除严格按照核定租金价格执行外,还要建立处罚机制,按照《税收征管法》相关规定予以处罚,提高纳税人隐瞒收入、提供虚假合同的成本,同时达到警示其他纳税人的作用,以罚促管。

(四)建立科学信息化管理系统

海口市人民政府或者国家税务总局海口市税务局可以选择具有一定规模、评估资质较高、商业信誉好、具有一定评估技术力量的评估中介机构开展房屋租赁价格基础数据采集工作,委托中介机构调查采集海口市各地段(街道或片区)的实际租金水平,结合地段人流状况、商业繁华程度、公共交通便利性等相关指标,开发出具有本市特色的海口市房屋租赁价格评估系统。在结合海南省存量房评估系统基础上,在3~6个月的时间内完成海口市房屋租赁价格评估系统。该系统包括税务登记、计税依据核定、纳税申报征收、催报催缴、生成报表、统计查询等功能模块。

税务登记模块主要用于房屋租赁的基本信息采集及录入,并及时对房屋信息变更进行处理。

计税依据核定模块主要用于对已登记的租赁房屋进行计税依据核定,也就是对租金收入的核定,这是金税三期系统还未设置的板块。核定计税依据时严格按照上文分类核定租金价格范围执行,与纳税人提供的租赁合同租金收入金额相比较,坚持就高不就低的原则,以此核定该房屋租赁的计税依据及应缴纳的税款。

纳税申报征收模块主要用于纳税人纳税申报环节,由纳税人填写相关报表,录入该系统,根据设定公式、税率自动计算应纳税款,并与目前应用的核心软件对接,完成税票及发票的开具。

催报催缴模块主要用于通过纵向比对及横向比对,发现漏报漏缴户,及时提供纳税人名单及详细资料,要求对应辖区税管员以电话或者上门送文书等形式进行催报催缴。所谓纵向比对,是指系统通过设置,将每月数据与同年所有月份纳税情况进行关联比对,从中发现漏征、未缴情况;所谓横向比对,是指系统将每月数据与往年同期进行相比,从中发现少征、少缴情况。

生成报表模块主要用于月末或者年末对每月及每年的房屋租赁税收情况进行统计,并生成既定报表格式,方便管理人员及相关部门的查阅。报表主要包括信息登记报表、分街道税收明细报表、欠税报表等。

统计查询模块主要用于日常对纳税人纳税情况和基本信息的查询与统计,并生成相应的台账。按照房屋地址、房主身份证号、房屋产权证号等要素,查询到每一户的具体纳税情况与开票情况,同时提供欠税查询功能及年租金平均统计等一系列相关功能。

将系统应用于每个代征单位,开放税务登记、租金收入核定、纳税申报征收等权限,严格要求各代征单位全面应用信息化系统,做好房屋登记及税款征收台账,按月上报相关报表。

参考文献

[1]贾绍华.税收治理论[M].北京:中国财政经济出版社,2017.

[2]贾绍华.房地产业健康发展的税收政策研究:基于海南国际旅游岛房地产业的分析[M].北京:中国财政经济出版社,2013.

[3]樊勇.深化我国房地产税制改革:体系构建[J].中央财经大学学报,2008(9).

[4]王曙光,李晗阳.房产税制的问题及其改革的思考[J].经济研究导刊,2020(14).

[5]王理生.加强房屋租赁业税收征管的建议[J].征税收纳,2020(8):10-11.

[6]苏晓瑞.对或有资产缴纳房产税的法理分析[J].税收征纳,2020(Z1):16-17.

[7]张殿荣.个人出租房屋涉税问题探究[J].财会通讯,2019(20):118-122.

[8]李晗阳.哈尔滨市房产税征管问题研究[D].哈尔滨:哈尔滨商业大学,2020.

[9]朱为群,许建标.构建房地产税改革收支相连决策机制的探讨[J].税务研究,2019(4):24-30.

[10]胡怡建,杨海燕.我国房地产税改革面临的制度抉择[J].税务研究,2017(6):40-45.

[11]何辉,樊丽卓.房产税的收入再分配效应研究[J].税务研究,2016(12):48-52.

参与税收共治,助力税务师行业高质量发展

高子晴[①]

一、新时代背景下税收共治回顾

中共中央办公厅、国务院办公厅印发的《关于进一步深化税收征管改革的意见》(以下简称《意见》)提出:"全面推进税收征管数字化升级和智能化改造,不断完善税务执法制度和机制,大力推行优质高效智能税费服务,精准实施税务监管,持续深化拓展税收共治格局。"自2015年、2018年明确提出税收共治以来,在四个方面赋予了"税收共治"概念更加深刻的内涵:部门协作、社会协同、司法协助以及国际合作。税收共治是指全社会参与税收治理,政府、中介机构、企业和个人之间协作并协同行动的动态过程,包括共享信息和协同管理等具体内容。随着社会协同的不断深入,税收共治格局的逐步拓展,需要新时期的税务师进一步融入和主动承担职能,为纳税人、缴款人提供个性化金融服务,引领行业持续健康发展,链接税务机关与纳税人,税务师行业应充分发挥自身作用,在推进税收协同共治中实现高质量发展。

在中共中央政治局第三十四次集体学习时,习近平总书记强调,要不断做强做优做大我国数字经济。数字经济发展速度之快,辐射范围之广,影响程度之深是前所未有的。近年来,互联网、大数据、云计算、人工智能、区块链等技术加速创新,日益融入经济社会发展各领域全过程,正在成为全球要素资源重组、全球经济结构重塑、全球竞争格局改变的关键力量。

根据中国信息通信研究院发布的《中国数字经济发展报告(2022)》,相比"十三五"初期,我国数字经济规模扩张超过一倍,占GDP比重达到39.8%,提升了9.6个百分点,在疫情防控中,成为宏观经济强有力的"稳定器"。随着"十四五"时期数字经济发展规划加速落地,支持着国民经济增长的数字经济进入新的发展阶段,由此产生一系列有关税基估值、课税对象界定、纳税主体认定等的冲击效应,新经济背景下的平台经济、区块链经济等也带来了新的课题。对于数字经济带来的

[①] 高子晴,中国社会科学院大学应用经济学院硕士。

信息技术方面的挑战,税收大数据、区块链等数字化技术的深化运用,为税收治理提供了新的途径,也为税务师行业发掘出更多潜在的高质量发展机会。新时代税收治理对象和方式的变化也对涉税专业服务提出了向更高质量发展的要求。作为涉税专业服务的主力军,税务师行业肩负着带领行业迈向新征程的重任,并以此实现优质发展。

党的二十大报告指出,要加快构建新发展格局,推动高质量发展;增进民生福祉,提高人民生活品质。这就要求我国优化税制结构,规范收入分配秩序、财富积累机制,保护合法收入、调节过高收入、取缔非法收入。同时,这也向税务师行业提出了新的挑战。迄今为止,相比注册会计师、律师等行业,税务师行业尚无专门法律予以规范,一定程度上影响了行业的发展进程。在新时代,涉税专业服务的内容和方式发生了明显的转变,在数字经济背景下做好新技术的学习和使用,成为实现行业高质量发展的关键。税务师行业需要积极应对挑战,参与税收共治,实现协同发展,紧跟新时代数字经济发展,促进税务师行业高质量发展。

二、新时代下参与拓展税收共治格局的挑战

在进一步拓展税收共治格局的进程中,由于目前税务师行业缺少立法规范、涉税服务发展水平有待提高,在涉税服务中如何有效运用现代信息技术,成为行业面临的困难与挑战。加强对于新时代数字经济背景下税务师行业参与税收共治挑战的认识,有助于税务师行业反思目前存在的问题,为进一步提升专业服务能力、实现行业高质量发展提供新的契机。

(一)涉税服务发展不均衡

随着税收征管改革的深入发展,对涉税专业服务的需求日益增加,税务师作为主力军在税收现代化进程中发挥着不可或缺的作用。数字经济的新技术创新,新政策的实施都拓展了涉税专业服务的市场。目前,现有涉税服务专业人才的数量和质量还有待进一步提升,以提供更专业、更精细的服务。税务师是涉税专业服务的主力军,社会对税务师行业的认可度不断提高。根据中国注册税务师协会的统计,2022年全国税务师考试报名人数为89.8万余人,较2021年增长3.98%。但是,由于经济发展程度地区之间有一定差异、各大执业机构的规模有所不同,对于以精细化和高质量为方向深化服务的理念和力度还有待进一步加强。为了使税务师行业更加积极主动配合国家战略,在税收协同共治方面发挥更大作用,有必要营造一个有利于税务师高质量发展的环境,加强税收共治,紧跟时代发展方向。

(二)执业立法有待推进

中国注册税务师协会《关于推进新时代税务师行业高质量发展的指导意见》

于2020年12月15日印发,该第79号文的重点任务之一就是推进法治化高质量建设。目前,我国税务师行业立法理论基础更加坚实,依法从业意识显著增强,立法工作稳步推进,相关业务的法律依据更加完善,但是仍需进一步推进税务师行业立法工作。

到目前为止,税务师行业尚无行业性立法规范,执业活动缺少法律基础,这不利于行业的健康发展,个别执业者甚至帮助纳税人逃避税收。对于税务师行业的行业自律不足、行政监管失灵等,至今都是由行政规章、部门文件加以规范。税务师行业立法,能够规范涉税服务行业依法执业,加强行业管理,实现规范发展,同时也能对纳税人提供法律保护。税务师是构建税收共治格局、促进经济高质量发展的重要力量。推动税务师行业立法,能够进一步规范税务师在服务经济发展、推进国家税收征管工作、服务国家税收利益方面的行为,也有利于维护国家和人民的利益。要紧紧抓住《中华人民共和国税收征收管理法》修订的时机,以习近平新时代中国特色社会主义思想和对税收工作的重要批示为指导,明确税务师行业的法律地位,在"十四五"时期推动行业立法再上新的台阶。

(三)新时代数字技术的合理运用

《意见》指出,2023年要基本建成智能化、个性化的税费服务体系。随着科学技术的发展,大数据、人工智能、云计算、移动互联网等新技术的运用为税务服务行业带来了新的课题——在数字经济时代如何收集、整理、利用税收大数据来反映个性化需求,对不同需求的纳税人进行分层管理并回应其合理需求,完善数字平台建设,不断推进现代化纳税服务体系的构建。目前,税务部门已经将信息技术创造性地引入税收工作中,推进智慧税务建设。而涉税专业服务环境也随之发生变化,互联网上的税务相关服务的信息共享、发票全领域电子化和信息系统自动办理纳税申报工作等智能化改造,不仅使涉税专业服务领域发生巨变,也对税务师行业提出了新挑战。行业面临这些变化,既要紧跟时代脚步,应用涉税服务软件和工具等提升自身数字化水平,又要在理念和思维上进行转变,构建数字化团队、开展数字化建设,加大税务师行业数字化技术运用的培训力度,在优化税务服务和加强税收征管上实现高质量发展,为纳税人提供更加个性化、专业化的服务。

三、新时代下税务师高质量发展的建议

为实现税务师行业高质量发展,要对深化税务师行业在实现税收共治格局中的协同作用有更深层次的认识。在数字经济高速发展、国际国内形势不断变化的当下,可从以下几个方面加快推进新时代税务师行业高质量发展的脚步。

（一）坚持党建引领

习近平总书记强调，要以行业规模较大、工作基础较好的律师、注册会计师、税务师和资产评估师等行业为突破口，全面增强党对社会组织的领导。让党的声音、党的工作沿着"行业管理部门—行业党组织—执业机构党组织"这一链条向基层传导。税务师行业要进一步健全全行业党组织工作体制机制，在涉税服务行业发挥税务师事务所党组织的引领作用，以党建带动税务师行业高质量发展。

一方面，要加强党组织在税务师行业的规范化、科学化建设。大力推进党组织在涉税服务行业的组建，针对不具备组织条件的机构，选派党建工作指导员，组建工会和共青团组织。同时，要促进党建业务融合，税务师行业要始终将政治建设放在第一位，开展党的宗旨、纪律、革命传统以及形势政策教育，把党的优良作风融入行业高质量发展中去。

另一方面，要积极开展党建活动，引导以税务师为主力军的涉税服务行业积极参与到党组织活动中来。相对来说，涉税服务人员从事执业活动有相对分散的特点，对此，在组织党建活动时可以采用线上线下结合的方式，并增加线上活动的互动性与参与感，切实将有关学习和交流落实到每一个人。

（二）加快立法进程

在不断深化行业立法基础理论研究的基础上，进一步健全税务师行业的执业法律体系，完善开展执业活动的相关法律依据。税务师行业在纳税服务和税收征管方面的积极作用有目共睹，要实现高质量发展，行业立法不可或缺。立法能够为税务师行业高质量发展营造更加公平的法律氛围，推进税收法治进程，最大限度地维护纳税人合法权益和国家的税收利益。

加快行业立法进程，要从以下几个方面进行推进：首先，深化行业立法理论研究。多方面多角度地开展税务师立法研究，结合税收工作大局开展立法工作，借鉴国外有参考性的经验和模式。其次，多渠道听取行业立法诉求。开展行业立法调研，组织有关部门探讨论证，并征求行业专家的意见等，不断打磨完善符合国家和人民利益的行业立法。最后，除了借鉴国际上的经验，立法更要联系我国实际，以问题为导向有针对性地做出调整，结合案例和税务师、律师、注册会计师的意见，做出详尽的分析和正确的判断。

（三）顺应智慧税务发展趋势

《意见》中明确"十四五"时期将持续推动智慧税务的建设，全国各省市税务部门积极探索智慧税务。智慧税务在国家治理现代化和服务经济社会发展中起着重要作用，也是税务师行业实现高质量发展的重要基础。在现代数字技术下，以金税工程为代表的阶段性成果体现出我国智慧税务实践的实质性进展。税务师要带领涉税服务行业，积极参与智慧税务建设，根据纳税人的需要拓展新型业务，运用现代信息技术实现对象化的服务,利用信息集成为涉税风险防控提供新的体系,助力智慧税务深化发展。

(四)优化信用体系

税务师行业应积极运用市场化手段,满足不断扩大的个性化涉税专业服务需求,在此基础之上,更好地实现高质量发展,在信用方面树立良好形象。当前,税务师行业在促进纳税人遵守税法规定方面发挥着积极的作用,但也存在部分从业人员不规范执业、谋取不正当利益或曲解税收政策的问题。在对执业者信用考核的基础上,针对部分执业者的违规问题,要健全涉税专业服务的信用体系。税务师行业应当加大诚信记录在执业活动中的应用,建立信用管理档案,不断完善对于执业质量的认定评价标准和程序,扩大信用体系考核覆盖面,增加税务师行业服务质量、自律管理、风险管控等方面高质量规范发展的指标。

(五)深化国际化发展理念

基于当前不断变化的国际形势,持续深入推进合作机制的建设,有利于推动全球税收精诚共治。为此,税务师行业应当重视高质量发展,加深对于国际化发展的认识,健全国际化人才培养体系,充分利用现有资源,加快行业国际化发展步伐,可以定期举办"一带一路"税收服务论坛等国际性交流活动,协助"走出去"企业完成国际化,提供涉税专业服务。同时,税务师行业还应积极与相关部门探讨助力国际化发展的措施,积极参与国际政策、标准制定,发挥社会协同作用,在涉税方面提供专业支持。

(六)多层次提高专业化能力

提升税务师行业专业化高质量建设水平,是对习总书记提高解决问题的实际能力要求的实践。这就要求税务师行业完善对于综合能力的考核机制,增加对于运用知识能力、数字化技术应用能力等的考核,对掌握多领域能力的复合型人才给予一定的奖励。对于具备高素养的行业领军人才、高端人才等在业务和人员方面进行精细化培养,对于即将踏入税务师行业的学生,推行产教融合,培养后备人才,推动新生力量加入专业化队伍的行列,同时争取地方政府的支持,吸引具有培养潜质的人才从事税务服务工作。通过多层次提高人才的专业化能力,助力税务师行业面对更具个性化和精细度的涉税专业服务市场,实现高质量发展。

参考文献

[1]蔡昌,焦瑞进,吴迪. 中国数字经济税收发展报告[M]. 北京:社会科学文献出版社,2022.

[2]蔡昌,李长君. 对新发展格局下推进税务师行业高质量发展的思考[J].

注册税师,2021(9).

[3]王伟域．深化税收征管改革 服务国家治理现代化[J]．中国税务报,2021-05-25.

[4]游家兴,柳颖,杨莎莉．智慧税务助力高质量发展的实践与探索[J]．税务研究,2022(7).

[5]中国信息通信研究院．中国数字经济发展报告(2022年)[R].2022-07-08.

[6]朱彩云,张均斌．税务师执业呼唤立法规范[N]．中国青年报,2022-08-30.

[7]以党建领方向增动力 为行业发展提供坚强组织保证:党的十八大以来律师、注册会计师、税务师和资产评估行业党建工作综述[J]．中国律师,2021(7).

新时期税务师行业发展探讨

杨凯昱[①]

一、税务师行业发展现状

根据中国注册税务师协会(以下简称"中税协")公布的数据,截至 2020 年底,在中税协会员系统登记入会的税务师事务所达到 7 800 余所,较 2010 年的 4 335 所实现大幅度增长。下面从经营收入、从业人员、业务委托三个方面对我国税务师行业发展现况做简要阐述。

(一)经营收入情况

2021 年我国税务师事务所经营性收入合计 283.66 亿元,较上年度的 267.63 亿元同比增长 5.99%。其中,税务师行业经营性收入前百家税务师事务所(以下简称"百强所")的经营性收入合计 166.65 亿元,较上年度的 161.77 亿元同比增长 3.02%。2021 年百强所的经营性收入规模在 1 亿元及以上的企业数量达到了 33 家,2020 年则有 40 家经营收入过亿元(杨艳春,2021)。

(二)从业人员情况

2020 年度,税务师行业从业人员达到 109 825 人,其中执业税务师 49 781 人,占比 45.33%。2020 年百强所从业人员达到 29 790 人,其中执业税务师 12 151 人,占比 40.79%。2021 年度,百强所从业人员 30 241 人,其中执业税务师 12 687 人,占比 41.95%,较 2020 年增长了约一个百分点。从整体上看,2010 年以来,税务师行业从业人员以及执业税务师的数量均呈逐年上升态势(杨艳春,2021)。

从从业人员的学历结构来看,2021 年度全行业从业人员中研究生及以上学历占比 3.79%,较上年度增长了 4.99%;本科学历占比 54.51%,较上年度增长 2.95%。2021 年全行业执业税务师中研究生及以上学历占比 4.98%,较上年度增长 7.79%;本科学历占比 61.68%,较上年度增长 2.99%。职业税务师中本科及以上学历占比 72.34%,较上年度增长 1.87%。具体情况如表 1 所示。

[①] 杨凯昱,中国社会科学院大学应用经济学院硕士研究生。

表1 2020年及2021年从业人员情况

年份	名称	项目	研究生及以上学历	本科学历	大专学历	大专以下学历
2020	从业人员	百强人数	2 062	17 628	9 077	1 023
		百强占比(%)	6.92	59.17	30.47	3.43
		行业占比(%)	3.61	52.95	38.43	5.01
	税务师	百强人数	830	7 798	3 359	164
		百强占比(%)	6.83	64.18	27.64	1.35
		行业占比(%)	4.62	59.89	34.03	1.45
2021	从业人员	百强人数	2 189	18 395	8 794	863
		百强占比(%)	7.24	60.83	29.08	2.85
		行业占比(%)	3.79	54.51	36.82	4.89
	税务师	百强人数	984	8 193	3 401	109
		百强占比(%)	7.76	64.58	26.81	0.86
		行业占比(%)	4.98	61.68	32.53	1.31

资料来源：中国注册税务师协会。

(三)业务委托情况

2020年百强所共服务67.04万户。由表2可知,八项业务中需求量排名前四的依次是其他税务事项代理、涉税鉴证、纳税申报代理和一般税务咨询,比重分别占32.98%、28.57%、15.86%和8.82%。

表2 2020年税务师行业主要八项业务委托户数情况

	纳税申报代理	一般税务咨询	专业税务顾问	税收策划	涉税鉴证	纳税情况审查	其他税务事项代理	其他涉税服务
户数	10.63万	5.91万	3.3万	0.25万	19.15万	0.33万	22.11万	5.36万
比重	15.86%	8.82%	4.92%	0.37%	28.57%	0.49%	32.98%	8.00%

资料来源：中国注册税务师协会。

从收入结构来看,2020年百强所八项业务总收入146.85亿元(杨艳春,2021),其中,收入排名前四位的业务依次是涉税鉴证、一般税务咨询、专业税务顾问和其他涉税服务,比重分别为26.12%、22.49%、18.65%和9.43%。从增长率看,八项业务中专业税务顾问、税收策划、纳税情况审查和其他涉税服务增长较大,均增长了20%以上,如表3所示。

表3 2020年度与2019年度不同类别涉税业务收入对比

收入类别	纳税申报代理	一般税务咨询	专业税务顾问	税收策划	涉税鉴证	纳税情况审查	其他税务事项代理	其他涉税服务	其他收入合计
2019	8.76亿元	30.63亿元	24.86亿元	3.23亿元	38.72亿元	1.17亿元	8.23亿元	12.1亿元	13.73亿元
2020	8.64亿元	36.38亿元	30.17亿元	3.89亿元	42.26亿元	1.47亿元	8.79亿元	15.25亿元	14.92亿元
占比(%)	5.34	22.49	18.65	2.40	26.12	0.91	5.43	9.43	9.22
增长率(%)	-1.40	18.78	21.38	20.44	9.13	25.22	6.78	26.02	8.68

资料来源:中国注册税务师协会。

从业务收费来看,2020年行业单户业务平均收费排名前四位的业务依次是税收策划、专业税务顾问、一般税务咨询和纳税情况审查,百强所单户业务平均收费排序与行业相一致(如表4所示),四项业务收费水平比行业水平高出一至两万元。

表4 不同类别涉税业务单户收入情况

收入类别	纳税申报代理	一般税务咨询	专业税务顾问	税收策划	涉税鉴证	纳税情况审查	其他税务事项代理	其他涉税服务
百强所单户收入	0.81亿元	6.15亿元	9.15亿元	15.27亿元	2.21亿元	4.39亿元	0.4亿元	2.85亿元
行业平均单户收入	0.68亿元	4.66亿元	7.02亿元	14.08亿元	1.1亿元	3.4亿元	0.44亿元	1.79亿元
同比行业增幅(%)	19.54	32	30.36	8.43	100.62	29.21	-9.68	59.05

资料来源:中国注册税务师协会。

二、新时期下对税务师行业的要求

(一)提供更专业的个性化服务

由上文数据得知,涉税服务业务中,涉税鉴证、一般税务咨询和专业税务顾问三项服务是税务师事务所经营性收入的主要来源。其中涉税鉴证服务企业的一项长期需求,各个企业在一般税务咨询服务和专业税务顾问服务上也存在一定需求。另外,从各项涉税服务增长率来看,除一般税务咨询和专业税务顾问两项服务之外,其他涉税服务和税收策划服务也占比居前。这几项服务,由于纳税人的情况各异,税务师事务所出具的报告、方案和建议具有极强的定制性,几乎没有办法通用或共用,这体现出纳税人缴费人对个性化服务的需求是越来越高的。

与此同时,近年来,我国税制改革不断深化,减税降费持续推进,供给侧结构性改革、绿色税制体系、税收优惠政策不断完善,可以预见在接下来的一段时期内,我国的税收制度和税制结构还会不断变革(曹静韬,2021)。在这一大背景下,纳税人自身的税收情况极可能发生更新和变化。加之数字经济时代下各种新业态的不断涌现,纳税的复杂性增加,使得市场对于个性化定制涉税服务的需求不断攀升,也对税务师行业的专业能力提出了更高的要求。

(二)更好发挥桥梁作用

一直以来,税务师行业作为纳税人和税务机关之间的重要桥梁,在保障国家税收收入、防止税款流失和完善税收征管体系方面承担重要角色,也发挥着重要作用。2021年《关于进一步深化税收征管改革的意见》印发以来,智慧税务、以数治税、信息控税成为税收征管的未来发展方向。随着税收征管改革的不断推进,税务机关和纳税人都对税务师事务所寄予了更大期望。税务机关希望税务师事务所运用专业知识提供更加专业的涉税服务,减少税务机关对纳税人的直接管理,削减税收征管成本和执法风险,减少税务违法行为,使税收征管可以更高效运行。纳税人则希望税务师事务所提供更优质的涉税服务,以此降低自身的纳税风险,为其长远发展保驾护航。

(三)加强行业自律

税务师行业想要长期稳定良好地发展,保持自身独立性非常重要,即保持其在税务机关和纳税人之间的中立地位,做到公正服务——既不能为了业务报酬而去协助纳税人偷逃税款,也不能为了与税务机关建立"亲密友谊"而直接或间接地侵害纳税人利益。税务师行业需要加强行业自律,从业人员要规范行为、树立职业道德,在税务机关、纳税人、税务代理人的三角关系中起到第三方的监督作用(一方面监督税务机关依法征税,另一方面监督纳税人依法纳税),增强整个社会的征税意识和纳税意识。

三、税务师行业存在的问题

(一)专业能力参差不齐

提供优质的涉税服务需要相关从业人员具备完备的专业知识,拥有较高的涉税服务能力。如今企业所处的国际和国内环境、外部和内部结构日趋复杂,涉税服务人员不仅需要具备财税方面的知识,还需要具备一定的会计、金融、投资、企业管理等多维度的知识(任荣福,2021),这对涉税服务人员的综合知识储备和综合能力都提出了更高要求(高峻,2021)。但现在税务师行业从业人员显现出专业能力和综合素质参差不齐的现象(曹静韬,2021)。从上文数据来看,整个行业内高学历人才占比不高,不论是全行业还是百强所,执业税务师占比仅达到40%左右,这都反映出当前行业内专业人才缺失的。如果涉税专业服务不专业,不仅无法满足市场对个性化涉税服务的需求,也无法充分发挥桥梁作用,会使纳税人的税收风险和税务机关的执法风险增加,给整个经济的运行带来不利影响。

(二)行业立法缺失

税务师行业要做到公正服务、两端监督、行业自律,其中重要一环就是行业立法,以对整个行业的行为规范进行有效的强制的约束和监督。目前我国行业规范和自律的相关文件仅停留在国家税务总局的《涉税专业服务监管办法(试行)》及其他补充修订文件的层面,该公告虽然对于涉税专业服务行业规范具有一定的作用,但仍仅停留在大方向上,规范效力和法律约束力都较低,无法满足税务师行业长期高质量发展的需求(蔡昌、李长君,2021)。而作为税务师行业两大竞争对手的注册会计师行业和律师行业,分别在1993年和1996年就已经完成了行业立法,这无疑影响了税务师行业的竞争力。

(三)数字化管理落后

随着数字经济的不断发展,税收征管在向着以数治税、信息控税不断发展,在计算机网络、大数据、物联网、云计算等信息技术的支持下,传统税收征管模式在向着智能税务模式转变。与此同时,各个企业也顺应数字时代的变迁在财务和税务管理方面由传统模式朝着数字化信息化管理模式转变(吴超,2022)。在纳税人和税务机关两端均在进行数字化管理变革的情况下,税务师行业传统的服务理念、服务方法和服务流程便出现与之不相适应的情况。由于行业内整体的信息化、数字化建设程度较低,在面对海量的数据和复杂的经济环境时,税务师事务所无法完全满足纳税人和税务机关的需求。现阶段,大多数税务师事务所在信息技术与客户承接、业务服务及事后管理方面的融合稍显落后,仍然较多采取传统的服务手段,这不仅使得业务服务和管理的效率低下,其在服务过程中也无法全面准确地分析纳税人情况,导致服务质量不高。使得税务师事务所在竞争中丧失市场份额。

四、税务师行业发展建议

(一)加强人才队伍建设,提升专业能力培养

人才队伍建设是税务师行业高质量发展的核心,新业态的不断涌现、经纪业务

的日趋复杂和国际化的不断推进都在倒逼高质量复合型人才的培育。加强人才队伍建设要从以下几个方面入手：一是高校在税务人才培养方面要注重理论与实践相结合以及对相关学科的交叉学习，在关注专业知识积累的同时注重思维能力和职业道德培育，以提高年轻从业群体的综合水平；二是行业内已从业群体要加强理论学习，完善知识体系构建，拓宽自身眼界和知识面，提升专业能力和职业道德，做到与时俱进；三是行业协会要继续推进并不断完善税务师资格考试及相关资格认定体系，提高持证上岗比率；四是行业内要完善人才激励机制，提高从业人员提升专业能力的积极性，同时提升行业对高质量人才的吸引力。

（二）加快行业立法，完善行业管理体系

依法治国一直以来都是我国所奉行的一个基本原则，党的二十大报告中习总书记再次强调要坚持全面依法治国，推进法治中国建设。因此，要推动税务师行业高质量发展，加快行业立法、加强行业法制建设是重要的也是必要的举措。只有以法律的形式严格规范税务师行业的权利与义务，制定规范的业务准则和相应的惩戒制度，才可以对税务师行业从业者进行全面有效的约束监督和保护。除了加快立法之外，行业协会也要紧跟时代脚步，完善相应的行业管理机制，更新相关的业务准则和执法规范，建立有效的评价和奖励惩罚机制，加强职业道德培育，加大行业监管力度，促进行业自律，助力行业高质量健康发展。

（三）加强数字化建设，推进信息化管理

税务师行业要顺应时代和经济的发展，加强行业内的数字化建设和信息化管理。在业务承接环节，充分运用大数据分析客户需求，找准市场切入点，借助线上平台合理营销，充分显示自身在涉税服务方面的专业优势，拓宽业务范围和客户渠道，增强行业的竞争力。在业务服务环节，充分运用大数据、云计算等全面收集、分析、整合客户信息和资料，通过智能技术的辅助，为客户出具更完善的方案报告，进行更深入的风险排查给出更好的风险规避建议，从而提供更优质更专业的业务服务，降低纳税人税收风险。在自身管理方面，充分运用信息化技术实现内部高效管理和运转，员工之间更有效的分工和调度，更科学的客户管理和业务安排，使内部绩效考评和评价体系更加透明公正，以促进行业的自律和规范。

参考文献

[1]从2021年度税务师行业百强所看行业发展[J].注册税务师,2022(8).

[2]蔡昌,李长君.对新发展格局下推进税务师行业高质量发展的思考[J].注册税务师,2021(9).

[3]曹静韬."十四五"时期税务师行业高质量发展的着力点[J].注册税务

师,2021(1).

[4]高峻.推进税务师行业人才建设 发挥涉税专业服务主力军作用[J].注册税务师。2021(12).

[5]任荣福.浅析我国税务代理行业高质量发展研究:基于降税减费大背景[J].质量与市场,2021(19).

[6]汤凤林.新发展格局下税务师行业的发展机遇及应对策略[J].注册税务师,2021(9).

[7]吴超.大数据时代税务师事务所审计工作挑战及应对探讨[J].财会学习,2022(6).

[8]俞海颖.浅议如何提高税收服务质量[J].投资与创业,2022(9).

[9]杨艳春.2020年度税务师行业经营收入前百家税务师事务所分析[J].注册税务师,2021(11).

[10]张莉娟,高大为,周峰.从"以票管税"到"以数治税"税务师事务所如何应对[J].注册税务师,2021(6).

数字经济背景下我国税务师行业面临的
挑战与对策探讨

马 睿[①]

一、数字经济背景下我国税务师行业面临的挑战

当今时代,随着数字经济的迅猛发展,我国企业的销售模式也在逐渐从传统的线下模式向线上以及线上线下相结合的模式转型。随着互联网的高速发展和普及,我国互联网用户数量持续上升,我们所受的时间、空间限制明显降低,这极大地便利了居民的日常生活,为销售者开拓市场提供了有效渠道,但同时也给我国税收征管带来了一些问题。

(一)纳税主体监管困难

1. 纳税主体剧增

数字经济时代催生了一系列网络平台的出现,购物和直播平台层出不穷,这些平台中普遍限制条件较少、进入壁垒较低;加之淘宝、京东等网络企业的发展势头良好、利润可观,也使得线上销售的关注度开始增加,网络交易发生量逐渐上升。据商务部电子商务司负责人介绍,2022年前三季度我国网络零售市场总体呈增长态势。国家统计局数据显示,前三季度全国网上零售额为9.59万亿元,同比增长4%;其中,实物商品网上零售额为8.24万亿元,同比增长6.1%,占社会消费品零售总额的比重为25.7%,较上年同期提升2.1个百分点。近年来,随着"直播热"的兴起,越来越多的厂商和销售商开始从传统的线下模式转型,越来越多的自然人也开始进入线上销售领域,这种热潮的出现使纳税主体数量持续激增,给税务机关对纳税主体的监管带来了巨大压力,对于纳税人的信息采集、征收管理等工作量持续增加。

2. 线上交易为纳税主体隐藏身份提供了便利

网络存在虚拟性,这在一定程度上保护了用户的隐私,但同时也为投机者提供

---

① 马睿,首都经济贸易大学财政税务学院硕士研究生。

了"浑水摸鱼"的可乘之机。目前市场上存在着大量个人在线交易,若纳税人纳税意愿不强而隐瞒不报,税务机关面对基数庞大的纳税人群体并不能保证对每一个纳税主体做到全方位监管,因而存在未能监控到的情况。此外,一些人利用目前我国税收征管能力尚未完全与经济社会发展相适应的漏洞,进行"地下交易",这也加重了税务机关纳税主体监管的负担。

3. 纳税主体的辨识难度加大

数字经济时代交易活动具有高流动性,一项交易很可能涉及多方,这使得税务机关对某项经济业务纳税人的确认出现困难。以自媒体平台为例,发布视频创收涉及的经济主体可能包括发布者、自媒体平台、运营团队、赞助商等多方,在实践中很难对各方收入进行合理划分,清晰定位相应纳税人。加之现在数据信息蕴含的价值提高,一些企业采用问卷等形式进行信息收集和分析处理,这些数据拥有一定的经济价值。但目前尚未有法律规章等作出明确的权属划分,对这些数据信息在使用、传递等过程中获取的收入也难以确认纳税主体。

(二)纳税地点监管困难

数字经济的特性也给税务机关进行纳税地确认带来了一定挑战。

首先,虚拟化特征使得信息溯源变得困难。由于互联网的不断发展,跨地域瞬时交易已经成为常态。对于消费者而言,这极大地满足了消费者多样化的购物需要,为消费者的日常生活提供了便利;对于销售者而言,由于可以不在线下设立门店,大大节约了经营成本;但对于税务机关而言,这种无实体机构的交易方式比较难以追根溯源,税务机关对交易时间和地点的确认更加困难。

其次,线上化也使得"避税风"愈演愈烈。由于互联网交易对于线下机构的依赖度降低,很多销售者只需一间库房便可开展线上交易,那些销售虚拟产品的企业对线下机构的依赖更低,一些企业会利用这一特性进行避税。例如,一些企业平常通过线上形式进行销售,库存商品也存放在国内,但却将常设机构设置在开曼群岛、英属维尔京群岛等"避税天堂",降低自身税负。这在一定程度上造成了我国的税源流失,减少我国的财政收入,但目前还难以进行管控。

最后,这对我国分税制也会产生一定冲击。我国增值税目前属于中央和地方的共享税,依据属地管理征收的增值税便会集中于电商企业密集的地区。这种形势下,此类地区增值税收入在全国的占比便会较大,可能导致各地区税源分布不均。

(三)行业急需数字人才

2017年到2021年,我国数字经济规模从27.2万亿元增至45.5万亿元,总量稳居世界第二,年均复合增长率达13.6%,占国内生产总值比重从32.9%提升至39.8%,成为推动经济增长的主要引擎之一。数字化转型加快推进,工业互联网应用已覆盖45个国民经济大类,电子商务交易额从2017年的29万亿元增长至2021年的42万亿元。同时,随着"放管服"改革、税制改革、税收征管改革不断深入,以及减税降费、留抵退税等政策的实施,涉税服务行业急需大量的专业人才。数字经济时代的到来更是给税务师行业带来了挑战,不仅要面临相关税收改革和税收技术的更新升级,还需应对社会经济发展的各种考验。

从税收征管角度出发,目前我国税收征管能力尚未完全与我国经济社会发展相适应,征管能力的欠缺给我国税收征收带来了很多潜在风险。例如,由于目前税务机关的大数据征管、监管系统还不够完善,存在一些偷逃税现象无法及时识别以及交易事项难以准确划分纳税责任的情况。又如,新形势下税务机关尚未对发展中产生的一些税收征管问题及时出台文件予以解决,出现一些投机者"钻空子"的行为,利用税收政策漏洞少交税或不交税,一定程度上导致了税源流失。当前纳税主体的不断增多和交易环节的复杂化,对于税务机关日常税收征管也是一项考验,在税收行业的技术水平还未跟上时代发展节奏的情况下,这种变化使得相关的工作量剧增。这些潜在风险威胁着我国财政收入和市场经济稳定,时不我待,打造一支专业化、"互联网+税务"的税收管理团队迫在眉睫。

从企业角度出发,企业在需要传统税务人才也急需数字人才。目前,我国智慧税务大数据平台已基本建成,但还有大量企业在涉税事项管理方面存在欠缺,税收数据资源并未深度挖掘利用。随着我国积极融入国际市场,跨国、跨地区涉税经济业务频繁发生,企业的税务需求也逐渐提高,急需精通专业知识、各国政策,同时具有数字技术背景下税务管理能力的高素质人才。

二、数字经济背景下我国税务师行业的对策建议

(一)顺应数字经济时代,依托大数据定位纳税人

尽管税务机关自身一直在不断完善,但步入数字经济时代后,仍面临着一系列新的挑战。目前,税务师行业自身能力未能很好地适应经济社会的快速发展,有待拓展、提升。税务师行业应紧跟时代发展趋势,与时俱进、开拓创新。

在数字经济时代,对于税务机关而言,纳税主体的征管问题是一个很大的挑战。税务师行业可以将数字经济技术应用于税收征管的工作过程中,比如引进人工智能、云计算、大数据等先进数字信息技术,应用于现有的税务系统,进行交易事项的监督管理、应税事项的检测、纳税主体的识别等,完善税务机关的工作程序和环节。税务机关也可以应用这些技术进行信息检测,将获取的信息加以整理归纳,汇同已掌握的信息情况,建立更加完善、全面的纳税人信息库,存储纳税人身份信息、纳税情况等资料,并利用互联网技术进行实时更新。

为统筹城乡共同发展,促进人民共同富裕,对于地区之间的差异和不平衡也需高度关注。一些纳税人可能在多个地区进行应税活动,这就需要税务机关完善纳税人信息网,做到信息互通,各地纳税系统相互关联,对共同的纳税人信息实时同步,便于监管,一定程度上也能起到相互监督、相互制约、相互影响的作用。对于一些偏远地区的税务机关,税务师行业应秉持平等和公平原则一视同仁,这样才能保证行业层面获取的信息相对完整、全面,努力降低由于信息不对称和信息滞后带来的影响。

数字经济蓬勃发展主要依托的是数字经济平台,税务机关面对庞大的企业和个人纳税人群体难免应接不暇。在此情况下,可以考虑借助外部力量改进方法,如采用平台责任制,将这些发生交易的数字经济平台定位为税收代扣代缴的新主体。这样能够在一定程度上缓解税务征收及纳税人服务的压力,也可以使税务机关与平台更好地进行交流合作。网络交易平台的性质使其可以获得一手的销售者资料和交易事项信息,税务机关可以利用数字经济平台的优势进行信息核查和追踪,提高工作的准确性和高效性。一方面,可以将淘宝、京东、抖音等经济交易平台作为税收代扣代缴义务人,掌握纳税人的资料以及销售平台上注册的信息;另一方面,税务机关也可以将支付宝、微信等支付平台作为代扣代缴义务人,这有助于税务机关监察纳税人经济往来情况,较为及时地发现不正常的交易情况,提高税收征管工作的准确性,为税务工作高质量发展做出一定贡献。

(二)针对数字经济背景特点,调整纳税地点确认办法

随着时代发展,制度需要不断完善。数字经济下,常设机构的作用被削弱,交易发生地及纳税地点也开始变得复杂,加之国际业务增多、跨国企业的增加,都在加剧纳税地点确认的难度。而各国税收制度的不同也导致我国对发生在国内的交易事项和经济收入不能很好地进行管辖。

为此,首先要从法律层面对商品或服务的来源地、提供地及消费地等概念、含义进行明确界定,做到有法可依,在一定程度上减少一些纳税人的侥幸心理。比如,在注册登记时进行明确登记,说明是否将在线上平台进行交易,若有则登记虚拟常设机构所属地相关信息;若后续出现线上平台交易事项,则需在规定期限内进行更正申报;对于已存在已登记的企业,根据实际情况一户不落地进行信息补录,以掌握纳税人的实际交易情况,对其纳税地点进行确认、监管。同时,由于之前的相关制度基本都针对实体机构,在制定虚拟机构制度前,最好先选择几个有代表性的地区进行试点,对试点分析、完善、改进后再进行大范围推广。

其次,地区差异问题依旧是我们关注的重点。虽然我国已经全面脱贫,但尚未实现共同富裕,地区之间的不平衡依旧存在。目前增值税中央和地方分享比例为5∶5,以及存在属地原则,电商企业聚集地的增值税税收收入相当可观。在全国范围内因增值税导致的地方贫富差距问题可能会加剧。为平衡各地区经济发展,实

现共同富裕,可以考虑将增值税改为中央税或提高中央分享比例。

(三)加强行业继续教育,培养"数字+税务"人才

在数字化和信息化的时代,人们对于高效率的追求从未止步。各行各业都在积极引入先进的技术、优质的人才来帮助自身紧跟时代浪潮。税务师行业作为朝阳行业之一,同样也面临着时代发展对从业人员带来的挑战。秉持与时俱进、开拓创新的原则,我们需要一批能够适应数字经济时代、掌握数字经济相关知识和技能,同时又精通税务知识和技能的税务师群体。

2021年3月,中国注册税务师协会(以下简称"中税协")制定的《税务师继续教育管理办法》(2021年修订)中提出中税协对税务师参加继续教育情况实行登记管理,对税务师参加继续教育情况向社会公示并提供查询服务。税务师应在取得税务师职业资格的次年开始参加继续教育,并在规定时间内完成规定学时,以保证税务师专业知识不断更新,能力不断提升。行业对税务师的继续教育一直高度重视,每年都会定期举办相关培训来帮助税务师群体提高业务能力和水平。中税协等机构可以在今后的培训计划中加入数字经济的知识、技能培训,聘请相关领域的名师授课,并将之作为税务师继续教育中一项重要内容,并保持实时更新。

同时,对税务师行业人员也可以分类进行培训,以便更好地因材施教,尽快培养出"数字+税务"双人才,更好地服务我国税收行业。比如,对于尚在学校的未来税务从业者,可以调整课程安排,提早进行数字经济能力的培养,为税务师行业培养"数字+税务"人才后备军;对于已经在职的税务师群体,则尽快出台、制定相应的培训计划,并配备相应的数字经济人才,在日常工作中就相关问题进行培训,逐步提高与数字经济发展相适应的税收业务能力。

参考文献

[1]胥玲.数字经济与税收治理:冲击、应对[J].财政监督,2021,508(22):5-11.

[2]冯守东,王爱清.数字经济背景下我国税收面临的挑战与应对[J].税务研究,2021,434(3):79-83.

[3]张斌.数字经济对税收的影响:挑战与机遇[J].国际税收,2016,36(6):30-32.

[4]李勇,李鹏.数字经济时代税收征管环境、问题与建议[J].国际商务财会,2021,397(13):83-87.

[5]宋玉群.数字经济对税收的影响及对策研究[J].商讯,2021,235(9):167-168.

反避税背景下"走出去"企业税收筹划研究

阮家福 杨 蔚[①]

一、税收筹划概述

税收筹划,是指纳税人在其所在国家法律和法规允许的政策范围内为追求其经济利益的最大化,事先对企业涉及的经营、投资等生产经营活动进行合理的筹划,有意识地采取相关措施进行税收安排,最终达到减轻企业税负、降低经营成本的目的。

税收筹划具有合法性、事先筹划性以及目的性三个基本特征。与偷税相比,税收筹划是一项合法行为,纳税人在税法允许的范围内,可以通过对税收优惠政策的梳理与运用,结合企业实际生产经营活动业务进行合理筹划,从而实现减轻税负与利润最大化的目标。与避税相比,税收筹划切实体现了其国家税收政策的导向与意图,对市场主体的发展起到积极的促进作用,国家是支持、鼓励的。与节税相比,税收筹划不是狭隘地仅为少缴税款,而是为了追求企业价值最大化,对企业税收进行最优的安排与筹划,可以说,税收筹划是节税的更高层次,具有全局性与综合性的特点。企业实施合理的税收筹划,不仅有利于实现其经济效益,提升企业的竞争力,还可以发挥税收杠杆的作用,从而调节国家财政收入。

二、"走出去"企业现状分析

2013年,习近平总书记提出了共建"一带一路"的重大倡议,得到了国际社会的高度关注。2015年3月28日,《推动共建丝绸之路经济带和21世纪海上丝绸之路的愿景与行动》的发布,标志着"一带一路"倡议正式进入实施阶段。依托"一带一路"倡议,中国企业在认真分析沿线国家发展需求的同时,利用亚洲基础设施投资银行、丝路基金等提供的资金支持和融资便利,将会在"走出去"的过程中获得更大的发展空间。

---

① 阮家福,湖北经济学院教授。杨蔚,湖北经济学院硕士研究生。

据国家商务部及外汇管理局统计,截至2015年底,我国累计对外非金融类直接投资8 630.4亿美元。2015年,我国对外非金融类直接投资1 180.2亿美元,同比增长14.7%。同年,我国企业共对"一带一路"相关的49个国家进行了直接投资,投资额合计148.2亿美元,同比增长18.2%。截至2020年,我国已向172个国家和地区进行非金融类直接投资,企业数增至6 790家。虽然2020年全球经济受到新冠疫情严重影响,但全年我国对外非金融类直接投资仍高达1 101.5亿美元,与上年同期持平。

近年来,中国企业境外投资规模呈逐年上升趋势。然而,在机遇面前,发展也并非一帆风顺。"走出去"的企业需要应对当地政治、经济、法律以及税收等方面诸多问题,特别是沿线国家税收法规、征管环境与中国有着较大的差异。我国在鼓励企业"走出去"的同时,也针对一些涉及跨境税收的常见问题及风险,制定了比较完善的境外投资税收政策和征管措施。但"走出去"企业在国际反避税的大背景下,境外开展生产经营活动仍可能面临税收风险。此外,顾名思义,"走出去"企业是在我国境外开展生产经营活动的,"走出去"企业所涉及的税收筹划问题的核心是国际税收筹划问题。与国内税收筹划相比,国际税收筹划涉及的范围更广,税制更为复杂,对企业及其财务人员的要求也就更高。但是我国的"走出去"企业普遍缺乏国际化的经营管理经验,在国际税收筹划方面尚处于探索阶段。虽然大部分企业进行了税收筹划,但其结果并不十分理想。所以,增强"走出去"企业的税收筹划意识,提高它们国际税收筹划的能力和水平,积极探索合理的税收筹划方法已是刻不容缓。

三、"走出去"企业税收筹划方法

(一)利用投资架构进行税收筹划

"走出去"企业在海外投资经营中,一般会设立子公司,当子公司将股息汇给境内的母公司时,母公司需要为这笔股息收入缴纳所得税。对于这种情况,"走出去"企业对海外公司可以不直接控股,而是借道低税率国家或者地区设立一个海外中间控股公司,通过控股公司间接控制海外子公司向投资目的国或地区进行投资。这样的筹划与安排,既可以优化企业的整体税负,也有利于企业对不同国家或地区的投资分别进行管理。

图1展示了直接控股与间接控股两种控股模式。针对上述两种投资控股架构模式,其分配股息和红利的税负是不同的。接下来,我们通过一个案例来比较分析。

如图2所示,中国企业对海外子公司以直接控股架构、一层控股架构以及二层

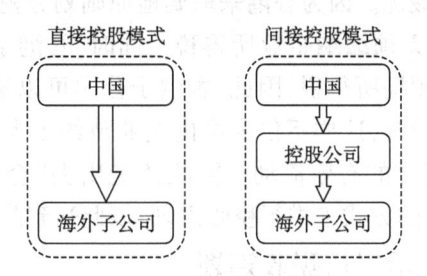

图1 直接控股与间接控股模式

控股架构这三种投资控股方式进行控股。若海外子公司税前盈利 1 000 万元,且已知海外公司所得税率为 30%,股息预提所得税率为 15%;开曼公司的股息预提所得税率为 10%;香港公司的股息预提所得税率为 5%。

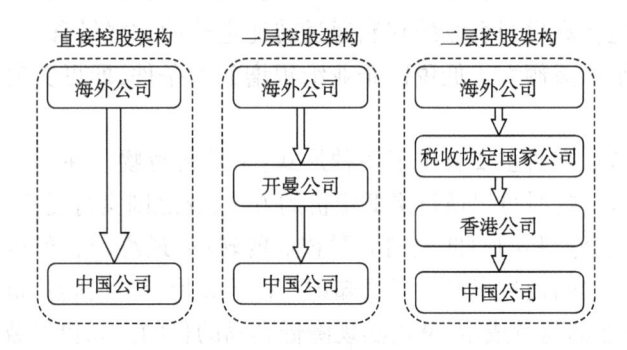

图2 三种控股架构模式

知道控股结构与税率后,便可根据式(1)和式(2)对不同控股结构模式下的税后现金和税收盈利进行计算:

$$税后现金作分配股息 = 税前利润 \times (1 - 海外公司所得税率) \quad (1)$$

$$税收盈利/现金 = 税后现金 \times (1 - 股息预提所得税率) \quad (2)$$

不同控股模式下的公司资金情况如表1所示。

表1 不同控股模式下的资金情况　　　　　　　　单位:万元

控股结构	税后现金作分配股息	税收盈利/现金(再投资用)
直接控股	700	595(中国)
一层控股	700	630(开曼)
二层控股	700	665(香港)

显然,第三种方案最优。因为香港采取属地原则划分税收管辖权,境外公司盈利的1 000万元在香港无须缴纳企业所得税。同时,香港子公司在取得这笔利息收入后,无须缴纳股息预提所得税,因此,香港子公司可以选择不将该笔收入汇回境内母公司,直接进行投资,这样不仅为国内企业节约了大笔股息所得税,还有利于集团企业之间内部资金的有效流动。因此,"走出去"企业在进行海外投资时,可以选择设立中间控股的方式来进行税收筹划,以此达到降税的目的。

(二)利用转让定价进行税收筹划

转让定价(transfer pricing)作为关联企业税收筹划中最常用的方法之一,通过将利润从高税国转移到低税国,从而实现减轻负税的目的。转让定价是指相互关联的企业或内部机构之间销售货物以及转让无形资产等时制定的价格。一定程度上说,转让定价是对自由贸易定价原则的一种否定。

"走出去"企业作为跨国企业,可以采用转让定价的方法合理地将企业利润进行转移。适当地将高税国企业的利润通过转让定价的方式转移到低税国,只需满足高税国企业纳税减额大于低税国企业纳税增额的条件,即可实现企业减轻负税的目标。

企业实行转让定价主要有以下四种形式:①销售货物。在高税国企业向低税国企业进行销售货物时可以通过降低定价的方式,反之则实行提高定价的方式,从而实现将高税国企业利润向低税国关联企业的转移,最终减轻税负。②转让无形资产。关联企业之间通过提高或降低知识产权等无形资产的转让价格以及使用费用,增加关联企业的运营成本,从而实现降低利润的目的。③提供劳务等服务。主要通过调整关联企业或企业内部机构之间提供的劳务、咨询等费用的定价来实现。④金融往来。关联企业可以通过调节企业之间借款的金额和利率等,从而实现企业成本增加的目的。

与此同时,为了保护我国税基不被恶意税收筹划行为侵蚀,针对国际避税的主要手段,我国在国内税收法律法规中做出了反避税规定,以抑制跨国公司向境外转移利润。企业所得税法明确规定,国家税务机关有权对关联企业不按独立交易的原则开展业务往来确定的计价标准收取或者支付价款费用而导致其减少的应纳税收入进行合理调整。

(三)利用资本弱化进行税收筹划

资本弱化旨在通过增加债权性投资、减少权益性投资比例的方式增加企业税前扣除,从而降低企业税负。在我国,为防范企业通过操纵各种债务形式的支付手段而实现避税的目的,在企业所得税法中明确指出企业从其关联方接受的债权性与权益性投资的比例在超出其额定标准产生的利息支出,不能作为应纳税所得额的扣除部分,其中金融企业的标准为5∶1,其他企业的标准为2∶1。

这一税收筹划方法之所以产生,其原因在于各国企业所得税法中对于股息和利息实行不同的税收待遇。在进行债务筹资时,许多国家的税法规定被投资公司向集团支付的利息可以计入成本,由此可以实现减少应纳税额的目的。相比之下,如果企业选择股权筹资的方式,被投资企业为此支付的股息、红利等支出无法计入成本,不能作为企业所得税的扣除额,从而也无法达到减少应纳税额的目的。当被投资公司所在国的所得税税率较高时,也可以采用债务筹资的方法减少企业所获利润。

下面以一个案例来说明。

国内母公司以1 000万美元的注册资本在美国设立了一家全资子公司,并且该子公司未来一年可取得的利润收入为100万美元。已知美国征收30%的企业所得税,同时对汇回母公司的利润征收10%的预提所得税,防范资本弱化的规定为债务资本比例不能超过3倍,利率不超过10%。

方案一:1 000万美元注册资本全部来源于国内母公司的股权筹资,子公司的应纳税所得额为100万美元,扣除应缴纳的30万美元企业所得税和7万美元预提所得税,最终母公司可以得到63万美元的税收利润,方案一的整体税负水平为37%。

方案二:1 000万美元注册资本中有500万美元来源于债务筹资,500万美元来源于股权筹资,扣除掉利息后,子公司的应纳税所得额为50万美元,只需缴纳15万美元的企业所得税,再扣除掉8.5万美元的预提所得税,最终母公司的收益为76.5万美元,企业整体税负水平为23.5%,大大低于方案一实施下的整体税负水平。

对比两个筹资方案可以发现,采用资本弱化的手段,即提高企业的债务筹资比率可以降低企业的整体税负水平。表2展示了两种筹资方式的收益比较。

表2 不同筹资方式税收收益比较 单位:万美元

筹资方式	1 000万美元股权筹资	500万美元借款+500万美元股权筹资
息税前利润	100	100
利息支付	0	50
应税所得	100	50
所得税(30%)	30	15
净利润	70	35
预提所得税(10%)	7	8.5
国内母公司收益	63	76.5
实际税率	37%	23.5%

资本弱化这一税收筹划方法的可操作性较强,其效果也较为明显,因此被广泛运用在国际税收筹划中。特别是在美国这样的高税负水平国家进行投资时,选择债务筹资方式的税收筹划效果更好。需要注意的是,资本弱化不是随意举债提高企业负债筹资的比例,而是将负债比例控制在适当的范围之内。在企业资本弱化的过程中,随着负债占比的增加,与之对应的利息支出、破产成本以及代理成本等也会相应增加,同时企业的偿债、盈利以及再筹资等将受到约束。此外,过高的关联负债比例的资本结构也容易引起反避税调查,届时可能受到处罚或进行税款补偿等,得不偿失。

(四)利用税收协定进行税收筹划

税收协定是指我国为避免双重征税而对外签订的协定,其中香港、澳门特别行政区称之为税收安排,而台湾地区称之为税收协议。税收协定通过提高征税门槛及降低所得来源国税率来限制其按照国内税收法律征税的权力,同时规定居民国对境外已纳税所得给予税收抵免,从而实现缔约双方避免双重征税的目的。

依据所签订的税收协定,我国"走出去"企业在协定内的国家享受平等待遇(如企业营业利润、股息、利息、特许权使用费以及财产收益等方面),协定约定了缔约方的征税权及"走出去"企业可享有的优惠待遇。企业在境外提供劳务等活动时,未超过规定时间的,以及企业于所在国无常设机构,在境外免征营业利润所得税;企业从境外所获的财产收益,依据协定判断缔约国是否有征税权,如所在国无征税权,则企业无纳税义务;此外,企业从境外所获的股息、利息以及特许权使用费按其协定条款适用对应的优惠税率。表3展示了我国与部分国家或地区签订的避免双重征税协定中的部分内容。

表3 我国与部分国家或地区签订的避免双重征税协定

国家(地区)	股息	利息	特许权使用费
日本	10%	10%	10%
美国	10%	10%	10%
法国	5%/10%	10%	10%
英国	5%/10%/15%	10%	10%
德国	5%/10%/15%	0/10%	10%
新加坡	5%/10%	0/7%/10%	10%
加拿大	5%/10%	0/10%	10%
俄罗斯	5%/10%	0/5%	6%
泰国	15%/20%	0/10%	10%

续表

国家(地区)	股息	利息	特许权使用费
印度尼西亚	10%	0/10%	10%
马来西亚	0	10%	10%/15%
印度	10%	10%	10%
中国香港	5%/10%	0/7%	7%
中国澳门	10%	7%/10%	10%
中国台湾	5%/10%	0/7%	7%

国内"走出去"企业可以利用各国或地区间税收协定的差异，进行灵活的税收筹划。例如，中国香港与印度尼西亚双边签订有税收协定，其中规定股息预提所得税率为5%，而中国内地与印度尼西亚的股息预提所得税率则为10%。因此，如果"走出去"企业在印度尼西亚投资项目，可以优先考虑在香港设立中间控股子公司，将企业在印度尼西亚所获利润转至香港控股子公司。如此一来，不仅可以节约5%的股息预提所得税，同时由于香港对源于境外的所得不征企业所得税，企业还可以规避25%的国内企业所得税。

此外，当"走出去"企业遇到国际税收协定与国内税法不一致的情形时，纳税人应遵循税收协定有限原则以及孰优原则：当国内税收法所规定的税率高于税收协定规定税率时，企业可按税收协定进行执行；而当国内税法规定税率低于税收协定税率时，企业则可以按国内税法进行执行。

四、结语

随着"一带一路"倡议的实施，越来越多的"走出去"企业加入到全球化竞争中去，在享受全球经济资源与机遇的同时，也面临着复杂的国际税收环境。虽然越来越多的"走出去"企业逐渐开始关注和重视反避税政策，但反避税制度也在逐步完善。因此，在反避税背景下，"走出去"企业进行合理的税收筹划是一项艰巨的任务，道阻且长。"走出去"企业应该在保持自身发展的基础上，结合反避税制度，不断摸索、实践如何合理采用资本弱化、转让定价等税收筹划方法或者调整投资股权架构，根据"走出去"企业的实际情况制定最优的税收筹划方案，促进自身的良性发展，提高企业的国际竞争力。

参考文献

[1]邰秋杰.企业税务筹划浅谈:财务管理视角[J].中国集体经济,2021(10):88-89.

[2]赖超,丁小花,王真.关于企业税收筹划的策略探析[J].财经界,2020(1):239.

[3]秦春艳.上海医药集团税收筹划运用分析[J].合作经济与科技,2016(1):154-155.

[4]王娜.房地产企业税收筹划的难点及对策[J].企业改革与管理,2021(5):177-178.

A 化工并购 B 工程所得税筹划分析

李 新 吴椰奇[①]

企业重组始于 19 世纪末的美国,是资本市场优化资源配置、服务实体经济高质量发展的重要方式之一,已成为企业进行资源整合、提高竞争力的重要手段。2020 年,我国并购重组市场发生的并购总额再创历史新高。Wind 数据显示,2020 年中国并购事件数量为 10 671 个,并购发生总额为 85 244.62 亿元,较 2019 年的 43 366.34 亿元同比增长了 96.57%,其中信息技术、金融、医疗保健、可选消费和工业等行业发生的并购重组事件金额居于前五。企业重组形式变化多样的同时,涉税问题也日渐突出并受到重视,而各行各业的税收优惠政策存在差异,因此,在并购重组过程中,如何充分运用税收优惠政策降低企业税收成本,变得重要起来。

石油化工行业具有经济总量大、产业关联度高的特点,是我国国民经济的重要支柱产业,在我国工业经济体系中占有重要地位。本文以"A 化工"收购"B 工程"作为案例,分析一般性税务处理与特殊性税务处理在企业并购重组中的异同,为并购重组税收政策在实践中的运用提供一种新思路,供相关企业借鉴与参考。

一、企业并购所得税税收政策梳理与解读

(一)企业并购重组方式与筹划空间分析

企业并购重组分为以下几种方式:

1. 股权支付

股权支付是指企业并购重组中并购方以自身或其控股公司的股权作为支付对价,来购买或换取被并购方产权。当并购交易中采用全部以股权支付形式进行对价时,对于股权收购来说,即用股权换股权;对于资产收购来说,即用股权换资产。

股权支付方式的税收筹划空间较大,企业可以通过合理的筹划节约税收成本,同时缓解企业的财务压力、降低财务风险。缺点在于,企业增发股票,股东的控制权将被稀释,可能带来控制权丧失的风险。

[①] 李新,湖北经济学院财政与公共管理学院教授。吴椰奇,湖北经济学院 MPAcc。

2. 非股权支付

非股权支付主要包括现金支付、发行债券、承担债务等,其中现金支付方式最常见。现金支付是指并购企业采取支付现金的方式换取被并购企业资产的所有权。现金支付方式操作简单,在企业并购重组中应用得较为广泛。当以现金作为支付方式收购资产时,并购交易中的并购方获得标的资产的计税基础为公允价值。因此,对于一些固定资产、无形资产较多的并购方,通常在评估环节会出现评估增值的情况,换言之,这样的企业在未来计提折旧时相对会更高,能够享受的折旧摊销抵税效应会更大。

3. 混合支付

混合支付方式是指将股权支付方式与非股权支付方式相结合。支付工具繁多,常见的现金、股权、其他货币资产,可能还涉及债权转股权方式、承债方式、无偿划拨方式等。一般上市公司选择混合支付方式进行并购的动机大致有两点:一是标的资产价值非常高。如果单纯采用股权支付的方式,会带来股权被稀释的风险,从而导致控制权旁落。如果单纯采用现金支付的方式,会增加企业的财务风险。二是在借壳上市交易过程之中,壳公司通常会采用发行股票、出售资产的综合支付方式。

(二)企业并购重组税务处理政策与筹划可能性分析

根据财政部、国家税务总局《关于企业重组业务企业所得税处理若干问题的通知》(财税〔2009〕59号),股权收购分为一般性税务处理和特殊性税务处理,其中特殊性税务处理不同于一般性税务处理,需要满足的五大条件可以归纳为"一个目的""两个比例""两个持续",如表1所示。

表1 股权收购适用特殊性处税务处理应满足的条件

一个目的	具有合理的商业目的,且不以减少、免除或者推迟缴纳税款为主要目的
两个比例	1. 收购企业购买的股权不低于被收购企业全部股权的50% 2. 收购企业在该股权收购发生时的股权支付金额不低于其交易支付总额的85%
两个持续	1. 企业重组后的持续12个月内不改变重组资产原来的实质性经营活动 2. 企业重组中取得股权支付的原主要股东(指原持有转让企业或被收购企业20%以上股权的股东),在重组后连续12个月内,不得转让所取得的股权

资料来源:根据财政部、国家税务总局《关于企业重组业务企业所得税处理若干问题的通知》(财税〔2009〕59号)整理得出。

一般性税务处理与特殊性税务处理各有优劣。在企业选择税务处理方式时,应结合实际具体情况,充分把握税收政策,帮助企业更好地决策。两种方式处理规定的差别如表2所示。两种方式的优缺点分析如表3所示。

表2　一般性税务处理与特殊性税务处理的比较

税务处理方式	税务处理内容
一般性税务处理	1. 收购方应确认股权、资产转让所得或损失
	2. 收购方取得股权的计税基础应以公允价值为基础确定
特殊性税务处理	1. 被收购企业的股东取得收购企业股权的计税基础,以被收购股权的原有计税基础确定。收购企业取得被收购企业股权的计税基础,以被收购股权的原有计税基础确定
	2. 被收购方从收购方取得的对价中的股权支付部分暂不确认所得或损失,非股权支付部分应计算确认当期所得或损失
	3. 收购方、被收购方的其他相关所得税事项保持不变

资料来源:根据财政部、国家税务总局《关于企业重组业务企业所得税处理若干问题的通知》(财税〔2009〕59号)整理得出。

表3　一般性税务处理与特殊性税务处理优缺点分析

	一般性税务处理	特殊性税务处理
缺点	1. 无法享受税收优惠(递延纳税)	1. 需要满足的特定条件多,实务操作繁琐
	2. 亏损无法弥补结转	2. 重组时间长,交易成本高
优点	1. 无须满足特定条件,实务操作简单	1. 可以享受税收优惠(递延纳税),减轻当期税负
	2. 重组时间短,交易时间成本低	2. 亏损可以弥补或结转

资料来源:根据财政部、国家税务总局《关于企业重组业务企业所得税处理若干问题的通知》(财税〔2009〕59号)整理得出。

对于纳税人来说,这两种税务处理政策带来的财务结果是不一样的。具体而言:采用一般性税务处理时,实务操作简单,不需要满足特定条件,交易的时间成本比较低,但是不能递延纳税,亏损无法弥补结转,如果涉及金额较大,将给企业带来巨大的税收负担;特殊性税务处理方式下,虽然实务操作较为复杂,但是可以递延纳税且亏损可以结转。

两种税务处理方式各有利弊。企业在并购重组时应该根据具体问题分析选择合适的税务处理方式。

二、案例介绍

（一）并购方

A 化工成立于 1998 年 11 月 30 日，2008 年底在上海证券交易所挂牌上市，成为国内第一家在石油化工领域取得上市资格的企业。

A 集团是一家拥有石油和天然气勘探开发资质的大型能源化工企业，对石油、天然气、煤炭等多种资源进行综合开发、深度转化、循环利用。主营业务是化工和石油工程承包、无损检测、设备制造、材料销售以及化工和石油工程承包有关的技术服务等。

（二）标的企业

B 工程系原某石油化工工程有限公司以 2017 年 9 月 30 日为基准日经过派生分立后的存续公司。B 工程是 A 集团下属的高新技术企业，其中 A 集团持股 54.79%。B 工程主要从事化工及石油化工、天然气化工、新型煤化工等领域的工程设计、工程咨询及工程总承包等业务，而 A 化工以化工工程施工及相关设备制造为主营业务，两者具有较强的业务关联性。

（三）并购目的

1. 消除潜在同行竞争

作为 A 集团控制的企业，近几年随着业务的逐步发展，A 化工和 B 工程产生了因业务边界拓展需求形成的潜在的同业竞争。本次交易完成后，B 工程将成为 A 化工的全资子公司，本次交易消除了两者潜在的同业竞争，有利于增强 A 化工的独立性。

2. 优化股权结构

通过本次发行股份购买资产，A 化工股权结构将得到进一步优化，形成 A 集团仍为控股股东、多元化投资者参与的股权结构，可以为进一步深化国企改革积累经验。

3. 完善工程服务产业链，提高市场竞争力

本次重组完成后，A 化工将成为拥有完善工程服务产业链的大型工程服务企业，业务涵盖工程技术服务、工程施工服务及相关设备制造等。将新增化工石化医药行业工程设计甲级资质、化工专业工程咨询甲级资质等相关业务资质，并取得相关业务的对外工程总承包资格，有助于提高 A 化工在化工工程服务板块的整体市场竞争力。

4. 增强人才储备

B工程作为高新技术企业,其拥有较为完善的人才体系。A化工通过本次发行股份购买资产,将增强人才储备,进一步提升自身软实力。

5. 提高A集团资产证券化率,促进国有资产保值增值

作为A集团主要资本运作平台之一,本次重组完成后,本公司资产规模、技术水平将得到提升,A集团企业国有资产证券化率将得到进一步提高。同时,通过后续整合产业资源,提升上市公司盈利能力,将促进国有资产的保值增值。

虽然企业并购的主要目的不是税收目的,但对税收政策的合理运用可能会影响企业并购的财务成本。

(四)并购方案

根据标的资产2017年9月30日为基准日的财务报表,以2017年9月30日为评估基准日,注入资产预估值情况如表4所示。

表4　B工程评估值　　　　　　　　　　　　　　　单位:万元

标的名称	账面价值 (100%权益) A	预估值 (100%权益) B	增减值 C=B-A	增值率 D=C/A	收购比率 E	标的资产预估值 F=E×B
B工程	37 996.47	161 280.00	123 283.53	324.46%	100%	161 280.00

资料来源:A化工公司公告。

本次重组交易采取100%股权支付方式。以2017年9月30日为预估基准日,本次标的资产的预估值为161 280.00万元。交易各方约定交易价格暂定为161 280.00万元。

综合考虑B工程的盈利能力和定价情况,以及本次重大资产重组董事会决议公告日前A化工的股价情况,并兼顾交易各方的利益,根据与交易对方的协商,A化工拟以审议本次交易相关事项的首次董事会决议公告日(即定价基准日:2017年12月15日)前20个交易日股票交易均价作为市场参考价,发行股票价格不低于市场参考价的90%,确定为5.41元/股。

三、企业并购税收安排方案分析

(一)采取股权交易方式合并的税务分析

采取股权交易双方可能的考量是:此次并购重组交易中,并购方A化工并购目

的在于获取 B 工程的控制权,消除潜在的同行竞争。根据税法规定,作为非上市企业的 B 工程在股权转让时无须缴纳增值税以及土地增值税。相应地,A 化工在取得股权时,也无须缴纳契税。因此,采取股权交易的方式可以减轻双方的税收负担。

(二)税务处理政策分析

股权收购过程中涉及的税务处理方式有两种:一是一般性税务处理,二是特殊性税务处理。两种税务处理方式中,一般性税务处理较为常见。《企业所得税法实施条例》第七十五条规定:"除国务院财政、税务主管部门另有规定外,企业在重组过程中,应当在交易发生时确认有关资产的转让所得或者损失,相关资产应当按照交易价格重新确定计税基础。"据此,企业重组应当按照交易价格作为计税基础,这是一般性税务处理的原则规定。

特殊性税务处理最直接、最主要的依据是财政部、国家税务总局发布的《关于企业重组业务企业所得税处理若干问题的通知》(财税〔2009〕59 号)和《企业重组业务企业所得税管理办法》(国家税务总局公告 2010 年第 4 号)。这两个文件明确了特殊性税务处理的适用条件和具体操作。

该并购交易对应特殊性税务处理的五个条件:

A 化工收购 B 工程是为了有效整合两家公司的业务,消除同行竞争,增强人才储备,优化股权结构等。具有合理的商业目的,主要目的不是减少、免除或者推迟缴纳税款。

阅读 A 化工的收购协议规定可以看出,重组后的持续 12 个月内不改变重组资产原来的实质性经营活动。

在重组后,A 化工在持续 12 月内没有转让所取得的股权的意向。

本案例中,A 化工收购 B 工程的 100%股权,这满足了特殊性税务处理要求的 "收购企业在该股权收购发生时的股权支付金额不低于其交易支付总额的 85%"。

此次交易采取 100%股权支付的方式,超过了 85%的最低要求。

综上,A 化工并购 B 工程这一交易事件满足特殊性税务处理要求。而 A 化工可以选择任意一种税务处理方式,下面分别分析两种方式的处理结果。

1. 一般性税务处理方式

在并购重组股权交易中,并购方如果选择一般性税务处理方式,B 工程应就其所占 78.79%的股权缴纳企业所得税。交易当日的股权账面价值和公允价值分别为 300 962 042 元、1 270 725 120 元。

B 工程法人股东应确认的股权转让所得 = 1 270 725 120 − 300 962 042 = 969 763 078 元

当期应缴纳的企业所得税 = 969 763 078×25% = 242 440 769.5 元

B工程如果采用一般性税务处理方式进行处理,那么其资产的后续计量将采用公允价值为基础。在并购交易评估基准日,B工程无形资产以及固定资产评估增值达324.46%,公允价值超出账面价值的部分将为A化工带来税收抵减效应,减少相应税费的缴纳。将B工程的资产进行汇总和合理估计,根据各项资产的相关税收规定,车辆及电子设备、房屋及建筑物、无形资产的剩余使用年限分别为2年、15年、10年,以5年期的我国国债利率5%计算年金现值系数,计算出资产增值折旧抵税表(见表5)。

表5　B工程资产增值折旧抵税表　　　　　　　　　　单位:元

	增值	多提折旧(年)	折旧抵税
车辆及电子设备	6 677 962.71	6 677 962.71/2 =3 338 981.36	3 338 981.36×25%×(P/A,5%,2) =1 552 125.49
房屋及建筑物	336 883 854.2	336 883 854.2/15 =22 458 923.61	22 458 923.61×25%×(P/A,5%,15) =58 279 222.36
无形资产	34 957 117.28	34 957 117.28/10 =3 495 711.73	3 495 711.73×25%×(P/A,5%,2) =6 748 209.32
合计	—	—	66 579 557.17

资料来源:作者整理。

由表5可以看出,A化工采用一般性税务处理时,在并购交易评估基准日,公允价值超过账面价值的部分虽然为A化工减少了66 579 557.17元,起到了税收抵减效用,但是结合上文,当期仍然需要缴纳242 440 769.5元企业所得税,远大于折旧带来的税收抵减效用。

2. 特殊性税务处理方式

在并购重组股权交易中,并购方选择特殊性税务处理方式时,对股权支付的部分,暂不确认所得或损失,不缴纳企业所得税。对非股权支付的部分仍应在交易当期确认相应的资产转让所得或损失,计算缴纳所得税。

鉴于此次重组交易中A化工选取的是100%股权支付方式,所以本期不需要缴纳企业所得税。在以后年度,B工程的原股东如果将本次交易中获得的股票全部或者部分售出,届时再按照相关规定对该售出部分所得收入计算确认缴纳企业所得税。

因此,企业本期缴纳的企业所得税为0元。

3. 方案比较

如果只考虑对企业当期税负的影响,不考虑交易完成后各期的税负大小,通过比较A化工并购B工程采取不同税务处理方式的当期纳税额可得出结论,相较于一般性税务处理,A化工在采用特殊性税务处理时,应纳企业所得税明显低于一般性税务处理时应缴纳的242 440 769.5元,缓解了企业当期的资金压力。详见表6。

表6　一般性税务处理与特殊性税务处理税负比较　　　　　单位:元

	股权转让所得	应纳企业所得税	计税基础
一般性税务处理	969 763 078	242 440 769.5	1 270 725 120
特殊性税务处理	—	—	300 962 042

资料来源:作者整理。

根据财税〔2009〕59号文规定,采用特殊性税务处理,B工程的法人股东们就其取得的A化工的股权转让所得在交易的当期不需要确认,同时在并购重组的过程中A化工所获得的B工程的资产在进行入账价值确认时,应该按照原来的计税基础。按照一般性税务处理方式,A化工取得的资产的入账价值进行确认时,应该按照评估后的公允价值。在并购重组方案中,B工程的各项资产评估增值率高。两个税务处理方式下所计算出的资产账面价值有所差异,特殊性税务处理方式下的资产账面价值偏低。如果A化工未来有股权卖出的计划,特殊性税务处理方式下所扣除的税前成本将会大幅度降低。

据了解,A化工在本次交易完成后,将整合B工程在化工及石油化工、天然气化工、新型煤化工等领域的工程设计技术和工程总承包能力,发挥A化工施工能力与B工程设计技术能力的协同效应,延伸A化工在化工及石油化工、天然气化工、新型煤化工等领域的产业链,形成工程设计、施工、设备采购及总承包一体化的业务格局,增强上市公司的抗风险能力,使企业的资本结构得到大幅优化,提升上市公司总体的竞争力与盈利能力,所以A化工在较长时间内将不会出售并购所得B工程的股份。而在一般性税务处理方式下,A化工只有出售B工程的股权才能获得税收抵减效用。

因此,采用特殊性税务处理方式优于一般性税务处理方式,能够切实减轻企业税收负担,促进A化工的未来发展。

由这个案例我们可以看出,采取特殊性税务处理时,递延缴纳的税款可以看作未来将要归还的无息借款,可以无限期地递延。企业在并购重组过程中,如果打算长期持有被并购企业的股份,就可以充分利用递延纳税获取货币的时间价值,进行其他投资活动或扩大生产。

四、案例启示

(一)加强对税收政策的研究

并购重组交易较为复杂,涉及的资金较大,税收筹划空间大。作为优先于并购重组交易事项发生的计划活动,税收筹划工作应基于对税收政策正确、充分的理解,而税收政策的变化性较强,会随时间发生实质上的改变。在并购交易发生的过程之中,受税收政策和经济的影响,提前设定的税收筹划方案有可能失效。为此,我们需要加强对税收政策的研究。

(二)结合企业并购目标,考虑长期效益与短期效益的一致性

在企业并购重组交易过程中,税收成本是交易双方比较关心的问题。只有在并购重组过程中充分了解相关的税收法律政策、征收、减免的条件,结合企业战略目标,才能在并购重组过程中不额外增加税收成本。在此案例中,A化工采用一般性税务处理时,虽然可以通过B工程资产的公允价值超出账面价值的部分为A化工带来税收抵减效用,但该税收抵减效用只能在A化工出售B工程的股份时才能发挥,而A化工收购B工程的目标是进行业务整合,消除同行竞争,提高竞争力,A化工在短时间内不会转让B工程的股份。显然,A化工采用特殊性税务处理优于一般性税务处理。因此,税收方案的选择还应考虑企业战略目标这一因素。

参考文献

[1]邵静.关于企业并购重组中的税务筹划研究[J].中国总会计师,2017(11):90-92.

[2]郭跃芳.公司并购的税收效应:文献回顾与展望[J].财会通讯,2016(10):37-40.

[3]蔡昌.税收筹划[M].北京:北京交通大学出版社,2009.

[4]孔德宝.企业并购重组的涉税问题及其筹划探究[J].会计师,2017(16):18-19.

[5]张晓静.企业并购重组中的税收筹划方法探析[J].纳税,2019,13(30):27-28.

[6]张红生.企业并购重组中的税收筹划策略探讨[J].企业改革与管理,2019(18):150-151.

第三部分
2021 年税务师行业发展报告

税务师行业发展概览

一、税务师行业概述

(一)税务师

税务师是指参加全国统一考试,成绩合格,取得税务师职业资格证书并经登记的、从事涉税鉴证和涉税服务活动的专业技术人员[①]。2014年7月,国务院取消了注册税务师职业资格许可。2015年11月,在总结原注册税务师职业资格制度实施情况的基础上,人力资源和社会保障部、国家税务总局制定了《税务师职业资格制度暂行规定》和《税务师职业资格考试实施办法》,税务师职业资格仍属于国家职业资格,纳入全国专业技术人员职业资格证书制度统一规划[②]。通过税务师职业资格考试并取得职业资格证书的人员,表明其已具备从事涉税专业服务的职业能力和水平。税务师资格的取得实行考试和认定制度,中国注册税务师协会具体承担税务师职业资格考试的评价与管理工作[③]。税务师职业资格证书实行登记服务制度,税务师职业资格证书登记服务的具体工作由中国注册税务师协会负责。

税务师行业是伴随社会主义市场经济的建立而发展的新兴行业,是社会主义市场经济发展的必然产物。在中国经济蓬勃向上的同时,一方面由于经济运行到一定阶段所产生的内在要求,另一方面因为与世界经济接轨的客观需要,政府管理经济的模式发生了深刻的转变,宏观调控成为主导,与此同时,各行业自律性组织——行业协会及其专业机构的建设得到了进一步加强。其中,税务师行业由于有助于政府建立市场经济体制,尤其是健全服务市场体系,保障新税制实施,加快税收征管改革,适应改革开放,而得到国家的重视。在此基础上,中国税务咨询协会经过多年的实践,2003年8月经民政部批准更名为"中国注册税务师协会",并与中国注册会计师协会分业管理,这是中国税务师行业发展的一座里程碑。

---

① ①从注册税务师的专业作用看注税行业立法的重要性[EB/OL].[2020-08-10].http://www.cctaa.cn/hyxw/ztzl/zyyjiu/2014-08-28/11831.html.

② ②国家税务总局"税务师职业资格制度和考试办法"在线访谈[EB/OL].[2020-08-10].http://www.cctaa.cn/2015ksbm/2015-11-20/13439.html.

③ ③税务师职业资格考试实施办法[EB/OL].[2020-08-10].https://ksbm.ecctaa.com/cms/detail-CMS201605171700000014003.html.

国家税收法律研究前沿问题
——国家税收法律研究基地成果和中国税务师行业发展报告

2003年,中国共产党第十六届中央委员会第三次全体会议指出,要积极发展独立公正、规范运作的专业化市场中介服务机构,按照市场化原则和规范发展各类行业协会、商会等自律组织。2014年,国务院《关于加快发展生产性服务业促进产业结构调整升级的指导意见》提出"积极发展资产评估、会计、审计、税务等专业咨询服务"。2014年,国务院《关于促进市场公平竞争维护市场正常秩序的若干意见》明确指出,充分发挥社会力量在市场监管中的作用,支持税务师事务所等市场专业化服务组织对企业纳税情况的真实性、合法性进行鉴证。2017年10月30日,中国注册税务师行业委员会第十二次(扩大)会议传达了党的十九大精神,强调要全面、系统地领会党的十九大精神,结合行业党建和发展实际,进一步掌握税收现代化的精神实质,以其指导行业现代化的实践发展。2018年4月26日,全国税务师行业党委书记会议深入学习了习近平总书记新时代中国特色社会主义思想以及"两会"精神,强调要发挥党建工作的统领作用和核心作用,将党建融入涉税专业服务中,促进税务师行业加快转型升级,锐意进取,扎实工作,为决胜全面建成小康社会、加快推进社会主义现代化、实现中华民族伟大复兴的中国梦发挥税务师行业应有的作用。2019年8月16日,中国注册税务师协会第六次全国会员代表大会顺利召开,会议强调在五届理事会的工作基础上,以习近平新时代中国特色社会主义思想为指引,以实现行业高质量发展为目标,发挥好行业桥梁和纽带作用以及涉税专业服务优势,不断改革创新,继续认真贯彻落实以党建为引领,统筹推进行业市场化、法治化、专业化、智能化、国际化、信用化的"1+6"发展战略,为服务国家经济社会建设、推进国家治理体系和治理能力现代化做出新贡献。2020年,经中国注册税务师协会第六届常务理事会审议通过,并报请国家税务总局领导和有关部门审核同意,出台了《中国注册税务师协会关于推进新时代税务师行业高质量发展的指导意见》,明确要通过"六化"高质量建设,使税务师行业整体服务效率和质量显著提高,经营效益和社会效益持续向好,吸纳就业能力持续加强,涉税专业服务主力军地位进一步巩固,行业发展的外部环境进一步改善,税务师行业在助力政府部门优化纳税服务、提高征管效能、防范涉税风险和强化社会监督等方面发挥更大作用,基本形成专业高效、规范有序、治理完善的税务师行业高质量发展新格局。2021年,中共中央办公厅、国务院办公厅印发的《关于进一步深化税收征管改革的意见》第六部分"持续深化拓展税收共治格局"首次提出,要"加强社会协同,积极发挥行业协会和社会中介组织作用,支持第三方按市场化原则为纳税人提供个性化服务"。这是党中央、国务院立足新发展阶段,为进一步深化税收征管改革而赋予税务师行业的新使命。

随着我国改革开放的逐步深入,我国经济获得了前所未有的发展,税务师行业也成为完善市场经济体制、深化税制改革、优化纳税服务、提高税法遵从度的一支重要的专业化社会服务力量①。税收事业的大发展,离不开政府的大力支持和税务师行业工作者们的广泛参与。税务师行业按照客观公正、优质服务的原则,初步理顺了各方面的关系,在市场经济环境中努力转变观念,平等竞争。税务代理业务由单一到综合,正在向税收全面代理、税务高端咨询、税务顾问等高层次业务发展。

(二)税务师行业的特征

1. 主体资格的特定性

在涉税服务法律关系中,涉税服务行为发生的主体资格是特定的。这包含两个方面的内容:一是代理人必须是经批准具有税务代理执业资格的税务师和税务师事务所;二是被代理人必须是负有纳税义务或扣缴税款义务的纳税人或扣缴义务人。主体资格的特定性是税务师职业的法定要求。

2. 代理活动的公正性

税务师是与征纳双方都不存在利益关系的独立第三方涉税服务专业人员。税务师在开展相关业务的过程中,要站在客观、公正的立场上,以税法为依据,以服务为宗旨,既要保障纳税人的合法权益,又不能损害国家的利益。公正性是税务师职业的根本要求,是税务师行业得以存续发展的重要前提。

3. 法律的约束性

税务师从事的涉税专业服务与法律服务、会计审计服务一样,是负有法律责任的契约行为。税务师与委托人之间需要签订具有法律约束力的业务约定书,在执业过程中,其行为受到税法及其他相关法律的约束。

4. 执业活动的知识性和专业性

税务师从事的涉税服务是知识密集型和实践密集型的专业活动。首先,执业的税务师要具备丰富的知识,不局限于税法、法律、财会、金融等专业知识;其次,执业的税务师要具有一定的实践经验,具备综合分析能力,其执业过程和程序都是专业、规范的,体现出涉税服务的专业性。

5. 执业内容的确定性

税务师承接业务的业务范围是由国家以法律、行政法规和行政规章的形式确定的,税务师不得超过规定的内容从事涉税服务活动,税务师不得代理应由税务机关行使的行政职权。在具体的业务中,税务师需要以业务约定书中确定的服务目的、范围、期限为依据开展业务。

6. 税收法律责任的不转嫁性

税务代理关系的建立并不改变纳税人、扣缴义务人对其本身所固有的税收法

---

① 李林军. 税务师行业砥砺奋进 铿锵前行[N]. 中国会计报,2018-11-23(003).

律责任的承担。在代理过程中产生的税收法律责任,无论是纳税人、扣缴义务人的原因,还是税务师的原因,其承担者均应为纳税人或扣缴义务人。但是,这种法律责任的不转嫁性并不意味着税务师在执业过程中可以对纳税人、扣缴义务人的权益不负责任,不承担任何代理过错。如果因税务师的过错而造成了损失,委托方可以通过民事诉讼程序向代理人提出赔偿要求。

7. 执业的有偿服务性

税务师行业是伴随市场经济的发展而产生并发展起来的,既服务于纳税人和扣缴义务人,又间接地服务于税务机关,服务于社会,它同样以获得收益为目标。税务师在执业过程中付出了体力劳动和脑力劳动,应该获得相应的报酬。

(三)税务师的执业准则

税务师和税务师事务所提供涉税服务,应遵循以下原则:

1. 合法原则

税务师事务所必须是依法成立的;从事涉税服务的税务师必须是参加全国统一税务师资格考试且成绩合格的涉税服务人员;提供涉税服务的过程和结果应当符合法律规定,不得损害国家税收利益和其他相关主体的合法权益。合法原则是税务师执业的重要原则。

2. 合理原则

合理原则又称客观公正原则,是指税务师提供的涉税服务应当符合税法立法目的,合乎事理常规。税务师在实施涉税服务的过程中,要公正、客观地为纳税人、扣缴义务人代办涉税事宜,不得偏袒或迁就。

3. 独立原则

税务师在其权限内能够独立地履行自身的职责,不受其他组织机构和个人团体的干预。税务师从事具体代理活动不受纳税人和扣缴义务人控制,也不受税务机关左右,应严格按照税法的规定,独立地处理受托业务。

4. 胜任原则

税务师在承接业务和执业中,应当审慎评价委托人的业务要求和自身的专业能力,妥善处理超出自身专业能力的业务委托。合理的人员配备能够达到事半功倍的效果,既能够节约业务成本,又能够为委托人提供优质的服务。

5. 责任原则

税务师在执业过程中应当抱着为委托人负责的态度实施服务程序,控制执业风险,承担执业责任。此外,税务师对委托人的企业信息及相关的资料负有保密的责任,应当依照法律规定和约定履行保密义务。

(四)税务师提供服务的主要程序

1. 业务承接

税务师应当按照《注册税务师业务承接规则(试行)》的要求承接涉税服务业务。在签订业务约定书之前,税务师应当与委托人进行沟通,了解委托背景、目的、目标等特定事项的具体内容。在进行充分的沟通和讨论之后,税务师应当按照《涉税业务约定规则(试行)》的要求起草业务约定书。业务约定书包括但不限于以下内容:委托背景,委托人的需求,服务目标,服务团队,服务程序,服务成果体现形式、提交方式和时间,业务收费,权利和义务,以及法律责任。

2. 业务计划

涉税服务的业务计划有四个要求:

第一,业务计划应当根据服务目标,按照《注册税务师业务计划规则(试行)》制订,业务简单、风险较小的服务项目可以简化。

第二,税务师应在充分理解委托原因、背景、目标的基础上,制订业务计划。

第三,税务师应将服务总目标分解成若干阶段,然后确定各阶段的子目标,再据此细化各阶段的工作事项。

第四,在项目计划形成后,税务师应当与委托人进行沟通,得到委托人确认后再实施。

3. 业务实施

业务实施应以委托人目标实现为导向,根据委托目标,确定涉及相关法律法规范围,分析实现委托人目标应具备的法定条件,分析委托人现有条件与法定条件的差异和差异原因,提出消除差异的方法和建议。在业务实施前,项目组成员应当对业务约定书和业务计划进行讨论,使项目成员都能了解项目目标及各自所承担的任务和责任。项目启动后,项目负责人应当按项目计划对项目的进展、成本、质量、风险进行控制。

需要强调的是,当发现委托人提供的资料和陈述严重偏离业务约定书的内容,对委托目标实现有重大影响时,税务师应当与委托人讨论修改委托目标和业务约定书的其他内容,如不能达成共识,则终止项目。

4. 业务报告

在项目结束时,税务师需要根据项目制定相应的业务报告。业务报告的基本要求包括以下内容:

第一,应向委托人告知涉税服务业务报告的起草原因和所要达到的具体目的。

第二,业务报告的内容和要素要完整,目录要清晰;在具体分析表述中,论述的内容要与大小标题的内容相对应。

第三,业务报告中,除了写明分析过程和业务结论外,还应列明相应的依据(委托人的事实和法律法规)。涉及的法律法规可以作为业务报告的附件。

第四,在报告中,针对业务约定书确定的目标,税务师要明确告诉其结论和建议。

第五,在报告中,要告知委托人在使用业务报告时应注意的事项,以避免委托人不当使用业务报告给税务师事务所带来风险。

二、税务师事务所概述

(一)税务师事务所

税务师行业经历了40多年的蓬勃发展,已成为继律师行业、注册会计师行业之后的第三大经济鉴证类专业服务行业,在税收征管环节发挥着重要作用,为我国税收征管工作做出了贡献。

为深入贯彻落实国务院"放管服"改革部署要求,规范涉税专业服务,维护国家税收利益和纳税人合法权益,依据《中华人民共和国税收征收管理法》及其实施细则和国务院有关决定,国家税务总局制定了《涉税专业服务监管办法(试行)》(以下简称《办法》)。《办法》规定:涉税专业服务是指涉税专业服务机构接受委托,利用专业知识和技能,就涉税事项向委托人提供的税务代理等服务。涉税专业服务机构是指税务师事务所和从事涉税专业服务的会计师事务所、律师事务所、代理记账机构、税务代理公司、财税类咨询公司等机构。

我国的涉税专业服务机构可以从事纳税申报代理、一般税务咨询、专业税务顾问、税收策划、涉税鉴证、纳税情况审查、其他税务事项代理和其他涉税服务。

税务机关应当对税务师事务所实施行政登记管理。未经行政登记不得使用"税务师事务所"的名称,不能享有税务师事务所的合法权益。税务师事务所的组织形式为有限责任制税务师事务所和合伙制税务师事务所,以及国家税务总局规定的其他形式。

税务师事务所应当依法纳税,并建立健全内部管理制度,严格财务管理,建立职业风险基金,办理职业保险[1]。

税务师行业是伴随我国市场经济体制的建立而发展壮大的新兴行业,税务师事务所是具有涉税服务和护税协税双重职能的税务中介组织,是加强税收征管、监督社会经济活动、维护纳税人权利和义务、促进我国税收事业发展的支柱力量[2]。

---

[1] 岳松. 财政与税收[M]. 北京:清华大学出版社,2008.
[2] 伍唯佳,周向均. 税务师事务所发展探析:服务产品化[J]. 中国集体经济,2014(1):37-38.

但目前我国税务师事务所规模普遍较小、业务范围较窄、高端人才匮乏,税务师的执业水平和职业道德水平有待提高,行业法律制度不健全等问题依然存在,成为我国税务师事务所发展的制约因素。

全面改革、简政放权的力度越大,税务师行业发展的空间就越大;中央推进国家治理体系和治理能力现代化的步伐越快,税务师行业的作用就越明显。随着我国社会主义市场经济的发展以及税制改革的深化,税务专业化服务的需求将会越来越大,必将迎来行业快速发展的历史性机遇[1]。

税务师事务所对维护国家税收收入增长、减少税收流失、保证国家税收法律法规正确贯彻实施、深化税收征管改革、建立税收服务体系都起到了重要作用。

税务师事务所可自愿加入税务师行业协会。根据监管新规,从事涉税专业服务的会计师事务所、律师事务所、代理记账机构除了加入各自行业协会并接受行业自律管理外,可自愿加入税务师行业协会税务代理人分会;鼓励其他没有加入任何行业协会的涉税专业服务机构自愿加入税务师行业协会税务代理人分会。中国注册税务师协会已启动税务代理人分会成立筹备工作。

税务师和税务师事务所承办业务,应当以委托方自愿为前提,以有关法律、行政法规、规章为依据,并受法律保护。国家税务总局与各省、自治区、直辖市和计划单列市税务局(以下简称"省税务局")是注册税务师行业的业务主管部门,分别委托各自所属的注册税务师管理中心行使对注册税务师和税务师事务所的行政管理职能,并监督、指导注册税务师协会的工作。

(二)税务师事务所的种类

参照我国会计师事务所的设置情况,结合《公司法》的规定,我国的税务师事务所分为两类:一是根据税务师事务所审批机关的级别,分为国家税务总局批准的税务师事务所和地方税务师事务所。前者是指国家税务总局直接批准成立的税务师事务所,后者是指由省税务局批准成立的税务师事务所。二是根据出资者的不同,分为有限责任税务师事务所和合伙税务师事务所。前者是指按有关规定由单位发起设立,发起单位以其出资额对税务师事务所承担责任,税务师事务所以其全部资产对其债务承担责任的一类税务师事务所;后者是指税务师事务所的债务由合伙人按比例或者协议和约定,以各自的财产承担责任的一类税务师事务所[2]。无论按照哪种分类方法,税务师事务所的人员构成大体一致,即由所长、副所长、部门经理、注册税务师、业务助理人员和其他工作人员组成。

根据2017年国家税务总局关于发布《税务师事务所行政登记规程(试行)》

---

[1] 上海注册税务师协会课题组. 对税务师事务所转型发展的几点思考[J]. 注册税务师,2019(11):68-69.

[2] 合伙制税务师事务所又可以分为普通合伙税务师事务所和特殊普通合伙税务师事务所。

(以下简称《规程》)的公告,税务师事务所股东或合伙人向注册会计师和律师开放;《规程》对税务师事务所出资额(注册资本)、合伙人或者股东的人数、年龄、从业经历、从业人员的人数、职业资格等均不做要求,仅就税务师事务所的组织形式做出了规定。

税务师事务所采取合伙制或者有限责任制组织形式的,除国家税务总局另有规定外,应当具备下列条件:

第一,合伙人或者股东由税务师、注册会计师、律师担任,其中税务师占比应高于50%。

第二,有限责任制税务师事务所的法定代表人由股东担任。

第三,税务师、注册会计师、律师不能同时在两家以上的税务师事务所担任合伙人、股东或者从业。

第四,税务师事务所字号不得与已经进行行政登记的税务师事务所字号重复。

(三)税务机关对涉税专业服务机构采取的监管措施[①]

税务机关建立行政登记、实名制管理、业务信息采集、检查和调查、信用评价、公告与推送等制度,同时加强对税务师行业协会的监督指导,建立与其他相关行业协会的工作联系制度,推动行业协会加强自律管理,形成较为完整的涉税专业服务监管制度体系。

1. 税务师事务所的行政登记

《规程》规定,行政相对人办理税务师事务所行政登记仅须向税务机关提交一张表格,这简化了报送资料,极大地便利了行政相对人。

行政相对人办理税务师事务所行政登记时,应当自取得营业执照之日起20个工作日内向所在地省税务机关提交下列材料:①税务师事务所行政登记表;②营业执照复印件;③国家税务总局规定的其他材料。

省税务机关自受理材料之日起20个工作日内办理税务师事务所行政登记。符合行政登记条件的,将税务师事务所名称、合伙人或者股东、执行事务合伙人或者法定代表人、职业资格人员等有关信息在门户网站公示,公示期不得少于5个工作日。公示期满无异议或者公示期内有异议、但经调查异议不实的,予以行政登记,颁发纸质登记证书或者电子证书,证书编号使用统一社会信用代码。省税务机关在门户网站、电子税务局和办税服务场所对取得登记证书的税务师事务所的相关信息进行公告,同时将税务师事务所行政登记表报送国家税务总局,抄送省税务师行业协会。

---

① 国家税务总局公告 2017 年第 13 号涉税服务有哪些?都要如何做?[EB/OL].[2020-08-12]. http://www.shui5.cn/article/80/111874.html.

不符合行政登记条件或者公示期内有异议、经调查确不符合行政登记条件的，出具税务师事务所行政登记不予登记通知书并公告，同时将有关材料抄送市场监督管理部门。

根据国务院第91次常务会议将"税务师事务所设立审批"调整为"具有行政登记性质的事项"的决定，税务机关应当对税务师事务所实施行政登记管理。未经行政登记不得使用"税务师事务所"名称，不能享有税务师事务所的合法权益。税务师事务所合伙人或者股东由税务师、注册会计师、律师担任，税务师占比应高于50%，国家税务总局另有规定的除外。

从事涉税专业服务的会计师事务所和律师事务所，依法取得会计师事务所执业证书或律师事务所执业许可证，视同行政登记，不需要单独向税务机关办理行政登记。

2. 税务师事务所的实名制管理

税务机关对涉税专业服务机构及其从事涉税服务人员进行实名制管理。税务机关依托金税三期应用系统，建立涉税专业服务管理信息库。通过信息采集，建立对涉税专业服务机构及其从事涉税服务人员的分类管理，确立涉税专业服务机构及其从事涉税服务人员与纳税人（扣缴义务人）的代理关系，区分纳税人自有办税人员和涉税专业服务机构代理办税人员，实现对涉税专业服务机构及其从事涉税服务人员和纳税人（扣缴义务人）的全面动态实名信息管理。

3. 涉税专业服务机构对服务总体情况的报送

涉税专业服务机构应当以年度报告形式，向税务机关报送从事涉税专业服务的总体情况。税务师事务所、会计师事务所、律师事务所从事专业税务顾问、税收策划、涉税鉴证、纳税情况审查业务，应当在完成业务的次月向税务机关单独报送相关业务信息。

4. 对违反法律法规及相关规定的涉税专业服务机构及其涉税服务人员的处理

税务机关视情节轻重，对违反法律法规及相关规定的涉税专业服务机构及其涉税服务人员采取以下处理措施：责令限期改正或予以约谈；列为重点监管对象；降低信用等级或纳入信用记录；暂停受理或不予受理其所代理的涉税业务；纳入涉税服务失信名录；予以公告并向社会信用平台推送。此外，对税务师事务所还可以宣布税务师事务所行政登记证书无效，提请市场监督管理部门吊销其营业执照，提请全国税务师行业协会取消税务师职业资格证书登记，收回其职业资格证书并向社会公告；对其他涉税专业服务机构及其涉税服务人员，还可由税务机关提请其他行业主管部门及行业协会予以相应处理。

5. 对涉税专业服务机构加入税务师行业协会的规定

按照自愿原则，税务师事务所可自愿加入税务师行业协会。从事涉税专业服务的会计师事务所、律师事务所、代理记账机构可自愿加入税务师行业协会税务代理人分会;鼓励其他没有加入任何行业协会的涉税专业服务机构自愿加入税务师行业协会税务代理人分会。加入税务师行业协会的涉税专业服务机构,应当接受税务师行业协会的自律管理,享有税务师行业协会提供的相关服务。

三、中国税务师行业发展历程

我国税务师行业的发展与市场的需求和行政部门的支持、引导密切相关,行业从无到有,发展到今天,已经成为继注册会计师、律师之后的第三大经济鉴证类专业服务行业。我国税务师行业的发展阶段可以分为萌芽阶段、初创阶段、发展阶段和转变阶段。

(一)萌芽阶段

我国税务师行业起步于20世纪80年代出现的以税务咨询为主要业务的税务代理。1983年和1984年我国进行了两步"利改税",国营企业上缴利润改为上缴所得税的形式,企业有了自主独立的利润,就需要调节利益的分配。随着我国税收体制的不断发展,企业需要能够掌握和运用国家税收政策、法律法规的中介机构。在多种因素的推动下,税收代理机构这种独立公正的服务中介机构应运而生。1984年,中国税务协会成立,其职能范围覆盖了经济咨询、税务咨询、税收信息服务等。1985年,第一家税务咨询事务所于新疆创办。80年代中期,国内最早的民间税务咨询和代理组织的业务协调机构由武汉、重庆、广州三市组织成立,随着其他城市的涉税服务组织的加入,该机构于1998年发展成"七城市税务咨询联合会"。

在萌芽阶段,税务代理的主要业务是提供税务咨询服务,具体包括接受专项咨询委托业务、接受企业委托的税务顾问业务和提供电话税务咨询服务。这一阶段成立的组织和机构推进了涉税专业服务行业的发展,但是对税务咨询的探索并没有上升到制度层面。

(二)初创阶段

1990年,纳税人自行申报纳税制度的确立为我国税务师行业的发展带来了契机,被认为是我国税务师行业初创期的开端。在税务师行业的初创阶段,使用更为广泛的概念是税务代理行业。1992年,《中华人民共和国税收征收管理法》首次以法律形式明确了税务代理人从事税务代理业务,这对我国税务师行业的发展具有重大意义。1994年,全面性、结构性的税制改革使得我国税制体系更加复杂,增加了纳税人对税务专业服务的需求。为了顺应市场的需要,国家税务总局下发了《税务代理试行办法》,对税务代理人资格认定、权利与义务、代理业务范围、代理关系、代理机构以及税务代理责任等一系列事项做出了规定,这是我国税务代理制度正式形成的标志,是我国税务师行业发展过程中具有里程碑意义的事件①。

为了规范和促进税务师行业的发展,我国从1995年起对税务师这个职业进行了一系列的认定和规范。1995年,中国税务师咨询协会成立,成为我国税务师的行业自律组织。1996年,人事部、国家税务总局联合颁布《注册税务师资格制度暂行规定》,标志着我国税务师制度正式形成②。1998—1999年,人事部和国家税务总局成立了税务师管理中心,并颁布了一系列的法规来完善、规范我国税务师行业,这对我国税务师行业的健康发展起到了十分积极的作用。

这个阶段我国税务师行业初步形成了具有法律意义、客观公正、自愿平等、操作规范、权责对等的税务代理服务机制。但是,这个阶段同样存在一些问题,如政企划分不清,难以保证其独立性;税务制度不完善,不利于行业的持续发展;税务代理业公众认识度偏低,地区发展不均衡,人员素质不高。这些问题阻碍了行业的进一步发展。

(三) 发展阶段

我国税务师行业在21世纪初进入了蓬勃发展的阶段,各方面有了显著的提高甚至突破。国务院在2000年开始对经济鉴证类中介实施统一管理,国家税务总局2001年颁布了《税务代理业务规程(试行)》,这些举措提高了税务师的执业质量,为促进税务师行业的健康发展提供了更为具体的制度保障。2003年,中国税务咨询协会更名为中国注册税务师协会,标志着我国税务师协会的工作迈上了新的起点。2004—2009年,国家税务总局先后出台《关于开展税务代理行业专项检查的紧急通知》《注册税务师管理暂行办法》《关于印发注册税务师执业基本准则的通知》等文件,进一步规范税务师的执业行为,加强行业的自律管理,促进税务师行业健康有序发展。2012年4月20日,《注册税务师行业"十二五"时期发展指导意见》正式出台,体现出我国对税务师行业的重视和期望,同时也标志着我国税务师行业进入了一个崭新的发展时期。

经过多年的快速发展,税务师行业已经成为国家税收事业不可或缺的社会管理力量,成为维护国家税收利益和纳税人合法权益、提高管理水平和征纳效率、降低征管成本、规避税收风险不可替代的专业力量,是纳税人和税务机关联系的桥梁和纽带。随着市场经济的发展,经济事务的复杂性不断增强,面对现代纳税体系建设的深入和税收法律法规的不断完善,我国税务师行业将迎来新一轮的发展。

---

① 从代理需求看税务代理的定位[EB/OL].[2020-08-12]. http://www.chinaacc.com/new/287/292/337/2006/5/sh31131037301515600212480-0.htm.

② 税务师考试的发展历程[EB/OL].[2020-08-12]. http://www.chinaacc.com/zhuce shuiwushi/ksdt/ya1707266673.shtml.

(四)转变阶段

我国税务师行业的转变阶段主要体现在市场地位的转变和行业的转型升级。自 2013 年 11 月 12 日中国共产党第十八届中央委员会第三次全体会议通过《中共中央关于全面深化改革若干重大问题的决定》以来,税务师行业经历了转型升级。2014 年 7 月 22 日,国务院发布《关于取消和调整一批行政审批项目等事项的决定》,取消了税务师的行政许可[①]。2015 年 11 月 2 日,人力资源和社会保障部、国家税务总局发布了《税务师职业资格制度暂行规定》和《税务师职业资格考试实施办法》。由此,税务师的准入类考试资格被调整为水平评价类职业资格。税务师事务所行业迎来了重新的洗牌,也得到了更大的发展空间和历史机遇。

2016 年,国家税务总局发布《关于建立税务机关、涉税专业服务社会组织及其行业协会和纳税人三方沟通机制的通知》,该文件是新时期指导涉税专业服务社会组织发展、构建税收共治格局的重要指导文件。中国注册税务师协会先后发布《税务师职业资格证书登记服务办法(试行)》《中国注册税务师协会行业诚信记录管理办法(试行)》《中国注册税务师协会税务师事务所综合评价办法(试行)》,为税务师行业自律管理、规范服务和转型升级提供了较为完善的制度保证。2017 年 9 月 1 日起施行的《涉税专业服务监管办法(试行)》(国家税务总局公告 2017 年第 13 号,以下简称"13 号公告"),标志着税务机关将全面开放涉税专业服务市场,更加着重建立健全监管制度,优化服务措施,提高监管水平[②],为涉税服务行业提供了行为指南,有利于引导涉税服务行业健康有序发展,提升专业胜任能力和为纳税人涉税服务的水平。

2017 年 9 月 1 日起施行的《税务师事务所行政登记规程(试行)》规定了税务师事务所行政登记的基本条件、办理行政登记需要提交的资料、税务机关的办理程序和步骤、行政相对人的权利等主要内容,同时明确税务师事务所组织形式创新相关试点工作由国家税务总局研究推进。这有利于促进税务师事务所进行业务创新、技术创新和转型升级,维护国家税收利益,保护纳税人的合法权益。

我国税务师行业萌芽于 20 世纪 80 年代中期,90 年代初创,21 世纪初发展,之后经过十几年的快速发展,如今已成为国家税收事业重要的社会型管理力量。在这段时间里,税务师的地位也发生了由"涉税中介"到"涉税主体"的转变。一方面,税务师除了作为联系征纳双方的桥梁和代纳税人履行某些义务之外,也代纳税人行使权利,如享受税收优惠的权利,以及税法知悉权、要求公平纳税权等。另一

[①] 国务院关于取消和调整一批行政审批项目等事项的决定[EB/OL].[2020-08-13]. http://www.gov.cn/zhengce/content/2014-08/12/content_8974.htm.

[②] 国家税务总局关于发布《涉税专业服务监管办法(试行)》的公告[EB/OL].[2020-08-15]. http://www.chinatax.gov.cn/n810341/n810755/c2608065/content.html.

方面,税务师承担连带责任,税务师出现失误致使纳税人不能按规定缴纳税款且纳税人无法履行其纳税义务时,税务师就要承担连带责任。这表明税务师在我国税收征纳关系中的地位逐渐提高。在经济新常态和监管新动态背景下,我国税务师行业发展取得了良好的成绩。

第一,行业发展持续向好。税务师行业是涉税专业服务的主力军,1998 年起,由原人事部考试中心和国家税务总局教育中心联合组织实施注册税务师职业资格考试。2014 年 7 月,国务院发布《关于取消和调整一批行政审批项目等事项的决定》(国发〔2014〕27 号),取消了注册税务师职业资格的行政许可和认定。至此,历经 17 年、17 次考试,约 12 万人取得了注册税务师职业资格证书。根据《关于印发〈税务师职业资格制度暂行规定〉和〈税务师职业资格考试实施办法〉的通知》(人社部发〔2015〕90 号),2016 年 2 月,中国注册税务师协会组织实施了第一次税务师职业资格考试。截至 2021 年,中国注册税务师协会已成功组织实施了 7 次考试,近 10 万人取得税务师职业资格证书。

此外,全国税务师职业资格考试报考人数不断攀升。据统计,2021 年全国税务师职业资格考试报考人数达 86 万人,同比增长 34%。2021 年 11 月 13 日至 14 日,除北京、河北等部分地区受疫情影响延期考试外,2021 年度全国税务师职业资格考试在全国 20 个地区(含香港)、97 个城市、396 个考点、4 854 个考场开考,涉及考生 47.8 万人。

第二,行业影响力显著提升。自 2011 年起,国家税务总局和中国注册税务师协会连续 10 年举办全国税法知识竞赛,累计 63 万多人参加。

2020 年全国税法知识竞赛继续由中国注册税务师协会主办。在国家税务总局办公厅、纳税服务司、税收宣传中心的指导下,竞赛紧紧围绕"减税费优服务、助复产促发展"这一主题有序开展,自 2020 年 4 月 30 日启动,到当年 6 月 30 日截止。竞赛过程中,充分运用互联网、手机等传播手段,搭建 H5 智能响应式答题系统,根据纳税人、缴费人使用电脑、手机等设备的情况,智能选择显示电脑、手机答题页面,既提升了纳税人、缴费人、大中专院校学生阅读答题体验,又最大限度地降低了人员聚集可能带来的疫情传播风险。本届竞赛共有 88 126 人参加,相比于 2019 年第九届全国税法知识竞赛的 58 594 人,增长 50.4%。除了机关企事业单位以及各类相关行业的办税人员外,各地注册税务师协会和税务师事务所积极走进高校,增强了税法宣传的力度和广度,扩大了税务师行业的社会影响,取得了良好的社会效益。

四、2021 年税务师行业大事记

1 月 29 日,中税协党支部召开全体会议,集中学习了习近平总书记在十九届

国家税收法律研究前沿问题
——国家税收法律研究基地成果和中国税务师行业发展报告

中央纪委五次全会上的重要讲话精神,《中国共产党第十九届中央纪律检查委员会第五次全体会议公报》《中国共产党统一战线工作条例》《中国共产党党员权利保障条例》。中税协副会长兼秘书长、中税协党支部书记张树学主持会议。协会要求各部门要在抓好疫情防控的同时,认真做好本职工作,谋划好税务师行业"十四五"规划,立足新发展阶段、贯彻新发展理念、服务构建新发展格局,谋新局、开新篇、展新貌,不断推进税务师行业高质量发展,以优异成绩庆祝建党100周年。

2月24日,中税协召开全体党员和职工大会,传达学习党史学习教育动员大会精神和全国税务系统全面从严治党工作会议精神。会议传达了全国税务系统全面从严治党工作会议精神,重点学习了国家税务总局党委书记、局长王军和中央纪委国家监委驻国家税务总局纪检监察组组长、国家税务总局党委委员吴海英的讲话精神。会议要求全面加强税务师行业党的建设,加强对行业会员和从业人员规范执业等情况的监督,营造更加良好的税收发展环境,高质量推进税务师行业全面从严治党,以昂扬姿态迎接建党100周年,为服务"十四五"开好局、起好步做出应有的贡献。

3月15日,中国注册税务师协会召开全体会议,集中传达学习了全国两会精神和国家税务总局党委(扩大)会议精神。中税协副会长张铁勋传达了会议精神。中税协副会长兼秘书长、中税协党支部书记张树学主持会议。会议指出,税务师行业要认真学习领会习近平总书记重要讲话精神和全国两会精神,切实增强"四个意识"、坚定"四个自信"、做到"两个维护",提高思想认识和政治站位,坚定理想信念、筑牢初心使命。围绕"十四五"规划、围绕税收征管改革、围绕党史学习教育,坚持集中学习和自主学习相结合,把学习成效转化为工作动力,推动税务师行业高质量发展,以优异成绩庆祝中国共产党成立100周年。

4月8日,中国注册税务师行业党委以视频形式召开全国税务师行业党史学习教育暨党建工作重点任务推进会。税务总局党委委员、副局长,中国注册税务师行业党委书记任荣发出席会议并讲话。会议主要任务是贯彻落实党中央关于开展党史学习教育的部署和税务总局党委的要求,贯彻落实中央组织部、中央统战部有关会议精神和税务总局党委关于行业党建要求,推进税务师行业党史学习教育和2021年党建工作重点任务,动员全行业以高质量党建工作推动行业高质量发展。

4月14日上午,中税协召开2021年教育培训委员会工作会议。中税协各委员、培训基地负责人、中税协教育培训部工作人员等35人参加了本次会议,会议由中税协副会长、教育培训委员会主任委员李林军主持。中税协教育培训部主任关迎军做了2020年教育培训工作情况汇报及2021年工作要点说明。来自扬州、大连、西部及专项业务培训基地等的14位项目负责人简要介绍了2021年培训计划。

5月10日,根据《税务师职业资格制度暂行规定》和《税务师职业资格考试实施办法》，以及《关于2021年度专业技术人员职业资格考试工作计划及有关事项的通知》（人社厅发〔2021〕4号），2021年度全国税务师职业资格考试报名于5月10日正式开始。

6月29日，中国注册税务师行业党委以视频形式召开庆祝建党100周年会议，国家税务总局党委委员、副局长，中国注册税务师行业党委书记任荣发出席会议并讲话。中国注册税务师行业党委常务副书记、协会会长宋兰主持会议。会议要求，全行业要认真组织学习习近平总书记在建党100周年庆祝大会上的重要讲话精神，行业党委将按照党中央的决策部署和税务总局党委的要求，专门研究落实措施，各级行业党组织要认真抓好贯彻落实。

7月1日上午，中税协党支部集中观看了庆祝中国共产党成立100周年大会现场直播，直播结束后，又召开全体党员大会，认真学习贯彻习近平总书记在庆祝中国共产党成立100周年大会上的重要讲话精神，中税协副会长兼秘书长、党支部书记张树学主持会议。会议要求，税务师行业全体党员要认真学习贯彻落实习近平总书记在庆祝中国共产党成立100周年大会上的重要讲话精神，要结合党史学习教育和"四史"学习教育，各省级行业党委要以上率下带头学，行业各级党组织要多种形式认真学，做到入脑入心见行动，把思想和行动统一到习近平总书记重要要求上来，不断推进税务师行业高质量发展。

8月12日，中税协召开业务准则和发展委员会工作会议。中税协副会长、业务准则和发展委员会主任委员李亚民，副秘书长、副主任委员张晓平，业务准则和发展委员会专家委员及业务准则部参加会议。会议对《资产管理税收策划业务指引》《PPP（政府与社会资本合作）项目税收策划业务指引》《企业所得税汇算清缴纳税申报鉴证业务指引》《高新技术企业专项鉴证业务指引》《土地增值税清算鉴证业务指引》《税务司法鉴定业务操作指南》等六项业务指引（指南）开题报告进行评审论证。与会专家委员从政策变化、体系规范、执业风险、业务创新等方面就各项指引制定提出建设性的意见和建议。

8月26日下午，中税协与香港税务学会以视频形式召开了2021年海峡两岸暨港澳涉税服务论坛筹备会议。中税协常务副会长谢滨、香港税务学会会长吴锦华出席会议，中税协副会长李林军，副秘书长高存玉、张晓平，办公室（港澳台工作部）、会员管理部、业务准则部主要负责人以及香港税务学会等10位代表参加了会议。会上，双方就筹备2021年海峡两岸暨港澳涉税服务论坛相关问题进行了商讨。谢滨代表中税协，对论坛的嘉宾、论坛主题、演讲人名额和论坛流程提出了建议。香港税务学会表示，待同台湾省会计师公会和澳门税务学会商议后再确定最终论坛方案。

10月14日，中国注册税务师行业党委副书记、协会常务副会长谢滨，行业党委

国家税收法律研究前沿问题
——国家税收法律研究基地成果和中国税务师行业发展报告

副书记、协会副秘书长高存玉一行赴中国注册会计师行业党委,学习交流加强行业党建、统战工作推动行业发展的做法。同时还就落实中办、国办《关于进一步深化税收征管改革的意见》和国务院办公厅《关于进一步规范财务审计秩序促进注册会计师行业健康发展的意见》(国办发〔2021〕30号)等文件精神,推进社会共治,发挥涉税专业服务组织的作用,以及加强涉税行业协会之间的交流合作,充分发挥行业自律作用等问题进行了探讨。

11月13日至14日,2021年度全国税务师职业资格考试举行。中国注册税务师协会会长宋兰与国家税务总局纳税服务司司长韩国荣、中国注册税务师协会常务副会长谢滨、副会长李林军等领导一起来到2021年度全国税务师职业资格考试指挥中心巡查并指导考试工作。

11月26日,中税协党支部召开(扩大)会议,以习近平新时代中国特色社会主义思想为指导,深入学习贯彻习近平总书记在党的十九届六中全会上的重要讲话和全会精神。中国注册税务师行业党委副书记、中税协常务副会长、中税协党支部书记谢滨指出,中税协要把学习贯彻党的十九届六中全会精神作为当前和今后一个时期的重大政治任务,进一步抓好党的十九届六中全会精神的贯彻学习。

11月29日,国家税务总局党委委员、副局长,中国注册税务师行业党委书记任荣发主持召开中国注册税务师行业党委2021年度第四次(扩大)会议,传达学习贯彻习近平总书记在党的十九届六中全会上的重要讲话和全会精神,研究税务师行业贯彻落实措施。

部分国家税务师发展情况及经验借鉴

一、部分国家税务师发展比较

世界各国的国情不同,发展税务代理的程度也不同,各有特色,但其中还是有一些共性的经验值得借鉴。现在,国际上公认的比较成熟的税务代理模式有三种：垄断型模式、开放型模式和混合型模式。

垄断型模式有两个特点:一是国家颁布专门的法律（如日本颁布的《税理士法》）,政府设有专门的管理机构（如日本国税厅下设的税理士审查委员会）,在全国范围内对涉税服务实行统一、规范的管理。二是设立专门的税务师,税务师资格的取得需要通过专门管理机构组织的统一考试和认定,税务师应加入税务师行业组织（如日本的税理士会）。从事税务代理的其他人员,包括注册会计师、律师不必加入税务师行业组织。除日本之外,韩国、德国等国采取的也是垄断型模式。

开放型模式有两个特点:一是国家没有颁布专门的法律,政府没有设立专门的管理机构,不对营利纳税服务实行统一管理,营利纳税服务的管理监督主要靠行业自律。二是设立或不设立专门的税务师。在设立税务师的国家,税务师资格的取得和认定是由行业组织实施的。从事税务代理的其他人员,包括注册会计师、律师等不必在税务师行业组织注册登记。比如,英国政府既没有颁布专门的法律,也没有设立专门的管理机构对营利纳税服务机构进行管理监督。特许税务师协会是从事涉税服务的唯一专业团体,对税务代理活动整体上的管理监督以特许税务师协会颁布的行业制度为主要依据,财政、税务等其他部门的相关法律法规只对特定事项进行管理监督。除了参加特许税务师协会组织的相关考试,在被认定为特许税务师的人员之外,特许会计师、法庭律师、事务律师、注册会计师以及税务检察官也可以从事税务代理。除了英国,澳大利亚等国家营利纳税服务的运行模式也是开放型模式。

混合型模式有两个特点:一是政府制定专门的行政法规并设立专门的管理机构对营利纳税服务进行管理监督。二是不设立专门的税务师,从事税务代理的注册会计师、律师不必在专门的管理机构注册登记,从事税务代理的其他人员则应在专门的管理机构注册登记。采取这种模式的主要是美国。在美国,一方面,财政部公布的第230号文件及其他文件从整体上对营利纳税服务进行管理监督,并在联邦税务局内设执业责任办公室（the Office of Professional Responsibility, OPR）专门管理监督营利纳税服务；另一方面，任何人都可以从事税务代理，加入美国律师协会、美国注册会计师协会、全国会计师协会和全国注册代理人协会的人可以从事税务代理，不加入这些组织的人也可以开展税务代理业务。

（一）日本

日本的税务代理模式属于垄断型模式，即国家颁布专门的立法、政府设有专门的管理机构在全国范围内对涉税服务进行统一规范的管理，有专门的负责组织统一考试的机构，并设立专门的税务师，且通过加入该行业组织获得税务师资格后，方可执业。

1. 发展历程及现状

日本纳税服务的税理士制度是最具特点的。该制度在明治时期就已经存在，1896年前后出现了委托代理，到目前为止其已经发展100多年。1904年，税务市场逐渐稳定，代理与咨询已经发展成为较为成熟的市场，与此同时出现了许多税务专业人才。目前日本推行和使用的《税理士法》在20世纪50年代就已经开始运行，前后经历了4次修订，开创了此领域法律的先河，同时规定了税务代理的内涵："公署就依据租税有关法令或《行政不服审查法》规定之申报、申请、请求或不服声请，或就该申报等或关于税务官之调查或处分对税务官公署所为主张或陈述，为代理或代行。"随着税务代理市场的发展和成熟，相关的专业人士也越来越多，业务量逐渐增大，截至2018年，日本的税理士数量已经超过8万人[1]。

2. 税理士资格的取得

日本的税理士，简而言之就是专门处理税务问题的专业人才。为了规范税务市场，日本出台了多项规定来约束税理士的行为，与之相关的一部法律就是《税理士法》。该部法律对税理士做了严格规范的说明：税理士是指通过相关资格考试的人员，或者固定从事税务相关工作，本身具有相关的税务实际经验的人员。其中，有部分人员不需要经过相关的专业考试，比如律师和公证会计师。顺利通过考核拿到相关的资格证书之后，还需要在相关的联合会进行登记，通过对取得证书的审核，最终成为合格的、符合国家法律规定的税理士。根据《税理士法》的相关规定，税理士一定要站在公平公正的立场上工作，获得纳税义务人的认可和信任，履行相关的纳税义务。《税理士法》对于从事税理士工作的人员的专业性及素质提出了明确的要求，使他们能更好地为纳税人提供专业而全面的服务。

---

[1] 浙江省注册会计师行业考察团. 关于日本公认会计士行业的考察报告[J]. 中国注册会计师,2018(8):123-125.

3. 税理士的业务范围

日本税法本身具有复杂性及严密性的特点。当税理士市场的需求越来越大时，企业会根据实际情况进行经营方式的变更，从而拓宽业务范围。《税理士法》主要规定了以下业务内容：税务代理；编写税务文书；税务咨询；进行税务会计账务的处理。税理士业务的内容不仅涵盖了会计业务以及税务事项，还对不同经营领域进行了深层渗透。税理士事务所的建立是开展税理士业务的前提，日本大多数企业都实施代理申报纳税的模式，税理士负责申报 2/3 的财产继承税以及 1/3 的个人所得税。税理士与纳税人具有紧密的关系，有利于辅助纳税人进行税收事务的办理。

4. 税理士管理机构的设置

日本针对税理士设置了专门的管理机构，包括税理士会以及相关联合会。《税理士法》强制规定税理士参与到税理士会中。总体来说，税理士会被分为三个不同的层次。税理士会联合会属于上层，大藏省[①]大臣作为其会长。联合会按照《税理士法》的规定和要求，辅助税理士承担相应的义务，促进服务质量以及业务能力的提高，同时积极联系、监督、指导税理士会和所属会员，为税理士办理登记、注册等。国税局下设的税理士会为中层。根据不同的区域划分的税务署区所成立的税理士会支部为下层。这三层是相互指导和互相督促的关系，从而形成了严密的组织管理模式，有利于实现税务代理的公正和客观。

5. 税理士机构与税务部门的关系

日本法律规定，税理士保持一定的独立性，税务部门无权进行干预，以免影响其公正性。税理士和联合会要保持与税务部门之间的有效交流。税理士要积极参与到改善税收管理的过程中，提出科学的建议。同时，税务部门在制定税收政策时需要充分考虑税理士的建议。每年税理士支部需要给当地税务署报送委托人名单和税理士名单，而税理士需要承担起联合税务部门共同宣传税收活动的义务，与税务部门形成和谐关系，从而制定出更加有效的税收政策。

6. 税理士制度的作用

税理士制度对日本的经济发展起到了促进作用。首先，税理士制度提高了征纳税环节的工作效率，降低了涉税成本。其次，税理士制度对完善税务监督机制起到了良好的作用，维护了税法的严肃性。在提供涉税服务过程中，税理士一方面可纠正税务机关征税人员出现的业务差错，另一方面能协助纳税人正确、主动地履行纳税义务，增强了纳税人的纳税意识。最后，税理士制度极大地推动了税收征管的

[①] 大藏省为日本明治维新至 2000 年期间存在的中央财政机关，2001 年其改制为财务省和金融厅。联合会官网未明确会长如何选拔。

社会化与专业化。随着涉税服务机构的出现,税收征管的事务性工作便从征税机关中剥离出来,使得税务机关工作人员能够把资源集中投入到税收征管工作的调查核实中,研究有关政策与法律措施。涉税专业服务社会组织的存在,使得税务管理更加简化、务实和高效[①]。

综上所述,日本税理士制度是经济快速发展的产物,同时也是当前一个成功的税务代理制度的典型,为其他国家发展税务中介提供了经验。

(二)韩国

1. 税务师的现状

韩国的税务中介真正地做到了独立,有专门的《税务士法》对税务中介人员的行为进行规范;从上至下设有税务士会负责对税务士的自律管理;政府也在财政经济部设有专门的机构,负责对税务士进行行政监督管理。正因如此,税务代理制度在韩国得以迅速发展和完善。在韩国,税务师事务所遍布各地,对全国税收工作的开展起到了积极的作用,在纳税人与税务机关之间搭起了一座桥梁,大大降低了纳税成本。

2. 服务范围和内容

韩国税务士的业务除在《税务士法》中有明确规定外,其他单项税种立法和有关行政法律法规对其也有专门规定。

《税务士法》规定的业务主要有:代理有关税务的申报、申请(含异议申请、审查申请、审判申请和公示地价异议申请等);制作税务调整计算书及其他有关税务文书,填写纳税申报表;代理与纳税申报有关的记账,包括处理计算缴纳增值税的账务问题;进行有关税务的商谈和咨询;代理纳税人对税务机关的调查或处罚等行为进行意见陈述;确认有关税务的申报文书及其他附带业务。

其他单项税种立法和有关行政法律法规规定的业务有:对公益法人(指从事公益事业的法人)的税务确认;对高风险企业的税务确认;对调拨厅、地方自治团体、住宅建设企业、中小企业等财务报表的确认等。

《税务士法》规定:税务士帮助建账、记账的,可享受减免应纳税额10%的优惠;税务调整计算书没有税务士签字的,税务机关不办理申报。

3. 在纳税服务中的作用

韩国税务士在韩国经济的发展中充当着不可替代的角色,作为维护社会公众利益的税务专家,为客户制作纳税调整计算书,代理客户申报纳税文件,代理发行各种凭证并向政府提出建设性意见等,通过一系列工作,切实维护了纳税人的利益,促进了国家的经济发展。

---

① 北野弘久. 税法学原论[M]. 陈刚,杨建军,译. 北京:中国检察出版社,2000:313.

多年的实践证明,韩国税务代理的机构设置以及管理运作都较为科学、规范。税务机关与税务代理以伙伴关系相互合作,税务代理人员按照纳税人委托可以方便快捷地办好纳税人所有涉税事项。可以说,税务代理制度为纳税人的申报纳税和税务机关的管理都提供了很大的便利。纳税代理服务已经成为韩国大多数纳税人委托申报纳税的选择,成为税务机关的得力助手。

(三)德国

1. 税务师的现状

在完善的法律法规的规范下,德国的税务中介行业十分繁荣,近90%的纳税人都委托代理机构办理涉税事宜。德国设有一个会计(税务)师专用信息数据处理中心,该中心成立已有60多年的历史,总部设在纽伦堡,在16个州均有分支机构并计算机联网,与税务局的税务信息处理中心也实现了网络联通。目前,德国共有执业税务(会计)师5万名左右,其中3.5万名加入了该中心成为会员。在德国,除极少数纳税人自行申报或邮寄申报外,一般都要委托税务代理人(即职业税务师)进行税务代理,纳税人很少与税务机关直接接触。该中心每月处理个人所得税申报案件800万件左右。规范的代理服务使纳税人降低了纳税成本,因而深受纳税人的欢迎。同时,税务中介从业人员协助税务机关工作,提高了征管效率,因而也得到税务机关的认可[①]。

2. 服务范围和内容

德国《税务代理咨询法》对税务师的执业范围做了十分明确的规定:①办理税务代理业务;②提供税务咨询服务;③参与企业的经济评价;④为企业制订详细的财务计划;⑤为开办各类经济实体确定合适的法律形式;⑥代企业向国家申请特殊扶持补贴;⑦拟定财务文书、代办会计账簿记账及办理其他有关财务的业务;⑧拟定税务文书(填制向税务机关申报的纳税申报书、不服申诉书及提交税务机关的有关纳税事宜的文书)。

3. 服务的特点

税务师和税务师事务所在法律保护下独立开展工作,不依赖或依靠税务机关,税务机关不得随意要求税务师做任何事情,更不允许税务机关向纳税人指定税务师或税务代理机构。税务师事务所(税务师)在接受委托代理税务事宜时,若发现纳税人提供虚假资料或提出不合理要求,可以拒绝代理。税务师或税务师事务所在进行税务代理的过程中,可以按照法律规定的标准收取代理费。

税务师在从事税务代理业务时,必须向税务机关提交能证明其权限的书面证

---

① 葛克昌,陈清秀. 税务代理与纳税人权利[M]. 北京:北京大学出版社,2005.

明并出示税务师执业证;税务师在向税务机关提交拟定的税务文书和有关税收申报书时,必须在拟定的文书及申报书上签字;税务机关在进行调查时,税务师有义务陈述有关事宜;税务机关和纳税人之间发生诉讼时,纳税人必须通过税务师上法庭辩护。税务师必须替客户保守商业秘密,未经客户许可或无正当理由,不得向任何人提供其客户的税收、财务及其他方面的资料,但税务机关在履行公务时检查纳税人的各种原始资料除外。税务师或税务师事务所不许做广告,但可以通过发表文章或出版图书来扩大自己的影响和提升自己的信誉。税务师和税务师事务所不允许开展商品流通经营性业务。一名税务师不得同时在两个及两个以上事务所任职,不得参与除税务代理以外的其他经营活动,不准在任何企业参股。执业税务师的多数收费项目都有统一标准,不准自行决定,也不允许在正常收费外接受客户的钱物。税务师对自己做出的税务文书要负责到底,不允许将自己的责任转移和推卸给第三方。税务师要按时交纳职业保险金。

(四)英国

1. 基本情况与特点

英国税务中介行业伴随英国税法的变化而逐步发展起来,是社会分工细化的结果。截至 2014 年 6 月,英国的税务中介机构有 43 000 多家,业务范围主要是接受委托办理所得税、间接税、个人涉税服务的纳税申报,税务咨询、筹划,以及跨国业务合作中的涉税事宜等;其中,超过 78% 的中介机构进行企业纳税申报工作,超过 63% 的中介机构进行个税申报工作。英国税务海关总署认为,税务中介在英国税收征管中发挥着积极作用,主要体现在三个方面:一是帮助纳税人正确计算、申报、缴纳税款,从而提高纳税人的税法遵从度;二是使纳税人在规定的期限内比较均匀地进行纳税申报,从而缓解税务机关的工作压力;三是节约了税务机关的人力物力,使其更好地进行税收风险管理。英国的税务中介具有以下特点。

(1)发展历史较长,得到了市场认可

英国税务中介行业起源于 1920 年,随着英国税法的复杂化与税率的提高,在特许会计师、律师和税收检察官中,出现了专门为纳税人提供税收援助服务的人员。1930 年,税务协会成立,促进了税务中介行业的进一步发展。1994 年,税务协会获得英国王室的特许,更名为英国特许税务师协会,特许税务师成为税务中介行业众多从业人员中的高级别称谓,具有很高的信誉。随着特许税务师人数逐年增长,税务中介作为独立行业已初具规模。

(2)税务中介服务市场化程度高

英国政府对从事税务中介服务的机构和个人没有特殊限制,其发展主要依靠市场调节。除了极少数执业机构专门从事涉税业务外,大部分分散于各类其他中介中,如会计师事务所、律师事务所和审计师事务所等。其组织形式有个人、合作、合伙以及合伙有限等。其从业人员不限于特许税务师,只要有市场,其他人也可以从事税务中介业务。因此,从业人员中还有较多的特许会计师和其他人员。

(3) 纳税人普遍委托税务中介办理纳税事宜

在英国,纳税人与税务代理的比例大约为 100∶1。约有 3/4 的小企业委托税务中介办理纳税事宜;110 万家公司纳税人中有 79 万委托税务中介代理完成纳税申报,比例达 72%;300 万名居民中有 190 万人委托税务中介代理完成个人所得税的申报,约占 63%;140 万名雇主中有 76 万委托税务中介代理填写雇主纳税申报表,约占 54%;180 万个增值税纳税人中有 78 万托税务中介代理完成增值税纳税申报,约占 43%;15 万户进出口商中有 13.5 万委托税务中介代办进出口涉税文书,约占 90%。

2. 行业制度建设

(1) 考试制度

在英国,要加入特许税务师协会取得会员资格,必须通过一个难度较大的考试。该考试每年举行两次,报考条件为:报考人须具有特许会计师、法庭律师、事务律师或注册会计师的专业资格;没有专业资格的,要通过级别较低的税收技术员联合会的考试;报考人须具备 3 年的工作经验。该考试的考试科目和时间为:税收概论,考试时间 3 小时;选考科目,考试时间 3 小时,在操作实务、个人所得税、信托、房产税、公司所得税和间接税中任选一项;税收相关问题,考试时间 3 小时 15 分钟;税收管理及专业责任与职业道德,考试时间 2 小时 30 分钟。对考试成绩实行滚动管理,每次通过的科目可以往后保留,期限为 3 年。

(2) 会员制度

只有成为特许税务师协会会员,才能以"特许税务师"的头衔开展工作。入会登记必须符合下列条件:①须有两名以上与申请人相识的会员或律师、各种会计师协会的正式会员、银行的分行行长等做担保人,并按照要求和指定事项进行担保的陈述及推荐;②有 3 年以上作为税务专家的实务经验;③缴纳会费。

(3) 道德规范

特许税务师协会于 1989 年制定了《职业道德规定与实务手册》,对会员的实践形式、客户承担的义务、开发新客户、客户开展活动、职员的条件和培训、报酬、利害关系、特殊问题、广告等九项内容做了详细规定。1992 年和 1993 年又分别对其内容进行了补充。

(4) 赔偿保险制度

特许税务师协会会员必须办理专业性损失保险,保险水平不能仅满足于有关部门提出的最低保险条件,还必须加上足够的追加额。经营专业性事务所的会员因死亡或其他原因永久不能再工作时,必须以适当的专家保险保证该专家及其客户的利益。

(5) 教育培训制度

特许税务师协会每年为会员提供 2 200 个小时的培训与终身执业教育,会员有义务参加 120 个小时的培训。

(6) 信息披露制度

税务海关总署规定,将税务中介的不规范行为向专业团体即特许税务师协会、特许会计师协会等进行通报。执业人员在税收筹划中制订新的避税方案,要在方案出售后规定期限内向税务海关总署提供详细内容。

(7) 违规惩戒制度

特许税务师协会对会员的疏忽或不诚实的行为要进行审查,对违法的会员予以开除,被开除者不得再以"特许税务师"的名义从事税务中介业务。一旦税务中介从业人员违反税法,不论是否为特许税务师协会会员,税务机关都要对其进行处罚并记入税务机关档案。惩罚的主要形式是罚款和给予刑事制裁。

3. 行业管理

英国税务中介行业管理分为行业协会管理和税务机关管理。此外,税务机关也会与专业团体就涉税事项开展合作。

(1) 行业协会管理

英国税务中介行业管理以特许税务师协会管理为主。协会设会长一名,任期一年;理事会由高级会员组成,三年换一届;下设技术委员会、教育委员会、会员资格委员会、标准委员会、财政委员会和低收入税收改革组。协会的主要工作是:提供高标准的税务咨询服务;向政府提出税收政策等方面的建议,积极促进和改革英国的税收立法;开展会员教育培训和服务活动以及对会员违规行为进行查处工作;通过媒体公告重大涉税事宜。

(2) 税务机关管理

税务机关管理包括两个方面:

一是成立指导机构。英国税务海关总署内部成立了税务代理与咨询指导小组,成员为 11 人,有三项主要职责:①通过加强与专业团体合作,指导税务代理与咨询工作;②在战略层面上,研究处理税务中介机构与税务机关交往中出现的问题,并将解决方案下发到基层税务机关;③改善税务机关与税务中介之间的关系,最大限度地发挥税务中介的作用,为税收工作服务。

二是约束与规范措施。英国税务机关依据法律对税务中介行为进行强制约束和规范,并对违法违规行为予以处罚,主要包括:①对税务中介的不规范行为进行披露。《2005 年收入与关税法案》规定,税务海关总署有权力对税务代理的不规范行为向专业团体即特许税务师协会进行通报。公告后,专业团体必须对其展开调查。②对税务中介骗税逃税的行为进行处罚。《2000 年财政法案》规定,对于严重的税务代理骗税行为,证据确凿的适用于最严重的处罚。《2002 年犯罪收益法案》规定,对税务代理中涉嫌逃税或纵容逃税的予以刑事制裁。③对税务中介提供错误信息和虚假申报的行为进行处罚。《1970 年税收管理法案》规定,任何人故意导致涉税的信息、申报表、账目等出现错误,将处以 3 000 英镑以下的罚款。《关税与消费税管理法案》规定,任何人提供虚假申报是犯罪行为,处以最高 2 500 英镑的罚款。④对税务中介违反税收管理程序的行为进行处罚。英国税务海关总署认为,违规操作退税程序的税务中介是不可靠的税务代理。对此,《1970 年税收管理法案》规定,为保护纳税人,应避免将退税款交到不可靠的税务代理手中。⑤对违反避税方案披露规定的行为进行处罚。《2004 年财政法》规定,制订避税方案的人在方案出售后,在规定的期限内要向税务海关总署提供详细的方案内容。不遵守此规定的,将被处以 5 000 英镑以内的罚款。此规定的目的并非直接打击避税行为,而是给相关部门提供避税方案信息,从而有利于完善税制和更有效地采取稽查行动。⑥对税务中介洗黑钱的行为进行处罚。《2003 年反洗黑钱规章》明确,税务代理隐瞒、安排、帮助、获得、使用犯罪收益(包括偷逃的税款),是洗黑钱的犯罪行为,将被处以无限额罚款和 14 年以下监禁。税务中介帮助纳税人逃税或者帮其隐逃税额就是洗黑钱的犯罪行为。税务师、会计师、审计师、破产清算师等知道或怀疑有逃税(或洗黑钱)行为的,必须向国民犯罪情报局报告,否则将被处以无限额罚款和 5 年以下监禁。

(3)税务机关与专业团体合作

英国税务机关与专业团体的合作内容具体包括:①定期交流。英国税务海关总署与特许税务师协会每年 10 月举办一次联席会议,参加人员是税务机关官员和协会高级会员,主要议题是对当前税收的重要事项沟通情况、交流意见。会议对税法的修订与完善会产生重大影响。②加强反洗钱合作。税务机关通过专业团体监控会员建立反洗钱机制,增强反洗钱的监控能力。③规范税务中介行为。税务机关通过与专业团体合作,制定业务标准,建立完整的业务流程,提高会员的执业质量,规范税务中介行为①。

(五)澳大利亚

1. 税务中介的现状

澳大利亚的税务中介在国家的税收及养老金系统中扮演着非常重要的角色,已经成为连接纳税人和征税人的桥梁。澳大利亚实行纳税人自核自缴的税款申报征收办法,但因税收法规复杂、专业性强、税种较多,主管税务局多,处罚又较强硬,

---

① 国家税务总局税务中介行业考察团. 英国、埃及税务中介行业考察报告[J]. 税务研究,2007(9):79-83.

所以纳税人对税务代理的依赖性也较强,使得澳大利亚的税务代理行业极其活跃。就个人所得税而言,税法规定了非常多且复杂的所得中可抵减事项。税法规定纳税人先行按所得额申报缴纳,次年根据实际可抵减额申请退税,而纳税人很难搞清楚自己到底能享受什么类别的抵减,故一般都会请税务中介人员审核申报。截至2014年6月,澳大利亚的税务中介有231 000个,超过70%的个人纳税申报工作和90%的企业纳税申报工作由这些税务中介提供,超过90%的中介机构从事所得税申报。

2. 服务的范围和内容

税务中介从业者的主要业务范围包括:为客户提供涉税咨询、所得税申报及退税服务,起草并递交商业活动报表,代理申请注册和受理年度检查,帮助企业进行税收筹划,代理记账和核算,接受企业管理层的有关咨询业务,充任管理顾问,进行金融理财规划,代理所得税申报表及异议申请书的制作,代理有关福利税的业务。对税务中介人员与客户之间签订合同的形式,法律上没有强制性规定,由双方自主决定。执业收费没有统一的标准和办法,完全由市场供求决定。一般是由税务中介人员向客户报价,双方根据承办人员的等级、提供服务的价值、工作量和所需费用等协商确定收费标准。

具体来说,服务内容包括以下几个方面:①协助客户处理他们在会计上和税务上遇到的问题,尽量减少不必要的纳税;②在每个财政年度结束前,为客户向税务局申请较长的时间,使其有更多时间处理财务上的问题;③帮助客户写信反驳税务局对他们纳税申报的不合理认定或多征税款,争取合理的利益;④解答客户的各种纳税问题;⑤为客户向税务局递交纳税申报表和各种表格,帮助客户注册各种形式的公司等。

3. 税务中介行业的特点

澳大利亚税务中介人员必须具备公正、诚实的职业素质,资格取得要经过严格的申请注册手续,要有大学三年以上会计专业学历,且在最近五年内有两年从事税务中介服务业务,在此期间要为各类纳税人代理主要税种,并在执业期间有50%以上的时间用来填写税务申报表、提供税收建议等。具备以上条件者,方可提出申请,由代理人管理委员会负责审批,符合条件的颁发税务代理证明书,每两年要通过一次检查,进行延期确认。

税务中介的具体业务包括:代办纳税申报和退税,代理申请注册和受理年度检查;帮助企业进行税收筹划,选择经济、合理的纳税结构和方式;代理记账和核算;接受企业管理层的有关咨询。税务代理机构在开业后,每隔三年必须向税务代理注册委员会申请注册一次,并接受其必要的资信查验;对不合格或不具备条件的代理机构,税务代理注册委员会有权取消其代理资格,同时,税务部门将对其处以一定的罚款。

澳大利亚联邦税务局及下设分支税务局都设有专门部门通过互联网与中介人员进行沟通,及时告之税收信息。中介人员将委托人提供的资料输入计算机,计算机按顺序制作申报文书,一次代理业务 15 分钟左右即可执行完毕。

(六) 美国

1. 发展历程及现状

19 世纪,税务代理逐渐在美国发展起来。南北战争发生之后,出现了一系列的赔款问题,美国国会因此在 1884 年出台了相关的法案,允许政府纳入一些税收经验相对丰富以及具有较强专业知识的人员,以就战争中所产生的赔款纠纷和相关税收问题,代表农民利益与政府进行协商,进而达成一致意见。最早的美国税务代理服务人员就是由这些专业人员组成的。从立法来看,并没有专门的税务代理服务立法,当前所依据的法律还是 1966 年财政部颁布的第 230 号文件(以下简称"230 号文件")。此文件规定了税务代理人、律师、会计师在执行代理业务时所需要遵照的 13 项限制和义务。此后,随着经济环境条件的不断变化,美国财政部也适时地调整了文件内容,以满足税务代理市场发展的需要。

美国实行的税制结构,所得税是主体,由于所得税计算难度较大,一般纳税人常常出现计算失误,这样纳税人就产生了对税务代理的需求。相关部门统计数据显示,美国一半以上的工商企业以及几乎所有的个人所得税纳税人会将纳税申报委托给税务代理组织。一般来说,纳税人是比较信任税务代理的。美国政府问责局(GAO)调查了全国范围内的纳税情况,其中完全信任税务代理的大约 49%,基本信任税务代理的 28%。在税务代理方面,美国当前拥有超过 30 万名服务者,同时还有很多从事税务代理的兼职人员[①]。

2. 资格认定和代理机构的设置

230 号文件规定,从事税务代理没有条件限制,对于那些已经加入美国注册会计师协会、律师协会、税务代理人协会及注册代理人协会等相关组织的人员,允许其从事税务代理,不加入这些组织的人也可以开展税务代理业务。值得注意的是,在美国国税局,只有注册会计师、律师以及注册代理人才有条件作为纳税人的代表,而注册会计师或者律师需要考取一定的职业资格证。一般来说,注册代理人资格取得主要通过考试和免试两种途径。其中,考试一共分为四个科目,州政府会为考试合格者颁发合格证,允许其从事税务代理服务方面的相关工作;而免试所针对的对象为从税务机关退休的人员,其占注册代理人的比例约为 20%。美国税务代

---

① FEIOCK R C. Analysis of Taxpayer's reputation with Game Theory[J]. Journal of urban affairs,2002 (11):123-142.

理组织主要分为三大块,包括税务公司、律师事务所以及会计公司。税务公司属于专业服务机构,后两者则属于税务代理主营或者兼营的机构。

3. 业务范围和收费标准

230号文件对美国税务中介服务的具体内容进行了界定,包括:流程型业务,如会计、审计、签证财务报表等;创新型业务,如担保纳税、出庭辩护或者税收筹划等,这类业务税务中介可以为纳税人提供更高质量的服务。税务代理中所依据的收费标准受多种因素影响,其中市场供求的变化、质量的高低、花费的服务时间以及机构信誉等都可能对所费用的收取产生影响。

4. 管理机构的设置

为了加强对税务代理服务的监督管理,美国财政部门颁布了与230号文件相关的公告,但是这种公告并不具有法律性质,因此呈现出了相对松散的管理模式。美国在联邦税务局设置了执业责任办公室,专门监督管理税务代理,主要涉及以下内容:组织通过统考形式、认定资格以及职业证件发放等方式来限定从事税务代理者的条件(当然,律师或者注册会计师是不包含在内的);加大对违反税务准则的具体行为的处罚;针对那些拥有税务代理资格的人员,规定每三年审核认定一次。

美国注册会计师协会、代理人协会以及律师协会等都属于此行业的自律性组织。美国注册会计师协会对相关执业行为做出约束规定,从而对注册会计师行为起到制约作用,同时规定应在此统一标准的基础上提供税务代理服务,包括税务咨询服务以及代理申报纳税服务,还要求注册会计师服务具有客观性和公正性,应避免任何利益冲突。注册会计师一方面要注重基于事实开展业务,另一方面也要以自身专业判断提供相应的服务。

二、国际税务师发展的经验借鉴

(一)发展模式要符合中国国情

税务中介服务模式一般分为分散型和集中型,根据当前实践,并不能确定哪一种模式更有价值。因为每个国家的基本国情不同,历史、经济、政治以及文化等方面都存在差异,所以需要根据具体情况采用合理的发展模式。英国、美国在经济领域很早就形成了社会中介市场,其会计师制度、律师制度都相对成熟,社会中介机构具有较强的职业道德,纳税人也具有较强的纳税意识,因此它们采用分散型的发展模式。而我国人口众多,地域辽阔,税收管理复杂程度较高,因此不可能照搬它们的发展模式,需要建立具有中国特色的税收管理体制,选择符合基本国情的税务中介发展模式。

(二)打牢税务中介自身基础

1. 执业人员范围广泛

一般发达国家中从事税务代理的人员既包括那些符合一定要求的会计师、律师以及其他人员,又包括一些获得一定执业资格的人员,因此所涉及的范围是比较宽泛的。例如,日本的《税理士法》规定从事税务代理的人员可以是会计师、律师以及拥有3年以上此行业实践经验且达到税理士考试要求的人员。美国的执业人员范围更广。美国230号文件规定,那些已经加入美国注册会计师协会、律师协会、税务代理人协会及注册代理人协会等相关组织的人员可以从事税务代理工作,不加入这些组织的人也可以开展税务代理业务。

2. 中介人员素质高

税务中介虽然涉及的执业范围较广,不过发达国家一般都会对执业人员提出较高的要求,规定经过考试来获得执业资格。日本设置税理士资格的考试,还专门设置了很多考试科目以及资格条件。美国虽然在税务代理从业方面并没有设立一定的门槛,但是要取得资格还是比较难的,对于注册会计师以及律师资格的取得会设置更加严格的条件。这种严格的条件催生了很多专业性较强且综合素质较高的专业人才,有利于提高税务中介机构的服务质量。

有的国家除了要求通过统一考试获得执业资格外,还针对一些人员设置了免试条件,进一步壮大税务中介专业人才队伍。

3. 业务范围广泛

从总体来说,发达国家的税务代理所提供的服务内容相对全面,拥有广阔的市场需求。例如,日本《税理士法》规定,税理士既要承担一般性质的业务,还需要提供税务文书编制服务、制定有关的会计账务、及时解答税务咨询问题。在日本,委托办理纳税业务的工商企业比例占到85%。从某种意义上说,如果没有税理士的业务代理,那么纳税申报工作将很难完成,税务部门的征税工作也无法顺利进行。美国税务中介所涉及的服务范围较广,既包括会计、审计、签证财务报表等流程型业务,也包括担保纳税、出庭辩护、税收筹划等创新型业务,种类越来越多[1]。

4. 税务中介服务手段现代化

发达国家的税务中介机构除了聚集一大批专业技术人员以外,也普遍实现了信息化。例如,美国、德国等国的税务中介机构均配备有现代化的设备,纳税人的税务资料以及各国的税收法规资料等各种信息均储存在电脑中,并根据情况随时

---

[1] PEN TLAND B T,CARLILE P. Audit the taxpayer,not the return:tax auditing as an expression game[J]. Accounting,organization and society,1996,21(2/3):269-287.

更新。很多国家都借助现代化信息技术来有效调配相关资料,从而高效便捷地开展业务。例如,澳大利亚税务代理组织通过信息技术与税务部门联网,实现了计算机资源的共享,且全天开通业务,使信息传递和反馈更加高效,税务中介机构可以在最短的时间内获得第一手信息,其运作效率也得到了相应的提高。

(三)加强对税务中介的管理和监督

目前国外主要从三个方面制定法律规章制度来监督管理税务中介服务:一是国家通过制定税务代理法来监督管理税务中介服务。目前德国、韩国、日本等都颁布了此类代理法。二是通过相关法典及条例监督管理税务中介服务,如财政、税收相关法典及条例。三是通过社会中的各个行业组织制定相应的制度。日本、德国、韩国等制定税务代理法的国家,通过代理法中的相关法规来全面管理规范税务中介机构,主要是管理规范税务中介机构的经营方式及制度建设,而第二、三方面所叙述的颁布法典、条例以及相应的制度则是为了更好、更全面地监督管理税务中介机构。像美国这类没有税务代理法的国家,则通过财政、税收的相关规章制度来管理和规范税务中介机构及其制度建设,并对其进行监督,而各个行业制定的规章制度可以辅助监督和管理税务中介机构。此外,诸如英国等国家,则通过社会中的各个行业组织制定相关的规章制度来对税务中介机构进行管理和规范,监督其制度的建立,并通过相关的法典、条例以及相应的制度辅助监督和管理中介机构[1]。

(四)保持税务中介的独立性

独立性是税务中介机构最明显的特征。通过观察税务中介机构在发达国家的实践情况可知,税务中介机构都能坚守自己的执业原则,公正独立地从事行业工作,既不依附于任何团体和纳税人,也不从属于税务部门。

国际上通常将税务中介人员视为税法专家,认为税务代理人不仅为纳税人提供涉税服务,还利用税法专业知识弥补纳税人税法知识的不足,帮助纳税人合法又合理地纳税。在从事税务中介业务时,注册税务师既要依法为委托人提供涉税服务,维护纳税人的合法权益,又要维护国家税法尊严和国家税收权益。这种在税收征纳关系中的中介地位,决定了税务中介机构必须站在独立、客观、公正的立场上,以税法为准绳,以服务为宗旨,既为委托人依法履行纳税义务、维护其合法权益服务,又要监督税务机关是否依法征税,维护国家税收权益。税务中介机构作为一个独立的市场主体,应同社会上的仲裁机构、公证机构、资产评估机构一样,独立地承担责任,接受社会或政府的监督,而不能依附于任何一个机关。从税收法律关系上说,只存在课税的立场和纳税人的立场,必须有一支专业性、知识性、独立性很强的队伍对税收征纳关系进行协调。税务代理人作为这样的中介组织,必须确立其独

---

[1] 田中治. 各国(地区)税务代理制度[M]. 北京:中国税务出版社,1997:134.

立的中介地位。

由于国外注册税务师制度产生的历史背景及所处税收环境不尽相同,各国注册税务师执业独立性强弱也不尽相同。在日本,税理士机构是介于纳税人和税务机关之间的完全独立的中介组织,不存在任何的政治、经济利益关系,除了法律规定的正常收费外,税理士不得从客户那里取得任何经济利益或其他便利条件,是名副其实的民间"税务警察"。同样,韩国的《税务士法》规定,税务士及其执业机构必须与纳税人和税务机关保持超然的独立性。德国的《税务顾问法》规定,税务顾问须有独立从事代理业务行为的意愿,税务顾问不得被强制从事与法律或职业义务相悖的业务。独立从事业务行为中的"独立",是指与税务当局相独立、与委托人相独立、与职员相独立、与资本关系人相独立。

国外税务代理制度推行较好的国家都制定了严格的在职税务代理人资格考核制度或者定期的考察制度,其税务代理人作为具有丰富税收法律知识和税务代理实践经验的法律专家,基本上都能按照法律法规的严格要求,坚持自己的立场,很好地遵循自愿委托、依法服务、客观公正、诚实信用原则,这有利于提高注册税务师的执业效率,发挥其专业胜任能力,保证服务质量。因此,国外的税务中介人员具有较高的独立性。

(五)制定合理的收费及赔偿保险制度

在发达国家,根据市场经济的原则,税务中介机构都会制定比较合理的收费制度,收费的数额取决于提供服务的具体内容和完成服务所需的时间,并经过中介机构与纳税人的协商。此外,在发达国家,税务中介也会有优惠服务,如日本就存在法律援助等优惠服务项目。

纳税人和税务中介有时候也会产生问题,主要是选择方向和信息不对等问题,这些问题会产生一定的风险,影响纳税人的权益。对此,发达国家会有一定的赔偿制度,纳税人根据业务的避险能力,制定一定的保险额。如果因为税务人员主观性的错误而造成了纳税人利益受损,那么可以按照赔偿标准弥补纳税人受损的部分[1]。

德国的《税理士法》规定,税理士对于业务活动可能出现的赔偿责任必须适当地投保。一般来说,税理士必须考虑该项业务可能出现的各种风险,在自我责任方面确定合适的保险金额。若因没有投保而出现被害人要求赔偿的事件,则属于违反执业义务,有可能被取消执业资格。

奥地利的《经济受托士职业法》规定,经济受托士从事业务时,必须投保职业

---

[1] COLER, EISENBEIS R A, MCKENZIE J A. A symmetric information and principal agent problems as sources of value in FSLIC assisted acquisition of insolvent thrifts [J]. Journal of financial services research, 1998 (8).

责任赔偿保险。注册会计师兼税理士最低投保 35 万奥地利先令,账簿检查士兼税理士者最低投保 25 万奥地利先令,税理士最低投保 15 万奥地利先令。

(六)建立健全税务师行业法规

市场经济是一种法治经济,税务中介代理是一种法律行为,没有专门的法律法规保障是行不通的,规范税务中介代理市场的核心问题就是依法代理。税务中介代理的权利与义务、业务范围及收费、执业标准、法律责任、代理原则等方面均应符合法律的规定,使"法"贯穿于代理的始终。因此,要真正做到"依法代理",就应加快立法步伐,尽早建立起全国统一的、独立的、完善的、规范的税务中介代理法律制度,为税务中介代理市场的健康运行提供良好的法律保障。

为了保证税务中介代理制的顺利推行和健康发展,许多发达国家制定了专门的税务代理法规,建立了严密的税务代理法律制度。在日本,以《税理士法》为注册税务师制度体系的基石,已经建立起了从实体法到程序法等一整套完备的法律体系。与日本相似,韩国、法国也建立了以《税务士法》为核心,以若干专业准则和职业道德守则为补充的法律体系。德国《税务代理咨询法》也对税务代理、税务咨询及顾问做了统一的规定。英国的《税收管理法》,奥地利的《经济受托士职业法》,美国的 230 号文件等也都是有代表性的法律法规。从总体上看,这些法律法规详细规定了税务代理人的使命、资格取得与登记或登录制度,税务代理人的业务范围,权利和义务限制,执业管理和政府监管,惩戒和处罚的种类与程序等内容。应该说,这些国家都将税务代理制度定位在法律法规的层次上,使得税务代理制度更加规范,法律条文内容的可操作性较强,税务代理各项业务的开展都有严密的程序。这些有利于税务代理人严格地遵照税务代理法律法规的要求,既不受税务机关的左右,也不受纳税人意志的影响,客观、独立地执业,使税务代理结果更加公正,进一步提升税务代理的社会信誉度。这些法律法规的出台有效地保障了税务中介的地位,同时也为税务中介行业的健康、有序发展提供了有力的法律保障。

国内税务师行业现状分析

一、税务师行业存在的必要性

（一）税务师的需求分析

1. 政府对税务师的需求分析

党的十八届三中全会公报对财税体制改革明确提出，"财政是国家治理的基础和重要支柱，科学的财税体制是优化资源配置、维护市场统一、促进社会公平、实现国家长治久安的制度保障。必须完善立法、明确事权、改革税制、稳定税负、透明预算、提高效率，建立现代财政制度，发挥中央和地方两个积极性。要改进预算管理制度，完善税收制度，建立事权和支出责任相适应的制度"。涉税专业服务社会组织在改革中的作用不可替代，涉税专业服务社会组织的创新不可停顿，涉税专业服务社会组织的管理不可或缺。本轮税收制度改革要盯住全面深化改革所涉及的诸多方面线索，同时进行适应性的改革，税务师行业要在改革中根据政策的需要为企业提供涉税服务，推动改革的顺利进行，这也是历史赋予税务师行业的重任[①]。

为深入贯彻习近平新时代中国特色社会主义思想，全面贯彻党的十九大和十九届二中、三中、四中、五中、六中全会精神，税务师行业将继续持续发展。根据《中华人民共和国国民经济和社会发展第十四个五年规划和2035年远景目标纲要》《中共中央办公厅、国务院办公厅关于进一步深化税收征管改革的意见》《民政部"十四五"社会组织发展规划》和国家税务总局等部门的有关要求，结合当前税收改革进入深水区的现实情况，大力发展税务师行业，培育"创新、法治、专业、诚信、共赢"的新发展理念，统筹推进税务师行业法治化、市场化、规范化、专业化、数字化、国际化的高质量建设，在优化税务机关征管服务、保障国家税款及时足额征收、维护纳税人合法权益等方面发挥更大的作用，为中国税收发展保驾护航。

财税体制改革必然伴随征管体制的改革。目前，我国的税收征管模式已经不能适应税制改革的要求，征管改革势在必行。截至2021年底，全国税务师事务所已经达到7 569家，从业人数超过10万人，有执业税务师将近5万名，为税务机关的税收征管提供了强有力的补充。首先，随着现代化税收征管体系逐步建立与完

---

① 蒋宝铸. 对借助注税行业满足纳税服务需求的思考[J]. 注册税务师，2014(7)：60-62.

善,税务师的专业优势将得到充分发挥,这为税务师行业的发展带来了新的机遇。其次,随着纳税人纳税意识的逐渐增强,纳税人越来越重视自身权利的保护,在税收征管过程中,当征纳双方发生矛盾时,需要第三方来协调征纳矛盾,促进税收征管的顺利进行。税务师作为专业处理征纳矛盾的第三方,被赋予了加强税收征管、协调征纳矛盾的使命。最后,充分发挥税务师的职能作用,可为税务机关减轻征管压力,转移税收管理风险。

2. 企业对税务师的需求分析

目前我国经济发展处于转型期,国家通过税收政策对企业的经济行为进行调整,如制定股票投资的个人所得税及印花税政策等。此外,我国经济发展速度快,新情况多,出台的税收政策在执行中可能遇到新的问题,因此国家税务总局会及时发布新的政策进行补充。近年来,我国进行了多次税制改革,如 2008 年进行企业所得税政策的大变革,2009 年进行增值税政策的重大变革,2016 年全面实行"营改增",2017 年增值税 13%一档税率并入 11%,2018 年增值税税率降低 1%,2019 年从 16%降至 13%、10%降至 9%,6%档保持不变,2019 年施行新个人所得税法等,相关政策不停地颁布、更新、补充、作废。

随着税收在国家治理中的作用日益凸显,税收共治的基础越发坚实,给新税务工作带来了前所未有的机遇。企业要想及时掌握税收政策,就要不断地学习税收法律、法规、政策,但限于自身能力不足无法及时准确地掌握税法,不能充分享受税收优惠政策。对此,税务师的重要性进一步显现,企业对税务师的需求也不断加大,税务师需要帮助纳税人正确理解政策内涵,正确处理涉税疑难问题。

3. 社会对税务师的需求分析

《中华人民共和国宪法》规定,每个公民都有依法纳税的义务。从国际上看,无论是发达国家还是发展中国家,一般都建立了申报纳税制度。我国现行的《中华人民共和国税收征收管理法》(以下简称《税收征管法》)也对纳税人做了自觉申报纳税的规定,但由于税种多、计算复杂,纳税人自行准确计算、申报纳税是有一定难度的。因此,实行涉税服务制度,符合纳税人准确履行纳税义务的需要,他们可以选择自己信赖的税务师代为履行申报纳税义务。涉税服务制度的实施,有利于提高纳税人主动申报纳税的自觉性,增强纳税意识。

实行涉税服务制度,纳税人可以在税务师的帮助下减少纳税错误,用足用好税收优惠政策,做好税收筹划。税务师还可以协调税收征纳双方的分歧和矛盾,依法提出意见进行调解,如有需要,税务师可以接受纳税人委托向上级税务机关申请行政复议。这些都能切实有效地维护纳税人的合法权益。

(二)税务师制度供求均衡分析

供求理论是市场经济中非常重要的理论。需求是指消费者在一定价格条件下对商品的需要量,包括两个条件,即消费者愿意购买和有支付能力。供给是指在某一特定时期内,经营者在一定价格条件下愿意并可能出售的商品量。影响供求关系达到平衡的因素有很多,价格是其中之一,此外还受政府政策、服务质量、消费者喜好等的影响。

税务师事务所提供涉税服务的行为是一种经济行为,供求理论也可用于涉税专业服务市场的分析。纳税人是涉税专业服务的主要需求方,税务师事务所是供给方。如图1所示,假设税务师事务所开始以一定的价格P_1(纳税人支付的成本)提供中介服务,供给量为Q_1,纳税人却只愿以很低的价格P_3支付Q_1,或者以P_1的价格仅购买很低的量Q_3,涉税专业服务市场

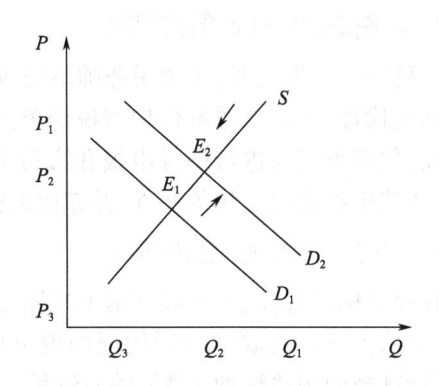

图1 税务师市场的需求-供给分析

就不能有效形成。此时,税务师事务所是否存在降价空间,或者纳税人能否节约成本,以及纳税人能否进一步扩大需求非常关键。当税务师事务所把价格降到P_2时,市场供给曲线S正好与因纳税人需求增加而向右移动的需求曲线D_2相交,市场达到均衡状态。在E_2点,税务师事务所与纳税人以P_2价格完成交易量Q_2,涉税专业服务市场形成。

在税务师事务所提供涉税专业服务的市场中,对该市场供求关系起作用的因素不仅包括价格因素,还包括服务质量、服务内容的差异化等因素。要想增加市场对该行业的有效需求,不能仅仅靠打价格战,还要提升税务师行业的专业水平,扩大人才队伍,提升从业人员的素质,强化行业的自律作用,提供高水平、高质量的涉税服务。政府有关部门也要推进税务师行业的法制建设,加强对行业的行政监管。通过这一系列的措施,获得纳税人的信任与支持,扩大市场需求,增加供给。

二、涉税专业服务范围

涉税专业服务是指涉税专业服务机构接受委托,利用专业知识和技能,就涉税事项向委托人提供的税务代理等服务。涉税专业服务机构从事涉税业务,应当遵守税收法律法规以及相关税收规定,遵循涉税专业服务业务规范。我国的涉税专业服务机构可以从事下列涉税业务:纳税申报代理、一般税务咨询、专业税务顾问、税收策划、涉税鉴证、纳税情况审查、其他税务事项代理和其他涉税服务。

2020年7月30日,中国注册税务师协会组织制定了《企业重组税收策划业务指引(试行)》等四项执业规范,这些政策是根据13号公告等有关规定、结合行业实际制定的,目的是规范税务师行业执业行为,推动行业涉税专业服务标准化。

(一)纳税申报代理

1. 纳税申报代理业务的界定

纳税申报代理业务,是指税务师事务所接受纳税人、扣缴义务人、缴费人委托,双方确立代理关系,指派本机构涉税服务人员对委托人提供的资料进行归集和专业判断,代理委托人进行纳税申报和缴费申报准备,签署纳税申报表、扣缴税款报告表、缴费申报表以及相关文件,并完成纳税申报的服务行为。

2. 纳税申报代理业务的流程

代理纳税申报,应执行以下基本流程:①与委托人签订纳税申报代理业务委托协议;②从委托人处取得当期代理纳税申报的资料;③对资料和数据进行专业判断;④计算当期相关税种(费)的应纳税(费)额;⑤填制纳税申报表及其附列资料;⑥进行纳税申报准备;⑦确认和签署申报表;⑧进行纳税申报后续管理。

(二)一般税务咨询

一般税务咨询是指税务师通过电话、书面、晤谈、网络咨询等方式对纳税人、扣缴义务人的日常办税事项提供税务咨询服务。税务咨询服务涉及内容广泛,咨询、服务形式多样。

税务咨询以税收方面的疑难问题为主导,具体包括:①税收法律规定方面的咨询;②税收政策运用方面的咨询;③办税实务方面的咨询;④涉税会计处理方面的咨询;⑤税务动态方面的咨询。

(三)专业税务顾问

1. 专业税务顾问的界定

专业税务顾问业务是指税务师事务所接受委托人的委托,指派税务师事务所的涉税服务人员,就委托的特定涉税事项提供专项税务咨询服务或者为委托人提供长期税务顾问服务。

2. 专项税务咨询服务

(1)专项税务咨询服务的定义

专项税务咨询服务是指通过一定业务程序取得委托人的业务事实证据和有关法律法规,并对业务事实证据与法律法规进行对比分析得出结论(结果),将结论(结果)或者根据结论(结果)提出的建议,以书面形式提供给委托人的服务。

(2)专项税务咨询服务的内容

专项税务咨询服务包括但不限于以下服务:涉税尽职审慎性调查,纳税风险评估,资本市场特殊税务处理合规性审核,以及与特别纳税调整事项有关的服务等。

3. 长期税务顾问服务

(1) 长期税务顾问服务的定义

长期税务顾问服务是指对委托人在接受委托时尚不能确定的具体税务事项提供期限不少于一年的咨询服务。

(2) 长期税务顾问服务的内容

长期税务顾问服务包括但不限于以下服务:税务信息提供,税务政策解释和运用咨询,办税事项提醒和风险提示,涉税措施的评价和建议,代表委托人向税务机关咨询问题和协商税务处理事宜等。

4. 专业税务顾问业务的执业原则

第一,合法性原则。该原则要求服务过程和服务成果不违反法律法规。

第二,合理性原则。该原则要求分析的依据以及服务成果合乎常理。

第三,特定目标原则。该原则要求以委托人的委托目标为核心,开展专业税务顾问服务。

第四,胜任原则。该原则要求慎重考虑胜任能力,指派具有专业胜任能力的人员提供服务。

(四)税收策划

1. 税收策划业务的定义

税收策划业务是依据国家税收政策及其他相关法律法规和相关规定,为满足委托人特定目标提供的税收策划方案和纳税计划。税收策划业务的内容包括:①配合委托人战略发展需要和重大经营调整;②适应委托人日常事项经营模式变化;③接受委托办理委托人企业重组及投融资事项;④接受委托办理委托人其他拟开展的业务或拟实施的特定交易事项。

2. 税收策划业务的种类

税收策划业务的种类包括:①战略规划税收策划;②经营活动税收策划;③企业重组税收策划;④投融资税收策划;⑤其他事项税收策划。

3. 税收策划业务的执业原则

税收策划业务的执业原则同专业税务顾问业务的执业原则,这里不再赘述。

4. 税收策划服务的业务流程

税收策划服务的业务流程包括了解业务目标、制订业务计划、收集项目资料、确定法律依据、测算数据结果、制订策划方案、进行方案综合辩证分析。

（五）涉税鉴证

1. 涉税鉴证业务的定义

涉税鉴证业务是指鉴证人接受委托，按照税收法律法规以及相关规定，对被鉴证人涉税事项的合法性、合理性进行鉴定和证明，并出具书面专业意见。

2. 涉税鉴证业务的种类

涉税鉴证业务包括企业注销登记鉴证、土地增值税清算鉴证、企业资产损失税前扣除鉴证、研发费用税前加计扣除鉴证、高新技术企业专项认定鉴证、涉税交易事项鉴证、涉税会计事项鉴证、税收权利与义务事项鉴证以及其他涉税事项鉴证。

（六）纳税情况审查业务

1. 纳税情况审查业务的定义

纳税情况审查业务，是指税务师事务所接受行政机关、司法机关的委托，指派本所有资质的涉税服务人员，依法对纳税人、扣缴义务人等的纳税情况进行审查并得出专业结论。

2. 纳税情况审查业务的内容

纳税情况审查业务包括海关委托保税核查、海关委托稽查、企业信息公示委托纳税情况审查、税务机关委托纳税情况审查、司法机关委托纳税情况审查等。

3. 纳税情况审查业务的流程

税务师事务所提供纳税情况审查服务，应当执行业务承接、业务计划、业务实施、业务记录、业务成果、质量监控与复核等一般流程，包括但不限于以下内容：①调查了解委托审查事项的环境和特征；②搜集评价既定标准的适用性；③判断审查证据和风险；④出具专项业务报告。

（七）其他税务事项代理业务

1. 其他税务事项代理业务的定义

其他税务事项代理业务，是指税务师事务所接受纳税人、扣缴义务人（以下简称"委托人"）的委托，在其权限内，以委托人的名义代为办理信息报告、发票办理、优惠办理、证明办理、国际税收、清税注销、涉税争议、建账记账等纳税事项的服务活动。

2. 其他税务事项代理业务的流程

税务师事务所及其涉税服务人员提供其他税务事项代理服务，应当执行业务承接、业务计划、归集资料、专业判断、实施办理、反馈结果、业务记录、业务成果等一般流程。

（八）其他涉税服务

其他涉税服务是指涉税专业服务机构及其从事涉税服务人员向纳税人、扣缴义务人以及其他单位和个人提供的除纳税申报代理、一般税务咨询、专业税务顾问、税收策划、涉税鉴证、纳税情况审查、其他税务事项代理以外的涉税服务。其他涉税服务业务的种类包括涉税培训、税收信息化管理咨询服务等。

三、税务师事务所基本情况

自 2014 年 8 月 12 日《国务院关于取消和调整一批行政审批项目等事项的决定》（国发〔2014〕27 号）等一系列文件下发以来，税务师行业政策发生了很大的变化，行业面临新的挑战，随着行业政策的逐步明确，税务师行业发展进入了战略调整机遇期。

近年来，我国税务师事务所的数量和从业人员数量均保持上升态势，并且税务师事务所的执业税务师人数及事务所收入总额均有所增长。2018 年，全行业总计报告经营收入 203.45 亿元，同比增长 19.73%；2019 年税务师行业经营收入总额为 241.5 亿元，增幅约为 18.7%。2019 年全行业共有税务师事务所 6 806 家，同比增加 10.83%；从业人员约 10.5 万人，同比增加 3.14%；在税务师事务所执业的税务师有 4.66 万人，同比增加 5.25%。2021 年全行业共有税务师事务所约 7 569 家；从业人员约 109 819 人；执业税务师 49 779 名。经营收入排名前五位的地区为北京、广东、江苏、上海、浙江。行业各项指标的快速增长，反映出随着市场经济的不断发展和税收改革的深入，纳税人对涉税专业服务的需求越来越旺盛，税务师行业的专业价值日益增加。为此提出以下愿景：

为进一步建设税务师行业，实现税务师行业"六化"高质量发展，至 2025 年，力争实现服务纳税人缴费人 3 000 万户，全行业涉税专业服务收入 350 亿元。税务师事务所超过 1 万家，在事务所工作的税务师 6.5 万人左右，取得税务师职业资格的人员 20 万人左右，从业人员达 16 万人。选拔培养行业领军人才 500 人、高端人才 1 000 人左右，培训业务骨干 25 000 人次左右，形成梯队合理、可持续发展的行业人才队伍。进一步推进行业数字化转型，实现地方税协"一会式"、税务师事务所"一户式"、税务师等从业人员"一人式"信息归集管理，逐步实现涉税业务统一报备和报告签章统一管理。

至 2035 年，税务师行业"六化"高质量建设取得阶段成果，税务师行业成为国际先进、中国特色的涉税专业服务组织取得积极进展。行业全国立法取得重要进展，行业地方立法取得重大进展，行业法律制度体系进一步健全。涉税专业服务营商环境进一步优化，公平竞争市场机制基本形成。行业规范指引体系更加科学完备。行业诚信水平、执业能力和服务质量显著提高,维护纳税人合法权益和国家税收利益,助力税务机关优化纳税服务和提高征管效能等方面作用更加凸显。行业人才队伍规模、素质和结构显著优化,事务所综合竞争力强、信誉度高,形成一批全社会广泛认可的知名度高、影响力大的税务师事务所品牌。行业基本实现数字化转型,数字化服务产品更加成熟。行业治理能力和水平显著提升。税务师成为令人向往的职业,行业公信力、价值与地位、国际话语权以及影响力显著提升。

四、2020年度税务师行业经营收入前百家税务师事务所分析报告[①]

中国注册税务师协会(以下简称"中税协")开展税务师事务所经营收入百强排名,至今已11年,对税务师行业高质量发展战略实施起到了积极的作用,社会影响力和关注度不断提升。8月16日,中税协对外公布了2020年度经营收入前百家事务所名单(以下简称"百强所"),社会各界给予了高度关注,现就百强所发展情况简要说明如下。

(一)税务师行业基本情况

截至2020年12月31日,7 567家税务师事务所报送了行业报表,占中税协会员系统已登记入会会员数的97%,比上年增加761户,同比增长11.18%。上述税务师事务所的经营性收入合计267.63亿元,同比增长10.81%;利润总额14.30亿元,同比增长29.49%;利润率5.34%,同比增长16.86%。行业从业人员109 825人,同比增长4.56%,其中执业税务师49 781人,同比增长6.77%。

(二)百强所基本情况

1. 百强所行业经营情况

2020年度百强所实现收入合计161.77亿元,同比增长14.38%,比行业收入增长率高3.57个百分点,占全行业收入267.63亿元的60.45%,详见图2。其中,经营收入超过10亿元的税务师事务所有3家,另有经营收入5亿(含)至10亿元有6家、3亿(含)至5亿元有6家、2亿(含)至3亿元有7家、1亿(含)至2亿元的有18家、1亿元以下的有60家,详见表1。经营收入过亿元的有40家事务所,同比增加2家,经营收入合计120.45亿元,占百强所经营收入总额的87.45%,同比提高了2.28个百分点。第100名的经营收入略超上年。上海德勤、中税网、京洲联信、中汇、中瑞稳居百强榜前5名。南宁汉鼎、北京安利达、广东恒生、北京鑫税广通等

[①] 资料来源:中国注册税务师协会。

8家税务师事务所新晋百强所名单。

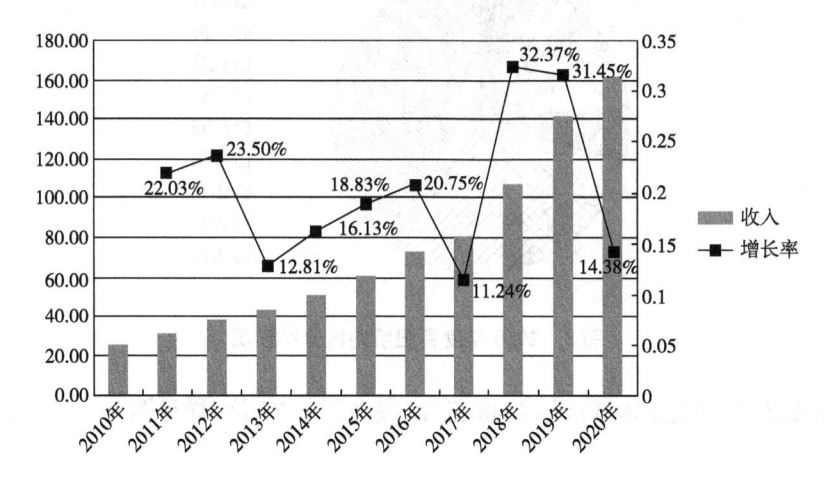

图2 百强所行业经营收入及增长率情况(2010年至2020年)

表1 2020年度百强所不同收入规模数量

收入规模(元)	数量(家)
10亿(含)以上	3
5亿(含)~10亿	6
3亿(含)~5亿	6
2亿(含)~3亿	7
1亿(含)~2亿	18
5 000万(含)~1亿	4
3 000万(含)~5 000万	37
3 000万以下	19

从区域分布情况来看,百强所主要分布在17个地区,其中,北京41家,浙江15家,上海9家,江苏、宁波各6家,广东、四川各5家,山东、青岛、重庆各2家,安徽、湖南、厦门、深圳、广西、陕西、天津各1家,详见图3。

经过11年的发展,百强所经营收入已由2010年度的25.79亿元增加到161.77亿元,增长了5.27倍;百强所经营收入占行业的比重由2010年度的31.94%上升到60.45%;百强所第100名的经营收入由2010年度的1 087.7万元提高到2 271.27万元,增长了1.09倍;年收入最多的税务师事务所的经营收入由

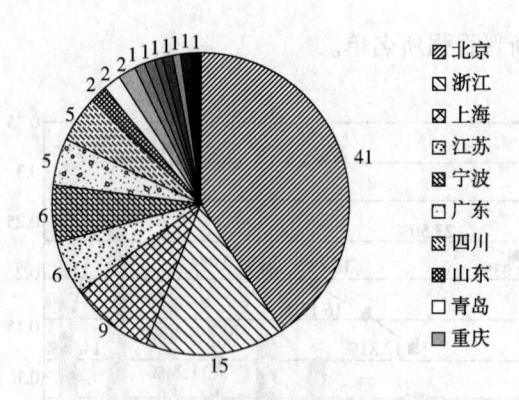

国家税收法律研究前沿问题
——国家税收法律研究基地成果和中国税务师行业发展报告

图3　2020年度百强所地区分布情况

2010年度的2.51亿元提高到14.48亿元,提高了4.77倍,详见图4。

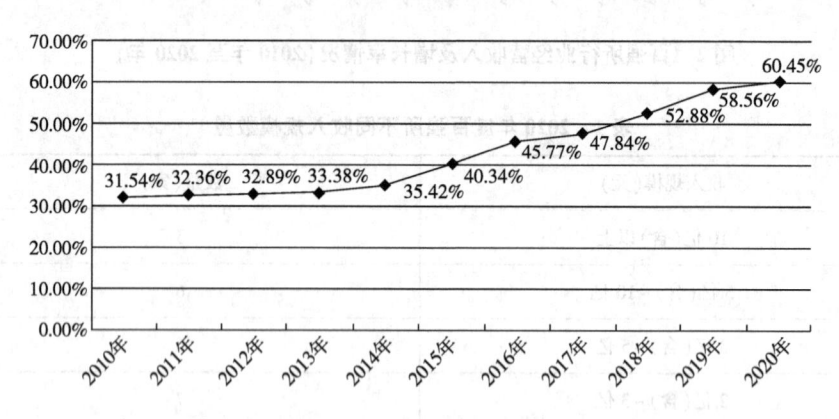

图4　百强所行业经营收入占行业比重情况(2010年至2020年)

百强所从业人员29 790人,其中执业税务师12 151人,同比增长14.17%,百强所发展越来越好,"火车头"效应显著,示范引领作用明显增强。百强所的发展壮大,首要原因是坚持党建引领、坚持正确的发展方向,其次是得益于良好的营商环境、不断向好的经济形势和行业人员的辛勤耕耘。同时也应看到,百强所间经营收入规模差距较大,呈现出强者愈强的发展态势。

2. 百强所区域经营情况

百强所中有43家集团所,其中,北京28家,上海5家,浙江、广东各2家,天津、江苏、安徽、湖南、深圳、重庆各1家。43家集团所的经营收入为119.92亿元,占百强所经营收入的85.7%,占行业经营收入的51.8%,同比分别上升0.91%和2.15%。北京市、上海市、浙江省、天津市、深圳市、江苏省六个地区的收入合计147.76亿元,占百强所收入总额的91.34%,其中北京市62.29%、上海市15.02%、

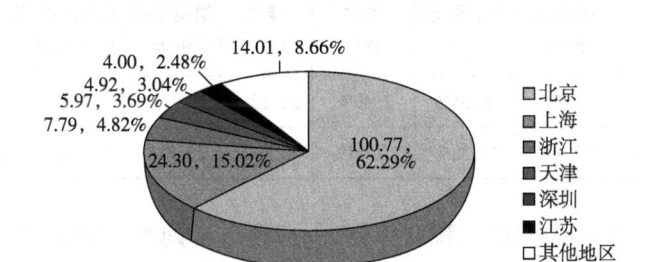

浙江省 4.82%、天津 3.69%、深圳 3.04%、江苏省 2.48%,详见图 5。

图 5　百强所地区收入及占比情况

当前,百强所向集团所发展趋势明显。集团化发展已经成为事务所做大做强的典型模式,但事务所集团化发展差异较大,一部分集团所在人事制度、业务标准、财务核算体系等方面完全高度统一,以强化风险管控、质量控制;还有部分集团所是半统一的,有些方面统一,有些方面相对独立;另有一部分集团所则是松散式的,仅共享一个品牌,这类模式虽然尊重独立性,但多年实践显示,不利于品牌输出、资源共享、风险防控。这些问题提醒百强所,在发展壮大的同时,要更加注重优化内部治理结构,不断加强风险防控机制建设,更好地适应市场需求。

3. 不同业务收入结构情况

2020 年度百强所八项涉税专业服务收入 146.84 亿元,其他业务收入 14.92 亿元,分别占总百强所收入总额的 90.77%、9.22%。

收入最大的三项业务涉税鉴证、一般税务咨询、专业税务顾问,合计收入 108.81 亿元,占百强所收入总额的 67.26%。其中,涉税鉴证业务收入 42.26 亿元、占比为 26.12%、同比行业低 9.43 个百分点;一般税务咨询收入 36.38 亿元、占比为 22.49%、同比行业高 2.22 个百分点;专业税务顾问收入 30.17 亿元、占比为 18.65%、同比行业高 2.77 个百分点。增幅较大的业务为专业税务顾问、税收策划、一般税务咨询,增幅分别为 21.38%、20.44%、18.78%,详见表 2。

表 2　2020 年度与 2019 年度不同类别涉税业务收入对比

收入类别	纳税申报代理	一般税务咨询	专业税务顾问	税收策划	涉税鉴证	纳税情况审查	其他税务事项代理	其他涉税服务	其他收入合计
2019 年	8.76 亿元	30.63 亿元	24.86 亿元	3.23 亿元	38.72 亿元	1.17 亿元	8.23 亿元	12.1 亿元	13.73 亿元
2020 年	8.64 亿元	36.38 亿元	30.17 亿元	3.89 亿元	42.26 亿元	1.47 亿元	8.79 亿元	15.25 亿元	14.92 亿元

续表

收入类别	纳税申报代理	一般税务咨询	专业税务顾问	税收策划	涉税鉴证	纳税情况审查	其他税务事项代理	其他涉税服务	其他收入合计
占比	5.34%	22.49%	18.65%	2.40%	26.12%	0.91%	5.43%	9.43%	9.22%
增长率	-1.40%	18.78%	21.38%	20.44%	9.13%	25.22%	6.78%	26.02%	8.68%

数据显示,专业税务顾问、税收策划、一般税务咨询增长幅度远大于传统鉴证和代理业务。同时,百强所专业税务顾问、一般税务咨询、税收策划等个性化业务收入比例较行业平均水平要高,涉税鉴证等传统业务收入比例则低于行业平均水平。

4. 不同业务单户平均收费标准情况

2020年,百强所税收策划单户平均收费15.27万元,同比行业高8.43%;专业税务顾问单户平均收费9.15万元,同比行业高30.36%;一般税务顾问咨询单户平均收费6.15万元,同比行业高32%;涉税鉴证单户平均收费2.21万元,同比行业高100.62%,详见表3。

数据显示,百强所各项业务单户收入均大于行业平均水平,说明百强所普遍具有较高管理水平,业务质量得到市场的广泛认可,市场议价能力也相对较强。

表3 不同类别涉税业务单户收入情况

收入类别	纳税申报代理	一般税务咨询	专业税务顾问	税收策划	涉税鉴证	纳税情况审查	其他税务事项代理	其他涉税服务
百强所单户收入	0.81万元	6.15万元	9.15万元	15.27万元	2.21万元	4.39万元	0.40万元	2.85万元
行业平均单户收入	0.68万元	4.66万元	7.02万元	14.08万元	1.10万元	3.40万元	0.44万元	1.79万元
同比行业增幅	19.54%	32.00%	30.36%	8.43%	100.62%	29.21%	-9.68%	59.05%

(三)人员情况

2020年度,执业于百强所的从业人员共29 790人,同比增加1 817人,增幅为6.5%;其中,税务师12 151人,同比增加1 508人,增幅为14.17%。从业人员和税务师占行业总体人员的比重分别为27.12%、24.41%,比上年度均有提升,执业于百强所的从业人员、执业税务师的数量呈逐年上升态势。这充分说明百强所以其优秀的管理模式和企业文化,对人才具有显著的吸引力。同时,百强所人员的增长

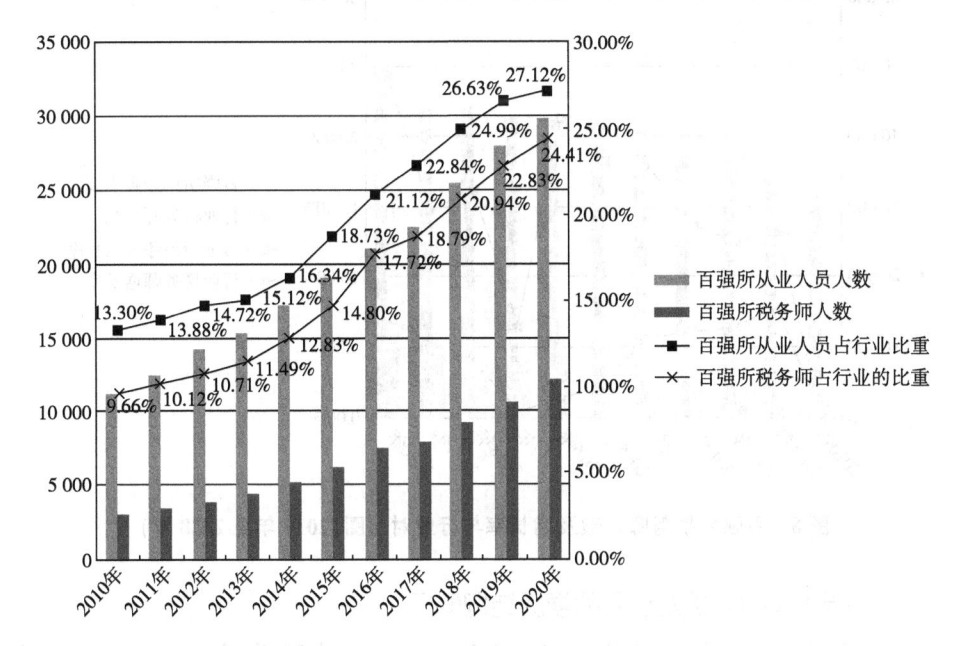

率也一直高于行业整体水平,人才队伍更具稳定性,详见图6、图7、图8。

图6 百强所从业人员及税务师人数及占行业比重情况(2010年至2020年)

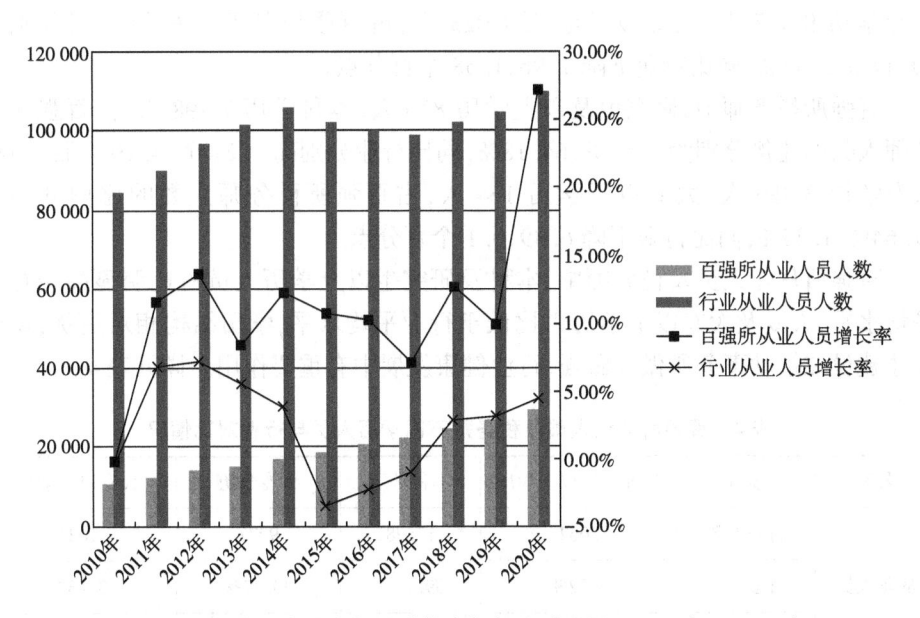

图7 百强所从业人员人数及增长率与行业对比图(2010年至2020年)

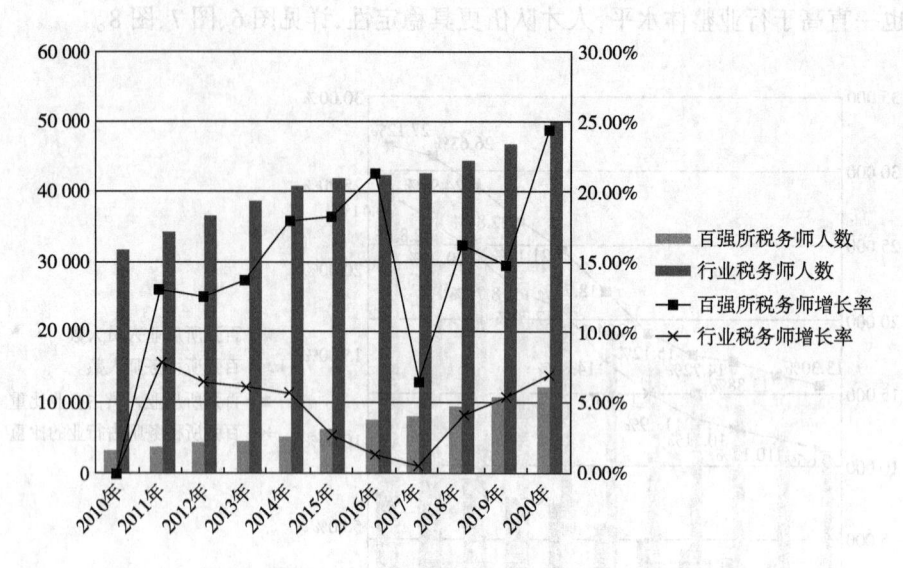

图 8　百强所税务师人数及增长率与行业对比图(2010 年至 2020 年)

1. 百强所从业人员及税务师学历结构情况

百强所从业人员中,研究生及以上学历 2 062 人、本科学历 17 628 人,占百强所从业人员的比例分别为 6.92%、59.17%,同比行业分别高 3.31、6.22 个百分点;大专学历 9 077 人、大专以下学历 1 023 人,占百强所从业人员的比例分别为 30.47%、3.43%,同比行业下降 7.96、1.58 个百分点。

百强所税务师中,研究生及以上学历 830 人、本科学历 7 798 人,占百强所税务师人数的比例分别为 6.83%、64.18%,同比行业分别高 2.21 个、4.29 个百分点;大专学历 3 359 人、大专以下学历 164 人,占百强所税务师人数的比例分别为 27.64%、1.35%,同比行业下降 6.39、0.1 个百分点。

百强所从业人员及税务师中,本科及研究生以上学历人员占比明显高于行业平均水平,大专及大专以下学历占比低于行业平均水平,学历结构相对更优,说明人才建设在推动事务所做大做强、行业健康发展中有重要作用。详见表 4。

表 4　百强所从业人员及税务师不同学历人员与行业对比情况

名称	项目	研究生及以上学历	本科学历	大专学历	大专以下学历
从业人员	百强人数	2062	17628	9077	1023
	百强占比	6.92%	59.17%	30.47%	3.43%
	行业占比	3.61%	52.95%	38.43%	5.01%

续表

名称	项目	研究生及以上学历	本科学历	大专学历	大专以下学历
税务师	百强人数	830 人	7 798 人	3 359 人	164 人
	百强占比	6.83%	64.18%	27.64%	1.35%
	行业占比	4.62%	59.89%	34.03%	1.45%

2. 百强所从业人员及税务师年龄结构情况

百强所从业人员中,35 岁以下 13 040 人,占百强所从业人员的 43.77%,同比行业高 10.15 个百分点;35~50 岁 12 891 人、51~60 岁 3 090 人、61 岁以上 769 人,占百强所从业人员的比例分别为 43.27%、10.37%、2.58%,同比行业分别低 5.07、3.22、1.87 个百分点。

百强所税务师中,35 岁以下 2 344 人,占百强所税务师人数的 19.29%,同比行业高 8.1 个百分点;35~50 岁 7 269 人、51~60 岁 2 014 人、61 岁以上 524 人,占百强所税务师人数的比例分别为 59.82%、16.57%、4.31%,同比行业分别低 2.98、3.17、1.96 个百分点。详见表 5。

表 5　百强所从业人员及税务师不同年龄人员与行业对比情况

名称	项目	35 岁以下	35~50 岁	51~60 岁	61 岁及以上
从业人员	百强人数	13 040 人	12 891 人	3 090 人	769 人
	百强占比	43.77%	43.27%	10.37%	2.58%
	行业占比	33.62%	48.34%	13.59%	4.45%
税务师	百强人数	2 344 人	7 269 人	2 014 人	524 人
	百强占比	19.29%	59.82%	16.57%	4.31%
	行业占比	11.19%	62.80%	19.74%	6.27%

百强所从业人员及税务师中,35 岁以下占比同比行业高 10 个百分点左右,35 岁以上占比同比行业均为下降。相比行业平均水平,百强所从业人员及税务师年龄结构更年轻化,结构更为合理。

这说明百强所的优秀品牌形象和先进的管理机制,对人才特别是年轻人才具有较强的吸引力。百强所应加强年轻人才队伍的建设,储备人才后备力量,为事务所长足发展打下坚实的人才基础。

(四)进一步加强百强所品牌建设的建议

1. 完善百强所综合评价机制

经过多年的建设,百强所品牌在行业内的影响力越来越大,在引领行业发展中作用显著。但随着经济社会的发展、行业的转型升级及高质量发展,单纯以收入为指标评定百强所的做法已经不适应时代要求,需要借鉴相关行业做法,结合本行业实际,在充分调研和广泛听取意见的基础上,制定以党建、经营收入、自律管理、内部治理等为指标的更加科学的百强所综合评价机制,更好发挥百强所品牌影响力,引领行业健康发展。

2. 加强百强所监督管理

开展百强所排名的宗旨是强服务、优管理、提质量,发挥引领者的榜样力量。因此,对百强所更应强化监督管理,促使其在完善治理机制、规范业务流程、加强自律管理、强化内部控制、人才队伍建设等方面走在行业前列,为行业树立标杆、做出示范,真正成为行业发展的"火车头"。

五、2021年度税务师行业经营收入前百家税务师事务所情况

中国注册税务师协会根据2021年度税务师事务所经营收入,结合会员纳税信用、依法诚信经营等因素,排出税务师行业经营收入前百家税务师事务所,名单如表6所示[①]。

表6 行业经营收入百强所名单

排序	名称	排序	名称
1	上海德勤税务师事务所有限公司	10	亚太鹏盛税务师事务所股份有限公司
2	中税网税务师事务所集团有限公司	11	立信税务师事务所有限公司
3	京洲联信税务师事务所集团有限公司	12	国富浩华(北京)税务师事务所有限公司
4	中汇税务师事务所有限公司	13	国融兴华税务师事务所有限责任公司
5	中瑞税务师事务所集团有限公司	14	尤尼泰税务师事务所有限公司
6	北京华政税务师事务所有限公司	15	中税科信税务师事务所有限公司
7	大信税务师事务所集团有限公司	16	信永中和(北京)税务师事务所有限责任公司
8	中瑞岳华税务师事务所集团有限公司	17	致同(北京)税务师事务所有限责任公司
9	北京天职税务师事务所有限公司	18	北京中翰税务师事务所集团有限公司

---

① 资料来源:中税协会员部。

续表

排序	名称	排序	名称
19	北京永大税务师事务所有限公司	49	北京镈源茂达税务师事务所有限责任公司
20	华税税务师事务所有限公司	50	浙江正大联合税务师事务所有限公司
21	北京审信国际税务师事务所有限责任公司	51	北京利安达税务师事务所有限责任公司
22	浙江知联税务师事务所有限公司	52	浙江正瑞税务师事务所有限公司
23	中鸿税务师事务所集团有限公司	53	北京东审鼎立国际税务师事务所有限公司
24	容诚税务师事务所(北京)有限公司	54	浙江鸿瑞税务师事务所有限公司
25	大华(北京)税务师事务所有限公司	55	浙江佳信税务师事务所有限公司
26	安永(上海)税务师事务所有限公司	56	江苏大公税务师事务所有限公司
27	上海毕马威税务师事务所有限公司	57	北京德润税务师事务所有限公司
28	北京致通振业税务师事务所有限公司	58	北京智方圆税务师事务所有限公司
29	天健税务师事务所有限公司	59	上海东尊税务师事务所有限公司
30	普华永道税务师事务所(上海)有限公司	60	四川精财信税务师事务所有限公司
31	中联税务师事务所有限公司	61	浙江中瑞税务师事务所有限公司
32	北京中税网通税务师事务所有限公司	62	北京智墨税务师事务所(普通合伙)
33	北京华泰恒瑞税务师事务所有限公司	63	南宁汉鼎税务师事务所有限责任公司
34	山东百丞税务师事务所有限公司	64	北京诚裕汇科税务师事务所有限责任公司
35	中金税税务师事务所有限公司	65	金华中瑞税务师事务所有限公司
36	四川万和润洋税务师事务所有限公司	66	杭州余杭东方税务师事务所有限公司
37	北京竞数圣税务师事务所有限公司	67	河北国兴税务师事务所有限公司
38	中税标准税务师事务所有限公司	68	山东启阳税务师事务所有限公司
39	江苏方正税务师事务所有限公司	69	安徽和讯税务师事务所有限公司
40	宁波阳明税务师事务所有限责任公司	70	山东长恒信税务师事务所有限公司
41	北京天扬君合税务师事务所有限责任公司	71	宁波中瑞税务师事务所有限公司
42	晖帆税务师事务所有限公司	72	北京中烨泽瑞税务师事务所有限责任公司
43	上海骁天税务师事务所有限责任公司	73	北京浩信税务师事务所有限公司
44	广东正中国穗税务师事务所有限公司	74	瑞安新一税务师事务所有限责任公司
45	广州中韬华益税务师事务所有限公司	75	四川天健税务师事务所有限公司
46	宁波正源税务师事务所有限公司	76	天岳税务师事务所(山东)集团有限公司
47	北京大信中和税务师事务所有限公司	77	四川兴瑞税务师事务所有限公司
48	四川金普林税务师事务所有限公司	78	四川祥瑞泰税务师事务所有限责任公司

续表

排序	名称	排序	名称
79	无锡宝光税务师事务所有限公司	90	浩智税务师事务所有限公司
80	北京睿和税务师事务所有限公司	91	北京大有宏业税务师事务所有限责任公司
81	北京中利信源税务师事务所有限责任公司	92	深圳市盛天诚税务师事务所有限责任公司
82	河瑞河北税务师事务所有限公司	93	浙江通达税务师事务所有限公司
83	陕西公正税务师事务所有限公司	94	广东恒生税务师事务所有限公司
84	余姚中禾信税务师事务所有限公司	95	青岛正业税务师事务所有限责任公司
85	北京国佳中天宝通税务师事务所有限公司	96	北京欣洪海明珠税务师事务所有限公司
86	上海立信诚瑞税务师事务所有限公司	97	江阴市长江税务师事务所有限公司
87	慈溪三北税务师事务所有限公司	98	北京盈科瑞诚税务师事务所有限公司
88	杭州大驰税务师事务所有限公司	99	天赋兴瑞(苏州)税务师事务所有限公司
89	厦门市国正税务师事务所有限公司	100	重庆睿捷税务师事务所有限公司

(一)经营情况

2021年度进入百强排名事务所的入围收入再创新高,2021年有11家[①]税务师事务所新晋百强,保持着较强的流动性。总体来看,2021年,百强所经营收入稳定增长,共计166.65亿元,同比增长3.01%,占全行业经营收入的58.75%;百强所利润总额同比继续增长,占行业总利润的比例超过70%,所均贡献度、人均贡献度、师均贡献度均远高于行业平均水平,盈利规模和盈利能力进一步提升。同时,百强所人才队伍建设也成果显著,呈现"人才塔基厚,人才塔体壮,人才塔尖高"的特点。2021年度,百强所从业人员共30 241人。其中,执业税务师12 687人。

从区域分布情况看,百强所主要分布在18个地区,其中,北京42家,浙江12家,上海8家,江苏、四川各6家,宁波5家,山东4家,广东3家,河北、深圳、广西、重庆各2家,天津、安徽、厦门、青岛、湖南、陕西各1家。[②]

(二)发展特点

1. 实力明显增强

2021年,百强所经营收入稳定增长,共计166.65亿元,同比增长3.01%,占全行业经营收入的58.75%。与2010年度首次百强所排名相比,2021年度百强所经营收入由25.79亿元增加到166.65亿元,增长了5.46倍,经营收入占全行业比重由31.94%上升到58.75%。在带动行业发展、实施行业做大做强战略中,百强所

---

① 资料来源:中税网事务所集团公众号。
② 从2021年度税务师行业百强所看行业发展[J]. 注册税务师,2022,235(8):5-8.

起到了带头作用和示范作用。百强所所均收入也持续增加,年均增长率高于行业整体收入的增长率,其利润额占全行业利润总额的70%以上。从进入百强所的门槛来看,2019年入围百强所名单的最低营业收入为2 159.52万元,比 2018年提升25%;2020年为 2 271.27万元,比 2019年提升约 5.17%。百强所能取得这样的成绩主要得益于事务所坚持锐意进取、开拓创新,努力提升专业服务质量,打造税务师事务所知名品牌。已经有越来越多的税务师事务所品牌被市场所认可。这些百强所品牌所展现出来的不仅仅是专业的服务能力和严格的质量控制,更是良好的信用和先进的理念。近年来,百强所更是不断加快集团化和国际化的经营步伐,通过建立分支机构、打造服务网络,提升服务能力。百强所的影响力正在不断扩大。

2. 创新不断精进

随着"放管服"改革、税制改革、征管改革的不断深化和税务总局《涉税专业服务监管办法(试行)》的实施,税务师行业的内外部环境都发生了不小的变化。百强所勇于迎接挑战,善于抓住机遇,根据新的市场需求开拓新的业务领域,专业税务顾问、税收策划和纳税情况审查等高端业务比例明显加大,走在全行业的前列。不少百强所通过业务发展经验不断积累,发掘出具有自身鲜明特色的业务、行业领域,拓展出新的产品和服务,不断扩大其在行业中的影响力。一些百强所依托互联网,强化科技创新,形成了各具特色的服务平台和产品,专业服务效率及能力迅速提升。

3. 机制日益完善

百强所的发展,得益于优秀的管理体系和治理机制。首先,百强所完善的用人机制和先进的企业文化成为吸引人才的重要因素。2020年,百强所的执业税务师和人员总数分别占行业整体的 24.41%和 27.12%,充分说明百强所对人才具有极大的吸引力。2021年度,百强所从业人员达到 30 241人。其中,执业税务师12 687人。同时,百强所人员的增长率也一直高于行业整体水平,人才队伍更具稳定性。其次,事务所集团化发展、强强联合,也是百强所实力迅速增强的重要原因。这些集团所凭借精心设计的内部治理机制,以增进内部合作为重点,实现风险管理严格、质量控制有效的目标,进而促进事务所不断发展壮大。国家税务总局《关于税务师事务所行政登记有关问题的公告》的发布,将可以担任税务师事务所的合伙人或者股东范围扩大到从事涉税专业服务的科技、咨询公司,更加推进了税务师事务所组织形式创新,为税务师事务所集团化发展创造了更好的条件。

随着社会和纳税人对涉税专业服务需求的不断增加,税务师行业和百强所还将有更大的发展空间。中国注册税务师协会将继续秉承服务会员的宗旨,进一步建立与完善税务师行业自律管理机制,努力为会员提供更多更好的服务,引导百强所和会员为广大纳税人和社会各界提供优质高效的涉税专业服务,为维护国家税收利益和纳税人合法权益做出更大的贡献。

六、税务师行业环境分析

(一)政策环境分析

2013年以来,人力资源和社会保障部(以下简称"人社部")按照国务院的要求,将职业资格许可和认定事项分为7个批次,取消了400余项,进一步降低了就业创业门槛。

2016年6月,国家税务总局发布《关于建立税务机关、涉税专业服务社会组织及其行业协会和纳税人三方沟通机制的通知》(税总发〔2016〕101号),提出建立三方沟通机制,发挥税务师事务所等涉税专业服务社会组织的积极作用,协助税务机关构建税收共治格局和优化纳税服务,协助提高征管效能。

2017年5月,国家税务总局发布13号公告,开放涉税服务市场,通过信息化手段加大对涉税服务行为的监管力度,为规范的涉税专业服务机构提供培训、专门咨询以及绿色通道和网上批量申报等服务。

2017年8月,国家税务总局发布《税务师事务所行政登记规程(试行)》,规定注册会计师和律师也可以成为税务师事务所的股东或合伙人,其中税务师占比应高于50%,同时减少了办理税务师事务所行政登记的报送材料。

2017年9月,人社部印发《关于公布国家职业资格目录的通知》(人社部发〔2017〕68号),明确公布国家认可的职业资格的范围、实施机构、设定依据等内容,从根本上解决了我国职业资格数量过多、管理不到位的问题。其中,税务师职业资格在专业技术人员职业资格中排第52项。

2018年,涉税专业服务市场进一步开放,倒逼行业加快转型升级步伐。政府机关和行业协会都非常注重行业的发展与转型,发布了和事务所息息相关的通知和意见,引导行业的升级。

2019年8月,中国注册税务师协会组织制定《纳税申报代理业务指引(试行)》等12项执业规范。

2020年7月30日,中国注册税务师协会组织制定《企业重组税收策划业务指引(试行)》等4项执业规范。这些政策是根据13号公告等有关规定、结合行业实际制定的,目的是规范税务师行业执业行为,推动行业涉税专业服务标准化。

2021年,国家税务总局又出台了多项与税务师行业发展相关的新政策(如表7所示)。

表7 2021年与税务师行业发展相关的新政策梳理

发布机构	政策名称	作用
国家税务总局	国家税务总局《关于开展2021年"我为纳税人缴费人办实事暨便民办税春风行动"的意见》(税总发〔2021〕14号)	落实党中央、国务院关于深化"放管服"改革、优化营商环境的部署,连续第8年开展"我为纳税人缴费人办实事暨便民办税春风行动",为构建新发展格局、推动高质量发展贡献税务力量
财政部、国家税务总局	财政部、税务总局《关于实施小微企业和个体工商户所得税优惠政策的公告》(财政部 税务总局公告2021年第12号)	为进一步支持小微企业和个体工商户发展,对小型微利企业和个体工商户所得税实施税收优惠政策
国家税务总局	国家税务总局《关于增值税消费税与附加税费申报表整合有关事项的公告》(国家税务总局公告2021年第20号)	深入推进税务领域"放管服"改革,优化营商环境,切实减轻纳税人缴费人申报负担
国家税务总局	国家税务总局《关于进一步加强涉税专业服务行业自律和行政监管的通知》(税总纳服函〔2021〕254号)	进一步发挥行业协会和社会中介组织作用,规范涉税专业服务机构及其从业人员执业行为,助力税收改革发展
国家税务总局	国家税务总局《关于纳税信用评价与修复有关事项的公告》(国家税务总局公告2021年第31号)	引导纳税人及时纠正违规失信行为,消除不良影响

(二)经济环境分析

当前,消费加快升级、创新趋于活跃、开放力度持续加大、企业效益明显改善,这为我国经济进入高质量发展阶段创造了基础和条件,必然会给税务师事务所带来新的发展契机。随着经济主体的实力不断增强,国有企业改革步步推进,境外投资以及企业之间并购、重组的频繁发生,涉税服务项目越来越多,涉税服务环境越来越复杂。因此,在经济新常态和财税体制持续深化改革的大背景下,我国涉税服务市场的发展潜力依然很大。

1. 全国税收收入现状

"十三五"期间,全国新增减税降费累计超过7.6万亿元,累计办理出口退税7.07万亿元,有效激发了市场主体活力,新办涉税市场主体5 745万户,较"十二五"时期增长83%,为稳住就业和经济做出了积极贡献。同时,连年完成预算收入任务,累计组织税收收入(已扣除出口退税) 65.7万亿元,为经济社会发展提供了坚实的财力保障。

2021年全年组织税收收入(已扣除出口退税)完成154 573亿元,占全国一般公共预算收入的比重达76.3%,比2020年提高1.5个百分点,税务部门征收的社会保险费收入完成66 838亿元,同时还组织非税收入和其他收入19 727亿元,办理出口退税1.67万亿元,助力外贸发展。全年累计新增减税降费约1.1万亿元,企业提前享受研发费用加计扣除政策减免税额3 333亿元,有力促进了企业创新发展,新增涉税市场主体1 326万户,市场活力进一步增强。

税制改革和减税政策不仅直接减轻了企业税收负担,有力地支持了大众创业、万众创新,而且推动了供给侧结构性改革和企业转型升级,对稳定经济增长和增强市场活力起到了重要的促进作用。因此,税务师要加快结构升级转型,协助企业在复杂的税收政策下降成本、避风险。

2. 财税体制改革现状

财税体制改革是全面深化改革的重头戏。在增值税方面,党的十九大以来,我国进一步深化增值税改革,下调增值税标准税率至13%,提高小规模纳税人起征点,助力企业降低经营成本,推动制造业转型升级。2020年,我国针对增值税作出阶段性税收优惠政策安排,包括小规模纳税人增值税率下调,部分地区和行业免征增值税等措施,以应对新冠疫情带来的冲击。2019—2021年,企业所得税优惠政策的精准性和普惠性愈发凸显,小微企业门槛进一步降低、高新技术企业范围进一步扩大、制造业研发费用加计扣除比例上升等优惠政策出台,阶段性和制度性安排齐头并进。在税收征管方面,我国积极推动税收信息化建设,税收征管的智能化程度大幅提升,拓展了200多项非接触式办税业务,降低了纳税人的遵从成本,提高了纳税服务的质量。此外,2021年中共中央办公厅、国务院办公厅印发了《关于进一步深化税收征管改革的意见》,明确了我国第三次重大税收征管改革的任务,将通过"以数治税""合成"等方式,全面推进我国智慧税务建设,以人民为中心,全面提升我国税收治理能力以及纳税人缴费人的满意度。[①] 随着财税体制改革的深入推进,税务师需要根据国家政策变化和市场经济发展,协助企业在财税改革中把握先机,以优质专业的服务立足于市场经济大潮中。

3. "互联网+"和大数据时代

在互联网时代,互联网的应用给人们的生活带来了巨大的变化。税收是经济发展的重要组成部分,税务师行业不可能游离于"互联网+"和大数据时代。通过与"互联网+"模式的结合,税务师事务所可以降低运营成本,提升服务效率,强化

[①] 李旭红,刘启帆. 党的十九大以来现代财税体制改革回顾与展望[J]. 财政监督,2022(1):12-16.

服务质量[①]。

在"互联网+"和大数据背景下,纳税人不仅可以通过税务机关的"12366"服务热线和官网进行互动,还可以通过网络免费获取大量的税务相关资讯。因此,税务师要能够将税收法律法规和纳税人实际情况相结合,为纳税人提供个性化税务咨询服务、税务风险管理服务,实现税务师行业的服务结构转型。

在"互联网+"和大数据背景下,"云技术"在企业管理、财务会计领域中的广泛运用,企业管理、财务核算软件及办公无纸化的使用,对税务师行业提出了新要求,税务师行业要顺应形势,更好地提供税务服务。

在"互联网+"和大数据背景下,税务机关创新征管手段,纳税人的涉税信息获取更加便捷,纳税人则希望获得长期的、有价值、有质量的涉税服务产品。涉税专业服务市场的全面放开与简政放权让税务师行业完全参与市场竞争,这就要求税务师行业顺应"互联网+"和大数据浪潮,加速品牌、信息化建设,提升专业能力,提供专业服务,形成核心竞争力。

(三)社会环境分析

社会环境分析是指对行业所在社会中成员的民族特征、文化传统、价值观念、宗教信仰、风俗习惯及教育水平等因素对行业发展产生的影响进行分析。社会公众对专业涉税服务的理解和认知度、纳税人的税收遵从度以及税务师行业的诚信水平尤为重要。

1. 税务师事务所的社会认可度

对税务师事务所来说,社会的认可度将在很大程度上影响事务所的可持续发展。早期的涉税服务都是由会计师事务所提供的,所以目前还有少部分人认为没必要设立税务师事务所。这种观点和看法不仅会干扰税务师事务所的业务开展,还会影响到税务师事务所的区域布局。产生这种观点的主要原因还是对税务师事务所缺乏理解或理解得不够准确。一部分人错误地将税务师事务所等同于税收政策的宣传、辅导机构,还有一部分人没有将涉税业务与会计业务区分开来,以为税务师事务所的主要作用是为企业建账、记账。

2021年10月《中国财经报》报道,2021年一、二、三季度,全国新办涉税市场主体分别为279.2万户、345.1万户和346万户。前三季度新办涉税市场主体累计达到970.3万户,较2020年、2019年同期分别增长16.1%、24.8%,两年平均增长11.7%,其中领用接受发票、办理有税申报的相对较活跃新办涉税市场主体共793万户,占比达81.4%,可见新办涉税市场主体活跃度是比较高的。虽然涉税市场发展前景乐观,但是税务师事务所也需要主动走入市场,做好身份包装和推介,让更

---

① 李金蔓. "互联网+"背景下税务师事务所涉税服务转型升级思考[J]. 纳税,2019,13(20):23-24.

多的纳税人了解涉税服务行业。①

2. 纳税人的税收遵从度

2017年,国家税务总局联合29个部门签署了《关于对纳税信用A级纳税人实施联合激励措施的合作备忘录》,对纳税信用A级纳税人实施41项守信联合激励措施。2015年8月至2017年9月累计向授信企业发放贷款51万笔,并与34个部门对重大税收违法案件当事人实施28项联合惩戒措施,有效震慑了涉税违法犯罪行为。

2019年,国家税务总局印发《关于纳税信用修复有关事项的公告》,鼓励和引导纳税人增强依法诚信纳税意识,主动纠正纳税失信行为,及时挽回信用损失,得到了广大纳税人的欢迎。

在激励与惩戒两大措施并行下,纳税人的税收遵从度不断提高,企业为了节约纳税成本,避免税务风险,会主动联系税务中介机构(如税务师事务所)为企业或个人做纳税筹划及代理,这给税务师行业提供了良好的发展空间。

3. 税务师行业的诚信水平

税务师行业的诚信水平有着极其重要的作用。有的税务师事务所过分迎合客户的需要,违背了税务师行业的专业性和公正性,甚至成为企业偷逃税款的帮凶。这极大地败坏了税务师行业的声誉,损害了国家税收权益。2016年底国务院办公厅印发《关于加强个人诚信体系建设的指导意见》,明确了14类职业人群要加快建立和完善个人信用记录形成机制,其中就包括税务师。2017年,个人诚信体系建设掀起了高潮。信用机制为税务师行业的诚信服务提供了保障,方便委托人选择合适的税务师事务所,也让税务机关能够更好地支持税务师行业。

(四)科技环境分析

税务部门对标一流,谋划推进金税四期建设,完成智慧税务的顶层设计,稳步推进发票电子化改革,开出首张全面数字化电子发票,高质量推进税收现代化。

从目前我国的智慧税务探索来看,"人工智能+税务"的结合可在一定程度上帮助税务部门强化税务征管,推动税收征管现代化。比如,通过语音识别与自然语言处理技术的结合,可以将海量涉税语音咨询电话和各种用户单据内容结构化,这项技术的应用不仅能为纳税人提供智能咨询服务,还可以为纳税服务与税务管理等提供数据以及决策支持。除此以外,计算机视觉与特征识别的结合可以为纳税人提供个性化服务,通过机器学习与大数据的结合对纳税人画像,进行风险管理;虚拟现实、实体机器人、机器人流程自动化可为税收征管提供导税服务、税务咨询、

---

① 刘颖. 新办涉税市场主体呈现三大特点[N]. 中国财经报,2021-10-30(003).

自动填单以及虚拟办税服务。"人工智能+税务"的发展,一方面推动了税务部门税收大数据的发展,另一方面也方便了税务部门帮助纳税人了解国家税务政策,提供税收咨询服务。

从企业的角度看,德勤会计师事务所研发的德勤智能机器人,一定程度上重新定位了未来的财务岗位。德勤智能机器人不仅可以提高财务工作效率,而且可以大大缩短财务处理周期。在日常财务工作中,财务系统操作、内部控制、报告生成、执行记账等基础工作占据极大比例,真正需要思考的分析决策工作时间则被挤压。

为避免被社会淘汰,相关从业人员需要主动提升自己的业务水平,接受更高技能培训,关注更具价值的业务。未来,人工智能处理基础业务,人力员工进行审计、检查,两者交互工作的新模式将被广泛应用于企业。①

---

① 谢波峰,尹天惠. 智慧税务的实践现状和发展探索[J]. 国际税收,2021(10):21-26.

提高税务师行业水平和素质

一、税务师职业道德

(一)税务师职业道德的含义

税务师职业道德是指税务师的职业纪律、执业能力以及职业职责等的总称。它是一种行为规范,主要调整税务师行业内部、税务师与客户、税务机关及社会之间的道德关系。它既是税务师行业从业人员职业行为的道德要求,也是税务师行业从业人员对社会应承担的道德责任和义务。职业道德规范是税务师为实现执业目标,保证国家税收利益不被侵犯而必须遵守的基本原则。这些基本原则包括独立、客观、公正,专业胜任能力,以及应有的关注、保密等。税务师树立职业道德在一定程度上可限制税务师不恰当、不合规的行为,为税务师合法、合规地从事涉税服务奠定坚实的基础。

(二)《税务师行业职业道德指引(试行)》提出的背景

随着社会的发展和税制改革的深化,以及 20 多年的发展积淀,我国税务师行业执业环境不断优化,执业领域不断拓宽,执业人员的技术水平不断提高,并逐步被社会所认可。在市场经济快速发展的助推下,税务师事务所已经成为仅次于律师事务所和注册会计师事务所的第三大专业服务机构,在维护纳税人合法权益、保障国家税收权益、提高征管效率、降低征纳成本、维护社会和谐稳定等方面的作用越来越突出。近年来,在行业业务规模和市场进一步扩大的同时,经济、社会和行业的发展对税务师应有的道德品质和职业行为也提出了更高的要求。13 号公告是税务师事务所及其涉税服务人员提供涉税专业服务以及建设职业道德体系的具体实践指导。中国注册税务师协会作为税务师事务所及其涉税服务人员的自律管理组织,依据 13 号公告的要求编写了《税务师行业职业道德指引(试行)》。

为了响应中央加强社会主义核心价值观教育和全面深化改革的重大决定,中国注册税务师协会制定并发布了《税务师行业职业道德指引(试行)》,以规范服务行为,促进税务师行业的健康发展,明确税务师行业职业道德的业务标准,为税务师事务所涉税服务人员提供职业道德指引。

《税务师行业职业道德指引(试行)》出台的主要原因有二:一是职业道德规范和教育可以对执业者的行为加以明确的界定和制约,充分发挥职业自律对行业发展的主导作用,从根本上为国家和社会公众提供高质量、可信赖的涉税专业服务,在社会公众中树立良好的职业形象和职业信誉。这也体现了《税务师行业职业道德指引(试行)》出台的现实性。二是税务师事务所是为国家征税事项与纳税人纳税事项提供涉税专业服务的机构,是提供涉税专业服务的重要主体,应当遵守职业品德、职业纪律等行业规范。

税务师行业是独立的第三方,其提供涉税专业服务,同时依赖于涉税服务人员的执业能力和执业水平,所以整个行业的道德风险相对较高。自从整个涉税专业服务行业对注册会计师、律师和税务师等涉税专业服务人员全面放开后,在行业竞争过程中,诚信、独立和专业胜任能力及保密等成为税务师行业参与市场竞争、促进行业长足发展的必然要求。税务师行业既是委托人的业务代理人,又要与税务机关协调办理涉税事宜,会双方向产生职业道德风险。因此,必须从多个角度对税务师行业进行职业道德的规范和管理。

(三)《税务师行业职业道德指引(试行)》的重要意义

目前,在某些税务师的工作中确实存在不少有违职业道德的现象,比如一些税务师事务所竞相压价、恶性竞争,在干预和压力下出具不实报告等,对此亟须加强职业道德约束。现行《税务师行业职业道德指引(试行)》在《注册税务师行业自律管理办法(试行)》的基础上对行业规章做了进一步的完善。

遵守职业道德规范,是税务师行业赖以生存和发展的基础,更是与每一个税务师的职业生涯紧密相连的。税务师道德水平的高低直接关系整个行业能否生存和发展。贯彻落实《税务师行业职业道德指引(试行)》,可以赢得社会公众的广泛信任;可以提高税务师的执业质量和执业效率;可以维护税务师事务所和税务师的合法权益;可以强化行业的自律管理,成为税务机关行政监管的必要补充。因此,对税务师职业道德问题进行深入系统的研究并建立职业道德规范,对更好地保证税务师依法执业、诚信经营,规范执业行为,提升税务师行业的服务能力和社会公信力,推动税务师行业的规范健康发展等具有深刻的现实意义和深远的历史意义。

(四)税务师行业职业道德的要求

中国注册税务师协会将《税务师行业职业道德指引(试行)》的编写列入《业务准则委员会 2019 年执业规则制订工作计划》,在构建税务师执业规范体系的过程中,为规范服务行为,促进税务师行业的健康发展,明确了税务师行业职业道德的业务标准,为税务师事务所涉税服务人员提供指引。

《税务师行业涉税专业服务规范基本指引(试行)》中明确提出:"税务师行业涉税专业服务规范具体包括基本指引、职业道德指引、质量控制指引、程序指引、业务指引、具体业务指引及释义。"其中,职业道德指引是指税务师行业(税务师事务所及其涉税服务人员)从事涉税专业服务过程中应当遵循的道德原则、职业纪律、职业操守等方面的基本规范。职业道德指引的制定,应当按照诚信、独立性、客观公正、专业胜任能力、保密、自律管理等职业道德的基本要素设计章节条款。

1. 诚信是税务师行业发展的基石

《税务师行业涉税专业服务规范基本指引(试行)》第二章第六条至第二十条强调税务师从法律上和道德上都必须合法、合规、合理执业,明确了应从税务师自身保持诚信和税务师事务所保持诚信两个方面进行规范,同时由税务师协会进行诚信记录管理。首先,在税务师自身保持诚信方面,要求在协议履约、执业中具体操作、税务机关沟通和业务成果形成中均要遵守法律法规,做到正直自律、诚实守信。其次,在税务师事务所保持诚信方面,要求在职业道德的内控制度建设、同业竞争、对外宣传等方面使用正确方式,体现行业专业诚信的形象,并形成行业良性发展状态。最后,税务师协会作为自律管理组织,负责行业诚信记录管理。

2. 独立性是税务师必须具备的品质

保持独立性是税务师行业的职业操守,该部分是《税务师行业涉税专业服务规范基本指引(试行)》的重点部分。按照13号公告,涉税专业服务可划分为八大类,其中对涉税鉴证业务和纳税审查业务的独立性要求较高,其他六类服务则需要在形式上保持独立性。在提供涉税专业服务过程中,税务师事务所及其涉税服务人员应该将保持独立性作为遵守职业道德操守的核心要求。在提供服务的整个过程中,包括但不限于业务承接、业务委派、业务实施等程序需要对独立性进行持续性评价。在进行持续性评价时,对影响独立性的因素应采取措施进行规避、排除或消除。

3. 客观公正是税务师职业道德的要求

客观公正是税务师行业的必然要求。涉税服务行业执业过程是将税收法律法规运用于具体经济业务的过程,因此必须以法律法规为基础提供业务成果。税务师行业客观公正的职业道德要求是基于税收法律法规而提出的。

4. 专业胜任能力是税务师职业的要求

税务师的专业胜任能力要求十分重要。我国税收政策伴随经济的发展不断进行着调整和完善,这要求税务师事务所及其涉税服务人员对税收政策时刻保持学习。另外,涉税专业服务的提供依赖于涉税服务人员的涉税实践经验。所以,专业胜任能力是对税务师事务所及其涉税服务人员业务能力的核心要求。

5. 保密是税务师职业的底线

税务师事务所及其涉税服务人员作为第三方提供涉税服务,对于委托人或客户,应坚守职业规范,履行保密义务。

6. 自律管理是税务师职业能力的体现

税务师事务所及其涉税服务人员需要在中国注册税务师协会的管理下保持自律,体现税务师行业的职业性。

(五)税务师职业道德面临的新挑战

1. 竞争风险的挑战

我国税务师行业发展的历史相对较短,现在仍处于行业发展的初级阶段,所以税务师事务所之间的竞争十分激烈,都希望能够抢占更多的市场份额,这对税务师和税务师事务所的职业道德水平提出了挑战。

根据《2017—2022年中国税务师事务所市场现状调研及未来发展趋势预测报告》,目前中国委托税务师事务所代办纳税事宜的工商企业比重尚不足10%,而个人委托税务师事务所代办纳税事宜的几乎没有,可见税务师事务所客户的拓展空间很大。同时,我国由涉税专业服务机构代办纳税事宜的比例仅为12.62%,而西方发达国家90%的纳税事宜都是在政府的监管下,由社会专业服务机构及其他组织来办理的。例如,日本有85%以上的纳税人通过税务中介机构代办纳税事宜;美国约有50%的公司委托代理人代理申报纳税,个人缴纳所得税近乎100%是委托代办的;澳大利亚的税务中介机构帮助纳税人填写大约76.2%的纳税申报表。而我国由涉税专业服务机构代办纳税事宜的比例仍处于较低水平。

税务师事务所代理客户数量以及代办纳税事宜比例低下的主要原因是:一方面,税务机关没有很好地培植、引导涉税专业服务机构和其他组织从事涉税服务,扶持力度不足;另一方面,纳税人对于涉税专业服务机构不够信任,存在一定程度的偏见,进一步造成我国涉税专业服务机构代办纳税事宜的比例较小。这造成本该由涉税专业服务机构充分发挥的职能一直被抑制,其发展受到制约。

对此,税务机关应该明确界定自身与涉税专业服务机构的服务范围,做到有所为有所不为,充分放权,把更多的物力、财力、人力放在只能由税务机关提供的均等化纳税服务上,把多样化、个性化纳税事宜交给涉税专业服务机构去代办。只有适当地放权,充分发挥涉税专业服务机构的桥梁作用,才能使税务机关和涉税专业服务机构实现相互补充、相互促进。

2. 大数据时代的挑战

互联网、物联网和云计算等新技术的迅猛发展,带领我们步入了全新的大数据时代。与传统数据时代相比,大数据具有巨大的优势,无论是企业经营者还是公共部门,都可以通过大数据技术的运用创造更多的价值。当前涉税服务行业的发展方向是以大数据技术为基础,构筑智能化、个性化的涉税服务体系,而传统涉税服务无法满足多样化、个性化的涉税服务需求,因此结合大数据对其进行优化已不可避免。

在大数据时代,涉税服务行业急需建立智能化、数字化的涉税服务大数据信息系统。大数据技术给涉税服务带来了新的契机,通过数据信息的采集和传输,涉税服务和税务产品将在行业之间、用户之间以及用户与政府之间产生融合,提升涉税服务每个环节的价值,推动涉税服务的创新和变革。当前涉税服务行业信息系统建设的主要问题是中小型税务师事务所的信息化程度不足,且涉税服务大数据信息系统建设初期投入大,大多数中小型税务师事务所缺乏足够的财力、技术以及相关专业人才投入建设。

目前,涉税服务人员对于大数据的理解和掌握仍处于较浅层面,对涉税数据重视程度不高,大多习惯于按照以往经验办事,缺乏大数据理念。随着企业信息化管理水平的不断提高,大量企业会计核算和生产经营数据分散存储于企业财务核算系统、ERP系统等管理信息系统,而许多涉税服务人员对企业管理信息系统缺乏了解,运用现代数据分析工具来认识、说明和解决问题的能力比较欠缺。此外,部分涉税服务人员对于以往年度的涉税数据关注度不足,缺乏数据敏感性,对于涉税服务工作规律性的把握不到位。

税务师在大数据时代面临的挑战主要体现在专业胜任能力方面。对于税务师事务所而言,要有足够的财力、技术和专业人员建立健全涉税服务大数据信息系统;对于税务师而言,要能够与时俱进,时刻把握大数据时代涉税服务的特点,满足纳税人个性化的涉税服务需求,这将成为税务师能否提供优质服务的关键。

3. 税基侵蚀和利润转移(BEPS)计划的挑战

随着经济全球化和贸易全球化的发展,中国的成本优势和市场优势吸引了众多外资进入中国市场,但是中国并没有得到应有的税收回报。在 BEPS 的国际行动中,必须要明确提出我国的地域特定优势和征税权的主张,避免外资企业将利润转移,侵蚀税基造成税源流失的风险。

涉税专业服务机构在反避税行动中主要扮演三种角色:纳税人服从反避税规则的帮助者,避税计划的提供者和促进者,反避税立法的参与者和推动者。涉税专业服务机构存在的前提是它们可以为客户提供独立、客观、公正的纳税服务。因此,出于维护企业信誉、降低执业风险、取得各国税务当局信任的目的,涉税专业服务机构也有严格审查其客户账户的义务。很多大型税务师事务所十分关注声誉风险,设立有严格的内部风险管理和质量审核程序。在 BEPS 计划下,我国税务师要具备更扎实的专业能力,熟练掌握国际税收的相关知识,这是一个挑战。

(六)税务师职业道德建设存在的问题

1. 行业环境导致的竞争风险

在行业环境方面,我国涉税专业服务机构是与税务部门多次脱钩改制,依靠行政手段人为推动而来的产物,致使机构与机构之间、地区与地区之间、行业与行业之间的业务办理存在差异性。目前,为纳税人提供涉税服务的机构主要是税务师事务所、会计师事务所以及一部分律师事务所。

但税务师事务所等中介机构的涉税服务规模有待扩大,盈利能力有待提升。个别税务师对委托客户存在一定的经济依赖性,从而弱化了税务师事务所等中介机构执业的独立性。个别税务师可能通过满足客户不合理甚至不合法要求的方式来抢占客户,提供有失公允的虚假鉴证报告,这就违反了职业道德规范的要求,影响了鉴证业务和涉税服务的客观公正。个别税务师事务所甚至主动或者被动地协助企业做出偷税、漏税的违法举动,给税务师行业带来巨大的执业风险。

2. 人员素质低下导致的执业风险

在人员素质方面,税务代理人员的总体素质还远不能适应税务代理行业发展和竞争的需求。税务代理人员的专业素质有待提升,这也导致税务代理停留在相对较低的层次上。据统计,截至2020年底,从业人员中,执业税务师近5万人,占从业人员总数的45.33%,税务代理人员中没有税务师从业资格的人员超过半数。在税务代理机构中,一些人员达不到执业所要求的熟练程度和专业胜任能力,不能按照相关规定从事税务代理行为,从而导致执业质量不高,少数税务师鉴证报告质量低下,影响客户和税务机关的信任度,破坏税务师行业的形象、信誉。

3. 管理制度不完善导致的道德风险

目前,税务代理的管理制度尚不健全,法律级次偏低。我国一直没有出台关于涉税专业服务的法律。在涉税服务实践中,基本上是各行其是,或者按照各地税务机关的要求开展鉴证业务、质量控制等,但是各个地区对于相关涉税服务的要求存在很大差别。没有统一、规范的管理制度不利于税务师行业树立职业道德规范。认识缺乏统一,管理不够规范,再加上涉税专业服务机构之间在业务上的竞争,严重制约了涉税专业服务作用的发挥。

(七)完善我国《税务师职业道德规范(试行)》的建议

1. 加强学习税务职业道德精神

廉洁奉公是对税务人员职业道德的重要规范。税务人员要严格遵守法纪,坚持廉洁奉公、秉公执法的办事原则,不接受纳税人的宴请和以任何名义馈赠的礼物,不在管户内以低价购买商品,不向管户赊欠、借钱借物,不索贿受贿,不收人情税,不包庇纳税人偷税、欠税,不擅自减免税款,不以白条收税、收税不开票和在税票上弄虚作假,不贪、占以及挪用税款,不随意克扣纳税人的物品、资金和不按规定追征、处罚。可精选案例、树立标杆,内部管理部门严格检查与考核,大力提升税务师职业道德水平。各地税务师事务所应通过系统有效的宣传、培训促使税务师重视和了解规范的重要性,加大对税务师行业政策支持和宣传的力度。各地税协和税务师管理中心可利用各种媒体进行宣传,各地协会之间也应相互交流。税务师事务所在开展业务过程中可积极宣传自己,但不得恶意贬损同行。同时,还要加强国际交流,认真借鉴国外税务师行业的发展经验。另外,各地税务机关要积极发挥政策导向作用,转变观念,提高认识,积极引导,依法支持税务师行业的发展,采取有效措施加强对行业的扶持、指导和监管。

2. 加强从业人员诚信机制建设和监管

首先,在实施和完善事务所内部执业质量检查制度过程中,把充实职业道德评价、加强独立性检查作为重要内容。在事务所内部执业质量检查中,不仅要检查业务程序是否执行到位,还要检查在利益冲突方面是否贯彻了职业道德的要求。建立和完善事务所内部诚信档案,收集、整理、分析、更新、维护事务所从业人员的诚信信息,开展诚信调查,出具诚信证明。其次,逐步建立健全税务师诚信执业评价机制和失信惩戒机制,通过加强诚信宣传和引导,把诚信理念切实贯彻到行业协会的自律管理服务中,落实在每一位税务师从事涉税专业服务的过程中。同时,行业主管部门可从诚信评价、诚信公示、诚信教育、动态监管和加强惩罚五个方面进行行业诚信建设,逐步将诚信档案记录与资格管理、资质审批、执业情况相结合,增强诚信信息监控体系的信息披露功能,推动诚信信息的公开共享,实现社会监督。此外,要加大宣传曝光力度,积极弘扬以诚信为本、职业操守为重的职业风尚,将行业诚信水平提升到新的高度。完善的诚信机制能降低税务师从业实践过程中违反《税务师职业道德规范(试行)》要求的风险,在一定程度上抑制涉税专业服务执业者及其机构的不良动机。

3. 建立健全事务所内部管理与控制体系,降低道德风险

健全有效的税务师事务所内部管理机制是保证税务师事务所执行客观、公正原则的前提,也是促使税务师事务所从业人员按照《税务师职业道德规范(试行)》的要求执业的基础。我国现在施行的《税务师职业道德规范(试行)》涵盖内容不够广泛,仅重点规范了涉税鉴证业务涉及的独立、客观、公正和保密等原则,对涉税服务业务的规范相对较少。税务师事务所可以根据《税务师职业道德规范(试行)》制定本税务师事务所适用的职业道德规范。税务师事务所还可以建立职业道德自我纠错机制,及时有效地控制执业者的职业行为,如安排业务项目组以外的税务师进行复核,降低执业者违反职业道德规范的风险。同时,定期(一般为5年)轮换项目负责人及签字税务师,防止项目负责人和委托人相互勾结,影响涉税鉴证业务的客观公正。此外,跟踪客户动态,必要时采取非常规措施,有步骤地调整客户。加强由税务师担任的股东或合伙人的职业道德建设,解决股东和股东之间的道德风险、相互忠诚以及收入分配的问题。在以有限责任事务所为主体的税务师

行业,应提倡事务所内部股东或合伙人之间相互忠诚和相互信任,以事务所管理机制和内部控制机制来保障,并通过股份期权手段解决人才收入分配问题。管理层要身体力行,严格遵守制度,将奖励与惩戒落到实处,认真研究执行效果并采取行动加以改善,建立健全内部质量管理制度,多层次、全方位监控从业务承接到报告出具的全过程。

4. 加强职业道德教育

诚信的品格需要培养和熏陶,要把职业道德培养列为税务师事务所从业人员继续教育的必修科目;要进一步加强诚信教育,用从业人员执业成败两方面的案例,开展警示教育。防止"劣币驱逐良币"的现象在事务所内部持续发生,自觉遵守行业收费标准,不搞恶性竞争。税务师职业道德也是国家社会道德诚信体系建设的重要组成部分,税务师行业理应做到重视人伦价值,追求精神境界,提倡修养践履,推崇诚信无欺、取财有道。社会监督是职业道德真正落到实处的重要保证,应将税务师执业活动置于纳税人的监督之下,通过舆论引导,宣传正面的事例和个人,创造良好的社会氛围和执业环境。同时,对行业中不讲职业道德、违反执业纪律的税务师进行曝光,使其始终处在社会监督之下,促进行业自律和道德建设。

5. 提高执业人员专业素养

税务师的职业道德是评价税务师执业风险水平高低的重要因素之一。如果整个行业从业人员的职业道德水平较高,该行业的执业风险也会相应降低,委托人和税务机关对税务中介机构的信任程度也会相应提升。除了《税务师职业道德规范(试行)》对税务师提出的独立、客观、公正的要求外,执业人员的专业素养也是保证鉴证业务和涉税服务质量的关键因素。税务代理作为高层次的智力劳动,需要高素质的复合型人才,尤其在大数据时代下,税务师不仅要精通税法,还要熟知会计、审计、企业管理的知识以及相关的法律法规等,还需要了解相应的计算机技术。因此,除了资格考试以外,应该通过各种途径加强对税务师的后续教育,提高税务代理人员的实践能力,提高税务代理人员素质,建立一支精通税法,熟悉财务、审计、管理知识的税务代理队伍。

二、税务师自身技能

随着我国税制改革的深入,涉税服务将由泛咨询向精准咨询转化,高端业务的发展对税务师能力的要求越来越高。税务师行业的竞争实质上是人才的竞争,培养高素质、复合型人才将会提升事务所的核心竞争力。传统的五大涉税技能,即识别、计算、核算、申报与筹划,已经难以满足行业发展的需要。对此,中国注册税务师协会根据市场环境提出发展税务师的"五项能力",旨在培养具有实战经验的复合型税务师。

(一)税收政策解读能力

税收作为政府发挥调控职能的重要手段,其征收和管理必须紧随政策变化,时刻与政府政策保持一致。因此,在深化税改的大背景下,提升税收政策解读能力显得尤为重要。首先要把握我国现行税收政策体系的特点与原则,其次要通过合理的数据和模型对税收政策进行分析,进而为政策的制定提供合理的依据。

(二)咨询报告撰写能力

在涉税工作中,涉税报告的撰写是必不可少的,报告撰写能力也逐渐成为税务师的一项基本素养。在提供涉税服务时,执业人员会遇到多方面、多层次的沟通问题,如税企沟通、政企沟通、客户涉外沟通、税务行政复议、税务顾问工作总结等,这些都需要具备深厚的文书撰写功底以达成有效沟通。

(三)企业账目税务审核能力

在涉税服务中,企业账目税务审核是最核心、最重要的内容,提升企业账目税务审核能力抓住了税务师自身技能提升的主要矛盾。税务审核主要包括企业所得税汇算清缴、土地增值税清算、房地产企业所得税审核、其他审核四个方面。企业所得税汇算清缴的鉴证与审核能力可以从风险控制和技术两个层面进行提升,如新客户风险把控、不同意见税务调整、会计能力训练等。掌握土地增值税清算的特点、审核应具备的基础、开发间接费用与期间费用的划分以及土地增值税清算审核的要点等是进行土地增值税清算鉴证审核的重要基础。在房地产企业所得税审核方面,要分清房地产企业预售和完工企业所得税季度和年度企业所得税的不同处理方式,完工年度计税毛利调整、成本与期间费用划分、10%预提建安费及成本发票的审核方法、多个项目资本化利息的摊销、成本在已售未售面积的分摊、前期没票后期到票纳税调整以及无产权证的地下设施处理都是技能提升的重点。其他审核内容包括长年税务咨询顾问、成本核算管理、企业税务尽职调查、稽查结果论证、稽查及评估前的自查五个方面。

(四)税收策划提案能力

商业模式的可变性和税收政策的可选择性是税收策划的两大特征。

企业追求实现利润最大化,是市场经济发展到一定阶段的必然产物。企业重视生产销售的同时,也关注成本费用的合理节约。税收策划管理不仅可以节省企业支出及成本费用,还能提升企业管理水平。税收策划是指纳税人在税法所允许的范围内,通过利用税收优惠、改变商业模式、使用特定政策、改变企业组织架构、准确把握和合理运用税收征管法等方式,达到减轻税收负担和实现税收零风险的目的。税收策划的难点与突破(也是个人技能需要提升的方面)在于商业模式的有效设计与重构、税收政策理论的精准理解、风险把控的关键因素以及思维模式的转变。

(五)咨询现场沟通能力

现场沟通是涉税服务中的重要环节之一,现场沟通能力是展现自身价值、征服客户的利器。不同场景、不同层级人员之间的沟通存在差异,在谈判或是客户服务沟通中,要特别注重沟通技巧的运用。沟通时,要论点明确、论据充分,读懂客户言语背后的真实需求,为后续提供涉税服务做好充分准备。

三、税务师行业培训

税务教育培训,是提高涉税服务人员思想政治素质、文化素质、专业素质的重要保障[1]。税务专业知识是涉税服务工作正常开展的基础,在知识日新月异、政策不断变化的新时代,及时更新税务专业知识是顺利开展涉税服务、提高服务质量的重要前提。因此,对涉税服务人员采取有效的税务培训模式非常重要。

(一)税务培训工作的现状

1. 培训规模大,对培训的需求和质效分析不足

目前,为适应税收工作的需要,我国的税务干部总数为80万人左右,仍有不断增长的趋势。同时,近年来税务师事务所的发展势头强劲,从事税务师工作的业务骨干以及企业财务、税务人员的数量也在迅速增加。新时代下,相关政策不断优化,对政策的解读、理解及实际操作能力显得尤为重要。全国各地的税务培训机构在21世纪也得到了快速的发展,培训量比以前增长了十多倍[2]。然而,相应的税务培训规模却没有出现根本性的突破,主要原因是培训教师人数不足,以及培训模式的变化与税务师行业的发展步伐不够匹配,导致培训的质量和效率不高。目前的税务教育培训,自上而下以短期集中面授培训为主,短训时间最长不过一个月,少则一天半日,使得一些参训人员抱着满腔热情参加培训,但由于时间过于紧张,可能刚刚知晓些门道,培训即已结束,从而使培训效果大打折扣[3]。而且由于缺少跟踪、统计和研究,不能深度了解、掌握和总结培训质效。

2. 培训方式的灵活运用和有机融合明显不足

对比发展初期,目前的税务培训在教学模式上的进步明显,在原有的课程基础

---

[1] 李金胜,王建成,赵永春. 顺应形势发展 结合行业特点 创建与时俱进的税务教育培训体系[J]. 税收与企业,2002(增刊1):13-14.

[2] 苗苗. 经济新常态下提高税务培训质效的研究[J]. 现代商业,2016(17):66-67.

[3] 李金胜,王建成,赵永春. 顺应形势发展 结合行业特点 创建与时俱进的税务教育培训体系[J]. 税收与企业,2002(增刊1):13-14.

上发展出了情景互动、微课程和实训平台等。从这类培训的发展来看,通过加强理论和实践的融合,培训的实效性确实得到了很大程度的提升。但是,近些年由于参训人员数量不断攀升,目前以面授为主、理实结合的教学模式中,大量的资源都消耗在课前准备、课堂教授以及课后评估三大块,平均到每个学员身上,资源利用的效果往往并不十分理想。除此之外,教学效果还受陈旧、单一的教学方式的影响。培训方法大都拘泥于课堂面授方式,即沿袭"教师上面讲,学生被动听"的传统教学模式,缺乏生动性和灵活性。在网络智能化、信息碎片化、交流屏幕化的当下,以面授为主的培训方式难以满足人们快节奏的需求。教育培训没有形成多渠道、多模式,更缺乏有意识的模拟、轮流任职、角色扮演和讨论会等各种融合方法,造成参训人员学习兴趣不高,教师讲得累、学生听得乏,培训效果差的尴尬局面。

3. 急需高水平的培训师资队伍

近年来,培训机构发展迅猛、人才流动速度快、高水平人才出现断层,以至于来不及构建完整的教学团队,这导致了培训师资力量严重不足。高水平的师资队伍缺乏,税务教育培训效果自然不佳。参训人员希望从培训中获取对新政策、新变化的解读,提升将理论运用到实际的能力,然而能够精确解读政策的权威人士、将理论与实践相融合并授之以人的专业师资较少。此外,培训教师缺乏竞争机制,教师的积极性没有得到激发,教师自身能力的提升也不够明显。

4. 没有形成有效的质量评价和持续改进机制

培训质效的提升是一项系统工程。良好的教学实施、有效的事后质量评价以及改进都是培训得以良性循环的重要保障。因此,构建并完善质量评估体系是提高培训质效的重要手段。近年来,培训机构的数量不断增长,培训规模不断扩大,许多培训机构针对参训人员的需求,在课程设计和项目实施等方面进行了更多的投入,但是仍缺乏对培训后问题的研究,忽视了跟进环节。跟进环节的缺乏或不足都使得评估环节难以真正发挥对质量的改进作用,无法对存在的问题采取有效的措施解决,对培训质量的提高和持续发展产生了负面影响。

(二)新常态下创建与时俱进的税务教育培训体系

税务教育培训与税务执业人员素质提升、税收事业发展紧密相关。在中国注册税务师协会副会长李林军第五届理事会工作报告中指出,要创新继续教育培训方式,提高培训质量。制定并落实《中国注册税务师行业教育培训发展规划(2014—2017年)》,进一步强化中国注册税务师协会、各省注册税务师协会、事务所三级培训体系;加强"互联网+税务培训"平台建设;构建领军人才、高端人才、业务骨干、后备人才的梯次人才培养体系。积极推动产教融合,推动实用型人才培养。认真贯彻落实党中央、国务院关于产教融合的文件精神,制定印发《税务师行业产教融合工作规划(2018—2022年)》和《2019年税务师行业产教融合实施方案》,全行业与100多所院校签订了人才培养战略合作协议,初步建立了协会、税务师事务所与院校协同育人机制;探索建立税务师行业大学生实习基地联盟与网络平台,全方位服务大学生实习与实训,培养实用型涉税服务人才;开展"双师型"师资队伍建设。[1]

1. 分析经济新常态,提高培训质效

新常态下,税收工作对我国经济发展具有重要的调节作用。在法治思维的引领下,税收制度改革不断完善深化,税收的组织结构和操作运行也发生了新的变化。职能的调整与改革需要专业职能加以助推,如征管服务、法律思维及信息技术应用等,加之大数据综合治税战略的不断推进,对税收遵从合规的要求不断提高,亟须提升税务管理的规范性,同时也为涉税专业服务人员提供了前所未有的业务发展新契机。税务行业的教育培训机构应当积极分析形势转变带来的工作变化,全力提升培训的质效和适用性,运用全新的教学思路和模式,满足不同能力层次税务人员的学习目标,使学员培训后达到学用结合、知行一致。

2. 创新培训的方式,增强灵活性

创新是行业发展的源泉,也是教育培训质效提升的基础。任何事物要想发展,必须不断地推陈出新,否则就会落伍乃至被淘汰,税务培训也不例外。要想提升税务执业人员的综合素质,必须创建与时俱进的培训模式。

(1)培训方式应多样化

培训教学应当体现其应有的价值,充分强调理实结合的重要性,在实践教学中综合应用各教学模式,通过师生互动、生生互动等多种方式激发学员的学习热情。同时,教学内容应根据所涉及的知识技能进行规划,采用体验式、研究式、讨论式、实训式等行之有效的教学方式,通过短培训、常培训,使知识更新实现常态化,逐步转变传统的集中面授的培训模式,开展贴近实际的培训,切实增强培训效果。

(2)培训时间应灵活化

信息化技术作为新时代的推动性力量,具有相当大的引领作用,不仅可以对碎片式时间加以利用,还能够提供不受地域限制的网络进修平台。税务执业人员完全可以根据自己的时间、地点、需求和专业领域自由地完成个性化的学习目标。充分运用"互联网+"、大数据等理念,积极探索"互联网+税务培训"的全新教学模式,完善网络培训制度,建立兼容、开放、共享、规范的网络培训体系,充分利用税务培训基地,将互联网的先进性和税务培训的实践性进行融合,为税务教育培训工作注入新的活力,实现学员课上自主学习、课后互动交流,巩固知识体系并提升培训的质效。

---

[1] 李林军.中税协第五届理事会工作报告[J].注册税务师,2019(9).

(3)培训渠道应多元化

在师资队伍建设方面,选聘劳动模范、道德楷模等作为兼职教师,丰富培训师资结构,构建"内外结合"的师资团队。一方面强化内部的师资培训,另一方面组织教师积极参与交流性学习和岗位实践。不断强化和提升培训机构教师队伍的能力和水平,鼓励教师进行教学交流,不断完善自身的教学体系,紧跟时代的发展步伐。

3. 建立健全质量评价和持续改进机制

分析和评估是发现问题和实现改进的重要途径,有效的质量评估体系对提高培训质效具有重要的参考价值。因此,质量评估手段成为关系整个培训工作能否持续发展和改进的关键。除此之外,质量评估作为对投入产出的合理检验,对成本费用的节约具有重要的现实意义,因此要构建完整的评估制度。首先,要明确评估工作的目标。其次,通过合适的工具和系统对选取收集的具体数据进行有效的处理和评估。最后,将整理所得的意见进行反馈和落实,调整和完善培训项目,将质量评估和持续改进的理念贯穿于培训过程的始终。

4. 跟踪问效,检验培训的实效性

质效提升是一个完整而系统的工程,需要循序渐进、逐步强化的管理,在此过程中,要构建完善的融合约束、考核与激励等特征的机制。首先,需要从目的与原则、对象及分工、主要内容、方法与程序、结果的反馈与应用等方面对培训效果进行分析和规范,确保参训人员的教育培训效果评估工作可以朝着法定化、规范化和制度化的方向发展。其次,进行事毕之前的评估。也就是说,在教育培训结束之前,需要以问卷形式对参训人员进行信息归集,收集并整理参训人员对培训内容、课程安排、时间利用以及教学模式等方面的意见。最后,进行事后监督。这是指在培训期结束之后,组织以参训人员为主的职业能力考核与综合素质测评工作,对培训和进修的实效进行检测。一方面,可以与相应的涉税服务机构进行沟通,将考核结果纳入个人绩效和年底评先的体系之中,提高参训人员对考核成绩的重视程度。另一方面,可以在各类学习培训、学历教育、资格考试、知识竞赛等教育培训项目中设置分值,以个人取得的总积分为奖惩依据,按年度进行考核奖惩。个人年度积分未达到规定分值的,按规定进行惩罚;对积分处在前列并且成绩突出的参训人员,给予奖励,并将评估结果作为岗位考评、调整与提拔的依据。

新发展格局下税务师行业的
新机遇、新挑战、新要求

在以习近平同志为核心的党中央坚强领导下,"十三五"规划主要目标任务顺利完成;李克强总理在2021年政府工作报告中指出,"十三五"时期,我国经济社会发展取得新的历史成就。在税收方面,五年新增减税降费合计超7.6万亿元,宏观税负逐年下降,支持创新减税累计超2.5万亿元,绿色税收体系不断完善,重点税源企业综合能耗强度下降6.6%,扶贫帮困的税收优惠年均增长超30%,助力决胜脱贫攻坚成效显著,新办涉税市场主体年均增加超千万户,第三产业税收占比提升至58.1%,中西部税收占比超过三成。"十三五"规划主要目标任务的顺利完成,让中华民族伟大复兴又向前迈出了新的一步。

"十四五"是我国全面建成小康社会、实现第一个百年奋斗目标之后,乘势而上开启全面建设社会主义现代化国家新征程、向第二个百年奋斗目标进军的第一个五年规划。2021年是"十四五"的开局之年,也是开启全面建设社会主义现代化进程中具有特殊重要性的一年。相比"十三五"时期,2021年我国进入新发展阶段,发展基础更加坚实,发展条件深刻变化,进一步发展面临新的机遇和挑战。

一、新发展格局下税务师行业面临的新机遇

党的十九届五中全会明确提出要加快构建以国内大循环为主体,国内国际双循环相互促进的新发展格局。这是对"十四五"和未来更长时期我国经济发展战略、路径做出的重大战略调整,是着眼于我国长远发展和长治久安做出的重大战略部署。经过"十三五"时期的努力,税收立法进程不断加快,税收服务水平显著提升,税收征管改革不断深化,税收治理现代化建设取得重要成果。税收作为国家对经济进行宏观调控的重要手段,关系各类市场主体和每一个纳税人。为推动双循环新发展格局,税务师行业要积极响应,承担更多更重要的使命。

(一)新形势带来的新机遇

《中华人民共和国国民经济和社会发展第十四个五年规划和2035年远景目标纲要》(以下简称《纲要》)明确提出,要更好地发挥财政在国家治理中的基础和重要支柱的作用,建立现代财税金融体制,完善现代税收制度,优化税制结构,健全直

接税体系,适当提高直接税的比重。完善个人所得税制度,推进扩大综合征收范围,优化税率结构。聚焦支持稳定制造业、巩固产业链供应链,进一步优化增值税制度。调整优化消费税征收范围和税率,推进征收环节后移并稳步下划地方。规范完善税收优惠。推进房地产税立法,健全地方税体系,逐步扩大地方税政管理权。深化税收征管制度改革,建设智慧税务,推动税收征管现代化。在新时期,面对新政策,税务师行业必须适应时代发展的新要求、新趋势,在保证高质量发展的同时,抓住新机遇,取得新发展。

1. 全面深化改革

习近平总书记在党的十九大报告中精辟地表述了全面深化改革的总目标,即"完善和发展中国特色社会主义制度、推进国家治理体系和治理能力现代化"。全面深化改革,为中国经济社会发展注入了新的活力,也为税务师行业创造了新的发展机遇。

目前我国正在实施税制改革和征管改革、税源专业化管理,以及综合与分类相结合的个人所得税制度改革等。2021年,为深入贯彻党中央、国务院"放管服"改革,税务部门进一步深化税收领域"放管服",主动推出并顺利实现财产行为税"十税"合并申报,全面推行增值税、消费税分别与附加税费整合申报改革,表单数量共减少2/3。聚焦支持小微企业发展,联合全国工商联开展"春雨润苗"专项行动,联合银保监会开展"银税互动"助力小微企业发展活动,2021年帮助小微企业获得相关贷款703.3万笔,贷款金额16 789.9亿元,同比增长46.9%。在近年来已取消61项税务证明事项基础上,对6项税务证明事项实行告知承诺制。深入开展"双随机、一公开"监管。国家聚焦税收征管改革,势必为涉税专业服务机构带来深远的影响,催生一大批新的涉税服务领域,为税务师行业带来巨大的发展机遇。

全面深化改革是习近平新时代中国特色社会主义思想的重要内容之一,要实现"完善和发展中国特色社会主义制度,推进国家治理体系和治理能力现代化"这个改革的总体目标,离不开社会组织的积极参与和作用发挥。税务师行业要抓住这些新机遇,乘势攀登新台阶,充分利用税制改革和征管改革的契机,积极探索和创新服务模式,彰显税务师行业的专业性,提升涉税专业服务的地位。在新一轮改革中,税务师行业应当站在新的历史方位,放眼国家治理体系的大局,以新的视角、新的姿态参与到社会治理现代化之中,深入思考、科学谋划,使税务师行业在优化社会治理和推进税收共治中发挥更大作用。

2. 持续优化税收营商环境

近年来,习近平总书记多次发表重要讲话强调营商环境的重要性,要求加快转变政府职能,培育市场化、法治化、国际化营商环境。为深入贯彻习近平总书记关于"持续打造市场化、法治化、国际化营商环境",国家税务总局认真贯彻落实习近平总书记重要讲话精神,按照党中央、国务院关于优化营商环境重大决策部署,不断加强优化税收营商环境各领域制度建设。

2016年,全面实施"营改增"改革,财税体制改革取得重大突破的同时,实现所有行业"只减不增"。2017年,国家税务总局印发《关于进一步深化税务系统"放管服"改革优化税收环境的若干意见》,开展优化税收营商环境的试点工作。2018年,国家税务总局发布《全国税务系统进一步优化税收营商环境行动方案(2018—2022年)》,并扩大税收营商环境试点范围,对装备制造等先进制造业、研发等现代服务业等18类行业符合条件的企业,以及电网企业实行增值税留抵退税。2019年出台《优化营商环境条例》,税务机关也开启了优化税收营商环境的新征程。随着我国采取更大规模的减税降费措施,如降低企业社保缴费负担、实施小微企业普惠性税收减免、继续深化增值税改革、推行城镇土地使用税和房产税合并申报,以及智能化电子税务局建设(如运用大数据技术实现政府部门间数据共享、"互联网+税务"、发票管理电子化)等,中国的纳税时间从十几年前的832小时降至近年的138小时,而纳税次数也由37次降至7次①。2020年1月1日,我国正式实施《优化营商环境条例》,地方政府纷纷响应中央号召,进一步深化"放管服"改革,加快政府职能转变,促进公平竞争,减少行政行为对市场主体的负面影响,增加企业自由发挥空间。除此以外,经国务院同意,国家税务总局联合国家发改委等12个部门共同印发《关于推进纳税缴费便利化改革优化税收营商环境若干措施的通知》,对新时期优化税收营商环境工作提出明确要求。

2021年,中共中央办公厅、国务院办公厅印发《关于进一步深化税收征管改革的意见》,提出深入推进纳税缴费便利化改革,持续优化税收营商环境。在"十四五"开局之年,税务部门又将正常出口退税平均时间压缩至7个工作日内,推出财产行为税"十税"合并申报,增值税、消费税分别与附加税费整合申报改革,使相关税费填报表单总量减少2/3左右。各地税务部门不断优化税收营商环境,在服务京津冀协同发展、长三角一体化、海南自由贸易港等国家重大区域发展战略中,推出了"线上办""套餐式"等创新举措。

双循环发展新格局要求经济加快转型和高质量发展,进而要求政府为企业提供优质的营商环境。政府提供的财税与融资等扶持政策、电子政务、社会化服务和一系列法律制度,能为企业的投资、生产经营活动营造更良好、宽松、便利、公平公正的发展环境,推动国内投资的自由化发展,以及对外贸易与投资的便利化发展。法治规范、廉洁高效、自由开放的营商环境将给税务师行业带来更加广阔的平台和发展空间。一方面,优质的营商环境可促进各产业良性有序发展,各产业的繁荣将为税务师行业提供坚实的业务基础;另一方面,政府部门、行业协会的"放管服"改

---

① 齐力. 中国的税收营商环境持续改善[J]. 中国对外贸易,2020(1):26-27.

革将进一步激发税务师行业的活力,极大促进税务师行业的发展。

3. 对外交流加强,国际税收服务水平不断提升

"十三五"期间,组织中税协、地方税协及事务所人员共 577 人次参加了亚洲-大洋洲税务师协会(AOTCA)年会及海峡两岸暨港澳涉税服务论坛。在深圳成功举办主题为"全球税改和新科技对产业与税务服务发展的影响"的 2018 年海峡两岸暨港澳涉税服务论坛。一批税务师事务所代表在国际讲台上发表演讲,与全世界同仁开展交流合作。热情接待国际同行来访,5 年来,接待了来自加拿大、英国等国家及我国香港、台湾地区的 17 个代表团共 177 人次的行业同仁来访。行业国际化稳步推进,部分 4A、5A 级税务师事务所已开展国际业务,开拓国际市场,为在华外资客户和少数境外投资的中国企业提供相关涉税服务,并加入 BDO、RSM、HLB(浩信国际)、ITSG 等涉税专业服务国际联盟。

在国际税收服务水平方面,我国税务部门在做好国内税收管理的基础上,积极参与 G20/OECD 包容性框架下"双支柱"方案,达成历史性共识,推动了国际税收理论和实践创新。全面参与全球论坛各项工作,不断推进双边、多边框架下的国际税收合作和税收信息交换,与 112 个国家(地区)签署了避免双重征税协定或安排,积极参与税收透明度国际标准的制定和修订,成为建立公平、透明的国际税收环境的积极推动者和贡献者。关于"一带一路"、《区域全面经济伙伴关系协定》(RCEP)、中国-东盟自由贸易区等领域的国际税收合作机制都得到国际税收研究的高度关注。[①]

"一带一路"倡议是我国进一步扩大对外开放的重大战略举措,在推动形成开放新格局的过程中发挥着重要作用。2019 年 4 月 18 日,首届"一带一路"税收征管合作论坛在浙江乌镇举行,34 个国家和地区的税务部门共同签署《"一带一路"税收征管合作机制谅解备忘录》,正式建立起"一带一路"税收征管合作机制。这一机制对于加强"一带一路"建设参与国和地区之间税收领域协调与合作、促进营商环境优化、推动贸易自由化和投资便利化具有重要意义。

为了推动更大范围内的税收合作与可持续发展,发挥削减关税、降低非关税壁垒、增进区域内关税安排协调性的政策效果,2020 年 11 月 15 日,中国、东盟十国以及日本、韩国、澳大利亚、新西兰共 15 个成员国正式签署《区域全面经济伙伴关系协定》。该协定为国际税收规则指引了开放包容、普惠共赢的方向。

在跨境税收征管互助与争议解决机制方面,近年来,一些创新的跨境税收征管互助和争议解决机制不断被各国采纳,取得了良好的成效。国际税收遵从保障项目在澳大利亚、加拿大、日本、英国和美国等国进行了试点,其以高效的协调方式为

---

① 何杨,王路,孟晓雨. 2021 年国际税收研究综述[J]. 税务研究,2022(3):50-56.

参加试点的跨国公司提供了某些活动和交易的税收确定性。

各种协议的签订以及"一带一路"沿线国家和地区的交流与合作,涉及基础设施互联互通、产业投资、资源开发、经贸合作、金融合作、人文交流、生态保护、海上合作等众多领域和项目。沿线国家和地区之间税法差异、税收协定、税收优惠大量存在,无疑给税务筹划业务提供了广阔的施展空间。在进行税收筹划方案设计时,税务人员必须保持税收风险意识,全面应用税收法规和协定,合理设计方案,统筹规划,保证税收筹划方案成功实施。从跨境交易的角度来看,要特别关注所得来源、居民身份、境外税收抵免、常设机构、股权转让征税、反避税规避等的设计,既保证委托单位获取最大的税收利益,也保护国家的税收主权。我国的税务服务一直以服务国内企业为主,面对"一带一路"建设以及 RCEP 等协议签订所带来的新业务、新挑战,税务人员要对沿线国家和地区的税法进行深入的研究,以提供更专业的税务服务。

4. 第三方机制带来新机遇

2021 年 6 月,最高人民检察院、司法部、财政部、国家税务总局等 9 部门联合印发《关于建立涉案企业合规第三方监督评估机制的指导意见(试行)》。该指导意见是为数不多的明确将税务师纳入"第三方组织组成人员"的文件。将税务师与注册会计师、律师一起纳入第三方组织组成人员,是国家对税务师行业作为涉税服务力量的充分认可与肯定。

第三方机制,是指人民检察院在办理涉企犯罪案件时,对符合企业合规改革试点适用条件的,交由第三方监督评估机制管理委员会选任组成的第三方监督评估组织,对涉案企业的合规承诺进行调查、评估、监督和考察。考察结果作为人民检察院依法处理案件的重要参考。随着第三方机制的运行,税务师的社会影响力无疑将大大提高,这对尚无行业立法的税务师行业的发展是一个重大利好。

除此以外,第三方监督评估业务是税务师事务所和税务师的一项全新鉴证类业务,税务师事务所的执业范围也随之扩大。通过这一业务,税务师行业能够接触到更多的司法资源,为税务师事务所以及税务师进入更多的司法领域进行探索和尝试。

税务师行业参与第三方监督评估组织,并从事相关业务,将形成新的业务增长点。在经济下行、国际环境越来越不稳定的当下,新的业务机会无疑将给整个税务师行业注入强心剂。[①]

(二)新技术带来的新机遇

2021 年是"十四五"开局之年,是全面建设社会主义现代化国家新征程起步之

---

① 郭丹丹,朱玲,单晓梅,等. 第三方机制带给税务师行业的机遇与挑战[J]. 注册税务师,2021(9):71-72.

年,也是税务部门奋力开启税收征管改革崭新篇章的一年。一年来,税务部门对标一流,谋划推进金税四期建设,完成智慧税务的顶层设计,稳步推进发票电子化改革,开出首张全面数字化电子发票,税收现代化向前迈进了一大步。

1. 智慧税务

随着大数据、云计算和人工智能等新技术的广泛应用,税务部门正在开启以数据深度挖掘和融合应用为主要特征的税收征管智能化改造,逐步建成以税收大数据驱动的具有高集成功能、高安全性能、高应用效能的智慧税务,推进税收征管和服务流程全方位创新改革。

智慧税务是指以"互联网+税务"为基础,以税务部门为主体,全面整合相关部门信息资源,对税务工作开展的办公、决策、管理及服务工作进行智能化改造,以大数据分析为支撑,全面优化服务流程,为纳税人提供全天候服务的税务工作模式[①]。国家税务总局局长王军指出,税务部门正围绕构建智慧税务这一目标,着力推进智慧税务"两化、三端、四融合"。

智慧税务在税收中的具体应用表现在以下几个方面:第一,建立智慧电子税务局。依据国家税务总局的统一部署,当前各地已经建成规范化的电子税务局,在不同地区实际运行的过程中,依据地方税务工作开展的特征和具体要求,对涉税事项进行优化,尽量将涉税事项纳入统一平台。第二,建立智慧办税服务大厅。实现税务机关与纳税主体高效衔接,构建全天候的服务体系。在办税过程中,通过人脸验证、智能化导流、VR 虚拟体验等智能化服务,完善办税渠道,实现真正意义上的智能化办税服务。第三,构建智慧咨询服务体系。充分利用办税 App、微信小程序、钉钉等,将纳税服务中的常见问题进行整合,提供对应的服务指引,帮助纳税主体高效解决服务问题。第四,完善智慧移动终端。依托智能化技术构建移动终端,实现多元化的纳税服务。比如,国家税务总局推出的个人所得税 App,能够在实名注册、完成专项附加扣除信息采集后,实现个人所得税的汇算清缴。利用微信公众号完成纳税咨询、普票代开、开票申请等业务。第五,完善大数据服务体系。税收工作开展过程中,在不同的环节会产生海量的数据。依托大数据采集和分析技术,能够更为精准地分析税务体系运行特征,分析不同企业在实际运行中存在的问题,将分析结果有针对性地推送至税务部门以及企业,引导企业更好地对当前经营决策进行优化。[②]

2. 金税四期

2021 年是落实中办、国办印发的《关于进一步深化税收征管改革的意见》(以

[①] 谢波峰. 智慧税务建设的若干理论问题:兼谈对深化税收征管改革的认识[J]. 税务研究,2021(9):50-56.

[②] 颜丙慧. 智慧税务服务体系构建与应用研究[J]. 经济管理文摘,2021(23):50-51.

下简称《意见》)的第一年,也是金税四期工程建设开启之年。金税四期是金税三期的升级工程。相比金税三期"以票治税",金税四期的核心内容是"以数治税",通过大数据、人工智能等新一代信息技术对税务的征管提供支持,涵盖的范围增加了"非税"业务,对企业的业务监控更加全面。税务系统会与不动产登记系统、银行系统等进行对接,进行更加严格的资金管控;增加企业相关人员身份信息及信用的管控,包括法人、股东及其直系亲属的手机号码、纳税状态、登记注册信息等。通过以上操作,能够帮助税务局监管到企业的每一笔交易、每一个合同,甚至是每一块钱,即企业运行会变得更加透明。同时,金税四期将打通"云化"服务,实施税费全数据、全业务、全流程监管,从而实现智慧办税和智慧监管。

根据国家税务总局2021年法治政府建设报告,2021年税务部门稳步推进发票电子化,建成全国统一的电子发票服务平台,成功推出全面数字化电子发票,大幅降低制度性交易成本,为经济社会数字化转型发挥重要作用。以推进发票电子化为契机,积极构建"一户式"管理机制,有力提升税收治理的信息化法治化水平。加快推进政务数据有序共享,印发进一步加强和规范税务系统与外部门数据共享相关制度文件,积极稳妥建立健全政务数据共享协调机制。积极做好已集成系统数据管理和外部获取第三方数据与税务机关内部数据融合贯通,持续加强政务信息系统优化整合。

金税四期的到来将使税收征管体系监督实现智能化,在更大程度上提高纳税遵从度。这也说明,税务师行业未来发展的巨大需求就在于信息化服务。税务师可以依托互联网技术搭建行业服务平台,对日常的税务服务制定和实施标准化的流程,并与税务机关、企业进行平台联结,从而为广大纳税人提供优质而快捷的涉税服务。

3. 供应链+税务

供应链是以客户需求为导向,以提高质量和效率为目标,以整合资源为手段,实现产品设计、采购、生产、销售、服务等全过程高效协同的组织形态。国家为鼓励相关企业向供应链上游拓展协同研发、众包设计、提供解决方案等专业服务,向供应链下游延伸远程诊断、维护检修、仓储物流、技术培训、融资租赁、消费信贷等增值服务,推动制造供应链向产业服务供应链转型,建设一批服务型制造公共服务平台,发展基于供应链的生产性服务业。税务师在提供税务专业服务的过程中,往往会发现客户存在税务上的问题,但并不是由于其自身的原因,根源在于供应链的问题。所以,需要贯通供应链设计税务解决方案,将整个供应链纳入税务服务范围,提供供应链整体的税收规划方案。在从事税务服务时,审核取证的范围不应局限于客户本身的纳税申报资料和账务数据,以及董事会决议、营销方案、市场策略、规章制度、经济合同、营业数据等业务证据,还应包括客户上下游企业的交易数据、合同证据,证据之间需要相互印证,不被表面数据所误导,在提高审核效率的同时,获取真实、准确的审核证据,以支持审核意见。在提供税务咨询、筹划等服务时,更需要从供应链角度考虑整条业务线的设计与操作,这对税务服务的深度与高度提出了更高的要求。

(三)"四新经济"带来的新机遇

"四新经济"是指新技术、新产业、新业态、新模式,以市场需求为导向,以技术创新、应用创新和模式创新为内核并相互融合的新型经济形态。

"四新经济"的核心是以大数据、云计算、互联网、物联网、人工智能等为代表的新技术,这些新技术的应用改变了传统的生产方式和管理模式。

新产业指的是以新科学发现为基础,以新市场需求为依托,引发产业体系重大变革的产业。新产业具体有三种表现形式:一是新技术直接催生新的产业,比如说IT产业。二是运用新成果、新技术改造提升传统产业,延伸出的新产业。比如说新技术改造传统的商业,变成现在的物流企业。三是将新的科技成果、信息技术等推广应用,推动产业分化裂变、升级换代、跨界融合而衍生出的新产业。《城市蓝皮书:中国城市发展报告 No.12》中提出了七大"四新经济"重点领域,对新产业进行了比较好的诠释。①人工智能,以人工智能为载体,结合相关产业门类,实现对传统产业的改造和转型升级;②创意经济,是在三次产业融合发展的基础上进行技术、业态和模式创新,从而实现新价值的产业;③流量经济,即依托互联网信息流量产生经济效益的一种经济模式;④共享经济,本质是线上整合经营线下的闲散物品、空间、劳动力、教育、医疗等资源;⑤低碳经济,以低碳排放和循环经济及可持续服务产业为基础,如建筑绿色化、生态农业等;⑥生物经济,随着基因检测编辑技术、基因疗法技术等的迅速发展,新型生物产业成为新经济中最具创新引领意义的领域之一;⑦数字经济,包括依托大数据的产业和以大数据及网络信息技术为基础的相关产业。

新业态是对原有模式的创造性变革,是业态创新的结果,它将新知识转化为新产品、新技术、新管理方式,通过新的组织模式创造出新的市场价值。一些经济活动超越传统的组织、经营和运作模式,并已经形成了经济规模,就会成为比较稳定的新业态。

新模式指以市场需求为中心,打破原先垂直分布的产业链及价值链,实现产业要素重新高效组合,形成具有独特竞争力的商业运行模式。

新技术的快速发展衍生出的平台经济、共享经济、流量经济等新业态经济,给税务师行业进一步发展带来了更多的机遇和挑战,特别是近年来包括网络直播在内的新经济新业态迅猛发展。根据毕马威联合阿里研究院发布的《迈向万亿市场的直播电商》报告,2020年直播电商整体规模达到1.05万亿元。而根据商务部此前公布的数据,2020年上半年全国电商直播活跃主播人数超过40万。但是对网红带货主播偷逃税案件的处罚表明,税务部门日益重视网络直播行业税收秩序,在保护新业态发展的同时,持续规范网络直播行业税收秩序,不断通过税收大数据对网络直播行业进行税收风险核查。处罚案件的公布也在促使每一位网络主播积极整改,提高纳税遵从度,推动网络直播行业强化行业自律。国家对网络直播行业税收征管的重视,也在扩大税务师行业的用户需求。一些网络主播因不了解我国税法,在纳税申报等方面存在一定的困难,税务师可以利用专业知识,为网络主播提供税务服务,帮助网络主播,成为合规合格的纳税人。

二、新发展格局下税务师行业面临的新挑战

(一)专业能力、服务水平要求更高

首先,《纲要》对我国经济社会发展进行了重要的战略部署。无论是创新驱动发展战略、加快建设科技强国,还是构建实体经济、科技创新、现代融、人力资源协同发展的现代产业体系和发展战略性新兴产业等战略部署,都离不开税收政策的支持,均有利于拓展税务师行业的发展空间。在"十四五"时期,以推进创新、经济优化升级、扩大内需为重点的税收政策将会密集出台,这无疑会推进我国税务师行业的发展。税收政策是涉税服务的"根基",也是税务师行业产生和发展的前提;税收政策的调整和变化,决定税务师行业发展的内容、规模和方向。[1]

其次,数字经济、新经济、新业态的快速发展,也给税务师行业的专业能力和服务水平提出挑战。新技术的发展衍生出的新业态经济以及传统行业数字化改革,对税收政策带来了挑战。目前我国的税收政策大部分基于传统的经济产业,课税对象一般有明确的"物"。但新业态是一种全新的产业链,打破了传统"物"的概念,往往融合多个课税对象的特征,使得业务的归类变得模糊不清,部分优惠政策是否适用也难以准确判定。此外,随着新经济的快速兴起,其复杂的业务形态、盈利模式、劳务关系等也给涉税服务机构带来挑战,要求税务师具有较高的专业能力和服务水平。[2]

最后,随着我国税收征管智能化、数字化改革,以"互联网+税务"为基础的智慧税务的快速发展,也对税务师行业的专业水平和服务水平提出更高的要求。对于税务征纳双方来说,纳税人希望税务师行业提供的涉税服务能够帮助纳税人实现税收成本最小化,而税务机关则希望发挥涉税服务机构专业能力降低执法风险。

---

[1] 曹静韬. "十四五"时期税务师行业高质量发展的着力点[J]. 注册税务师,2021(1):24-26.
[2] 李伟. 新技术、新业态与税收征管[J]. 国际税收,2018(5):6-10.

这就要求税务师行业具有规范的管理制度、专业的服务水平,形成良好的竞争环境和社会声誉。

(二)人才队伍建设不足

首先,人才培养不足。一方面,当前从事涉税服务相关工作的工作人员专业知识单一,实操经验少,对相关政策理解不深,无法承担复杂的、综合性高端涉税服务。另一方面,我国税务师事务所目前以中小型事务所为主,大部分事务所缺乏对专业人员系统和专业的培训,更谈不上有专业的人才培养体系。

其次,人才流失严重。虽然税务师职业资格考试报名人数逐渐走高,2021年报名人数达86万,但是最后从事涉税专业服务的人数相对较少,行业人员不断流失导致人才不足。一方面,税务师工作专业要求较高,对知识及实操经验均有较高的要求,并且税务师还要与时俱进,及时了解最新的税收政策。另一方面,相较于注册会计师以及律师来说,税务师行业薪酬水平并不具优势。由于注册会计师能够接触金融证券类高附加值的业务,往往薪酬水平较高。而税务师事务所从事的大部分是基础性、含金量较低的业务,所以在吸引人才方面并不具有优势。

最后,税务师行业人才具有典型的地域特点。我国税务师多集中于经济发达地区,原因在于经济发达地区工作机会多,薪金相较于欠发达地区更高。但是,随着我国经济相对欠发达地区的区域性税收优惠政策的增多,纳税人对涉税专业服务的需求也在逐渐增加。这就需要在扩大税务师数量规模的同时,帮助更多税务师到发达地区就业。

(三)立法滞后

当前,国家尚未对涉税服务行业进行专门立法,税务师行业的公信力、约束力以及社会声誉均受到一定程度的影响,加之2014年国务院取消了注册税务师职业资格许可,将职业资格由准入类调整为水平评价类,这些或多或少地削弱了社会各界对税务师职业资格的认可度。相较于注册会计师和律师,税务师在社会地位、行业吸引力等方面还有一定的差距。除此以外,现行的税收法律法规对税务师行业定位和原则的规定不够明确,专业门槛不高,导致服务人员、服务机构的水平参差不齐,甚至出现恶性的竞争。这既不利于满足错综复杂的市场需求,也妨碍税务师行业有序健康发展,更难以适应我国"十四五"战略部署的要求。

(四)职业风险更强

自2018年4月2日起,我国各级税务稽查部门持续开展了打击骗取出口退税和虚开增值税发票专项行动,做到"保持打骗打虚高压不减、重拳治恶力度不减"。同时,推进国税、地税联合稽查,全面推广"双随机、一公开"监管,税务检查结果与纳税信用等级评价相关联,深入实施"黑名单"制度和联合惩戒。税务部门对标一流谋划推进金税四期建设,完成智慧税务的顶层设计,稳步推进发票电子化改革,充分利用税务大数据加强精准监管的能力。"放管服"改革在简政放权上做"减法",在后续管理上做"加法",加快了税收征管方式的转变。一系列转变使得企业面临的税收风险更大。税收管理重心后移,由主要依靠事前审批向加强事中、事后管理转变,办事门槛变低,但部分纳税人守法意识薄弱且专业能力不够,致使事前管理出现空白,纳税人违反税法的风险逐渐加大;推行发票电子底账后,原来虚开发票的企业也将无处遁形。以上税收风险也加大了税务师的执业风险,要求税务师在服务中提高自身水平,在提供鉴证类服务和代理记账服务时更加谨慎。

三、新发展格局下税务师行业面临的新要求

新时代不仅给税务师行业的转型升级提供了巨大空间和重要机遇,也对税务师行业提出了新要求。这些要求主要体现在发展理念的转变、专业能力的提升等方面。

(一)转变发展理念,创新服务内容

我国税务师行业要转变发展理念,不断创新服务内容,提升服务质量。为此,税务师行业要将服务重点逐渐转向纳税人的合规性业务、高端业务和新兴业务,同时大力拓展基于税务机关的涉税专业服务。唯有如此,我国的税务师行业才能更加适应新时代,走出一条全新的高质量和多元化的发展道路。

(二)提升专业能力,开拓专业视野

税务师行业要实现转型升级,一个至关重要的前提条件就是提升税务师队伍的专业能力。无论是从传统业务、基础型业务向合规性业务、高端业务转型,还是开拓征纳双方的涉税专业服务,都需要强有力的专业支撑。"十四五"规划下,税务师行业对专业知识和专业能力的要求比以往任何时候都更高、更强。为此,需要精心打造一支专业基础扎实、专业经验丰富的税务师人才队伍。可以通过深化与有关政府部门的工作联系、与行业协会的战略合作,推动开展联合涉税培训、课题研究、讲座论坛等活动,为行业搭建高层次业务交流平台。同时,涉税专业服务人才不仅需要具有税收专业的知识和能力,也需要具备较强的会计、管理、法律等方面的专业知识和能力。因此,在对税务师进行税收专业培训时,还需要开拓他们的专业视野,从而培养兼具多学科知识和能力、具有较高综合素质的复合型人才。[1]

---

[1] 曹静韬,巩笑缘. 新时代背景下我国税务师行业转型升级的现实路径[J]. 注册税务师,2018(1): 21-23.

新时代推动税务师行业高质量发展的措施

一、全面提升行业法治化建设质量

(一)大力推进税务师行业立法

按照条件成熟、突出重点、先易后难、统筹兼顾的原则,积极会同有关部门研究论证并分步骤推动税务师行业立法。推动修订《中华人民共和国税收征收管理法》,推动出台《税务师管理条例》,推动全国人大制定《中国税务师法》。大力支持行业立法课题研究,拓展渠道反映行业立法诉求,持续开展高层次立法调研活动。鼓励各地在立法权限内,因地制宜地制定与税务师行业相关的地方性法规、规章及其他规范性文件。探索建立税务师行业立法工作交流平台,及时总结推广各地经验做法。

(二)健全税务师执业法律体系

加强与税务机关及其他相关部门的沟通,推动相关领域立法增设税务师有关条款,进一步明确税务师开展有关业务的激励保障措施。推动有关部门明确界定税务机关的行政纳税服务与涉税专业机构的市场化纳税服务的职责边界,积极争取政策赋予行业更多涉税服务职能和权限,更好发挥税务师在涉税专业服务中的主力军作用。推进税务机关通过政府购买涉税专业服务政策落地,力争将涉税专业服务事项列入全国税务系统政府购买服务指导性目录。

(三)大力开展税法知识普及教育

认真贯彻落实中办、国办《关于进一步深化税收征管改革的意见》有关拓展税收共治格局、加强社会协同的要求,组织会员积极参与税法普及宣传,提升纳税人税法遵从意识,营造全社会良好纳税氛围。加大行业培训和教育力度,增强行业的法治观念和依法从业意识,防范行业法律风险。

(四)完善行业业务规范

在国家税务总局指导下完善涉税专业服务业务规范,围绕税务师行业规范指引"1+11+N"的制定路径,争取出台30项高水平行业业务规范项目。同时制定科学合理的团体标准。

二、全面提升行业市场化建设质量

(一)积极拓展创新服务领域

进一步巩固强化税务师行业在新时代社会主义市场经济体制中的作用,研究开发新业务模式。充分发挥涉税鉴证、纳税审核、申报代理等传统业务在各行业领域税收遵从方面的基础性作用,持续提升税务咨询、税务顾问、税收策划等现有业务在纳税人税收安排阶段的引领性作用,积极拓展数字化服务在智慧税务环境下的战略性作用。引导税务师事务所对标税务机关的"智慧税务",充分运用大数据、云计算、人工智能、移动互联网等现代信息技术,将技术手段融入业务经验,重构业务模式,帮助纳税人建立智能化税务管理系统。关注国家重大发展战略,不断了解市场需求,继续发挥市场在资源配置中的决定性作用。鼓励税务师事务所参照推进企业合规第三方监督评估、破产管理人等涉税业务,积极参与临港新片区、海南自由贸易港、横琴粤澳深度合作区、前海深港现代服务业合作区等税收制度的落实,研究推动长江经济带等区域发展战略下的税收政策安排,创新服务各类新经济、新业态催生出的涉税需求。

(二)持续优化行业营商环境

研究建立面向税务师事务所的涉税专业服务市场需求信息搜集和推送服务机制,定期举办会员之间的业务互助交流合作活动。建立行业业务信息报送机制,组织税务师事务所及时、准确反映国家税收政策落实成效及执业过程中遇到的相关业务问题。继续推动地方税协三方沟通机制的落地应用,搭建税务机关与税务师事务所及税协之间和谐亲清的涉税专业服务生态系统。努力营造公平竞争的涉税服务市场环境,探索制定税务师事务所招投标自律公约,引导形成以质量为导向的招投标机制。引导税务师事务所加强内部治理,推动制定税务师行业职业风险基金管理办法,鼓励税务师事务所购买职业责任保险,推动税务师事务所提升风险防范和化解能力。根据国家政策要求,督促各地税协落实降低会费标准要求,切实减轻会员会费负担。依托会长信箱,健全会员合理诉求解决机制,解决好会员在市场竞争发展中遇到的实际问题。

(三)加强创新驱动发展研究

借助部分产教融合成果,搭建行业与财经类高等院校、科研机构的合作平台,针对行业发展过程中出现的宏观、微观问题,开展战略性理论研究,为确立行业发展方向奠定理论基础。针对行业新业务模式、新服务领域,联合地方税协组织税务师事务所开展课题研究,形成切实有效的研究成果,探索多种成果转化、成果应用方式,以创新驱动行业不断发展,巩固并扩大税务师行业的社会影响力。

(四)合理布局行业品牌建设

鼓励行业中的新社会阶层代表人士积极参政议政,为行业发展出谋划策,提升行业在经济发展中的整体认知度。引导行业积极履行社会责任,加大宣传力度,不断打造行业在社会发展中的正面形象,增强会员的成就感和使命感。加强税务师事务所品牌建设,发挥品牌引领作用,制定税务师事务所品牌价值确认标准和培育计划,加大对行业优秀品牌挖掘、评审、宣传和保护力度。支持税务师事务所抓住市场机遇,走差异化发展之路。发挥百强所和等级所的指挥棒作用,引导大所做强做优,扶持中小所做精做专。

三、全面提升行业规范化建设质量

(一)加强行业诚信机制建设

健全行业诚信制度体系,研究建立行业诚信记录与纳税信用积分在会员自律管理中应用的长效机制,倡导依法诚信经营理念,加大失信行为处罚力度,使失信者处处受限形成威慑力。

(二)完善行业自律管理制度体系

加强与行政监管部门协作,完善行业自律管理制度体系,构建以行业自律管理办法为基础,以会员自律检查办法、违规行为惩戒办法、百强排名办法、等级事务所认定管理办法等制度为支撑的"1+N"自律管理机制,对会员执业行为进行动态管理,全面提升行业自律管理水平。

(三)加强执业质量检查评价

组建行业自律检查专家库,建立专家检查工作机制,定期开展执业质量检查评价,规范执业质量检查程序和内容,建立质量检查评价服务信息系统。试点建立业务报告封面统一模板,规范执业税务师签章管理,全面提升事务所业务报告的专业性、权威性。

(四)强化等级税务师事务所管理

修订《等级税务师事务所认定管理办法》,构建合理科学的指标体系,加强等级所动态管理,促进税务师事务所集团一体化发展,及时向社会公布相关动态信息。

(五)提升事务所内部治理能力

制定税务师事务所内部治理指南,推动税务师事务所规范化管理,制定合理的服务收费定价机制,建立与工时、风险、质量相匹配的服务收费体系,探索服务收费分级分类核算可行性,遏制行业恶意压价竞争现象。

四、全面提升行业专业化建设质量

(一)大力选拔培养后备人才队伍

加快修订税务师职业资格制度和考试的相关规章制度,进一步完善人才选拔、人才评价的技术手段和方式方法。研究制定行业产教融合有关制度机制,加强与财经类高校的战略合作,推选 50 个行业产教融合示范点院校,以点带面,不断提高产教融合的质量和效率。

(二)健全人才培训制度和管理办法

完善中税协、地方税协、税务师事务所三级培训机制,制定三级培训主体责任考核办法,进一步提高三级培训的质量和效益;完善高端人才和领军人才的选拔、培养和认定办法;完善培训基地的选拔、认定和考核办法,根据行业培训的需要实施动态管理;完善继续教育管理办法。

(三)进一步提升培训教学质量

遴选更多优秀教师进入师资库,通过师资库平台实现地方税协和中税协师资库共建共享、动态管理;根据行业的需要继续遴选和发展新的培训基地,对培训基地进行动态管理。加强教学计划的论证,组织专家规划课程和发掘最新培训需求;跟踪教学过程,上线课程评价系统,通过学员评价、专家评估等措施加强教学管理;加强对地方税协培训的考核;充分利用综合学时管理平台,加强对继续教育完成情况的跟踪、监督和考核。

(四)进一步加强分层培训力度

中税协、地方税协、事务所,各自发挥优势错位发展,提升教学效益。中税协主要提供行业高层次人才的培训、行业业务骨干培训以及面向整个行业的普惠性的培训;地方税协主要提供针对本地事务所重点业务的培训;事务所主要提供自身业务和员工素质提升的培训。探索建立分税种、分行业的专项高端人才培训和选拔机制。加大税务师事务所所长以及中小事务所的业务数字化转型升级、新入职税务师等的培训。增加行业营销人才、数字化转型人才、党建工作队伍、文秘、宣传等人才的培训。加大直播频次,及时解读最新政策;增加行业重点业务课程数量;上线覆盖所有业务规范指引的视频课程;加大案例性培训课程;上线相关行业知识的培训课程。建立未从业税务师会员的继续教育机制。

五、全面提升行业数字化建设质量

(一)夯实行业信息化基础

加强顶层设计,建立科学的行业信息化技术标准和管理规范,提升行业管理信息化基础设施水平,保障云平台系统安全稳定运行,优化云平台各功能模块,推进行业数据一体化,推动主体数据互联互通。

(二)提升数据治理水平

打造开放共享的数据中台和智能高效的业务中台。进一步细化行业报表数据指标,建设行业信息化数据标准体系,强化行业数据分析与应用,为行业发展提供数据支持。

(三)完善安全防护体系

建立健全网络安全防控体系、容灾备份体系和安全责任体系,完善网络安全管理、技术支撑和技术服务能力,做好应急响应和政策法规标准建设,提升安全技术防护能力,构建可信、可控、可查的网络环境,建立完备的网络与信息安全保障体系,保障行业数据安全。

(四)完善行业管理服务信息系统

实现税务师和事务所全生命周期的数据流管理,优化业务流程,整合功能应用,为会员提供全业务在线受理与服务,实现管理网络化、服务信息化和程序规范化。研究建立专家答疑平台,丰富行业知识库系统。探索为会员提供业务底稿数字化储存与查询服务的机制。

(五)争取对接金税系统

研究行业通用型业务软件产品的建设和应用方案,统一数据和系统标准,争取在业务报备系统进行对接,了解风控软件等涉税服务产品的开发思路和模型。

(六)推动数字化转型

鼓励产品共享,推动税务师事务所自主产权软件产品市场化,助力中小所数字化转型。鼓励大型事务所共享已研发并应用成熟的软件产品,协助事务所开展行业内推广和试点应用,促进产品在应用过程中持续优化完善,成为行业自有标杆型产品。建立行业数字化转型基金,专款专用,充分关注中小所共性信息化需求,从提供业务软件产品开始,购买或者建设适于行业的全业务流程信息系统,借助数字化技术,提高中小所业务质量和工作效率。

六、全面提升行业国际化建设质量

(一)深化国际交流与合作

进一步加强与国际和区域行业组织、主要国家和地区涉税专业服务组织在国际业务拓展等领域的交流与合作,提升行业的国际市场开发与合作能力。探索推进国际和地区间会员资格互认、准则互认等。推介税务师事务所和税务师加入国际涉税专业服务组织,促进国际涉税专业服务经验交流和成果共享。

(二)积极拓展国际市场

跟踪分析国际涉税服务市场发展动态,研究总结税务师行业发展新态势、新特点、新问题。积极主动与有关国际涉税专业服务组织开展专业合作研究,并推动出台更多支持税务师事务所发展国际业务的政策措施。推广税务师事务所国际化发展经验,加强对税务师事务所国际化业务的研究与技术援助。支持事务所自主创建国际网络,在境外设立分支机构或办事处,充分利用国际网络技术管理优势,提升事务所国际业务能力。

(三)主动参与税务师行业国际治理

积极向亚洲-大洋洲税务师协会(AOTCA)等国际组织推荐优秀专业人士任职,深入参与国际涉税事务和重大事项决策,提升我国税务师行业国际话语权和影响力。承办高层次、高水平、专业性、有影响力的 AOTCA 年会及其他国际会议。积极探索"一带一路"沿线国家涉税专业服务机构交流沟通机制,有效利用国际资源,借鉴国际经验推动行业发展。

(四)加强行业国际化人才队伍建设

着力培养能够在事务所"走出去"进程中发挥统帅作用、领军作用的国际化高端人才。积极同境外相关行业组织加强教育培训方面的合作,借助境外同行业组织的教育培训体系,支持和鼓励会员取得国际认可的境外税务、会计类资格证书。逐步建立完善的人才培养国际合作体系。

七、全面提升行业宣传和文化建设质量

(一)加大行业宣传力度

广泛深入宣传税务师行业维护国家经济安全、税收安全的重要作用,树立税务师行业涉税专业服务主力军的专业形象;大力宣传基层税务师服务广大纳税人、缴费人的先进事迹,讲好税务师故事。持续强化协会官网、新媒体平台、《注册税务

师》杂志、税务师行业党建 App 等意识形态阵地建设和管理,精心做好重大主题策划宣传。加快构建税务师行业新媒体宣传矩阵,逐步建立以内容建设为根本、以先进技术为支撑、以创新管理为保障的税务师行业全媒体传播体系。

(二)创新行业宣传形式

深化与税务机关联合开展税法普及活动,加强和中央及地方主流媒体的合作,围绕中心工作聚焦重点、热点、难点问题,举办高质量宣传活动,逐步形成以税法知识竞赛、案例大赛、公益大讲堂、税务师圆桌会为主要内容的系列活动品牌。策划出版税务师行业系列丛书,进一步扩大行业社会影响力。持续开展税法宣传进校园活动,逐步从财经类院校扩大到开设经济学、法学、管理学学科门类的普通高等学校,实现行业宣传效果的最大化和最优化。

(三)加强行业文化建设

准确把握新时代税务师行业文化的核心理念和重要内涵,逐步打造以"合规、诚信、专业、勤勉"为核心的行业文化。以税务师事务所企业文化建设为基础,充分发挥党组织在企业文化建设中的重要作用。将文化建设的基本要求制度化,嵌入税务师事务所业务流程、内部控制、合规管理之中,并抓好制度执行。要切实转变税务师事务所简单以业绩为导向的经营理念,构建激励与约束相容、长期与短期兼顾的制度机制。要树立科学的选人用人标准,坚持德才兼备、以德为先。注重精神引领和文化引导,突出加大职业道德教育在员工培训、职务晋升中的权重,筑牢珍惜职业声誉、恪守职业道德的思想防线。加大先进典型的评选、宣传,形成具有较高含金量的行业文化荣誉称号,让获得荣誉称号的机构和人员在政策上受优待、精神上受尊重。提炼可复制、可推广的文化建设模式,让广大会员在对标中找差距、补短板、明方向。

(四)做好行业舆情管控

建立行业舆情日常监测、会商研判以及行政机关和行业协会、中税协和地方税协的分级分类响应机制,制定行业舆情管理制度。做大做强行业网络主流舆论阵地,加强对行业自媒体的引导,建立健全相关人才队伍的培养和激励机制,探索建立网络评论员制度。加强对税务师行业自律管理制度和执业规范的宣传,积极引导社会舆论和市场预期,营造有利于行业高质量发展的外部舆论环境。落实中税协新闻发言人制度,每季度召开新闻发布会,向社会公开行业信息。加大典型案例曝光力度,对全社会、全行业形成警示。

八、全面提升协会内部治理建设质量

(一)完善各级税务师协会会员代表大会和理事会的决策机制

制定会员代表大会代表和理事、常务理事候选人推荐制度,把好代表、理事"入口关",合理确定理事会人员规模,优化人员组成结构。建立代表、理事履职办法,压实代表、理事参与协会治理的责任。健全议事规则,创新议事形式,完善审议程序,制定投票表决、选举办法。

(二)鼓励建立监事会

在民政部门指导下,制定监事会制度和人员推荐方案,报主管税务机关批准,经会员代表大会同意,修订协会章程增加有关监事会的规定,表决通过监事人选。立足"只监督、不决策"的职责定位,突出对重大决策程序、重要制度执行、财务管理和理事会、委员会、秘书处及其主要成员履职尽责等情况的监督,建立发现问题、及时报告、纠正偏差的工作机制。

(三)加强专门委员会建设

专门委员会是从事协会专项业务活动的分支机构,对理事会负责。紧紧围绕加强理论研究,推动税务师行业高质量发展,优化专门委员会设置,完善专门委员会工作规则和各专门委员会工作细则。建立会长办公会对专门委员会日常工作的领导和统筹协调。建立健全委员遴选制度,统筹利用好行业内外专家资源。秘书处要大力支持、密切配合专门委员会工作,鼓励和支持专门委员会开展调查研究和对外交流合作,对有关工作给予必要经费保障。

(四)完善会长专题会、会长办公会机制

会长专题会和会长办公会是研究落实行业党委、会员代表大会和理事会决议和决定的议事机构。要建立会长专题会和会长办公会议事规则。加大会议组织力度,统筹安排会议计划议题,及时研究行业发展中具有全局性、前瞻性的重大举措和秘书处重要工作事项。健全督办工作机制,确保会议决策执行到位。

(五)建立健全信息沟通机制

逐步建立和完善税务师协会和税务机关、中国注册税务师协会和省级税务师协会以及省级协会之间的信息沟通机制,及时解决行业发展中出现的问题并总结、交流工作经验。中税协要加大对省级税务师协会特别是中西部地区税务师协会的指导支持力度,联合开展有关活动更好服务会员,推动行业均衡、健康、可持续发展。

(六)加强秘书处管理服务能力建设

建立健全秘书处财务、人事、采购等各项内部管理制度和相应的内控机制,严格做好制度落实的动态管理,主动接受民政和税务部门的监督和指导。加强社会组织、涉税专业服务相关法制教育,增强员工法治观念。优化部门设置,明确部门和岗位职责。改革秘书处员工绩效评价办法,改善员工薪酬待遇,争取属地政府的支持,尽力解决员工在住房、户口、子女教育等方面的后顾之忧。建立在协会退休

人员的关怀机制。优化选人用人机制,建立定期轮岗制度,试点协会和税务师事务所员工双向挂职交流机制,进一步加强员工培训和团队建设。严格执行中央八项规定及其实施细则。坚持密切联系会员,扎实开展调查研究,畅通会员问题反馈渠道和解决机制。坚持以会员为中心,建立面向会员的收费、服务清单公开制度,探索会费标准和服务项目挂钩的科学机制,大力推行"互联网+会员服务"。全面实现办公自动化、无纸化。

参考文献

[1]何杨,王路,孟晓雨.2021年国际税收研究综述[J].税务研究,2022(3):50-56.

[2]吴超.大数据时代税务师事务所审计工作挑战及应对探讨[J].财会学习,2022(6):113-116.

[3]李旭红,刘启帆.党的十九大以来现代财税体制改革回顾与展望[J].财政监督,2022(1):12-16.

[4]颜丙慧.智慧税务服务体系构建与应用研究[J].经济管理文摘,2021(23):50-51.

[5]本刊特约评论员.发挥百强事务所排头兵作用 助推税务师行业高质量发展[J].注册税务师,2021(11):1.

[6].凝心聚力转型创新 走税务师行业高质量发展之路[J].注册税务师,2021(11):18-19.

[7].李金胜,王建成,赵永春.顺应形势发展 结合行业特点 创建与时俱进的税务教育培训体系[J].税收与企业,2002(增刊1):13-14.

[8]刘颖.新办涉税市场主体呈现三大特点[N].中国财经报,2021-10-30(003).

[9]本刊特约评论员.守正笃实 久久为功 扎实推进税务师行业标准实施[J].注册税务师,2021(10):1.

[10]杨志聪,卫雪鸥.全面加强党的领导 引领税务师行业高质量发展:党的十八大以来税务师行业党建工作综述[J].注册税务师,2021(10):21-24.

[11]徐思涵,张敏.税务师行业参与税收治理的路径思考[J].注册税务师,2021(10):66-68.

[12]谢波峰,尹天惠.智慧税务的实践现状和发展探索[J].国际税收,2021(10):21-26.

[13]新发展格局下的税务师行业[J].注册税务师,2021(9):6.

[14]蔡昌,李长君.对新发展格局下推进税务师行业高质量发展的思考[J].

注册税务师,2021(9):7-9.

[15]汤凤林.新发展格局下税务师行业的发展机遇及应对策略[J].注册税务师,2021(9):10-12.

[16]赵岩.新发展格局下税务师行业应在新机中谋新策[J].注册税务师,2021(9):16-18.

[17]谢滨.提高站位 服务大局 为税务师行业高质量发展贡献力量:在全球税务治理领军人才班结业典礼上的讲话[J].注册税务师,2021(9):21-22.

[18]郭丹丹,朱玲,单晓梅,等.第三方机制带给税务师行业的机遇与挑战[J].注册税务师,2021(9):71-72.

[19]谢波峰.智慧税务建设的若干理论问题:兼谈对深化税收征管改革的认识[J].税务研究,2021(9):50-56.

[20]戴汉桥.优化税收营商环境 税务师行业大有可为[J].注册税务师,2021(8):15-17.

[21]刘海军.高新技术企业所得税优惠政策税收筹划探讨[J].纳税,2021,15(20):41-42.

[22]本刊特约评论员.发挥税务师行业作用 为推进税收协同共治贡献力量[J].注册税务师,2021(6):1.

[23]苗苗.经济新常态下提高税务培训质效的研究[J].现代商业,2016(17):66-67.

[24]李岩.后疫情时代增强税务师行业应对风险能力的对策[J].纳税,2021,15(13):16-17.

[25]杨东华."十四五"税务师行业如何推进高质量发展[J].注册税务师,2021(1):17-20.

[26]张洪文.海南自贸港建设带给税务师行业的启示[J].注册税务师,2021(1):21-23.

[27]曹静韬."十四五"时期税务师行业高质量发展的着力点[J].注册税务师,2021(1):24-26.

[28]艾华,冀晓曼,曾琳."十四五"税务师行业发展的机遇、挑战及措施[J].注册税务师,2021(1):27-29.

[29]蔡昌,李长君.推进税务师行业立法 开创税收治理新局面[J].注册税务师,2021(1):30-34.

[30]齐力.中国的税收营商环境持续改善[J].中国对外贸易,2020(1):26-27.

[31]李伟.新技术、新业态与税收征管[J].国际税收,2018(5):6-10.